英汉对比与翻译研究（之五）

总主编　杨自俭　王菊泉

冲突·互补·共存

中西文化对比研究

主编　左　飚

Conflict,
Complementarity,
and Coexistence:
Contrastive Studies on
Chinese and Western Cultures

图书在版编目（CIP）数据

冲突·互补·共存：中西文化对比研究 / 左飚主编.
—上海：上海外语教育出版社，2009（2017重印）
（"英汉对比与翻译研究"系列文集）
ISBN 978-7-5446-1144-2

Ⅰ.①冲… Ⅱ.①左… Ⅲ.①比较文化－研究－中国、西方国家－文集
Ⅳ.①G04-53

中国版本图书馆CIP数据核字（2008）第182872号

出版发行：**上海外语教育出版社**
　　　　　（上海外国语大学内）　邮编：200083
电　　话：021-65425300（总机）
电子邮箱：bookinfo@sflep.com.cn
网　　址：http://www.sflep.com.cn　http://www.sflep.com
责任编辑：张亚东

印　　刷：江苏凤凰数码印务有限公司
开　　本：700×1000　1/16　印张34.25　字数548千字
版　　次：2009 年 3 月第 1 版　2017 年 11 月第 3 次印刷

书　　号：ISBN 978-7-5446-1144-2 / Z·0013
定　　价：50.00 元

本版图书如有印装质量问题，可向本社调换

努力推进三个学科的建设与发展
——"英汉对比与翻译研究"总序

杨自俭　王菊泉

我们受中国英汉语比较研究会与上海外语教育出版社的委托,主编"英汉对比与翻译研究"系列文集,共八个分册:

一、潘文国、杨自俭主编:《共性·个性·视角——英汉对比的理论与方法研究》

二、邵志洪主编:《结构·语义·关系——英汉微观对比研究》

三、牛保义主编:《认知·语用·功能——英汉宏观对比研究》

四、刘英凯、李静滢主编:《比较·鉴别·应用——英汉对比应用研究》

五、左飚主编:《冲突·互补·共存——中西文化对比研究》

六、罗选民主编:《结构·解构·建构——翻译理论研究》

七、杨晓荣主编:《二元·多元·综合——翻译本质与标准研究》

八、陈宏薇主编:《方法·技巧·批评——翻译教学与实践研究》。

选编这套系列文集的目的是比较全面系统地总结1977—2007年间国内英汉对比语言学、对比文化学和翻译学三个学科的研究成绩与发展状况,寻找研究与发展中存在的问题,提出今后研究和建设的构想,努力推动三个学科的建设与发展。因为这三个学科关系密切,互相影响,相互促进;同时也是提高学会的学术水平和促进学会与出版社进一步合作的需求。因此,我们在选编方案中提出了以下几项要求:(1)各册选文均应为本研究领域最有影响的高水平论文,和三个学科领域密切相关的名家经典可不受所定时空限制。(2)各册主编为每篇入选论文写一篇500—1 000字堪称点睛之笔的导读性【编者札记】,其内容主要包括文章的创新点和价值所在(理论的、方法的、应用的、资料的等);文章的特殊之处和给人的启示;文章的不足和读者需要注意的问题;和文章密切相关的问题与重要参考资料等。(3)各册主编为自己所编分册写一篇 5 000—8 000 字的综述。综述要总结本册研究领域取得的成绩,指出存在的问题,预见未来发展的趋势,以显示三个学科不同层面与系统发展的历史轨迹和学会所作出的历史性贡献。(4)每册后边都要附有精选的本研究领域的重要著作与论文索引,按年度时序编排,以利于观察和研究其发展轨迹和趋势。总之,期望这个系列文集成为本学科或本领域发展史和理论史研究的文献库以及本学科或本专业本、硕、博师生学习、教学、研究的必读参考书。

现依据总序的题目就三个学科建设的成绩、发展中存在的问题和今后研究的构想将我们的看法简述如下。

1. 关于英汉对比语言学

上述一至四分册属于这个学科,分别涵盖理论与方法、微观、宏观和应用研究四个领域。

1.1 理论与方法研究

这个分册选文 40 篇,分为英汉对比研究的历史背景、基础理论、发展史与方法论四个层面。30 年来这四个层面都有不同程度的发展,其中成果较多的是基础理论的研究,包括对比语言学的学科研究对象、性质、定位、定义、分类、理论体系和哲学基础等(许余龙 1992,2002;潘文国 1997;潘文国、谭慧敏 2006)。这方面取得的成绩大大丰富了世界对比语言学,其成果不低于西方国家的研究水平。但是,我们对研究对象中异同及其根源等基本范畴的研究还停留在结构和表达的层面上,理论体系还不够严密系统,哲学基础的研究尚嫌笼统。发展史和方法论研究虽都有突破性成果,如徐通锵(2004)以对比和结合为中心的新方法论和潘文国、谭慧敏(2006)的中西对比研究简史等,但这两个层面的研究,尤其是发展史的研究都起步较晚,成果很少。

1.2 微观对比研究

该分册把收入的 32 篇文章分为语音、文字、词汇和语义、语法四个层面。微观对比研究这30年有两个明显的进步:一是以1990年为界由单纯为教学、翻译等应用服务逐渐转向为普通语言学理论建设同时也为各类应用服务;二是研究视角与方法的多样化,如语言类型学、认知语言学和语言接触与影响的不同视角;对比研究中微观与宏观结合、描写与解释结合、个性与共性结合、共时与历时结合以及定性与定量结合等不同的方法。研究中存在的主要问题有两个:一个是除徐通锵、潘文国(1997)等极少数学者之外,还没有真正从地道的汉语出发进行对比研究,跟着外国人转的局面还没有明显改变;另一个是比附多对比少,因此难以找出英汉之间的本质异同,也很难对所用的外来理论进行修正或补充。

1.3 宏观对比研究

这个分册收入文章41篇,划分了语篇与功能、语用与修辞、认知与思维三部分,实际包括句子以上的句群、语篇、修辞与文体以及语言外的社会、文化、心理等内容。语篇、功能、语用和认知这几个方面的对比研究都是随着语篇语言学、系统功能语言学、语用学与认知语言学理论的引进而逐渐开展起来的,研究的领域比过去扩大了,视角和方法也比过去新颖了,因此取得了一些新的成果。不过这方面的研究有一个比较突出的问题,就是用英汉语的语料通过对比来验证外国的理论,颇有点像理工科的验证性试验,只证明了别人结论的正确与否,没有什么新的发现,就算有所发现也没有深入下去,所以对外来的理论也提不出任何补充、修改的意见。

1.4 对比应用研究

这个分册收了37篇文章,分为对比研究在教学中的应用、在双语词典编纂中的应用和在翻译中的应用三部分。这三个应用领域发展不平衡,外语和对外汉语教学中的应用和翻译中的应用这两类文章较多,而双语词典编纂中的应用这类文章很少,高水平的就更少,所以只选入两篇。整个应用领域的发展主要随着微观与宏观研究的扩大深入而逐步扩大深入,由语音到语篇、到文体;由语言内到语言外。这个领域的研究主要有两个问题:一是"应用"的范围比较狭窄,微观层面的操作性应用较多,宏观层面的模式与方法应用就很少,理论的应用就更少;二是"应用"和"应用研究"还没有区分开来,甚至把"应用"误认为就是"应用研究"。

1.5　徐通锵的划时代贡献

　　一分册收徐先生三篇文章,二分册选了他创建字本位理论早期的两篇代表作,这两篇看似微观研究而实际是语言基本结构单位的理论探索。我们为什么要设专节介绍徐先生呢? 理由有三条:(1)对比研究可分两类,一类是显性对比,一类是隐性对比。前者是对两种语言进行多层面多视角的系统对比,后者是研究一种语言为主,但同时以另一种语言为参照系,必要时在更高的层面有所对比。如吕叔湘的《中国人学英语》、林语堂的《英语学习法》和徐通锵的许多论文和著作都属于这种隐性对比,而且这类对比常是大家所为,所以我们决不能排斥这类对比研究。(2)徐通锵(1997)是真正摆脱印欧语言学模式制约,从地道汉语出发为创建中国语言学理论而进行对比研究的典型代表。(3)徐通锵(1991,2004,2008)在中国历史语言学的理论开创与系统建设、在汉语字本位理论和语义语法体系的创建以及在以对比与结合为中心的新方法论的系统建设等方面都作出了划时代的贡献。他之所以能够取得这么大的成就,最根本的原因是他从 20 世纪 80 年代就逐渐走出了割断汉语的历史用印欧语眼光观察与研究汉语的错误道路。

1.6　今后关注的主要问题和研究重点

　　综合观察分析英汉对比语言学的发展历史和现状,我们认为今后应就以下问题进行重点研讨。

1.6.1　理论研究

　　理论上应以学科的研究对象、性质、定位为中心深入开展基本范畴、理论体系、学科史(主要是理论史)和方法论的研究,以推动学科向更高阶段发展。潘文国(2008)在评论刘重德(1998)时,特别提醒我们:"他提出的五个议题可说涵盖了学科建设的最主要方面。在这个报告中,刘重德还为英汉对比语言学勾勒了一个全面的框架,理论方面八个分支学科加上四个实际应用方面,两两组合,可以形成 32 个研究领域。他同时还正式提出了英汉对比可分三个层次的思想,并把它进一步概括为微观和宏观两个方面。最后,他还提出了学科建设和学术研究的四个原则,从方法论上为大家指明了途径。可以说,经过他的整理,中国特色的英汉对比语言学得以真正确立。这篇短文的意义实在不容小觑。"

1.6.2 微观与宏观研究

微观与宏观研究最主要的是既要学习西方先进的理论与方法又能摆脱其制约,真正做到从地道的汉语出发,通过对比揭示汉语的本质特征,从而既推动汉语语言学建设,也丰富和发展普通语言学。要走上这样的研究道路,我们除了继续提高理论水平外,还必须大力加强对英语和汉语(尤其是汉语的音韵和文字)的研究,这是对比研究基础的基础。

1.6.3 区分"应用"与"应用研究"

技巧距离实践近,抽象程度低,有可操作性,大都能直接应用;方法距离实践较远,抽象程度较高,就不容易直接应用。而理论距离实践更远,抽象程度更高,就很难直接应用,可见从理论与方法到应用有个中间地带。应用研究就是对理论方法和应用之间这个中间地带的研究。这种中间地带有两类,一类是理论和操作能力之间,如语言学理论和听、说、读、写能力之间;另一类是理论和研究能力之间,如语言学理论和语言研究与语言教学研究能力之间。张志公(1993:313—319)曾研究汉语语言学和语言能力之间的中间地带,创建了辞章学。于根元(1999:1—19)也探讨过这个问题。我们过去对这个问题认识很不够,希望今后能引起大家的关注和研究。

2. 关于对比文化学

五分册属于这个学科。研究文化对比的文章很多,但符合我们选编要求的不多,因此只编了一个分册,收入文章 38 篇,分为理论与方法、综合研究、语言交际研究和专业文化研究四部分。

2.1 学科产生的背景

文化对比研究在我国已有很长的历史,过去的对比研究,政治、历史、哲学、宗教、艺术、风俗或综合等方面的居多,很少关注文化和语言的关系问题。20世纪中期以后,欧洲的语用学、美国的跨文化交际和前苏联的语言国情学逐步发展起来,80年代传入中国,外语界讨论跨文化交际,对外汉语界讨论文化导入,翻译界讨论文化翻译。就在这种背景下,90年代初开始我们把文化对比研究作为一个学科看待(杨自俭1994)。因为语言是文化的载体,又是人类的最主要交际工具,所以文化的分类可用语言形态为参照,比如可分为普通交际文化(包括言语的和非言语的)与专业交际文化(包括各学科)。将其引入对比文化学就可有普通交际文化对比和专业交际文化对比。

2.2　今后研究的重点

30年来上述四个研究领域都有了不同程度的进步,特别是20世纪90年代以来语言交际对比研究和专业文化对比研究有了明显的发展。但从学科建设来看,还存在着三个方面的问题:学科意识淡薄,目标不明确,研究不系统;语言交际对比研究不够深入系统;专业文化对比研究除比较文学外,外语和汉语界很少有人来做,其成果也就主要集中在其他专业领域中。

2.2.1　大力加强学科的基础理论研究

任何一个学科建设的关键都在于科学地解决它的研究对象、性质、定位问题,这些问题清楚了才能更好地研究基本范畴,建设理论系统。对比文化学当然也不例外,虽然我们过去对这些问题做过简要的论述,但很肤浅,仅仅是个开始。刘重德(1998:3—4)给对比文化学提出的五项议题前三项都是学科基础理论研究,我们应该重温刘先生的教诲,努力把这些开拓性的基础理论研究工作做好。

2.2.2　系统开展普通交际文化对比研究

这是刘重德(1998:2)给该学科提出的第四项议题。为切实做好这个领域的研究,他号召我们:"深入开展英汉语各个层次中文化因素的比较研究,包括语音、词汇、句法、语篇等层次,还可以包括语义、语用、文体与修辞几个领域。这是基础工程,我们首先应下工夫做好。"(同上:4)这是我们语言教学和研究工作者做系统研究的大有用武之地,只有系统研究才能找到规律,才能走向科学。正如周有光(1998:1)所说:"比较引起分类,分类形成系统,比较、分类、系统化是知识进入科学领域的重要门径。"

2.2.3 逐步推动专业文化对比研究

过去我们专门讲过专业文化对比的有关问题,那时曾指出:"时代的发展和我国的文化建设要求我们学外语的除研究普通交际文化之外,应逐步进入一个专业的领域,摆脱外语是'工具'这一概念的束缚,做名副其实的文化人。这是一种发展趋势,应认真对待。当然这是一个相当长的过程,现在条件还不具备,但我们应看清这个方向,逐步去建设。"(杨自俭2000:1—2)现在看这些观点还没有过时。从实际出发,我们除把中外语言与文学作为专业文化进行对比之外,可有准备地重点开展中外哲学、逻辑学与美学等几个领域的对比研究,因为这三个学科是中外语言之间和文学之间异同的根源,反过来有助于推动中外语言和文学的对比研究。

3. 关于翻译学

六至八这三个分册属于这个学科,涉及的内容包括翻译学基础理论、翻译的本质与标准以及翻译教学、批评和实践等方面的研究。其实翻译的本质和标准也属于学科的基础理论范围,因为内容多,我们人为地分成了六、七两分册。在此特别提醒读者注意这个问题。

3.1 译学基础理论研究

六分册分为译学理论研究、译学方法研究、相关学科研究和译学史论研究四个层面,共收入文章38篇;七分册分为翻译本质研究、翻译价值观(标准)、翻译价值观(多元标准)、翻译价值观(伦理学)四部分,共收入文章37篇。

3.1.1 译学理论研究的进展

20世纪80年代初外国译学理论的引进激发了我国翻译界部分学者研究理论的热情,从而接续董秋斯(1951)有关建立翻译学的思想发出了创建翻译学的呼声。姜椿芳(1986)提出了包含继承、借鉴、创造精神的译学建设的方针。下列学者较早提出了创建翻译学的建设性意见:罗新璋(1982)提出建设我们"自成体系的翻译理论";桂乾元(1986)把翻译学分为基础、应用、理论与发展四个构成部分;谭载喜(1988)把它分成普通、特殊与应用三部分;黄龙(1988)认为"翻译学是有一套完整体系和结构的研究翻译指导理论与实践规律及其实际应用的边缘科学";刘宓庆(1989)提出了重描写、重语义、重功能的中国翻译理论基本模式和翻译学学科构架的内外两个系统;杨自俭(1989)说"翻译学是研究翻译的思维规律和方法的科学",并提出了翻译科学的研究对象、性质、三层次学科结构和建设的战略任务。值得一提的还有 1987 年在青岛召开的我国首次翻译理论研讨会。这些论述与会议的交流对译学研究都不同程度地起到了促进作用,其中一个很重要的作用是提高了译界的理论观念和学科意识,使中国译学研究真正走上了开创阶段。20 世纪 90 年代中国译界主要围绕着理论和实践(涉及科学与艺术)的关系、翻译学是否能成为独立学科这两个问题展开了研究和讨论,同时涉及学科建设的方针与标准等问题。整个 90 年代值得记载的主要有:1992 年国家技术监督局在《学科分类与代码》中正式确定翻译学为三级学科,刘重德(1998)提出的译学建设的四个议题与三项任务,译学基础理论著作、中外翻译史、翻译理论史、翻译批评和翻译教学著作陆续问世,学科建设标准与要求的提出,全国外语院系硕、博点开始培养翻译方向的学生。2001 年青岛译学学科建设专题研讨会标志着中国译学开始了独立建设阶段,其代表性成果较多地集中在《译学新探》(杨自俭 2002)中。通过这次专题研讨,明确了学科建设的五个支撑研究领域(传统译论继承性研究、外国译论借鉴性研究、译学现状探索性研究、相关学科吸融性研究、方法论多层次研究);学科的研究对象、性质、定位有了较明确的认识,学科有了独立的标志;学科理论的研究和建构已有多元趋向;学科价值系统的研究更加深广;翻译伦理学的研究已经开始。

翻译及其研究虽然很复杂(主要由于它的跨学科性、译者与研究者的主观性和研究的经验性),但中外学者半个世纪以来,特别是 20 世纪 70 年代以来批评了单纯重经验重技术的观念,提高了理论研究和学科建设的意识,对翻译理论的普遍性和特殊性进行了多视角、多层面和多学科的探讨,对学科系统的建构做了多元的尝试,基础理论研究和学科建构都取得了空前的进展。在此基础上我们不妨对翻译学再作一个新的界定:翻译学以翻译全过程(包括客体、主体、过程、结果与影响等)以及翻译史、译论史与方法论为研究对象,以促进交流与进步和缩减矛盾与伤害为深层理念,既重视理论的普遍性研究,也重视理论的应用性(包括翻译实践、翻译批评与人才培养)研究,是一门独立的、开放性的、综合型的人文社会科学。翻译学的学科有广、狭两个系统:前者叫学科制度系统,包括学科深层理念、学科规范体系、学科管理与法律系统;后者就是学科规范体系,按距实践远近和抽象程度高低此体系依次包括元理论、翻译哲学、译学理论、策略、方法技巧等五个子系统。

3.1.2 存在的主要问题

我们看到发展的同时还要看到我们的译学研究与建设中还存在着比较突出的问题。(1)跟着外国人转的风气还没有大的改变。由于我们对学科五个支撑研究领域的研究不深入不系统,理论研究扎根不深,没有主见,所以就很容易跟人家转。有两类发表的成果为证:一类是介绍外国的理论为主,加上一些不痛不痒的点评,既没有纵横的比较,也没有来龙去脉的追踪;另一类就是所谓的"实证"研究,收集一些别人用过的语料或者新增几个例子来验证外国理论的正确,偶有理论解释不了的例子发现,也大都当例外处理。其实,存在这种现象并不可怕,可怕的是我们不认识这个问题,或者认识了也不想改变这种局面。(2)跨学科研究还没有真正深入。我们外语出身的研究者除了比较熟悉语言文学之外(有些并不熟悉甚至很不熟悉),大都对其他相关学科缺乏系统的了解与研究,比如心理学、美学、传播学、伦理学、哲学等。相关学科对本学科有两个功能:一是帮助学科定位,确定本学科在人类知识系统中的位置;二是给本学科提供理论与方法等研究资源。我们对相关学科还不认识,怎么能指望得到它的援助呢?

3.1.3 研究的重点

译学发展中需要研究的问题很多,但最重要的是尽快建立一个公信力较强的翻译学的理论体系,这不仅是学科建设的需要,也是人才培养和翻译批评的急需。其主要工作有两项:一是对已有的中外翻译学理论体系进行比较和评估,区分其中的优点和缺点;二是深入开展译学基本范畴及其发展史的研究。两项任务相结合,进而改造旧的或创建新的翻译学理论体系。

3.2　翻译教学、实践与批评

八分册共选录文章 39 篇,分为翻译教学、翻译实践和翻译批评三部分,前两部分均涉及理论、方法和技巧,只有第三部分只涉及方法和技巧。这是由于这一部分的"理论"主要涉及批评的标准,为了减少重复,我们把它归入了七分册。这是翻译的三个传统的应用领域,从业者众多,积累了丰富的经验,但较多的人由于缺少研究意识,所以高水平的研究成果并不很多。不过 30 年来这三个领域的研究都有不同程度的开拓与发展,对学科的发展起到了促进作用。

3.2.1　翻译教学研究

翻译学作为独立学科正式进入高等教育本、硕、博系统是这个领域的最主要的成绩,它对学科的研究与发展会起到极大的推动作用。目前的主要问题是这三个层次翻译人才的知识结构如何建构,也就是急需制订、设计或编写分层次、成系统的培养目标、培养模式、教学计划、教学大纲、教材等。这个问题应该成为该领域今后研究的重点。我们的理论研究应该很好地为这项任务服务。

3.2.2　翻译实践研究

30 年来翻译实践发生了很大变化,最突出的是:(1)各类文体翻译范围之广数量之多都是空前的;(2)汉译外的任务空前繁重。我们当前的问题除人少、任务重之外,主要是译文语言质量不高,译文不得体,文学、新闻、社科、应用文等多类文体界限不清。因此,今后要努力提高译文语言质量,大力开展各类文体对比研究,把研究成果编入教材用于人才培养。

3.2.3　翻译批评研究

我们曾经简要论述过翻译批评(杨自俭 2006),现在选其中一个问题再次重申。随着翻译事业的发展,翻译批评也发生了很大变化。最突出的表现是范围扩大了:(1)批评的对象从译文扩大到译者、翻译过程、翻译理论等;(2)译文批评从文学翻译扩大到各类不同文体的翻译;(3)译文文体批评从忠实于原文的译文扩大到译文的各类变体如编译、摘译等。批评对象及其类型与层次的扩大打破了原有的批评标准,因此要有力地推动翻译批评的发展,就必须研究和建立各类批评标准,这是翻译批评领域中一项基础工程,应该成为今后研究的主要任务。

上面我们简要论述了对英汉对比语言学、对比文化学和翻译学这三个学科在过去 30 年间取得的主要成绩、发展中存在的问题,以及今后研究的重点,权作八本系列文集的"总序"。回顾过去,展望未来,我们笃信,只要我们在各个领域的研究中处理好中与外、古与今、理论与实践、微观与宏观、个性与共性、思辨与量化等这一系列的复杂关系,就能有力地推动这三个学科的发展。

涵盖这三个学科的八本文集不久就要跟读者见面了,这是八位分册主编一年多辛勤选编的结果,每册的选文、编者札记、综述以及附录都充分体现了分册主编宽阔的学术视野、较高的研究水平和认真的工作态度与作风。在选编过程中我们深刻体会到选编高水平论文集很不容易,作为总主编我们尽管已经尽力尽责,但在选文的标准、书名的确定、栏目的划分、札记与综述的写法、本领域重要论著目录的筛选,以及体例格式的规范等各方面的把握上我们都深感鞭长莫及,力不从心,八本文集中存在的错误与缺点都是我们水平和能力的暴露,其责任主要应该由我们来负,诚恳希望读者批评指正。

参考文献

[1] 董秋斯,1951,论翻译理论的建设,见罗新璋编《翻译论集》,北京:商务印书馆,1984,536—544。

[2] 桂乾元,1986,为确立具有中国特色的翻译学而努力,《中国翻译》第 3 期,12—15。

[3] 黄　龙,1988,《翻译艺术教程》,南京:南京大学出版社。

[4] 姜椿芳,1986,团结起来,开创翻译工作的新局面,《中国翻译》第 4 期,7—12。

[5] 刘宓庆,1989,论中国翻译理论基本模式,《中国翻译》第 1 期,12—15。

[6] 刘重德,1998,加强理论研究,促进学科建设——中国英汉语比较研究会第 2 次全国学术研讨会开幕词,见刘重德主编《英汉语比较与翻译》,青岛:青岛出版社,1—4。

[7] 罗新璋,1982,我国自成体系的翻译理论,见罗新璋编《翻译论集》,北京:商务印书馆,1984,1—19。

[8] 潘文国,1997,《汉英语对比纲要》,北京:北京语言文化大学出版社。

[9] 潘文国、谭慧敏,2006,《对比语言学:历史与哲学思考》,上海:上海教育出版社。

[10] 潘文国、杨自俭,2008,选文 19【编者札记】,见潘文国、杨自俭主编《共性·个性·视角——英汉对比的理论与方法研究》,上海:上海外语教育出版社。

[11] 谭载喜,1988,试论翻译学,《外国语》第 3 期,22—27。

[12] 徐通锵,1991,《历史语言学》,北京:商务印书馆。

[13] 徐通锵,1997,《语言论》,长春:东北师范大学出版社。

[14] 徐通锵,2004,《汉语研究方法论初探》,北京:商务印书馆。

[15] 徐通锵,2008,《汉语字本位语法导论》,济南:山东教育出版社。

[16] 许余龙,1992,《对比语言学概论》,上海:上海外语教育出版社。

[17] 许余龙,2002,《对比语言学》,上海:上海外语教育出版社。

[18] 杨自俭,1989,关于建立翻译学的思考,《中国翻译》第 4 期,7—19。

[19] 杨自俭,1994,关于建立对比文化学的构想,《中国文化研究》春之卷,51—55。

[20] 杨自俭,1999,关于中西文化对比研究的几点认识——英汉文化对比与跨文化交际学术研讨会开幕词,见罗选民主编《英汉文化对比与跨文化交际》,沈阳:辽宁人民出版社,2000,1—8。

[21] 杨自俭,2002,《译学新探》,青岛:青岛出版社。

[22] 杨自俭,2006,简论翻译批评,《解放军外国语学院学报》第 1 期,52—54。

[23] 于根元,1999,《应用语言学理论纲要》,北京:华语教学出版社。

[24] 张志公,1993,非常需要一种桥梁性学科,见刘坚、侯精一主编《中国语文研究四十年纪念文集》,北京:北京语言学院出版社,1993,313—319。

[25] 周有光,1998,《比较文字学初探》,北京:语文出版社。

目　录

一、　理论与方法

I. Theory and Methodology

二、 综合研究

II. Comprehensive Studies

冲突·互补·共存——中西文化对比研究

三、 语言交际研究

III. Linguistic and Communicative Studies

冲突·互补·共存——中西文化对比研究

四、专业研究

IV. Specialized Studies

中西文化对比研究综述

A Survey of Contrastive Studies on Chinese and Western Cultures

左　飚

这是一本中西文化对比论文集。我们把中西两种文化进行对比,目的并非判定孰优孰劣,而是为了促进了解,加强交流。在中西文化交流的历史上,曾经有过两种极端的观点:要么极度崇尚西洋文化,力主全盘实行"西化";要么绝对维护中国传统,竭力防止西方文化"入侵"。其实,崇洋媚外和自大排外,是在文化交流中缺乏自信的两种极端表现。西方的月亮并不更圆,东方的太阳也有黑子,两种文化唯有取长补短,加强交流,才能各自增添活力,共存于世界,也才能创造出更加灿烂的人类文明。中西文化对比只有以这样的心态进行,才能做到比较客观,比较深刻。我们用《冲突·互补·共存》这一书名,也正是基于文化交流的这一历史必然。

1. 文化交流的历史必然

1.1　文化冲突

文化交流,冲突在所难免。不同的观念信仰、不同的思维方式、不同的传统习俗、不同的行为模式,必然会在交流中互相碰撞,产生冲突。这种冲突,如果发生在个人身上,可能表现为人们对于异质文化在思想上的不解、困惑、震惊甚至愤怒,以及在行动上的迟疑、排斥、指责和抵制;如果发生在文化群体之间,则可能表现为异质文化的互相封锁、拒斥甚至对抗,战争便是这种对抗的最高形式。若两种文化有强势、弱势之别,则有可能出现强势文化强行传布所引起的激烈冲突。若某一文化群体抱有文化中心主义观念,认为自己的文化独优,傲视其他文化,也必然会产生与其他文化的冲突。

在我国历史上,文化冲突由来已久。夷夏之辨,是我国出现最早的文化冲突,在4 000多年前的夏朝便已开始。战国以后,随着诸子百家的蜂起,道家、墨家、法家等向儒家提出尖锐的挑战,中国文化始出现多元发展的局面,但这种积淀在民族意识中的夷夏观念,遇到特殊的历史环境,仍会以不同的形式出现。儒佛之争,是文化冲突在我国的又一重大表现,两晋南北朝时期反佛达到了十分激烈的程度,即使在佛教鼎盛的唐朝,反对、排斥的声音也此起彼伏。明清闭关禁耶,开始展现了发生在中国大地上的中西文化冲突,尤其是康熙晚年连颁禁令,逐渐发展成雍正之后的完全闭关锁国,禁绝西方文化的传入。近代农民运动与西方列强的侵华战争,是中西文化冲突最激烈的表现形式。如果说太平天国起义是宣扬西方文化(传播或利用基督教)的暴力革命,义和团运动则是抵制西方文化的暴力革命,两者都是中西文化冲突带敌对、仇恨情绪的表现形式。鸦片战争、八国联军侵华战争等西方列强发动的多次战争,是"坚船利炮与刀矛弓箭之战",两种文化已不在同一个水准。西方国家用先进武器打开中国闭关锁国的大门,这既是军事入侵,也是文化的强行传布,是文化冲突的极端表现形式。

1.2　文化互补

在文化交流中,文化融合与文化冲突几乎同步发生。文化共性,是不同文化进行交流的基础;文化互补,则是异质文化互相融合的前提。不管生活在什么历史时代,也不管生活在什么地理区域,人们都有大致相同的视、听、嗅、味、触等各种感觉,大致相同的喜、怒、哀、乐、爱、恶、欲等各种情感;也有大致相同的生存、性爱、人际交往、获得尊重等生理和心理需求,以及满足这些需求的愿望和行动;还有大致相同的进行逻辑思维与形象思维的能力。这些"大致相同",使具有不同语言、文化背景的人们能够互相理解,使不同文化之间的交流成为可能。另一方面,对于同样的事物,具有不同文化背景的人们可能在观点、感觉、需求、评价和愿望上有正反、强弱、多少、高低、大小的差异,这些差异在正常的文化交流中成为互补的动因。

文化,作为人类活动的方式及产物,本身就具有很多超地域和超时代的共同性。文化又具有极强的渗透性及可融性,随着全球经济一体化的进程以及通讯、交通、媒体技术的飞速发展,当代不同文化之间的交流日趋频繁,其规模之大、范围之广、速度之快及影响之深为任何时代所无法比拟。不同文化在"地球村"中互相影响、互相吸收、互相借鉴,已成时代的潮流。

不同文化的交流,是各种文化保持其发展活力的源泉,中国文化也正是在不断吸纳、受容外来文化的基础上才取得自身演进的活力。2 000多年前,中原"诸夏"文化吸纳了早先被认为是"夷"、"蛮"、"戎"、"狄"之邦的秦、楚、吴、越等的优秀文化,才会形成秦汉大一统的丰富多彩的中华文化。唐朝贞观年间所推行的儒、释、道三教合一和华夷一家的文化融合政策,创造了贞观盛世的灿烂文化。明朝利玛窦等传教士在中国的传教活动,开了中西文化交流的先河。当今中国大开国门,坚持全方位对外开放,以前所未有的博大胸襟受容世界各种文化,在取长补短的文化融合中铸造中华文化的再度辉煌。

1.3　文化共存

多元文化共存,既是文化多源所致,也是文化发展的必然。人类先祖居住在地球的不同区域,为生活而适应不同的地理环境,就必然会形成以各不相同的行为模式和思想观念为特征的不同文化。这些特征各异的文化,起先在因高山大海阻隔而互不往来的情况下共存于世界,并以各自独特的方式向前发展。

随着交通工具的出现、商业往来的增加以及军事冲突的发生,不同文化之间开始了自觉或不自觉、主动或被动的交流,文化的共性增加。然而,文化共性的增加不应该也不可能以文化个性的泯灭作为代价。在未来的岁月里,绝不会出现一个单一的普世文化,而必然是多元文化共存共荣的局面。各民族的文化虽有种种差异,但就其价值而言绝无优劣之分,它们都是平等的,世界不应由任何一种文化来主宰。"最民族的也是最世界的"这句话依然正确;没有民族文化的独立,就没有真正意义上的全球化。文化的多样性犹如自然界生态的多样性一样,是人类文明可持续发展的源泉。

2. 文化对比分类

2.1 分类的必要性

进行文化对比研究,还必须解决一个分类问题。周有光先生(1998：1)说:"比较引起分类,分类形成系统,比较、分类、系统化是知识进入科学领域的重要门径。"杨自俭先生也在多种场合呼吁,并曾亲自对笔者说过,文化对比研究者要有理论意识,要把文化对比当作一个学科来设想,把这个学科的分类提高一步,为今后的系统化建设作出贡献。杨自俭先生所说的学科分类,是指把文化对比当作一个学科来进行分类,从而做到文化对比研究的系统化,这与不少文化学者关于文化类型的论述既有联系又有区别。

覃光广等人(1988：142)认为,文化类型是"对各种文化进行分类的术语",凡是"一种以经过选择并相互起作用的各特征或各组特征为主要内容的文化结构,即是一种类型。"周洪宇等人(1988：45)把文化类型界定为"对文化形态所做的划分"。魏承恩(1987：18)在《文化分类面面观》中曾对国内有关文化分类的论说作过大致的综述。

2.2 按层次、内容、时间、空间等分类

文化按上下层次分,最高层是世界文化或"一般文化",第二层是民族文化,第三层是阶级文化。按内容或里外层次分,则有物质文化、制度文化、精神文化等。按照人类把握世界的不同方式分,则有认识文化、审美文化、价值文化等。按结构分,可分为一元文化、多元文化,多元文化又有主文化、亚文化、反文化等。按时间分,则有前现代文化系统、现代文化系统和后现代文化系统等。按空间范围分,则有本土文化、外来文化、大陆文化、海洋文化等。按照文化同一定生产方式的内在联系进行划分,则有农业文化、工商文化、信息文化等。此外,还有所谓精英文化、大众文化、科学型文化、人文型文化等不同划分。

2.3 按社会形态分类

赵常林、林娅(1987：92)在《马克思主义文化学》一书中,按社会形态

把文化划分为:阶级产生以前的原始文化;阶级对抗社会中的文化;社会主义及其未来共产主义的文化。而阶级对抗社会中的文化又分为奴隶制文化、封建制文化和资本主义文化。

2.4 二元分类

还有人对文化进行二元分类:按文化来源,分为外来文化与本土文化两类;按大众口味,分为趣味文化与乏味文化两类;按文化创造的精致度,分为精致文化与平凡文化两类;按社会功能,分为技术实用性文化与人文艺术性文化两类等。

2.5 着眼于文化对比研究的分类

以上关于文化分类的论述对于我们多角度、多层次、多方位地审视、研究文化不无裨益,但本书是文化对比论文集,我们仍然需要从对比这个特殊视角出发,从建立文化对比学科这一意识出发,探讨文化对比的分类。诚然,文化对比研究也可按上述的层次、结构、认识方式、时空或社会形态等方面进行,但上述分类没有涉及文化对比的理论与方法等,因而作为文化对比的分类尚有欠缺之处。杨自俭先生(1996:616)提议把文化对比分为四类:对比理论与方法;语言交际文化对比;专业文化对比;综合性对比。对比理论与方法,就是用于学科研究的理论与方法。语言交际文化对比,包括言语交际文化(语言各层面的文化因素)和非言语交际文化(身势、信号、标记等)对比研究,也可包括跨文化交际研究。专业文化对比,就是把各个具体学科作为一种专业性的文化来对比,包括哲学、美学、文学、法学、伦理学的对比等,还包括对文化史、学科史、价值观、人生观、思维方式等的对比研究。综合性对比,则是鸟瞰式的整体性对比研究。这样分类,四部分界限比较清楚,而且有了系统性,为本书所采用,本书所收论文的篇目即按此分类法排列顺序。

3. 中西文化对比研究的历史发展阶段

尽管中西文化交流始于西汉开辟的丝绸之路,但我国真正对中西文化进行对比研究是在鸦片战争西方强行打开中国国门之后。挑战引起思考,政治、经济的变革促进文化研究的兴起。我们认为,中西文化对比研究大体可分为四个阶段。第一阶段(1840—1919)从鸦片战争至五四运动,对比研究以"洋务派"与"维新派"的论争为其主要特点;第二阶段(1919—1949)从五四运动到新中国成立,"全盘西化"与"中国本位"、单元文化与多元文化的论争成了对比研究的主流;第三阶段(1949—1978)从新中国成立到文化大革命结束,是中西文化对比研究的相对沉寂期;第四阶段(1978—今)从文化大革命结束至今,是对比研究再度升温到逐步系统化的时期。

3.1 器物层研究—制度层研究

中西文化对比研究的第一阶段实际上是从文化的器物层研究到文化的制度层研究的演进。强行打开中国大门的外国坚船利炮,首先使人们感到中国的战败是由于装备的落后。魏源在其《海国图志》中提出"师夷长技以制夷"的口号,主张学习西方的军事技术。以曾国藩、左宗棠、李鸿章为代表的洋务派发起了学习西方工艺技术以弥补中国器物文化不足的洋务运动。这一阶段中张之洞提出的"中体西用"论,强调变器不变道,成了中西文化对比研究界长期以来研讨、争辩的话题。清政府在甲午海战中的溃败使康有为、梁启超等有识之士感觉到仅改造器物并不能真正地富国强兵,而必须变法维新,学习西方的政治制度和文化教育制度。康有为力主变法,梁启超著《变法通议》,严复译《天演论》,孙中山进而提出三民主义,主张彻底推翻君主制度,学术界有关中西文化对比的研究由器物层进入制度层。

3.2 制度层研究—思想观念层研究

波澜壮阔的五四运动标志着中西文化对比研究第二阶段的开始。清王朝的推翻与社会制度的变革并没有立即使人看到民族复兴的希望。中西文化对比研究进而从制度层向更深的层次,即思想观念层次推进。"西化"思想萌发于维新时期,在谭嗣同的《仁学》里已初见端倪。胡适、陈序经、张佛泉等是五四时期"西化派"的领军人物,他们主张"师法外国","全盘接受这个新世界的新文明"。国粹派的行政首脑是邓实,文字主帅是刘师培,精神领袖是章太炎,他们提出"研究国学,保存国粹"的口号。到了30年代,"西化派"与"国粹派"的论争发展为"全盘西化"与"中国本位"的论辩高潮。"中国本位"派提出在纵的方面不主张复古,在横的方面反对全盘西化,根据中国本位,采取批评态度,应用科学方法来检讨过去,把握现在,创造将来。梁漱溟、熊十力、马一浮、张君劢四大儒者与王新命、何炳松等十位教授可看作是本位派的代表人物。"西化派"认为中西文化差异是时代性差异,是古今之异,他们坚持的是单元的文化演进模式;而钱穆、梁漱溟等人认为中西文化差异是本质之别而非程度之异,中国文化的路径不同于西方;因而,这一阶段的文化对比研究也表现为单元文化与多元文化的论争。

3.3 相对沉寂期

新中国成立以后,我国文化界致力于系统介绍马克思主义与苏联、东欧文化,而英、美等西方国家对新中国实行政治与经济封锁,一般意义的中西文化交流十分冷清。后来国内政治运动不断,及至文化大革命极"左"思潮泛滥,这一阶段中西文化对比研究相对沉寂。

3.4 逐渐形成系统化研究

文化大革命结束以后,极"左"思潮不再占统治地位,尤其在十一届三中全会以后,改革逐步深化,开放不断扩大,中西文化交流空前活跃,人们长期被禁锢的思想也得以解放,中西文化对比研究再度升温,甚至一度出现文化比较热。经过一段时期既热烈又冷静的探索,对比研究渐趋系统化,逐渐走向成熟(详见下文)。

4. 近30年中西文化对比研究断代简述

本书以近30年为论文收录的范围,主要收入1977—2007年这一阶段发表的论文,但也少量收入以往发表而又影响较大的文章。最近的30年,跨越了四个日历年代:20世纪70年代末、80年代、90年代和21世纪初。我们不妨就以日历年代为划分时期的依据来回顾近30年文化对比研究的概况。

4.1　70 年代末：开始解冻

20 世纪 70 年代末,使全国各行各业尤其是文化事业遭到新中国成立以来最严重挫折和损失的文化大革命刚刚结束,冻结了多年的中西文化交流渐渐开始解冻。虽然 1978 年党的十一届三中全会的召开使人们看到了文化复兴的曙光,但由于十年动乱带来的严重政治、经济和社会问题积重难返,受到灾难性打击的文化工作更是举步维艰,一两年内难以迅速复苏,因而这三年中西文化对比研究处于沉寂即将结束到热潮出现的过渡时期。除了少数专业文化工作者以外,涉足这一领域的人很少,本书也未能收录这一时期的论文。

4.2　80 年代：文化名人引领潮流

闸门一经打开,流水必然汹涌。国内政治、经济的变革和对外开放带来了文化心理的变化;西方文化的涌入,出现了与中国文化截然不同的参照系统,引起人们对自身文化的反思和再估价。在这样的历史背景下,20 世纪 80 年代中西文化对比研究迅速升温,三五年内便形成了一股"文化比较热"。1986 年,中国文化书院举办了海内外数千人参加的中西文化比较讲习班,邀请国内知名学者梁漱溟、周谷城、季羡林等,海外华裔学者邹谠、杜维明、成中英、赵令扬等以及美国学者魏斐德等担任导师,在全国掀起了一股规模宏大的文化对比研究浪潮。连《世界经济导报》(1986.1. 20)也在头版位置报道了中国的"文化热点"。据不完全统计,80 年代发表的中西文化对比研究论文有 150 余篇,虽然绝对数量不算多,但其中很多出自著名文化学者之手,社会影响甚大。

4.3　90 年代：团体意识及学科意识增强

80 年代是由文化名人引领了文化对比研究的潮流,而 90 年代被这一大潮吸引的弄潮儿则不仅有文化界的学者,而且有大专院校的师生及广大普通民众,而且后者人数有不断上升之势。90 年代可统计的中西文化对比研究论文也由 80 年代的 150 余篇猛增至 550 余篇。团体意识及学科

冲突·互补·共存——中西文化对比研究

意识增强是这一时期中西文化对比研究的显著特点。

团体意识增强表现在研究者不再满足于散兵游勇式的研究,而是自发地组成学术团体,发挥集体研究的优势。这一时期在北京、上海、南京、长沙、济南、杭州、武汉、哈尔滨等地纷纷成立了以"文化比较"、"比较文化"、"跨文化交流"、"跨文化交际"、"中外文化交流"等命名的学会、协会或研究会等民间学术团体,如"东西方比较文化学会"、"全国中美比较文化研究会"、"中外语言文化比较研究会"、"中外文化交流协会"、"中美加文化交流协会"、"中西哲学与文化比较研究会"、"中国跨文化交际研究会"、"跨文化交流协会"等等。值得一提的是,以吕叔湘、柳无忌为名誉会长,王宗炎、吴景荣等为顾问,刘重德为第一任会长的中国英汉语比较研究会于1994年在长沙成立。该研究会下设中西文化对比专业委员会,汇聚了国内从事该项研究的很多专家、学者和教授,学风严谨,成果颇丰。以上这些学术团体的会员定期以文会友,资源共享,优势互补,加大了对比研究的深度和广度。本书所收90年代的论文,绝大部分是学术团体成员发表在各类期刊上或文集中的文章。

学科意识增强表现在研究者不再满足于零敲碎打式的研究,而主张从学科建设的高度进行系统化的对比研究。学科交叉、知识融合、技术集成是当代社会的特点,从事跨学科、跨语言、跨文化的研究,反映了90年代学界的新动向。不少学者致力于"对比文化学"、"对比语言学"、"社会语言学"、"跨文化交际学"、"文化语言学"等相关学科的建立。这一时期学科意识的增强为下一时期文化对比研究的全面展开打下了坚实的基础。

4.4 21世纪初: 百花初绽

新世纪的前7年,可以说是中西文化对比研究的百花初绽时期。据不完全统计,短短7年中发表的文化对比论文有1480余篇,几乎是80年代的10倍,90年代的3倍。还有很多博士、硕士论文不在统计之列。如果说80年代的"文化比较热"主要表现为名人研究、众人学习的热潮,那么新世纪初的"文化比较热"则是众人参与研究的热潮。由于众人的参与,对比研究的范围不断扩大,向纵深发展的潮流汹涌澎湃。

5．近30年中西文化对比研究的成果

5.1　理论与方法研究初见端倪

文化对比研究的第一、第二阶段属于应用研究阶段,无论从器物层到制度层,还是进而到思想观念层的研究主要着眼于在救国方略中如何应用西方文化的先进成分,研究方法则隐含在学者们各自的研究过程之中,系统的超越功利的理论与方法研究鲜有出现。

20世纪60年代开始,方法论研究在海外华人学者中兴起,比较突出的有旅美学者黄文山(1968:32)的《文化学的方法》,系统评介或提出了历史叙述法、心理统形法、因果功能法、理则评价法及科学比较法等方法。国内的理论与方法研究开端于80年代中期,随后逐渐有所发展。很多学者对严复、梁启超、胡适、蔡元培、林语堂、钱穆、冯友兰、梁漱溟、郭嵩焘、蒋梦麟等人的文化比较模式进行反思,探讨行之有效的文化对比方法。梁治平、王秀青、周安伯、邓晓芒等人都有相关的论文或专著问世。

本书在第一栏目共收录王元化、叶朗、吴森、杨自俭、戚雨村和罗选民等人的7篇论文,他们分别在80年代、90年代从不同角度探讨了文化对比的理论与方法。

王元化的《关于东西文化比较研究》是根据其本人于1986年5月在杭州的讲演整理而成的。时任东西文化比较研究中心主席的王元化首先分析了我国文化研究中断30余年的原因,接着提出文化研究的方法。他指出,不能以儒家思想作为涵盖中国文化传统的变中之常,而应把民族创造力、心理素质、思维与行为方式以及价值观念作为构成民族文化的恒久性内在要素。王元化阐述了自己关于对待马克思主义"离经不叛道"的观点,强调"离经才能发展马克思主义,而发展马克思主义,正是为了坚持走社会主义道路。"他主张在中西文化交流中"一定要避免那种中体西用、和魂汉材的做法,避免那种挖眼睛削鼻子的办法。"可以说,这篇论文是我国文化对比研究沉寂多年以后的一声响雷。王元化与其他文化名人一起,成功地引领了80年代的"文化比较热"。

北京大学哲学教授、当代美学家叶朗的《中西文化研究的两个问题》一文从美学和文艺理论的角度论述了中西文化研究的着眼点和学风等两个问题。叶朗指出,进行中西文化研究,应该着眼于社会主义的文化建设和马克思主义指导下的各门学科的理论建设。他提倡全面认识事物的学

风,防止片面性,防止错误和僵化。叶朗的文章对于中西文化研究的理论和学风建设有着指导意义。

吴森是海外华人学者,曾任美国加州州立大学教授,并应邀在台湾大学担任客座教席。吴森先生中西哲学的学术造诣很高,他的《哲学与文化的比较研究》一文重点介绍了哲学和文化比较研究的方法,即通观式、局部式、衬托式、批评式和融汇式五种方法,为文化对比研究方法论的探讨开了先河。

1994年,杨自俭较早在中国英汉语比较研究会成立大会上提出关于建立对比文化学的构想,标志着中西文化对比研究进入学科建设阶段。杨自俭(1996:612)指出:"要促进中国文化的发展,就应该把文化研究与当代科学发展思潮很好地结合起来,有效的途径就是开展中外文化对比研究,建立对比文化学。"他还对该门学科的研究对象及结构体系提出了清晰的构想。此后,他又分别在论文《试论英汉文化对比研究》及《关于中西文化对比研究的几点认识》中对理论研究与应用研究等作了进一步的阐述。连淑能在1997年提出关于建立汉英文化语言学的构想,从研究背景、学科性质、学科体系等方面提出了一些初步的设想,并对语言研究、文化研究以及语言与文化的关系等方面作了比较全面的分析,呼应了杨自俭关于学科建设的构想。杨自俭共发表了三篇关于文化对比的论文(本书收录其中两篇),标志着文化对比系统化研究的开端。他的三篇论文互相关联,互相补充,自成系统,堪称文化对比研究学科建设的奠基之作。

戚雨村的《语言·文化·对比》从阐述文化与语言的关系出发,对语言对比和文化对比作了深入的分析。文章指出,文化对比主要从两个角度开展:一个从语言国情学的角度,研究词语的文化内涵;一个从跨文化交际学的角度,分析语言使用的文化背景。文化对比还涉及非语言交际领域。戚雨村认为,语言对比和文化对比这两项研究有理论意义,更具实用价值,值得引起重视并大力开展。

罗选民的《论英汉文化对比与跨文化交际研究》一文主要论述了英汉文化对比研究的任务、英汉文化对比研究与跨文化交际研究的关系以及英汉文化对比和跨文化交际研究的原则与方法。文章指出,英汉文化对比研究或跨文化交际研究将推动语言学进行动态的应用研究而不是纯粹的静态结构描写,使语言和文化的研究更加紧密地结合社会交际,而不是脱离社会交际。文章的这一观点,对于中西文化对比研究及跨文化交际研究具有指导意义和参考价值。

5.2　综合对比研究进展显著

　　中西文化综合对比研究在近 30 年中有长足进展,不仅老一辈文化名人梁漱溟、周谷城、张岱年及海外著名学者余英时、成中英、杜维明等不断有新作问世,一大批后起之秀如邵汉明、刘承华、李中华、周宁、王晓德、赵常林等也都在综合对比研究方面有所建树。本书第二个栏目共收录 10 篇论文,其中 20 世纪初一篇,40 年代一篇,80 年代两篇,90 年代四篇,21 世纪初两篇。这些论文从宏观上对中西文化进行对比研究,辨异同,探渊源,论趋向,从"对比"到"对话",从"冲突"到"融合",直至"和谐的光芒"都有比较精辟的论述。

　　梁启超的《先秦学派与希腊印度学派比较》一文是本书所收录的中西文化对比论文中发表最早(1902)的一篇。梁启超是晚清民初著名的思想家和政治家,被誉为"百科全书式的巨人"。该论文对中西古代学术思想所作的鸟瞰式比较,尤其是关于先秦学术思想在希腊思想的对照中所显现的优劣短长的阐述对于当今的文化对比研究仍有很高的参考价值。

　　梁漱溟先生也是我国文化对比研究的开拓者之一,从事该项研究 60 余年,发表了《东西文化及其哲学》(1921)、《中国文化要义》(1949)和《人心与人生》(1984)等中西文化比较专著,影响甚广。本书破例收录了他于 1949 年 10 月发表的《中国文化要义》中的"中西文化的分水岭"一节。梁漱溟认为,"宗教问题实为中西文化的分水岭。西洋以宗教若基督教者作中心;中国却以非宗教的周孔教化作中心。彼此两方社会构造演化不同,悉决于此。"基督教使西方人大集团生活偏胜,讲求法治;而周孔教化使中国人家族生活偏胜,注重伦理。梁漱溟在他的多部论著中阐发了这一观点,给后人颇多启示。

　　周谷城先生是我国著名的文化史学专家,在年已九旬时还主编《中国文化史丛书》、《世界文化丛书》,于 80 年代末陆续出版。周谷城先生在《中西文化的交流》一文中预言,"今后世界文化的发展,不会是纯粹的东方模式或西方模式,而是会走向综合。"他坚信,文化交流只会使双方的文化更为丰富多彩、更为进步,不会有消极的结果,不会破坏或有损于各自的固有文化。他的预言已被或正在被中西文化交流的实践所证实。

　　北京大学史学教授张广达与周谷城先生一样,都是在 80 年代文化比较热中引领潮流或为热潮推波助澜的文化名人。张广达的论文《唐代的中外文化汇聚和晚清的中西文化冲突》对发生在我国的文化汇聚与文化冲突现象作了发人深省的历时对照和鞭辟入里的分析,是一篇具有独到见地的佳作。

周依萍、李亚舒发表了多篇论文,介绍他们对中西文化比较研究的深入思考。本书收录其中两篇:思考之一分析了"文化发展的新趋向";思考之二进而提出了"未来观与文化观"。两篇论文可以说是同一论题的上下篇,在分析中西文化不同倾向的基础上,预测了两种文化的融合趋向,并以对人类未来的预测为基础,为未来的文化提出了一个新的概念——科学人文文化。

钱穆先生是学贯中西的大师级著名学者,对中西文化曾做过见解独到的对比研究。本书未能收录他本人的论文,但陈勇的《从钱穆的中西文化比较看他的民族文化观》一文,使我们能够间接而又概括地了解钱穆先生关于比较中西文化异同应着眼于张扬民族文化个性的主要观点和他所采用的"历史实证"的研究方法,并从作者的评介中认识到钱穆先生弘扬中华文化的民族精神以及他所倡导的地理环境决定论的局限性。

张从益的《和谐的光芒与魅力》一文着重论述中西文化的融合,是本论集中为数不多的异中求同的文章之一。文章从正反两个方面说明和谐的必然性,指出和谐是生物进化与人类进化的必然产物。文章以对中西文化矛盾与融合的反思证明,和谐有着永恒的生命力,使人们看到中西文化合流的曙光。

左飚的《环性与线性:中西文化特性比较》一文从线分环合、线单环整、线伸环旋、线切环综等特点出发,在宇宙观、核心价值观、时间观、思维模式和语言表达五个方面对中西文化的特性作了宏观的对比分析。文章的英汉两种文本曾先后在英国的语言刊物、美国的哲学刊物以及国内的社会科学刊物发表或转载,其观点受到众多国家的读者的认同。

张后尘在其论文《从文化对比到跨文化对话》中认为,跨文化对话远远超出一般意义上的跨文化交际范畴,对东西方文学、艺术、哲学、宗教等重要学科的探讨,正是广阔的跨文化对话的中心。他指出,从事跨文化对话研究是时代的召唤、历史的重托,而求同存异是跨文化对话的基础,并呼吁广大学者"把握价值观念,加强不同文化的互补研究"。

5.3 文化与语言、交际的关系备受关注

语言是文化的载体,也是文化交流的工具,它本身又是文化的重要组

成部分。文化与语言、交际的关系历来受到人类学家、心理学家、社会学家和语言学家的高度重视。近 30 年来，由于文化对比研究的深入，学者们对文化与语言、交际的关系的研究更加关注。据不完全统计，这段时期发表的有关文化与语言关系的论文有 1 200 余篇，有关文化与交际关系的论文有 8 000 余篇，还有罗常培、邓炎昌与刘润清、王福祥与吴汉樱、顾嘉祖与陆昇、申小龙、王振亚等人以《语言与文化》或《文化与语言》为书名的专著或论集，胡文仲、贾玉新、窦卫霖、宋莉、金惠康、尹丕安、朱晓姝等人有书名中有"文化与交际"或"跨文化交际"字样的专著或论集，可谓盛极一时。

本书第三个栏目共收录九篇论文，其中 30 年代一篇，90 年代四篇，新世纪初四篇。这些论文或论述语言运用中的文化差异，或分析语言差异的文化内涵，或多角度地阐明语言与文化以及语言与跨文化交际的关系，对于从事语言与文化关系研究的学者有较高的参考价值。

朱光潜是我国著名的美学家，他在 30 年代对西方近现代美学思想作了较系统的介绍和研究，在 82 岁高龄的情况下还写就"暮年心血"之作《谈美书简》，在美学界产生深远影响。朱光潜的论文《中西诗在情趣上的比较》在人伦、自然、宗教和哲学等题材方面论述中西诗歌柔性与刚性的情趣差异及其文化内涵。文章不仅分析透彻中肯，其优美的文字也给人以美感享受。本书还收录了冯颖钦的《汉诗英诗，其艺略同》和汪榕培的《两种文化，两种田园诗》。前者从虚与实、情与景、动与静、人与物等方面论述英、汉诗歌艺术手法的共同点，印证了文化的普遍性；后者以马洛和陶渊明的诗歌为例，论述英、汉诗歌理想主义和现实主义的差异，引证了文化的特殊性。三篇论文互相补充，形成系列，可作为中西诗歌对比研究者值得借鉴的参考文献。

人类是"符号的动物"，符号，包括语言、礼仪符号和其它非语言符号，可以帮助有着不同文化背景的人交流经验，但也可能造成跨文化交际的困难。刘英凯的《符号学与跨文化交际》一文阐明了符号与文化的关系，并论证了文化和所指意义、语用意义及语言内部意义等不相重叠的可能性，对于避免跨文化交际的障碍具有积极的借鉴意义。

王宗炎的《自我认识与跨文化交际》一文以幽默风趣的笔触和深入浅出的文字论述了在跨文化交际中认识自我的正确态度。他认为"求同存异是需要的，互谅互让是应该的，但是妄自菲薄，奴颜婢膝，却不应该提倡"。这一观点不失为在跨文化交际中值得人们遵循的一条原则。

林汝昌、李曼珏的《中西哲学观对汉英语言之影响》一文论及哲学与语言的关系,从中西哲学的整体性与分析性、内倾性与外倾性的对照中分析汉语的弹性模糊与英语的系统规范二者差异的哲学依据,为我们进一步探讨语言与哲学以及语言与思维的关系提供了一个新的视角。

王宾的《论概念互涉性——东西文化"关键词"批判》是一篇从词语的细致分析出发论述文化的宏观研究的以小论大的文章。王宾从文化关键词批判入手,重点以"美"和"经验"二词为例,深刻地阐述了"概念是各种关系的汇集点"这一命题,并创造了"概念互涉性"这一术语。他指出,概念互涉不能局限于哲学话语实践,而一定要进入生活世界,这为文化关键词的研究大大扩展了空间。

谭慧敏和左飚的《语言选择与文化认同》一文以新加坡华人这一特殊族群为例,既展现了土生华人语言改变而文化延续的现象,也分析了新加坡建国以后文化的流失和回归与语言的淡化和强化几乎同步发生的现象,这两种独特现象为我们探讨语言与文化的关系提供了不可多得的特例。

蒙兴灿、吴树奇在其论文《语言多元、文化多样与译者的使命》一文中强调在全球化背景下维护"文化多样性"的重要意义,认为语言多元是维护文化多样的首要条件,指出翻译是多样文化沟通、传承和发展的调控工具,并呼吁译者发挥主体作用。

5.4 专业对比研究范围大大拓宽

在中西文化交流日益频繁的近30年,文化对比研究已经不再是晚清民初时期忧国忧民的政治、文化精英们的专利,而是跨出仕宦圈,走下象牙塔,成为广大知识阶层广泛参与的活动。由于众人的参与,对比研究不仅有向纵深发展之势,从现象的比较进而进行根源的探索,而且对比研究的范围也大大拓宽,从综合对比研究扩展到分类对比研究,如哲学、美学、文学、史学、法学、宗教学、伦理学、教育学等文化的各个分支领域都有人做比较详尽的对比研究。焦树安、叶朗、乐黛云、庞卓恒、吴大英、陈荣富、陈战国、成有信等人分别在上述各领域作了深入研究,并发表了专著。由于众人的参与,从宏观研究扩展到微观研究,大到宇宙观、人生观、价值观、时间观、思维模式等,小到一个词语演变的文化因素等也都有人做对比研究,研究的范围空前广泛。

本书第四个栏目共收录12篇论文,涵盖众多领域的对比研究,其中涉及哲学的有四篇,思维方式两篇,宗教学、宇宙观、道德观、时间观、女性研究、语义研究等各一篇。这些论文对于拓宽各相关领域的研究视野,促进各相关专业的学科建设都能发挥一定的作用。

张岱年的《中西哲学比较的几个问题》、张世英的《中国传统哲学与西方后现代主义哲学》与刘清平的《中美哲学精神之比较》等三篇论文从不同视角对中西哲学进行了比较详尽而又深刻的对比分析。张岱年一文就思维方式、本体论、哲学根本范畴、天人关系与主客关系以及人生理想等几个问题进行共时比较;张世英的文章中既有中国传统哲学与西方传统哲学的共时比较,也有中国传统哲学与西方后现代主义哲学的历时比较,比较的视角相对集中于"天人合一"和"主客二分"两种主导思想的对照上;刘清平一文论述了中美哲学传统在人本精神和实践倾向方面的相通之处以及在理性精神方面所具有的深刻差异,并进而指出两种文化传统之间互补交流的可行性。

姚小平的《Logos 与"道"——中西古代语言哲学观同异谈》一文通过对中西两个哲学概念"道"和 Logos 所作的详尽、透彻的比较和分析,论述了中西古代语言哲学观的异同。文中所说的"语言哲学观",是指人们对语言与世界、现实、思维的关系的哲学思考,文章用哲学的理论成果来阐释语言的异同,在探讨语言、思维和世界三者的关系上给人以颇多启示。

谢扶雅是中国当代著名的哲学家、文学家、宗教思想家,他留存于世的著述及译文不下千万言,它们至今仍在宗教界、哲学界具有广泛而深远的影响。他的《儒教与基督教教义之比较》一文对两教的上帝观及人生观分别作了细致的比较,指出两教上帝观一神与泛神、祭祀与崇拜的不同,以及两教人生观相对与绝对、道德行为与宗教信仰的差异。文章对两教的精辟分析对于两种文化的综合对比研究也有借鉴意义。

思维方式与文化密切相关,是文化心理诸特征的集中体现,又对文化心理诸要素产生制约作用。本栏目收录了连淑能关于"中西思维方式"的两篇文章,上篇既有关于思维方式的综述,对诸如思维方式的界定、要素组成、各种特点、对象层次、分类依据等都有令人信服的阐述,又对伦理与认知、整体与分析、意向与对象、直觉与逻辑、意象与实证、模糊与精确等十对中西思维方式的基本特征作了深刻的对照分析。下篇进而从哲学角度把中西思维方式归纳为悟性和理性两种类型,并指出各自对语言表达的影响。两篇文章论述全面而又精到,有理有据,自成体系。文章的行文既反映了理性思维的精确和严密,又让人欣赏到悟性表述特有的简洁和音韵美,表现了作者本人两种思维方式的融合。

郑春苗的《中西方的宇宙观及其合流趋向》与周辅成的《论中外道德观念的开端》两篇论文分别阐述了宇宙观和道德观这两个在认识和交际领域起指导作用的根本观念。郑文论述了有机整体论与机械论两种宇宙观的差异以及人们在处理人与人、精神与物质、知与行等关系上的表现,并预言中西宇宙观的合流是历史发展的必然趋势。周文以大量的史实论证了中外道德观念的开端注重礼义或仁义的共通性,并指出人类文化包括道德观念的趋同是文化发展的主要趋势。

熊沐清的《融合与皈依——中西元始时间观的分野》是一篇探讨时间观的论文。作者通过天人合一与天人二分、祖先崇拜与普世主义、人事与拯救三对概念的对比分析,阐述了中西循环时间观与线性时间观的差异,并剖析了各自产生的基础、终极关怀及其对文化诸方面的影响。这是在中西时间观对比研究中,分析得比较深刻、透彻的一篇文章。

左飚和谭慧敏的《语义与文化》一文是以微观的研究方法探讨宏观论题的语义学类论文。文章根据由"同志"的词义演变调查所引发的思考,分析了词义演变的社会、文化因素,指出语义变化既是社会发展、文化需求的产物,又是透视、反观社会文化现实的多棱镜。文章还通过对"同志"、comrade 及 товарищ 三词的词义演变的比较分析,阐明了文化的超地域性特征、词义演变的文化理据性及语义转借在跨文化交流中的意义。

潘建的《中西女性研究特点对比》是关于女性研究的研究,文章从理论构建、革命对象、批评趋势、成就及影响等方面比较了中西女性研究特点,指出了中国女性研究的不足与发展前景,给人以颇多启示。

6. 中西文化对比研究存在的问题及未来展望

6.1　学科建设尚处于起步阶段

尽管各个年代都有一些学者发表有关文化的本质、特征、结构、功能、模式、发展机制以及文化研究的方法、分类、指导原则、基本内容等理论性文章,但是把文化对比作为一个学科的研究尚处于起步阶段。杨自俭先生于 1994 年提出关于建立对比文化学的构想并发表相关论文之后,呼应的学者以及其他学者后续的研究论文为数不多。方法论的研究也只是散见于一些综合研究的论文之中,有一些零星的阐述,专门的研究尚不多见。总之,理论研究,尤其是有关学科建设的系统化理论研究,相对薄弱。

6.2 实证性研究有待加强

中国文化重综合轻分析和长于玄思顿悟而短于科学论证的传统,在中西文化对比研究上的反映便是缺乏实证性研究。目前,关于中西文化对比研究的论文绝大部分是思辨性的,主观色彩较强,难免仁者见仁、智者见智而难以作出令人信服的结论,究其原因是没有解决与文化研究相关的分析工具问题。有些观点或主张反复论辩而始终公理婆理各执其词,若干年后再循环往复。中西文化对比研究如能恰当运用西方文化人类学、社会学等相关学科所采用的科学实证方法,将会获得更加可喜的成果。

6.3 现实文化研究相对短缺

在中西文化对比研究中,大凡提及中国文化,人们总免不了引经据典,以"儒、释、道"为依据纵论短长。有人质疑:追溯文化渊源固然重要,但仅止于此的研究在多大程度上反映了中国文化的真实面貌? 在中西文化零距离交流日益频繁的网络时代,先哲的价值观还在多大程度上指导、决定着当今中国普通老百姓的日常言行? 30年来的文化对比研究,除了跨文化交际研究以外,绝大多数是在理想层面上进行,很少关注现实层面。这一现象如不改变,文化研究就很难对当今中国社会中诸如价值观重建这类重大问题产生积极影响。

6.4 部分研究者的心态尚须调整

心态调整与对比研究的目的相关,目的明确则心态平和而行笔客观,目的不正则偏激之情诉诸笔端。就心态而言,近30年的对比研究固然比"全盘西化"与"中国本位"论辩时期要冷静、成熟得多,但西方文化中心主义或中国文化中心主义的倾向仍然时有所现。对西方文化顶礼膜拜而对中国文化丧失信心者大有人在,而一味陶醉于中国文化"古已有之"的辉煌成绩而不愿正视民族弱点者也不乏其人。如本文开头所言,文化对比研究不应刻意追求判定孰优孰劣,而应以科学的态度和理性的思考来分析和鉴别文化中的积极因素,从而探求今天新文化的构建与明天文化发展的方向。

6.5 展望未来

当今世界,激烈的文化冲突仍然此起彼伏,奉行"文化帝国主义"或"文化中心主义"的某些强势文化试图用暴力征服、摧毁弱势文化,强行输出自诩的优越文化,可以说无一成功的样例,相反自己却陷入对"文明冲突"的恐惧,认为"文明间的冲突将主宰全球政治,文明间的断裂带将成为未来的战线"(亨廷顿,1996)。其实,在全球化的今天,对民族文化尤其是弱势民族文化更具挑战和威胁性的不是战争和暴力,而是信息网络化、生产分工国际化、经济贸易一体化等全球化的进程。就文化的影响而言,因特网远胜于枪炮和导弹。全球化必然导致文化共性的增加,促进不同民族的合作,21世纪必将是多元文化共存共荣、空前发展的新时期。

全球化下的文化多元,其含义不仅仅指"多源"文化的共存,也意味着各种文化对其他民族文化的兼容和必要的吸收。在全球化时代,已不可能有绝对"原汁原味"的纯民族文化,而是在各种文化的互相渗透中融入了外来文化的因素,但这种渗透和融合不是对民族性的否定,而是对民族性的丰富和发展。这样的民族性已经被赋予新的内涵,获得了时代的特性。

随着全球化的进程,国际交流日益频繁,语言中文化因素的研究,也即杨自俭先生所说的"普通交际文化"的研究,将更加深入地开展。这些文化因素涉及日常生活和学校教学中使用的普通词语、普通语用和非语言系统,范围极为广泛,是综合对比、专业对比之外最大的研究领域。

新时期的文化对比研究,在继续做好宏观与微观研究、综合与分类研究的基础上,将着手解决上述的几个问题,加强学科建设和理论研究,加强科学实证研究,加强现实文化研究。新时期的文化对比研究者,要以积极的、健康的心态面对全球化的浪潮,既要克服传统文化不可改变的"国粹主义"狭隘心理,也要克服否定传统文化的"虚无主义"偏见;既要抱有接受多维标准的宽容心态,又必须具有识别真伪、优劣的敏锐目光。我们要在当今规模空前的文化交流、互补与融合中寻求自身文化变革的途径;要在传承传统文化的精粹和吸收外来文化优质资源的基础上进行价值观念的重建,实现文化的整合与创新,以顺应全球化时代文化多元共存的历史潮流。

2008 年 8 月

参考文献

[1] 亨廷顿,1996,文明的冲突,《现代外国哲学社会科学文摘》第 8 期。

[2] 黄文山,1968,文化学的方法,中国文化书院《中外比较文化研究资料》第 16、17、18 辑。

[3] 连淑能,1997,关于建立汉英文化语言学的构想,见黄国文、张文浩编《语文研究群言集》,广州:中山大学出版社,253—273。

[4] 覃光广、冯利、陈朴,1988,《文化学辞典》,北京:中央民族学院出版社。

[5] 魏承恩,1987,文化分类面面观,《书林》第 3 期。

[6] 杨自俭,1996,关于建立对比文化学的构想,李瑞华主编《英汉语言文化对比研究》上海:上海外语教育出版社,610—621。

[7] 赵常林、林娅,1987,《马克思主义文化学》,北京:中国文化书院。

[8] 周洪宇、俞怀中、程继松,1988,文化系统论纲,《华中师范大学学报》(哲学社会科学版)第 6 期。

[9] 周有光,1998,《比较文字学初探》,北京:语文出版社。

一、理论与方法

I. Theory and Methodology

1. 关于东西文化比较研究

On the Comparative Study of Eastern and Western Cultures

王元化

【编者札记】

由于极"左"思潮的影响,中西文化对比研究在我国沉寂了30多年。20世纪80年代末,沉寂一旦打破,蓄积之势迅速形成了"文化比较热"的潮流。曾任东西文化比较研究中心主席的已故学者王元化先生的这篇文章既是"文化比较热"的产物,也可说是引领这一潮流的"破冰"文章之一。

"破冰"是需要勇气的。王元化分析了我国文化研究中断30余年的原因,向文化界提出了"填空"和"追踪"的迫切任务;阐述了自己关于对待马克思主义"离经不叛道"的观点,强调"离经才能发展马克思主义,而发展马克思主义,正是为了坚持走社会主义道路。"文中以海涅的《宗教辩论》一诗为例,对于"以引证代替论证",惯于举大旗吓唬人的懒汉研究法作了非常生动的、带有讽刺意义的描述。在极"左"思潮盛行多年、文化界人士仍然普遍心有余悸的当时,王元化的论断无疑是很有胆略的。

文章认为,尽管文化与政治经济有关联,但文化有其自身的发展规律,有待深入研究,动辄与政治经济挂钩,不利于文化研究的深入开展,这一观点也带有"破冰"的性质。王元化指出,不能以儒家思想作为涵盖中国文化传统的变中之常,而应把民族创造力、心理素质、思维与行为方式以及价值观念作为构成民族文化的恒久性内在要素。

文章批判了"信而好古、述而不作"的传统观念和经生注经的传统研究方法,认为这是扼杀创造力、影响文化发展的研究方法。王元化还主张在中西文化交流中"一定要避免那种中体西用、和魂汉材的做法,避免那种挖眼睛削鼻子的办法"。总之,这篇论文对于文化对比的理论和方法研究有着很大的指导意义。

今天,我很高兴能够有机会和大家一起,作为朋友一样谈谈心,谈谈关于东西文化比较研究中的几个问题。

首先,谈谈文化研究的坎坷经历。

最近一个时期,有一种说法,说好像形成了一个文化研究的热潮,成为一个"文化热"。在我们国内,从建国开始,关于文化的研究和探讨,几乎中断了三十多年,直到最近这几年才逐渐恢复起来。1982 年年底联合国教科文组织的文化丛书编委会,准备编写世界文化史,它委托我们中国参加这种工作的一些人来举行一个讨论会。当时我们千方百计从各个方面去找研究文化的同志,结果勉勉强强凑了二三十人,开了那个会。从那时起到今天,不过是三四年光景,就发展为"文化热"了。

在这次协调会上,大家研究了这个"文化热"的现象,认为在这个课题上要避免一窝蜂。在我们的工作中,在我们的学风中,往往形成这么四个一:一窝蜂、一面倒、一刀切、一言堂,是很不好的。这个文化研究热潮的出现,并非是一窝蜂,确实是基于目前我们在学术上所面临的两方面任务之上的。一方面的任务是填空,就是填补空白。由于长期的极"左"思潮而形成的学术上的中断,在我们的知识界学术领域中,形成了很多空白,比如社会学、遗传学、心理学、人口理论等等。所以我们今天需要进行填空,即把我们过去成为空白点的这种中断了的学科恢复起来。另一方面的任务,就是追踪。由于我们长期处在一个闭关锁国、与外界隔绝的状态,当我们的文化大革命启动的时候,在国外却是科学技术带动下的各方面学术的革命性进展。因此,对于当代世界上科学技术和文化的发展,对于他们的最先进的成果加以追踪,就成为一个十分紧迫的任务。

为什么新中国成立以来,我们关于文化的研究中断了三十多年,其中一个重要原因,就是左的思潮的影响。它集中地表现在对文化研究的认识上。我们当时有这样一句话:"一定的文化是一定的政治经济形态的一个反映。"不错,文化确实是和政治经济有关的。但这种关系并不是那种直线式的简单的一种对应关系。而正是因为这种极"左"思潮之下所产生出来的一种庸俗化、简单化的理解,就把对文化自身发展规律的探讨取消了,以为政治经济一旦变化,文化也随之变化了,有什么样的政治经济就有什么样的文化,只要去进行政治经济规律探讨就足够了,用不着去探讨文化本身的发展规律,并且自认为这种理解就代表马克思主义的观点,就是代表正确的观点。是不是如此呢? 并不然。我们知道,经济的发展和文化的发展呈现着一种不平衡的状态。马克思曾经讲过,经济发展和文化发展是不平衡的,并不是一个直线的决定的关系。并不是说,经济政治一变化,科学就变化,社会往前发展,文化就必然往前发展。假如确实是这样一个直线的变化,那么我们现在的作品应该远远超过希腊的艺术、雕塑,超过文艺复兴时期的绘画和屈原、李白、杜甫的作品才对。但事实并非如此,文化与政治经济的发展是不平衡的。马克思讲过,希腊的这些艺术,我们今天再也创造不出来,它是代表人类童年的一些东西。此外,文化本身是否有自己的发展规律? 尽管文化与政治有着密切联系,但是政治经济的规律却不能代替文化发展的规律。过去有这么一种观点,认为文化与政治经济有密切联系,就可以不去研究文化本身的发展规律,就可以取消文化研究,这就造成了长期以来文化研究的中断。因此,回顾文化研究的坎坷历程,我们应当注意清除极"左"思潮的影响。

这里,我再来谈谈文化研究的一些想法。

在整个民族文化的发展长河中,文化自身也在经历着一个不断变化的过程。它随着时代的不同变化,这里有没有一种共性的东西呢? 就是说在变中有没有常,在异中有没有同的问题。我认为,在整个民族文化传统中,有一种共同的东西存在,这种共性并不因时代的不同、社会条件的改变、社会形态的变更而消失,正像我们所说的民族性一样,是有持续性的。

就这一点,与马克思在《资本论》里曾讲过的人性问题一样。马克思把人性区分为两方面:一方面可以说是属于常的方面,一方面可以说属于变的方面;一方面是同的方面,一方面是异的方面。属于常的或同的方面是什么呢? 就是人性的一般;属于变的或异的方面的,则是在各个历史的不同时期变化了的人性。今天在用马克思主义研究人性的问题时,我觉得马克思这一观点还是有意义的,值得认真思考。西方有个叫弗罗姆的学者,是新的精神分析学派,他在谈到人性时,也接受了马克思关于人性的一般和不同历史时期变化了的人性这一观点,就是从同和异、常和变的观点来分析人性问题的。当然我并不同意他对人性的具体理解。

从这种观点出发,我们需要来探讨一下,构成我们民族文化传统的内容、内在要素是什么,哪些东西可以经历了不同时代、不同社会形态的变迁而还保持它的恒久性、持续性? 当前的研究中,大多数学者用一种哲学思想来涵盖,把我们文化传统中的某一种哲学思想作为我们民族文化传统的核心,认为它具有一种恒久性、持续性,贯穿于从古到今的传统之中。美国的杜维明和所谓新儒家的观点都是这种看法。

这种看法怎么样?儒家思想能不能涵盖中国文化传统成为变中之常?我认为,先秦时期,若用一个儒家思想来涵盖,显然是不能解释清楚的。到了秦,同样也不行。两汉是经学,当时原始儒学已经开始发生变化,经学中已经有了今古文之争。到了魏晋南北朝,儒家定于一尊的局面被打破了。当时佛法东来,从印度输入的佛典,给我们的文化一个冲击,产生了一种新的思潮,成为玄学,当时称为玄佛并用。到了宋明以后,程朱理学、陆王心学,这些哲学虽然属于儒家思想,但心学与佛学关系非常密切。因此,事实上,儒家并不能从先秦贯穿到近代,很多时期都不是以儒学为统治的、主导的思潮的。

我们要研究一个文化传统,当然应该去研究占有重要地位的哲学思想,但哲学思想往往不属于那种常的、同的方面,而属于变的、异的方面。我觉得,应该从一个更高的层次去探讨构成民族文化传统的内在要素。这些内在要素大致有四个方面:

第一方面,就是这个民族的创造力所表现的一种形态。国外讨论文化的有两个代表人物:一个是马克斯·韦伯,德国人,他的主要著作还没有翻译过来;另一个是英国的汤因比。汤因比写过《历史研究》,是比较早的打破西方文化中心论即欧洲中心论的理论家。欧洲文化中心论所主张的文化一元化,是指有一种文化处于最优越的中心地位,这种文化就是欧洲文化。汤因比最早批判了这个理论。约在二次大战时,西方几乎普遍地没有什么中心论了,文化发展的多元论出现了。

汤因比认为,文明诞生的原因就是挑战和应战。一个民族碰见了不论是来自自然,还是来自社会的各种挑战,他怎样采取对策应战,这里必须发挥他的创造性。尽管挑战是相同的,而不同的民族在应付挑战时,往往采取了不同的应战方法,发展了不同的创造力,采取了不同的表现形态,而这个表现形态,是它的民族文化的内在构成要素之一。

第二方面,这是一种心理素质。表现这个民族的共同的心理素质,也是它的文化构成的内在要素之一。

第三方面,就是这个民族所具有的思维方式、抒情方式、行为方式。

第四方面,就是这个民族的价值观念。

我认为,这四个构成民族文化的内在要素,比儒家具有更突出的恒久性、持续性，它们是属于常和同的方面的，基本上可以涵盖我们整个民族文化的传统。

比如，我们拿中国和西方来比较。把古希腊跟我国春秋末期、战国初期相比较，二者都处于同一个社会发展水平上，处于大体相同的时代背景中，但是却显示出两种不同的民族特色。古希腊的自然观，把自然作为一个对象，作为一个客体跟主体分开，对它进行独立的研究；我们中国的自然观则是把自然纳入到以人们的伦理道德为排列次序的体系中来；所谓"天人合一"，就是把自然与人伦视为一个整体。亚里士多德的《诗学》中谈到了自然的模仿说，认为艺术是自然的模仿。而我们中国讲"诗言志"，完全不把自然作为独立的对象来描写。在希腊古代文学中有叙事诗，有史诗，而我们中国没有史诗，叙事诗也很不发达。为什么？这就要跟它们各自的思维方式、抒情方式、心理因素等各方面联系起来。刘勰的《文心雕龙》谈到他的文学观，谈到了"原道"、"征圣"、"宗经"。他有所谓"三才"说，即天、地、人三才。他的"原道"、"征圣"、"宗经"是我国最早的文艺系统理论，但他的说法也就是继承了、总结了先秦时代的一些文学观点，但没有亚里士多德的自然模仿说。所以不论从作品上还是理论表现上，都可以看到这种明显的差别。我们很自然地有这种习惯，就是把一种很抒情的东西也笼罩上一种社会伦理、政治教育的色彩。如《关雎》这首诗，你说它是情诗也好，是抒情的也好，但是把它加上"美后妃之德"，就跟政教伦理联系了起来。这种政教伦理的观念浸透在我们的各个领域，成为主导的东西。梁启超曾说过：西方的政治跟着学术走，中国的学术反过来跟着政治走。确实有这种情况。

这种用政教伦理去笼罩一切的所谓"文以载道、文以明道"，它在不同时代、不同条件下，可以变幻各种服装，但骨子里所体现的始终是这么一种精神。这是一个传统的观念。自从我们有了文学以来，就是这么一种言志载道的东西。当然我们也讲情，但要以理节之，发乎情，止于理，这是我们的诗教。中国的诗词是比较含蓄的，这种含蓄孕育的内容很多，但是它抑制了感情奔放，抑制了感情发泄。中国怎么会出现"红卫兵"这种现象？就是因为长期抑制，等到它一旦冲破抑制，就以一种非常极端的形式爆发出来。但总体来讲，抑制感情奔放是我们的传统。

这种传统一直到今天，还以各种各样的形态出现。比方孔老夫子讲的信而好古，述而不作。所谓道本，所谓信而好古，他一定要尧舜禹汤，一定要摆一大堆祖宗牌位，才能发表一点意见，而这个意见都是根据祖宗的圣人之言,为圣人说话,述而不作。正是由于这么一种思想,所以我们就出现了两汉的经学,一直传到后来。所谓两汉的经学,就是对经典、对圣人的话加以解释。经生注经这种方法一直影响到今天,很多人甚至用它去对待马克思主义。而所谓经生注经,就是必须要有根据,要讲究所谓师说、所谓家法,要讲究所谓一字不敢出入。这种方法哪还有什么前进,还有什么发展,还有什么能使你的创造力充分发挥出来呢?

这里,我想谈谈如何对待马克思主义的问题。

我曾经讲过,我们对待马克思主义,往往不是站在马克思主义的立场上,而是躺在马克思主义的经典上,只是把马克思主义的一些理论,一些话拿出来。马克思主义不是培养懒汉,而是要培养更好的独立思考,培养更强的创造精神。但我们是躺在马克思主义的经典上,用引证来代替论证,这种文章、这种学风,不是在过去的文章里很普通的吗?这种以引证代替论证的做法,在"文革"打语仗时表现得最为突出。从某种意义上讲,我觉得文革也有一个好处,它把我们长期隐藏在内部的一些毛病、弊端,由隐性的变成了显性的,就好像中药一样,一服药吃下去,把你内在的病都表现出来了。过去不以为然的东西,它以一种极端的形式、夸张的形式表现出来,一看非常可笑,就知道其危害性了。我曾和苏联学者谈到思想解放的问题,苏联的理论家说话顾虑重重,但也有个别讲一两句,说他们的教条主义还是很厉害,最大的原因就是因为没有像我们这样的文化大革命。我刚才讲的在某种意义上还有些好处的意义就在这儿。

恩格斯在《自然辩证法》中引用了海涅的一首诗,叫做《宗教辩论》。恩格斯最反对以引证代替论证、一字不敢出入的观点。我曾经说过一段话,赞成钱学森讲的"离经不叛道"。后来我看到《报刊文摘》上写着"王元化讲离经叛道问题",原来是摘自《文学报》,说我主张在思想上不要叛道,在方法上可以离经。这已与我的原意相反了。我这里郑重声明,我不是这个意思。我很赞成钱先生的话,我说是离经。马克思、恩格斯在一百年前作出某些诊断、某个结论,今天不一定再适用了,有些情况他们根本不知道,也没有看到。马克思主义不是预言家,不是算命先生,更不是神仙。在《国际歌》里就讲了没有救世主,也没有神仙皇帝,为什么今天还要把马克思这样看待呢?当然,我们要很好地学习马克思主义。最近我和刘再复谈话时说,你们在谈到方法论时,也不要回避这个问题,应该用马克思主义的观点去进行分析。否则另外一些以正统自居的人会舞着大棍来打你了,说你这个东西是反马克思主义的。所以你不要回避这些问题,站在真理上是无所畏惧的,确实应该如此。

马克思主义是要造就大批很有头脑、很有创造力、能够独立思考的人物。如果马克思主义造就出一批懒汉,那么它的生命力又在哪里? 在经典里你能看到一国两制吗? 你能看到有计划的商品经济吗? 都没有。我们在民主革命时的农村包围城市,经典里也没有。结果我们都取得了胜利,获得了成功。那是什么原因? 就是因为我们不像和尚念经、教徒读《圣经》以及经生注经那样一字不敢出入地对待马克思主义。所以我说,离经并不可怕,有时还非要离经不可。离经才能发展马克思主义,而发展马克思主义,正是为了坚持走社会主义道路。这是我讲的"离经不叛道"的内容。而说思想不叛道、方法可离经,是说不通的。

海涅那首诗讲到的宗教辩论,是两个教派的人在互相争辩,一个是犹太的拉比(相当于和尚或牧师)与另一个辩论犹太的经典《泰斯维斯—钟托夫》,这个拉比开口闭口是钟托夫怎么说,那人说钟托夫也不一定对,拉比说钟托夫你都不信,我没法跟你辩了。恩格斯引了海涅这首诗,并说在辩论里很多人就像犹太的拉比一样,开口就是钟托夫,到了钟托夫就是绝对真理了。

马克思主义没有至善至美,也不像黑格尔哲学有所谓终极的绝对理念,所以马克思主义一定要发展。我曾在一次会上说了这样的话,很多人来批评我,说明明是一要坚持二要发展,怎么把发展摆到前面去了。他们跟我辩论,我说你这么解释,未免有点钟托夫的味道。我不大同意。

我在安徽屯溪开会期间,看了清代乾嘉学派戴震的藏书楼,是梁启超在二十年代修的。戴震是我很佩服的思想家,尽管我们认为乾嘉学派都是一些训诂的老先生,都是所谓注释经书的,但真正有出息的思想家却突破了经生注经的传统。戴震他不讲究什么师说家法,他说酷吏以法杀人,理学家以理杀人,说得非常中肯。所以梁启超评价他,假如没有确凿的证据,不是真理的话,虽圣贤之言不信也。戴震就凭着这种精神,突破了传统的僵化思想的束缚,从而取得了成就。不这样做,怎么能够发挥其创造力呢? 小平同志在文化会议上讲不要横加干涉,启立同志在作协十大上讲要创作自由,我觉得也是这个意思。

龚自珍曾经说过这么一段话,庖丁的解牛、大羿的射箭、伯牙的操琴,是古代的绝技,如果横加干涉的话,你跟庖丁讲,你只许照我的吩咐宰牛,不许多割一刀,也不许少割一刀;假设跟伯牙说,你只许志于高山而不许志于流水;假设跟大羿说,只许东顾而不许西逐,那么,这样一来,神技也就没有了。因此,他主张应该充分发挥创造力,才能有绝技,主张摆脱束缚,对挫伤创造力的东西加以抨击。这段话是很值得我们重视的。

下面再谈点对中国传统文化的分析。

李约瑟在《中国科技史》中曾经讲过,科学技术的发展取决于三个因素:一是理论,二是实验,三是应用。他曾经作过很仔细的统计,画出很多图表,把理论、实验、应用用图表示出来,从中可以看到,长期以来我们在应用上还很发达。在中世纪,我们的科技遥遥领先,四大发明对欧洲有很大的影响,但是理论上是比较落后的。李约瑟说中国在科技上不是强调几何思维,而是重视代数思维,几何讲求证,代数则求算,而求算的思维方式则是不重视逻辑结构的,因此,我们在形式逻辑上还是很缺乏的。当然,我们的《墨经》中有个"三表法",但严格地讲也不是形式逻辑的东西,尽管我们很早就求出了圆周率,天文历算里也有一些数学的东西,但是,由于我们不重视理论,只囿于经验体知,所以,我们的科学技术虽然领先,但是常常要中断。科学技术的掌握与传授,是一种直觉式的意会、经验式的体知,所谓父不能传之于子,师不能授之于徒,只可意会,不可言传,结果对一些高明的技术说不清道理,难以保留下来,使很多东西失传了。《本草纲目》就不是一个理论性的著作,而是相当于图解式的东西。一些医案,没有理论,只是用体知的方法传下去的。我们的针灸麻醉,在临床上取得了很好的效果,但在理论研究上就很差。法国一些医学家做一种试验,把什么东西打到穴道里去进行观察,把它跟我们古代的经络图作比较,通过实验上升到理论。而这一点我们却做得很不够。

在我们的思维方式中,除了不重视理论思维,只注意经验体知的特点之外,还有一个特点,就是把道德伦理放在首位。中国古代的类书,相当于百科全书的萌芽,就充分地体现了这个特点。这些类书没有科学的分类,只是按照帝王、后妃的顺序排列。蝗虫不放在虫类,而与强盗、窃贼放在一起,列在灾疫类。像这种情况在类书中大量存在。并且在内容上,从以往的类书或文献中引证,没有科学的理论说明。这样的类书,对于我们科学技术的进步毫不介意,自然也很难有什么作用。

黑格尔在《哲学史讲演录》中讲到,东方学术比较注重同一性,而不注重个体性,即尚同而不重异,这也是我们思维方式的一个特点。在共性个性关系中重视共性,在个体群体关系中重视群体,在公益私利关系中重视公益。当然,我们应该有整体观念,但是,在我们的传统中则往往走向极端,重视共性则以抑制个体的创造性发挥为前提;重视群体则以抹杀活生生的个人为前提。这点表现得最突出的是"文化大革命"的斗私批修,结果把个人的主体性都给批光了。黑格尔曾经说过,东方哲学里只有自在自为的本体才是有意义的,而个体没有任何价值,只有当个体与本体合二为一时,个体才有存在的价值。但是,如果个体完全消失在本体之中,那么,个体的主体性已经完全消失了,个体就无所谓自己的存在了,更何况个体自身的价值。因此,这一种特点,也是值得研究的。

以下,我想谈一点关于文化传统研究的现实意义,也就是说在今天建设四个现代化的历史条件下,探讨文化问题的实际意义。

中国文化与外来文化之间的融合、消化、吸收是不以人的意志为转移的。从一个文化的角度讲,我们有很多东西都是外来的,如水果里的葡萄,乐器中的胡琴、琵琶等。搞活经济,对外开放,除了在经济上引进先进技术之外,在文化方面也有一个开放问题。这从文化史来看,也有许多经验值得总结。

我国思想史上最大的一次中外交流,是汉代后期一直到魏晋南北朝时的第一次佛学东进。当佛学输入时,碰到一个汉化的问题。玄奘从印度取经回来,他花了很大力气译佛教经典,译得很忠实于原意,结果他的唯识宗几十年以后就失传了。后来流行的禅宗、华严宗、天台宗,则完全是中国化的佛教。外来的文化一定要经过中国化的过程才能存在。不仅中国如此,日本也有这个问题,我们叫"中体西用",日本叫"和魂汉材",以后又变为"和魂洋材"。但是,外来文化的引进一开始则应该忠实于原意,在弄清真实面目的基础上提如何与中国相结合的问题。佛学开始传入中国时,大家翻译佛经,就是用汉化的办法翻译,也就是用儒家的经典著作或用老庄的学说比附佛学的道理。后来到了道安讲解佛书时,道安严禁弟子用外书来比附内典,不许用儒家、道家的东西来解释佛经,就此他们非常认真地把佛书按其本来面目翻译出来,才真正得到了佛经的本意。魏晋时的译场,比我们现在翻译更加认真严肃。后来鲁迅在翻译西方文艺理论和作品时,提出反对挖眼睛抠鼻子的翻译方法,外国人蓝眼睛、高鼻子,一翻译就挖掉了蓝眼睛,削掉了高鼻子,这种方法鲁迅坚决反对。他认为,翻译外国作品就应该带点洋气。他在翻译上的这种讲法有点道理,至少在认识国外的东西方面能弄清真实面目。不弄清楚真实面目怎能去吸收呢?因此,我觉得,文化交流中确实有一个中国化的过程,但是,在了解外来文化时,起初的翻译引进则一定要忠实于原意。上海举行莎士比亚戏剧节,我挺有兴趣,也很喜欢莎士比亚,也发表过一点莎士比亚文艺评论的东西。我听说把莎士比亚用中国戏曲形式表演出来,我不同意,结果遭到很多人的反对。可我觉得,莎士比亚戏剧节头一次举行,我主张道安的办法,要废弃格义不用,不要把老庄哲学串到佛学中去。我同意鲁迅的话,扔弃旧的,带点洋气的还行,不要把圣母玛丽亚改成观世音菩萨。

我们建设社会主义,一定走中国自己的道路,要具有中国自己的特点。但是这个问题值得我们把它弄得更深透些、理解得更清楚些,以纠正和避免一些模糊和偏差。中学为体,西学为用,把体用分割开来,这和我们的中国式道路是两回事。所谓中体西用,道不变器可变的观点,严复当年就已经批评过,指出这种二元论是错误的,还举出一个浅近的例子说明马之体不能作牛之用。"五四"前就有人反对中体西用,在今天有人甚至还有这种中体西用的思想,把它变成中国特色的内容,这就很成问题。所谓坚甲利兵、科学技术引进来,三纲五常、传统观念则为本体,这样到底行不行? 作为科学技术,它的知识结构是整体的一个有机部分,不能把它从整体中割裂下来单独引进,对形成它的整体功能的方面完全忽略排斥。在这方面,历史上的教训值得认真加以研究和总结。因此,究竟如何在文化交流中实现中国化的过程,决不是在形式上涂上或外加上一些汉化的色彩,而要在中国建设的具体实践中,认真地研究和探讨这个问题,但是一定要避免那种中体西用、和魂汉材的做法,避免那种挖眼睛削鼻子的办法。

(本文根据作者 1986 年在杭州举办的"东西文化与中国现代化讲习班"上的讲演整理而成,原载于中国文化书院《中外比较文化研究资料》第 1 辑,1987。)

作者生前为华东师范大学教授。

2. 中西文化研究的两个问题

Two Issues Concerning the Study of Chinese and Western Cultures

叶　朗

【编者札记】

　　当代美学家叶朗的这篇文章虽然讲的是美学和文艺理论的问题,但却是中西文化研究中带有共性的理论问题。文章首先强调,进行中西文化研究,"应该着眼于文化建设和理论建设,不能脱离中国当前的现实"。当今的文化研究,尤其是中国文化研究,仍然有着论古不道今、远离社会现实的倾向,重视文化建设和理论建设的学者也为数甚寡,因而叶朗这一论述具有普遍的指导意义。

　　文章指出,不能把中国美学看做是西方美学的一个分支,更不能把中国美学看做是西方美学某个流派的一个例证,应该对中国古典美学进行独立的、系统的研究。文章认为,不包括东方美学的美学理论,称不上是真正的国际性的学科。叶朗这一观点很有见地,这并不是简单的出于民族自尊的主观情感表露,而是基于大量史实的客观判断。

　　文章所谈的学风问题也带有普遍性。在文化对比研究中,"片面与极端"是一种很有害的学风,是全盘否定某一种文化的根源。叶朗所指出的另一种倾向是用西方名人的话来塞满自己的文章,把自己打扮成深奥莫测的样子,吓唬编辑和读者。纵观当今文坛,此类吓唬人的文章确实不少。"以艰深文其浅陋,以繁博饰其寒俭",这一针见血的批评应该引起广大学者的深思。

我想从美学和文艺理论领域,谈谈中西文化研究的两个问题。

一个是着眼点的问题。

进行中西文化研究,应该着眼于社会主义的文化建设和马克思主义指导下的各门学科的理论建设。在美学领域,我们的着眼点是建设一个马克思主义指导下的、现代形态的美学体系。

从这样一个着眼点,我们对中国传统美学就决不能采取全盘否定的虚无主义态度。

我们这样说,至少有两层理由。

首先,由现代中国人所建立的任何美学体系或美学知识的系统结构,都不应该脱离自己的文化背景。因为脱离自己的文化背景,就必然脱离中国当前的现实。而且,任何属于现代的新思想,或从另一文化中引进的思想成果,其"新"的和"异"的意义,也只有放在中国的文化背景上才能显示出来,这是一层理由,是比较浅层的理由。

还有更深一层的理由。

过去世界各国讲的美学理论,基本上属于西方文化的范围,并不包括东方文化。这样的美学是片面的,称不上是真正的国际性的学科。现在越来越多的人认识到,要使美学成为真正的国际性的学科,必须具有多种文化的视野,必须着重研究东方美学(特别是中国美学)的独特范畴和体系,使西方美学和中国美学融合起来。

中国美学和西方美学分属于两个不同的文化系统。这两个文化系统当然也有共同性,也有相通之处,但是更重要的,是这两个文化系统各自都有极大的特殊性。中国古典美学有自己独特的范畴和体系。西方美学不能包括中国美学。不能把中国美学看做是西方美学的一个分支,更不能把中国美学看做是西方美学某个流派的一个例证,应该尊重中国美学的特殊性,对中国古典美学进行独立的、系统的研究。只有这样,才能把中国美学的积极成果和西方美学的积极成果融合起来,把美学建设成为一门真正国际性的学科,在人类文明中发挥更大的作用。

国外学术界对中国美学的了解实在太少了。我们中国人对西方的了解当然也很不够。但是我们至少还知道狄德罗、莱辛,知道康德、黑格尔,知道别林斯基、车尔尼雪夫斯基,也知道胡萨尔、海德格尔。可是外国人(包括外国知名学者)有谁知道王夫之、叶燮?有谁知道石涛、刘熙载?又有谁知道金圣叹、张竹坡?最近我看到一位国外学者写的《美学思想史》。这位学者在他们国内是美学权威。但是他这本书讲到中国美学和印度美学的部分只有三四页,内容极为贫乏,而且七零八碎,根本不得要领。西方知识界很多人为他们面临的人类生存的困境、艺术的困境和人的价值危机感到焦虑。可是他们不知道,充满着东方智慧的中国传统美学对于他们摆脱面临的艺术困境和精神危机,却可能在某些方面提供极为宝贵的启示。西方知识界对于中国美学这种隔膜和无知,实在是很大的憾事。看来,建设一门真正具有国际性的美学学科这样一个历史任务,如果没有我们中国人的努力和贡献,恐怕是很难完成的。

有人认为中西美学的融合是不可能的。我却始终认为是可能的。当然要经过一个相当长的时期的研究,要经过学术界共同的艰苦的努力。

在当前情况下,我想首先应该争取在两个方面有所前进,有所突破。

对于西方美学,特别是西方现当代美学,学术界这几年做的工作主要是翻译和评价。无论在课堂教学中,还是在学术论著中,一般都是对西方现当代美学和文艺理论的若干流派作一番介绍,然后加一点评论。我想现在不能再停留在这一步,而应该前进一步。我们应该在马克思主义的指导下,对西方现当代美学中那些重要的、影响较大的流派,进行系统的分析,把其中合理的、有价值的东西加以适当的改造,吸收到我们自己的体系中来,把它放在恰当的位置,构成我们体系的一个环节。这样既可以丰富、发展我们自己,使我们的理论能够更好地回答当代人最为关注的问题,使我们的理论在当代世界、当代艺术提出的新的课题前面显得生气勃勃,富有生命力,同时也有利于抵制各种错误思潮和错误理论。从辩证法的观点看,对于一种从总体上(体系上)说是错误的或陈旧的理论,如果不把它中间的合理的东西吸收过来,我们就很难真正克服这种理论。

对于中国传统美学,我们多少年来一直讲要继承,要吸收,实际上却一直在徘徊,没有真正去做这个工作。我们的美学和文艺理论中的概念、范畴、命题,基本上还都是从西方文化中来的(从柏拉图、亚里士多德到车尔尼雪夫斯基),并没有吸收多少中国的东西。偶尔引用几句孔子的话和刘勰《文心雕龙》的话,引用几句唐诗宋词,不过作为一种点缀。有时也引进中国传统美学的个别概念(如"意境"),但这些概念丰富、深刻的内涵并没有得到充分的展示。这样的美学和文艺理论,当然谈不上具有民族特色,更谈不上体现中西美学的融合。在这一点上,尤其需要突破。我们应该对中国传统美学进行系统的分析,对其中合理的东西,至今有生命力的东西,包括中国传统美学的一些基本概念和命题,用现代眼光重新审视,并把这些经过重新审视的概念和理论模型,作为建设现代美学体系的重要思想资料,纳入新的结构之中。

以上两个方面的工作,在开始做的时候,可能不是那么成功,但最重要的是向前跨出这一步。跨出这一步,我们就有可能看到一个令人兴奋的新的境界。

这是我要谈的着眼点的问题。

下面谈另一个问题,就是学风问题。

列宁说过,真理是全面的。列宁说:"要真正认识事物,就必须把握、研究它的一切方面,一切联系和'中介'。我们决不能完全做到这一点,但是,全面性的要求可以使我们防止错误、防止僵化。"这是至理名言。但是这两年却有人宣传片面性比全面性好,宣传片面性比全面性更接近真理。片面性究竟有什么好? 在文化问题的讨论中,有人全盘否定中国文化,用的就是片面性这武器。去年我在一家晚报上就看到一篇这样的文章:文章作者说,中国书是读不得的。拿《红楼梦》来说,这是大家公认的中国古典文学名著吧? 但是《红楼梦》写什么呢? 打开一看,贾宝玉要喝汤,怕烫嘴,先要丫头尝一尝,还不能让一般丫头尝,必须让高级丫头尝。《红楼梦》就写这个! 再拿《三国演义》来说吧,也是大家公认的中国古典文学名著。《三国演义》又是写什么呢? 打开一看,全是搞阴谋权术。《三国演义》就写这个! 就这样,文章的作者轻而易举地把《红楼梦》全盘否定了,把《三国演义》全盘否定了,把所有中国文化都全盘否定了。有人曾说,"人类精神上的先导永远是深刻的片面与极端"。从这篇文章,我们可以看到,这种所谓"深刻的片面与极端"实在是一种很有害的学风。

这两年,还有一些讨论美学和文艺理论问题的文章,喜欢连篇累牍引用海德格尔、维特根斯坦这样一些西方哲学家的话,但是这些话究竟是什么意思,文章作者根本讲不清楚,文章作者自己要讲的究竟是什么意思,别人也根本看不清楚。仔细了解一下,我们就会知道,这类文章的作者多半并没有读过海德格尔或维特根斯坦的书,或是读过一两本,但生吞活剥,根本读不懂。他用这些人的话来塞满自己的文章,只不过是要把自己打扮成深奥莫测的样子,吓唬编辑和读者。有的编辑果然给他吓住了,于是这样的文章一篇一篇地发表出来。看到这种文章,我就想起清代美学家刘熙载在《艺概》中说的一段话:"乍见道理之人,言多理障;乍见故典之人,言多事障。故艰深正是浅陋,繁博正是寒俭;文家方以此自足而夸世,何耶?"这是一针见血的批评。矜奇、侉奥,以艰深文其浅陋,以繁博饰其寒俭,而以此自足,以此夸世,正是我们上面提到的那类文章的特点。

　　我想,任何一个真正想获得有价值的研究成果的人,仍然应该把毛泽东《改造我们的学习》中的两句话作为自己的座右铭,那就是:有实事求是之意,无哗众取宠之心。

(本文最早发表于《北京大学学报》1987 年第 5 期,
后收入佟旭、崔海峰等编《比较美学》,
中国文化书院,1987。)

作者通讯地址:100871 北京市海淀区颐和园路 5 号,
北京大学哲学系。

3. 哲学与文化的比较研究

Comparative Studies in Respect of Philosophy and Culture

吴　森

【编者札记】

海外华人学者吴森的这篇文章是 80 年代探讨中西文化对比研究方法论的为数不多的论文之一。文章重点介绍了通观式、局部式、衬托式、批评式和融汇式等五种研究方法,并以一些著名学者及其本人的论著为例,分析了各种方法的利弊,对于从事中西文化对比研究的学者具有很高的参考价值。

文章指出,通观式比较要求研究者对所比较的文化有概括性的认识,能把握两种文化的精神和特性,但这种方法容易流于粗疏和独断。局部式研究是对某一专题所作的研究,相对比较深入、透彻,但这种研究也必须以通识作为基础,否则会有"中式汉堡"或"西式填鸭"的弊端。衬托式和批评式比较都可称为"明暗相比";前者为了凸显某一文化特征,而把另一种文化作为述说的背景;后者以某一种文化为据点,来批评另一种文化;这两种方法有时难免有失公平和客观。吴森认为,五项方法中融汇式是最为顶峰的一项,研究者必须下工夫做学问,刻苦钻研,才能"采花成蜜、百川归海",融汇众说而成一家之言。

曾经有哲人说:"对探求真理方法的热爱,在于对真理本身的迷恋"。吴森先生对中西文化的对比研究涉及哲学、宗教、医学等多项领域,论著甚丰,甚至在中西烹调比较方面,也有精彩的论文问世。他对中西文化对比研究的"迷恋",证实了上述哲人的话。他那基于本人研究实践与成果的关于研究方法的论述,是对探求中西文化对比研究方法论的一大贡献。

1. 引言

　　我从事哲学和文化的比较研究十多年了。曾因为这方面的微薄贡献而获得世界名人录颁赠的奖状。但什么是哲学和文化的比较研究呢？这一类学问用的是什么方法？这类研究在学术上又有什么贡献？我对这些问题一向没有作较深入的思考。无怪孟子曾经说："习矣而不察焉，行之而不著焉，终身由之而不知其道者，众矣。"

　　去岁蒙台大哲学系邀请担任客座教席，主讲比较哲学一课，数月来给我很多反省的机会。我在美国虽然教了十几年书，但从没有开过比较哲学这一类的课程。美国大学的哲学系，极少有开这一门课的。美国的比较哲学学会，成立了不过短短的十年，会员也只不过百余人。至于比较文化学，在美国的大学也不算是一门重要课程。笔者曾于一九七五年夏天在加州大学香港暑期班开过"中美文化比较研究"一课，这纯粹是为中国留美同学开的，班上没有一个美籍学生。根据笔者的观察，"比较哲学"和"比较文化"这一类课程，对美国学生不见得有切身的需要，反而对我国的学生意义深长。原因是我国近百年来国运蹇厄，对我国传统文化的检讨以及将来文化的创造，都是我国青年学子所极关切的问题。因为没有外来的文化与之比较，我们传统文化的优劣点都无从显露出来，更无从谈如何去创造未来的文化了。因此，比较文化学及比较哲学(后者可说是前者的一专门部分)这一类的课程，在我国的社会，实在非常适应一般文化工作者的兴趣和需要。

　　本文写作的目的，不在讨论什么重大问题，而在介绍几种哲学和文化比较研究的方法。在介绍方法的时候，不得不举实例来讨论。所举的实例当中，除了前辈及时贤的著作外，笔者自己的文章也有时拿来作例子。不在自我标榜，旨在抛砖引玉和鼓励后学罢了。根据笔者反省所得，哲学和文化的比较研究，大概可分五类：通观、局部、衬托、批评和融汇。以下各节将举例说明和讨论。

2. 通观式的比较

　　这一类的比较研究一定要研究者对所比较的文化有通盘性的了解。所谓通盘性，并不是研究者对该文化的内容什么都懂，而是研究者对该文化有概括性的认识,能把握该文化的精神和特性。前辈学者的著作中,梁漱溟先生的"东西文化及其哲学"是一个典型的例子。在这一本不朽的杰作里,他把中国、印度和西洋三个文化传统作了一个通观或全盘性的比较,从而肯定了中国文化的价值。由于个人学力的限制,梁先生的大作不是毫无可议之处的。第一、他自己也承认,他从未出洋留学,也不懂洋文,对西方文化的了解,只靠别人的介绍。第二、印度文化方面,以大乘佛教的唯识宗作代表。佛教虽创于印度,但不在印度本土流行。这一来,大乘佛教(尤其是唯识宗)是否能作印度文化的代表,是很成问题的。至于中国文化,梁先生以儒家作代表,把孔子学说的精神和义理都发挥得淋漓尽致。但可惜儒家以外的思想,梁先生都没有什么讨论,这都是美中不足的地方。虽然如此,梁先生对这种通观式的比较研究,实在有首创山林之功。

梁先生的巨著之后,中国学术界很少再有通观式的比较文化研究出现。反而在美国我们可以找到一本和梁著可以比美的作品,这是耶鲁大学教授那托普(F. S. C. Northrop)所著的《东西之会合》(*The Meeting of East and West*)。此书取材范围,较梁著为广,而对东西两方面之文化也有较细微的分析。举例来说,英美虽同属西方文化,但精神形态各异,这书也注意到了。至于东西之区分,根据那氏的说法,东方人(以中国、日本为主者)之心态为美的感受型,而西方人则为知性之分析型。这个粗枝大叶式的立说,还可以过得去。但在那氏此书中,讨论墨西哥文化占不少篇幅。而且根据他的说法,墨西哥文化实在介乎东西文化之间,而可以作为东西交流之桥梁。这个说法实在使不少东方学者(尤其是中国学者)困惑。但东方学者懂墨西哥文化的寥寥无几,不容易给那氏一个驳论或继续发挥其说。此书出版后,曾引起热烈的讨论。但近年来美国学风转向分析的研究和局部的比较,此书乃不像以前那样被人重视了。

中国文化人类学者许烺光,也写过一本很够分量的通观式的比较文化的著作,名叫 *Americans and Chinese*。书中比较中美两国人的两性观、婚姻观、宗教观、家庭观、政治观等等。用很多实例来解说。但全书以一中心概念贯通起来:美国人的行为方式,是 individual-centered approach,而中国人的行为方式是 situation-centered approach。所有的例子都按照这一中心概念来解说,虽然有时不免过于自圆其说,但一个文化人类学者或社会学者能用哲学家的"一以贯之"的方法已难能可贵,此书诚不失为通观式的比较文化巨著。

　　通观式的比较研究往往是一件不讨好的学术工作。研究出来的成果纵然会得到知心人的赏识和赞许,但也会受不少其他学者吹毛求疵的批评。尤其是处在今日的学术界,被认可的学术途径是专门题目的研究和精密的分析,粗枝大叶式的通观比较往往被认为是独断的、不负责任的。一般来说,年轻的学者都很少走这一条路子。但成了名的老学者们还有不少人在通观式的康庄大道上悠悠自得,因为绕道羊肠小径对他们来说,是太费精神和气力了。

3. 局部式的比较

　　这种研究方式,在今日比较哲学和比较文化的园地里,可谓大行其道,因为分工愈细,愈容易获得被认可的研究成果。今日西方学术界的比较哲学和文化的刊物,都鼓励这一方面的创作。美国比较哲学学会更每年定有专题,然后就专题来做比较研究。笔者两度发表的易经和杜威哲学的比较,都是应比较哲学学会年会的邀请写成的。

　　"易经和杜威思想的革命观"实在是不得已之作。笔者在美国研究和教学,一向不爱出风头。一九七二年比较哲学学会的年会主持人,定了该年的专题为"东西方的革命观",然后邀请会员学者写有关东西哲学里论革命的学说,写成到会场发表。笔者本来没有参加该年会的打算,后来和在美教哲学的朋友们联络,知道还没有一位中国学者准备去该年会宣读论文。换句话说,中国哲学还没有人代表。笔者为了替中国哲学撑场面,不得不下一番工夫钻研这个题目。笔者一向对政治哲学没兴趣,但为了写这一篇文章,向加州州立大学教政治哲学的同事请教多次,然后决定"易经和杜威比较"这个题目,好在易经和杜威是笔者熟悉的,写起来都不甚费力。这一篇文章,虽然与会的学者们都说很好,但笔者自己读来,却嫌有点刻意求工的斧凿痕迹。

　　"易经和杜威思想的因果论"一文,更是为了自己的使命感而作,当年会题定为"东西方的因果论"的时候,笔者已经知道中国学者对这个问题很难下笔。中国哲学(佛学不能算)本来便没有什么因果理论,纵使有点点滴滴的片段见解,也很难拿出来和西方哲学相提并论。西方哲学传统和科学思想几乎相依为命,而因果学说更是他们传统中一个极为显要的题目。和笔者同时在美国习哲学的中国学者当中,似乎没有什么人曾在科学哲学上下过工夫。这一来,代表中国的使命,落到笔者的肩上了。可是,除了佛学之外,中国传统哲学里,哪里可以找到因果论和西方的大家分庭抗礼呢? 仔细思量了许久,才想到把易经所设定(presupposed——非明显立论)的因果观和杜威的因果论来比较。写成此文,尚称满意。此后,对杜威哲学和中国哲学能相通之处,领会更多。

这种局部或专题式的比较,从上述笔者的写作经验来看,最难的便是去找一个适当的题目。许多时候在西方大行其道的,在中国传统里可能是无关宏旨的话题。西方哲学中许多题材,像"分析命题和综合命题的划分"、"神的存在的本体论证"及"综合先验如何可能"等题目,在中国哲学的领域里简直不存在。中国哲学也有些题材,象"浩然之气的存养"、"涵养须用敬"、"诚者天之道"等等,在西方哲学中也找不着。倘若我们为了"门当户对"而强其相等,很容易便犯了"中式汉堡"的谬误①。

从事这种局部式或专题式比较研究的学者,也应该对中西文化有通识作基础才行。要是没有通识,便想不清楚要研究的文化传统的特性,便很容易会创造"中式汉堡"或"西式填鸭"来交卷。许多时候,局部比较或专题比较的成果,也要以通识的眼光去看,意义才显得出来。严格地说,通观的比较和局部的比较不是背道而驰,而是相辅而行的,可惜今日从事局部比较研究的学者,对文化有通识的简直是凤毛麟角了。

4. 衬托式的比较

衬托式的比较也可以叫做"明暗相比"。当我们介绍或讨论一种哲学传统的时候,为了要把该哲学的特色凸显出来,我们往往把另一种哲学作为述说该哲学的背景。这是一种对比法,但作为背景的哲学不会占讨论的很大篇幅,或甚至不会被明显地讨论。所以笔者特别称之为"衬托式的比较"。

笔者在一九六九年英国剑桥大学主编的《宗教研究》(*Religious Studies*)一学报上发表了一篇述说中国宗教思想的文章②,该文章便是用衬托法写成的。此文的目的在阐述中国宗教思想的人文精神,神界类似人界,

---

① 此为笔者独创名词,见1971年 *Inquiry* 登载之 The Paradoxical Situation of Western Philosophy and the Search for Chinese Wisdom 一文。

② 此文英文题目为 Some Humanistic Characteristics of Chinese Religious Thought。

神人距离少,祭祖及先贤崇拜的人文意义等等。笔者在行文运思方面,都很自觉地以西方的宗教为背景,来把中国宗教思想的人文精神显露出来。这实在是一种普通作文的技巧,不必限于比较文化和比较哲学的园地里。

在哲学界老前辈当中,不少学者都用这种衬托方法。方东美先生的英文本《中国人生哲学》(*The Chinese View of Life*),在阐述中国哲学的时候,都以西方哲学为背景而逐点比较,借以凸显中国哲学的特性。当他叙述中国宇宙观的时候,有意强调生命的宇宙观,所以特别选出西方哲学中的唯物机械论作为背景。唐君毅先生的《中国文化之精神价值》几乎全部(最后三章例外)是用这个方法写成。论宇宙观一章,和方著有异曲同工之妙,把西方传统宇宙观作为阐述中国宇宙观的背景。唐氏的观察,认为西方宇宙为"超越精神"及"纯理分析精神"的产物。中国宇宙观缺乏超越的必然律的观念,是以自然律内在于万物。而中国先哲对万物存在的认识,直接把握其事象,而不重纯理的分析。

方唐两氏用衬托法来阐明中国哲学及文化的精神,对中国传统文化的提倡和重新估价,贡献极大。因为他们能把中国哲学和文化的长处和特色阐露出来,使中国读者可以肯定或恢复他们对中国哲学和文化的信心。但他们的"衬托式的比较法",也不是无可非议的。从西方的立场来看,他们对西方文化和哲学的解释,都没有尽客观和公平的能事。唯物论和机械论的宇宙观,在西方哲学界早已没落或过时了。20世纪初期至今,从柏格森、亚历山大、摩根到怀海德,出现了生命哲学的大主流。我们为什么不把这类哲学当作西方哲学的代表,而偏要强调他们过时了的唯物机械论呢? 以自然律内在于宇宙万物的观念,在西方哲学传统里也算是对自然律的一种看法,为什么我们对这种看法置之不理,专门强调他们超越的必然律的观念呢? 至于重纯理的分析,这的确是西方传统文化和哲学的一大特色。但从20世纪初至今,欧洲的胡塞尔及其门人后学,美国的詹姆士、杜威及怀海德,都主张直接把握具体的经验或事象,我们叙述西方哲学时,怎可以忽略这一点20世纪的精神呢?

问题可能是,当我们承认20世纪的西方哲学是他们传统的一部分时,我们对中国哲学没有什么可述的必要了。因为我们的,他们也有,而他们有的,我们未必有。那么,我们和他们相比,真是小巫见大巫了。这也不然,我们纵使承认了他们有生命的宇宙观,有自然律内在于物的观念,有直接把握事象而不赖分析的精神,我们也可以对我们传统的文化和哲学的精神,有所发现,有所阐述。这一点,有待于年轻一辈学人的锲而不舍和不苟且的精神了。

5．批评式的比较

这一种比较方式，也是明暗相比。其法是以某一种哲学或文化为据点，来批评另一种哲学或文化。表面的方式是批评，但在批评方式的背后，却有很深的比较意味。五四运动时的革新之士批评中国传统文化，就是以西方文化作据点的。换句话说，当时的"新文学运动"和"打倒孔家店"等等都是哲学和文化比较研究下的产物。

笔者在国外所发表的论文当中，有好几篇是从中国文化和哲学的立场去批评西方哲学和文化的。比较引起国际学术界注意的一篇，是在1968 年 12 月的《国际哲学季刊》上发表的"从东方的观点去看当代西方学"③。其次便是 1970 年夏天在《教育学说》上发表的"论美国高等教育中的两项教条"④。在第一篇论文里，笔者从知识论观点出发，首先肯定西方思想一脉相承的精神是"明晰和确定的追求"，然后从整个西方哲学史上举出表现这一精神的显著的事实。进而论及西方当代的分析哲学，实为"明晰和确定性追求"精神的最高峰的表现。笔者然后以暗示的方式显露当代西方哲学的弱点——为了明晰和确定性的追求，不惜牺牲哲学和文化传统中有价值（但欠明晰和确定）的观念。笔者再进一步讨论哲学研究的题材，西方哲学界以宇宙最后实在为主要的探讨（中国哲学则以"人生"为主题），故哲学和自然科学有极为密切的关系。何以如此呢？因为自然界可以给我们较大的"明晰性"和"确定性"。而"人生"却躲在"惟恍惟惚"的幕布后面，我们不容易根据它获得明晰的观念和确定的意义。这样一来，西方哲学界形成了不大重视人生探讨的倾向。笔者再进一步阐明，由于认知不同和题材不同，西方哲学养成了重批评的态度。由于重批评、好明晰，当代西方哲学家往往互不容忍地互相攻战（按：只是学理上的争论，并非如我国文坛意气之争和人身攻击）。这样一来，当代西方哲学家忽视了哲学本来的任务，对社会、伦理、教育等问题都置诸脑后了。

---

③ 此文英文题目为 Contemporary Western Philosophy from an Eastern Viewpoint，见 *International Philosophical Quarterly* 1968 年 12 月号。

④ 此文英文题目为 Two Academic Dogmas in American Education，见 *Educational Theory* 1970 年夏季号。

至于"论美国高等教育中的两项教条"一文,纯然从中国文化的观点来批评美国高等教育。这两项教条式的信仰是众人周知的。其一为博士学位(名誉博士不算)作为执教大学的最基本的资格,其二为大学教授们不断发表论著作为续聘的条件,由于作者在中国文化中长大,在中国学术界,许多极有成就的学者都没有学士以上的学位,但他们都是大学里学生们非常拥戴的教授。其次,许多优秀的大学教授都不急于发表著作,把他们的时光都花在长远的研究计划或他们所授的课业上。笔者写这篇文章的时候,是以中国的学术社会作背景来批评美国教育,但方法却纯粹是西方的,是 Exposition of presupposition 方法的运用,把这两项习而不察的基本信条连根拔起来检讨其土壤、阳光、气候和品种等条件。这样的批评才不致流于社论式的肤浅,所以出版后不少教育研究所的教授指定其为研究生的参考读物。

不过,话要说回来,这种比较方式很容易犯衬托法所犯的毛病,就是很容易不够客观和有欠公允。平心而论,笔者上述的那两篇文章对西方文化的批评实在有点过分或偏激。(这指理论言,绝非意气之争或人身攻击的那种偏激。)奇怪的是,偏激的文章往往引起热烈反应,圆融而敦厚的文章反而不受读者的热烈欢迎。其实,笔者文中批评的美国文化教育的缺点,正是我们所必须具有而可以补我们文化之不足的。我们国人的心态,偏重直觉而欠缺求明晰和求准确的精神,而我国大学师资的审核、续聘和晋升等,可能太不够严格。美国学者中倘若有人对我国社会文化和教育有很清楚的了解的话,大可以给上述这两篇文章很有力的驳论——向中国文化还击。然而,西方学者懂透东方文化的实在太少了。

6. 融汇式的比较

在学术思想的园地倚傍一个名家或撷拾一二家的学说而独树一帜都不太难。但采花成密、百川归海式的融汇众说而成一家之言的,不论古今中外,都罕见得如凤毛麟角,因为做这种学问功夫的,不能徒恃天才,要孜孜矻矻地钻研,而且还要虚心地去融摄各家学说的精华,才能成他自己一家之学。在今日中国学术思想界的老前辈当中,已故的黄建中教授可以作为融摄百家而成一家之言的首席代表。可惜黄先生著作太少,加以他的门人不懂得为乃师捧场或善桃其学,以致其名在今日几乎湮没而不彰。

笔者这里说黄氏融摄百家之学而成一家之说，是指他的《比较伦理学》（正中出版）。以下略微介绍这本不朽之著，作为我们融汇式比较法的一个模范。

黄氏的伦理学，既汇通中西，亦贯穿今古。其自序有简单扼要之说明：

> 本书从生物方面追溯道德行为之由来，从心理方面推求道德觉识之起源，从人类社会方面研索道德法则之演变，从文化历史方面穷究道德理想之发展。诠次众说，中西对斠，较其异同，明其得失；由相对之善恶，求绝对之至善，袭太和之旧名，摄突创之新义；以为助与争乃天演所历之途径，和谐乃人生所薪之正鹄。而十余年来思想上之矛盾，始得一综合。

黄氏之作，以问题为经，各家学说为纬，分析详明，而文字之清晰凝练，当代哲学学者罕能与之比。书中立论，每一句皆有所本，详注来历，丝毫不苟。（此种著作比不加注者费时达三四倍，黄氏著作不多，此或其中一因。）而黄氏书中之博引，几乎尽采原典。他的自序曾说："凡书中所引中西载籍，率务求以原书为据，不得已乃征及编译各本，盖铸钱须采铜于山，不敢徒买旧钱以充铸。"这些话不是他自我标榜，这一项尽采原典、言之有据的信条，黄氏从头到尾都实践了。今日习哲学之青年，实在应人人俱有此书册。既可作方法之南针，亦可作 scholarship 之模范。

笔者在另一文里⑤，叙述到唐君毅先生之学时，以"博大圆融"称唐氏。今叙述黄氏之学，亦以"博大圆融"许之，究竟二人之分别在哪里？显然，最大的分别便是唐氏之学无路可循，而黄氏之学，示人以途径。黄氏本人方法意识甚强，《比较伦理学》一书特辟专章论方法，而对自己的比较法，更有详尽的介绍。而此书除比较法外，亦兼用其他种种方法，黄氏对此特别说明：

> 比较法在伦理学上之应用正复甚广，而他法亦为本书所不废……凡特殊事实之有关伦理者，必遍观而尽识，条分而件系，察其同异，考其得失；以征验求是，以思辨穷理，以归纳成律，以演译证例。体验人格之实在，则宜用直觉法，通衡行为之价值，则宜用涵著法，探索道德之起源，则宜用溯演法，推究思想之发展，则宜用辩证法，余如分析演征二法，亦可待机而善用之；盖治学多术，用各有当，不徒规规焉限于比较研究法已也。

笔者就读师范大学时，忝列黄门，从其习教育哲学。其时黄氏已年迈

⑤《论治哲学的门户和方法》。

气衰,讲课无精彩可言。惟其蔼然儒者,心平气和,从不在课堂上"骂人",亦从不标奇立异。惜笔者受业于黄氏时,陶醉于文字训诂之学,对黄氏之学,尚未能欣赏体会。现在钻研哲学十六年之久,在美国大学教伦理学亦多年。这次返国门,读黄氏"比较伦理学",惊讶万分,叹为现代伦理学观止之作,可惜黄师已仙逝多年了。

7. 结论

　　本文介绍了通观、局部、衬托、批评和融汇五种比较研究法。局部比较或专题比较最宜初学,许多拿了博士学位的青年学者都用此法。这个方法的特性是脚踏实地往深处钻研,但对于一些稍有成就、才情较高,而具通识的学者,认为从事这种比较研究便没有机会给他们发挥。他们比较喜欢通观、衬托和批评。但对于脚踏实地的学者来说,这三种方法都不切实际,只不过是意见的发表而已。就笔者个人的体会和观察,通观、衬托和批评都离不开局部。而局部的研究亦要赖通观的体会、衬托的描述和批评的分析。其实,局部的研究是"下学"的功夫,要做"上达"的功夫,必须自"下学"始。"下学"的基础若不稳,纵使"上达"到泰山之顶也要翻跌下来。至于融汇众说而成一家之言,应该是下了多年工夫之后才可尝试,这是五项方法里最顶峰的一项,若功力、才分不够,最好不要高攀,以免翻跌下来,粉身碎骨。

　　至于比较文化和比较哲学的题材,不是本文所要讨论的了。比较哲学的题材,大可以从中西哲学史(指整个传统里所有的原著作言,并非指几本哲学史教本)里找寻。至于比较文化的题材,则范围要广阔得多。举凡社会制度、经济、政治、宗教、语言、文学、艺术以至于衣、食、住、行等基本生活方式,都可以作比较文化的材料。人类文化实在是人文学者的乐园,我们涵蕴其间,大有"海阔从鱼跃,天高任鸟飞"的逍遥自在。禅宗"平常心是道"的格言,就是告诉我们,文化的精华,可以在日常生活里体会出来。谈到这里,笔者想到袁枚一首诗:

> 但肯寻诗便有诗,
> 灵犀一点是吾师。
> 斜阳芳草寻常物,
> 解用都为绝妙辞。

研究教学和文化的同志们,我们不要再走老学究们的旧路,从故纸堆中找寻研究的材料了。我们要从象牙塔中跑出来吸一口新鲜的空气,让斜阳、芳草、游鱼、飞鸟给我们灵犀,对虚无缥缈的苍穹,和悲欢离合、爱恨交加的人世,去作直接的反省思考吧!

(本文选自中国文化书院《中外比较文化研究资料》
第 8 辑,1988。)

作者为美国加利福尼亚州立大学教授。

4.语言·文化·对比

A Contrastive Study of Languages and Cultures

戚雨村

【编者札记】

上海外国语大学英语学院教授戚雨村先生曾经发表多篇关于语言对比与文化对比的文章,他在 90 年代初曾经指出:"从语言对比到文化对比,这说明对比语言学的发展达到了一个新的阶段。"他的这一论断已为当今对比语言学的发展现状所证实。他的"语言·文化·对比"这篇论文正是对他自己上述论断的进一步阐述。

文章首先论述了语言与文化的关系,尽管这一论题有过多人论及,但戚雨村的论述,以其深入浅出的说理和新颖生动的例证而颇具新意,尤其是关于文化是社会历史沉淀物的唐诗论证,让人初读不解,继而茅塞顿开。文章在论及跨文化交际学这一研究文化与语言关系的新学科时,同样保持了浅近生动的论述风格,其描述的美国女教师观光"英语角"的经历,令人忍俊不禁而又很受启发。

戚雨村先生在本篇论文中对语言对比和文化对比作了深入的分析,并强调了拉多(Lado)提出的文化对比的三个层次,即形式(form)、意义(meaning)和分布(distribution)。文章指出,文化对比主要从语言国情学和跨文化交际学两个角度开展,前者研究词语的文化内涵,后者分析语言使用的文化背景;文化对比还涉及非语言交际领域,如体距和辅助语言等。文章中所表达的观点及主张对语言和文化对比研究都具有指导意义。

自从本世纪初瑞士语言学家索绪尔(Saussure 1960/1982)把语言定义为表达观念的符号系统之后,不少语言学家以研究这种作为语言底层或基础的系统为己任,并且把它看成是语言学主要的甚至唯一的任务。从50年代开始,情况才有所改变。随着社会语言学以及后来语用学的建立和发展,对语言功能和语言使用的研究被提上了议事日程。如果说在这以前把语言看做一种自足、封闭的符号系统,那么现在则认为语言与社会和文化有密切的联系,语言的使用离不开作为社会和文化成员的人以及使用语言的环境。研究的重点也逐渐从语言系统进而到语言的功能,从纯语言形式进而到在实际情景中使用的语言形式。本文拟结合语言学近期的发展,就与语言、文化和对比有关的问题作些探讨。

1. 文化及其与语言的关系

人们对文化的理解远非一致。各门学科从不同侧面给文化所下的定义,林林总总,不少于250种。这篇短文不可能加以列述,只能举出少量比较有代表性的说法。在我国的辞书中,一般对文化有广义和狭义两种理解。广义的文化指人类社会历史实践过程中所创造的物质财富和精神财富的总和,狭义的文化指社会意识形态,以及与之相适应的制度和组织机构;有时也特指教育、科学、文学、艺术等方面的精神财富,以与政治、经济、军事等方面的知识和设施相区别①。

在西方的著作中,早期对文化的说明往往偏重于精神和观念形态方面。英国人类学家泰勒(E. B. Tylor)是最先提出文化定义的学者,他在1871年出版的《原始文化》一书中说:"文化是一种复杂的整体,其中包括知识、信仰、艺术、道德、法律、习俗以及人们作为社会成员而获得的一切能力和习惯"(Goodnough 1981:Chapter 4)。人类学家本尼迪克特(Benedict 1935:6)在《文化的模式》中作了如下简要的表述:"真正把人们结合在一起的是他们的文化,其共有的思想和准则"。美国语言学家萨丕尔(Sapir 1921/1964:135)在《语言论》中提出:"文化这名称的定义是:一个社会所做的和所想的是什么",后来人们修改和充实了对文化的提法,增加了实物文化。有些学者把文化分作两类,一类包括文学、艺术、音乐、建

---

① 参见《辞海》、《现代汉语词典》"文化"条的释义。

筑、哲学、科学技术成就等集中反映人类文明的各个方面,有时被称为"大写字母的文化"(culture with a big C);另一类包括人们的风俗习惯、生活方式、行为准则、社会组织、相互关系等,也即把文化看作一系列的特征,有时被称为"小写字母的文化"(culture with a small c)②。

这样,文化的范围实际上包含了三个层次:(1)物质文化,它是通过人们制作的各种实物产品表现出来的,包括建筑物、服饰、食品、用品、工具等等。(2)制度、习俗文化,它是通过人们共同遵守的社会规范和行为准则表现出来的,包括制度、法规以及相应的设施和风俗习惯等等。(3)精神文化,它是通过人们的思维活动所形成的方式和产品表现出来的,既包括价值观念、思维方式、审美趣味、道德情操、宗教信仰,也包括哲学、科学、文学艺术方面的成就和产品。

文化是一种社会现象,它是通过人们的创造活动形成的产物。因此文化是相对于自然而言的。比如说,一段树根是自然物品,但经过人们的雕刻加工,把它制作成根雕作品,就成为文化产物了。这是一方面。另一方面,文化对于人各方面的成长也起着重要的作用。一个人从幼时起就受到文化的熏陶,他的举止言行都受到一定的社会文化的约束,被纳入相应的轨道。就这个意义说,人是社会的人(social man),也是文化的人(cultured man)。

文化也是一种历史现象,它是社会历史的积淀物。每一代人都继承原有的文化,同时又在不断扬弃和更新原有的文化,对社会文化的发展作出应有的贡献。因此必须联系创造文化的人民的历史去考察和分析文化现象。举例来说,唐诗中有一首《闺意献张水部》的七绝:

> 洞房昨夜停红烛,
> 待晓堂前拜舅姑。
> 妆罢低声问夫婿:
> 画眉深浅入时无?

这是当时应试士子朱庆余在考试前投赠水部郎中张籍的一首诗。诗中以新妇自比,新郎比张,公婆比主试,征求张籍意见。原来唐代科举采用考试和推荐相结合的方式,因此应试士子有向名人行卷的风气,以希求

---

② 参见 E. E. Allen & R. M. Vallette, *Classroom Techniques: Foreign Language and English as a Second Language*, Harcourt Brace Jovanovich Inc, 1977, p. 325; C. J. Ovado & V. P. Collier, *Bilingual and ESL Classrooms: Teaching in Multicultural Contexts*, Mc Grow-Hill Book Company, 1985, pp. 105 – 107。

其称扬于主试。这就是中国唐代的社会文化事实。如果不了解这一点，后代人便会把它当作一首曲折缠绵的纯闺情诗来理解。张藉的《酬朱庆余》也是这样：

> 越女新妆出镜心，
> 自知明艳更沉吟。
> 齐纨未足时人贵，
> 一曲菱歌敌万金。

诗中把朱庆余比作一位越州的采菱姑娘,暗示他诗意清新,定能得到主试的赏识,不必为面临的考试担心③。

文化具有民族性。文化的内容通过民族形式的表现,映射出鲜明的民族色彩。泰勒强调原始文化的作用,认为文化是由人类生活经验获得的智慧,使人类与其它动物相区别,从而提出文化的超民族性,或者说,文化是全人类共有的;各个社会的文化之所以不同,只是由于它们处于人类文化发展过程中的不同阶段而已(Goodnough 1981：Chapter 4)。这一说法遭到许多学者的抨击。事实上,不仅一个民族具有不同于其他民族的文化,而且在一个历史悠久、人数众多、幅员辽阔的民族中,由于社会结构、历史和地理等因素的不同,还会组成一个文化丛;其中有一个是主导文化(main culture),其它则为亚文化(subculture),以汉民族来说,大陆的汉文化是主导文化,而香港、澳门、台湾的汉文化和居住在不同国家和地区的华侨的汉文化,包括已经取得别国国籍的华裔的汉文化,都是亚文化。不仅如此,在大陆的汉文化中,还可以分出吴文化、湘文化、粤文化以及京派文化、海派文化、特区文化等等亚文化。

就文化与语言的关系而言,二者既密切联系,又互相区别。语言是一种文化,而且是最初始的文化,但只是文化的组成部分,文化的一个方面,而并非它的全部。有些文化以实物来体现,如现代社会的各种家电产品,自然与语言无直接的关系,但要生产或使用这些实物,却非与作为实际工具的语言打交道不可。人们通常所说的茶文化、酒文化、食文化之类,是介乎实物文化和制度、习俗文化两个层次的。这些文化的体现既涉及实物,又涉及习俗。比如说茶文化,不仅与茶叶、茶具、用水、炊具、燃料有关,而且与烹茶方法和饮茶方式有关。要对茶文化加以表述,也得通过语言。至于精神文化,它的形成和表达更是离不开语言。在语言中存储了

---

③ 详见《唐诗鉴赏词典》,上海辞书出版社,1983年版,第985—986页。

前人的全部劳动和生活经验;语言单位,特别是语词,体现了人们对客观世界的认识和态度,记述下民族和社会的历史发展进程。这样,后人必须通过学习语言才能掌握前人积累下来的整个文化。儿童在习得一种民族语言的同时,也就是在习得这一民族的文化,习得这一民族的文化内容和文化传统。反过来说,语言,包括语言的使用方式在内,是不能超越文化而独立存在、不能脱离一个民族流传下来的、决定这一民族生活面貌和风俗习惯的信念体系。文化的发展,能够推动和促进语言的发展;同样,语言的发达和丰富,也是整个文化发展的必要前提。正因为文化和语言有这样一种特殊的、紧密的关系,所以人们通常把语言称作文化的载体,它是反映民族文化的一面镜子。

2. 研究文化与语言关系的新学科

近三四十年来,语言的研究从系统本身发展到语言功能,从纯语言形式发展到实际使用中的语言形式,从而扩大了覆盖的领域,形成了一些新的学科。但这并不是说,纯形式的研究已经不时兴或者不需要了。纯形式的研究还在继续深入,不过另外又开拓了一条研究的路子。而且,这方面的争论一直没有停歇。

1965 年,美国语言学家乔姆斯基(Chomsky 1965/1986:1)在《句法理论的若干问题》一书中区分语言能力和语言运用。前者指说话人—听话人具有的关于自己的语言的知识,后者指在具体环境中对语言的实际使用。转换生成语法是关于语言能力的理论,语言学是研究语言能力而且是研究理想的说话人—听话人的语言能力的。他说:"语言学理论首先注意的是一个说完全相同语言的语言集团中理想的说话人—听话人,这类说话人—听话人精通他们自己的语言,并且在实际运用他们的语言时不受像记忆限制、精神涣散、注意力和兴趣的转移,以及种种错误(偶然性的或固有的)这样一些在语法上毫不相干的条件的影响。"

社会语言学家海姆斯(Hymes 1985:62—68)在 1966 年所作的报告中批评说,这种理想的说话人—听话人是抽象的,并非属于芸芸众生的实际的人。与语言能力针锋相对,他提出了"交际能力"(communicative competence)的概念。这篇报告于 1971 年修订发表,题目就叫《论交际能力》。交际能力包含四个方面的内容:(1)能分辨合乎语法的语言形式;(2)能分辨实际可接受的语言形式;(3)能分辨得体的语言形式;(4)能分辨一种语言形式的常见程度。其中合乎语法一项是乔姆斯基原有的,其它三项是海姆斯所补充的。简言之,交际能力不仅包括语言能力,而且包括对与语言使用密切相关的社会文化因素的充分了解和掌握。

文化与语言的关系在具有不同文化背景的人们的实际活动中表现得最为明显。从50年代开始,西方(主要在美国)大力开展这方面的研究,一门崭新的学科——跨文化交际学(intercultural communication)开始建立。一般认为,霍尔(Hall 1959)的《无声的语言》一书标志着这门学科的开端。霍尔指出文化在人们社会生活中的重要性,他说:"文化是人类生活的环境。人类生活的各个方面无不受文化的影响,并随着文化的变化而变化,或者说,文化决定人的存在,包括自我表达的方式以及感情流露的方式、思维方式、行为方式、解决问题的方式等等……正是这些在一般情况下十分明显、人们习以为常然而很少加以研究的文化方面,以最深刻和最微妙的方式影响着人们的行为"。60—70年代以后,人类学家、社会语言学家、社会心理学家、传播学家和语言学家纷纷从不同的侧面开展这方面的探索,相关的论著陆续问世。如博克(P. Bock)的《文化休克:现代文化人类学读本》(1970),萨莫瓦尔(L. A. Samovar)和波特(R. E. Porter)的《跨文化交际学读本》(1972,这本书到1988年已印行五次),康当(J. C. Candon)和尤舍夫(F. Yousef)的《跨文化交际学导论》(1975),霍尔的《超越文化》(1977),阿桑特(M. K. Asante)、纽迈克(E. Newmark)和布莱克(C. A. Blake)编辑的《跨文化交际学手册》(1979),古德利孔斯特的《跨文化交际学理论》(1983)④。

跨文化交际研究具有不同文化背景的人们在各类交际活动中涉及文化的种种问题。波特把影响交际的因素分成八个变项:态度,社会组织,思维模式,角色规定,语言、空间的使用与组织,时间观念,非语言表达。后来,波特和萨莫瓦尔又把这八个变项合并成三个方面:(1)观察事物的过程,其中包括信念、价值观、态度、世界观及社会组织;(2)语言过程,其中包括语言与思维模式;(3)非语言过程,其中包括非语言行为、时间观念

---

④ 胡文仲已把各方面有代表性的著作编辑成《跨文化交际学选读》(英文版)一书,由湖南教育出版社1990年出版。

和空间的使用⑤,使之更具有概括性。这里举一个关于价值观的例子。外国一些大企业,知名度很高,产品牌子很响,但还为之大做广告。他们的信念是:产品越宣传,知名度就越高;知名度越高,就越能吸引买主,也就越能赚钱。我国的大企业却不一样,认为卖不出去的东西才做广告,销路好的产品就用不着做广告。1990 年在我国举办的亚运会所开发的 107 种指定产品中,国外名牌产品多,国内除健力宝、牡丹牌电视机、英雄金笔外,名牌产品很少见。这反映出外国企业家和中国企业家对商业价值观或广告价值观的不同看法。

外语教学的任务是培养在具有不同文化背景的人们之间进行交际的人才。跨文化交际学的兴起和发展与外语教学有密切的联系。外语教学专家区分交际中的语言错误和文化错误,并认为后者的性质更为严重。沃尔夫森(Wolfson 1983:62)说:“在与外族人交谈时,本族人对于他们在语音和语法方面的错误往往比较宽容。与此相比,违反说话规则则被认为是不够礼貌的,因为本族人不大可能认识到社会语言学的相对性。”这里也举一个实际的例子。有一位从美国来上海教英语的女教师,听说人民公园有一个“英语角”,便去那里观光一番。回来后有人问她观感如何,她面带不悦之色回答说:“我好像去了一次海关或警察局,因为他们老是问我:‘你叫什么名字?’(What's your name?)‘你几岁?’(How old are you?)‘你有几个孩子?’(How many children do you have?)‘你丈夫是干什么的?’(What does your husband do?)‘你在中国挣多少钱?’(How much do you earn in China?)”。这些问句在语法上都是正确的,问题在于,提问的内容涉及英美人所谓的“私事”(privacy),违反了他们的说话规则。这还是一位在中国住了相当时间的外籍教师,如果是初到中国的英国或美国人,如果老是有人问他们上述问题,便会使他们误认为中国人爱干涉他人的私事,从而造成文化障碍(culture shock)。现在,外语教学不仅仅是语言教学,而且应该包括文化教学,这一点已逐渐成为人们的共识。美国外语教学协会在其提出的外语能力要求中,已经列入交际能力的内容,交际能力包括五个方面,即四种语言运用能力(听、说、读、写)和文化素养(社会文化能力)⑥。

---

⑤　参见《跨文化交际学选读》第 34 页。

⑥　参见《美国外语教学协会关于外语能力标准的暂行规定》,载盛炎著《语言教学原理》,重庆出版社,1990 年版,第 465—477 页。

　　前苏联从 70 年代起也大力开展对文化与语言关系的研究。与西方学术界不同的是,他们的侧重点在于语言单位的文化内涵方面。这样一门学科叫语言国情学(лчнгвострановецение)。这门学科是在向外族人进行俄语教学的基础上形成的,旨在向外族的俄语学习者介绍所学语言国家的文化情况。其奠基性著作是韦雷夏金(E. B. Верещагин)和科斯托马罗夫(B. Г. Костомаров)在 1973 年出版的《语言文化——作为外语的俄语教学中的语言国情学》,到 1990 年,这本书经过修订和补充,已经出了四版。两位作者给这门学科所下的定义是:"语言国情学是对外族人进行俄语教学的一个方面,为了保证教学的交际性质和完成普通教育和人文学教育的任务,在语言教学中体现语言的存储功能,并向教学对象进行文化移植;其教学方法具有语言教学性质,即在教学过程中用俄语讲授国情"[7]。不难看出,他们把语言国情学局限于应用语言学或外语教学法的范围。也有人认为,在语言国情学中,文化是通过语言进行学习的,而且选择、描写和分析所采用的也是语言学的方法,因此语言国情学可以看做是语言学的一门分支学科,它研究具有鲜明色彩、最能反映该民族文化特点和生活习惯的语言单位[8]。

　　所学语言国家的国情可以折射于语音单位、词汇单位和语法单位,而词汇单位则是文化和国情的主要载体。因此,在前苏联,语言国情学着重研究词语的文化内涵或文化伴随意义(культурная коннотация)。为了实现上述设想,莫斯科普希金俄语学院和俄语出版社联合编辑出版了语言国情学分类词典,现已出版四本:(1)《苏联的国民教育》(1978);(2)《苏联的文学艺术》(1984);(3)《俄语警句、格言和谚语》(1988);(4)《俄语成语》(1990)。在国情学词典中,除对词语进行语法描写外,还对伴随的语言信息即文化伴随意义加以注释。例如国民教育词典中提供:дневник 指苏联学校中的一种专用笔记本,学生用来记载课外作业,教师用来记载各门功课的分数;день открытых дней 指大专院校的对外开放日,以便让准备报考的学生了解该校情况;вечер встречи 指中等学校的校友返校日,等等。

---

⑦　E. M. Верещагии, B. Г. Костомаров, Язык и хультура: Лиигвострраиовсдсние в преподавании русского хзыга хаг иностранного,《Руссгий язык》,1990,стр. 37.

⑧　T. Д. Томахин, Лингвистичесхие аспекты лингвострановсдення,《Вопросы языхознанния》1986,No. 6,стр. 113.

3. 语言对比和文化对比

比较是人们认识客观事物的一种重要方法,在科学中具有普遍意义,对语言科学来说也同样如此。在语言学中,有以下一些学科是通过运用比较的方法建立起来的:(1)历史比较语言学;(2)类型语言学;(3)地域语言学;(4)对比语言学。与前三门学科相比,对比语言学具有以下一些特点。

第一,历史比较语言学进行历时的比较,类型语言学和地域语言学可以是历时的,也可以是共时的,对比语言学只进行共时的比较。

第二,历史比较语言学只进行亲属语言的比较,其它三门学科的比较对象,可以是亲属语言,也可以是非亲属语言。

第三,历史比较语言学旨在提示和阐明语言的历史发展规律,类型语言学旨在发掘语言的结构特点和语言共性,地域语言学旨在确定语言的扩散界限和同一地域内语言之间因相互影响而产生的共同特征,对比语言学的研究成果则应用于外语教学、双语词典的编纂、翻译和国际传播等方面。

第四,历史比较语言学、类型语言学和地域语言学的研究对象在数量上不作限制,对比语言学主要进行两种语言的比较,很少进行几种语言的比较。

第五,这些学科都比较语言之间的异同。前三门学科主要研究所比较语言的共同点,对比语言学则着重或首先着眼于语言之间的差异;因此在术语上也出现分化,历史比较语言学用的术语是比较(comparative),对比语言学用的术语是对比(contrastive)。

对对比语言学的论述,首先见于波兰—俄国语言学家博杜恩·德·库尔特内(J. Baudouin de Courteney)的著作。他在 1902 年发表的"斯拉夫诸语言的比较语法"一文中,提出语言的比较研究有三种类型:(1)研究语言过程不考虑语言的亲属关系,以确定两种语言的异同程度;(2)比较两种或几种因地域邻近、相互影响而出现相似语言现象的语言,而不管这些语言的历史渊源如何;(3)对不同地区具有共同来源的各种语言进行比较研究⑨。博杜恩·德·库尔特内所说的第三种类型是历史比较语言学,

---

⑨　И. А. Бодузн де Куртенз, Нзбранные труды по общему языкознанию, т. II, М., 1963, стр. 30 − 32.

第二种类型是地域语言学,第一种类型即为对比语言学。

对比语言学的建立和发展有三个源头。一个源头在欧洲。捷克的布拉格学派对此作出了贡献,同时,这项工作在德国、匈牙利、波兰和保加利亚等地也有开展。值得一提的是第一本对比语言学国际刊物,是 1976 年在保加利亚索菲亚发行的,刊名为"Съпоставително езикознание"。一个源头在俄国和前苏联。博杜恩·德·库尔特内的学生波果罗杰茨基(В. А. Богородицкий)和谢尔巴(Л. В. Щерба)对此作出了贡献。70 年代后,前苏联出版了一套"比较类型学丛书",对俄语与英语、法语、德语等语言进行全面的对比,涉及语音、词汇、语法、修辞各个层次。第三个源头在美国。下面谈一下美国对比语言学的发展概况。

美国对比语言学是在与外语教学密切结合的基础上发展起来的,开始被看做是应用语用学的一个分支。拉多(R. Lado)在 1957 年出版的《跨文化的语言学》一书是美国对比语言学建立的标志。拉多认为对比语言学应着重于对语言之间的差异的研究,提出外语教材要建立在对所学语言的科学描写的基础上,并与学习者本族语的对应描写作认真的对比,1959 年,弗格森(G. A. Ferguson)在美国现代语言学协会应用语言学中心的资助下,主持编辑了一套"对比分析系列丛书",计划对英语与德语、西班牙语、意大利语、俄语和法语的语音和语法结构进行系统的比较。这套丛书于 1962 年出版了两卷(英德对比),1965 年出版了四卷(英西对比和英意对比),英俄对比和英法对比没有出版。弗格森指出,对比分析应从事英语与上述五种外语的异同研究,从而扩大了对比语言学的辐射面,也为对比语言学形成一门独立的学科(而不仅仅作为应用语言学的组成部分)开拓了前景。在 60 年代末和 70 年代,由于对外语学习中出现困难的原因作出了新的解释(主要涉及本族语在外语教学中的作用问题),加上早期对比研究在方法上的局限性,对比语言学在美国和西欧屡屡遭到批评,曾经一度衰落。到了 80 年代,对比语言学广泛吸收现代语言学的研究成果,开始获得新的发展。

总的说来,对比语言学从 50 年代建立起到现在,不断向广度和深度发展。具体表现在:第一,早期的对比语言学仅仅从事语音和语法结构的比较,现在扩大到语言的各个层次,对比的单位也从词和句子扩大到句群、段落和篇章;第二,早期的对比语言学着重或首先着眼于差异,现在全面开展语言之间异同的对比;第三,除了语言结构的对比外,还进行两种文化的对比。

应该指出,拉多(Lado 1957：Chapter 6)在《跨文化的语言学》一书中曾专门列出一章谈如何进行文化对比的问题。他指出,每种文化中构成模式的定型行为单位都有它的形式(form)、意义(meaning)和分布(distribution)。它是形成文化对比的三个层次,但三者并不孤立地存在。这里分布不仅指词语可能出现的环境,而且指它们在实际语境中的使用。因此文化对比可以通过形式、意义和分布三者的关系进行:(1)同一形式,不同意义;(2)同一意义,不同形式;(3)同一形式,同一意义,不同分布。遗憾的是,当时对这一富有启发意义的思想没有作出应有的反应。随着语言学中新的学科不断建立和对语言教学特别是外语教学的不断深入,文化对比越来越受到人们的关注。

当前,文化对比主要从两个角度开展。一个从语言国情学的角度,研究词语的文化内涵;一个从跨文化交际学的角度,分析语言使用的文化背景。例如,汉语中的"松、竹、梅"能使汉族人联想到"岁寒三友",具有"斗霜傲雪"、"高风亮节"的伴随意义,但英语中的 pine, bamboo, plum 和俄语中的 сосна, бамбук, абрикос муме 却不能使操这两种语言的人引起联想,也没有类似的伴随意义;береза 能使操俄语的人有祖国、故土之思,被认为是最能代表俄罗斯的一种树(самое русское дерево),但汉语中的"白桦",英语中的 white birch 却不具有这种文化内涵。英语 blue room 的字面意义是"蓝色的房间",实际上是指白宫中总统会见至亲好友的接待室,类似汉语中的"内客厅";英语 National Trust 的字面意义是"国家托拉斯",实际上这一机构负责英国博物馆中珍贵陈列品的维护和保养,相当于中国的"全国文物保护委员会";如果不了解这些词语的文化内涵,就不能作出确切的翻译。关于语言使用的文化背景,已有不少文章加以论述。胡文仲把中国学生在英语使用中容易犯的文化错误归纳成四类:(1)从社会语言学角度看是不适当的;(2)从文化习俗上看不可接受;(3)不同价值观的冲突;(4)过于简单化或过于笼统[⑩],比较有概括性。

文化对比还涉及非语言交际(nonverbal communication)的领域,相应的学科叫体距学(proxemics)和辅助语言学(para-linguistics)。各种文化有其特定的谈话空间,距离近了或远了都会使属于一定文化的人感到不自在。一般来说,法国人、拉丁美洲人、阿拉伯人交谈时双方的距离较近,美国人和日本人则距离较远。印度的男性青少年常携手共行,以示亲密

---

⑩ 胡文仲:《英语的教和学》,外语教学与研究出版社,1989 年版,第156—160 页。

和友谊,而在美国,如果男青年勾肩挽手,却可能被视作同性恋者。人们在说话时常常使用各种身势和脸部表情以表情达意,这种辅助语言也有它的文化内涵。比如说,汉族人点头表示同意,摇头表示不同意,阿尔巴尼亚人则相反,摇头表示答应,点头表示拒绝。汉族人用鼓掌表示欢迎或赞赏,俄罗斯用指头猛敲桌子,德国人用脚踏地表示同样的意思。招呼出租车,汉族人抬手示意,俄罗斯右手平举、五指伸直,意大利人则伸臂握拳。表示自杀,美国人用食指向太阳穴,日本人则用手掌边缘切向腹部,等等。

语言对比和文化对比有其理论意义,在我国改革开放之际,更具有很大的实用价值,值得引起重视,大力开展这方面的研究。

参考文献

[1] 乔姆斯基,1965,《句法理论的若干问题》,黄长著、林书武、沈家煊译,北京:中国社会科学出版社,1986。

[2] 海姆斯,1971,论交际能力,吴兆颐译,见祝畹瑾编《社会语言学译文集》,北京:北京大学出版社,1985,62—68。

[3] 萨丕尔,1921,《语言论——言语研究导论》,陆卓元译,北京:商务印书馆,1964。

[4] 索绪尔,1960,《普通语言学教程》,高名凯译,北京:商务印书馆,1982。

[5] 泰　勒,1871,转引自 W. H. Goodnough, *Culture, Language and Society*, Benjamn Cummings Publishing Company, 1981, Chapter 4.

[6] Benedict, R. 1935. *Patterns of Culture*. George Routledge & Sons.

[7] Hall, E. T. 1959. *The Silent Language*. Greenwish Conn.

[8] Lado, R. 1957. *Linguistics across Cultures: Applied Linguistics for Language Teachers*. Ann Arbor: University of Michigan Press.

[9] Wolfson, N. 1983. Rules of Speaking. In *Language and Communication*, Longman.

(本文最早发表于《外语研究》1992 年第 2 期,
后收入李瑞华主编《英汉语言文化对比研究》,
上海外语教育出版社,1996。)

作者通讯地址:200083 上海市大连西路 550 号
上海外国语大学英语学院

5. 关于建立对比文化学的构想

On the Establishment of Contrastive Culturology

杨自俭

【编者札记】

中国英汉语比较研究会第二任会长杨自俭先生的这篇文章在全国率先提出关于建立对比文化学的构想,标志着中西文化对比研究进入学科建设阶段,具有重大的理论意义和实践意义。

本篇论文发表于 20 世纪 90 年代初。如首篇"编者札记"所说,我国的文化对比研究在沉寂了 30 多年之后,70 年代末开始解冻,80 年代迅速升温,并逐步形成了"文化热"。正是在"热"过之后需要冷静思考之时,杨自俭先生发表了这篇振聋发聩的文章,它既是 90 年代文化对比研究者学科意识增强的反映,也是对文化对比研究学科建设所注入的强有力的"催化剂"。

文章客观地分析了该学科诞生的国内外条件和背景,指出"要促进中国文化的发展,就应该把文化研究与当代科学发展思潮很好地结合起来,有效的途径就是开展中外文化对比研究,建立对比文化学。"文章从文化的概念、研究的种类(理论研究与应用研究)、共性与差异、学科目的等四个方面阐述了对比文化学的研究对象,并且对交际文化进行了比较科学的分类。文章还十分清晰地构想了这门学科的结构体系(普通对比文化学、特殊对比文化学和历史对比文化学),其把跨学科研究和方法论也列入结构体系的主张独到而有见地。整篇论文表现了杨自俭先生的高瞻远瞩和深厚的理论功底,堪称中西文化对比研究学科建设的奠基之作。

　　1992 年 8 月在杭州讨论中外文化对比时我脑子里曾闪出一个念头，应该尽快建立对比文化学，英文可叫 Contrastive Culturology。现将初步的构想表达如下，以求方家教正。

1. 历史背景

　　国门打开之后，我们看到，在全世界范围内国际交往的深广程度出现了空前的局面。由于交通和通讯的现代化，地球大大缩小了，各民族的来往更频繁了，关系更密切了，这种形势使文化差异成了国际交往中的一个突出问题，因此各国都加强了对文化的研究。美国产生了跨文化交际学（Intercultural Communication），英国产生了语用学（Pragmatics），前苏联产生了语言国情学（Лингвострановедение）。他们的研究各有特点，但综合起来主要是两个方面：(1)语言中文化因素的研究；(2)跨学科的文化研究。其范围从语言内部（语音、词汇、语义、句法、篇章）扩展到语言外部（言语行为、非言语行为、社会组织、价值观念等），涉及的学科除语言学、语义学和语用学外，还有文化人类学、社会心理学、社会语言学、传播学等。改革开放以来，我国与世界各地的交往也出现了空前的局面。这种局面触动了外语界、对外汉语教学界和翻译界，文化差异问题成了外语教学与翻译中的突出问题。因此我们一面借鉴外国的理论与方法，一面总结自己的经验，加强语言中文化因素的研究与教学，开展语言对比和文化对比研究，开设不同层次的文化课或对比文化课。我们重视这项工作，虽然时间不长，但它已取得了可喜的进展。应该说对外汉语教学界热情更高，进展更快，不仅研究了文化的概念、分类、语言交际与文化的关系，而且研究了文化教学的内容与层次，可以预见不久将有一个文化教学大纲产生。不过应该看到外语教学（包括对外汉语教学）的文化教学大纲的科学性和实用性不是建立在单一文化研究的基础上，而是建立在文化对比研究的基础上。道理很简单，因为大纲中的文化项目应体现两种文化的差异，这种差异只有通过对比研究才能发现和确定。这个道理我们早已从语言对比研究中明白了。因此我们迫切需要全面开展各类文化项目的对比研究，这是基础工作，要付出艰苦的努力才行。这个基础研究做不好，以后很难做出成绩。对此我们应该有清醒的认识。

　　中外文化史告诉我们，文化具有延续性和变异性的双重品格，它既要自我保持,继承优良传统,又要自我更新,取人之长,补己之短。因此相互交流便成为文化发展的一个重要条件。历史事实证明,有效的交流,在于知己知彼,以人之长补己之短。要做到这一点,必须深入开展对比研究。可怕的两种倾向是故步自封,拒绝外来文化;否定自己,全盘移植。王国维说:"异日发明光大我国之学术者,必在兼通世界学术之人,而不在一孔之陋儒,固可决也。"①"中西学术,合之两美,离之两伤。"②这显示了我们的前人综览中西古今的恢宏气度。"将来世界大同,犹赖各种文化系统,各自发挥其长处,以便互相比较,互相观摩,互相取舍,互相融合。"③当代科学思潮进入了一个新的发展时期,就是要探索在时空中运动着的系统的复杂性。也就是说对每一个学科都应进行综合研究,这种研究大都是跨学科的,因此对比的方法就成为这种综合研究的一种重要方法。要促进中国文化的发展,就应该把文化研究与当代科学发展思潮很好地结合起来,有效的途径就是开展中外文化对比研究,建立对比文化学。

2. 研究对象

"文化学"这个术语是德国化学家、哲学家威·奥斯瓦尔德(Wilhelm Ostwald, 1853—1932) 1909 年创造的,他把它定义为文化的科学。在美国 culturology 是文化人类学(Cultural Anthropology)的一个分支,研究文化现象及其体系。怀特(Leslie A. White)1949 年出版的《文化的科学》对文化学作出了重要贡献。我们提出的对比文化学是研究两种或多种民族文化的异同和相互影响,以促进人类跨文化交际和文化发展的科学。对比文化学不同于各民族的文化学,也不同于普通文化学,它不研究单一的民族文化,也不研究世界文化:它有自己独立的研究对象、目的和方法。现分四个问题加以阐述。

2.1　文化的概念

纵观中外文化研究,定义之多,难以准确统计,但综合视之,可以说,

---

① 王国维:《奏定经学科大学文学科大学章程书后》。
② 熊十力:《十力语要初续》,乐天出版社,1971 年版。
③ 熊十力:《论六经》,大众书店,1951 年版。

在由不确定走向比较确定,而且逐渐看清了文化研究的缺点主要在于主体与客体研究的脱节。对文化概念作下面的阐述,估计会得到较多人的赞同。文化是主体与客体在人类社会实践中相互作用的产物,有广义和狭义之分。广义文化包括物态文化、制度文化、行为文化和心态文化。心态文化又包括社会心理和社会意识形态,前者指人们日常的精神状态和道德面貌,是未经理论加工和艺术升华的流行于社会的大众心态,后者指经专家系统加工的社会意识,以物化形态(如书、画、乐谱等)固定下来,传于外域与后世。这种社会意识形态还可分为低层和高层。前者主要指政治理论和法权观念,它是经济基础的集中表现,但它的产生与发展要经过社会心理这个中间环节;后者主要指科学、哲学、艺术、宗教等,它离经济基础较远,要经过社会心理和低层社会意识形态才能与社会存在发生关系,因此有较强的独立性。狭义文化就是心态文化,与观念形态文化或精神文化的说法大体相当。它是广义文化的记载,作为信息的传播和保存系统,具有知识性特征,它是由人类在社会实践和意识活动中长期氤氲化育出来的价值观念、审美情趣、思维方式等主观因素构成的,是整个文化的核心(冯天瑜 1990:9—35)。上述文化学定义中所说的两种或多种民族文化,其文化概念包括这广义和狭义文化,也就是说对比文化学研究的是整个文化领域,而不是其中的一部分。

2.2　两种或多种民族文化对比的问题

　　文化对比研究和语言对比研究有相似之处,因目的不同应有理论研究与应用研究之分,或者就叫理论对比文化学和应用对比文化学。作为理论研究,对比文化学应研究母文化(Matrix Culture)与一种或多种外文化的共性和差异,重点应是共性。共性研究主要是探讨相互影响和发展的共同规律,当然对比的文化类型越多,总结出来的规律就越有普遍性。"一比一"不可避免的会有局限性。这种共性研究的依据需要可以是母语文化和外语文化对比,也可以是外语文化与外语文化对比。这种涉及多种文化的共性对比研究,少数人难以取得重大成果,主要应由国家或有能力的学术团体组织大型集体项目,但目前还看不出这方面的动向。

　　作为应用(主要是用于外语教学和翻译)研究,对比文化学应研究母文化与一种外国文化的共性与差异。重点应是差异。差异性研究主要是探讨跨文化交际中的各类障碍。从有效性讲,"一比一"是最合适的方式,完全适用于国内外语教学和翻译的需要。至于对外汉语教学中不同母语留学生班的基础阶段的教学问题,解决的途径恐怕主要是编写各种包含"一比一"文化对比研究成果的外语注释教材与适于留学生用的参考书和词典。编写英、法、德、日、俄等几个大语种注释的教材还有些基础,编写小语种注释的这类教材不是一项容易的工作,因为汉语跟这些语言与文化的对比研究大多尚未开始。编写这类包含文化对比研究成果的汉外或外汉词典更是一项困难的工程。但这是基本建设,应尽快投入人力、物力开展这类对比研究和教材与词典的编写工作。在这种混合班的课堂上教师只好用汉语或用多数学生熟悉的外语(比如英语)来讲解,舍此恐怕难找到更好的方法。关于这个问题的其他方面张占一已有详细说明(张占一1992),这儿就不赘述了。

2.3 共性与差异问题

从哲学上讲,两种文化对比,必有共性与个性(差异),二者是不可分割的。因此对比研究就应既研究共性又研究差异,不可偏废。前者应该用文化学理论通过对比,研究文化的普遍性特征,对已有的文化学理论进行反馈、验证、修改,或提出新的理论,以建立一个更科学、更有普遍指导意义的理论体系。后者应通过各方面的对比研究,确定两种文化的差异,进而指导外语教材的编写与教学活动以及翻译(包括机器翻译)实践和研究工作。

人类文化由于国际交往的增多和文化传播手段的现代化正加速向着统一的世界文化迈进,我们应看清这个大趋势,因此文化共性对比研究应放在十分重要的地位,但目前该研究尚未引起人们的重视。共性研究的重点应是文化的继承性、社会性、民族性、时代性与系统性。研究继承性以促进文化的传播与交流;研究社会性以探讨文化的本质;研究民族性,以寻找不同民族之间相互沟通的基础;研究时代性以探寻文化的共同走向;研究系统性,寻找内部的结构特点,以便取长补短,相互学习。

文化差异的对比研究在我国已开始引起人们重视,但尚不普遍。文化的差异性研究应分两部分。一部分是现代文化学一些基本概念的对比研究,一部分是跨文化交际的文化对比研究。

现代文化学常用文化层、文化丛、文化区、文化圈等概念表示文化时空坐标的差异;用民族文化、文化群、主流文化、亚文化等表示文化的社会性差异;用文化价值、文化积淀、文化模式等表示文化的群体心理素质差异。我们可以运用这些理论进行文化的历史性、区域性、社会性和心态的对比研究,比如19世纪中英文化对比研究、中国龙文化丛与英国的狗文化丛对比研究、中美主流文化对比研究、中法作家文化群对比研究、中英文化模式对比研究等。这是一个广阔的领域,可以大有作为。

　　跨文化交际的文化对比研究,也就是外语教学(包括对外汉语教学)和翻译涉及的母语文化与目的语文化的对比研究。张占一、赵贤洲、陈光磊、吕必松等对这个问题的研究取得了显著成绩,比如对语言与文化的关系、文化的分类、对比文化研究的重点、揭示交际文化因素的模式以及文化附加义等问题都进行了比较切实而深入的探讨。不过把跨文化交际的文化划分成交际文化和知识文化,交际文化又分成语言交际文化和非语言交际文化,笔者认为尚不够科学。首先"交际文化"与"知识文化"是一对相容的概念,二者不相互排斥,不合逻辑分类法要求。交际文化的外延广,可包括知识文化,也就是说知识文化也参与交际,这一点上述几位同志也都从不否认。因此这种划分使人感到知识文化不参与交际,要让人知道它参与交际,必须专门加以说明。我们把属概念叫"跨文化交际的文化",它包含的文化全参与交际,而且参与的是跨文化的交际。这种跨文化的交际可有口头语与书面语之分,也可有普通(或叫"日常")和专业之分。日常生活中影响跨文化交际的文化因素大都包含在普通词语、普通句法、普通语用和非言语系统中,因此这种文化可叫做普通交际文化。显然外语基础课教材、基础课教学和日常交际涉及的文化都应属于这一类。专业性交际包含的文化主要在专业词语和专业表述方式中,因此这种文化可叫做专业交际文化。外语专业教材、专业课教学以及各类专业书刊和学术交流都应列入这类文化。当然这种划分也不是绝对严格的,因为"普通"与"专业"的界限并不是截然分明的。其次我们主张把语言交际文化和非语言交际文化中的"语言"换成"言语",因为人们在交际中听得见、看得见的应该是言语,而不应该是语言,语言是言语的抽象,听不见、看不着。所以把普通交际文化再分成言语交际文化和非言语交际文化比较恰当。上述分类可用下图表示:

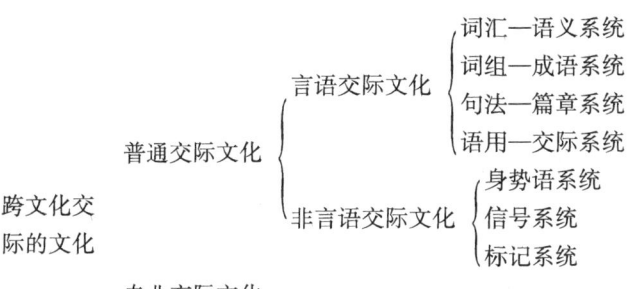

专业交际文化在教学中不可缺少,而且基础阶段结束后应成为教学的主要内容,但跨文化交际能力(包括口头和书面)的培养是从普通交际文化开始的,所以普通交际文化是基础。在语言教学上,我们常说"打好基础才能学好专业",这个道理完全适用于文化教学,而且这种文化教学必须寓于语言教学之中,脱离语言教学规律、超越学生外语水平的文化教学注定会失败。把普通交际文化作为教学与研究的重点是符合客观实际的,我们应抓住不放。怎么样进行深入研究? 我们认为普通交际文化的对比研究应与语言的对比研究同时进行,而且应从语言对比入手,从语言之间的差异追踪、探究造成这种差异的原因。这原因就是文化问题。比如孩子可否直呼父母其名,接受对方称赞的不同表示等,其原因都是不易准确说明的文化差异问题。吕叔湘先生在为《英汉对比研究论文集》的题词中说:"指明事物的异同所在不难,追求它们何以有此异同就不那么容易了。而这恰恰是对比研究的最终目的。"④题词高屋建瓴,指明了语言对比研究的艰巨任务及其重要意义,把这项研究推向了一个新的发展阶段——语言对比与文化对比相结合的对比文化学阶段。

2.4 对比文化学的目的

定义中说"促进人类跨文化交际和文化发展",这包括以下几层含义:(1)由于各国语言与文化的差异,人类的交往还受到很大的限制,要缩小这个限制,就要培养更多的会用两种或多种语言交际的人,这是在人类之间架桥的一项伟大工程,对比文化学就是建设桥墩的工程。(2)文化对比研究,可推动各国文化和世界文化的发展,促进世界文化时代的到来。

---

④ 杨自俭、李瑞华编《英汉对比研究论文集》,上海外语教育出版社,1990 年版。

《共产党宣言》说："资产阶级,由于开拓了世界市场,使一切国家的生产和消费都成了世界性的……物资的生产如此,精神的生产也是如此。各民族的精神产品成了公共的财产。民族的片面性和局限性日益成为不可能,于是由许多民族和地方的文学形成了一种世界文学。"这里说的文学也完全适用于文化。这个历史发展(包括文化发展)的总趋势是从资产阶级产生就开始了,我们应自觉地促进它迅速发展。(3)文化对比研究为文化研究开辟了新的道路,对各门学科(包括文理学科)的更新和发展都会产生更大影响。这种对比研究,不仅可以扩大人的视野,丰富人的认识,而且最便于取人之长补己之短。这已为中国历史上几次文化大交流(即宏观对比)后的文化发展所证实。

3. 结构体系

任何一门学科的建立,都应有相应的结构体系。关于对比文化学的结构体系我们有以下几方面的构想。

3.1 普通对比文化学

这是一种通论性的研究和论述,大体像对比语言学概论性质的论著,内容应包括对比文化学的概念、属性、范围、结构、功能、研究方法以及语言与文化的关系等。

3.2 特殊对比文化学

这是"一对一"的任何两种文化的对比研究,比如中英对比文化学、英法对比文化学等等。其内容应包括理论研究和应用研究两部分。应用研究的重点应是言语交际文化和非言语交际文化之下的七个系统。词汇—语义系统应重点通过词的对应关系和词义类型的对比寻找文化差异。词组—成语系统包括惯用语、成语、俗语、谚语、格言、典故等,它是教学与翻译中的难点,因为它常常反映出不同民族的认识方法、心理状态和文化积淀等方面的差异。句法—篇章系统的重点应为语法范畴、句子组合方式和语篇结构形式。在语篇结构形式中应主要抓连接手段(包括结构连续和语义连结)和连贯手段(包括基本概念和次要概念)的对比。语用—交际系统除社交应酬和人际关系外,还应注意影响交际的语境因素和会话原则中的原则、准则与次准则等方面的对比。身势语系统应着重探讨姿势、表情、目光、动作、衣着、饰物、器具、静默、空间距离等所表示的不同文化因素。信号和标记系统内容简单,不必列为重点项目。

3.3 历史对比文化学

这一部分主要是两种文化发展史的对比,可以同时期对比,比如16—18世纪的文化对比研究,也可以同类对比,比如原始文化对比研究。这部分应包括从原始文化至当代文化各个发展阶段的文化对比研究。

3.4 跨学科研究

跨学科研究是当代各种学科研究的一个重要方面,通过比较,可以举一反三,触类旁通。清代学者刘开在《刘孟涂集》⑤中说:"触类旁通,故言无不尽,引而申之,其义愈进焉。"可见跨学科研究不但可以互相借鉴,而且可以把研究引向深入。对比文化学的跨学科研究应当探讨文化学与人类学、心理学、语言学、交际学、思维科学等学科的关系,探讨这些学科是怎么样研究跨文化交际文化的。这种研究的成果既可帮助我们深刻认识文化的本质和属性,也可帮助我们改进对比文化学的研究方法。

3.5 方法论

方法论是任何一种学科都不可缺少的结构要素。方法论对学科发展的作用不可低估。对比文化学的研究方法主要是对比法,这是其他方法的基础。文化对比研究可用共时法也可用历时法,二者都重要,但外语教学中的文化对比研究应以共时对比为主,历时对比为辅。有人说基础教学阶段用共时对比,专业教学阶段用历时对比。实际上共时法与历时法的使用一般难以截然分开。比如基础阶段词汇教学中对比两个词义,主要用共时法,但有时也涉及词义的产生和演变,这就是用历时法;专业教学中比如对比语言

⑤ 刘开,字孟涂,清道光年间人,著有诗前集、后集和文集十卷。

学史,应是历时研究为主,研究不同时期的语言态,但对比同一时期的语言态时,又要用共时法。所以两种方法的使用有主次之分,但难以断然分开。对比文化学需要分层次的研究。普通交际文化的对比研究主要为教学服务,所以应有汉外和外汉双向对比,前者服务于对外汉语教学,后者服务于外语教学。专业交际文化应分学科进行对比研究,比如政治学、法学、哲学、伦理学、艺术、文学、宗教等。70年代后期以来我国哲学和文学领域的中外对比研究取得了可喜的成果。钱钟书的《管锥编》、季羡林的《中印文化关系史论文集》、杨周翰的《攻玉集》、金克木的《比较文化论集》、王佐良的《论契合》、范存忠的《中国文化在启蒙时期的英国》是这方面高层次的代表性研究成果。尤其是《管锥编》,它既是比较文学研究,也是比较哲学研究,也是比较文化学研究。它评论十部中国古典著作,对比中涉及了英、法、德、意、西、拉丁六种外语的著作1800种,囊括了西方文化的各个领域,涉及学者达千人。钱先生用"多边"、"打通"的方法,沟通了中西文化,即"沟通了人心文心"。其他几位先生运用影响、平行、科际、系统、综合等方法对中外文学、文化、哲学、史学、宗教等进行了对比研究,也都取得了学术价值很高的成果。我们应该继承这些成果,进一步开展更多学科的对比研究。专业交际文化也可以在文化不同的层次中进行对比研究,比如食品文化丛、城市文化群、文化模式等。这类研究尚属新的开拓领域,应引起人们的重视。专业文化对比研究中还有一种追逐原型的研究方法,比较文学中叫做渊源学。比如通过对比发现中国诗与西方诗的原型不同,其来源前者是原始巫术仪式"兴",后者是原始巫术仪式"酒神"。"兴"的核心在于对大同式欢乐的占有与享受,而"酒神"的核心是对个人生命在欢乐中的放纵和宣泄。因此要研究中西诗不同的特质,应从这不同的原型入手(王一川1987)。中英文化中有不少这类问题,比如对"狗"、"猫头鹰"、"龙"、"红"、"白"颜色的不同联想,对"年老"和"胖瘦"的不同感觉,对时空单位大小顺序的排列等都可用追逐原型的方法进行对比研究。这种研究才是吕先生说的达到"对比研究最终目的"的研究。

4. 几点想法

4.1 搞中外文化对比研究是一项十分艰巨的任务

这应该让外语教学界、对外汉语教学界、翻译界以及其他学术界都来参加。我们的队伍有优势也有不足。从事外语教学的不少人汉语语言文化水平跟不上需要,从事对外汉语教学的也有不少人外语文化水平跟不上需要,翻译界也是中外语言文化水平都高的人不那么多。这些不足是我们搞好文化对比研究的最大障碍,应当扬长补短,把队伍建设好,这是基础的基础。

4.2 企业能搞中外合资,学术可搞中外合作

国家和学术团体可有计划地搞几个大一点的中外文化合作对比研究项目。当然也应提倡个人的中外合作,这也是搞好对比研究的一个重要方式。

4.3 文化对比研究要实践与理论并重,并注意二者密切结合

无论理论还是应用研究都应一方面借鉴外国的先进经验,一方面研究自己的历史与现状,并把二者结合起来。这两个结合(理论与实践、中与外)的原则应成为文化对比研究的基点。

参考文献

[1] 冯天瑜等,1990,《中华文化史》,上海:上海人民出版社。
[2] 何自然,1988,《语用学概论》,长沙:湖南教育出版社。
[3] 吕必松,1992,对外汉语教学概论,《世界汉语教学》第2—4期。
[4] 王一川,1987,中国"诗言志"论与西方"诗言回忆"论,见《文化:中国与世界》第二辑,北京:三联书店,167—203。
[5] 许余龙,1992,《对比语言学概论》,上海:上海外语教育出版社。
[6] 张占一,1992,交际文化琐谈,《语言教学与研究》第4期,96—114。

(本文最早发表于《中国文化研究》1994年春之卷,
后收入李瑞华主编《英汉语言文化对比研究》,
上海外语教育出版社,1996。)

作者通讯地址:266071青岛香港东路23号
中国海洋大学外语学院;
zijian@sina.com

6. 关于中西文化对比研究的几点认识

——"英汉文化对比与跨文化交际学术研讨会"开幕词

On the Contrastive Study of Chinese and Western Cultures: An Opening Address at the National Symposium of CACSEC on Comparative Study of English and Chinese Cultures and Cross-Cultural Communication

杨自俭

【编者札记】

杨自俭先生心系中国文化的发展,他不仅在学术会议上奔走呼号,在各种场合呼吁文化界学者重视学科建设,"把文化研究与当代科学发展思潮结合起来",而且亲自笔耕,反复撰文论述己见。这篇文章是他继《关于建立对比文化学的构想》之后发表的第三篇关于中西文化对比研究的论文,其出发点依然是促进对比文化学学科的建立和对比研究理论的发展,是一篇高屋建瓴、指导对比研究发展方向的论文。

文章从阐述专业交际文化的概念出发,指出"一个民族长期育化出来的价值观念、审美情趣、道德情操、宗教情绪、民族性格和思维方式等内容是民族文化独立性的稳定支柱和民族精神的灵魂",应该大力开展研究。文章进而论述"中国文化"和"西方文化"的概念,力陈文化的复杂性,"要分清杂糅在一起的精华、无害成分和糟粕绝不是一件易事",号召广大研究者付出艰苦的努力。

杨自俭先生始终关注理论建设,他在这篇文章中以较大篇幅探讨了文化对比研究的理论与方法问题,鞭辟入里地分析了对比研究的基础、研究的重点、共性与个性的关系以及克服片面性等四个方面,每个方面的论述都不乏真知灼见。此篇论文与其它两篇相关论文,互相补充,自成系列,构成了对比文化学的理论框架,值得中西文化对比研究者认真研读。

1994年我发表了关于文化对比研究的两篇文章,除了讲关于对比文化学的构想以外,主要讨论了跨文化交际的文化的结构问题,这个概念包含普通交际文化和专业交际文化。关于普通交际文化的对比我在文章中重点讲了言语交际的四个系统和非言语交际的三个系统。我想这是我们从事外语教学与研究(包括对外汉语教学)和从事翻译教学与研究的同志应重点研究的内容之一。依据时代的发展和教育改革的要求,我们认为上述两种文化对比研究应相互结合,以适应国家对复合型人才的需要。本文就专业交际文化的对比研究谈几点个人的认识。

1. 专业交际文化的概念

它是和普通交际文化并列的概念,普通交际文化的主要领域是日常言语交际中的文化,也就是日常交际中涉及的语言内外的文化因素。专业交际文化主要指政治理论与法权观念、哲学、艺术、科学、宗教等。这些观念层与价值层的文化蕴含着一个民族长期育化出来的价值观念、审美情趣、道德情操、宗教情绪、民族性格和思维方式等内容,这些内容是民族文化独立性的稳定支柱和民族精神的灵魂。搞专业交际文化对比,应重点开展哲学、法学、语言学、美学、文化学、宗教、史学等学科的对比研究。时代的发展和我国的文化建设要求我们学外语的除研究普通交际文化之外,应逐步进入一个专业的领域,摆脱外语是“工具”这一概念的束缚,做名符其实的文化人。这是一种发展趋势,应认真对待。当然这是一个相当长的过程,现在条件还不具备,但我们应看清这个方向,逐步去建设。我们从事文化对比研究的目的是推动中国文化的发展与进步,因此我们要有意识地把我们的研究和我国的文化建设密切联系起来,我们的研究成果应成为创建新的中华文化大厦的建筑材料。

2．中国文化的概念

中国文化是一个博大精深的复杂的体系,我没有能力说得很清楚,只能说说我学习中有感受的几点。

2.1　中国文化的历史分期问题

中国文化就是中华民族的文化,在世界文化中它是一个独特的文化类型,有一个独立发展的体系。从时间上说,可分两个大的阶段:从殷周时代到 1840 年鸦片战争,这是传统文化的时期;从鸦片战争至今为中国传统文化受到西方文化体系全面冲击的时代。第一个时期有一次中外文化交流即佛学输入。这次是同等级的封建文化的交流,中国比印度政治、经济力量强大,所以不仅接受了佛学,而且使它变成了中国化的佛学。第一个时期末还有一段从明末到清朝康熙年间,西方传教士到中国传播天主教,带来了西方的科学。这是中国翻译史上有名的科学翻译时期。但是到雍正年间,闭关自守的政策中断了中外文化交流。第二个时期可分三个阶段:1840—1949 年为古今中西论争的阶段,这次西方学术输入是不同等级的文化交流,因为西方已进入资本主义社会。1949—1978 年为受前苏联影响较大的时期,也称新传统阶段。1978 年到现在为古今、中西、南北、灵肉全面论争的阶段。实际上第二个时期是中国文化的重大转型时期,这个时期由于社会动荡及剧变,中国文化呈现为极其复杂的局面,特别是近 20 年来除中西、古今、南北、灵肉之争以外,又出现了经济热潮与市民文化对精英文化的严重冲击,这就使中国文化转型进入了更复杂的历程(汤一介 1996)。

2.2　中国文化的主要思想观念

关于这个问题张岱年先生(1996)在多篇文章中讲到了刚健有为、中庸、崇德利用、天人合一、有机整体观、知行合一、重义轻利、重德教轻宗教、爱国观念、人格意识、因循守旧、自由超脱、虚静思想、等级观念、男尊女卑、命运观念、鬼神迷信等等。这些思想观念既包含高层次的学术思想,也包含低层次的社会心理。涉及的问题有人与自然的关系、人与社会的关系、人与人的关系、物质与精神的关系、理论与实践的关系、继承与创造的关系、专制与民主的关系、平等与等级的关系、道德与生命的关系、综合与分析的关系、动与静的关系等。显然这里有生命力强大的精神思想，比如自强不息的精神、有骨气的人格意识、保卫民族独立的爱国精神、天人和谐的思想、有机整体的思维观念。当然也有制约和影响我国社会与文化发展的消极观念，比如缺乏民主与法制的专制主义、制约创造性的因循守旧的思想、尊官贵长的等级观念、权力过分集中和缺乏科学性的管理传统以及文化的政治化倾向等。此外还有一些思想观念具有两重性或者说还有其片面性。比如，我们习惯于从关系中认知一切，把人看成社会群体中的一员和所属关系的派生物，而忽略了人是一个有独立性的个体。强调了人的社会人格，轻视了人的独立人格。当然，合理的观点应是二者统一，人既是独立的个体，又是群体中的一员。又比如，讲天人合一强调大天而思，从天而颂，还把道德跟研究自然与改善民生相提并论，由于这种知识论的功利主义影响，中国历史上才形成了重技术轻理论的倾向。在义与利的关系上，过分强调义(君子喻于义，小人喻于利)，而轻视物质生活的提高。当然现在又出现了拜金主义，只追求物质享受，而忽视高尚的精神的修养，这也是一种片面性。庞朴(1996)说，中国哲学是明智之学，西方哲学是爱智之学，爱智强调追求理性的享受，明智则强调做人的满足。大学之道的三纲八目充分说明了中国哲学融政治和道德于一体的特征。因为道德最富于实践性意识，所以我们的哲学强调实践，而对理论的论证和理论体系的建构缺乏热情与兴趣。显然科学的哲学应是明智与爱智相结合，既重视做人又重视理论建设。中国文化对中国和世界的进步都做出了重大贡献，它是一笔巨大的精神财富，但也给我们设下了进步的障碍，影响了中外交流，所以它也是一个相当大的包袱。中国文化，尤其是现在的中国文化，很复杂，要分清杂糅在一起的精华、无害成分和糟粕绝不是一件易事，需要我们大家付出艰苦的努力。

3. 西方文化的概念

"西方"是一个政治地理概念，指欧美各国，有时特指欧洲国家和美国，强调它们是不同于东方的发达国家。"西方"还是个历史文化概念，所以"西方文化"既包括古希腊、希伯来、古罗马文化，也包括从文艺复兴一直到现代与后现代的欧美文化。可见它是个非常复杂的概念。

3.1　西方文化的时间概念

西方文化也有两千多年的历史,在发展过程中经历了几次大的转型,从古希腊的民主与科学精神到中世纪的神权思想,到文艺复兴以后的理性主义,再到反理性的现代主义和反现代主义的后现代主义。

3.2　西方文化的内涵

西方文化也是一个博大精深而极其复杂的系统。它既包括古希腊的民主与科学精神、希伯来的神学思想、古罗马的法律精神、启蒙主义以来的理性主义,也包括反理性主义的现代主义以及反现代、反形而上学的后现代主义。西方传统哲学,特别是近代哲学,强调主客二分和人的主体性,因此建立了科学与民主的概念,也因此造成了哲学与诗的分离。西方近代许多大哲学家都是大科学家而不像中国哲学家都是文学家或诗人,这是西方主客二分思想影响的佐证。由于上述原则的确立,西方形成了近代的形而上学,他们努力寻求确定性和普遍性。结果一方面是科学与民主的发达,一方面是物对人的统治和普遍性对个性的压抑。在人与社会的关系上,西方一直是 individualism 占主导地位,主张人构成了社会,人是根本;不能牺牲个人利益成全社会利益;个人行为只要不损害他人与社会,任何人不能干涉;个人财产神圣不可侵犯。关于人与人的关系,西方讲人道主义的天赋人权,人生来自由平等,但不讲超出社会的人无所谓权利,全人类的人权现实中是不存在的。后现代主义的全球化思潮推行人权高于主权,把人的生存权与发展权置于自由权之下。西方讲天赋人权是从法律角度讲的,中国古代讲天赋价值是从道德方面讲的。显然合理的观念应是人既要有自由平等的权利,又要受道德的制约(黄柟森1996)。培根、洛克以后,古希腊的形而上学被推行至极,形而上学即分析性思维方式大行其道。中西都有辩证思维,但有差别,中国的强调对立面的和谐,西方的强调对立面的斗争。当然西方文化还包括西方马克思主义。20 世纪上半叶西方出现了后现代主义,它反主客二分,反普遍性,反传统,反中心主义,追求不确定性、无序性、内在性以及哲学与诗的融合。这就使西方文化更加复杂化,但也为中西文化比较提供了新的内容。(张世英 1996)

4. 文化对比研究的理念与方法问题

关于这个方面只谈下面几个问题：

4.1 对比研究的基础

两种语言对比研究有一个可比性的基础问题,文化对比研究也有这个问题。两种文化对比谁为标准？是以西方文化为标准还是以中国文化为标准？还是要有一个公用的尺度做标准？我们知道西方学术界一直奉行欧洲中心主义,他们的理论路线就是"东西文化二项对立",从黑格尔直到现在一些号称批判欧洲中心主义的后现代主义思想家如德里达和福科等都没有什么改变。这一理论路线的实质是以西方文化为标准,以中国文化为陪衬,通过过分强调中西文化的差异,来突出西方文化的优越,贬低中国文化的价值。这种对比是一种不平等的对比。张隆溪先生在《道与罗格斯》一书中针对"东西文化二项对立"提出了"文化求同"的理论策略,通过"道"与罗格斯的比较,证明中西文化都有各自的"罗格斯中心主义"。应该说这是中西文化对比研究中一项有重大意义的突破,一定会在国内外的哲学、文化、语言、文学等学科的对比研究中产生深远影响。但是这里有一个问题,所求的"同"不是超越中西文化的第三者,而依然是以西方文化做标准而寻求跟西方文化的"同",只解决了"你有我也有"的问题(支宇1999)。反过来以中国文化为标准也有同样的问题。那么怎么样才能找到这个第三者呢？我想不进行以中国文化为标准和西方文化为标准的这种单向的对比研究,而以人类共有的文化范畴和命题作尺度,比如人与自然的关系、人与社会的关系、人与人的关系、个人的灵与肉的关系,还有时间、空间、物质、精神、理智、感情、价值、道德等。对这些范畴和命题,看看它们在中国文化中内涵如何,是如何构建的,看看它们在西方文化中内涵如何,是如何构建的,在这样的描述与比较中,可以找到二者的共同点和差异点,其目的是找出异同,分出优劣,以便互相取长补短,促进中西文化的交流与各自的发展。这仅是从哲学角度讲的,当然每个学科的中西比较都可以参考这种方法。

4.2　共性与个性的问题

　　共性与个性是哲学范畴,有很强的概括性与解释力,任何两种或多种事物比较都有这个问题。我们在对待二者的关系时常常有片面性,有时或有人过分强调共性,有时或有人过分强调个性,因此常常引起争论。比如中国百年来的"古今"之争与"中西"之争,似乎都是在对待文化的共性与个性问题上没有处理好二者的关系。共性在文化上可以表现为"时代性",个性可以表现为"民族性"。我们在研究共性或时代性时,不应忽视个性或民族性,反之亦然。我一向信奉中庸之道,因此对比研究要把共性与个性放在同等的地位看待,用"共性、个性并重"的说法来表述。这是说的理论策略,但不影响在研究一个具体项目时或侧重于共性或侧重于个性。这是两个不同层次的问题。

4.3　片面性问题

　　严格讲,人的认识不可能没有片面性,因为所有的认识都是相对的。"瞎子摸象"是一个很有哲理的寓言故事,如果把大象比作客观世界,人类不是一直在变换着参照系努力地摸这头大象吗? 什么时候能把"大象"摸全? 我说不清楚,恐怕这只是人类的理想目标。这儿说的片面性是指在中西文化比较中,由于对已有的文化积累、了解不够而造成的片面性。好比讲到二者某一项差异就断然说中国有,西方没有,中国主这,西方主那。比如说中国文化是精神文化,西方文化是物质文化,中国文化主静,西方文化主动,中国文化主性善,西方文化主性恶,中国文化尚感情、是内向的,西方文化尚理智、是外向的等。实际上两方面的内容中西文化都有,可能存在于不同时代不同民族和不同人的论述中。从整体上看,他们的论述还未成为主流文化,还未形成传统,所以这样做出的结论应该说是有片面性的。前边已简要说明了中西文化的复杂情况,特别是现在的中西文化更加复杂,从时间上说,有古代、近代、现代和当代文化相互交叉的影响,从空间上说,有世界的各种文化和国内的各民族文化的相互影响,还有文化的不同流派和不同层次的相互影响。此外还有一个我们如何对待后现代主义的问题,这也是个很复杂的问题。不能轻易做出肯定或否定的答案。在学术研究的理论与方法中,其片面性除表现在对待共性与个性的关系上以外,还表现在对待科学主义与人文主义、形式与意义、理论与实际(或虚与实)、理论研究与应用研究、规范与描写、归纳与演绎、分析与综合、历时与共时、专与通、动态与静态等一系列的关系上,往往强调了一个方面而忽视了另一个方面。我们知道真理永远存在于两个极端之间,所以我们在理论修养上应该努力追求不走极端,尽力减少片面性,以求得我们所研究的成果有更高的科学性,有更实在的价值。

4.4 研究的重点

专业文化中有很多学科,我们选择什么学科作为研究的重点? 依据我们搞语言文化对比研究的需要,我认为要首选哲学。因为哲学是文化的灵魂和核心,它反映和支配着文化发展的方向。学术发展史告诉我们,任何学术研究必须以哲学思维的更新为先导。美国哲学家马蒂尼奇(Martinich 1996/1998:7)说:"当哲学搞得出色时,它就有助于科学的诞生。亚里士多德的工作使生物学得以诞生,布伦坦诺和詹姆斯的工作使心理学得以诞生,弗雷格的工作使逻辑哲学和数学哲学得以诞生,蒯因和哥德曼的工作使转换语法得以诞生。类似地,语言哲学使认知科学得以诞生。"哲学有两大功能,一是外向功能,能自觉地认识世界和改造世界,以满足社会发展实践的需要;二是内向功能,自觉地建设人的真善美统一的精神家园,以满足人类精神的需要。它是哲学作为世界观、人生观、价值观理论本质的直接体现。其实,内向功能也是为社会实践服务的,只是不像外向功能那么直接罢了。中西哲学对比研究可采取哪些模式? 谢龙(1996)提出了总体性的、局部性或专题性的、肯定性与否定性的、汇合与交融性的多种对比模式。这些模式我看都可供我们选择与参考。我想比较可行的方法是先微观后宏观,也就是从专题开始,比如选择跟我们的研究密切相关的思维方式、科学思想、逻辑思维、人文精神等专题,最好能与我们的语言文化对比研究相结合,这样可能会相互促进,使我们的研究得到更快的提高。先占领一块地盘,然后再逐步向外辐射。当然微观与宏观研究是相辅相成、互相修正和互相促进的,因为二者的研究结果常常出现反差,这种反差往往会成为研究深化的突破口。

语言文化的对比研究应和专业文化尤其是哲学对比研究相结合,这样可以扩展研究领域,深化研究内容,找到解释造成语言文化异同的依据,促进理论的发展。

参考文献

[1] 黄枬森,1996,关于马克思主义人学和现代主义西方人学比较的几个问题,见谢龙主编《中西哲学与文化比较新论》,北京:人民出版社,175—209。

[2] 马蒂尼奇,1996,中译本序言,牟博等译,《语言哲学》,北京:商务印书馆,1998。

[3] 庞　朴,1996,《学术文化随笔》,北京:中国青年出版社。

[4] 汤一介,1996,《学术文化随笔》,北京:中国青年出版社。

[5] 谢　龙,1996,比较哲学的方法论问题,见谢龙主编《中西哲学与文化比较新论》,北京:人民出版社,265—292。

[6] 杨自俭,1994a,试论英汉文化对比研究,《山东外语教学》第 1 期。

[7] 杨自俭,1994b,关于建立对比文化学的构想,《中国文化研究》春之卷。

[8] 张岱年,1996a,《学术文化随笔》,北京:中国青年出版社。

[9] 张岱年,1996b,中西哲学比较的几个问题,见谢龙主编《中西哲学与文化比较新论》,北京:人民出版社。

[10] 张世英,1996,中国传统哲学与西方后现代主义哲学,见谢龙主编《中西哲学与文化比较新论》,北京:人民出版社,56—68。

[11] 支　宇,1999,寻找跨东西文化的共同规律——评张隆溪教授的《道与罗格斯》,《中国比较文学》,第 2 期。

（本文最早发表于《外语与外语教学》1999 年第 10 期,
后收入罗选民主编《英汉文化对比与跨文化交际》,
辽宁人民出版社,2000。）

作者通讯地址:266071 青岛香港东路 23 号
中国海洋大学外语学院;
zijian@sina.com

7. 论英汉文化对比与跨文化交际研究

——在中国英汉语比较研究会"英汉文化对比与跨文化交际学术研讨会"上的报告

On Comparative Study of English and Chinese Cultures and Cross-Cultural Communication: A Speech at the National Symposium of CACSEC on Comparative Study of English and Chinese Cultures and Cross-Cultural Communication

罗选民

【编者札记】

古人云:"知为行之始,行是知之成。知之真切笃实处即是行,行之明觉精察处即是知。"这段话道明了理论与实践的辩证关系:理论指导实践;实践证明理论,也检验理论。清华大学外国语学院教授罗选民先生的这篇论文是本书所收录的七篇理论性文章的最后一篇,带有总结的性质。该论文比较系统地论述了英汉文化对比的任务、原则与方法,有助于研究者对英汉文化对比进行宏观把握,文中的精辟见解对于中西文化对比研究和跨文化交际研究,对于从事跨文化交际实践,均具有指导意义和参考价值。

文章认为,英汉文化对比研究应把揭示下列关系作为其主要任务:语言、文化与交际;语言使用与文化;语言教学与文化;语言习得与文化习得。文章表明,比较法是英汉文化对比和跨文化交际研究的原则和方法。作者以语言与文化的交叉渗透关系为依据,主张在"进行英汉文化对比研究时应采用多维立体局部的研究,从局部研究达到整体的系统研究,并认为对比研究要自始至终贯彻多元、渗透、发散和开放的原则与方法,只有这样,才会取得长足的进步。"文章的结语指出,"英汉文化对比研究或跨文化交际研究将推动语言学进行动态的应用研究而不是纯粹的静态结构描写,使语言和文化的研究更加紧密地结合社会交际,而不是脱离社会交际。"这既是殷切的希望,也是正在被证实的预言。

引言

现代科学研究具有多元性、渗透性、发散性和开放性。多元性是指各种学科理论并存互补;渗透性是指多种分支、边缘学科交叉渗透;发散性是指某一学科向其他学科发散;开放性是指从内部来看其他世界,从外部来看自己的世界。如果说 19 世纪的语言学注重语言的纵向研究,20 世纪的语言学注重语言的横向研究,那么 21 世纪的语言学是对语言进行纵横结合的多维立体研究。这种多维的立体研究是由语言本身的特性决定的,因为影响语言的因素是多维的。从人文学角度讲,这种多维立体主要表现文化、社会、心理、交际、民族、历史等方面。如果把语言看作一个内核,那么上述文化等因素便构成了一个围绕这个内核的六面体。(邵敬敏 1994:4)本文并不想就这些方面全面展开讨论,而是就英汉文化对比与跨文化交际的关系来谈三个问题:1. 英汉文化对比研究的任务;2. 英汉文化对比研究与跨文化交际研究的关系;3. 英汉文化对比和跨文化交际研究的原则与方法。

1. 英汉文化对比研究的任务

比较是人们认识客观事物的一种重要方法,在科学中有普遍的意义,对语言学科来说也同样如此。比较是历史比较语言学、类型语言学、地域语言学、对比语言学等学科的重要研究方法。从宏观上看,英汉文化对比研究属于比较文化学的范畴,研究的对象和范围相当广泛,可以包括英汉两个不同文化系统中的一切物质的和精神的文化的总和;从微观方面看,可以着重于英汉不同文化系统中的精神文化方面,包括宗教、哲学、艺术、历史、文学、教育、美学、语言、风俗习惯、社会制度等等。

拉多(Lado)在 1957 年出版了《跨文化的语言学》一书。拉多在书中第 6 章谈到如何进行文化对比问题。他指出,每种文化中构成模式的定型行为单位都有它的形式、意义和分布。这三者同时构成文化对比的三个层次,但三者并不孤立地存在。这里的分布不仅指词语可能出现的环境,而且指它们在实际语境中的使用。因此文化对比可以通过形式、意义和分布三者的关系进行:(1)同一形式,不同意义;(2)同一意义,不同形式;(3)同一形式,同一意义,不同分布。令人遗憾的是这一富有启发意义的思想在很长一段时间里没有引起学术界的重视,随着语言学中新学科的不断建立和对语言教学特别是外语教学研究的不断深入,文化对比越来越受到人们的关注。

当前,从语言与文化的关系上,英汉文化对比主要从两个角度开展。一个是从文化语言学的角度,研究词语的文化内涵;一个从跨文化交际学的角度,分析语言使用的文化背景。例如,汉语中的"松、竹、梅"能使汉族人联想到"岁寒三友",具有"斗霜傲雪"、"高风亮节"的联想意义,但英语和俄语中的相应词语却不能使操这两种语言的人引起联想,也没有类似的联想意义。英语 National Trust 字面意义是"国家托拉斯",实际上这一机构负责英国博物馆中珍贵陈列品的维护和保养,类似于中国的"全国文物保护委员会"。如果不了解这些词语的文化内涵,就不能进行确切的翻译和成功的跨文化交际。胡文仲把中国学生在英语使用中容易犯的文化错误归纳为四类:(1)从社会语言学角度看是不适当的;(2)从文化习俗上看不可接受;(3)不同价值观的冲突;(4)过于简单化或过于笼统。胡文仲(1989:156—160)的归纳比较有概括性。

笔者认为,英汉文化对比研究目前面临以下几项任务:

(1)通过英汉文化对比研究,进一步揭示语言与文化的关系、文化与交际的关系以及语言与交际的关系;进一步揭示文化之于语言、文化之于交际的内在运作规律,并描述英汉两种语言的各自不同的文化特征和交际特征。

(2)通过英汉文化对比研究,进一步揭示语言使用与文化的关系。因为不但语言结构与文化有关,语言使用方式也跟文化有密切关系,而且比语言结构更受制于文化规约。此外,文化对交际的模式、话语结构起决定的作用。因此,英汉文化对比研究也应当是跨文化语用学的研究,进一步揭示在特定的文化规约下,在特定的交际场合或语境里,语言使用的原则和规律,以提高英汉双语人的跨文化语用理论水平和跨文化的交际能力。

(3)通过英汉文化对比研究,揭示文化与语言教学特别是外语教学的关系,揭示"文化导入"("文化展示"、"文化融入"、"文化语言有机化合")对于外语教学的必要性和紧迫性,从理论上和实践上进行认真研讨,把文化与语言特别是与外语教学的研究推向新的高度。

(4) 通过英汉文化对比研究,探索语言习得与文化习得的关系,探索文化习得之于语言习得的重要作用,研究英汉双语教师及学生的文化归属问题,促进我国双语理论和双文化理论的研究。

2. 英汉文化对比与跨文化交际研究的关系

英汉文化对比研究与跨文化交际研究是我国文化现代化建设的两个方面,它们之间存在着内在的联系。英汉文化对比从根本上讲是一种比较,而跨文化交际首先应当是一种交际(communication)。所谓交际,只要不同文化背景的人产生了往来,就产生了跨文化交际的问题。所以,我们可以将跨文化交际理解成不同文化间的沟通和互动。萨姆瓦等(Samovar et al. 1988:15)在《跨文化交际》一书中对交际一词作了这样的定义:"一种双边的、影响行为的过程,在这个过程中,一方(信息源)有意地将信息编码并通过一定的渠道传递给意向所指的另一方(接受者),以期唤起特定的反应或行为。"在 21 世纪的全球化时代,跨文化交际就变得越发重要。

如上所述,英汉文化比较与跨文化交际有内在的联系,它们都研究不同文化之间的交往问题。但前者的研究仅局限在英汉两种语言的对比,而后者的行为活动却不局限于此,它可以在多种语言文化中进行,它的形式可能是言语的,也可能是非言语的。那么比较与交际之间是一种什么关系呢? 对此,美国跨文化交际学家巴特森(Bateson 1987:76—78)有过专门的论述。他认为人类交际产生于对差异的观察,而差异是通过比较才得以察觉的。巴特森认为,如果我们想说点什么那是因为我们觉察到了"明显的差异"。他举了一个例子来证明,如果有人想把一束玫瑰花插在教室的讲台上,老师走进教室可能会说:"啊,玫瑰花!"依照巴特森的理论,这种交际"啊,玫瑰花!"是人们觉察到在原来没有玫瑰的教室与现在有玫瑰的教室之间的差异的一种反映。这种差异正是通过比较来发现的。比较是觉察差异的普遍的方法。没有比较就没有鉴别,没有比较就不可能觉察差异,也就没有人类交际,由此,我们可以窥见英汉文化对比与跨文化交际之间的关系。

　　另外,从文化与语言、文化与交际、语言与交际的关系上看,它们三者之间的关系是相互影响、相互制约的。它们分别是网络系统中三个相互连接的网结。英汉文化对比研究理所当然地要进行英汉语言的对比研究和英汉跨文化的研究,只有通过这种多学科、多维立体的研究,我们的研究成果才会更接近真理。

3. 英汉文化对比和跨文化交际研究的原则与方法

　　比较法是人类共有的一种思维方法,在学术上具有极重要的作用。第一,它可以从不同文化系统的文化现象的同一性中探求人类文化发展的共性。第二,从不同文化系统的文化差异中,可以揭示人类文化发展的个性。一定民族文化的独特性,只有通过它与其他民族的比较才能发现。有比较才有鉴别,不进行比较,就无从把握事物的本质特征。因此,比较法是英汉文化对比和跨文化交际研究的原则和方法。就方法而言,下面谈几个要注意的问题。

3.1

　　英汉文化对比与跨文化交际研究,主要是从文化之于语言、文化之于交际的关系方面进行研究,它既不研究语言本身,也不研究文化本身,而是着眼于文化、语言、交际三者的关系和相互影响。对于文化,一般理解有三个层次:物质文化、习俗文化和认知文化。语言不是文化,因而不能简单地把它归属于哪一层次的文化,有人认为语言属于习俗文化,这是比较牵强的(邢福义 1990:6)。事实上,语言与这三种文化都发生关系,在语言中可以找到这三种层次的文化的投影。语言具有文化性又具有自然性,具有人文性又有多个侧面,因而语言的局部与文化的局部发生交叉、渗透关系。因此,在我们进行英汉文化对比研究时采用的是多维立体局部的研究,从局部研究达到整体的系统研究。

3.2

　　英汉文化对比研究实际上是一种跨文化的研究,既然是跨文化研究,那么它就具有开放性,即从内部来看其他世界,从外部来看自己的内在世界,从跨文化对比的角度来对英汉语言的不同层面逐一进行对比研究。如词汇文化内涵的对比研究、英汉两种语言的御用规则对比研究、英汉非语言交际的对比研究、英汉交往习俗对比研究、英汉社会心理的对比研究、英汉文化中价值观念的对比研究等,这些对比研究要自始至终贯彻多元、渗透、发散和开放的原则与方法,只有这样,才会取得长足的进步。

要用动态的观点处理语言的跨文化现象,包括处理语言与文化的关系,这不仅可以使研究工作做到模式化而不至于僵化,还可以使研究不断深入,永远保持旺盛的生命力。历史的经验值得注意,结构主义语言学用静态的观点处理语言事实已经给研究工作带来了局限性,语言是不断发展变化的,影响语言的各种文化因素和自然因素也在不断发展变化,而且这些因素不是孤立的、互不相干的或静止不变的。语言变异和文化变异是普遍的、绝对的和必然的。如果我们用静止、孤立的观点看待语言和文化,看待语言与文化的关系,尤其是用它处理语言的跨文化现象,就一定会产生 stereotype(中国台湾学术界称为"刻板印象",内地有译"定型"的)。stereotype 是跨文化交际研究中的术语,意思是用固定不变的观点观察不同背景中的人或事物。将 stereotype 的观点用于跨文化交际,则必然产生交际障碍。

3.3

在英汉文化对比研究中,我们应该看到文化对语言的影响是不均等的。(邢福义 1990:9)。好比阳光照射,阳的一面照得到,阴的一面则未必。反映在词汇上最浓烈、明显、突出、集中,而在语音、语法上比较清淡;反映在言语上的使用比较显豁、典型,而反映在语言系统本身上则比较含蓄、隐蔽。语言的发生、发展、变化同文化当然有着密切联系,但除了文化因素之外,还有许多其他的自然因素在起作用。不要过分夸大文化的作用。如果时时、处处、事事都试图在语言中寻找文化的内涵,那就是形而上学,而形而上学的思维方式将极大地妨碍我们去接近真理。

结语

　　二十一世纪是多学科交叉研究的世纪,是在全球化的大背景下认知语言学得到蓬勃发展、多学科得到相互交融的世纪,语言学研究将会更加接近社会,在更广阔的语境下得到广泛和深入的应用。英汉文化对比研究与跨文化交际研究无疑会凸显语言的文化属性和言语的交际属性,英汉文化对比研究或跨文化交际研究将推动语言学进行动态的应用研究而不是纯粹的静态结构描写,使语言和文化的研究更加紧密地结合社会交际,而不是脱离社会交际。从这一意义上说,这两项研究都具有十分广阔的发展前景。

参考文献

［1］ 胡文仲,1989,《英语的教和学》,北京:外语教学与研究出版社。
［2］ 萨瓦姆等,1989,《跨文化交际》,北京:三联书店。
［3］ 邵敬敏,1994,关于中国文化语言学的反思,见王福祥编《文化与语言》,北京:外语教学与研究出版社。
［4］ 邢福义,1990,《文化语言学》,武汉:湖北教育出版社。
［5］ Bateson, G. and M. C. Bateson. 1987. *Angels Fear*. New York:Macmillan.
［6］ Lado, R. 1957. *Linguistics across Cultures*:*Applied Linguistics for Language Teachers*. Ann Arbor:University of Michigan Press.

（本文选自罗选民主编《英汉文化对比与跨文化交际》,
辽宁人民出版社,2000。）

作者通讯地址:100084 北京清华大学外语学院;
luoxm@mail. tsinghua. edu. cn

二、综合研究

II. Comprehensive Studies

8.先秦学派与希腊印度学派比较

A Comparative Study of the Pre-Qin-Dynasty Schools of Thought and Their Contemporary Greek and Indian Counterparts

梁启超

【编者札记】

梁启超是我国近代著名的政治活动家、政论家、思想家、史学家和文学家,戊戌维新运动的领袖之一。他一生忧国忧民,匡国济世,致力于社会变革和西学的宣传。本文是他"戊戌政变"后流亡日本期间所作,最初发表于1902年,是本书收录的最早的中西文化对比研究的文章。早在国粹主义声浪甚高的一百多年前,梁启超就能以清醒、理智的态度审视中国学术思想的利弊得失,可谓在我国学术界开了风气之先。用他自己的话说:"语其长,则爱国之言也;语其短,则救时之言也。"在民族危难之秋,"救时之言"无疑更切合社会的需要,即便在今天,也仍然是我们反思中国文化核心问题的借镜。

文章在把先秦学派与希腊学派作比较时,就以既语其长又语其短的思路展开。梁启超所总结的先秦学派之所长有五:国家思想之发达、生计Economy问题之昌明、世界主义之光大、家数之繁多、影响之广远。与此相对应,梁启超指出先秦学派之所短有六条:论理 Logic 思想之缺乏、物理实学之缺乏、无抗论别择之风、门户主奴之见太深、崇古保守之念太重、师法家数之界太严。梁启超在其《论中国学术思想变迁之大势》一书中把先秦学派所处的春秋战国时代赞誉为中国学术思想的全盛时代。但即使在百家争鸣、百花斗艳的全盛时代,梁启超仍能以6:5的比差揭示出空前盛况中业已潜伏的消极因子,预示了中国学术思想日后可能出现的危机。我们不能不佩服梁启超惊人的胆识和敏锐的观察。

反复阅读此文,我们会理解梁启超论述中西学派差异的主旨:反对思想一统,提倡学术自由。结尾处连续两声"何不惧耶"的感叹不失为警世之言。

呜呼,世运之说,岂不信哉! 当春秋、战国之交,岂特中国民智,为全盛时代而已;盖征诸全球,莫不尔焉。自孔子、老子以迄韩非、李斯,凡三百余年,九流百家,皆起于是。前空往劫,后绝来尘,尚矣。试征诸印度:万教之狮子厥惟佛。佛之生,在孔子前四百十七年,在耶稣前九百六十八年,此侯官严氏所考据也,见《天演论》下第三章案语。今从之。凡住世者七十九岁。佛灭度后六百年而马鸣论师兴,七百年而龙树菩萨现。马鸣、龙树,殆与孟子、荀卿同时也。八百余年而无著、世亲、陈那、护法诸大德起,大乘宏旨,显扬殆罄,时则秦、汉之交也。而波你尼之声论哲学,为婆罗门教中兴巨子,亦起于马鸣前百余年。波你尼之学,以言语为道本,颇似五明中之声明,又与柏拉图之观念说相类。其时代传说不同,大率先波腾阇梨二百年。此印度之全盛时期也。更征诸希腊:七贤之中,德黎 Thales 称首,生鲁僖二十四年。亚诺芝曼德 Anaximandros①,倡无极说者也,生鲁文十七年。毕达哥拉 Pythagoras,天算鼻祖,以律吕言天运者也,生鲁宣间。芝诺芬尼 Xenophanes,创名学者也,生鲁文七年。巴弥匿智 Parmenides,倡有宗者也,生鲁昭六年。额拉吉来图 Herakleitos,首言物性,而天演学之远祖也,生鲁定十三年。安那萨哥拉 Anaxagoras,讨论原质之学者也,额、安二哲皆安息人。生鲁定十年。德漠颉利图 Demokritos,倡阿屯论即莫破质点之说也。者也,生周定王九年。梭格拉底 Sokrates,言性理道德,西方之仲尼也,生周元王八年。柏拉图 Plato,伦理、政术之渊源也,生周考王十四年。亚里士多德 Aristoteles,古代学派之集大成也,生周安王十八年。此外则安得臣 Antisthenes②,什匿派之大宗,倡克己绝欲之教者也,生周元间。芝诺 Zenor,斯多噶派之初祖,而泰西伦理风俗所由出也,生周显三年。伊壁鸠鲁 Epikuros,幸福主义之祖师也,生周显廿七年。至阿克西拉 Arkesilaos,倡怀疑学派,实惟希腊思想一结束。阿氏生周赧

---

① "i"原作"t",据《饮冰室合集》校改。

② 原文误作"Antisthune",据《中国学术思想变迁史》校改。

初年,卒始皇六年,是时正值中国焚坑之祸将起,而希学支流,亦自兹稍涸矣。由是观之,此前后一千年间,实为全地球有生以来空前绝后之盛运。兹三土者,地理之相去,如此其辽远,人种之差别,如此其淆异;而其菁英之磅礴发泄,如铜山崩而洛钟应,伶伦吹而凤皇鸣。於戏! 其偶然耶,其有主之者耶,姑勿具论;要之此诸哲者,同时以其精神相接构相补助相战驳于一世界遥遥万里之间,既壮既剧,既热既切。我辈生其后、受其教而食其赐者,乌可以不歌舞之! 乌可以不媒介之!

以地理论,则中国、印度同为东洋学派,而希腊为西洋学派;以人种论,则印度、希腊同为阿利扬族学派,而中国为黄族学派;以性质论,则中国、希腊同为世间学派,而印度为出世间学派。希腊之斯多噶派、伊壁鸠鲁派、怀疑派,虽亦讲求解脱主义,然犹世间法之解脱也。中国之老、庄亦然。故三者互有其相同之点,相异之点。今请校其长短而僭论之。

1. 与希腊学派比较

1.1 先秦学派之所长

凡一国思想之发达,恒与其地理之位置、历史之遗传有关系。中国者大国也,其人伟大之国民也,故其学界全盛之时,特优于他邦者自不少。今请举其五事:

曰国家思想之发达也。希腊有市府而无国家。如雅典、斯巴达诸邦,垂大名于历史者,实不过一都会而已。虽其自治之制整然,然终不能组织一国,如罗马及近世欧洲列邦。卒至外敌一来,而文明之迹,随群市府以同成灰烬者,盖国家思想缺乏使然也。柏拉图、亚里士多德,皆有功于政治学,而皆不适于造完全之国家。中国则自管子首以国家主义倡于北东,其继起者率以建国问题为第一目的,群书所争辩之点,大抵皆在此。虽孔、老有自由、干涉之分,商、墨有博爱、苛刻之异,然皆自以所信为立国之大原一也。中国民族所以能立国数千年,保持固有之文明而不失坠者,诸贤与有劳焉矣。此其一。

曰生计 Economy 问题之昌明也。希腊人重兵事,贵文学,而于生计最不屑焉。故当时哲学、技术,皆臻极盛,为万世师;独于兹科,讲论殊少,惟芝诺芬尼、亚里士多德,尝著论之而已。而中国则当先秦时,此学之昌,殆与欧洲十六、七世纪相颉颃。若管子《轻重》、《乘马》之篇,孟子井田彻助之制,墨翟务本节用之训,荀卿养欲给求之论,李悝尽地力之业,白圭观时变之言,商鞅开垦之令,许行并耕之说,或阐原理,或述作用,或主农稼,或贵懋迁,或倡自由政策 Free Trade,《孟子》:"关市讥而不征,则天下之民,皆悦而愿藏诸其市矣。"或言干涉主义,济济彬彬,各明一义。盖全地球生计学即前论所屡称之平准学发达之早,未有吾中国若者也。余拟著一《中国生计学史》,搜集前哲所论,以与泰西学说相比较。若能成之,亦一壮观也。此其二。

曰世界主义之光大也。希腊人,岛民也。其虚想虽能穷宇宙之本原,其实想不能脱市府之根性,故于人类全体团结之业,统治之法,幸福之原,未有留意者。中国则于修身、齐家、治国之外,又以平天下为一大问题。如孔学之大同太平,墨学之禁攻寝兵,老学之抱一为式,驺衍之终始五德,大抵向此问题而试研究也。虽其所谓天下者非真天下,而其理想固以全世界为鹄也。斯亦中国之所以为大也。此其三。

大抵中国之所长者在实际问题,在人事问题。就一二特点论之,则先秦时代之中国,颇类欧西今日;希腊时代之欧西,反类中国宋、明间也。此不过言其有相类者耳,非指其全体也。读者勿泥视。至就全体上论之,则亦有见优者。

曰家数之繁多也。希腊诸哲之名家者凡十余人,其所论问题,不出四五。大抵甲倡一说,而乙则引申之,或反驳之,故其学界为螺线形,虽千变万化,殆皆一线所引也。中国则地大物博,交通未盛,学者每闭门造车,出门应辙,常非有所承而后起者也,故其学界为无数平行线形。六家九流之门户,前既言之矣;而其支与流裔,何啻百数! 故每一问题,胪其异说,辄累累若贯珠然;而问题之多,亦冠他界。此其四。

曰影响之广远也。自马基顿兼并以后,至西罗马灭亡以前,凡千余年间,希腊学术之影响于欧洲社会者甚微,盖由学理深远,不甚切于人事也。斯多噶派,虽与罗马风俗有影响,然不多也。先秦学者,生当乱世,目击民艰,其立论大率以救时厉俗为主,与群治之关系甚切密,故能以学说左右世界,以亘于今。虽其为益为损,未易断言;要其势力之伟大,殆非他方学界所能及也。此其五。

1.2　先秦学派之所短

不知己之所长,则无以增长光大之;不知己之所短,则无以采择补正之。语其长,则爱国之言也;语其短,则救时之言也。今请举中国之缺点:

一曰论理 Logic 思想之缺乏也。凡在学界,有学必有问,有思必有辩。论理者,讲学家之剑胄也。故印度有因明之教,因明学者,印度五明之一也。其法为因、宗、喻三段,一如希腊之三句法。而希腊自芝诺芬尼、梭格拉底,屡用辩证法,至亚里士多德,而论理学蔚为一科矣。以此之故,其持论常圆满周到,首尾相赴,而真理愈析而愈明。中国虽有邓析、惠施、公孙龙等名家之言,然不过播弄诡辩,非能持之有故,言之成理,而其后亦无继者。当时坚白马等名学之词句,诸子所通称道也。如墨子《大取》《小取》等篇最著矣,即孟、荀、庄、韩书中,亦往往援为论柄。但其学终不成一科耳。以故当时学者,著想非不邃奥,论事非不宏廓,但其周到精微,则远不逮希、印二土。试举一二为例。孟子云:"杨氏为我,是无君也;墨氏兼爱,是无父也。"夫"为我"何故与"无君"同物,"兼爱"何故与"无父"同物,一以论理法反诘之,必立穷矣。孟子言"性善",谓辞让之心,人皆有之;荀子言"性恶",谓人之性好利,顺是则争夺生而辞让亡。其论法同一,而根据与结断皆相反,终相持而不能决,皆由无论理以范围之,不能于对待求真理也。《墨子·天志》篇云:"然则天亦何欲何恶? 天欲义而恶不义。(中略)然则何以知欲义而恶不义? 曰天下有义则生,无义则死。(中略)然则天欲其生而恶其死。(中略)此我所以知天欲义而恶不义也。"③云云。语中叠用数"然则"字,望之极似循环论法。然究其极际,则天何以欲其生而恶其死之理据,墨子不能言也,是其前论之基础,胥不立矣。中国古书之说理,类此者什九,不能遍举也。大抵西人之著述,必先就其主题,立一界说,下一定义,然后循定义以纵说横说之。中国则不然,如孔子之言仁言孝,其义亦寥廓而不定,他无论矣。坐此之故,譬之虽有良将健卒,而无戈矛甲胄以为之藉,故以攻不克,以守不牢。道之不能大光,实由是。推其所以缺乏之由,殆缘当时学者,务以实际应用为鹄,而理论之是非,不暇措意,一也。又中国语言、文字分离,向无文典语典 Language Grammar 之教,因此措辞设句之法,不能分明,二也。又中国学者,常以教人为任,有传授而无驳诘,非如泰西之公其说以待人之赞成与否,故不必定求持论之

---

③　"知"与"欲义"之间原有"天之"二字。

圆到,三也。此事虽似细故,然实关于学术盛衰之大原。试观泰西古代思想,集成于亚里士多德;近世文明,滥觞于倍根。彼二人皆以论理学鸣者也。后有作者,可以知所务矣。

二曰物理实学之缺乏也。凡学术思想之发达,恒与格致科学相乘。远而希腊,近而当代,有明征矣。希腊学派之中坚,为梭格拉底、柏拉图、亚里士多德师弟。梭派之学,殚精于人道治理之中,病物理之繁赜高远而置之,其门庭颇与儒、法诸家相类。但自德黎以来,兹学固已大彰,而额拉吉来图、德谟颉利图诸大师,固已潭思入微,为数千年格致先声。故希腊学界,于天道、物理、人治三者,调和均平。其独步古今,良有由也。中国《大学》,虽著"格物"一目,然有录无书;百家之言虽繁,而及此者盖寡。其间惟墨子剖析颇精,但当时传者既微,秦、汉以后,益复中绝。惟有阴阳五行之僻论,跋扈于学界,语及物性,则缘附以为辞,怪诞支离,不可穷诘;驯至堪舆、日者诸左道,迄今犹铭刻于全国人脑识之中。此亦数千年学术④堕落之一原因也。

三曰无抗论别择之风也。希腊哲学之所以极盛,皆由彼此抗辩折衷,进而愈深,引而愈长。譬有甲说之起,必有非甲说随起而与之抗;甲与非甲,辩争不已,时则有调和二者之乙说出焉;乙说既起,旋有非乙;乙、非乙争,又有调和,丙说斯立。此论理学中所谓三断式也。今示其图如下:

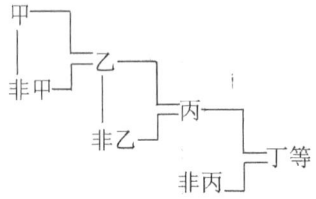

希腊学界之进步,全依此式。故自德黎开宗以后,有芝诺芬尼派之甲说,即有额拉吉来图之非甲说与之抗。对抗不已,而有调和派三家之丙说出焉。既有丙说,旋有怀疑派之非丙说踵起,而梭格拉底之丁说出,以集其成。梭圣门下,有什匿克派之戊说,旋有奇黎尼派之非戊说,而柏拉图之己说出,以执其中。己说既行,又有德漠吉来图之非己说,而亚里士多德之庚说,更承其后。如是展转相袭,亘数百年,青青于蓝,冰寒于水,发挥光大,皆此之由。岂惟古代,即近世亦有然矣。记称舜之大智,曰"执其两

---

④ 原作"徒",据《饮冰室合集》校改。

端,用其中于民"。有两端焉,有中焉,则真理必于是乎在矣。乃先秦学派,非不盛也,百家异论,非不淆也,顾未有堂堂结垒,针锋相对,以激战者,其异同,皆无意识之异同也。于群言殽乱之中,起而折衷者更无闻焉。后世儒者动言"群言殽乱衷诸圣",此谰言也。此乃主奴之见,非所谓折衷也。何以故?彼其所谓"圣"者,孔子也。如老、墨等群言,则孔子之论敌也。孔子立于甲位,群言立于非甲位,然则其能折衷之者必乙也。今乃曰折衷诸甲,有是理耶?若墨子之于孔子,可谓下宣战书者矣,然其论锋殊未正对也。墨之与杨,盖立于两极端矣,维时调和之者则有执中之子莫。子莫诚能知学界之情状者哉,惜其论不传。然以优胜劣败之理推之,其不传也,必其说之无足观也。苟有精义,他书必当引及。何以于《孟子》之外,并名氏亦无睹也?凡为折衷之丙说者,必其见地有以过于甲、非甲两家,然后可以立于丙之地位。而中国殊不然,此学之所以不进也。今勿征诸远而征诸近:欧洲当近世之初,倍根、笛卡儿两派,对抗者数百年;日耳曼之康德起而折衷之,而斯学益盛,康德固有以优于倍、笛二贤者也。中国自宋、明以来,程朱、陆王两派,对抗者亦数百年,本朝汤斌等起而折衷之,而斯道转熄,汤斌固劣于晦庵、阳明远甚也。此亦古今得失之林矣。推其所由,大率论理思想之缺乏,实尸其咎。吾故曰:后有作者,不可不此之为务也。

四曰门户主奴之见太深也。凡依论理、持公心以相辨难者,则辨难愈多,真理愈明,而意见亦必不生。何也?所争者在理之是非,所敌者在说之异同,非与其人为争为敌也。不依论理、不持公心以相辨难,则非惟真理不出,而笔舌将为冤仇之府矣。先秦诸子之论战,实不及希哲之剧烈,而嫉妒褊狭之情,有大为吾历史污点者。以孔子之大圣,甫得政而戮少正卯。问其罪名,则"行伪而坚、言伪而辩、学非而博、顺非而泽"也。夫伪与真至难定形也,是与非至难定位也。藉令果伪矣,果非矣,亦不过出其所见,行其所信,纠而正之,斯亦可耳,而何至于杀!其毋乃以三盈三虚之故,变公敌而为私仇;其毋乃滥用强权,而为思想自由、言论自由之蟊贼耶?梭格拉底被僇于雅典,僇之者群盲也;今少正卯之学术,不知视梭氏何如,而以此见僇于圣人,吾实为我学界耻之。此后如墨子之非儒,则摭其陈、蔡享豚等阴私小节;孟子之距杨、墨,则毫无论据,而漫加以"无父""无君"之恶名;荀子之非十二子,动斥人为贱儒,指其无廉耻而嗜饮食。凡此之类,皆绝似村妪嫚骂口吻,毫无士君子从容论道之风,岂徒非所以待人,抑亦太不自重矣。无他,不能以理相胜,以论相折,而惟务以气相竞,以权相凌。然则焚坑之祸,岂待秦皇? 瞉中之人,岂待唐太? 吾属稿至此,而不能不有惭于西方诸贤也。未识后之君子,能划此孽苗否也。

五曰崇古保守之念太重也。希腊诸哲之创一论也,皆自思索之,自组织之,自发布之,自承认之,初未尝依傍古人以为重;皆务发前人所未发,而思以之易天下,未尝教人反古以为美也。中国则孔子大圣,祖述尧、舜,宪章文、武,述而不作,信而好古,非先王法言不敢道,非先王法行不敢行,其学派之立脚点,近于保守,无论矣。若夫老、庄,以破坏为教者矣,乃孔子所崇者不过今之古,而老子所崇者乃在古之古。此殆中国人之根性使然哉! 夫先秦诸子,其思想本强半自创者也。既自创之,则自认之,是非功过,悉任其责,斯岂非光明磊落者耶? 今乃不然,必托诸古。孔子托诸尧、舜,墨翟托诸大禹,老子托诸黄帝,许行托诸神农,自余百家,莫不如是。试一读《汉书?艺文志》,其号称黄帝、容成、岐伯、风后、力牧、伊尹、孔甲、太公所著书者不下百数十种,皆战国时人所依托也。嘻,何苦乃尔! 是必其重视古人太过而甘为之奴隶也;否则其持论不敢自信,而欲诿功过于他人也;否则欲狐假虎威以欺饰庸耳俗目也。吾百思不得其解,姑文其言曰:崇古保守之念重而已。吾不敢妄谤前辈,然吾祝我国今后之学界,永绝此等腹蟹目虾之遗习也。

六曰师法家数之界太严也。柏拉图,梭氏弟子也,而其学常与梭异同;亚里士多德,柏氏弟子也,而其说常与柏反对。故夫师也者,师其合于理也;时或深恶其人,而理之所在,斯不得不师之矣。敌也者,敌其戾于理也;时或深敬其人,而理之所非,斯亦不得不敌之矣。敬爱莫深于父母,而干父之蛊,《大易》称之,斯岂非人道之极则耶? 梭、柏、亚三哲之为师弟,其爱情之笃,闻于古今,而其于学也若此。其所以衣钵相传,为希学之正统者,盖有由也。苟不尔,则非梭之所以望于柏,柏之所以望于亚矣。中国不然,守一先生之说,则兢兢焉不敢出入,不敢增损。稍有异议,近焉者则曰背师,远焉者则曰非圣,行将不容于天下矣。以故孔子之后,儒分为八,墨离为三,而未闻有一焉能青于蓝而寒于水者。譬诸家人积聚之业,父有千金产以遗诸子。子如克家,资母取嬴,而万焉,而巨万焉,斯乃父之志也;今曰吾保守之而已,则群儿分领千金,其数已微,不再传而为窭人矣。吾中国号称守师说者,既不过得其师之一体,而又不敢有所异同增损;更传于其弟子,所遗者又不过一体之一体,夫其学安得不澌灭也! 试观二千年来孔教传授之历史,其所以陵夷衰微日甚一日者,非坐此耶? 夫一派之衰微,犹小焉耳;举国学者如是,则一国之学术思想界,奄奄无复生气,可不惧耶? 可不惧耶?

2. 与印度学派比较(阙)

欲比较印度学派,不可不先别著论,略述印度学术思想之变迁。今兹未能,愿以异日,故此段暂付阙如。著者附识。

(本文最早发表于《新民丛报》,1902,后收入梁启超著
《论中国学术思想变迁之大势》,上海古籍出版社,2001。)

作者为清末民初著名政治家、“百科全书式”学者。

9. 中西文化的分水岭

The Divergence Between Chinese and Western Cultures

梁漱溟

冲突·互补·共存——中西文化对比研究

【编者札记】

梁漱溟是研究中西文化和印度文化的著名学者,尽管他自己从不接受任何"桂冠",但被公认为我国著名的思想家、哲学家、教育家、社会活动家和爱国民主人士,还有"中国最后一位儒家"之称。关于他的学术思想,梁漱溟自云:"中国儒家、西洋派哲学和医学三者,是我思想所从画之根柢。"(《朝话》)实际上,他的学术思想是儒家思想、佛教哲学和西方柏格森的"生命哲学"糅合的产物。

梁漱溟先生从事中西文化对比研究60余年,发表了《东西文化及其哲学》等多部论著,被海内外誉为对中西文化进行通观式比较的典范。当然,正如吴森所说,通观式比较虽然受到颇多赞誉,但也难免被人认为有点独断、以偏概全。与梁漱溟商榷的文章也时有出现。

本书所收录的这篇论文是他于1949年10月发表的《中国文化要义》中的"中西文化的分水岭"一节。梁漱溟指出:"宗教问题实为中西文化的分水岭。西洋以宗教若基督教者作中心;中国却以非宗教的周孔教化作中心。彼此两方社会构造演化不同,悉决于此。"基督教使西方人大集团生活偏胜,讲求法治;而周孔教化使中国人家族生活偏胜,注重伦理。梁漱溟在他的多部论著中反复阐发了这一观点,给后人的继续研究打下了基础。梁漱溟坚持认为,团体与家庭二者不相容,因而重视家庭生活的中国人缺乏团体生活,并从公共观念、纪律习惯、组织能力和法治精神四个方面加以论证。细读他的文章,我们不能不佩服他敏锐的观察力和独到的见解。尽管我们对梁漱溟的观点可以不完全同意,但我们却不能否定他作为我国现代文化对比研究开拓者之一的重要地位。

　　以我所见,宗教问题实为中西文化的分水岭。中国古代社会与希腊罗马古代社会,彼此原都不相远的。但西洋继此而有之文化发展,则以宗教若基督教者作中心;中国却以非宗教的周孔教化作中心。彼此两方社会构造演化不同,悉决于此。周孔教化"极高明而道中庸",於宗法社会的生活无所骤变(所改不骤),而润泽以礼文,提高其精神。中国遂渐以转进于伦理本位,而家族家庭生活乃延续于后。西洋则由基督教转向大团体生活,而家庭以轻,家族以裂,此其大较也。

　　试依据历史一步一步加以指证,则西方人是怎样走进这问题中,便不难明白。以下先叙希腊罗马古代社会。

1. 希腊罗马古代社会

　　希腊罗马古代社会,不但与近代欧洲社会不同,抑且与他们中古社会亦两样,却转而与我们中国多分相似。此看法人古朗士(Fustel De Coulanges)著《希腊罗马古代社会研究》可知。古氏著作极精审,为此项研究中之名著,今有李玄伯先生译本,在商务出版。译者颇为用心,于其所述许多情节有合于中国古礼古俗者,均引经据典为之注明。虽李君注文,未必皆是,然固有助于读者了解西洋古代社会,正与吾土多相肖似。

　　书中所述,一言总括就是:崇拜祖先,以家族体系组成的社会,所谓宗法社会者是。其社会所由组成,一恃乎宗教;他们亦有法律,亦有政治,亦有战争,亦有社会娱乐;但一切一切原本宗教,而为宗教之事。那时人对于神敬畏甚至;但家各有神,不能相通。不但不能相通,且各守私阀,隐相排斥嫉忌。所以严译甄克斯著《社会通诠》,论到宗法社会的宗教,亦是说:(一)可私而不可公,(二)本乎人而不出于天,(三)宜幽不宜显,是其三大特征。积若干家而"居里",积若干"居里"而为部落,积若干部落而为邦。社会组织之扩大,与宗教观念信仰对象之开展,要必相因相待。社会组织最大止于邦;信仰亦至于邦神而止。然而每个小范围(家、居里、部落)仍各自保有其祭祀、佳节、集会与首领,此即谓之多神教。

　　后来罗马以希腊、意大利千数邦中之一,而竟可征服其余,似为意想不到之事。这自是人类社会单位向前扩大之势不可遏;而罗马恰亦具有其特殊条件,并且遵循了巧妙途径,盖人类生活经过好多世纪不能不变,意识方面开展进步,情操亦即不能株守于家神邦神的信仰崇拜。势不免要打破了邦,而前进于更大组织局面。此时罗马人恰好不是单纯一族一宗教者,而是杂糅的。乃至"罗马"之名,亦难确定其属于何种语言。有谓为特拉文者,有谓为希腊文者,有谓为拉丁文者,更有人信其为爱特利文。古时人依宗教为结合;两城邦若有共同信奉,即算亲戚。罗马的宗教既为杂糅的,因而多与其它城邦有关系。罗马即注意保存这些亲戚关系的证据。例如它保存"爱纳"的纪念,它就为意大利、西西里、希腊、特拉斯、小亚细亚各处三十个城的亲戚。——以上所说,即其特殊条件。它的政策最巧妙处,是不强迫那些被征服者信奉它的神,却将被征服者的神移来增加到罗马。罗马于是有较他邦皆多的神,仿佛宗教的总汇。它就利用宗教的吸引力,助成其统治。

罗马以不违于当时人的心理习惯的巧妙政策,配合它对于各邦之实力征服,着重进展,而罗马帝国之伟大局面遂以造成。然亦正由当时家神邦神的宗教精神失坠,仅存习惯,邦的组织渐失其维系之故。现在这伟大局面造成了,它自己却还没有与这伟大局面相应的伟大宗教。祇以旧宗教之衰而罗马兴,罗马盛时,旧宗教乃益衰。而由于宗教荒虚,人们精神无主,罗马亦不能不衰矣。这里古朗士有几句话,是值得介绍的:

古人(初民)间彼此那般不同,那般不羁与善变,社会的联系与统一是不易建立的……自然必须有件事物,较实力为大,较利益为尊,较哲学学说为具体准确,较契约更为固定;它即在人人心中而对人人有权威——这便是宗教信仰。信仰是我们头脑的产物,而我们不能随意改变它。它是我们的作品,而我们不自觉。它是"人"的,而我们以为"神",它是我们力量之结果,但莫有比它对我们更有力量的了……人固然可以使自然降服于人,但人永是他自己思想的奴隶。

罗马当时于此紧要处,既无善法,社会之腐化堕落遂不可免。直到基督教从东方传来,填补这一空缺。西洋古代文明乃得一意外的续命汤,卒且孕育出其近代文明。——这是后话。

2. 基督教与集团生活

如史书所云："斯巴达人白昼处于露天之下,夜宿营幕之中,饮食相共,人无独居之时,亦罕家庭生活"①。这自是集团生活一极端之例,与其尚武善战相联,并非那时社会生活之通例。然而我们要知道希腊罗马古代社会,却一般的通是集团生活。它虽以家作核心,而有(一)附属人数众多,(二)阶层分别,(三)家长威权,(四)产业共有,种种情形,其生活不能不说是集团的。生活是集团的,但以其精神低浅,意识狭隘,不可能为大集团。大集团不再以一家一姓作核心,必待基督教、伊斯兰等宗教出来,而后得以构成。严译《社会通诠》有云:"种人排外之不深,异族之能即于和,而大邦有缔造之望者,真景教之力也。"正谓此。自宗法制度既破,凡说到集团,就是超家族的;只有超家族的组织,乃足以当集团之称。

以下我们试看基督教怎样开出超家族的集团组织来。基督教精神全然与旧的宗教相反,可约之为三大点:

第一,神绝对唯一。此与从前有多少家多少邦,即有多少神者,完全不同了。神不在世界内,而超于其上以主宰之。宗教之意义与形式,至此全改变。畏神者(畏神震怒降祸)变为爱神。对神亦不需供饮食牺牲,祈祷亦迥非符咒。

第二,兼爱同仁,以上帝为父,人人皆如兄弟之相亲。此与从前分别族内族外,自私于内而相仇于外者,完全不同了。教义公开宣传,热心救世,一反各守私阋者之所为。

第三,超脱世俗。此与旧宗教之逐逐营营于现世生活者,完全不同了。盖以分灵肉为二事,每人只肉体生活这一半,是属于现前社会的;而灵魂自由,可径接于上帝。既然宗教所求不在现世,愈少参加世上事物愈好。所以耶稣说:"与恺撒以恺撒所应有,与上帝以上帝所应有。"古代之宗教政治混一者,至此乃分开,而国家政府得以独立。又宗教垂诫于人的义务,却不管人间一切权利之事。权利之事,由法律去规定。基督教是第一个不以法律隶属于自己的宗教(罗马法典之进步大得力于此)。

前举之古朗士书,结尾曾说:"信仰初生,人类社会始行组织;信仰变化,社会乃屡经改革;信仰消灭,社会亦行崩溃变形。"正可增补一句说:一新信仰代兴,一新社会组织随之以起。宗法制度之破灭,超家族的组织之

---

① 见冯雄译桑戴克著《世界文化史》第117页,商务出版。

开出,实以这种新精神为之先。

　　然而,我们不可误会大集团生活就从宗教家的意识要求造出来,造成西方人之集团生活的,是事实不是理想。不过这些事实,却特别与基督教有关。那就是从基督教所引起之血的斗争。

　　基督教之起,实对当时社会具有极大革命性。第一,它推翻各家各邦的家神邦神,反对一切偶像崇拜,不惜与任何异教为敌。所谓"基督教不以建立其自身之祭坛为满足,必进而毁灭异教之祭坛"。第二,它打破家族小群和阶级制度。人人如兄弟一般来合组超家族的团体,即教会。教会这一组织,是耶稣所曾坚决嘱咐于他们信徒的,早期教徒们亦都相信,为保持他们的信仰纯洁及专一,这一结合乃非常必要。据说其最初组织,亟望基督重来,天国实现,教徒衣食相共,不分界限;并有产业归公之制度。似此一面其内部结合既极其坚实,一面其对外行动又极其激烈,团体精神自尔达于高度。排他既强,被排亦烈,到处不能为人所容;而遭受残杀之结果,则是使他们自身团结更形坚强。

　　而且基督教虽想要政教分开而事实不许,很快又混合一处(纪元325年定基督教为罗马帝国之国教)。基督教虽不想以强力残杀异教然事实终落到这一步。盖当那时,文化不能不以宗教作中心;以其特具统摄搏结作用,任何组织生活离不了它。如其设想那时宗教离开政治而自存,似有可能,如其设想那时政治离开宗教,倒想象不出其可能,中古封建的统治,既资藉于宗教;而宗教自身又复政治化。如教皇包揽政务,或自己兼秉政务,主教教士与闻诸侯政务等皆是。并且教会中的大主教、主教、修道院住持等,亦都成了封建阶级的一部分。此其结果,就有两点:

　　一点是使得集团生活内部之编制过强。盖宗教信仰不过搏结人心,国家权力则更拘限人身。二者相合以行其统治,人诚无所遁逃这种统制过强的集团生活,为后来引起反动之本;异常重要。

　　一点是使得集团间斗争频繁激烈。盖权力所在,最易启争端;宗教不挟有权力,其争端犹或不多。宗教界别,最易形成集团对抗;权力之争,不资藉于宗教组织,其斗争或不必为集团的。今二者相合,遂使当时之宗教问题、政治问题、种族问题、私人恩怨、种种搅混不清;相寻无已。其间大小惨剧,长短战争,绵历千有余年,难解难休。这千余年频繁激烈的斗争,即是锻炼成西方人集团生活之本,异常重要。

　　上面所称"宗教问题",初时是基督教与异教之争;后来基督教扩展了,对外斗争渐少,而内部宗派之争又起;至新教发生而愈烈。又上面所称"权力之争,不资藉于宗教组织,其斗争或不必为集团的",此如中国历史上改朝换代,争王争帝者是。其争只在二三领袖之间,其余多数人均不过从属工具,并无深切界别,形成集团对抗。所以像韩信事楚,又可以归汉。项伯楚人,竟保护了沛公。诸葛兄弟,可以分在吴蜀魏三方去。这种斗争,是不十分激烈的。

凡团体必须有内外界别;若没有一定界别,便难成团体。反之,界别愈严,则团结愈固。此其一。又团体必须有其对抗者或竞争者,而后其生活振奋组织紧张。反之,若缺乏此类对象,则必日就懈散,甚至团体消失。此其二。又团体境遇不顺,遭受折磨,其份子向心力转强。反之,若境遇顺好,则其份子或不内向,甚至且发生离心倾向而内争起来。此其三。审此三者,则知锻炼集团生活之最佳机会,莫过于基督教在欧洲所引起之血的斗争了。人当斗争时,便思集合团体;而有了团体后,亦更易引起斗争。团体与斗争,殆相联不离。孟德斯鸠《法意》上说:"争之与群,乃同时并见之二物",正谓此。反之,散漫与和平相联。愈散漫愈和平;愈和平愈散漫。西洋自有基督教以后,总是过着集团而斗争的生活——虽然基督教是主张和平的。中国自受周孔教化以后,大体过着散漫而和平的生活——虽然孔子亦说"必有武备"的话。中国一面且另谈。西洋这一面不为别的,只为基督教一因素加入到西洋文化来,于促使其社会走上此路之条件正相符合之故。

自然西洋人之集团生活,并不能全归功于基督教。除了先自希腊罗马流传下来者不计外,后进的蛮族生活亦是一个因素,他们原是集体行动的(游牧侵掠皆集体行动与农业平静分散者异),又以蛮族文化浅,冲动强,感受基督教之后就很执著,所有许多血斗惨剧,多因于此(此指 Religious intolerance)。

3. 西人所长吾人所短

团体与个人是西洋人的老问题;全部西洋史几乎都表现在这问题上面。他们在这问题上所受教训及锻炼既多,自然有许多长处。这许多长处,亦可分两面来看。关于个人一面的,且容后谈。关于团体一面的,可以约举为四点:

第一,公共观念;

第二,纪律习惯;

第三,组织能力;

第四,法治精神。

这四点亦可总括为"公德"一词称之。公德,就是人类为营团体生活所必需的那些品德。这恰为中国人所缺乏,往昔不大觉得,自与西洋人遭遇,乃深切感觉到。距今四十五年前梁公先生倡"新民说",以为改造社会,挽救中国之本。他第一即揭"公德"为论题,已予指出。今在本书讨究工作上,还要不放松地说一说。

先从末后第四点说起,此处所云法治精神,盖就西洋人之执法与中国人之徇情,对照而说。在团体中一办公机关,应付众人,处理百事,只有订出律条而拘守之,无论什么人来一律看待。然后乃少费话,免纠纷,公事进行得快,而秩序以立,众情以安。其中虽不免忽视个别情形,而强不齐以为齐,竟不洽情不中理者。却是不如此,大事小事都将办不成。法治之必要即在此,然而在家庭间亲族间就不然了。一家之中,老少,尊卑,男女,壮弱,其个别情形彰彰在目,既无应付众人之烦,正可就事论事,随其所宜。更且以密迩同处,一切隐微曲折彼此无不了然相喻,难以抹杀不顾。而相亲如骨肉,相需如手足,亦必求其细腻熨帖,乃得关系圆满,生活顺畅。此时无所用其法治,抑且非法所能治,虽无所谓为徇情,而凡所斟酌,却莫非情致不同。

徇情的问题,是在较大范围中乃发生的。此因其一面范围渐大,人数渐众,颇非随便应付得了,渐有用法之必要;另一面则亲疏厚薄,其间自有差别,尚难尽舍人情而专用法。中国人的生活,既一向敛重于家庭亲族间,到最近方始转趋于超家庭的大集团;"因亲及亲,因友及友"其路仍熟,所以遇事总喜托人情。你若说:"公事公办",他便说你"打官话"。法治不立,各图侥幸,秩序紊乱,众情不安。当然就痛感到民族品性上一大缺点,而深为时论所诟病了。

次说到组织能力。此所谓组织能力,即指如何作团体一分子的能力,其要素在对于团体之牢韧的向心力,和耐烦商量着向前进行的精神。有人说"中国人不是自暴自弃,就是自尊自大;他或者不要发言权不要监督权,乃至不要自由权作一个顺民亦可以,或者就是要想做皇帝的,乃至想给他皇帝也不作的。"②这种情形,确随处可见。例如近几十年自有"有限

---

② 见傅大龄《真正中国人及其病源》一文,《国闻周报》第9卷17期。

责任股份公司"这种组织以来,往往都是极少数个人把持其事,多数股东不闻不问,听受支配。只要分到股息,心满意足,假如亏折,自认晦气而已。除非蓄意寻事,鲜有考研内情,查问账目的。又如"民"国七八年以来,各地学生会,其中热心的废寝忘食,真可牺牲一切;但事情必须听他主张。如果他的主张行不去,他的意见没人听,马上心灰意冷,好歹不问了。赌起气来,闹到分裂散伙亦可以;相持不下,将团体之事搁起来不进行亦可以。又如乡镇地方之事,由地方官以命令行之,大家听从没有说话;或由一二领袖做主,亦可行得通。一旦地方官好意召集众人,以问题付之公议解决,往往就议论歧出,商量不到一处,事情反而办不动。此时再下命令,他们亦不愿听了。总之,或者受人支配作一个顺民;或者让他做主,众人都依他的。独于彼此商量大家合作,他却不会。凡此种种,例证甚多。时论所议"一盘散沙","没有三个以上的团体,没有五分钟的热气",大抵指此。

其实,这是不足怪的。中国人原来个个都是顺民,同时亦个个都是皇帝。当他在家里关起门来,对于老婆孩子,他便是皇帝。出得门来,以其巽顺和平之第二天性,及其独擅之"吃亏哲学"(见后),遇事随和,他便是顺民。参加团体众人之中,不卑不亢的音量,不即不离的合作,则在他生活中夙少此训练(尤以士人生活及农人生活为然)。

往者胡石青先生(汝麟),在民国初年尝遍游全球各地。特别是北美、南美、南太平洋多有华侨之处,他都到过。他常爱谈所见华侨故事,而结论说:华侨的才干非他侨民(例如日本侨民)所及,亦非其当地人所及。不论干哪一项事业,皆能有他的表现;乃至当强盗,作乞丐,亦复出色当行。但有一点,这都是其个人本领,而非成功于群策群力的组织。就因在团体组织上不如人,又得不到国家保护,终为日本侨民所胜,为当地人之所欺。——这真是好例证。处此竞争世界,中国人所以归于劣败者,其最大原因实在此。

组织能力缺乏,即政治能力之缺乏;盖国家正不外一个大团体。四十五年前梁任公先生尝论中国人无政治能力,而辩其非困于专制政体。他反诘说:"若谓为专制政体所困,则何以专制政体所不能及之时如鼎革之交,专制政体所不能及之事如工商业如教育等,专制政体所不能及之地如殖民海外,特别是如百年前之旧金山者,均无所表见。"③另在其《新大陆游

---

③ 见梁氏所著《新民说》。华人之移植旧金山系以帆船而往,还在 1851 至 1874 年间,距美国开国不过数十年耳。

记》中略点出其理由说,中国有"族民"而无西洋之"市民",有族自治或乡自治而无西洋之市自治。虽于中西社会演进之两条路,尚未言之深切著明,而所见正自不差了。

再次,论纪律习惯。所谓纪律习惯,盖指多人聚集场面,无待一条一条宣布,而群众早已习惯成自然的纪律。在消极一面,例如:开会场中不交谈,不咳嗽,走路不出声音,出入不乱挤,一举一动顾及前后左右不妨碍旁人等等。在积极一面,例如,坐则循序成列,行则排队成行,发言则当机得时,动作则彼此配合照应,种种细节,难以枚举。无论消极积极,扼要一句话:必求集体行动起来,敏捷顺利,效率要高,不因人多而牵扰费时。试看车站或戏院售票的门窗前,西洋人自然鱼贯而行,顺序而进;中国人却总是争前恐后,虽有警察,犹难维持秩序。其实不守顺序之结果,事务进行反而缓慢,甚至进行不得。只有各守顺序,乃得让大家较快达到目的。西洋人从事实教训上深明此理;中国人事实不够,所以还不明白。又在开会场中,中国人还当他在家里一样,耳目四肢只为其个人用,不曾意识到团体的要求,妨碍公务于不自知,更为习见不鲜。

这些都不是曾受教育没有的问题。若以为西洋教育普及而中国人没有受教育的太多,遂有此不同结果,便错了。要知道这些多半不是意识之事,而宁为习惯之事。习惯为身体与环境间的产物,而养成于实际生活。假若一个人生长在欹重家庭生活之社会,如中国者,纵然受过大学教育,一样犯这些毛病。西洋人之纪律习惯,不是出于他的文化,而宁出于他的武化——即仍为其集团斗争之所锻炼者。好像今日学校里,亦还是寓群育于体育,借着体育上种种运动竞赛以训练集体行动,其理正同。

人们的品性,固皆养成于不知不觉之间;但同时亦应承认,公共观念不失为一切公德之本。所谓公共观念,即指国民之于其国,地方人之于其地方,教徒之于其教,党员之于其党,合作社社员之于其社……如是之类的观念。中国人,于身家而外漠不关心,素来缺乏于此。特别是国家观念之薄弱,使外国人惊奇。一九三二年上海"一·二八"战役中,巴黎晨报记者行经上海不甚远的地方,看见一切如无其事然,不禁大大惶惑,莫名其妙。后来马君武先生曾写一文,举 1934 年 3 月 16 日德国恢复征兵之消息发布,柏林一位六十多岁女房东闻讯欢喜过度,倒地而死之例,以为对照。其实这种不同,绝不是天生地从血里带来,亦不是学说或教育(狭义)之结果。而是社会构造不同,生活环境有异,从而形成之情操习惯自不免两样耳。

4. 中国人缺乏集团生活

从西方人闹得最大问题而我们没有,从西方人之所长恰即我们之所短,早已证明出中国人缺乏集团生活了。但我们仍不妨从宗教、政治各方面,分别来检看一番。

在检看之先,却要把何谓集团生活确定了,才行。所谓集团生活,诸如前述诚然形形色色;但亦有其一致之点可指:

一、要有一种组织,而不仅是一种关系之存在。组织之特征,在有范围(不能无边际)与主脑(需有中枢机关)。

二、其范围超于家族,且亦不依家族为其组织之出发点。——多半依于地域,或职业,或宗教信仰,或其它。

三、在其范围内,每个人都感受一些拘束,更且时时有着切身利害关系。

合于三条件者,即可说是集团生活;不合的,便不是。我们以此为衡,则中国人是缺乏集团生活的。

第一,中国人百分之九十以上,怕都不在宗教组织中。一个中国青年到印度,人家问他是哪一教,他回答:任何宗教都不是。当地人闻之惊讶不解。这回答若在欧洲中古,亦将为人所不解的。然而这不是中国青年极普通的情形吗? 我却非说百分之九十的中国人都是这样。大多数中国人,恰与此相反。他们于圣贤仙佛各种偶像,不分彼此,一率崇拜,尚不及日本人进甲庙则不进乙庙,拜乙神则不拜甲神之稍有区别。区别都没有,尚何组织可言。

第二,说到国家组织,中国人亦大成问题。中国人之缺乏集团生活乃非同小可,在后边将特加论列,此不多说。

从国家放得很松来推想,则地方自治体和职业自治体可能很发达。不错,中国社会秩序之细胞质,社会生活之进行,宁靠社会自身而不靠国家;地方自治和职业自治是相当有的。可惜从现存史籍中,大多不易考见,颇难认定。而说到地方自治,更有可注意者两点:一点是中国有乡自治而没有市自治,恰与西洋地方自治肇始于都市者相反;一点是地方自治体欠明确、欠坚实,与官治有时相混。

关于前一点,梁任公先生在其早年《新大陆游记》中即已提出:

> 吾国社会这组织,以家族为单位,不以个人为单位;所谓家齐而后国治也。西方人之自治力发达固早,吾中国人地方自治亦不弱于彼。顾何以彼能组成一

国家,乃我不能? 则彼之所发达者,市制之自治;而我之所发达者,族制之自治也。试游我国之乡落,其自治规模确有不可掩者。恒不过区区二三千人耳,而其立法行政之机关秩然具备。若此者,宜其为建国之第一基础也。乃一游都会之地,则其状态之凌乱不可思议矣。凡此皆能为族民不能为市民之明证也。吾游美洲观于华侨而益信。彼既脱离其乡井,以个人资格来居最自由之大都市,仍舍家族制度无他物,且其所得以维持社会秩序之一部分者,仅赖此焉。

任公先生晚年著《中国文化史》,其社会组织篇第七章讲乡治,第八章讲都市。他经历多年研究之最后结果,还是"中国有乡自治而无市自治"一句话。乡自治章中,特将他自己家乡——广东新会县茶坑乡——自治组织这梗概述出④而作结论云:

> 此种乡自治,除纳钱粮外,以讼狱极少,几与地方官府全无交涉。窃意国内具此规模者,尚所在多有。虽其间亦恒视得人与否为成绩之等差;然大体盖相去不远。此盖宗法社会蜕余之遗影,以极自然之互助精神,作简单合理之组织,其于中国全社会之生存及发展,盖有极重大之关系。

的确,这与中国社会之生存发展有极重大关系。或径直说:这即是中国社会所以数千年生存发展,可大可久的基础。一定要认识它,乃认识得中国文化。但它是与西洋集团生活有区别的,看后文自详。

再说后一点,地方自治体欠明确欠坚实,与官治有时相混。此谓其有时似属自治,有时又代以官治,一时一代兴废无定。且其组织、权限与区别,亦兴废无定。即以民国以来言之,县以下基层组织忽而并大,忽而划小。制度纷更,几于朝令而夕改;单是名色,不知换了多少次。我们要谈的虽在过去之中国,然借今证古,显见其根基之不固。反观西洋,便不然了。1789 年法国大革命时,于封建特权、农奴制度、行会制度种种一扫而空。教会田产被没收,教士改民选。种种改革几无所不至。独于整理地方制度,对旧有四万四千城乡自治区,以其为第 12 世纪第 13 世纪中自治制度及地方政府生机所寄之个体,故保存而无改⑤。到 1921 年,又经过一百几十年了,社会交通进步,单位自然减少。还保有三万七千九百六十三区。英国则自九世纪起,地方大小各区划沿用无改,其间只有一种叫 Hundred 的是消灭了⑥。这可见西洋人的地方自治体,是怎样地坚实有根基。直言之,他们当真是一个单位一个团体;而我们则乡党之间关系虽亲,团

---

④ 梁著《中国文化史》,见《饮冰室合集》之专集第 18 册,中华书局出版。

⑤ 桑代克著《世界文化史》,冯译本第 568 页,商务版。

⑥ 海烈斯著、王检译《各国地方自治纲要》,第 225 页,大东书局出版。

体性依然薄弱,若有若无。——以上论地方团体。

再论到职业团体一面。第一,中国农人除为看青而有"青苗会"一类组织外,是没有今所谓农会的。他们不因职业而另自集中,便天然依邻里乡党为组织,就以地方团体为他们的团体。而地方团体则常常建筑于家庭关系之上,如上已说。还有散在乡村以农人而兼为工人商人的,当然亦归属于此。第二,只有少数集于城市或较为聚处一地的工人商人,始形成中国的职业团体,而仍无今所谓工会商会。农会、工会、商会,这些都基于新法令而来,非旧日有的。旧日工人商人的自治组织如何,今已不易考见其详;而在其"行"、"帮"、"公所"、"会馆"之间,却有下列缺点可指:一是大抵没有全国性的组织如今所谓"全国商会联合会"之类——此见其同业之自觉殊有限;二是于同业组织中,仍复因乡土或族姓关系而分别自成组织,大大弛散其同业组织——此见乡党意识宗族意识之强于行业意识;三是由"同行是冤家"一句谚语,可知其同行业者之彼此之嫉妒竞争,缺乏西洋中世纪基尔特那样坚密的团体精神。

在士农工商四民之中,士人原为一种行业。他们止于微有联络而已,谈不到有团体。因为他们一面是最富有个性的人,一面又是缺乏共同利害的人。如其说中国人散漫,那第一是从他们来的,第二是从农人来的。士人和农人,是构成中国社会之最重要成分;他们散漫,中国便不得不散漫了。

往时柳诒征先生撰有《述社》一文,刊于《学衡》第 54 期,从史籍上考证中国民间各种团体组织,极费搜求之功。在形迹上,我们自不否认有其事,然而其贫乏,是严重的。像今天我们所见集会结社之事,倒回三十余年去,在辛亥革命前是绝少的;在五六十年前,更看不见。即如大的学校、大的工厂、大的股份公司亦俱是从外界潮流输入。当初全是零散的私塾,零散的小农小工小商。至于政治活动而有所组织,更不许可。唐史宋史上之党派,至多是一点联络而已,没有今天的组织。

5. 团体与家庭二者不相容

集团生活,在中国不能说没有,只是缺乏。中西之不同,只是相对的,不是绝对的。然而我们早说过,人类社会之进化实为生物进化之继续。在生物界中就没有绝对不同之事,虽植物动物亦不过是相对的不同,其它更不用说。盖凡生物之所现示,皆为一种活动的趋势或方向,但有相对之偏胜,而无绝对的然否。要划一条界,是划不出来的。虽划不出界限,而由不同之趋向发展去,却可能相反对,成了极严重问题。西方人集团生活偏胜,中国人家族生活偏胜,正是分向两方走去,由此开出两种相反的文化。

集团生活与家庭生活,二者之间颇不兼容;而基督教恰为前者开路,以压低后者。关于此点,已故张荫麟教授有一论文,曾予指出:

> 在基督教势力下,个人所负宗教的义务,是远超过家族的要求。教会的凝结力,是以家族的凝结力为牺牲的。《新约》里有两段文字,其所表现之伦理观念与中国传统伦理观念相悖之甚,使得现今通行的汉译本不得不大加修改。其一段记载耶稣说"假若任何人到我这里,而不憎恶他的父母妻子儿女兄弟姊妹,甚至一己的生命,他就不能做我的门徒。"又一段记载耶稣说"我来并不是使世界安宁的,而是使它纷扰的;因为我来了将使儿子与他父亲不和,女儿与她母亲不和,媳妇与她婆婆不和"(以上两段并见韩亦琦氏新译本)。(中略)基督教一千数百年的训练,使得牺牲家族小群而尽忠超越家族的大群之要求,成了西方一般人日常呼吸的道德空气。后来(近代)基督教势力虽为别的超越家族的大群(指民族国家)所取而代之;但那种尽忠于超越家族的大群之道德空气,则固前后如一。
>
> (张著"论中西文化的差异",《思想与时代》第11期)

为西方人集团生活开路的是基督教,同时不待说周孔教化便为中国人开了家族生活之路。严格讲,家族生活集团生活同为最早人群所固有,并非自他们而开始。但这好比本能生活理智生活同为动物界所固有,却到节足动物脊椎动物出现,而后本能理智两路始分一样。中西社会构造既于此而分途,所以我们正应该指出西方之路开于基督,中国开于周孔,而以宗教问题为中西文化的分水岭。

当基督教传到中国来,此两相反之趋向遭遇一处,这方一直未曾受变于那方,倒是那方妥协于这方。除《新约》译文对于原文不得修改外,他们教会人士且承认了中国人敬祖先和祭拜孔子各种礼俗。这种妥协承认,后来虽不免争执冲突而一度翻案(罗马教皇1742年断然不许行中国礼),但末后(1939年)终究还是承认了⑦。此诚亦见出中国文化之深固不拔,但所以能取得对方承认的,还在其近情近理。盖敬祖先不过尽人子孝思

---

⑦ 当16世纪耶稣会士利玛等在中国传教,以中国礼俗与彼教无悖,取承认态度。其后教会内部发生争执,罗马教皇与中国皇帝之间亦因而冲突,卒至决裂翻案,一时天主教在中国几致绝灭,后来中国方面不甚认真而缓和下来,1939年罗马教皇亦卒加以解释而承认中国礼之可行。

之诚,拜孔子则敬其为人师表,全没有什么说不通之处也。追新教起来,基督教本身既有变化,教会组织后来亦大不同于前,彼此遂慢慢相安。还有佛教精神与中国家族伦理亦是不合的,而它到中国后,卒亦受变于中国。此即前引稻业君山、太虚法师等所说,基督教和佛教都屈服了的话。

太虚法师论文内有云"此家族层套,一方易于分散大群的合组,一方又牵制个人的特动,故无敌国外患,每能长治久安。"他正是看出了其间得失长短,暨团体与家族二者之不兼容性。读者试印证以前章所举商鞅在秦变法之事,和雷海宗教授只认战国七雄是国家而说西汉家族复盛后之中国不成国家,自更明白。商鞅种种作为,无非站在国家立场,要直接控制到个人,便不得不破坏家族伦理,而遭儒家诟病。战国七雄在国际竞争紧张局面下,各自加强其对内控制,始成国家;而自汉代恢复了家族生活,则二千年来的中国,在史学家只能说是一个庞大的社会,一个大文化区了。关于国家问题,后当详论;此不过就集团生活家族生活之难并存,用以指证集团生活在中国之缺乏。

从家族生活发展去,岂止不成国家,抑且一个真的大地方自治体亦难构成。前引梁任公的话,说中国有族民而无市民;有族自治乡自治而无都市自治;他正是无意中发觉了此一问题。凡此亦当并论于后。

亡友卢康济(瀚)颖悟过人,十余年前尝对我说,马克思著《资本论》,于是西方社会赖以阐明;我今要著《家族论》以说明中国的社会史。他曾东游日本,研究此题,数年间积稿盈篋。可惜书未成而身死,其稿我亦未得见。这个工作,今后学术界上还须有人担负。行笔至此,特为附志。

(本文最早发表于梁漱溟著《中国文化要义》,成都路明书店印行,1949,该书于 1986 年由学林出版社再版。)

作者生前曾任北京大学哲学系教授,民盟秘书长,历任政协委员。

10. 中西文化的交流

On the Exchanges Between Chinese and Western Cultures

周谷城

【编者札记】

　　法国文学家莫里哀说:"老年人的真诚比少年人的热情更有价值。"英国散文家培根说:"有些老人很可爱,晚秋的秋色是最美好的。"周谷城先生正是这样的老人。他是我国著名历史学家、社会活动家,曾任中国史学会常务理事兼主席团成员以及首任执行主席、中国太平洋历史学会会长等职。他一生笔耕不止,用历史学方法研究中西文化,成果卓著。晚年的周谷城先生正是以他的无比真诚和渊博学识,在年已九旬之时还主编《中国文化史丛书》和《世界文化丛书》,于20世纪80年代末期陆续出版,为中国文化与世界文化的研究留下了宝贵财富,在人们面前呈现了最美好的晚秋秋色。

　　本篇论文原为周谷城先生的一份讲话稿,篇幅不长,语言简朴,但言简意赅,说的是关于中西文化交流及中西文化研究的带根本性的大问题,表现了一位著名文化史学专家的高瞻远瞩和宏才硕学。文章关于文化"只能是一个概括的、复杂的统一体,决不是铁板一块"的论述千真万确,为在对比研究中习惯于做出"非此即彼"结论的研究者敲响了警钟。周谷城先生预言:"今后世界文化的发展,不会是纯粹的东方模式或西方模式,而是会走向综合。"他坚信,文化交流只会使双方的文化更为丰富多彩、更为进步,不会有消极的结果,不会破坏或有损于各自的固有文化。他的预言已被或正在被中西文化交流的实践所证实,未来的民族文化必将不断吸收外来文化以滋养、超越自身,在文化多元共处中具有生生不已的生命力。

1. 所谓文化

1.1

所谓文化,无论是中国的或世界的、东方的或西方的,都只能是一个概括的、复杂的统一体,决不是铁板一块,针插不进、水泼不进的东西。近代自然科学,特别是二十世纪新物理科学多少也暗示我们这样称呼,甚至支持我们这样称呼。

1.2

梁漱溟先生所著《东西文化及其哲学》一书中谓西方文化的特征为"向前进取",印度的为"向后倒退",中国的为"调和持中"(大意,非直录原文)。泛泛地讲,当然可以这样说,但严格地讲起来,横说吧,每一种里都可能包含此三者的成分;竖说吧,每一种都可能经过此三者所经历的阶段。

2. 中西文化的交流

2.1

今天所谓文化交流,只能是相互渗透,决不会由一方取对方而代之,换句话说,即谁也不能吃掉谁,彼此可能有消长升沉,但也决不会同归于尽;如果同归于尽,便是又一种新东西。有人认为,世界文化的发展会向东方文化(中国文化)复归。我看这是机械论。今后世界文化的发展,不会是纯粹的东方模式或西方模式,而是会走向综合。

2.2

自对方流入的文化因素,当然以需要大而能容者流入多而快,如今日西方先进科学技术等之流入中国即是一例。你需要什么东西,需要多少,它就来多少;你完全不需要,它就不来。比如今天引进科学技术,这是最需要的,它来得就快,来得就多。西方(这里的西方指西欧、北美、日本等)情况也是如此。中国哲学、文艺,如《老》、《庄》、《周易》、诗、书、画、雕刻乃至盆景、园林设计等中国文化的精华之流到西方,也是实例。据说美国朋友很欣赏这些中国文化精品,他们把一些中国园林搬到美国去,这正是我们的精神文明向西方流、西方先进的科学技术向中国流的双向过程。

2.3

上面所说的这个交流过程,可能需要一个很长的时间,不是几年几个月所能完成的。当双方的差距不太大的时候,这种交流就会减少而略趋于平衡。这种平衡即生态平衡。所谓生态平衡是古希腊人讲的生物与环境之间的和谐与发展。但在古希腊,这个意义只限于生物与环境之间。现在,生态平衡这个名词用得比较广泛,生物学、社会学、政治学乃至历史、文化学上都在使用。一般认为,人类文化在历史上的发展过程,就是生态平衡过程。有位美国学者,著了一本书,叫做 *Perspective in the History of Science and Technology*,作者认为,所有世界文化的发展过程,就是生态平衡过程。这个意思讲得很好。

3. 中西文化交流的结果

3.1

西方文化到中国来,中国文化到西方去,其结果如何呢? 我是乐观派,在我看来,只会使双方的文化更为丰富多彩、更为进步,不会有消极的结果,不会破坏或有损于各自的固有文化。文化的发展,用损、益这两个字最为妥帖。文化的交流与发展绝不是谁吃掉谁,而是损益者有之。孔夫子说:"殷因于夏礼,所损益,可知也;周因于殷礼,所损益,可知也。"文化在历史上从来都是变化的,这种变化就是损益。东西方文化的关系,也只是损益,总的结果是双方都有提高,不会出现下坠的情况。中国引入西方科学技术、管理方法及法制精神等是提高;西方吸收中国哲学、文化艺术,如《老》、《庄》、《周易》、诗、词、书、画、盆景、四面楚歌设计等,也是提高。当然,提高的程序、性质不一。

3.2

中国过去以为旧的精神文明如儒家学说等,实为生产进步的阻碍。今则不然,因补上了生产技术一课,生产发达了,可能用得着一些传统文化中的精华。中国的现代化,无论如何,不会完全消灭中国文化的优良传统。中国文化的精华,如文学、诗词、绘画、雕刻、建筑等一类东西,决不会随着现代化的进程而衰退,恰好相反,它们将越来越活跃,比任何时候都发达。著名数学家苏步青先生,就喜欢作些诗,他的诗与过去的士大夫诗一模一样,只是内容好一些。不久前在日本过世的华罗庚先生,所填的词用宋词的腔调,韵用得非常好,一点都不走样。毛主席原来认为旧诗是坏透了的东西,然而他自己的诗照样用旧诗的形式。我当初也是这个讲法,现在我放弃了这个主张,我自己也写歪诗,而且我也批评了毛主席的主张。我作了一首诗,其中:"莫再谦称君谬正,敢讲敦厚育英才。"就是说不必客气地讲谬种了,要敢于以诗教育人,这是一个好办法。可见封建士大夫所享有的诗词歌赋,并没有因为现代化而衰退,反而越来越多。在现代化条件下的文化不同于封建士大夫所享有的那种文化,但这些文化形式和好的传统都不会泯灭。科学的东西,都会得到发扬光大。西方的科学很发达,但仍把中国的诗书画拿去,我大胆地说,他们这样做决不会损害科学技术,不会影响他们的现代化,只会丰富他们的现代化生活。总之,损益者有之,一个代替一个很少,同归于尽者更少。

西方向来生产技术发展较快,比较起来,伦理或人生观似乎不如中国的突出。今天因为国际社会的关系,西方可能对中国的传统文化比过去更感兴趣。

3.3

凡此种种,可以视为今后中国传统文化发展的优势之一助。这样,大家就要问,中国文化究竟是什么?我告诉诸位,我没有下定义,我只是说文化不是铁板一块,而是一个综合的整体,这个综合整体究竟是什么?在座诸公可以展开百家争鸣或自由辩论,仔仔细细地研究。我等着我们的

《中国文化史丛书》出一百种,至少出五十种的时候,我再有所得,我就来告诉大家。本人自己则以为儒家的礼、乐之类的精神,可能优先活跃(详见拙著《礼乐新鲜》,收在《周谷城史学论文选集》中)。

4. 文化交流之后民族主义问题的变化

4.1

东方和西方之间的民族问题过去几度紧张。今后,我们的精神文明有人欣赏,他们的科学技术,我们也十分欣赏。久而久之,到了一定的时候,双方的发展就能达到一种接近状态,民族紧张的问题必然趋于缓和。这是因为中西文化的交流,生态趋于平衡,中西对中国文化或儒家学说,似乎都比过去有兴趣,民族主义问题的严重性可能逐渐减少。

4.2

另外,发展中国家与发达国家之间的民族关系可能一度继续紧张,发展中国家或第三世界由自卑转而自豪,努力迎头赶上先进者。至于发达国家,虽然科学技术先进,但他们也晓得自己的经济与发展中国家没有办法一下子分开,也会采取缓和步骤。这是我的乐观态度。

4.3

至于中国的民族问题,我以为民族有三个因素,即血统、宗教信仰、语言文字。三个东西也不是钢板一块。我们原先没有基督教,以后它来了。过去有教案,现在没有了,这说明它们相安无事,宗教信仰的冲突可能逐步减少。

在语言文字方面,现在英语差不多成了世界性通行语言,同时中文也很发达,整个世界英语的学习及汉语的学习特别盛行。上几个月参加在北京开的汉语国际学术讨论会的,我以为都是中国人,哪知道一大半都是西方人。西方学汉语的多得很,今天在座的德国学者傅敏怡先生的汉语就比我讲得还要好,还要准确。英语的发达,有其历史原因。而汉语现在在东南亚一些地区特别兴盛,这是因为中国的语言文字字少、词多、便于速成。有人以为不改变汉语,不使之采用拼音文字,就是阻碍学术的发展。英国学者李约瑟博士认为不然,他指出,你们不要把汉语的作用看得那么厉害,它并不是科学的阻碍物。比如日本文字并不是拼音,日本的科学技术就不能说不发达。当然,我这样说并不是反对汉语拼音化和汉字改革。

关于血统问题,随着文化的交流,也将有些变化,中西通婚之事当逐渐加多。中国青年与外国小姐结婚的多得很,人家反对,我不反对,也不提倡。我的话讲完了。

(本文最早发表于《复旦学报》1986 年第 2 期,
后收入中国文化书院《中外比较文化研究资料》第 13 辑,1988。)

作者生前为复旦大学教授,著名史学家。

11. 唐代的中外文化汇聚和晚清的中西文化冲突

The Convergence of Cultures in Tang Dynasty and the Conflict Between Chinese and Western Cultures in Late Qing Dynasty

张广达

【编者札记】

北京大学史学教授张广达先生的这篇文章是本书中唯一一篇从历史的视角考察中西文化交流和中国传统文化发展的论文。文章在漫长的中国历史中截取了两个具有典型意义的横断面——古代文明高度发达的大唐盛世与封建制度走向没落的晚清时期——进行分析,可谓匠心独运。文章的篇名与本书的书名暗合;文章的创意也与本书的立意基本一致:这种巧合也许反映了人们对文化交流发展规律的共识。

文章认为,在唐代发生的中外文化汇聚对中国传统文化起补阙作用,于中国文化有亲和力的东西被吸收,被吸收的东西都经过改造。张广达先生关于唐代文化汇聚这一特色的分析与其他学者的相关论述并无二致。他的独到之处在于看到盛世背后的阴暗面:"这个时代的文化发展终究没有摆脱从诸般差异之中求一统,而不是在一统中鼓励发展差异。这就削弱了异质文化的启示作用及其为唐代文化发展带来的活力。"文章指出,晚清的中西文化冲突对中国文化日后的发展的影响更为重大,因为中国人开始从不同的价值论的角度来重新评价中国传统文化和外来的新思想和新概念。

张广达先生这篇文章的现实意义在于通过总结唐代中外文化汇聚与晚清中西文化冲突的历史经验,提醒国人发扬我国文化善于摄取外来思想营养的传统,并在新的历史条件下对外来思想择优摄取,以创造更加灿烂的中华文化和人类文化。

秦汉以来,中国通过欧亚内陆交通路线和南海航路而与西亚、南亚不断发生接触并维持着联系。这种接触和联系虽然因时、因地、因历史形势之不同而在密切程度上有所不同,但是,对中国文化发展所产生的影响毋庸置疑是十分深远的。异质文化的传入,丰富了中国传统文化的内容,有时甚至激起了心灵的震荡,中国封建社会的文化发展也因此避免了与外界全然隔绝的状况。及至晚清,随着西方文化对中国传统文化的冲击日益深入,中国文化发生了实质性的变化。本文拟就唐代和清末两次重要的中外文化接触及其对中国文化的影响略作考察。我们之所以选择这样一个课题,原因在于我们深切地感到这个课题在今天具有重大的现实意义。

一

中国古代文明在唐代达到了它的高度发展的阶段。它继承了汉魏南北朝以来由于民族纷扰和社会动乱而流散到长江以南、河西走廊等地区的中国传统文化,同时广泛地吸收了外来的文化因素。在中国历史上,唐代是一个少有的既善于继承又做到了并蓄兼收的朝代。陈寅恪、向达、夏鼐、藤田丰八、桑原骘藏、石田干之助、劳费尔(B. Lauger)、师觉月(P. Ch. Bagchi)、舍费尔(E. H. Schafer)等的研究和著作,从不同角度和不同侧面向人们揭示了唐代因多种文化汇聚而导致的文化昌盛的情况。近年来,季羡林、金克木等先生的研究进一步加深了人们对中印文化交流及其对双方的深远影响的认识。研究唐代历史的一些学者早就注意到,唐代之所以朝气蓬勃、富有生机,一是唐代的社会和文化能条贯、折衷前此数百年的遗产,二是能兼容并包地摄取外来的各种营养。有人把前一特征称作"折衷主义",把后一特征称作"世界大同主义"。这种看法不无一定的道理。然而,如果对唐代的这个特征稍加分析,就会发觉,唐代中原地区的典章制度既是前此数百年的建置的条贯和折衷(例如中央设置的三省六部机构),也是东晋南北朝以来多种民族互相冲突、互相融合而留下的某些制度的延续和发展（例如均田制、府兵制）；但是，人们唯独从中探索不到外来的礼仪、政刑和典章制度的移植，而且唐代的官制、兵制、刑法、田制、赋役制等等都渊源于先前的王朝，并没有因为在唐代受到外来文化的影响而相应发生任何重大的改变。至于在宗教、艺术（例如音乐、舞蹈、杂技、绘画、雕塑）、实用器物（例如金银器、服饰）等方面，人们可以看到，通过西域传来的印度、中亚、西亚文明和通过南海传来的南亚文明，对唐代的影响是既深且远的。唐代是中国封建社会生产力高度发展的盛世，一切典章制度已然自成体系，在自身高度发展的基础上，所有文化方面的引进都起着锦上添花的作用。可以说，唐代做到了"中学为体，西学为用"——如果这一说法在逻辑上可以成立的话。

在唐代的中外文化汇聚过程中，组成唐王朝的各个民族在对待外来文化的态度上既不是因其为异己文化而排斥，也不是漫无选择地一律吸收。唐王朝根据自身社会的层序结构，各个民族也根据各自所处的不同的社会环境和不同的文化水平，分别作出遴选和抉择。异质文化之植入新的社会，不可能不经过程度不等的加工。这是一个机制相当复杂的过程。分析一下敦煌文书的内容便可以看到，敦煌的文化基本上是由三部分构成的：（一）以儒、道、汉化佛教为主的汉文化；（二）当时混杂居住在敦煌和西域地区的汉、吐蕃、回鹘、退浑、龙家、昭武九姓（粟特）、于阗等民族多边交往、相互作用而产生的混合文化；（三）印度、中亚、西亚等外来异质文化与当地民族文化相汇聚而产生的"嫁接"文化。这三部分内容分别适应各民族的不同阶级、不同阶层以及不同的文化教养的人士的需要，而又细分为从上层精英到下层大众的多层次文化。不同层次的文化又在相互渗透、相互影响的过程中不断产生种种变体。例如，敦煌文书中讲唱文学的形式是丰富多样的，其中既有适应大众的需要、宣扬佛教教义的讲经文，又有散文韵文相间、敷演佛法或宣扬佛教经、传故事的讲唱文，也有受讲经文、讲唱文的影响并继承了中国杂赋传统而衍变出来的变文。又如，早期和阗语《金光明经》写本大致符合梵文原本，两者基本上可以相互对勘；但是，晚期和阗语本 *Su-Aarna-prabhasotta-sutra* 则与梵本相去较远，反而和义净在公元 703 年所译的《金光明最胜王经》极其相似。人们如果考虑到敦煌莫高窟藏经洞中存贮的汉文《金光明最胜王经》数量之多，应有理由认为，晚期和阗语的同一佛典的译本 *Su-Aarna-prabhasotta-sutra* 应当就是汉、梵、于阗三种文化汇聚的产物。此外，人们还可以从汉地禅宗传入吐蕃，在敦煌和吐鲁番地区出土了用藏文字母书写的回鹘语译自汉文的佛教文献等方面找到文化汇聚的大量例证。因此,敦煌文书所反映的文化实际上是成色极为驳杂的聚合体或混合物。在这一聚合体或混合物中,有些终归免不了被淘汰的命运,那些得到保存乃至被发扬光大的,有的是因为对中国传统文化具有补阙的作用,有的是因为适应了某些社会阶段和阶层的需要,有的则纯系出于某种偶然的原因。

唐代佛教的演变为我们提供了外来文化被中国吸收并且得到发扬的例证。佛法之传入中原,当在两汉交替之际;梵本或胡本佛典之译为汉文,则始自后汉、晋初。此后佛教日趋昌盛,逐渐成为中国人的信仰而广泛流行。及至隋唐,佛教进入了与中国传统文化融合的阶段。我们在这里抛开隋唐历朝君主所推行的实用主义的佛教政策不谈,仅就各个阶层的人士与佛教的关系而言,就可以看到,不同阶层从盛行于中国的大乘佛教中分别吸取了不同的养料。上层知识界表现出摄取印度思辨哲学的兴趣和能力,一些高僧大都能够剖判入微地研习佛教的精理奥义。正是由于这一阶层中众多人物的努力,华严宗发展出四法界、十玄门、一多六相,唯识(法相)宗推衍出真似现量比量、八识四智等繁复的观念体系。与此同时,吸引广大僧俗群众的则是简单化的或通俗化的说教,甚至统治阶级中许多信佛的人物所需求的也不是高深的教义,而是简单化的或通俗化的货色。显而易见,立义越浅显的说教,越容易为群众所领略,因而也越容易传播,例如净土宗便是。在这方面,禅宗更是后来居上。可以这样认为,如果隋代没有智颛(538—597)、吉藏(549—623),唐代没有玄奘(600—664)、窥基(632—682)、善导(613—681)、弘忍(602—675)、神秀(约606—706)、慧能(638—713)、神会(686—760)、法藏(643—712)、宗密(780—841)等高僧在不同层次上对印度佛教进行钻研探讨、加工制作,释迦牟尼以来几经演变的佛教教理就不会具有中国各宗的面貌,也不可能普及于社会各阶层中间。

佛教在中国的得势,除了政治、社会等方面的原因之外,显然有着意识形态方面的原因。中国思想侧重今生今世在躬行实践。儒家认为"未知生,焉知死",明显地对来生后世缺乏设想。道家的修炼更是着眼于此生此世的长生不老或羽化升仙。佛教作为一种哲理化的宗教,提供了令人领悟因缘、业报、无常、无我的思辨体系冲决"利"、"欲"罗网,求得"正觉"、"解脱"的修习次第。因此,在来世学方面,佛教补充了中国传统思想的缺欠。

与此同时,在注重宗法伦理、躬行实践的中国社会环境中,本来宣扬出世和个人"解脱"的佛教也被逐步被改造成为宣扬功德度人、注重入世的宗教。印度传来的佛教观念没有触动唐代中国封建社会的层序结构，当时的人们丝毫没有感到有必要用印度传来的价值观念来重新审查中国的社会制度、政治结构、伦理准则。相反，佛教教义中近似于中国思想的东西，因为与中国社会的意识形态有特殊的亲和力而被着意发扬。例如，佛典中某些讲孝道的文字就被发展成为《父母恩重经》、《目连冥间救母变文》等作品。甚至寺院经济在中国环境中都可以偏离戒律规定而演变成为中国封建经济的组成部分。唐朝中叶，梁肃（744—784）既讲儒学，也大讲佛学和神仙之道。其后，韩愈（768—824）依据儒学力排佛教，曾随韩愈学习古文的李翱（772—841）则援佛入儒。实际上，据儒排佛也罢，援佛入儒也罢，两者无非都是儒佛相互渗透的具体过程，儒、道、释三家经过长期的相互作用，终于各自都发生了局部质变而成为中国文化体系的组成部分。中国原来关于天、自然、社会、人生的成套观点和思想体系正是因为糅杂了从印度佛学中汲取的成分，方才取得了它后期特有的面貌。否则，宋代不会出现理学，金元不会盛行全真。黎锦熙曾以吃饭比喻中国文化消化印度佛教的情况，他说："这餐饭整整吃了千年"。

对中国文化起补阙作用、与中国文化有亲和力的东西易被吸收，被吸收的东西都经过改造，这是唐代文化汇聚的最大特色。

唐代文化汇聚的影响且不限于中国。糅杂了印度佛教的中国思想体系，当时施行于中原地区的律令制度、汉字表达的种种文化模式，还先后传播于邻邦，构成了东亚文明的基本特征。

由于种种原因，文化汇聚的过程并没有使中国的儒、道思想对印度产生什么影响；相比之下，中国文化的吸收能力因此而更加突出，中国文化的消化能力也因此而受到了人们的反复称道和赞扬。可是，人们在进行这种称道和赞扬的时候却很少注意到，唐代封建社会高度平衡的层序结构和代表它行使政权职能的唐王朝政权，在吸收外来文化的过程中，表现出一种将外来文化因素认同于自身文化，使其"俯就我范"的倾向。经数百年的动乱之后而形成的大一统局面决定了唐代在各个方面都力图显示出并蓄兼收的时代精神，然而，并蓄兼收的根本目的在于追求大一统的极致。因而，这个时代的文化发展终究没有摆脱从诸般差异之中求一统，而不是在一统中鼓励发展差异。这就削弱了异质文化的启示作用及其为唐代文化发展带来的活力。

二

不幸的是,唐代在并蓄兼收的同时出现的保守倾向被后世封建社会所强化。从宋代到明、清,在自然经济基础上成长起来的中国文化越来越被封建统治阶级引上了主动维护封建统治的轨道,特别是儒家说教把社会秩序和伦理准则过分地绝对化了。人们都得服从于至高无上的社会公共目标,为此而逐步形成了一套仪轨和程式:系统化的三纲五常,制度化的宗法礼教,这些都作为准则和规范制约着个人的行为,并且让人们自觉地遵循这些准则和规范。符合这些准则和规范的行为受到赞扬和旌表,借以促成这类行为得到强化;如果某时某地发生了个人与社会公共目标的矛盾和冲突,则以抹杀个人存在的意义和价值的方式来解决。违反纲常名教的行为要受到法律的严厉处罚和道义的无情谴责,借以促成这类行为的减少。在日益强化的纲常名教的束缚下,本来就已经充分发展了的重视实用和重视直觉的思维方式在程朱式的格物致知及陆王式的主观冥想的思想形式下更形发展。知识不是用来探索自然和社会生活的规律,也不是用来理解科学发明和发现过程的机理,而是用来思辨地论证天人和谐、伦常道德。在强调内省工夫的风气的支配下,人们追求的是明心见性、存天理、去人欲。人们即便注意具体的、特殊的事例,也意识不到系统地观察、记录、分类、概括和归纳的必要。结果是人们的思维越抽象,就越偏离以逻辑思维来研究自然和社会的轨道。所以,北宋还能产生沈括(1031—1095)那样杰出的自然科学家。后世便不再提供继续产生这样的人物的条件。乃至晚明,阳明之学盛极而敝,大多数学者习惯于"束书不观,游谈无根",对一切变动的事物采取消极、观望、因循、保守的态度。当时,个别人物也思有所振作,力矫空疏,例如,吕坤(1536—1618)就是这样的人物。吕坤富有革新精神,致力于"实政"、"实学",可是在科学思维受到长期遏制、创新精神销蚀殆尽的环境里,他的"实政"、"实学"只不过是极其琐碎的无数经验的堆积的杂烩而已。

正因为这样,中国虽然在实践的基础上产生了引以为傲的四大发明,却没有迎来自己的近代文明。1485年开始的规模宏大、技术先进、蔚为壮观的郑和下西洋并没有产生欧洲地理大发现那样的成果。中国当时的科学技术水平总的来说不落后于、甚至先进于当时的西方,但是,社会条件没有使中国产生出笛卡儿、培根那样的思想家,无人使中国人的重实用、重直觉的思维方式改弦更张,无人把中国人的思想导向既重客观实际又重逻辑思维的道路,中国人的科学思维能力也就没能得到发展。

在唐代以后,中原地区的政治与文化对周边地区的影响也有所减弱。最明显的是,在唐代,西域深受中原文化的影响,可是从十四世纪起,西域不是沿着儒家化的方向进一步发展,而是日益伊斯兰化了。

当然,这种情况并不是说中国文化丧失了唐代所表现出来的吸收能力和对外的感染力量,而只是说中国文化的创新精神受到了社会条件的束缚,因而相应地对周边地区也无从发挥更多的作用。

从明末到清世宗雍正元年(1723)放逐耶稣会士之前,中国文化又一次表现了吸收外来文化的能力。在耶稣会士竭力适应中国传统文化的某些要求的情况下,中国的一些士大夫乃至个别皇帝从耶稣会士那里吸收了一些数学、自然科学知识。但是,由于社会条件的限制,明末清初的中国并没有像唐代大力吸收佛教那样去吸收西方基督教文明,更谈不上由此而使中国文化发生变异。相反,倒是耶稣会士把中国儒家学说介绍到了欧洲,供欧洲一些启蒙思想家用来宣传理性主义,开明专制,以适应当时欧洲社会的需要;这也正像清末魏源的《圣武记》、《海国图志》传到日本并适应了日本的尊王攘夷和变法维新的思想,起到了在中国反而起不到的作用。由此可见,中国的某些观念和学说传到海外,由于社会条件的不同,所起的作用迥然有异。看起来,种瓜是否得瓜,还要取决于土壤等一系列条件。有时候人们播下了龙种,收获的却是跳蚤。

鉴于明末学风之浮薄,清代学者相对趋于务实,他们的成就也即所谓"朴学"。而"朴学"的内容无非是广求佐证,以笺释儒家经传、疏明训诂音韵、考证典章名物等等,终未脱离书本工夫。在日益老化的中国封建社会,这样务实下去,恐怕没有哪一天能够走上系统地研究客观规律的道路。末流积弊日深,势必引起反动。在十九世纪初,已经有了要求变革的征兆。少数人意识到,戴、段、钱、王争治"朴学",实际上是"锢天下聪明智慧,使尽出于无用之一途"。正是在这样的历史关头,中国遇到了空前严重的来自西方的挑战。

三

晚清的中国所遇到的来自西方的挑战是多方面的。西方凭借军事力量和经济优势打开了闭关锁国的中国的门户,他们的外交官、商人、传教士、冒险家蜂拥而至。中国封建自然经济下的民族手工业首先受到打击,政治独立受到了莫大威胁;一向无求于他人的"天朝上国"在心理状态还没有得到相应调整的情况下,传统文化遭到了西方资本主义文化的袭击。

这次中西文化遭遇的历史背景和唐代多种文化汇聚的情况根本不同。唐代国力强盛,文化汇聚是在盛世环境中从容不迫地进行的;当然,唐代的历史也充满了民族之间的冲突和战争,但是,那些冲突和战争恰恰提供了各民族接触的机会,促进了文化的汇聚。晚清的情况则不然,西学东渐是以中国封建社会的没落和西方的武力入侵为背景的。

历史上有无数由于武力的征服而造成的不同文化相遇的情况。例如,古代罗马帝国在它征服的某些省份设置任期一年的地方总督(Lcsproconsuls annuels)。由于地方总督使用拉丁文依法办案,所以高卢的土著便努力学习拉丁语。这与其说是为了作出臣顺的姿态,毋宁说是为了能够在总督的法庭上辩护自身的利益。因此,被罗马帝国统治得越是长久的地区,土著语言越是接近罗马的语言。古代高卢语因此而拉丁化了。这就是法语的由来。关于这一情况,十六世纪法国学者巴斯葛耶(Etiennepasquier , 1529—1615)在他的名著《法国研究》(*Recherches de la France*)中有生动的论述。在近代早期西班牙血腥征服美洲、印第安土著反抗侵略的过程中,人们可以看到另一种情况。以武力征服为背景的不同文化的遭遇既有冲突的一面,也有自发地相互吸收的一面。有的学者把这种现象称为"涵化",并对之做了不少的研究。

晚清的中西文化冲突提供了另一种类型的例证。首先,在西方的侵略和随之而来的中西文化冲突中,一向以老大自居的清王朝在维持中国社会的传统形象上虽然遇到了极大的困难,但是,悠久的传统文化却成为中国人民反抗外来侵略的强大的精神支柱。中国的文化传统培育了中国人民的爱国主义精神。在评价中国传统文化时,无论如何不能低估它的下列功能:在民族存亡危急之际,它培育了为救亡图存而奔走呼号、悲壮献身的一代又一代的志士仁人,从而大大提高了中华民族的存续能力。不能设想,一个对自己的历史传统缺乏至深感情的民族能够有毅力历尽千辛万苦,完成民族自我发动的彪炳大业。中国人民正是靠这种坚毅的气概并通过英勇的斗争在 1949 年重获国家的独立和民族的解放的。

其次,在晚清的中西文化冲突中,中国朝野上下的先进人物开始跳出"朴学"、"理学"的窠臼,重新在中国的历史中找回了变革、改制的传统。

在理论上,中国从荀子起就有"法后王"的主张;司马迁论治,亦曰法后王。在现实中,中国历史既有频繁的反抗阶级压迫的农民战争,也充满了统治阶层改制、变法的记录。中国历史上的改制和变法有几种模式:有的是在新王朝奠基之后进行的,如秦始皇、王莽、隋文帝的开国措施;有的是在王朝持续的某个阶段对社会结构已然发生的巨大变动做政令条文的归纳,或对已然不合时宜的典章制度做改弦更张的修订,首创者如商鞅变法,后者如杨炎、范仲淹、王安石、张居正的改革与变法;再有的是边疆民族入主中原,因社会生活方式的差异而导致某些变革,如北魏孝文帝颁布的措施。至于针对时弊而提出更化、改制建议,或针对空谈而呼吁注重事功的人物,如汉代的贾谊、晁错、董仲舒,宋代的陈亮、叶适,明末的顾炎武等,在中国历史上更是多,史不绝书。清末要求变革的努力常常被一些人认为是西方冲击的结果,这种看法多多少少忽视了中国改革的传统。实际上,直到1898年戊戌变法,所有改革的努力还没有超过儒家说教所允许的限度。它们都是中国悠久的改革传统在新形势挑战下的重新显现。关于这一点,西方研究中国十九世纪改革的许多学者也无异辞。他们认为,西方的挑战在激励中国改革上诚然起了极大的作用,但是,明清中国的改革努力以及这种努力的动力则是出自中国自身的悠久改革传统,其渊源、类型与西方并无多大关系。

第三,明清中外文化接触伊始,具有传统的文化素养但政治上比较开明、思想上比较敏锐的人物就觉察到,现在的西方不同于中国过去打交道的"蛮夷"。他们与同时代其他人的不同点在于,他们较快地懂得认真了解西方资本主义世界的必要。随着他们对西方了解的逐步深入,他们在思想上日益明确:中国无非也是世界诸国的成员之一,而这个世界还将受西方规定的国家秩序的支配,因此,不管愿意与否,都应该迟早抛弃深闭固拒、抱残守缺、颟顸无知、妄自尊大的陋习和偏见,及时留意洋事,"师夷长技",以期能够与敌在战场上和外交上周旋,在市场上较量。1840—1860年可以说是中国先进人士的觉醒阶段。1841年林则徐(1785—1850)的《四洲志》、1844年梁廷枏(1796—1861)的《海国四说》和魏源(1794—1873)的《瀛寰志略》等著作的问世,可谓中国了解近代西方、学习近代西方的重要开端。

上面几点简单的说明反映了晚清中外文化遭遇的一个方面。另一方面,中国传统文化的核心是在封建社会小农经济基础上发育成熟的儒家思想。儒家思想在对抗西方资本主义文化、解决中国封建社会向现代化社会转变等现实任务(如发展社会化大生产、改组社会结构和政治制度等)方面毕竟是不中用的。可惜,当时大多数人却久久认识不到这一事实。在长期的封建社会中,儒家思想作为统治集团维护自身既得利益的正宗意识形态,就已被抬高到凛然不可冒犯的地位。在无视现实变化的守旧派眼中,不同于儒家观点的都是异端邪说,任何西方思想的引进都是背离根本,都是对中国传统的亵渎。大量事实表明,正是由于儒家的长期陶冶,中国士大夫阶层中的大多数人习惯于生活在优游涵泳的传统精神世界之中,对西方文化的挑战反应迟钝。他们看不出时势的变迁,只知一味地墨守成规,反对"用夷变夏",或者干脆闭目塞听,以不变应万变。这是与近代日本知识界大多数人的精神状态大不相同的。人们知道,日本也深受儒家的影响,但是,日本存在着一个职业性的军事官吏阶层——武士。在西方侵略的形势下,尚武的日本武士阶层远比崇儒的中国士大夫阶层更加认真地对待自身军事上的劣势,并积极采取相应的对策。也正是因为此,儒家思想才在日本的尊王攘夷和变法的运动中起了在近代中国起不到的作用。至于对待西方文化的态度,两者也大不相同。中国大多数读书人久经迟延,出于无奈,方才不得不在科举应试的项目外,对介绍西方学术的书物有所涉猎。这种态度上的勉强又和十八世纪中叶以来乐于从事兰学研究的日本知识界的敏捷作风形成强烈的对照。就是这样,由于中国传统文化对西方文化的抗拒作用,中国在鸦片战争之后贻误了可贵的二十年时间。

外来侵略的步步加紧和清廷的一再丧权辱国,迫使中国社会各阶级、各阶层的代表人物做出反应。敏感的知识界人物开始意识到中国面临着千古未有的"变局"。先进的爱国人士要求把握时机,及时做出变革的努力。一些人的注意力自然而然地集中到探讨挽救民族的危机和谋求国富民强的问题上来。在达到这一目标的方式、方法上,各阶级、各阶层代表人物的见解不仅随各自的社会地位、政治倾向之不同而不同,而且也随各自所在地域的开化程度、个人经历形成的心理状态的不同而大有区别。

1861 年冯桂芬(1809—1873)写成《校邠庐抗议》,1880 年郑观应(1842—1922)在香港刊出三十六篇本《易言》,1882 年王韬(1828—1897)在香港刊行《韬园文录外编》,反映了这些与西方打交道较多的人物危机感、紧迫感的加强。他们在"富国强兵"、"民富国强"的口号下提出了许多"自强"的方案和办理洋务的措施。在上下几千年的中国历史中,主张改革的人物是为数不少的。上列这些人物在中国改革家的系谱中或许并不是十分突出的角色,但是,他们在办理洋务中认真计较"利"、"富",无疑是受到了西方的影响,标志着他们脱离了中国传统文化的价值取向。

1885年中法战争的失败使人们认识到洋务运动只顾单纯引进西方技术而不调整制度的缺陷。人们对1860—1861年以来自上而下推行"自强"措施的效果日益失望。1890年马建忠(1845—1900)发表《富民说》,同年汤震(汤寿潜,1857—1917)刊行《危言》。1892年陈虬(1851—1903)刊行《治平通仪》,1893年郑观应刊出五卷本《盛世危言》,同年陈炽(?—1899)刊行《庸书》,1894—1895年间当时最为激进的何启(1859—1914)、胡礼垣(1847—1916)刊行《新政论议》。这些政论性著述的问世表示当时受西方文化影响较深的人士日益转向考虑制度的改革,他们突破了儒家的藩篱,发出了按西方模式改变中国传统制度的呼吁。

值得注意的是,上述经办洋务的人士在宣扬"新政"的时候,每每就"道"、"器"关系进行反复辩难,这显然是有针对性的。在守旧派的心目中,"形而上者谓之道,形而下者谓之器",泰西器艺技巧无非是后天形器之学。用王韬模仿旧派腔调的话说:"此皆器也,而非道也,不得谓治国平天下之本也"。因此,洋务派人物不得不对守旧派的论调有所答复。王韬在《原道》篇中说:"道不能即通,则先假器以通之"。郑观应以《道器》篇冠于《盛世危言》一书之首,作为论述一系列新政的纲领,声称:中国空谈性理而坠于虚,泰西重视名物象数而得虚中之实,两相结合,方能"本末兼赅",契合圣人德配天地、"备物致用、立成器以为天下利"的本意。换言之,西学如有器的价值,其中必有道的本质,因此,学习泰西似是逐末,实则不违务本之旨。汤震在《中学》篇中也说:"中国所守者形上之道,西方所专者形下之器,中国自以为道而渐失其所谓器,西人毕力于器而有时暗合于道。彼既赓而续之,变而通之,神而明之,彼能因我之所创,我胡勿创彼之所因?"今天看来,推行洋务的人物似乎没有必要针对守旧派如此郑重其事地反复发表这样的议论。实际不然,这反映了在当时的社会条件下少数推行洋务的人所遇到的来自多数守旧派的阻挠和刁难。守旧派对抗西方侵略是无能的,但是,对国内有的人要学习西方的抵抗则是顽强的。人们不妨回想一下,1866—1867年冬,恭亲王奕䜣建议在他主管的总理各国事物衙门之下添设天文算学馆,咨取进士、举人、各类贡生并翰林院成员及正途科甲官员随洋员学习天文算学,这一建议曾经遭到山东道监察御史张盛藻和守旧派首脑人物大学士倭仁等人的激烈攻讦。有关拜洋师的争论继续了数年之久,而后又在派遣留学生的问题上发生了持续而激烈的冲突。由此可见,为了应付守旧派的攻击,推行洋务的人士不得不从儒家学说中寻求论据。从这一意义上说,晚清洋务派和守旧派的论战曲折地反映了中西文化的冲突。

在1984—1895年的中日战争中,北洋水师遭到惨败,这对中国人起了振聋发聩的作用。随后,中国被瓜分的危机迫在眉睫。中国人开始考虑变革,并开始认真研究1868年日本明治维新学习西方的成功经验。鼓吹"维新"、"变法"的学会、团体纷纷建立,据统计,1895—1898年间成立的学会超过六十个。学会发行刊物,人们最常提及的有:康有为(1858—1927)、陈炽的《万国公报》(《中外纪闻》),梁启超(1873—1929)的《强学报》、《时务报》,黄遵宪(1848—1905)、唐才常(1867—1900)的《湘学新报》(《湘学报》),严复(1853—1921)等人的《国闻报》。1893年短命的"百日维新"虽然被以慈禧太后为首的反动势力所扼杀,但废科举、设学校的改革成果却保留了下来。中国人向西方学习的势头加快了。试检梁启超的《西学书目表》、徐以逊的《东西学书录》,就可以看出当时中国学习西方的广度。面对学习西方的热潮,1896年最后定型的"中学为体,西学为用"的公式广为守旧派人物或张之洞(1837—1909)那样的两面人物所引用,实质上,这个公式与其说是为封建文化壮大其军,毋宁说是在守旧派的心灵中起一种慰藉作用,用以维护中国传统文化在他们心目中的实体感,增强在西学猛烈袭击下他们受到重创的自信心。

一种异质文化从引进到发挥影响,其间必然有一段时间上的间隔。如前所述,佛教文化从传入到消化,是经历了上千年的过程的。晚清的中西文化遭遇是在前无任何准备的情况下猝然开始的,并且是在封建保守势力的激烈抗拒下展开的,然而,从林则徐开始注意了解西方,到清末风气剧变、人们愿意研究西方新学,中间历时不过半个世纪。为时既短,吸收必然是相当粗糙的。但是,学习西方,为中国学者开辟的学术前景是相当广阔的。以严复为例,他在1898—1909年间译出西方资产阶级著作八种,他的选题显然经过了认真的考虑。他最先翻译进化学说,用以印证他的"不变法则必亡"的论断;进而陆续介绍资产阶级的政治经济学、社会学、政治学、法学,用以推动中国学习西方的社会科学,为改良国计民生、改造社会组织提供借鉴;最后,他以介绍形式逻辑为终结,意在提供批判中国旧学的方法论武器。在此前后,另一些学者借助西方的研究成果也在发展我国新旧学科方面做出了成绩。李善兰(1810—1882)、华蘅芳(1833—1902)和徐寿(1818—1884)、徐建寅(1845—1901)父子推进了中国数学的研究,引进了新的科学知识和制造技术;马建忠等人开始了国际法的研究。他和章炳麟(1869—1936)还把中国语言学的研究推向新的阶段。凡此种种都说明,晚清中国学习西方文化的成绩总的说来是斐然可观的。

总结以上所述,可以认为,无论是在封建盛世的唐代,还是在封建社会趋于没落的晚清,拥有悠久文化传统的中国都能够根据形势,有分辨地吸收外来文化的长处。当然,晚清的中西文化冲突对中国文化日后的发展的影响更为重大,因为中国人开始从不同的义务论的角度来审视固有的和外来的伦理、道德的内在含义,从不同的价值论的角度来重新评价中国传统文化和外来的新思想、新概念。

四

抛开阶级偏见、民族文化成见等因素的影响不谈,仅从当代诠释学的角度来看,现代之前的中外思想交流大多是通过不完善的译本收到效果的。佛典的翻译就是例证。佛教的许多经、律、论,经过印度的梵僧和中亚的胡僧一再加工方才辗转传入中国。经过梵僧或胡僧口授,而由汉人笔录的译本,往往保留着"天然西域之语趣",行文的生硬晦涩自在人们的意料之中。这种情况也是难以避免的,因为翻译不单纯是两种表意符号的对应转换,而且还要照应两种语言截然不同的行文习惯,体会在不同文化环境中生成的独特术语的内涵。像唐代玄奘那样对中印语言的运用达到纯熟自如、对佛教的奥义理解得圆融无碍、对中印文化的精蕴有着深刻的亲身体会的人物,毕竟是少数或极少数,而且只能出现在特定的时代。近代林纾翻译西方书籍,名为翻译,实际上是他剪裁加工的改作。同样,在十九世纪末叶以前被介绍到西方的儒家思想也多是体会性的翻译,其中术语的译法实际上是译者借助于西方概念所做的诠释,它们是否符合术语的本意往往大有商榷之余地。例如,入华耶稣会士钱德明(J. J. M. Amiot, 1718—1793)在介绍宋代理学的时候,把"道统"译作"认识(或知识)系统","气"译作"呼吸","太极"译作"第一本质原则","阳"译作"动的本质原则","阴"译作"静的本质原则"。这种情形正和严复一样,或借助先秦诸子以来中国的传统概念转达近代西方资产阶级作品中的述评,例如他把老子的"道"、宋代理学的"太极"、朱熹学说的"理"比定为斯宾塞的"不可知"(unknowable),或以西方概念解释古代中国典籍中的某些词语,例如他把司马迁的"本隐至现"的意思解释为归纳法,把"推见至隐"的意思解释为演绎法。今天,被人视为存在主义者的法国作家加缪(A. Camus)和他的老师格勒涅(J. Grenier)从老子和禅宗著作中吸取了某些他们需要的思考素材,但是他们说不上是研究老子和禅宗的专门学者。由此可见,译文的不尽确切、概念的不尽符合原义,并不妨碍人们根据各自的需要从对方那里接受信息或取得启示,人们所受的历史环境的熏陶也不至于阻隔或阻碍人们感通对方文明的某些精髓。人们从异质文化取得思想营养往往无需依赖精确的译文,甚至有时也不受社会发展阶段不同的束缚。郢书燕说的故事本来比喻接受者收到的信息根本是发送者误传的东西,但在思想交流中却收到了意外的效果。看来,在文化交流中,引申、附会不仅屡见不鲜,而且是"正常的"现象。思想"投胎转世"到异质文化环境中,常常由于更换了躯壳而改变了资质。

在这里,值得人们重视的不仅是上述文化交流中出现的自觉或不自觉地曲解对方原意的现象,而且还有一个民族的心理素质不时发挥潜在作用的问题,特别是拥有悠久文化传统的民族在与异质文化接触的过程中很难摆脱先入为主的语言、心理、文化等"深层结构"的影响。大概正是由于"深层结构"的影响在不同时期、不同程度上主宰着人们的意识和倾向,所以中国近代史上不少进步的人物晚年反而复归于旧传统思想。于是出现了这样的现象:崭新的形式未必不掩饰着传统文化借以重现的某些旧的内容。

我们不妨再分析一下严复的情况。严复无论是翻译和评价西方资产阶级著作,还是后来在弟子熊纯如的恳请下评点《老子》等中国典籍,都力图从先秦诸子的思想中探索出中国古代对西方思想的预示、预见或预言。例如,他从《老子》中找到了西方"民主"和"科学"的暗示。这种主观的引申、生硬的比附在严复的译著评语中多不胜举,以至于有专门研究严复的学者认为,严复心目中的世界从来就不是清清楚楚划分为"传统中国"和"近代西方"两个隔绝的半球的。严复这样做,主观上的意愿或许是想超越西方文化与中国文化的"二分法",从而探索人类思想中带有普遍性的问题。殊不知,这样一来,他就和当时宣扬"西学"在中国早已有之的守旧派的见解趋于一致了,并且收到了混淆今古区别的客观效果,而近代中西文化的根本区别恰恰不在地理位置上的中西,而在资本主义与封建主义相对立的今古(附带一提,他的这一混淆不利于后人判明中西文化区别的症结所在)。这种情况表明,严复的思想正像有的学者提出的那样,具有

罗马神话中门神札努斯同时长着前瞻后视的两副面庞的特点。他一方面
奋力追求国富民强,相信优胜劣败的进化论学说而主张变革,鼓吹个性自
由和充分发展个人才能;一方面,他又从先秦诸子中寻求现在,甚至从根
本否认尘世意义的佛教中寻求人生苦难的安慰。他受佛教的吸引不是他
一个人的异想天开,康有为、梁启超、章炳麟无不研讨佛学,甚至主张冲决
种种罗网的最激进的谭嗣同也不例外。

　　另一个具有典型意义的人物是梁启超。在本世纪五六十年代,美国
研究中国近代思想的著名学者勒文森(J. R. Levenson 1920—1969)曾经
提出,西方思想的涌入导致中国先进的知识分子一方面在感情上留恋传
统,另一方面在实际行动中不得不与传统日益疏远,乃至决裂,梁启超就
是这样。因此,应当一分为二地看待历史的传统和价值。勒氏揭出此说
之后,西方学者一度翕然相从。但是,为时不久有的学者便对晚清知识分
子的实际转变是否合乎勒氏的说法提出了异议。即以梁启超而言,他诚
然竭尽全力鼓吹中国的近代化,但是他仍然主张儒家的许多教诲应当施
于公民,认为这能够培养出具有美德的实现近代化国家建设的人才。由
此可见,他不仅仅是在感情上,而且也在思想上依然恪守着儒家的某些行
为准则。这种现象也是不足为怪的。西学东渐,为日尚浅,不可能迅即与
传统文化水乳交融,旧思想、旧意识毕竟根深蒂固、盘根错节,人们实际上
不可能与之一刀两断。

　　因此,在研究晚清的中外文化冲突中,应当充分注意到中国传统思想
和观念对各阶级、各阶层人们的意识保留着直接、间接的深层影响,特别
是在先进人物身上造成的矛盾的问题。研究这一问题的重要意义不次于
研究中国文化在中外文化交流中的适应性和抗拒性、中国文化的特点和
变异、中国文化的革新与发扬等问题。在这方面,五十年代以来欧美、苏
联、日本的研究中国近代史和近代思想史以及第三世界国家现代化道路
等课题的出版物中,不乏值得我们注意的著作。就西方来说,近年的多数
学术著作已经不再搬用黑格尔关于中国文化停滞、缺乏活力或马克斯·
韦伯关于中国封建官僚社会早熟等论断,许多学者认真、细致地探讨着晚
清以来中西文化冲突的一系列相关问题。日本与中国的国情不同,但是
与中国有某种相似的历史渊源和经历,这有助于日本学者在对比研究中
对中国事物得出不同于西方学者的独到见解。当然,对于国外学者的观
点和结论,我们不可能全然赞同,某些观点和结论又未必有重要的科学价
值。不过,注意各种倾向的著作,有助于我们明确地辨识我们的传统文化

在今天还有哪些地方值得保留和发扬,有哪些地方应当批判抛弃,同时,西方文化有哪些地方值得我们借鉴和吸取,有哪些地方应当拒绝或应由我们中国人做出批判。

今天,中国正面临着建设社会主义现代化国家的历史任务。当前,科学技术迅猛发展,知识结构不断更新。在现代化的潮流中,世界各民族的共性、统一性在发展,各民族的个性、独特性也在发展。对于发展中国家来说,现代化绝不意味着西方化。因此,认真提高我们的理论水平和学术水平,探索中国文化在古今不同历史背景下发展演变的历程,总结唐代中外文化汇聚与晚清中西文化冲突的历史经验,将有助于我们发扬我国文化善于摄取外来思想营养的传统。无须赘言,在新的历史形势下,我们对外来思想择优摄取将帮助我们为人类的文化发展做出贡献。

(本文最早发表于《中国社会科学》1986 年第 3 期,后收入中国文化书院《中外比较文化研究资料》第 8 辑,1988。)

作者通讯地址:100871 北京市海淀区颐和园路 5 号
北京大学历史系

12. 文化发展的新趋向——科学人文文化

——中西文化比较研究思考之一

Scientific and Humanistic Culture, the New Trend of Cultural Development: On the Comparative Study of Chinese and Western Cultures (1)

周依萍 李亚舒

【编者札记】

凡是研究文化对比的人最终都会关心一个问题,即对比中的两种文化,尤其是研究者自身的文化,日后将向何处去? 一百多年来,"洋务派"与"维新派"、"全盘西化"与"中国本位"、"中体西用"与"西体中用"、单元文化与多元文化等等论争,无不源于对这一问题的关切和思考。持文化中心主义或文化保守主义的人往往跳不出"孰优孰劣"的思维定式而观点流于偏激。中国科学院周依萍和李亚舒教授在探讨这一问题时,以一种雍容超脱的心态娓娓道来,既不因为近代中国的文化落伍而全盘否定传统文化,也不因为西方学者赞誉中国文化而沾沾自喜。他们冷静地指出"中西文化的抉择,决不是非此即彼,而是百川汇大海",客观地预测了未来文化发展的新趋向。

文章认为,文化是多元化的存在,认知主体的时代性是人类生存的基本方式。当今世界科学发展的趋势是既高度分化又高度综合,当今世界文化发展的趋势是既高度科学主义,又高度人文主义。周依萍和李亚舒乐观地预言,中西文化的融合,不是西方科学文化对中国人文文化的征服,也不是中国人文文化对西方科学文化的替代,而是自然科学与人文科学、西方优秀文化传统与中国优秀文化传统融合起来,在超越科学文化与人文文化的更高的基础上,形成一个新生体。他们把这种新生体命名为

"科学人文文化"。

一

文化是什么？研究它的学者们已经提了一百六十多种解说，可见文化含义的广泛和复杂。如果把各种解释包含进去，我们不妨这样简明地下一个定义：文化即人的创造活动及其成果，换言之，文化是人类所创造的物质文明和精神文明的总和。人之区别于自然，就在于人创造了文化。人类的历史，也是文化的发展史。随着人类社会生活和生产力的不断进步，文化也在不断地演进。人类社会的生产力决定了人类文化的时代性，时代性是文化的内核。人类各民族生活在不同的环境，形成了各自独特的社会生活方式，也形成了文化的民族性，民族性是文化的载体。

不同时代产生的自然文化、人文文化和科学文化构成人类文化生态结构。远古时代的文化以自然物为载体，当时人类社会所规范的东西，如图腾、岩画、绳结、筹码、石器、陶瓷、群婚或偶婚等等就是这种文化的表现形式。这段时期，人类社会生活简单，所面临的自然条件大致相同，文化具有超地域性。这就是自然文化。人类进入农业社会后，人类对自身价值的认识提高了、深化了，产生了人文文化。农业社会时期各地的发展已经有了不平衡，生产力水平也各不相同，反应在社会形态、道德伦理、宗教信仰、民俗风情、文学艺术等各个方面，其认识也各不相同。因此人文文化已具有民族性，而且日益强烈。18世纪产业革命席卷欧洲，科学技术在人类社会生活中所起的作用与日俱增，科学文化便在人文文化的基础上应运而生。科学文化是以近代和现代科学技术为核心，从自然文化和人文文化演化而来的高级文化。科学文化是近代和现代科技发展的必然产物，具有较强的时代性。

从其倾向来看，中国文化基本上属于人文文化范畴。它源远流长，从出土文物可以证明，应追溯到七千年以前，是世界上唯一没有中断过的文化体系。中国文化有其辉煌灿烂的往昔，对世界文化产生了不可磨灭的影响。例如欧洲文艺复兴使欧洲摆脱了黑暗、野蛮、愚昧的中世纪，为后来的科学文化奠定了基础，而文艺复兴的极其有利的技术条件完全是由中国的四大发明所提供的。卡德在他的著作《中国印刷术的发明和它的西传》中，对此作了明确的肯定。

中国文化在 18 世纪以前,无疑比西方文化先进得多。18 世纪的产业革命促使西方文化向科学文化转型,而中国却沉落于游牧民族的统治,开始闭关锁国,阻止本来就属于人文文化范畴的中国文化去吸收外来的先进文化,中国文化发展滞缓,渐渐落后于西方文化,且差距日远。西方在鸦片战争中用坚船利炮轰开了中国的大门,中国在很短的时间内就沦为半殖民地,被惊醒了的中国知识分子为了救亡图存,开始把眼光投向西方文化。一个半世纪以来,中国几代人在文化问题上感到困惑,历经苦痛,进行思考。太平天国、洋务运动、变法维新、辛亥革命、五四运动、人民革命、社会主义革命和建设、改革开放,还有那令全民族沉思的"文化大革命",所有这些过程,实际上都是中西文化的交流、冲突和搏击的过程,都是要人文文化还是要科学文化的抉择过程。19 世纪中叶以来,似乎都是西学东渐:人文文化倾向朝科学文化倾向转化。

二

那么,中西文化各自的主要倾向是什么?

马克斯·韦伯在本世纪初阐述了如下观点:中国文化落后于西方文化的根本原因是新教伦理与儒学伦理的差异。这种差异表现在以下三个方面:

(1) 经济基础的不同

中国文化深深地植根于自然经济的土壤中,到 1949 年新中国成立时,中国的现代工业在国民经济总产值中只占百分之十几左右,这不过是自然经济汪洋大海中的一个孤岛而已。小农经济赋予中国文化的属性必然表现为:重农轻商、厌恶竞争、平均主义、清心寡欲、保守落后。而以市场经济为基础的西方文化则恰恰相反,市场经济的客观要求使西方文化的属性完全不同:商品经济的扩大再生产促使工商业迅猛发展,提倡竞争以反对平均主义,商品生产使社会物欲横流而力求进取创新。

(2) 政治体制的不同

中国的古老文化附丽于宗法政治。所以,它强调长治久安,以人际的和谐来企求社会的稳定。为巩固政权的需要,提倡"学而优则仕",提倡尚同精神。西方的社会政治却是西方文化的产物,文化超越政治,不一定要为政治服务,其主要功能是发展科学,发展生产。以功利为社会道德标准,轻仁义、重功利。当然,完全超政治的文化是不存在的。

(3) 文化性质的不同

中国文化属于人文文化。重人伦,轻器物,价值取向以道德为本位。重综合,轻分析。重意会,轻言传。崇尚群体意识,强调同一性。追求人与自然的和谐,把人与自然看成浑然一体。西方文化属于科学文化。重物质,轻人伦。价值取向以功利为本位。重分析,轻综合。重概念,忌笼统。强调人权,主张个人至上,重视特殊的辨识。强调人与自然的对立,人对自然的索取。

然而,我们加以比较的两种文化的不同特征,都只是就其主要倾向而言。文化的性质并不是单纯的。比如说中国文化求稳忌变,但是一部《易经》全部在讲阴阳消长,乾坤变化。《易经·系辞上传》第一章说:"是故刚柔相摩,八卦相荡。鼓之以雷霆,润之以风雨。日月运行,一寒一暑,乾道成男,坤道成女。乾知大始,坤作成物。"认为宇宙阴阳二性互相不停的切摩变化,才产生了万物。现在老百姓已把"穷则变,变则通"当作口头禅。又如我们认为中国文化重综合,轻分析,但庄子就曾认为"道"是无限的,"自本自根"、"无所不在"的,主张无休止地分下去。由此看来,一种文化总是蕴涵着另一种文化的因素,文化的融合也就是很自然的事了。

三

"二战"以后,文化的融会日益迫切,各种"共同体"、"联盟"、"结盟"等国际组织的出现,不仅为政治、经济的一体化带来希望,也为文化的交流与融合开创了新局面。

半个世纪以来,科学的发展使世界瞬息万变,这种变化导致了对科学主义自身的否定。科学文化的局限性日益暴露:科学的发展造成了科学技术发展的障碍。科学文化强调人的主观世界与物的客观世界的分裂。征服自然的结果,破坏了自然的和谐、人与自然的和谐,从而受到自然的惩罚。在征服自然的过程中,人与人之间的竞争也破坏了人与人、人自身的和谐,大工业社会一方面要求人的同步协调,而另一方面西方文化所酝酿的非常个人化,使人与人的隔离状态日益加深,又破坏了人的同步协调。大工业所带来的环境、生态能源、资源、人口、健康等一系列问题都与人的发展背道而驰。人们开始怀疑科学发展的目的何在,科学发展的结果已经违背了科学发展的初衷。于是,西方世界进行了前所未有的审视。渐渐觉悟到对科学的价值取向必须重新认识,科学与社会、科学与道德、科学与人的矛盾必须解决,人与自然的关系必须重新调整。

与此同时,科学的发展使科学产生了对自身的惶惑。自从伽利略以来,西方科学不断地进行分析,从分子到原子、电子、质子、中子、光子、介子、超子、变子一直到层子(夸克)。还可以继续下分吗? 即使是夸克以下还可分,分下去的结果是什么? 其结果是只见树不见林,只见枝叶不见树,只见细胞不见枝叶……越来越离开整体了,科学的对象越来越面目全非了。人们不得不为科学寻找新的出路。量子力学、相对论、混沌学的产生,向经典科学提出了挑战。信息论、系统论、控制论、耗散结构论、协同论、突变论的出现,阻止了无限分析的倾向。科学呈现出既高度分化又高度综合的趋势,自然科学和社会科学开始交叉。西方世界终于认识到宇宙是不可分割的整体,无限分析与整体相悖,混沌和有序、确定性和随机性是辩证的统一,人们开始扭转形而上学的倾向,努力去寻求整体,寻求复杂系统的普遍规律。

西方科学界的有识之士在为科学寻找出路的时候,把眼光投向中国文化。他们发现中国文化玄远、奥博、精深。天人合一的宇宙观,学思结合,反身自省的道德观,返朴归真的人生观,都在不停地调整着人与自然的关系,弥合着矛盾。仁礼统一是中国文化的政治伦理模式。仁的内涵是以仁为中心的温、良、恭、俭、让、敏、惠、智、勇,其价值取向是"和为贵"。这些内涵的表现形式是礼的行为规范(如制度、仪式),"克己复礼为仁"。仁礼结合成严谨的、和谐的人际关系的统一模式,也在不停地调整着人与人的关系,弥合着矛盾。总而言之,中国文化的内涵特征(和谐、求真、求善、求美、乐群、自省等)都是西方文化所欠缺而又需要的。正是因为这种欠缺,西方文化才产生了现代病,医治西方文化现代病的良方,非以中国文化为参照系莫属了。文化交流的格局由原来的西学东渐,又渐渐地变成东学西渐了。早在 20 世纪 20 年代,就有中国人主张中西文化汇合。梁启超提出了"中西互补"论,他在《欧游心影录·中国人对于世界文明之大责任》中说"拿西洋的文明来扩充我的文明,又拿我的文明去补助西洋的文明,叫他化合起来成一种新文明"。还有李大钊,他认为传统与现代、旧与新互有短长,缺一不可,从而受两面夹击。不过他们所谈及的文化汇合,只是一种救亡图存的被动应变,只涉及文化的表层意义,还不是今天我们所说的深层意义上的文化汇合。西方的有识之士对于中西文化的融汇,一开始就着眼于文化的内核。

早在17世纪,近代科学的奠基人之一莱布尼兹认为中国的冥想含有深刻的哲学意义,他把中国想象成文化成就和知识成就的真正典范。他从中国的太极阴阳学说中引申出二进制来。我们知道,没有二进制,就没有今天的电脑和信息时代。量子力学的创始人尼尔·玻尔也说他的互补性概念来源于中国的阴阳概念,因而以阴阳太极来作为它的标志。李约瑟对中国文化更是崇尚不已。他说他研究胚胎学是抛弃西方科学理想转向中国传统思想后才取得成就。他从此毕生研究中国科技,他的巨著《中国科学技术发展史》已经闻名遐迩。中国文化受到世界普遍的尊敬,第二十四届奥运会的会徽是太极图,美国著名的贝尔研究所的所徽也是太极图。对中国文化的认识,最为典型的要数耗散结构论的创始人普里戈金了。

普里戈金说:"近代科学的起点确实是在17世纪,即伽利略和莱布尼兹时代。但这同时也是欧洲面对中国文化与之相争的时代。中国文明具有了不起的技术实践,中国文化对人类、社会与自然之间的关系有着深刻的理解……中国的思想对于那些想扩大西方科学的范围和意义的哲学家和科学家来说,始终是个启迪的源泉。"普里戈金总结了三百来年近代自然科学发展的历史,把科学的演化和发展放到一定的文化背景中去加以考察,指出自然科学与人文科学、西方文化传统与中国文化传统正在结合起来,在一个更高的基础上建立起人与自然的新联盟,形成人与自然的新的对话,形成了一种新的科学观和自然观。

四

那么,从西学东渐到东学西渐,我们应当如何看待这种格局的变化呢?

对待东学西渐的格局,有两种观点值得商榷。一种认为东方文化将完全"取代"西方文化。有的学者认为21世纪将是东方文化的时代,西方文化将"让位"于东方文化。例如他们说:"东方文化和西方文化的关系是三十年河东,三十年河西","到了21世纪,三十年河西的西方文化就逐步让位于三十年河东的东方文化"。

西方文化由于出现了危机,"已经快要走到穷途末路了"。虽然他们也认为"取代并不是消失",还须继承西方文化的精华,将人类文化推向更高阶段,但是其基本态度很明朗:科学文化留下精华给人文文化,人文文化则将成为当代或未来文化的主流。持这种观点的人还有"新儒学"派。他们从"二战"后日本经济的发展和四小龙经济的腾飞得出结论:儒文化圈地区是依仗儒文化背景实现现代化的。因此,马克斯·韦伯世纪初的论断错了,儒文化不会束缚现代化的转型。这种态度抹杀了文化的时代性和民族性的区别。民族性不能代替时代性,西方文化是以现代高度发展的科学技术为内核的,是实现社会全方位现代化的根本保证,也是人类社会继续向前发展的根本保证。文化根源于社会经济基础,没有科技发展所形成的市场经济的土壤,现代文化便无立足之地。当今西方文化向东方文化的倾斜,决不是历史的回归或科学文化的倒退,而是两种文化的融会和重新铸造,是现代眼光对中国文化的重新审视,是儒学对西方文化的作用和价值的重新发掘。韦伯在当时的历史性评价没有错误,东南亚依靠西方科学技术发展现代化在前,复兴儒学在后,是近一些年的事,不能因果颠倒。

另一种观点是完全否定中国传统文化。这里又有两种不同的情况。一种是以胡适为代表的"矫枉过正"说,他认为不要去焦虑文化本位的动摇,本位是不会有毁灭危险的,应该焦虑的是文化本位的固有惰性太大,只有"全盘西化"之后,"旧文化惰性自然会使他成为一个折中调和的中国本位的新文化"(见胡适《编辑后记》)。从中国文化经过多次冲击依然未能消除惰性的历史来看,胡适的主张未尝没有他一定的道理,可以理解。另一种情况则是对待中国文化采取民族虚无主义。对中国文化极端蔑视,如斥《易经》研究为伪科学,气功研究是骗术和迷信。对西方文化则盲目崇拜,良莠不分,誓将西方文化全部引入,将中国文化彻底否定而清除之,"蓝色文明"要替代"黄色文明"。他们无视西方科学界向东方文化的倾斜,世界对中国文化的崇敬,一味贬低自己。事实上他们所贬斥的东西,就以前面提到的《易经》而言,现在正在西方世界熠熠生辉。

刘子华与陈毅、李维汉一同赴法勤工俭学,他在巴黎大学学天文。他研究《易经》，深感《易经》是宇宙起源和发展的总模式。他将现代天文学的螺旋星云结构与太极图形加以比较，发现两者极为近似。经过十年潜心的研究，运用易理推证宇宙的构成。大量的现代天文数据，特别是1933年巴黎博览会上公布的冥王星天文参数，使他们的研究得到印证。他在1940年所写的博士论文《八卦宇宙与现代天文———一颗新行星的预测》中，宣称太阳系除九大行星①外，还有一颗行星存在。当时的西方，对易理没有正确认识，认为是旁门左道、不登大雅之堂的神秘玄学。要不是他的论文评审人马伯乐博士独具慧眼，论文几乎不能通过。他的论文见解新颖、逻辑缜密、论据充分，折服了巴黎大学的权威们。他终于获得巴黎大学和法国国家双重博士学位。1945年他返回报效祖国，却受到"伪科学"和"宣扬迷信"的贬斥，从此他一生都在冷落与歧视中度过，再也没能从事科学工作。等到1987年，美国宇航局宣布，卫星发现了第十大行星！其速度、密度和与太阳的距离都同刘子华当年运用八卦易理推算的结果不相上下，此时九十高龄的刘子华才享誉全球，但不久他就辞别人世了。

面对上述事例，以及中国科学技术史上的许多发明、创造，那些贬低中国文化的人士，作何感想？易理推测出第十大行星是伪科学吗？有科学根据的预测学，正是当前一门方兴未艾的发展学科啊！

对待中西文化的种种态度，无论是全盘西化，或是复兴儒学，实质上都是片面的文化一元观。但是，我们知道，文化是多元化的存在，认知主体的时代性是人类生存的基本方式。我们所认识的世界，是我们所理解的世界，我们所认识的文化，是具有我们的社会价值取向的文化。中西文化的冲突或融会，实际上都渗透了我们自身的善恶取舍。文化传统是不断奔流的长河，抽刀断水水更流，我们是截不断也摆不脱的。而另一方面，正是因为传统是一条长河，是奔流不息的，所以传统不是凝固的。传统永远处于现实中，我们要继承的传统，是动态的传统。中西文化的抉择，决不是非此即彼，非彼即此，而是百川汇大海。任何一种在现代生存的文化，都处于文化生态圈中，文化的演化和发展，总是把时代性和民族性交织在一起的。新中国成立以后，特别是改革开放以来，社会上新旧两种文化的冲突是有目共睹的。新中国并没有割断传统，一方面旧文化中的优秀传统起着主导作用，另一方面旧文化中的糟粕也不可忽视，如家族

---

① 2006年8月4日，国际天文学联合会大会在布拉格通过关于太阳系行星的新定义，决定冥王星将不再被定义为"行星"。太阳系将只剩八大行星。见2006年8月24日《文汇报》。

宗法残余、等级特权思想仍在起腐蚀作用。实行改革开放政策,就是要用外来文化中健康、开拓进取的精神来改变中国的守旧观念;同时也应看到外来文化中夹杂的野蛮掠夺的殖民主义残余传统也会乘机传入,外来文明的落后和丑恶的现象对中国现代化也会起破坏作用。

综上所述,当今世界科学发展的趋势是既高度分化又高度综合,当今世界文化发展的趋势是既高度科学主义,又高度人文主义。当今中西文化的融合,不是西方文化(科学文化)对中国文化(人文文化)的征服,也不是中国文化(人文文化)对西方文化(科学文化)的替代,而是自然科学与人文科学、西方优秀文化传统与中国优秀文化传统融合起来,在超越科学文化与人文文化的更高的基础上,形成一个新生体,一种崭新的科学观、自然观、社会观和文化观。中国人民摆脱受掠夺、被压迫的殖民地地位已经近半个世纪了,我们的科学技术因此得到了前所未有的发展,尤其是改革开放十五年来,小平同志关于"科学技术是第一生产力"的论述,更使我国的科学发展突飞猛进。中国文化还在接受科学主义的洗礼,中国与西方的科学发展差距还在日益缩小。中国文化已经具有令世界崇敬的人文基础。因此,中国文化蜕变成一种更高的、崭新的文化,是完全可能的。正如阿尔温·托夫勒在《第三次浪潮》中所说的那样,我们和西方是站在同一条起跑线上的。

我们不揣冒昧,给这种谋求正义平等、社会进步、人类和平和人民幸福的未来的崭新的文化一个新的名字,叫做科学人文文化。

(本文原载于刘重德主编《英汉语比较研究》,湖南科学技术出版社,1994。)

作者通讯地址: 100864 北京 中国科学院 5—2—203

13. 从钱穆的中西文化比较看他的民族文化观

Qian Mu's Views on Comparative Study of Chinese and Western Cultures

陈　勇

【编者札记】

中国现代著名历史学家钱穆先生不仅对国学的研究"博大精深,并世无能出其右者",被中国学术界尊为"一代宗师",而且对中西文化的比较研究也造诣很高。年仅 10 岁的他便开始关注"东西方文化孰得孰失,孰优孰劣",并说"余之一生亦被困在此一问题内"。本书未能收录钱穆先生的文章实为一大憾事,幸好这一缺憾因上海大学陈勇教授本篇论文的评介而得以弥补。

陈勇教授的文章在总结钱先生在中西文化比较研究中取得的成果时,笔触热情而又客观。文章凸显了钱先生提出的中西文化分途发展的两类型说,换言之,"中西文化是两种类型根本不同的文化,是属于平行发展、交流甚少、各有偏重、各具特色的两大文化系统。"这一主张迥异于认为中西文化差异是时代性差异,是古今之异的单元文化演进论的主张。这种观点的意义在于说明,中国文化有其自身特点,它的发展不必沿袭西方文化发展的模式。文章赞扬了钱穆先生张扬中国文化个性的民族精神。

引人注目的是,陈勇教授对名人并不盲从,它以科学的态度和中肯的分析指出钱穆先生在研究中的两种片面观点:一是过于强调个性而淹没了共性,过于张扬民族性而忽视了时代性;二是地理环境决定论的偏颇。陈勇教授的这种科学态度和实事求是的文风值得在学界大力提倡。

被学界誉为"博通四部,著作等身"的国学大师钱穆先生(1895—1990年),是一位以研治中国文化而蜚声于世的著名学者。他一生致力于本民族的文化研究,自觉以阐释和弘扬中华文化为职志,表现了一位富有高度文化责任感和时代使命感的学者对民族文化的深切关注和深刻思考。钱穆先生毕生以复兴中国文化为己任,而他对中国文化的研究、抉发,他的文化思想、文化主张,又是建立在他对中西文化比较研究的基础之上的。他力图通过中西文化的比较观同察异,并在此基础上探寻和揭示中国文化的主要特质和基本精神。换言之,他研究西方文化,比较中西文化的异同,其着眼点仍落在阐扬中国文化上,旨在张扬文化的民族个性,揭橥中国文化的独特价值。

1. 观同察异,比较中西文化

自鸦片战争中国国门被西方列强用枪炮轰开以来,中西文化的剧烈冲突就一直困扰着所有的中国人,特别是富有强烈忧患意识的中国几代知识分子。诚如钱穆所言:"东西文化孰得孰失,孰优孰劣,此一问题围困住了一百年来之全中国人,余之一生亦被困在此一问题内……余之用心,亦全在此一问题上。"①怎样看待西学东渐后的西方文化? 怎样面对西方文化的冲击、挑战作出恰当的回应? 怎样正确去分析和衡估中西文化的优劣短长? 这是当时知识分子普遍关注、急需回答的问题。面对这些问题,钱穆主张用比较文化学的方法,去客观地分析中西文化的个性差异,力求在较为深入地比较研究的基础上作出恰当的判断。他说:"我常想要东西双方人相互了解其对方之文化,应该把东西双方的思想体系,先作个清晰的比较。"在钱穆看来,中西文化比较研究的基本方法应是求其异,而不重在指其同;应着眼于大处,作总体的宏观把握,而不主要作具体的微观研究。即如所言:"这一种比较,应该特别注意他们的相异处,而其相同之点则不妨稍缓。又应该从粗大基本处着眼,从其来源较广、牵涉较广处下手,而专门精细的节目,则不妨暂时搁置。如此始可理出一头绪,作为进一步探讨之预备。"②所以他极力强调:"我们总不要随便把西方观念与中国观念混起来,我们也该懂得分析,懂得比较……西方文化与东方文化

---

① 钱穆:《八十忆双亲·师友杂忆合刊》,台北:东大图书公司,1983 年,第 34 页。
② 钱穆:《灵魂与心》,台北:联经出版公司,1976 年,第 1 页。

有相异处,我们不要轻下褒贬,不要急切地评判他们的价值高低,我们要先知道他们的相异之点究竟在那里。"③基于这一理解,钱穆着重从比较文化学的视角去审视和研究中西文化的个性差异。

在钱穆看来,中西文化是两种类型根本不同的文化,是属于平行发展、交流甚少、互不冲突、各有偏重、各具特色的两大文化系统。中国文化是典型的大陆农耕文化,西方文化则属于地道的滨海商业文化,由此提出了中西文化分途发展的两类型说。

中国文化植根于农村,是在黄河流域这块土地上以农业为基础发展起来的。由于农耕民族与耕地相连,胶着而不动,其生活方式是安守田土,依时而行。因此,在农业社会生长的民族,"一向注重向内看",不求空间之拓展,"惟望时间之绵延",其文化以固守本土、安定守成、质朴厚重、沉着稳健、崇尚和平为特征,是一种旨在"求安足"(即政治上求"安",经济上求"足")而不在求富强的内倾型文化。与"安足静定"为特征的中国农耕文化相反,西方文化则属于"惟求富强"的外倾型商业文化。这种文化起源于内不足,故需要不断向外寻求、征服,以"吸收外面来营养他自己"。所以,商业文化比较注重空间的拓展和武力的征服,有强烈的战胜欲和克服欲,容易形成流动进取、崇尚竞争、内部团结、富有战斗性和侵略性等民族性格,是一种典型的外向性的趋向于富强型(政治上求"强",经济上求"富")的"霸道文化"。

由于中西文化是两种不同类型的文化,因而这两种文化在主体内容上(即文化对象上)也就表现得截然不同:中国文化以人本为主体,西方文化以物本为主体。钱穆指出,中国文化以人文为中心,以人生为本位,最富人文意识,最重人文精神,它本质上就是一种人本文化,特别注重人与人的相接相处。他说:"中国文化,简言之,乃以人文为中心。人文二字,指的是人群相处的一切现实及理想。中国文化之表现与成就,都围绕着这人文精神作中心。故中国文化体系能融通合一,莫不围绕此中心,而始见其意义与价值。"④在钱穆眼中,中国文化的人文精神,亦即中国文化的内倾性,主要表现为道德精神,它注重人的德性修养,旨在追求一种完美的理想人格。他说:"我认为中国文化精神,应称为道德的精神。中国历史乃由道德精神所形成,中国文化亦然。这一种道德精神,乃是中国人内

③ 钱穆:《民族与文化》,台北:台北联合出版中心社,1960 年,第 56 页。

④ 钱穆:《世界局势与中国文化》,台北:东大图书公司,1977 年,第 331 页。

心所追求的一种做人的理想标准,乃是中国人所向前积极争取蕲向到达的一种理想人格"⑤,所以中国文化的内倾性,主要表现为从理想上创造人、完成人,要使人生符合于理想,有意义,有价值,比较偏重于道德、人格等精神层面。而西方文化则以物本为主体,以自然为本位,比较"倾向于求外在表现,这种表现主要在物质形象上,这可以说是文化精神之物质形象化"⑥,故西方文化重创物、重物理,比较偏重物质功利方面,不脱自然性。对此钱穆总结道:"中国文化精神最主要的,乃在教人怎样做一个人……西方文化更看重人怎样来创造物。因此,中国文化更重践行人道,而西方文化则重在追寻物理。"⑦中国文化"可谓之乃一种人本位之人文化,亦可称人伦化,乃一种富于生命性之文化。西方则为一种重物轻人之器物化、唯物化,进而为机械化、无生命性,此则其大异处。"⑧故以德为本的内倾性农耕文化与以物为本的外倾性商业文化,构成了中西文化最本质的区别。

中西文化的本质区别在于农耕文化与商业文化的不同,而在这一本质相异的基础上又形成了一系列与之相联系的其他差异。基于这一理解,钱穆又从多方面比较了中西文化在其他方面的差异。

1.1 天人合一、顺应自然与天人对立、征服自然——中西文化在宇宙人生观上的差别

钱穆认为,天人合一与天人对立是中西文化在宇宙哲学观上表现出来的一个显著差异,由此他从如下两个层面对这一问题作了论述。其一,从人与自然的关系看,中国是一个传统的农业国家,土地和农业是中华民族生存的命脉所寄。为了在土地上发展生产,就必须要处理好人与自然的关系,即人与天的关系。因此,长期生活在农业文化氛围中的中国人,常常把人与自然视为和谐的一体,主张人与天地万物融合贯通,由此便形成了天人合一、天人合德的宇宙哲学观。钱穆指出:"中国文化,建基于农业。既富自然性,亦富生命性……人之在天地大自然中,乃得融成为一

⑤ 钱穆:《中国历史精神》,台北:东大图书公司,1981年,第114页。

⑥ 同上,第147页。

⑦ 钱穆:《中国文化精神》,台北:三民书局,1971年,第20页。

⑧ 钱穆:《现代中国学术论衡》,长沙:岳麓书社,1986年,第108页。

冲突·互补·共存——中西文化对比研究

体。"⑨又说:"农耕文化之最内感曰物我一体,曰天人相应,曰顺曰和,其自勉则曰安分而守己。"⑩其二,从人的道德修养上看,钱穆指出,中国人极重"性"、"道"二字,天生万物而赋之以性,人性本善,禀赋自天,即所谓"天命之谓性";人的向善的天性,通过自我的道德提升,可上通天德,体悟天道,与宇宙万物融为一体,故遵循本性自然发展的原则而行动便可获"道",即所谓"率性之谓道"。人生大道根源于人性,道(人文大道)从性(自然天道)生,于是便形成了天道与人道、自然与人文的合一。所以钱穆说:"中国传统文化,虽是以人文精神为中心,但其终极理想,则尚有一天人合一之境界。此一境界,乃可于个人之道德修养中达成之。"⑪中国文化贵"求循于人以达天,不主先窥天以律人",人"直从己心可以上通天德,与宇宙为一体"⑫,故中国传统文化精神的主要特质即在于人能参天地之化育而与天地合。显然,钱穆所理解的天人合一观或性道合一观,实际上是指天道与人道、自然与人文的合一,它集中体现为人们对宇宙真理和人生真理两方面的一种最高、合一的崇高信仰。在他看来,这种天内在于人、人上通于天的天人合一思想,不仅是中国道德精神、人生修养的终极目标和最高境界,而且也是中国文化的最高信仰和主要精髓所在。正是这种天人交贯、物我一体、主客互融的天人和谐思想,构成了中国人的宇宙观,构成了中国文化最显著、最本质的特征。

与中国文化求循人以达天、体悟天道的观念相反,西方文化比较偏重于先向外探寻自然,在对外界自然有所认识和了解之后,再回过头来衡量和决定人生的意义和价值。因此,在西方人的眼中,人是超然于自然界之外的,有支配和统治自然界的权力,因而他们看世界时,主体(人)与客体(宇宙)总是处于两体对立的状态,"其内心深处,无论其为世界观或人生观,皆有一种强烈之对立感,其对自然则为天人对立,对人类则为敌我对立,因此而形成其哲学心理上之必然理论则为内外对立。"⑬所以,西方文化在宇宙观上明显表现出天人对立、力主斗争的倾向。

由于中国文化强调天人和谐、统一,由此又形成了顺乎自然、行乎自然的人生观,这集中表现为中国人希望自觉地遵从自然,顺应自然,力主

---

⑨　钱穆:《晚学盲言》,台北:东大图书公司,987 年,第 54 页。

⑩　钱穆:《中国文化史导论》"牟言",上海:上海三联书店影印本,1988 年,第 2 页。

⑪　钱穆:《民族与文化》,第 31 页。

⑫　钱穆:《晚学盲言》,第 331 页。

⑬　钱穆:《中国文化史导论》"牟言",第 5 页。

把人生融入自然中,与天地万物协调共存,生息相处。钱穆指出:"中国人生,必纳入自然中,贵能顺应自然"⑭,"人要能赞天地之化育,达到中国文化中之最高理想,即所谓天人合一,但绝不要反抗自然,战胜自然。亦不是取消世俗,蔑弃世俗。我们所要,乃是要了解自然,发展自然,利用自然,而使世俗亦在自然中走上一条恰好的道路。"⑮所以钱穆认为,中国人的人生观是有情的人生观,它"扣紧人生实际,不主从宇宙大全体探寻其形上真理,再迁回来指导人生"⑯,而是直接面对人生现实,指导人生。就儒家言则为道德人生(自然的道德化),道家则言艺术人生(人生的艺术化),皆与近代西方文化表现出来的权力观、功利观迥然有别。这诚如所言:"中国人生彻头彻尾乃人本位,亦即人情本位之一种艺术与道德。儒家居正面,道家转居反面,乃为儒家补偏而救弊。然皆不主张欲,故亦绝不采个人主义之功利观与权力观,此则其大较也。"⑰显然,在钱穆看来,中国文化所言的自然,是生命化、精神化的自然,人生是自然化、艺术化的人生,自然建立在人生中,人生又包蕴在自然内,表达自然即为表达人生,这样自然出于人文,人文本于自然,两者便融为一体。因此,中国文化演进的趋向和途辙必然是一种"天人合一"的人生之艺术化。

由于西方文化强调天人对立,侧重于向外探寻,由此便形成了西方人凭借人的智慧和科学的力量来征服自然、宰制天地的观念,故"西方人生则与自然划离,而求能战胜自然,克服自然"⑱,提出了"知识就是力量"的口号。这种把宇宙自然看成是人类的对立面而加以役使和征服的观念,必然会导致西方自然科学的高度发达,形成外在超越的科学型的文化精神。钱穆指出:"西方文化乃自然本位者(此即指其外倾),故爱从自然世界中来寻求建立人文世界之一切理论与根据。故科学发明,在西方文化体系中必然要引生极大的激动。"⑲而这种役使自然的制天、驭天观念也必然推动西方人对权力的崇拜和对外在物质利益的追求,形成追求物质利益的功利主义价值观和以个人主义为中心的人生信条。因此,"西方文化

---

⑭　钱穆:《晚学盲言》,第 52 页。

⑮　钱穆:《世界局势与中国文化》,第 325 页。

⑯　同上,第 151 页。

⑰　钱穆:《晚学盲言》,第 622 页。

⑱　同上,第 52 页。

⑲　钱穆《文化学大义》,台湾:正中书局,1952 年,第 73 页。

总会在外面客观化,在外在的物质上表现出它的精神来"[20]。

1.2 主静重化求同与主动明变求异——中西文化在思维、行为方式上的区别

　　中国文化属于内倾性的农耕文化,在这种以自给自足为特征的农业文化氛围中,形成了一种"尚让不尚争,尚退不尚进,尚静不尚动"的思维特征。受这种安足静定的思维方式的制约,中国文化重因袭守成而轻创新的文化特色得以形成。西方追求物质利益的外倾文化则形成了重创造、求进取、重开新的思维特色。所以,中国文化重积累,讲继承,主张据旧开新,而西方文化则主张"赤地开新"、"折旧新建"。钱穆称"中国文化之特别伟大处,并不在于推翻了旧的,再来一套新的,而是在一番新的之后又重来另一番新的,以前的新的不仅不需推翻,而且也不能推翻,而以后仍可有另一番新的,而以后的另一番新的,仍然有价值,仍然是不可推翻旧的。"[21]就中西历史的演进发展言,中国历史的变动隐而在内,常趋向于团结和融和;西方历史的变动则显而在外,常趋向于分裂与斗争。故欧洲历史常于斗争中见精神,如火如荼,可歌可泣,划界线的时期,常在惊心动魄的震荡中产生;而中国历史的进展,常在和平形态下,"以舒齐步骤得之"。钱穆就中西文化"动"、"静"的思维特色打了一个形象的比喻,"中国史如一首诗,西洋史如一本剧。一本剧之各幕,均有其截然不同之变换,诗则只在和谐节奏中转移到新阶段,令人不可划分。"[22]

　　与主静的思维特征相联系,中国文化又形成了重化求常的渐变观。中国人一向在农业文化中生长,他们很早就懂得"变"以"化"为基础,积"化"方能成"变"。农耕民族,必须依据气候、季节的变化规律来安排农事,绝不能揠苗助长。这种依时而行的生活方式,也促使中国人注重自然的渐变、人文的自化,而不习惯于人为的求变、求新。钱穆指出,中国人做事"务求其先后条贯,一向重化不重变","中国好言常,而西方好言变。中国则变而不失其常,西方则即变以为常。"[23]由于钱穆主张文化的渐变、人文的自化,所以他反对文化革命,认为"昌言变革"、"惟变惟新",有悖于中

---

[20]　钱穆:《中国历史精神》,第 151 页。

[21]　钱穆《国史新论》,台北:东大图书公司,1981 年,第 131 页。

[22]　参见《国史大纲》"引论",第 11—12 页,上海:商务编译馆,1947 年版。

[23]　钱穆:《晚学盲言》,第 526 页。

国文化重化求常的精神。

钱穆认为中西文化对"异"、"同"的理解也各具特色。中国文化主张同中见异,变中见常,而西方文化则重在求异、求变。他说:"中国人好言同,西方人好言异。中国乃于同中见异,而仍不失其同。西方则求异中得同,故所重则仍在异。"㉔

1.3 和合会通与分别独立——中西文化在学术上的差别

钱穆认为,中西文化在学术上有一个显著的差异,那就是西方人重具体求知,学术贵分门别类,宗教、科学、哲学、文学、艺术等皆各自独立发展。比如,在近代西方,科学、艺术、宗教分而为三,而宗教与科学则对为两橛。而中国人在学术上则重整体和合,一切学问皆和合会通,融为一体。中国传统学术分经、史、子、集四部,但中国学术并不因学分四部而隔断,而是主张将四部之学相融贯通,"总天下诗书礼乐而会于一手"。与此相连,中国传统学术又形成了尚通不尚专的学术精神。中国学术以会通为极致,主张学问先通后专,重通人而不尚专家。故与西方学术相比较,中国传统学术的意义与价值,主要在于"通"而不在于"专",在其"合"处,而不在其"分"处。对此钱穆分析道:"西方文化乃求合诸体以成体,而此诸体则皆各求发展,不易合成为一体。中国文化则从一体中演出此宗教、哲学、艺术之诸项,凡此诸项,皆不得各自完成一体……此为中西文化之最大相异处。"㉕在钱穆看来,学术发展的方向应是将各项专门之学加以会通融合,即"仍贵会通以求,不贵分别以观",所以他说:"通学在前,专精在后,先其大体,缓其小节,此乃学问之常轨正道。"㉖

钱穆比较中西文化的个性差异并不仅限于以上几点,如就文化的源头言,中国文化为"一脉分张",西方文化是"诸流竞汇"㉗;又如就文化的延续性言,中西文化如同两种赛跑,中国文化是一人在"作长时间、长距离

㉔ 钱穆:《晚学盲言》,第 526 页。
㉕ 钱穆:《现代中国学术论衡》,第 25 页。
㉖ 钱穆:《学籥》,香港自印本,1958 年 8 月,第 143 页。
㉗ 钱穆:《文化学大义》,第 60 页。又参见《民族与文化》第 49 页。钱穆称中国文化如"一树繁花,由生根发脉而老干直上,而枝叶扶疏,而群花烂漫"。西方文化则"如一幅百纳刺绣,一块块地拼缀,要在上面绣出各种花草虫鱼。中国文化重内部生命力之一气贯通,欧洲文化则由多方面组织而成……换言之,中国文化是一本的,而欧洲文化是多元的。"

的跑"，西方文化则表现为一种"接力跑"、"传递跑"；再如就社会意识言，中国文化重群体意识，西方文化则以个体意识为核心。钱穆晚年著作《晚学盲言》，虽共分九十题，多达六十多万言，但"一言蔽之，则仅为比较中西文化异同。"[23]

2. 中西文化非"古今之异"——对民族文化个性的张扬

通过对中西文化个性差异的比较研究，钱穆认为以德为本的内倾性农耕文化和以物为本的外倾性商业文化，是中西文化最显著、最本质的区别，由此导致中西文化在宇宙观、人生观、思维方式、行为方式和学术上等一系列的差异。由此，钱穆得出了"东西文化的人生观念、文化精神和历史大流，有些处是完全各自走了一条路"的结论。[29]

中西文化自成体系，各走了一条完全不同的路线。在这里，钱穆敏锐地看到不同民族的文化存在着不容忽视的个性差异，由此提了中西文化自成一体、分途发展的两类型说。根据他的理解，中西文化并不是时间上的"古今之异"，而是文化体系、思维路向、人生态度的根本不同。由此他极力强调中西文化存在着不可忽视的特殊性，强调这两种文化各自具有其平等的、独特的价值。在钱穆看来，这个世界除了盛极一时的西方文化外，还有许多不同体系、不同传统、各具特色的其他文化的存在。所谓世界文化，无非就是这个世界上各地区、各民族文化的总和，它必须要以承认世界各地区丰富多彩的民族文化的存在为前提条件。在此，钱穆极力强调和张扬文化的民族个性，认为文化"贵在能就其个性来释回增美"。这种强调中西文化的个别性、独特性，揭橥不同的文化传统之间有其独特存在的价值，两者之间绝不能简单替代的观点，使他逻辑地推导出了与"尽废故常"的全盘西化论者完全对立的结论。

基于如上理解，钱穆对主张文化"无分中外，惟别古今"的观点作了尖锐的批评，称这种专门从同处着眼，过分强调中西文化发展共同趋向的观点抹杀了文化的个性。对于"一切文化则必以同于欧洲为终极"的西化论调，钱穆更是大张挞伐，痛加针砭，认为这些主张"皆不符合东西文化之真

[23] 《晚学盲言》"序"。

[29] 钱穆：《中国文化史导论》，第17页。

相,不切合于中国之实情。他们有一共同谬误,即蔑视文化之个性。"㉚中西文化乃"古今之异"的主张,只看到了中国固有文化与西方近代文化的时代落差,多着眼于文化时代性的比较而忽视了对民族文化个性差异的分析。这种观点无疑是在西方文化的强烈震荡冲击下自卑情结郁发的一种文化心态的反映,它集中体现了对自己固有文化有意识或潜意识的蔑弃和排拒。具有强烈民族文化意识的钱穆对此大加抨击,认定中西文化之异绝不是中国文化比西方文化落后了整整一个时代,不是"古"(中国)与"今"(西方)的关系。恰恰相反,中西文化的根本差异在于文化类型的不同,在于农耕文化与商业文化的相异。换句话说,中西文化并不是古今之异,而是中外之别,是两种文化体系的不同。既然中西文化是两种根本不同的文化,它们的渊源和发展道路各不相同,我们绝不可舍己之田而芸人之地,"袭取他人(西方)之格套,强我以必就其范围"㉛。鉴于此,钱穆多着眼于从中西各自的民族特性来比较中西文化,进而强调世界上各种不同体系的文化各自具有独特的个性和价值,这样便肯定了世界文化发展的多样性、民族性以及中国文化不同于西方文化的特殊价值。这实际上坚持了文化发展的多元论,是对西方文化中心说和全盘西化论的一种回应和反动,旨在以此来维护中国传统文化的基本价值。

既然中西文化属于两种不同的文化体系,具有不同的价值,那么就决不能简单地把西方的价值取向、思维行为方式和所经历的道路看成是惟一正常的模式,不能以此为标准来衡量和评估其他文明。从这种文化发展的多元观出发,钱穆极力反对用西方的概念来硬套和强行解释中国的学术文化,反对以西方文化的一元发展模式来衡定和取舍中国文化,力主站在中国人自己的文化立场上,用中国人自己的视角去观察和研究中国文化,在中国的文化大流里来认识中国人自己的人生观念和文化精神。他说:"我们要想了解中国文化和中国历史,我们先应该习得中国人的观点,再循之推寻。否则若从另一观点来观察和批评中国史和中国文化,则终必有搔不着痛痒之苦。"㉜中国文化"实自有其独特性,而非可以专凭西方成见以为评骘,亦非可以一依西方成规以资研究"㉝,如果仅仅从"西方人立场回看中国,固不易得中国自己之真相"。这种重视对中国历史文化

㉚ 钱穆:《文化与教育》,重庆:国民图书出版社,1943 年,第 1 页。

㉛ 钱穆:《政学私言》,重庆:商务印书馆,1945 年,第 106 页。

㉜ 钱穆:《中国文化史导论》,第 17 页。

㉝ 钱穆:《中国学术通义》"序",台北:台湾学生书局,1976 年,第 7 页。

独特性的研究,反对用削足适履的办法来硬套西方文化模式的观点,无疑是值得肯定的。

显然,钱穆强调中西文化是各具特色、自成体系的两大文化系统,旨在揭橥文化的民族性。中西文化分途发展的两类型说的提出并非自钱穆始,自鸦片战争中国国门被枪炮轰开以来,不断有近代学人提及。梁漱溟在1921年出版的《东西文化及其哲学》一书中就作了比较全面、系统的论述。但与梁漱溟等人不同的是,钱穆研究文化采取的是历史考察的方法而非哲学方法。钱穆是历史学家,他是由历史研究转向文化研究的,所以他极力强调文化和历史的同一性。他说:"欲治一民族一国家之文化,主要即在其历史。昧忽其历史实迹,则一切皆落于虚谈。"㉞研究历史,"所最应注意者,乃为在此背后所蕴藏而完成之文化。历史乃其外表,文化则是其内容。"㉟因此,他主张研究文化,不单要用哲学的眼光,更需要用历史的眼光。在钱穆看来,文化就是全部历史之整体,历史便是文化的展开和演进,文化的真正意义,无非是在历史的整体内来寻求历史的大进程。从这个意义上讲,"没有历史,即证其没有文化;没有文化,也不可能有历史……研究历史,就是研究此历史背后的民族精神和文化精神。"㊱基于这一认识,钱穆对近代学人多从哲学着眼去考察和研究文化提出了批评。他说:"近人讨论文化,多从哲学着眼,但哲学亦待历史作解释批评。真要具体认识文化,莫如根据历史。忽略了历史,文化真面目无从认识,而哲学亦成一番空论。"㊲因为在钱穆看来,文化既然是一个民族生活的总体,它应当是具体的、有血有肉的,仅用哲学概念、范畴去概括一个丰富多彩、不断变化的文化实体,往往容易使研究者忽视文化的复杂性、具体性,而陷入抽象的思辨之中。因此,钱穆十分注意用历史实证的方法去研究和阐释中国文化,从政治、经济、学术思想、文学艺术、道德宗教、社会风俗等各个方面来探究中国文化的具体表现,在中国历史的发展进程中来指陈中国文化的真相。可以说,运用"历史实证"的方法来研究和阐释中国文化,正是钱穆的文化研究不同于其他学人的一大特色所在。

总之,在中西文化的比较研究中,钱穆紧紧抓住了文化发展的个性差异问题,极大地凸显了文化的民族性、特殊性,揭橥和张扬了中国文化的

㉞ 钱穆:《中国学术通义》"序",台北:台湾学生书局,1976年,第6页。
㉟ 钱穆:《中国历史研究法》"序",台北:东大图书公司,1988年。
㊱ 钱穆:《中国历史精神》,第7页。
㊲ 钱穆:《中国学术通义》,第133页。

特殊价值。这种比较深刻地意识到了世界文化的多元性与中西文化民族差异性的见解,在当代欧风美雨冲击的文化氛围里,在崇洋蔑己、全盘西化甚嚣尘上的时代思潮中,无疑是难能可贵的。但是,由于他对民族文化个性特征的过分凸显,又在不同程度上抹杀了人类文化演进的共同趋向,把许多属于时代差异的东西归结于民族差异,从而又无法真正说明和解释不同文化之间可以互相融通的内在根据。当然,钱穆也并非完全没有认识到文化的时代差异,但问题在于他忽视了文化的两重属性(民族性与时代性)是相互包容、相互涵摄的关系。他对中国传统文化的执著和厚爱,使他对传统文化的看法倾向于理想化,为此他要求人们应全面地认同传统、回归传统,因而对传统文化给中国社会带来的负面影响估计不足,对传统文化根深蒂固的惰性缺乏自觉、深刻的理性分析。正因为他过分肯定了传统文化的基本价值,过分凸显了文化的民族个性,他在不同程度上对西方文化采取了轻视和排拒的态度。可见,文化的民族性和时代性在钱穆的中西文化比较观中似乎是对立为两极的,对民族文化个性的过分张扬,必然会导致文化时代性、普遍性的淹没。在反思文化的民族性和时代性的问题上,钱穆的确过多地注意了前者,因此而忽视了中西文化的时代差异,这种只讲"中外之别"不讲"古今之异"的文化观念导致他在文化比较研究中走向了片面性。

3. 用地理环境决定论来解说中西文化的个性差异

在钱穆看来,中西文化之所以分途发展,各自走上了完全不同的两条路,中西文化之所以呈现出种种不同的个性特征,其根本原因就在于中西文化所处的地理环境不同。所以,他对中西文化不同特征形成原因的解释又是建立在地理环境决定论的基础之上的。

钱穆认为,文化精神的不同,穷其根源,最先还是由于客观的自然环境的不同,尤其是气候、物产的相异,影响其生活方式,再由生活方式的不同,而引生出种种观念、信仰、兴趣、行为习惯、智力发展方向乃至心理上、性格上的种种不同。由此种种不同,而引发出文化精神的截然相异。中国文化是在北温带黄河两岸的大平原农耕地带发展、生长起来的,它一开始就在一个复杂而广阔的地面上展开,这种特殊的地理环境使中国文化自始即走上了独立发展的路径。正由于中国文化从一开始"即在一个广大和协和的环境(平原农耕地带)下产生发展",由"一大平面向心凝结"
而成,因此中国文化始终把文化的根苗寄托在农村。所以,在农业文化氛
围中生长的中国人,"一向注重向内看","常偏向于时间的自我绵延"。也
正是由于受这种自然环境的影响,中国文化比较重视内部的谐和,发展出
天人合一、内外融通的民族性格,力主人生尽量与天地万物协调共存,顺
应自然,追求艺术化的人生。钱穆指出,"吾中华民族传统文化精神方面
之同化力,主要乃在自然山水之间,更远过于其在都邑城市中。故中国文
化乃常与天地大自然融凝一体"⑧,甚至断言中国文化之所以持续绵延、历
久弥新,也是"得于天地大自然之所赐者独厚"⑨。钱穆在解析西方文化的
特征和成因时,也竭力强调地理环境对西方文化特征形成的直接影响。
西方文化源于古希腊、罗马,地处海滨及近海各岛屿,由此形成了海洋性
的商业城市文化。这种文化"内不足"的经济状态促使西方人不断向外寻
求,比较注重空间的扩展和向外征服,看世界两体对立,常重冲突和斗争,
从而形成征服自然、役使天地的文化观念。正因为中西文化所处的地理
环境各不相同,双方的"文化演进遂有分道扬镳,异途并辔之势"⑩。为此,
钱穆竭力强调中西文化之所以"各异其趋,乃天地自然之机局,而非一二
人之私智所得而操纵"⑪。

为了进一步论证中西文化之异根源于地理环境的不同,钱穆还具体
分析了中西文化转动演进的趋向。他认为欧洲文化自古及今的演进图式
为希腊→罗马→西、葡、荷、比、英、德、法→苏联,乃是不断由平趋高,由暖
转凉,由小地面移向旷大处。由于它逆流而上,所以欧洲的全部文化,"乃
若精神弥漫,不断有奋进迈上之慨"⑫。而中国文化则由北方黄河流域推
拓到南方的长江流域,再拓展到更南方的珠江流域,呈现出由高寒旷大处
滑向低温稠小处的趋势,所以中国文化缺乏奋发向上的进取精神,趋向于
安定守成。但钱穆又指出,中国疆域广袤,回旋的余地甚大,各地区文化
的盛衰兴落,无害于大系统文化的层出翻新。

从地理环境方面来考察和解说中西文化个性差异形成的原因,不无
识见。因为各个民族都是在各自不同的自然环境下生存和发展,由此便

---

⑧　钱穆:《晚学盲言》,第 143 页。

⑨　同上,第 53 页。

⑩　钱穆:《文化与教育》,第 106 页。

⑪　同上,第 146 页。

⑫　钱穆:《政学私言》,第 146 页。

形成了建立在民族心理基础之上的民族文化差异。从这个意义上说,钱穆提出的地理环境决定生活方式的不同,生活方式的不同决定文化精神相异的观点,确有内在合理的因素,它以一种新的视角,拓展了时人解释中西文化之异的思路。但是,把地理环境看成是一个民族历史文化形成的决定性因素却是片面的,因为人类社会的发展和文化类型的形成,并不是由地理环境单独决定的,它还要受各种社会条件,尤其是物质资料生产方式的制约。这即是说,地理环境虽然对文化类型、民族性格、文化精神的形成有重要影响,但是影响文化产生和发展的决定因素最终不是外部的地理环境,而是物质资料生产方式的变化和发展,是社会政治、经济的变化和发展。同时,钱穆把中西民族性格、文化精神的相异说成是直接根源于自然环境的差别,也是失之片面的,因为自然环境与民族性格、文化精神的铸造并不是这样一个直接而简单的关系。

4. 指陈比较中西文化的态度和方法

在比较全面地认识了中西文化个性差异的基础上,钱穆提出了对待中西文化的正确态度和比较中西文化的基本方法。

钱穆认为,中西文化是属于自成体系、各有偏重、各具特色的两大文化系统,这两大文化的发展演进并不是直线上升或下降,而是常循波浪式的曲线前进。因此,应把这两种不同类型的文化放到整个人类历史发展的全程中去分析评估,道其优长,切勿横切某一个时期,单就眼前作评判。钱穆并不否认近二三百年来,西方文化主宰世界,执世界文化之牛耳这一事实。但是,在大规模的西学东渐之前,我们的祖先也曾创造了足以垂诸万世的古代文明,"中西文化之成绩,我固未见绌于彼也"[43]。只有到了19世纪开始以后,西方近代科学突飞猛进,此时的中国才相形见绌,逐步落后。如果把中西两大文化置放到整个人类历史发展的长河中去衡估,应当说双方各有优劣短长,"有时东方光辉上进,西方暗淡坠落;有时西方光辉上进,东方暗淡坠落……我们不该横切这短短的两百年来衡量全过程,而说中国文化根本要不得,便该全盘接受西方化。"[44]钱穆由此指出,比较中西文化,我们所持的正确态度和基本方法是"在历史进程之全时期中,

---

[43] 《国史大纲》,第 641 页。

[44] 《文化学大义》,第 62 页。

求其体段,寻其态势。看他们如何配搭组织,再看他们如何动进向前,庶乎对于整个文化精神有较客观、较平允之估计与认识。"⑤

5．**结语**

　　钱穆是一位具有强烈的民族忧患意识和历史文化意识的学者,他一生具有强烈的文化危机感和高度的文化责任感。面对西方文化的侵略、冲击,面对崇洋蔑己的全盘西化论调,他矢志不遗地致力于本民族文化的研究,自觉以阐扬中国文化为己任,表现出了对本民族文化精神的极大关注和缱绻之情。正是在这种强烈的民族文化意识的支配下,他在中西文化的比较研究中,极力张扬文化的个性,揭橥文化的民族性,力求在认同中来阐释和肯定中国文化的价值,因而他在文化上的民族本位立场显得特别突出和坚定。从钱穆对中西文化的比较中不难看出,他的文化研究始终贯穿了一条阐扬中国文化、弘扬民族精神的主线。这种对奉西化为圭臬的民族虚无主义思想的批判,以及强调民族文化主体性和中国文化自身发展连续性的民族文化观,无疑是值得重视和肯定的。

　　当然,在对中西文化的比较研究中,钱穆对中西文化之异的宏观把握和总体透视也不无偏颇、片面之处,有的归纳和总结仅仅停留在中西文化的表层现象上,没有找到他们的根本差异之所在,而他强烈的民族本位文化立场又导致他对中西文化时代差异的忽视。这些都是我们在研究中应当加以指出的。

　　　　（本文最早发表于《中国文化研究》1994 年"春之卷"总第 3 期,后收入李瑞华主编《英汉语言文化对比研究》,上海外语教育出版社,1996。）

　　作者通讯地址：200444 上海市上大路 99 号 上海大学文学院历史系;

　　　　　　　　chyong88@sina.com

---

⑤ 《中国文化史导论》"弁言",第 5 页。

14. 未来观与文化观
——中西文化比较研究思考之二

Views on the Future Situation and Future Cultures: On the Comparative Study of Chinese and Western Cultures (2)

周依萍　李亚舒

【编者札记】

人们用回忆拥抱过去,用希望拥抱未来。周依萍和李亚舒对未来的预测正是基于对过去的回顾。本篇论文是他们上篇论文《文化发展的新趋向——科学人文文化》的延伸,文章借用西方哲人关于人类三次经济浪潮的提法,在对前两次浪潮(人类屈服于自然及自然屈服于人类)的回顾和分析中展望人类第三次经济浪潮的特征,即人类与自然协调相处,社会文化由都市型回归乡村型,科学文化与人文文化相融合。

文章介绍了对未来预测的两种截然不同的流派:以海德格尔为代表的悲观主义派和以哈德逊为代表的乐观主义派。前者认为人类一味地力图征服自然已经为自身设下了无形的陷阱,已经或即将受到自然的惩罚,全球混乱在即,世界末日来临;后者认为世界不但不会面临末日,恰恰相反,由于协调的营运机制和高度发展的科学技术,世界终将走向繁荣昌盛。周依萍和李亚舒指出,两种流派实际上都以文化观念作为参照系,因而可得出结论,造成人类危机和消除人类危机都系于文化观念。

本篇论文最大的现实意义在于阐明中西文化都将在对人类文化的预测中受益,两种文化互补短长,文化融合既可弥补中国文化科学内涵之不足,又可把西方文化从危机中拯救出来。无论是科学文化还是人文文化,无论是西方文化还是中国文化,都不能适应未来文化的要求,必须在两种旧文化的基础上,创造出一种崭新的文化。

我们在《中西文化比较研究思考之一》中预测了西方文化和东方文化的融合趋向,并且为未来的文化提出了一个新的概念——科学人文文化。接着摆在我们面前的任务应该是回答科学人文文化是什么,它的内涵、外延、本质、特征和模式以及功能和影响等等是什么,然而趋向并非形成,预测并非事实。我们提出未来的文化是科学人文文化,只是说一种事物发展的苗头和端倪。众所周知,文化是人类生存的状态和环境,人类的社会生活无时无刻不在影响人类的文化,促进人类的文化变化和发展。而另一方面,人类社会的发展,也要求文化的变化和发展与之相适应。什么样的社会具有什么样的文化。要预测未来的变化,回答上述这些问题,我们就不能不研究和预测人类的未来。所以,我们想在解答上述问题之前,先从预测人类的未来来推想人类未来的文化是什么。

人类走过了一万一千年的历史,赫曼·康恩、阿尔温·脱夫勒都不约而同地认为,人类历史发展有三大分水岭,或者说三次浪潮:一万年以前最初发生在中东月亮湾的农业革命、两百年前发生在欧洲的工业革命、正在或即将到来的后工业化(或称信息)社会。在前两次人类社会的经济浪潮中,我们已经看到了两次波澜壮阔的文化潮流:人类文化和科学文化。但是,第二次浪潮把人类生活分裂为生产和消费,从而导致了政治、社会、文化的深刻矛盾与冲突。以致到了第二次浪潮的高峰,人类社会生活面临着严重的危机,反映在文化上,则是科学文化的自我否定。我们在《思考之一》中已就这个问题作了明白的阐述。科学文化的自我否定引起了人类的惶惑,人们不得不考虑:人类向何处去? 人类文化向何处去?

20 世纪 70 年代初,对人类前途的预测,悲观主义占了上风。罗马俱乐部在 70 年代初提出的报告《增长的限度》中认为人类如果不实行"零的增长",世界必然遭遇灾难,永劫不复。70 年代,中东石油危机和欧佩克的出现,使这种悲观情绪登峰造极。20 余年过去了,时至今日,笼罩在人们心田上的一些阴影虽然有所淡薄,但是并未消除。德国著名的哲学家海德格尔在他一系列的著作中,表现出了他对文明、对科学文化的极度绝望。他企图从中国的老庄哲学和东方的禅宗中寻求出路。他认为"科学并不思想"①,现代科学技术只是一味地体现人类的高度"霸权主义",一味地力图征服自然、谋略自然。而实际上人类的一意孤行,已经为自身设下了无形的陷阱,自然的报复就在眼前,危机四伏,出路茫茫,人类却不识庐山真面目,怡然自得,反以为世界本当如此,人类本当成为打倒自然的胜利者。(赵一凡 1995:3—4)悲观主义派认为,如此下去,到了 21 世纪初,矿产资源枯竭,粮食增产达到了极限,人口的爆炸必然带来世界性的饥荒,环境的污染和生态平衡的破坏将造成全球性的混乱,世界就要面临末日了!

但是并非人人都是这样悲观的,另一些人,而且越来越多的人对人类的未来持乐观态度,以哈德逊研究所为代表的乐观主义派认为从 21 世纪起,世界不但不会面临末日,恰恰相反,以后的一二百年中,世界能以某种程度的营运效率使 150 亿人口维持人均所得两万美元的水平的生活。人类迈向富裕的道路也许并不平坦,暂时的经济混乱和局部的饥馑都有可能发生,但是在两百年内,世界终将走向繁荣昌盛。

未来已将不再存在能源危机。核裂变能、太阳能、生物能、地热能、海洋能取之不尽,用之不竭。丹·梅特斯关于少则 6 年、多则 154 年内资源枯竭的警告是谬误,他只收集一种情报作为资料来源。例如铝,梅氏最乐观的估计是将在 49 年内(从 1974 年起)枯竭。但是,铝在地壳中占 8%,相当于梅氏估计的 20 亿吨的百万倍。而且他还没有把营运机制考虑进去。例如,以目前的需要为前提,锌的回收再生可以维持千年以上的消耗,还有谁来关心、寻找新的锌资源?而且材料工程可以使新材料替代短缺材料,如陶瓷可以替代钢。

哈德逊认为现在许多人为人口爆炸而担心害怕,在未来的某天,这只不过是一段令人哑然失笑的插曲罢了。目前的人口增长率好像是雷达屏幕上显示的脉冲曲线,只是暂时的一跃,跳到高峰,经过 20 世纪六、七十年代的顶点,到 21 世纪中,又会下降到趋于平缓的曲线。人口增长率与经济发达成反比,一些发达国家的人口增长率现在已经达到负值。降低人口增长率的措施,除了控制生育政策外,尤为重要的是发展经济,使人民生活富裕。哈德逊预计从 1975 年到 2175 年,世界人口最多可能增加到 150 亿(联合国的估计比这还要乐观),以后就维持在这一水平上下。

未来的粮食也不匮乏。两百年内遗传工程可以使全世界的粮食产量

① 海氏这句话的意思是说科学只有机械的推理,没有符合人类思想感情的思考。

冲突·互补·共存——中西文化对比研究

足以满足 150 亿人口的人均消耗量,使其达到目前美国的水平(人均年消耗 2 000 磅谷物)。

未来的公害问题也将在新的文化背景和营运机制下,通过减少资源的需要或发展无害资源的使用,或以未来足以支付得起的技术保护措施而得到解决。

未来的社会将普遍取得进步,贫困将走向相对富裕。哈德逊预测先进的发展中国家,如北美、东欧、西欧的部分国家,以色列等这一类国家,将在 21 世纪初超出世界平均水平;次先进发展中国家如中国、印度等这一类的国家将迟一些时候达到这一水平(这一预测与我国的战略规划何等相似!),非先进发展中国家,如非洲非产油国,则要到 21 世纪末才能达到这一水平。两百年后,最富裕阶层(占世界人口 10%)与最穷阶层(占世界人口 20%)的人均所得比差将由目前的 100∶1 缩小到 5∶1。

实现上述的预测,必须具备两个前提:与未来的社会发展相适应的文化形态(以及由此文化形态所产生的协调社会发展的营运机制)和高度发展的科学技术。

我们试将这两种未来观,悲观的和乐观的做一比较,不难发现,两者在审视过去和展望未来时,前者作为归宿点,后者作为出发点,都以文化观念作为参照系。悲观主义派由于看到科学技术对自然嚣张一时而惊慌失措。他们认为工业文明的世俗文化摧残了自然,扼杀了人性。哈佛大学一位教授说,美国文明的未来系于一场"机器与花园"的搏斗,"机器包围并不断蚕食花园"是文明史的内容(赵一凡 1995∶50—51)。有人则呼吁在实现现代化的过程中"拯救灵魂"(淋漓 1995∶3—4)。乐观主义派认为文化观念决定人类未来发展历程的推进的作用与协调社会发展新文化观念的作用息息相关。约翰·奈斯比特提醒我们"高技术和深厚感情需要在一起"(约翰·奈斯比特 1984∶53)。赫曼·康恩在《未来的探测》中说:"我们所预见的后工业化社会,将是一个更为富裕的、因而竞争将可望减少的社会……它将拥有极大的力量以引导和操纵人类与自然。"两派的观点使我们得出结论:造成人类危机和消除人类危机都系于文化观念。

康德(1985∶95)说:"在一个有理性的存在者里面,产生一种达到任何自行选择的目的的能力,从而就是产生一种使人类有理由来以之归于自然的最终的目的的只能是文化。"我们理解这句话的意思是:人是理性的存在体,他有实现自己的目的而不违背自然的力量。文化就是这种人能实现其社会价值又与自然趋于和谐的表现。纵观人类有史以来的前两次文化潮流——自然文化和人文文化都是符合这一原则的,第三次文化——科学文化也只是到了它的后期才有悖于自然,而终于导致了它的反作用。(关于这方面的情况,请参看我们的《思考之一》)。结合人类的经济活动来看文化:第一次浪潮的经济活动是采集资源的活动,其社会文化是与自然协调或与自然对抗而往往屈服于自然的过程。第二次浪潮的经济活动是利用资源从事建设和制造活动,其社会文化是与物质性大自然对抗和人际争夺物质的对抗(例如战争)的过程。在与物质性大自然的对抗中,自然呈现屈服于人类的趋势,因而遭到破坏。在第三次浪潮的经济活动(未来的后工业化经济活动是服务性经济活动)中,许多特征呈现螺旋式上升,与第一次浪潮存在的现象有相似之处。即是说后工业化社会文化与工业化前的社会文化有相似之处。社会文化将由都市型转为乡村型。人们将重新投入自然怀抱,与自然协调比与自然对抗更为受到重视。而且处理对抗的方式也将进行审慎的抉择。经济富裕使人际竞争大为减弱,大规模的组织性暴力行为也将被社会公认为不理智行为。

从两种未来观的对比中,我们清楚地看到,在人与自然的关系和人际关系两者中,主要还是人与自然的关系反映了某种文化最终对于人类文明的进步是不断地起着推动作用,还是起阻碍作用。因此,如果我们的未来观是悲观的,为了延缓文明的衰退,无疑必须从现实中清醒过来,重新考虑纯科学主义的文化态度是否得当,哪一种文化才得当。如果我们的未来观是乐观的,我们的文化观又是什么? 进而坚持科学主义,抑或退而恢复人文主义? 我们虽然已在《思考之一》中对中西文化作了详细比较。为了进一步说明这一问题,不妨再来从西方文化的来源做一些比较。

西方文化有三个源头:古希腊高度发达的文明,古代哲人苏格拉底和亚里士多德所代表的对一切事物进行反思的精神发展成后来的科学传统;古希伯来文明的犹太教对上帝的崇拜发展成为唯上帝意识;古罗马文明的法制传统发展成为近代的法制观念。这三大源头以宗教信仰的形式在基督教中融会成西方文化的体系。所以西方文化又叫基督教文化。

上帝与科学并存,从而使西方文化具有强烈的排他性和物化性。西方文化只崇拜一个上帝,上帝创造了万物,又孤立地超出于万物。由于独尊上帝,所以历史上西方文化从来就排斥一切其它文化,认为一切其它宗教都是异己者,都要将其消灭。为了消灭异教,对外不惜历时两百年,进行八次十字军东征;对内实行残酷的宗教迫害,凡被认为是渎教者,不是被杀戮,就是被流放。这种排他性根植于西方文化中,使西方文化发展了其占有欲和侵略性。对自然有无穷无尽的物化欲,对同类则有强烈的侵占欲,以致到了第二次浪潮的高峰,西方文化与它所生存的环境产生了不可逆转的冲突和对抗。相对而言,中国文化就不同了。中国儒、释、道三教异源同流,形成了互相兼容、互相补充的多流并存、多价值取向的中国文化的哲学体系。中国也有一个玉皇大帝,但却不是超越一切的尊神。凡夫俗子既信观世音,也奉张天师,反而把玉皇大帝冷落在一旁。孙悟空大闹天宫之后,还被封为弼马温。如来佛的法力大于玉皇大帝。中国文化具有强烈的自然观和与之相应的自然意识,天人合一观把人与自然融为一体。深入理解了自然的本体,就能深入理解动态平衡、和谐、转化、人生价值,就可以激发人与自然的和谐、生命的和谐、生活的和谐、人群的和谐。这种自然意识使人进退自如,随和中度,消泯占有欲望和侵略意识。翻开历史的篇页,没有中原本土的民族发动过侵略战争的记载。李瑞环最近访问东南亚一再声称中国富强起来了,绝不会构成对邻国的威胁,是有其深刻的文化内涵的。中国人从来就是自然的亲密朋友,暴殄天物是老百姓的忌讳。这种自然意识,能使多元差异找到动态的平衡。中华民族凝聚着 56 个民族,和睦相处。

基督教认为上帝用黏土创造了亚当和夏娃,从而衍生了万物,因此上帝与万物是互相对立的,于是构成了西方文化的二元对立观。事物不断地一分为二,形成了西方文化的科学分析精神。科学分析精神造就了科学传统。西方的科学传统对人类科学文明做出了巨大的贡献,对科学文化的形成起了关键的作用。世界的第一批大学如巴黎大学、牛津大学就是由教会建立起来的。科学实验室、大型图书馆最初也是在教堂里形成的。人类文明的第二次浪潮没有科学文化是无法掀起的。不过上帝与科学的矛盾,使基督教也扼杀了不少科学先驱,如哥白尼、伽利略等。西方文化的二元对立观令人类处于同自然的对立之中,对自然万物从认识、探索到控制、利用、征服。科学文化虽然造就了工业现代化,但同时也造就了环境污染、生态失衡、人的物化、人生价值的贬抑,致使第二次浪潮达到高峰时也立即趋于落槽。科学文化的不断分析观促成科学文化的自身否定。相对而言,中国文化的自然意识构成了它的一元整体观,一分为二不是中国文化的实质,合二为一才是它的实质。中国文化因此蕴含了融化冲突、凝聚异端、消泯排他的力量。但是中国文化的重综合不重分析的精神注定了它不能发展成为科学文化、中国长期不能发展成为工业化社会的命运。尽管中国有过四大发明的光辉灿烂的古代科学文明,中国文化有史以来的主流却是人文伦理,格物致知不过是支流而已。

经过这样的对比分析,结论已不言而喻。为科学文化辩言的似乎罕见,科学文化正在沉思自省。但是趁科学文化之虚,想恢复人文文化的主导地位的言论却不鲜闻。西方一些对世俗文化产生幻灭感的学者深深地厌恶赤裸裸的功利追求和科学技术的非人性化,从而对往昔的田园牧歌怀抱着无限的眷恋。他们在心路无从的悲哀中,转而倾向中国的老庄哲学、儒家伦理、东方禅宗,想由此找到心灵的寄托。而中国的文化守成论者则在传统文化解体之后,心灵空虚之余,希望为儒家文化在现代社会中寻觅安身立命之地,希望在 21 世纪由东方文化来替代西方文化。新儒学派则力图证明东南亚的现代化是儒家文化的功劳。要求现代社会重新认识儒家文化,不要误会了它。但是,根据康德的文化原则和后工业化社会的社会文化特征,无论是科学文化还是人文文化,西方文化还是中国文化,都不能适应未来文化的要求,必须在两种旧文化的基础上,创造出一种新文化来。中国的工业伦理有可能是后工业化社会的工业伦理,但是中国文化的科学内涵太浅,不能满足工业化和后工业化的需求。近十几年来我们力争迎头赶上,但是正如美国经济学家罗斯托所说的那样:"发展中国家可以在发达国家已经走过的道路上,跳过某些传统工业发展阶段,直接采用第四次工业革命的成果。比如中国现在就可以同时采用第三次和第四次工业革命的成果。"我们可以接受和继承科学文化中的合理部分,这样可以大大缩短我们现代化的历程。取中之长,补西之短;取西之长,补中之短,既弥补了中国文化科学内涵之不足,又可把西方文化从危机中拯救出来,从而融合出一种适应未来社会需要的崭新的文化。

科学人文文化才是未来的文化。

参考文献

[1] 康德,1985,《判断力批评》(下),北京:商务印书馆。

[2] 淋漓,1995,现代化心灵拯救,《读书》第 4 期,3—4。

[3] 约翰·奈斯比特,1984,《大趋势》,北京:新华出版社。

[4] 赵一凡,1995,海德格尔论科技危险,《读书》第 6 期,50—51。

(本文原载于刘重德主编《英汉语比较与翻译》,青岛出版社,1998。)

作者通讯地址：100864 北京 中国科学院 5—2—203 李亚舒

15. 和谐的光芒与魅力

—— 中西文化矛盾与融合的反思

The Brilliant Lustre of Harmony: A Philosophical Reflection on Cultural Contradictions and Fusion

张从益

【编者札记】

正如本文篇题所示,"和谐"是一个极具魅力的字眼。可以毫不夸张地说,人类活动的一切领域的发展都离不开和谐。湖南工程学院外国语学院教授张从益先生的这篇文章立意新颖,对"和谐"二字开掘颇深,也是本书所收录的为数不多的重点探讨文化互补、融合与并存的论文之一。

文章首先区分了现实形态与潜在形态两种和谐,并指出中国文化偏重前者,而西方文化偏重后者。文章接着论述从中国现代化的困扰和西方后现代化的困扰中,人们认识到寻求新的和谐之道的必要性。文章的新意在于鲜明地指出:中国传统的和谐之道所缺乏的正是西方的权利制度,中国传统的和谐精神只有配合法制精神,才能更好地增进社会和谐。张从益先生提醒人们注意,融合的中西文化体系不是一个简单杂凑的东西,它是一个内在一致、论证颇严密的整体。文章中所揭示的"中西文化相互汲取的都是和谐成分"这一点特别令人印象深刻,让人从反思中真正悟出"和谐有着永恒的生命力"这一真谛。

张从益先生的这篇论文具有很大的现实意义,文章的结论适用于当今我国各个领域的和谐发展,如人与自然和谐发展、人与人和谐发展、社会与经济和谐发展、政治与经济和谐发展、物质文明与精神文明和谐发展、农村与城市和谐发展、民族与民族和谐发展等等。

从"冷战"到"经济全球化",从"敌人"到"战略伙伴",其间耐人寻味的历史犹如一面广棱镜,折射出无限的真理。区区几个不起眼的简单词语,勾起人们对 individualism(个体主义)和 harmony(和谐)不尽的遐想与反思。

1. 现实形态与潜在形态的精神品性

唯物史观认为,人类的精神品性并不是起源于不同种族的遗传密码,也不是起源于不同民族的"民族魂",而是植根于社会存在,依附于社会物质生活方式和社会政治制度等因素。某一民族由于历史环境和文化教育等方面的原因,其"国民风气"确实形成了一些较突出的特色,然而,所有精神品性都是各民族共同的,区别只在于它们在一些民族中间表现为现实形态,而在另一些民族中则处于潜在形态罢了。

1.1 现实形态的个体与潜在形态的和谐

在西方文化史上,人与自然、人与人、人的灵魂与肉体,是分裂的、对抗的。权利制度和人权观念在分裂、对抗的人们之间,强调个人对自身及拥有之物享有权利,从而建立若干权利义务规则,形成稳定的社会关系。正因为西方早期权利制度和人权观念的出发点是分裂、对抗,所以,它们带有强烈的个人主义色彩;而且,由于优胜劣汰、弱肉强食,国家和法律为统治阶级所掌握,人权通常就只能为强者服务,使那些有权势的人们得到特殊的关照,甚至在某些场合下加速人与人之间的分裂与对抗。不过,我们也要看到,西方的权利制度和人权观念是在西方分裂、对抗的经济、政治和文化背景下,为解决西方的社会问题,形成起码的人文秩序而采取的一种方法。假如没有发明这一方法,西方社会的命运将是无法想象的。人们将在分裂、对立中互相残杀,乃至同归于尽。所以,无论西方人有无和谐意识,在客观上,权利制度和人权观念是具有和谐功能的。可见,"历史上,任何一种成型的社会传统都含有某种和谐成分,只是在谋求和谐的方法、和谐的程度以及价值取向上有些差异。"(夏勇 1996)

语言、条例、法令、法则、法律……对习惯于社会生活的现代人来说,委实太熟悉了。现在的问题是,有了这些远比动物不知高明多少倍的社会控制、协调手段,人类社会的协调是否就完美无缺了呢?我们觉得以文化进化为自身进步标志的人类,好像在这方面可以做得更好些。研究表明,"以法律为核心的社会控制带有强制性,现今这种纷繁复杂的社会境况下,无疑受到社会大多数人员拥戴,因为它至少可以保证法律下的人人平等,可以减少甚至杜绝文明社会不该出现的长官意志的干扰,可以维持社会的连续性和过渡稳定性,因而堪称人类文明的重要标志之一。"(张诗忠 1997)不过人类向往进步,文化也在进化,从进化的角度认识,光靠强制性惩罚难免带有治标不治本的因素。人类以具有意识、理智和文化而自豪,而且文化的内涵又是无穷丰富的,我们可以沿着文化的外延开拓出去,寻求更高层次的思路和方法,以达到更佳状态的社会协调。

1.2 现实形态的和谐与潜在形态的个体

中国的文化传统里不存在西方那样的人与自然、人与人、人与神的分裂、对抗。先民们追求天人合一、孝悌忠义,讲究"和为贵",不尚争斗。中国人认为,和谐是一种极为深刻、伟大,并有着永恒的生命力的观念。现实的和谐可分为三类,即人与自然的和谐、人与人的和谐、人的身心和谐。在宇宙自然里,天体运行有序,四季交替,温寒相依,树木花草色色辉映,鸟兽溪涧音音和鸣,乃至人体,也是经络脏腑,混元谐一。这种现象,便是和谐。和谐乃宇宙之根本。它流布于宇宙自然和人文世界,无需借助物理学上的假设或某种超验存在的"自然"(nature),也不是与人文世界相对立的自然世界,而是自生自发、自然而然的自然(spontaneity)。它被看做宇宙本根。这种意义上的自然和谐(spontaneous harmony)是本有的、普遍的、当下的,无需人们立于人文世界而向外"寻求"。因为人文与自然(nature)、人道与天道及万物之理,皆归于一。"本根之理,即人伦日用之理,在人为性,在物为理,在事为义,都是宇宙本根之表现。"(张岱年 1996)人们所要做的,就是去体悟、去认识、去运用它。当然,这并不意味着中国文化不承认个体、不承认人的尊严和价值。

中国文化是以自己独特的方式来弘扬人的主体精神的。例如,成就功德、超凡入圣或达于涅槃之境,全靠个人的道德努力,这种努力本身就体现了人之作为人的尊严和价值。而且,这种尊严和价值比从基督神性而来的人的尊严和价值观,要高出一筹。因为它不是超验的、先天的、假设的,而是要通过后天的艰苦努力、自我升华才能显现出来的。由此可见，"中国文化里的个体人，是内省的、让与的、利他的、与人和谐的道德主体，不是外治的、索取的、利己的、与人争斗的利益主体。这种个体容易成为普遍的义务主体，不大可能成为普遍的权利主体。"（夏勇 1996）

尽管马克思主义的经典作家没有关于自我价值的直接用语，但应该说他们是承认自我价值的存在的。恩格斯曾指出，历史是由一种合力创造的，在这种合力中的"每个意志都对合力有所贡献。因而是包括在这个合力里面的"，这是对自我作用的肯定。在《共产党宣言》中，马克思、恩格斯又谈到："每个人的自由发展是一切人的自由发展的条件。"列宁也说过："我们要努力把'人人为我，我为人人'和'各尽所能，各取所需'的原则灌输到群众的思想中去，变成他们的习惯，变成他们的生活常规。我们要逐步地坚持不懈地实行共产主义纪律，推动共产主义劳动。"（列宁选集）很清楚，那种把马克思主义说成无视或轻视个人作用、个人地位、自我价值的观点是没有根据的。

重视自我，崇尚自我，古今不乏其人。孟子说过："欲平治天下，当今之世，舍我其谁？"他是否有治世之才姑且不说，但可以肯定，他是相当自负的，深深地沉湎于"自我欣赏"、"自我崇尚之中"。李白也说过："天生我材必有用。"这位一代诗骄的才华是世人皆知的，他的才华是否为当时的社会所用也另当别论，但他"推崇自我"、"重视自我"则是毫无疑问的。"谁敢横刀立马，唯我彭大将军"，这是伟人毛泽东对个体作用的高度概括。

个体缺乏作为权利主体的精神，并不意味着中国文化里的个体人缺乏改革社会、与邪恶抗争的精神。马克斯·韦伯有一个著名的观点。他认为儒家主张克制自我、遵循礼俗，在这种心态的支配下，"探索不曾超越俗世。个体在面对这个世界时必然缺乏独立自主的抗衡权……这样的生活不允许个人拥有建立完整人格的内在期望……因而儒士缺乏内在的驱力，来挣脱传统和习俗的束缚，以影响外在行为"。（Marx Weber：*The Religion of China*《中国宗教》）这一见解风靡西方汉学界。学者们认为，韦伯的这一见解只看到了礼俗的拘束作用，而没有看到另一个更重要的概念即"仁"的激发作用。"仁"暗示一种完全自主的道德人格。"仁"固然与"礼"有密切关系，但它终究是高于"礼"的。"仁"的哲学要比"礼"的哲学更为完整和深入，仁学发展的极致，甚至有反礼教、反权威、反传统的倾向。正是由于"仁"的内在驱动力，中国古代始终存在一种与现实政治抗争的传统。许多知识分子舍命行义、杀身成仁，毫不妥协地抨击黑暗、抨击腐败的政治,乃至主张"诛暴君"的权利。这种救世济民的反抗力量不是来自上帝,而是来自内心的不忍。可见,"仁"的内驱力不仅高尚,而且雄厚。

2. 现实的困扰与潜在的交融

历史无情,当今的中国还处在迈向现代化的艰难进程中,西方则已备受后现代化的困扰。

2.1 现代性的困扰与法制精神的高扬

现代性在今天仍然面临着重大危机。因为在现代性各方面的发展中,人可能会丧失个人性,背离现代性发展的初衷,人缺少了调适现代价值的能力,人常常为偏见、一时之遇而陷入困境,如讲权利而忘记讲责任等等。艰难的行程使国人认识到,中华民族在奔向未来的赛跑中处于非常不利的地位。假如中国文明能掌握现代性,并能走出现代性困境,那么中国文明的发展便具有很大的潜力,中国文明有掌握限制现代性困境的能力。这种能力来自对中国文化和中国哲学的深度思考,来自对中国传统价值的重新认识。要知道西方已不是马克思时代的西方,中国人面对新世纪的世界格局和文化态势,应以无比博大的胸怀,以无比开放的心灵,与西方对话交流,汲取西方文化中富有生命力且可为我们所用的成分,为我国文化传统注入生机。

中国传统社会所实际动用的和谐是值得反省的。社会生产力未获得解放;科学技术未能充分发展;仁、义、礼、智、信无以遏制专制主义的肆虐和伴随生灵涂炭的治乱循环。孔子很实事求是,说他到了七十岁才"从心所欲而不逾矩",亦即七十岁才达到圣人境界。显然,并非人人都可以成为圣人。在社会生活里,知仁行义者毕竟是少数。仁不像西方的神性和私欲那样,能够漫布于所有的个体人,成为他们争权夺利的内驱力和寻求合法化的凭借。所以,传统的仁学不可能成为世俗的权利之学,从传统的仁道里是推不出人权的。因此,倘若我们超越历史的可能性与必要性,以纯粹理智的、工具的眼光来分析,那么就可以说,在社会和谐方面,中国传统的和谐之道所缺乏的正是西方的这种权利制度,中国传统的和谐精神只有配合法制精神,才能更好地增进社会和谐。

社会是由一个个的个人构成的,没有个人无从构成社会,社会利益必须落实于个人利益,才是实在的。然而,人是社会的人,没有任何人能够脱离社会而生存并实现自己的价值。可见,中国传统的和谐精神与西方法制精神的交融便是协调人类社会的根本大计。

2.2 后现代化的困扰与和谐精神的回归

后现代化的困扰使西方人看到,征服自然的结果,破坏了自然的和谐以及人与自然的和谐,从而受到自然的惩罚。在征服自然的过程中,人与人之间的竞争也破坏了人与人、人自身的和谐,大工业社会一方面要求人的同步协调,而另一方面西方文化所酝酿的非常个人化,使人与人的隔离状态日益加深,又破坏了人的同步协调。大工业所带来的环境、生态、能源、人口、健康等一系列问题都与人的发展背道而驰。于是,西方世界对个体主义的价值取向进行了前所未有的审视和重新认识。

西方终于认识到,人类向往进步,文化也在进化。从进化的角度认识,光靠强制性惩罚难免带有治标不治本的因素。要知道,一旦社会的所有成员了解了社会中时常冒出的冲突、矛盾的真相,并有相对统一的认识态度,一旦他们明白自身的社会价值,并自觉用健康向上的准则规范自己的行为,最终产生的协调社会的巨大力量,将是包括法律在内的任何社会控制望尘莫及的。故此,西方人为了走出文化困扰,把眼光转向了中国文化,走向人际联合。

君不见,在东方人学习西方哲学的同时,西方的一些学者在学习东方哲学!在华盛顿一家不大的书店里,竟同时有十多个版本的《老子》英译本出售。在东方人学习西方的体育竞技和医道药理的同时,西方有越来越多的人醉心于东方的针灸、气功和武术!君不见,在东方人学习西方传来的种种社会学说和政治理论的同时,美国前总统里根在一篇国情咨文中引用了《老子》的"治大国若烹小鲜",说它对美国也适用!在东方人学习西方的军事技术的同时,美国的西点军校在讲授《孙子兵法》!在海湾战争中,美国官兵人手一册《孙子兵法》英译本。

众所周知,现代英语在历经多次转型和变革之后,已成为一种尊重个体自由的语言体系。各种带有歧视意味的语言被清除和禁止。英国主要电视台在谈及肢体残疾人士时,不再用"瘸子"等具有价值倾向的词,而是以"他的腿不能工作"或"残障"等中性词汇指称同样的事实。美国 1976 年以后出版的《圣经》为了强调男女平等,将原来十诫中"不可贪恋人的妻子"改成了"不可贪恋他人的妻子或丈夫"。生态主义思潮在 20 世纪后半叶兴起之后,当代英语又出现了动物福利(动物解放)、生物中心的平等、绿色文学等词语体系,自由、平等、博爱等价值理念被推广到整个生命世界。

3. **结论**

西方的和谐重在发展,强调对立面的斗争,中国的和谐重在保存和安定,突出对立而又不相抗。从对立面的斗争来说,西方和谐突出个体的发挥,由对立到暂时契约,随力量对比的变化又修改契约;中国和谐强调整体的协调,高扬整体的保存与安定,中国和谐给中国带来了两千多年性质不变的封建社会;注重个体的发挥,西方文化不断发生革命性质变。"中国文化可以自豪的是它从未中断地发展了两千多年,西方文化可以自豪的是它现在走在世界的最前列。"(张法 1997)

所以,从理论上看,融合的中西文化体系不是一个简单杂凑的东西。它是一个内在一致、论证颇严密的整体。在现实中,它正日益辐射着强大的影响力。冷战结束后,这种影响作用更表现得空前的突出。可以预见,在未来的世界里,中西文化都将因交流而得以提高。这是因为中西文化相互汲取的都是和谐成分(无论它是现实形态的还是潜在形态的)。

可见,"和谐"具有无穷的魅力,放射出灿烂的光芒。对"individual-ism"和"harmony"的反思,使我们悟出了从"敌人"到"伙伴"的真谛——和谐有着永恒的生命力。由于人类对文化与经济、政治的天然联系的逐步认识,可以预见,人类从"伙伴"到"朋友"并不是渴望而不可及的了。

然而,警钟长鸣。今天,只要享乐主义和经济主义未被人们所摒弃,那么即便所有人都明白战争在经济上是无益的,即便谋得了人类的永久和平,也不能使人类幸免于难,因为人与人之间化干戈为玉帛之后再齐心协力地算计自然、榨取自然,会使人类与自然之间的紧张对峙更趋激烈。

参考文献

[1] 夏 勇,1996,《人权概念起源》,北京:中国政法大学出版社。

[2] 张岱年,1996,《张岱年全集》,石家庄:河北人民出版社。

[3] 张　法,1997,《中西美学与文化精神》,北京:北京大学出版社。

[4] 张诗忠,1997,《生物进化与人类进化的比较》,上海:上海社会科学出版社。

（本文选自萧立明主编《英汉语比较研究》,湖南人民出版社,1998。）

作者通讯地址：411104 湖南湘潭市福星东路 88 号

湖南工程学院外国语学院;

congyizh@163.com

16. 环 性 与 线 性 : 中 西 文 化 特 性 比 较

Circularity and Linearity: A Contrastive Study of Chinese and Western Cultures

左　飚

【编者札记】

　　科学家钱学森先生曾经把西方人所擅长的抽象思维说成是"线型"的,也有人把中国人的思维方式说成是"圆式"的。左飚教授的这篇论文则把二者的论断推而广之,把环性和线性归结为中国文化和西方文化的主要特性,并从宇宙观(线分环合)、价值观(线单环整)、时间观(线伸环旋)、思维方式(线切环封)和语言表达(线枝环波)等五个方面加以论证。

　　这篇论文的英文版于 2001 年 7 月发表于剑桥大学出版社的 *English Today*,翌年 7 月由美国哲学杂志 *The Quest* 全文转载,两家刊物都特加了按语,对文中的观点给予充分肯定。*The Quest* 杂志主编 John Algeo 先生评论说:"概括不能推向极端,而左飚教授没有把他的概括推向极端。相反,他对西方文化(英美文化)及东方文化(中国文化)所作的带象征意义的对比,见解独到,发人深省,而且对促进不同文化之间的理解具有潜在的实用价值。"*English Today* 杂志主编 Tom McArthur 也强调了文章的哲理意义。

　　文化有着极强的渗透性和可融性,所谓文化差异,只是相对而言,不同文化之间并无"非此即彼"的绝对界限。文章进行特性比较,并非为了判定中西两种文化孰优孰劣,而是为了指明两种文化的主流倾向,便于不同文化背景的人互相理解,正常交往;也便于两种文化取长补短,创建更加理想的人类文明。本篇论文的现实意义也正在于此。

世上没有绝对的东西,任何事物都是相对的。所谓中西文化特性之异,也只是相对而言。文化,作为人类活动的方式及产物,本身就具有很多超地域和超时代的共同性。文化又具有极强的渗透性及可融性,随着全球经济一体化的进程以及通讯、交通、媒体技术的飞速发展,当代不同文化之间的交流日趋频繁,其规模之大、范围之广、速度之快及影响之深为任何时代所无法比拟。不同文化间的共性增多、差异减少将是必然的大趋势。你中有我、我中有你的文化现象极为普遍。人们即使看到有的中国人比西洋人更洋气,或有的西方人比中国人更汉化的情景也不会感到奇怪。在这种文化大交融的情况下探讨文化特性的差异,很容易步入以偏概全,流于简单化、绝对化的误区。尽管如此,由于千百年的文化积淀非一朝一夕所能改变,流淌在血液里的文化传统有着强劲的连续性,从总体上说,不同地域、不同民族的文化个性依然十分明显,对这种文化个性的比较仍然不失为一项有意义的研究。

环者,圆形,中心有孔,可围绕中心旋转。线者,直线形,系一点沿着一定方向不断运动的轨迹。钱穆(1994:259)先生曾说过:"西方文化乃由以小地面酝酿成熟,推扩以达四围。正犹其知识之获得亦由一抽象之点或线,向外引申推概以造成一有系统之理论,用此以侵入其前所未知之部分。中国文化则由一大地面融合凝结,向内充实,而非向外展扩……"钱穆的这一论述,大体表明了中西文化环性与线性的差异。我们不妨从宇宙观、价值观、时间观、思维方式及语言表达等方面来探讨中西文化的这一基本差异。

1. 宇宙观:线分环合

线过之处,必然划分为二;环围之域,必然合而为一;线分环合,是中西宇宙观的基本差异。西方文化宇宙观呈线性,人与自然、精神与物质、主体与客体、凡与神均一分为二,界线分明,强调二元的并存与对立;中国文化宇宙观呈环性,人与自然、精神与物质、主体与客体、凡与神均合而为一,环抱涵容,注重二元的依存和统一。

古希腊哲人泰勒斯、赫拉克利特等把统一的世界划分为"元素"和"灵魂"两个世界,这一基本思想奠定了线性的对立型西方文化的基础。此后,柏拉图的"理念"高于"现实",亚里士多德的"形式因"及"质料因"的区分,笛卡尔的"物质"与"心灵"两种实体论,康德关于"现象世界"相对于"本体世界"的学说以及罗素的物理因果律与心理因果律二元论等,虽然说法不一,但都把灵魂、精神等与现实的客观世界区分开来,把人与自然、主体与客体对立起来。笛卡尔把世界划分为广延的实体(物质)和能思维的实体(心灵),他认为这两种实体的性质是不相容的(incompatible),因此,灵魂与肉体是截然不同的(distinct from each other)。基督教认为上帝创造人,而人违背上帝戒律而犯罪(God creates Man and Man sins against God)。人类因其始祖亚当和夏娃偷吃禁果而犯有"原罪",人能否赎罪使灵魂得救也取决于上帝的裁决。作为人的对立面,上帝既可创造人,也可惩罚人,还可拯救人,神凡两分,二元对立。

刘景山(1988:5—6)认为,这种对立的宇宙观,"使精神无形中成为改造自然界的一种巨大的、能动的力量,成为世界发展的动力。由此基点出发,西方文化重视人对外物的征服和改造,科学技术的发达乃势所必然"。古希腊著名的物理学家阿基米得曾说:"给我一个立足点,我可以转动整个宇宙。"这句话生动地表现了人对于对立着的自然界进行大胆探索和改造的精神。有一条民间谚语说:"服从自然,才能征服自然。"征服也好,服从也罢,西方人总是把自然作为自己的对立面进行探索和研究。科学家们一方面不断地做科学实验,寻求征服自然之道,另一方面认为自己的科研成果不过是发现了某一自然法则,并承认自然规律的不可抗拒。

当然,西方哲人关于宇宙观的阐述中也有不同的声音,尤其是后现代主义者如海德格尔、伽达默尔、德里达等批评主客二分式(即"把主体看成与独立的客体世界相对立")的观点,认为"主体与客体不能像这样彼此分开"。他们主张人或主体不是独立于世界万物的实体,而是"本质上具体化的并且实际上是与世界纠缠在一起的",人就是"世界的成分"(Baynes 1986:4—8),类似于中国"天人合一"的传统观点。张世英(1995:66)认为"这是西方当代哲学向中国传统哲学靠拢的一种表现,不管这种靠拢是自觉的还是不自觉的。"天人二分、主客对立依然是西方文化的主流宇宙观。

中国文化环性涵容的宇宙观最早表现在殷周《易经》"一阴一阳之谓道"的观念中,阴阳依存,统一为道,即太极。谢扶雅(1985/1987)引述《易·乾文言》之说:"人是道德的动物,能做到'与天地合其德,与日月合其明,与四时合其序,与鬼神合其吉凶'",认为这是天人合一论的雏形。春秋战国时期的老子继承了这一阴阳合一说,《道德经》第 42 章说:"道生一,一生二,二生三,三生万物。万物负阴而抱阳,冲气以为和。"可见,中国古人早就有二元的辩证思想,但他们所强调的不是二元的分离对立,而是二元相辅相成的统一。所谓"有无相生,难易相成,长短相形,高下相倾,音声相和,前后相随"(《道德经》第二章)等说的都是这个道理。至于天人合一的思想,最早由名家惠施提出,庄子予以肯定。《庄子·齐物论》中说:"天地与我并生,而万物与我为一"。汉代的董仲舒在《春秋繁露·五行相生》中进一步发展了这一理论,他说"天地之气,合而为一,分为阴阳,判为四时,列为五行",并明确提出"天人之际合二为一"。宋代张载在《正蒙·乾称》中正式使用"天人合一"这四个字。这一思想经过禅宗派佛教的传布而逐渐深入人心。于是,"人与天地万物为一体"便成了中国文化对宇宙的基本态度。汉语中有很多成语反映了这种态度,如"天从人愿"、"天理人情"、"天怒人怨"、"天意人缘"、"天与人归"、"吉人天相"等等,天和人总是相通的。人们谋划一件大事,会自然而然地考虑到"天时、地利、人和"的条件。诗人和作家赋诗、写文章常喜欢借景抒情或寓情于景,追求情景交融,相信"天人感应"。"花迎喜气皆知笑,鸟识欢心亦解歌"(王维《奉简新除使君等诸公》);"人生有情泪沾臆,江水江花岂终极"(杜甫《哀江头》);"高树多悲风,海水扬其波"(曹植《野田黄雀行》);"山河破碎风抛絮,身世浮沉雨打萍"(文天祥《过零丁洋》);"野岸柳黄霜正白,五更惊破客愁眠"(欧阳修《淋河闻雁》);在上述诗句中,大自然中的花、鸟、树、絮、萍、风、雨、霜、江花、海水、野岸等都感应了人的喜、怒、哀、忧、愁、恨等各种思想感情,人和自然浑然一体。

让我们回到《易经》关于宇宙的太初与终极的论说:"易有太极,是生两仪,两仪生四象,四象生八卦,八卦定吉凶,吉凶成大业"(《易·系辞传》11 章)。谢扶雅(1985/1987)指出,"就理论言,这一音之转的'太极'、'大业'两词是一而二、二而一的。"中国文化承认宇宙的二元,但强调二元的合一。

2. 价值观:线单环整

线源自于单个点,点不断向前移动便成线;环围绕着圆心,环抱向心形成圆满的整体。就价值观而言,西方文化的线性表现为直线的单点独进,强调个人潜力的发挥、个人目标的实现以及个人利益的追求。中国文化的环性表现为圆环的整体向心,注重群体关系的和谐、群体目标的统帅和群体利益的维护。

价值观是规范人们行为的标准,是人们在选择或评价某一行为时所表现出来的取向原则,因而也反映了社会成员所追求的理想和目标。中西文化在价值观方面的差异表现在政治、经济、宗教、法律、教育、社会等各个方面,本文所探讨的只是涉及个人与群体关系的核心价值观部分。罗伯特·林德(Lynd 1939:89—95)在他所列举的 20 种价值标准中把个体主义看做是西方文化的核心价值。他把"个体主义"比为适者生存的自然法则,个人只有通过自身的努力,发挥自己的潜在能力,维护自己的权益,才能在社会上立足。在西方文化中,个人是一个独立的点,一个不依赖他人的自主的实体。这个点按照自己选定的方向不断向前运动,形成一条自我实现(self-actualization)的直线。在很多情况下,不同个体的直线是平行的。笔者曾经听到一位美国教授在演讲中说:"在我们的社会中,人人都自私。你自私,我也自私。但你不妨碍我,我不妨碍你。我们都自私,我们也都快乐。"这是典型的互不妨碍的平行直线论。但直线难免会交叉、切割,于是利益发生冲撞,各种社会矛盾就会产生。所谓适者生存,必然是大鱼吞小鱼,小鱼吃更小的生物。两线交叉时强者必然切断弱者的线而让自己的直线继续延伸。在这种线性的、充满竞争意识的价值观的指导下,人人注重自立,也人人感到自危,自我奋斗、自由进取成为人们崇尚的行为准则。正如林语堂(1990:243)的评述:"你的出路就在你脚下,你的成功就是你的自我之演进、开展和表现。"

中国文化以圆环整体作为其价值基础,个体包含在整体之中,圆环的中心即整体的利益,是每个个体所围绕的核心及追求的共同目标。古代所谓"修身、齐家、治国、平天下",修身是手段,目的是为了实现"家"(小环)、"国"(中环)、"天下"(大环)的和谐,追求整体的利益。古人说:"风声、雨声、读书声,声声入耳;家事、国事、天下事,事事关心"(顾宪成题东林书院联)。"位卑未敢忘忧国"(陆游《病起抒怀》)。"保天下者,匹夫之贱,与有责焉耳矣"(顾炎武《日知录》)。从这些话所表达的信念中,都可看出古人以家、国、天下利益为重的群体价值取向。当代中国尽管国门大开,各种观念纷至沓来,但维护整体利益仍然是主流的价值取向。施修华(1989:60)说:"追求个人吃喝玩乐和攫取个人权位,是渺小的、卑劣的;只有把自己的精力投入到为人民服务的事业中去,才是最有意义的人生。"琼·布列克(Brick 1991:85)作为曾长期生活在中国的西方"旁观者",也许更敏感地观察到绝大多数中国人价值观的群体取向。她说:"个人利益存在于群体之中,也就是在家庭或社会团体之中。个人真正的自我实现就在于最大限度地履行各项社会义务。"据此她认为,西方的价值系统以权利为基础,重视个体权利的维护,而中国的价值系统则以义务为基础,强调对他人及群体的义务的履行。

3. 时间观: 线伸环旋

在时间观方面,西方文化视时间如直线延伸,单向飞逝,去而不返,因而向前看,着眼于未来;中国文化视时间如圆环旋转,冬去春来,周而复始,故而常常向后看,立足于过去。

西方文化的线式时间观在文人雅作及民间俗语中都能找到反映。文学家们把时间比作是"一切事物的吞食者"(奥维特)、"偷走青春的神秘窃贼"(弥尔顿)和"急驰而来的带翼飞车"(马维尔),莎士比亚认为时间的"步伐轻快得令人眼花缭乱"(Partington 1997:287)。正如贾玉新(1997:134)所说,在西方文化中,"时间好比一条直线,是一种线性的单向持续运动。时间'是行进、流逝、飞行;是河流、大江、瀑布'。而且根据犹太—基督教的传说,时间不是圆式的周而复始的运动,它是有始有终的。"霍尔指出,"在西方世界,任何人都难逃脱单向时间的铁腕的控制"。民间谚语"岁月不待人"等也说明,线式时间观使西方人总是觉得时间一去不复返,因而有着强烈的紧缺意识。这种紧缺意识使西方人凡事向前看,一切着眼于未来。他们在日记中喜欢记下对未来事情的安排,他们的注意力也主要用于对未来事情的规划与实现。

中国文化中也有线性时间观的表现,如孔子临渊慨叹"逝者如斯夫,不舍昼夜"(《论语·子罕篇》);庄子认为"来世不可待,往世不可追也"(《庄子·人间世》);文学家们叹息"岁月不待人"(陶渊明《杂诗十二首》),"但悲时易失"(韩愈《幽怀》)等等,也把时间的飞逝视为直线行进,去而不返。但中国人更多地把时间与昼夜更迭、季节交替的大自然现象联系在一起而形成环性时间观,如常见于诗歌和散文中的"日月光华,旦复旦兮"(《尚书大传》卷一),"春与秋其代序"(屈原《离骚》)等,"复"与"代序"即时序环转替换。所谓"四时迭起,万物循生;一盛一衰,文武伦经;一清一浊,阴阳调和"(《庄子·天运》),反映了环性时间观与环性宇宙观的一致。环性时间观使中国人在总体上有时间充裕感,做事不慌不忙是一种主要倾向。人们相信失去的东西还有时间补救,所谓"失之东隅,收之桑榆"(《后汉书·冯异传》)讲的就是这个道理。人们对"时过境迁"有心理准备,并慢慢地期待着"时来运转"。告别语和劝慰语几乎都是"慢"字当头,如"慢走"、"慢用"、"慢慢看"、"慢慢做"、"慢慢商量"、"慢慢欣赏"等。过去交叉路口的交通警示语"一慢二看三通过"也是"慢"字领先。从容悠闲构成了中国农耕文化的一大特点。人们在日记中记下的往往是已经发生了的事情。人们修身养性,重在回顾往日的言行。"吾日三省吾身"(《论语·学而》),意在反省自己过去是否有"不忠"、"不信"、"不习"的过失。如果说线性时间观向前看,重求知,有利于鼓励开拓创新,环性时间观则向后看,重修身,有利于促进稳定守序。

4. 思维方式:线切环封

在思维方式上,西方文化如同直线切划,细分明析,注重抽象推理;中国文化犹如圆环内封,综观合察,寻求直觉顿悟。

西方线性思维的特性之一是其切分性,有重视分析的倾向。内在的思维特性决定了外在的行为表现。西方的百科全书很早就有了分层次的分类原则,一层层切分,种类归属分明。人们写文章,标题、章、节、段脉络清晰,一目了然。平时讲话也爱使用明确区分内容的标记。搞科学研究,培根、伽利略所倡导的实证分析法一直沿用至今。西医看病,二话没说,先给病人验血、验尿、验大便,分而检之,再作诊断。厨师烹饪,各种配料严格计量,操作程序步步分清。即使食用苹果,也不忘切分四块,然后去核、去皮食之。线性思维的另一特性是抽象性。钱学森(1986:134)指出,"抽象思维好像是线型的,或者分支型的,这是它的特点"。西方人长于以概念进行判断、推理的抽象(逻辑)思维。对于任何一个领域或任何一项命题,西方科学家往往通过抽象的方式进行概括,洋洋洒洒地写出长篇理论巨著。相对而言,北美人更崇尚归纳式(从具体到一般)的逻辑推理过程,而欧洲人更擅长演绎式(从一般到具体)的逻辑推理过程。抽象思维表现为精确、清晰、非此即彼。西方文化科学技术较发达,理论著作较丰富,与西方人见长于抽象(逻辑)思维不无关系。

中国环性思维的特点首先在于其整体性,有重视综合的倾向。所谓圆环内封,是指人们习惯于把事物作为封闭的整体来观察和认识。中国古代的类书,其内容是一套以皇帝为中心的政治、社会体系及伦理观念,是大一统的形态;其分类不大考虑事物本身实际存在的质的区别。中国人写文章强调起承转合,"附辞会义,务总纲领,驱万涂于同归,贞百虑于一致"(刘勰《文心雕龙》),注重通篇的过渡自然及和谐一致。中国人相对弱于用分析的方法把部分从整体中分离出来的思维活动。由于重综合、轻分析的思维倾向,大一统的伦理学在中国古代发展较快,而实证分析性的科学则发展较慢。中医看病,望、闻、问、切,注意的是全身性的综合症状,中药力求治本非治标。有趣的是,中国人食用苹果前也不忘用环式削皮,保全整体。环性思维的另一特点是形象(直觉)性。线是一维的,环属平面形象,是两维的。事物直接作用于人脑未经推理而产生映象,这就是形象(直觉)思维的过程。中医按脉,若没有敏锐的直觉,是没法分辨数十种脉搏跳动方式的。徒弟学烹饪,并不靠什么定量描述或逻辑推理,而是通过模仿,直觉地把握师傅的烹饪技术。佛家修行,并不注重长篇累牍的讲经说教,而更加讲求静思顿悟。中国画重在写意,追求神似,而不刻守大小比例的精确。直觉思维表现为隐约、模糊、亦此亦彼。中国诗歌、戏曲、绘画等艺术无不对此推崇备至。"这是一种极强的可塑性、伸张性、随机性的圆式辩证思维方式"(申小龙 1990)。其实,任何地域、任何群体中的人都会运用抽象(逻辑)及形象(直觉)两种思维方式,不过中国人更多地运用后者而已。正如弗莱彻(Fletch 1946:328)所说:"他们形成了借助隐喻、明喻和讽喻表达思想的习惯,也就是说,通过各种语言手段进行类比,尽可能把事物表达得清楚明白。"

5．语言表达：线枝环波

语言,作为文化的一部分、文化的载体以及思维的工具,也必然表现出线性与环性的文化差异。西语的线性特点表现为句子结构以直线枝形铺排,由主到次,递相叠加,犹如枝繁叶茂的大树;汉语的环性特点体现在语段以环状波式流动,浪花无律,形散意合,好似波涛滚滚的大江。

关于西、汉语言的结构差异,国内外学者有很多精辟的论述,形合意合之说似已成公论。西语是以形合为主的语言。在其句子结构成分的铺排中,主语与谓语形成提挈全句的主轴线;如有宾语和补语成分,可在主线上延伸;定语及状语成分则以枝枝杈杈的形式形成分支线,并通过关联词语与主轴线相接。这种树状结构的直线枝形铺排,尽管有时重重叠叠,枝上有枝,线外有线,但由于主谓语构成了"对全句'牵一发而动全身'的提挈性结构主轴"(刘宓庆 1991:26),各条支线脉络分明,枝枝权权皆有归宿。结构形式严密、联结标记明显的线性语言也许是抽象(逻辑)思维的产物,或反过来说,它有助于人们进行精密的抽象(逻辑)思维活动。不少学者认为,线性语言与线性文字有着内在的联系。西语文字是以拼音字母组成的音素文字,是以音节的滚动直线展开的线性文字。这种文字有丰富的形态变化,通过语音感知,经大脑加工而产生各种意义。由于"形"和"意"之间夹上了"音"这一中间环节,要求文字高度形式化才能准确地、客观地识别意义。因而,西语形态丰富、准确度高、客观性强,构成了扎实的形式逻辑基础。

汉语是重意合的语言。汉语缺乏严格意义的形态变化,缺少显性的词类标记,人们对语义的理解往往凭借语境及语感来完成。汉语句子以主题为中心铺排,主题加述语的结构灵活,形式不拘。汉语语段以意念为主轴,以神统形。语段中的句子流散疏放,组合自由,犹如环弧状的浪花,此起彼伏,似连似分,高低无序,但却沿着一定的(语义)方向流动。福勒(Fowler 1995:526)对汉语这种流水型环性语言的描述甚为精当:"节奏感强的语言或文字犹如海浪向前推进,浪峰、浪谷似分似合,彼此相像,又各不相同;隐含着某些规律,但却过于复杂,难以分析或表述;这些规律规范着波浪与波浪、波浪与大海、词组与词组、词组与语段之间的各种关系"。环性语言似乎与环性文字也有着不可分割的联系。汉字是象形文字,即使现代的形声字,也是由图画文字发展起来的。汉字的字形可直接刺激人们的感官,形成感知表象,这就便于中国人进行环性的形象(直觉)思维活动。汉字如同一个个内封的环,本身有着丰富的含义,没有形态变化照样能表示多种意义。由汉字组成的语词"意蕴丰富有余,配合制约不足,一个个语词好像一个个基本粒子,可以随意碰撞,只要凑在一起,就能意合,不搞形式主义"(申小龙 1989),这为汉语语段形散意合的波状流动打下了基础。

以上我们从宇宙观、价值观、时间观、思维方式及语言表达等方面对中西文化的特性差异作了初步探讨。所谓环性、线性的差别也只是程度之异、轻重之别而已,并无非此即彼的绝对界限。环中有线、线中有环的例外可以说举不胜举。但作一番探讨将有助于我们把握两种文化的主流倾向。我们进行比较的目的并非判定孰优孰劣,而是为了促进了解。对

于不同文化个性的了解,又会反过来促进文化的交流与融合,加速共性的
扩大与发展。西方的月亮并不更圆,东方的太阳也有黑子。中、西文化广
泛交流,取长补短,必将创造出更加灿烂的人类文化。

参考文献

[1] 贾玉新,1997,《跨文化交际学》,上海:上海外语教育出版社。

[2] 林语堂,1990,《林语堂著译人生小品集》,杭州:浙江文艺出版社。

[3] 刘景山,1988,中西文化结构之比较,《中国文化书院学报》第 16 期,5—6。

[4] 刘宓庆,1991,《汉英对比研究与翻译》,南昌:江西教育出版社。

[5] 钱 穆,1994,《中国文化史导论》,北京:商务印书馆年版。

[6] 钱学森,1986,《关于思维科学》,上海:上海人民出版社。

[7] 申小龙,1989,《汉语句型研究》,海口:海南人民出版社。

[8] 申小龙,1990,《汉语人文精神论》,沈阳:辽宁教育出版社。

[9] 施修华,1989,《人生之谜》,上海:上海交通大学出版社。

[10] 谢扶雅,1985,儒教与基督教教义之比较,《中国哲学史研究》第 3 期,又见陈荣
富主编《比较宗教学》,北京:中国文化书院,1987,413—418。

[11] 张世英,1995,中国传统哲学与西方后现代主义哲学,见谢龙主编《中西哲学与
文化比较新论》,北京:人民出版社。

[12] Baynes, K. et al. 1986. *After-Philosophy: End or Transformation?* Massachusetts:
MIT Press.

[13] Brick, J. 1991. *China: a Handbook in Intercultural Communication.* Sydney:
Macquarie University Press.

[14] Fletch, R. 1946. *The Art of Plain Talk.* New York: Harper & Brothers Publishers.

[15] Fowler, H. W. 1965. *A Dictionary of Modern English Usage.* Oxford: Oxford
University Press.

[16] Lynd, R. 1939. *Knowledge for What? The Place of Social Science in Culture.*
Princeton: Princeton University Press.

[17] Partington, A. 1997. *The Concise Oxford Dictionary of Quotations.* Oxford: Ox-
ford University Press.

(本文最早发表于《社会科学》2001 年第 12 期,后收入王菊泉、
郑立信主编《英汉语言文化对比研究》,上海外语教育出版社,2004。)

作者通讯地址:201319 上海市康桥路 1500 号上海建桥学院外语系;
zuobiao212@163.com

17. 从文化对比到跨文化对话

From Cultural Comparison to Cross-Cultural Discourse

张后尘

【编者札记】

在当今世界,"对话"二字越来越频繁地出现在媒体及人们的日常话语中,"对话"行为成了人与人、机构与机构、国家与国家之间必不可少的活动。《中国外语》主编张后尘教授对本篇论文所说的"对话"作了明确的界定:对话是一个博大的具有时代意义的哲学话语,是一种独特的意识和哲学精神的体现。"跨文化对话所涉及的是带有全球性的、全人类关心的重要话题,是关系到人类生存与发展、共图进步的话题,它涉及自然科学、技术科学和社会科学各学科的重要理论与实践问题。只要这些问题与人类的共同命运、社会发展与进步联系在一起,它们就是跨文化对话研究的问题。"

文章认为,跨文化对话远远超出一般意义上的跨文化交际范畴,对东西方文学、艺术、哲学、宗教等重要学科的探讨,正是广阔的跨文化对话的中心。张后尘先生指出,从事跨文化对话研究是时代的召唤、历史的重托,而求同存异是跨文化对话的基础,广大学者应"把握价值观念,加强不同文化的互补研究"。

文中特别引人注目的是一组统计数字,在上海文化出版社编辑出版的《跨文化对话》的 134 篇论文中,参与研究的外语学者竟然仅占学者总数的 2.2%。这是一个令人吃惊的可悲数据,无怪乎张后尘先生竭力呼吁"外语学者从多方面寻找参与的角度,发挥长处,提出问题,解决问题。"

冲突·互补·共存——中西文化对比研究

186

　　跨文化交际与跨文化对话有其共同的目的,总的来看,都是为不同文化的沟通、理解寻求共识而进行的文化活动,但二者有其不容混淆的差异。把跨文化对话放进跨文化交际学的研究范畴,容易使其丧失自身的特质,容易把一个博大的具有时代意义的哲学话语变成一般交际范畴的语言活动。

　　我国跨文化交际学研究的开路人胡文仲教授给出的定义是:"具有不同文化背景的人从事交际的过程就是跨文化交际",并以"外交部长与外国领导人谈判是进行跨文化交际,进出口公司的工作人员与外国商人谈生意也是在进行跨文化交际,我们和外国旅游者、外国留学生、外国教师交往同样是在进行跨文化交际"为例加以说明(胡文仲1999)。这些都属于交际范畴的问题,所涉及的文化多为交际中的文化。

　　跨文化交际可以是国家之间、民族之间、不同文化阶级阶层之间、职业之间、个人之间的交际活动。交际中遇到的问题可以涉及政策、政治观点、价值观、民族习俗、礼貌、称谓等方面。胡文仲进而把它们分为主流文化、亚文化、地区文化、小群体文化,并指出跨文化交际研究应该首先把目光集中于国别研究,集中于一个国家中的主流文化。从这里切入,研究交际中的文化问题,无疑是正确的途径。它涵盖了跨文化交际的各个层面和范围,但跨文化交际主要是日常言语交际中的文化。

　　从跨文化交际在美国的形成、发展以及课程设置来看,无论交际处在哪一个层面上跨文化交际学主要是研究普通交际中的文化,以及在这种不同文化下面的交际规则。而跨文化对话涉及的是带有全球性的、全人类关心的重要话题,它是摆在经济全球化面前的关系到人类生存与发展、共图进步的话题,它涉及自然科学、技术科学和社会科学各学科的重要理论与实践问题。只要这些问题与人类的共同命运、社会发展与进步联系在一起,它们就是跨文化对话研究的问题。因此,与跨文化交际相比,跨文化对话可以说远远超出了一般意义上的交际范畴,而进入人类一切行为之中,比如人类最关心的和平与发展、环境保护、资源开发与利用、克隆与遗传工程、安乐死与医学伦理学、宗教、人权、社会保障体系,因此也就自然形成天人对话、人际对话等不同范畴的对话,而且多数问题同哲学的关系十分密切。因此可以说,对话是一种独特的意识和哲学精神的体现。以科技发展为例,科学高度发达给人类带来的恩泽是有目共睹的,它改善并改变着我们的生活,提高我们的工作效率和精度,保障我们的健康,延长我们的寿命 …… 但科学也可以变成杀伤性武器。滥用科技成果,给科学的光环蒙上阴霾,已成为当前国际上重要的对话课题。关于女性主义的对话,关于教育的对话,关于中西医学的对话,更是普遍关注的话题。从人文社会科学来看,对东西方文学、艺术、哲学、宗教等重要学科的探讨,正是广阔的跨文化对话的中心。杨自俭(2000)把这种对话称为"专业交际文化","主要指政治理论与法权观念、哲学、艺术、科学、宗教学。这些观念层与价值层的文化蕴含着一个民族长期育化出来的价值观念、审美情趣、道德情操、宗教情绪、民族性格和思维方式等内容,这些内容是民族文化独立性的稳定支柱和民族精神的灵魂。搞专业交际文化对比,应重点开展哲学、法学、语言学、美学、文学、文化学、宗教、史学等学科的对比研究。"杨自俭这段话为文化对比研究指出了方向。

正因为跨文化对话涉及的课题如此重要,从事外语研究的人,特别是从事英汉比较研究和跨文化交际研究的人,应开阔视野,把触角伸向跨文化研究所关注的领域。目前在跨文化对话研究前沿的最活跃的学者有哲学家、比较文化与比较文学家、自然科学和技术科学中某些学科的专家、历史学家、民族学者、宗教学者、人类学家、国际问题专家以及语言学家。探讨的问题牵涉到全球许多重大的课题,牵涉到中西文化各个方面,比较集中的是和平、民主、发展、生存、生态、人口等问题,以及经济全球化、文化多元化、政治多极化、生物学的发展和伦理道德诸问题。仅以上海文化出版社编辑出版的《跨文化对话》(No.1—8)中的 134 篇论文中的学者分布比例看,哲学占 24.6%,比较文学与文化 35%,汉语言与文化 11%,宗教 6.7%,医学、生物、化学、物理 8.9%,历史 4.5%,艺术、建筑 4.5%,其他 7%,而外语学者仅占 2.2%。

从参与文化对话研究的学者分布看,外语学者人数过少。这种现实与外语学者在文化对比研究中应有的地位极不协调。同时也显现出一些外语学人的知识面极度狭窄,力不从心。难怪有人发出"我们离开外语还能干什么"的叹息。

在文化对比中要研究的课题很多,我们可以先从自己易于入门的课题入手,如中西思维方式对比、人文精神对比、习俗对比、价值取向对比、审美情趣对比、婚丧嫁娶对比等等。为了把文化对比研究作得更深、更透,我们首先要学哲学,用哲学指导我们的理论研究,并把研究成果提升到哲学的高度,这样其学术价值就会更大。

西方对中国文化的误导、谬传比比皆是。我们有责任扫清误传。让西方正视它,也非易事。我们对西方文化的了解也是浮在表层上。不经过艰苦的平等的对话,东西方文化的隔阂很难消除,世界文化的共同发展、繁荣也将是一句空谈。外语学者在这方面是大有可为的。2002 年在河北师范大学召开的首届全国典籍英译学术研讨会完全符合当前对外文化交流的形势,也是文化对比研究的一个重要方面。为了把文化对比(跨文化对话)这一题目在外语学人中间有效地开展起来,我们有许多工作要做。当前,我们应从以下两个方面加强认识,树立跨文化对话意识,以便在文化对比研究中寻找视点。

1. 对话: 时代的呼唤

外语学者参与跨文化对话研究是历史的重托。我们必须在思想上有深刻的认识,勇敢地参与。江泽民同志讲:"和平与发展是时代的主题。世界多极化和经济全球化在曲折中发展,科技进步日新月异,综合国力竞争日趋激烈,世界的力量组合和利益分配正在发生新的深刻变化。世界和平是促进各国共同发展的前提条件,各国的共同发展则是保持世界和平的重要基础。和平与发展的核心问题是南北问题。如果发达国家能够本着平等、公平和互利互惠的原则,切实支持和帮助广大发展中国家发展经济文化,使之尽快摆脱贫困落后状态,世界的和平与发展问题就有了解决的重要基础。"(《在庆祝中国共产党成立八十周年大会上的讲话》)

解决和平与发展这一关系全球的根本问题,需要各国政府参与对话,特别是几个大国负有义不容辞的责任与义务。我国政府一贯坚持的和平共处五项原则,是国际事务中对话的典范,受到世界人民的称赞。

通过对话解决二元对立,谋求和谐统一,这样必将推进世界进步。世界上的一切危机,例如社会危机、生态危机、国际关系危机,无不缘自二元对立。20 世纪是现代主义与后现代主义交织而又存在对立的时代,例如,对待人与自然的关系上,前者力主征服自然,用现代科学技术去战天斗地,把好端端的一个完善和谐的自然交给人们任意宰割,结果是干旱、沙尘暴、水患肆虐;后者则相反,力主"天人合一",人与自然相互依存,和谐统一,营造美好的家园。在对待科学发展上,前者力主分化,后者主张融合。在对待人文科学和自然科学上,前者持对立的态度,水火不容,后者则主张互补。事实上前者肢解了整个文化,后者维护了文化的整体性。现代的文理渗透、交叉学科层出不穷,这些现象都证明马克思早就指出的

20 世纪是学科从分化走向融合的论断。类似上述截然对立的两种观点，我们迫切需要对话来解决。把这些问题放在文化大视野中研究，本身就说明只有从不同文化的认识特别是从哲学观上寻找答案，才能求得相互理解，相互借鉴，共同发展。

对学科的融合，国内外学者都发表了许多精辟的论点。哈佛大学 O·威尔逊教授（2002）提出："自然科学已经建立了一个因果解释的网络……科学地解释这个网络已经触及文化本身，触及曾经将自然科学和人文社会科学分成两半的障碍。有些学者认为，这两个领域，即俗称的科学与文化，还将长期分隔下去。"但威尔逊分析了这种分隔的损失之后，尖锐地指出："只有一条道路可以将众多的知识分支联合起来，结束这场文化战争。就是不要把科学与文化之间的界限看成是领土分界线，而是看作广袤的、基本上还未开发的土地，正在等待两边的人合作开发。"由此可以想象，文化对比需要多学科通力合作，特别是不要在自然与人文社会科学中间设置障碍。在不同文化之间要寻找契合点，使文化多元化真正在不同民族、不同国度中扎下根来。

今天世界大力提倡对话，目的应是求平等，求和谐，求发展，而不应是求对立，比雌雄，要一方臣服另一方。我们提倡对话，一定要汲取先进的营养，以建设有中国特色的先进文化为己任，西方颓废、荒淫的文化垃圾，则是我们在对话中应警惕的。尤其在当今，英语以语言帝国的霸气进入我国，腐朽的文化垃圾也乘虚而入，在跨文化对话中我们更要冷静。当然，一切健康的对话，"都像叩击钟鼓一样，催人清醒和奋发，催人创新和超越，使人不断充实和完善"（滕守尧1997）。

对话，在我国说来，是开放的需要。没有对话的开放，就不可能解放思想，我们的事业不可能发展；没有开放的对话，即使对话，也不可能创新，势必回到闭关锁国的老路。因此，要创造先进的、健康的文化，我们首先应有兼容并蓄、鉴别吸收的精神，而这种精神的培养只有通过对话才能实现。

2. 把握价值观念，加强互补研究

在探讨跨文化对话时，首先应把握文化是一个动态系统，这个系统"包含哲学、宗教、科学、技术、文学、艺术、教育、风俗等"（张岱年、程宜山1998）。"文化主要包括三个层次：第一层是思想、意识、观念等等。思想意识中最重要的两个方面:一是价值观念,二是思维方式。"(同上)正是基于这一前提,不同文化之间虽存在相容与不相容的矛盾,但二者之间又是互补的,因此,不同文化之间才有可能互相吸纳,互相补充,不断发展。无论强势文化还是弱势文化,都可以从对方身上吸收有益的文化成分。

在人类文明发展的历史长河中,每一个民族都在不断地汲取其他民族的文化。这条长河就是世界文化。因此,决不可以说文化是纯而又纯的。当年印度总理尼赫鲁讲过一句话:"一种观念必然受其他观念的影响,人们可以看到这些不同观念之间的作用和反作用。我想,世界上没有一种文化是绝对原则的,纯一的,不受其他文化影响的。正像没有一个人能够说,他是属于一个百分之百的、纯粹的种族,因为在数百年或数千年的过程中不可避免地会发生明显的变化和混杂。"

但是,这种吸纳、补充是有条件的,不是任意的。比如,十月革命后中国共产党接受马克思主义,不是生搬硬套,而是结合中国的实际,否则,恐怕不会有今天辉煌的革命成果,更不会有改革开放以来的大好形势。

从不同文化的兼容和有选择地吸收可见世界先进文化的发展历程。在经济全球化的今天,一个国家是否能以宽容的姿态吸纳其他国家的先进文化,是关系到一个国家是否能发展、强盛的重要途径。

在多元化文化对话中,我们一是通过对话形式吸收先进的文化营养,同时正确认识自己的不足和缺陷;二是在对话中我们应不失时机地传播自己的优秀文化成分,通过对话达到优势互补。对话是互补的,也是互动的。整个世界文明史证明了这一真理。美国哲学家罗素有句至理名言,概括了多元文化对话的互补性和互动性:"不同文化之间的交流已被多次证明是人类文明发展的里程碑。希腊学习埃及,罗马借鉴希腊,阿拉伯参照罗马帝国,中世纪的欧洲又模仿阿拉伯,文艺复兴时期的欧洲则仿效拜占庭帝国。"

在跨文化对话中,要抓根本。张岱年先生指出,在跨文化研究中,价值观念是思想意识中最重要的方面之一。对这一观念,先人也早有论及。严复批判了传统的君主专制理论和顽固派的闭关锁国思想,首次对中西文化进行了认真研究,认为中西文化的最大区别在于两者的价值取向不同。他一针见血地指出:"尝谓中西事理,其最不同而断乎不可合者,莫大于中之人好古而忽今,西之人力今以胜古;中之人以一治一乱、一励一衰为天行人事之自然,西之人以日进无疆,既盛不可复衰,既治不可复乱,为学术政化之极则。"(汪澍白1999)

"好古"与"力今"是两种截然不同的价值观。国人的好古,可从"古为今用"、"以史为鉴"、"影射史学"的历史研究与应用看出。但好古如走到边缘,就会抹杀它的长处。价值观不同,对事物的认识也就不同。例如在用财上,"中国重节流,而西人重开源;中国追淳朴,而西人求欢虞。"基于这种价值取向的差异,无论中国人还是西方人都可从对方身上借鉴其合理的内核。"好古"可以以古为镜,分析事物,校正事物;"力今"可以让人往前看。这样,在对话中就可以找到互补的内容。我们现在提倡的既开源又节流,达到了双赢效果,证明不同文化的互动的效果。

3. 跨文化对话的基础

跨文化对话之所以可行,为世界各国所接受,因为它反映了各民族求生存、求发展、参与国际事务的共同愿望,也是时代的要求。跨文化对话的目的在于,建立和谐与和平的国际秩序以及国与国、民族与民族、政党与政党、集团与集团之间的良好关系,谋求共同进步、共同发展。现代交通、通信、信息化网络的急剧发展,使跨文化对话更具有广泛的可行性和国际性,成为国际性的普遍关注的交流手段。近年来,参与各类对话的国家和人数均是空前的。从我国政府近年来举办的各种专题的国际论坛,可看出跨文化对话已受到普遍关注。

乐黛云教授(1998)曾讲到,要进行真正的对话,就必须找到一个中介,这个中介或许就是人类面临的共同问题,无论不同的文化体系多么复杂,无论人类多么千差万别,客观上来看,总会有构成"人类"这一概念的许多共同之处,人类生活在同一个地球上,必然会面对许多共同的利益和相同的问题。对于这些问题,不同文化体系的人们会根据他们不同的生活和思维方式作出自己的回答。只有通过多种不同文化体系之间的多次往返对话,这些问题才能得到我们这一时代的最圆满的解答。

求同存异是对话的基础。没有求同存异的愿望,对话就无法开展。在求同存异的对话中,要相互信任,相互理解,要平等相待,要放下架子,防止唯我独尊,强加于人。一方不理解,固执己见,往往导致对话中断。这时应寻找可被对方接受的切入点,多次、反复进行沟通,消除矛盾和分歧,求得对话的圆满结局。对于一方不能接受的,我们也应予以理解,应容许保留,也就是容许差异。由于意识形态上的差异,我们往往很难展开对话,但也有解决的办法。"意识形态的差异,是对话中的抵制因素,但分属不同意识形态的对话者,有时可以超越意识形态差异,就某些问题达成共识,一些重大的分歧在对话中悬搁,另一些相互接近的想法在谈判桌前靠拢,这样的例子在人类从对抗走向对话的过程中,屡见不鲜。"伊斯兰社会与西方世界之间不时出现一些不同程度的对抗,特别是双方的媒体,在互相感知对方的时候,常常伴有抵制性的偏见和误解,但这并不是对话的消解性因素,相反,它促进了德国联邦政府新闻信息局和对外关系学会共同创设"德国—阿拉伯媒体对话"(谭学纯 2000)。世界上的事物是复杂的、多样的,试图让对方放弃千百年间形成的观念,是不实际的,但求同存异是可能的。

德国外长菲舍尔在美国总统布什访德前答中国记者问时曾说:"作为一个坚定的多极世界的赞成者,我强调:一个人口即将达到 70 亿的地球,将越来越多样化,没有哪一个声音可以主宰一切,无论它的力量有多强大。"(《青年参考》2002 年 5 月 22 日第 3 版)

中西对话中要警惕西方长期推行的"西方中心论",同时也要防止我国改革开放以来有人提出的"中心转移",要创一个"东方中心论"。二者均不可取。我们决不可重新捡起"几千年封闭状态下形成的传统观念"(汪澍白 1999),"决不可总是把中国当成惟一的文明礼义之邦,而把域外的一切民族都视为'蛮貊'和'夷狄'"(同上)。

林语堂(1990)对吸纳、学习另一民族的文化,有一段深刻的论述:

> 想要尝试去了解一个民族及其文化,尤其像中国那样根本与自己不同的文化,此种工作非常人所堪胜任。因为此种工作,需宽广之友情,需要一种人类博爱之情感。他必须循心脏之每一次搏跃,用心灵的视觉来感应。此外,他必须摆脱一切自己的潜意识,一切儿童时代所已深植的意识和成年时代所得的深刻印象……不让他与研究的国家生出隔阂。他一方面需要超越的观念,一方面也要一个淳朴的心地。……只有秉此超脱与淳朴的心地,一个人始能明了一个异民族的内容。

在跨文化对话中,我们必须有取他人之长、补己之短的思想准备。任何一个国家、一个民族都有各自的长处,哪怕是不发达的民族。我们要根据我国国情吸收各民族文化中蕴涵的宝贵精神财富。人类社会创造的一切先进文明成果,我们都要积极继承和发扬。应尊重各国的历史文化、社会制度和发展模式,承认世界多样性的现实。在竞争比较中取长补短,在求同存异中共同发展。

　　"求同存异"四个字讲起来容易,做起来难,有时甚至是痛苦的。如果总是把对方不适自己口味的东西视为眼中钉、肉中刺,怎么能求同存异呢?举个再简单不过的例子,两个同学住在一间公寓里,甲喜欢吃蒜,乙根本不吃,甲发散出的蒜味令乙难以忍受。这种求同存异也不是轻松的。但只要相互理解,尊重对方的习惯,这种分歧是完全可以解决的。两个民族、两个国家和政府之间的对话,同样有难以求同的时候。因此,求同中决不可忘记存异。

　　我们生活在经济全球化、文化多元化的时代,各国、各民族之间互相尊重、差异共存是根本,是基础。

　　以上我们着重探讨了文化多元化的有关问题,目的是参与这方面的研究,不仅如此,我们还必须了解它的背景和现实,以及当前面临的问题。外语学者可以从多方面寻找参与的角度,发挥长处,提出问题,解决问题。这对于提高外语学者的素质,无疑是重要的,不容忽视的。

参考文献

[1] 胡文仲,1999,《跨文化交际学概论》,北京:外语教学与研究出版社。

[2] 乐黛云,1998,寻求跨文化对话的话语,见《跨文化对话(1)》,上海:上海文化出版社。

[3] 林语堂,1990,《吾国与吾民》,北京:中国戏剧出版社。

[4] O·威尔逊,2002,《论契合》,田洛译,北京:生活·读书·新知三联书店。

[5] 深圳大学中国文化与传播系,1997,《文化与传播》,深圳:海天出版社。

[6] 谭学纯,2000,《人与人的对话》,合肥:安徽教育出版社。

[7] 滕守尧,1997,《文化的边缘》,北京:作家出版社。

[8] 汪澍白,1999,《二十世纪中国文化史论》,北京:中国青年出版社。

[9] 杨自俭,2000,关于中西文化对比研究的几点认识,见罗选民主编《英汉文化对比与跨文化交际》,沈阳:辽宁人民出版社。

[10] 张岱年、程宜山,1998,《中国文化与文化论争》,北京:中国人民大学出版社。

(本文最早发表于《中国外语》2004 年第 1 期,后收入杨自俭主编《英汉语比较与翻译5》,上海外语教育出版社,2004。)

作者通讯地址: 100011 北京市西城区德外大街 4 号外语教学研究与发展中心,《中国外语》杂志社;
changshh@hep.com.cn

三、语言交际研究

III. Linguistic and Communicative Studies

18. 中西诗在情趣上的比较

Comparison Between Chinese and Western Poetry in Respect of Temperamental Interest

朱光潜

【编者札记】

朱光潜先生是著名的美学家、文艺理论家和翻译家,是我国现代美学的开拓者和奠基者之一,也是第一个在中国广泛介绍西方美学的人。朱光潜先生学贯中西,博古通今,他以自己深湛的研究沟通了西方美学和中国传统美学,沟通了旧的唯心主义美学和马克思主义美学,沟通了"五四"以来中国的现代美学和当代美学。他是中国美学史上一座横跨古今、沟通中外的"桥梁",是我国现当代最负盛名并赢得崇高国际声誉的美学大师。

朱光潜先生也是我国现代比较文学的拓荒者之一。他的《我与文学及其它》《诗论》等著作都是在对比中西美学思想的基础上,来探讨中国诗歌的特点的。进行中西诗歌或中西美学比较研究都必然要提到朱光潜,这就是本书收录他的这篇论文的初衷。该论文在人伦、自然、宗教和哲学等题材方面论述中西诗的情趣差异及其文化内涵,文章中透彻中肯的分析与信手拈来的大量实例,使人读来不能不叹服他那渊博的学识和缜密的说理。

朱光潜先生不愧是美学大师,他的文章不仅以说理取胜,文中精炼的文字和优美的韵律给人以美感享受。例如在评论中西爱情诗的差异时,他说"西诗以直率胜,中诗以委婉胜;西诗以深刻胜,中诗以微妙胜;西诗以铺陈胜,中诗以简隽胜"。在提到中西自然诗的刚性与柔性差异时,他说"刚性美如高山、大海、狂风、暴雨、沉寂的夜和无垠的沙漠;柔性美如清风皓月、暗香、疏影、青螺似的山光和媚眼似的湖水"。在比较中西诗在哲学思想方面的差异时,他又说"我爱中国诗,我觉得在神韵微妙、格调高雅方面往往非西诗所能及,但是说到深广伟大,我终无法为它护短。"这一类工整对称、富有韵律的文字在朱光潜先生的这篇文章中俯拾即是。

诗的情趣随时随地而异,各民族各时代的诗都各有它的特色。拿它们来参观互较是一种很有趣味的研究。我们姑且拿中国诗和西方诗来说,它们在情趣上就有许多有趣的相同点和相异点。西方诗和中国诗的情趣都集中于几种普遍的题材,其中最重要者有人伦、自然与宗教和哲学几种,我们现在就依着这个层次来说。

1. 先说人伦

西方关于人伦的诗大半以恋爱为中心。中国诗言爱情的虽然很多,但是没有让爱情把其它人伦抹杀。朋友的交情和君臣的恩谊在西方诗中不甚重要,而在中国诗中则几与爱情占同等位置。把屈原、杜甫、陆游诸人的忠君爱国爱民的情感拿去,他们诗的精华便已剥丧大半。从前注诗注词的人往往在爱情诗上贴上忠君爱国的徽帜,例如毛苌注《诗经》把许多男女相悦的诗看成是讽刺时事的。张惠言说温飞卿的《菩萨蛮》14 章为"感士不遇之作"。这种说法固然有些牵强附会。近来人却又另走极端,把真正忠君爱国的诗也贴上爱情的徽帜,例如《离骚》、《远游》一类的著作竟有人认为是爱情诗。我以为这也未免失之牵强附会。看过西方诗的学者见到爱情在西方诗中那样重要,以为它在中国诗中也应该很重要。他们不知道中西社会情形和伦理思想本来不同。恋爱在从前的中国实在没有现代中国人所想的那样重要。中国叙人伦的诗,通盘计算,关于友朋交谊的比关于男女恋爱的还要多,在许多诗人的集中,赠答酬唱的作品,往往占其大半。苏李,建安七子,李杜,韩孟,苏黄,纳兰成德与顾贞观诸人的交谊古今传为美谈,在西方诗人中为歌德和席勒,华兹华斯与柯尔律治,济慈和雪莱,魏尔兰与兰波诸人虽亦以交谊著,而他们的集中叙友朋乐趣的诗却极少。

恋爱在中国诗中不如在西方诗中重要,有几层原因,第一,西方社会表面上虽以国家为基础,骨子里却侧重个人主义。爱情在个人生命中最关痛痒,所以尽量发展,以至掩盖其他人与人的关系。说尽一个诗人的恋爱史往往就已说尽他的生命史,在近代尤其如此。中国社会表面上虽以家庭为基础,骨子里却侧重兼善主义。文人往往费大半生的光阴于仕宦羁旅,"老妻寄异县"是常事。他们朝夕所接触的不是妇女而是同僚与文字友。

第二,西方受中世纪骑士风的影响,女子地位较高,教育也比较完善,在学问和情趣上往往可以与男子欣合,在中国得于友朋的乐趣,在西方往往可以得之于妇人女子。中国受儒家思想的影响,女子的地位较低。夫妇恩爱常起于伦理观念,在实际上志同道合的乐趣颇不易得。加以中国社会理想侧重功名事业,"随着四婆裙"在儒家看是一件耻事。

第三,东西恋爱观相差也甚远。西方人重视恋爱,有"恋爱至上"的口号。中国人重视婚姻而轻视恋爱,真正的恋爱往往见于"桑间濮上"。潦倒无聊悲观厌世的人才肯公然寄情于声色。象隋炀帝、李后主等几位风流天子都为世所诟病。我们可以说,西方诗人要在恋爱中实现人生,中国诗人往往只求在恋爱中消遣人生。中国诗人脚踏实地,爱情只是爱情;西方诗人比较能高瞻远瞩,爱情之中都有几分人生哲学和宗教情操。

这并非说中国诗人不能深于情。西方爱情诗大半写于婚媾之前,所以称赞容貌诉申爱慕者最多;中国爱情诗大半写于婚媾之后,所以最佳者往往是惜别悼亡。西方爱情诗最长于"慕",莎士比亚的十四行体诗,雪莱和勃朗宁诸人的短诗是"慕"的胜境。中国爱情诗最善于"怨",《卷耳》、《柏舟》、《迢迢牵牛星》,曹丕《燕歌行》,梁元帝的《荡妇》、《秋思赋》以及李白的《长相思》、《怨情》、《春思》诸作是"怨"的胜境。总观全体,我们可以说,西诗以直率胜,中诗以委婉胜;西诗以深刻胜,中诗以微妙胜;西诗以铺陈胜,中诗以简隽胜。

2. 次说自然

在中国和在西方一样,诗人对于自然的爱好都比较晚起。最初的诗都偏重人事,纵使偶尔涉及自然,也不过如最初的画家用山水作为人物画的背景,兴趣中心却不在自然本身。《诗经》是最好的例子。"关关雎鸠,在河之洲"只是作"窈窕淑女,君子好逑"的陪衬;"蒹葭苍苍,白露为霜"只是作"所谓伊人,在水一方"的陪衬,自然比人事广大,兴趣由人事而移到自然本身,是诗境的一大解放,不少题材因之丰富,歌咏自然的诗因之产生,人事诗也因之得到较深广的意蕴,所以自然情趣的兴起是诗的发达史中一件大事。这件大事在中国起于晋、宋之交,约当公元 5 世纪左右;在西方则起于浪漫运动的初期,在公元 18 世纪左右。所以中国自然诗的发生比西方要早 1 300 年光景。一般说诗的人颇鄙视六朝。我以为这是一个最大的误解。六朝是中国自然诗发轫的时期,也是中国诗脱离音乐而在文字本身求音乐的时期。从六朝起,中国诗才有音律的专门研究,才创新形式,才寻新情趣,才有较精妍的意象,才吸收哲理来扩大诗的内容。就这几层说,六朝可以说是中国诗的浪漫时期,它对于中国诗的重要亦正不让于浪漫运动之于西方诗。

　　中国自然诗和西方自然诗相比,也像爱情诗一样,一个以委婉、微妙、简隽胜,一个以直率、深刻、铺陈胜。本来自然美有两种,一种是刚性美,一种是柔性美。刚性美如高山、大海、狂风、暴雨、沉寂的夜和无垠的沙漠;柔性美如清风皓月、暗香、疏影、青螺似的山光和媚眼似的湖水。昔人诗有"骏马秋风冀北,杏花春雨江南"两句可以包括这两种美的胜境。艺术美也有刚柔的分别,姚鼐《复鲁絜非书》已详论过。诗如李杜,词如苏辛,是刚性美的代表,诗如王孟,词如温李,是柔性美的代表。中国诗自身已有刚柔的分别,但是如果拿它来比较西方诗,则又西诗偏于刚,而中诗偏于柔。西方诗人所爱好的自然是大海,是狂风暴雨,是峭崖荒谷,是日景;中国诗人所爱好的自然是明溪疏柳,是微风细雨,是湖光山色,是月景。这当然只就其大概说。西方未尝没有柔性美的诗,中国也未尝没有刚性美的诗,但西方诗的柔和中国诗的刚都不是它们的本色特长。

　　诗人对于自然的爱好可分三种。最粗浅的是"感官主义",爱微风以其凉爽,爱花以其气香色美,爱鸟声泉水声以其对于听官愉快,爱青天碧水以其对于视官愉快。这是健全人所本有的倾向,几乎诗人都不免带有几分"感官主义"。近代西方有一派诗人,叫做"颓废派"的,专重这种感官主义,在诗中尽量铺陈声色臭味。这种嗜好往往出于个人的怪癖,不能算诗的上乘。诗人对于自然爱好的第二种起于情趣的默契欣合。"相看两不厌,惟有敬亭山","平畴交远风,良苗亦怀新","万物静观皆自得,四时佳兴与人同"诸诗所表现的态度都属于这一类。这是多数中国诗人对于自然的态度。第三种是泛神主义,把大自然全体看作神灵的表现,在其中看出不可思议的妙谛,觉到超于人而时时在支配人的力量。自然的崇拜于是成为一种宗教,它含有极原始的迷信和极神秘的哲学,这是多数西方诗人对于自然的态度,中国诗人很少有达到这种境界的。陶潜和华兹华斯都是著名的自然诗人,他们的诗有许多地方相类似,我们拿他们两人来比较,就可以见出中西诗人对于自然的态度大有分别。我们姑拿陶诗《归田园居》为例:

> 采菊东篱下,悠然见南山。山气日夕佳,飞鸟相与还。此中有真意,欲辩已忘言。

从此可知他对于自然,还是取"好读书不求甚解"的态度。他不喜"火在樊笼里",喜"园林无俗情",所以居在"方宅十余亩,草屋八九间"的宇宙里,也觉得"称心而言,人亦易足。"他的胸襟这样豁达闲适,所以"缅然睇曾邱"之际常"欣然有会意"。但是他不"欲辩",这就是他和华兹华斯及一般西方人的最大异点。华兹华斯也讨厌"俗情""爱邱山",也能乐天知足,但是他是一个沉思者,是一个富于宗教情感者。他自述经验说:"一朵极平凡的随风荡漾的花,对于我可以引起不能用泪表得出来的那么深的思想"。他在《听滩寺》诗里又说他觉到有"一种精灵在驱遣一切深思者和一切思想对象,并且在一切事物中运旋"。这种彻悟和这种神秘主义和中国诗人与自然默契相安的态度显然不同。中国诗人在自然中只能见到自然,西方诗人在自然中往往能见出一种神秘的巨大的力量。

3. 哲学和宗教

中国诗人何以在爱情中只能见到爱情,在自然中只能见到自然,而不能有深一层的彻悟呢?这就不能不归咎于哲学思想的平易和宗教情操的淡薄了。诗虽不是讨论哲学和宣传宗教的工具,但是它的后面如果没有哲学和宗教,就不易达到深广的境界。诗好比一株花,哲学和宗教好比土壤,土壤不肥沃,根就不能深,花就不能茂。西方诗比中国诗深广,就因为它有较深广的哲学和宗教在培养它的根干。没有柏拉图和斯宾诺莎就没有歌德、华兹华斯和雪莱诸人所表现的理想主义和泛神主义;没有宗教就没有希腊的悲剧,但丁的《神曲》和弥尔顿的《失乐园》。中国诗在荒瘦的土壤中居然现出奇葩异彩,固然是一种可惊喜的成绩,但是比较西方诗,终嫌美中有不足。我爱中国诗,我觉得在神韵微妙、格调高雅方面往往非西诗所能及,但是说到深广伟大,我终无法为它护短。

就民族性说,中国人颇类似古罗马人,处处都脚踏实地地走,偏重实际而不务玄想,所以就哲学说,伦理的信条最发达,而有系统的玄学则寂然无闻;就文学说,关于人事及社会问题的作品最发达,而凭虚结构的作品则寥若晨星。中国民族性是最"实用的",最"人道的"。它的长处在此,它的短处也在此。它的长处在此,因为以人为本位说,人与人的关系最重要,中国儒家思想偏重人事,涣散的社会居然能享到两千余年的稳定,未始不是它的功劳。它的短处也在此,因为它过重人本主义和现世主义,不能向较高远的地方发空想,所以不能向高远处有所企求,社会既稳定之后,始则不能前进,继则因其不能前进而失其固有的稳定。

我说中国哲学思想平易,也未尝忘记老庄一派的哲学。但是老庄比较儒家固较玄邃,比较西方哲学家,仍是偏重人事。他们很少离开人事而穷究思想的本质和宇宙的来源。他们对于中国诗的影响虽很大,但是因为两层原因,这种影响不完全是可满意的。第一,在哲学上有方法和系统的分析易传授,而主观的妙悟不易传授。老庄哲学都全凭主观的妙悟,未尝如西方哲学家用明了有系统的分析为浅人说法,所以他们的思想传给后人的只是糟粕。老学流为道家言,中国诗与其说是受老庄的影响,不如说是受道家的影响。第二,老庄哲学尚虚无而轻视努力,但是无论是诗或是哲学,如果没有西方人所重视的"坚持的努力"(sustained effort)都不能鞭辟入里。老庄两人自己所造虽深而承其教者却有安于浅的倾向。

我们只要把老庄影响的诗研究一番,就可以见出这个道理。中国诗人大半是儒家出身,陶潜和杜甫是著例。但是有四位大诗人受老庄的影响最深,替儒教化的中国诗特辟一种异境。这就是《离骚》、《远游》中的屈原(假定作者是屈原),《咏怀》诗中的阮籍,《游仙》诗中的郭璞以及《日出入行》、《古有所思》和《古风五十九首》中的李白。我们可以把他们统称为"游仙派诗人"。他们所表现的思想如何呢? 屈原说:

> 惟天地之无穷兮,哀人生之长勤。往者余弗及兮,来者吾不闻……漠虚静以恬愉兮,澹无为而自得,闻赤松之清尘兮,愿承风乎遗则。
>
> ——《远游》

阮籍在《咏怀》里说:

> 去者吾不及,来者吾不留。愿登太华山,上与松子游。

郭璞在《游仙诗》里说:

> 时变感人思,已秋复愿夏,淮海变微禽,吾生独不化,虽欲腾丹谿,云螭非我驾。

李白在《古风》里说：

> 黄河走东溟,白日落西海,逝川与流光,飘忽不相待……吾当乘云螭,吸景驻光彩?

这几节诗所表现的态度是一致的,都是想由厌世主义走到超世主义。他们厌世的原因都不外看到世相的无常和人寿的短促。他们超世的方法都是揣摩道家炼丹延年驾鹤升仙的传说。但是这只是一种想望,他们都没有实现仙境,没有享受到他们所想望的极乐。所以屈原说:

> 高阳邈以远兮,余将焉兮所程?

阮籍说:

> 采药无旋返,神仙志不符,逼此良可感,令我久踟躇。

郭璞说:

> 虽欲腾丹谿,云螭非我驾。

李白说:

> 我思仙人,乃在碧海之东隅。海寒多天风,白波连山倒蓬壶,长鲸喷涌不可涉,抚心茫茫泪如珠。

他们都是不满意于现世而有所渴求于另一世界。这种渴求颇类西方的宗教情操,照理应该能产生一个很华严灿烂的理想世界来,但是他们的理想都终于"流产"。他们对于现世的悲苦虽然都看得极清楚,而对于另一世界的想象却很模糊。他们的仙境有时在"碧云里",有时在"碧海之东隅",有时又在西王母所住的瑶池,据李白的计算,它"去天三百里"。仙境有"上皇",服侍他的有吹笙的玉童,和持芙蓉的灵妃。王乔、安期生、赤松子诸人是仙界的"使徒"。仙境也很珍贵人世所珍贵的繁华,只看"玉杯赐琼浆","但见金银台",就可以想象仙人的阔绰。仙人也不忘情于云山林泉的美景,所以"青溪千余仞","云生梁栋间","翡翠戏兰苕"都值得流连玩赏。仙人最大的幸福是长寿,郭璞说"千岁方婴孩",还是太短,李白的仙人却"一餐历万岁"。仙人都有极大的本领,能"囊括大块","吸景驻光彩","挥手折荒木,拂此西日光"。升仙的方法是乘云驾鹤,但有时要采药炼丹,向"真人""长跪问宝诀"。

这种仙界的意象都从老庄虚无主义出发,兼采道家高举遗世的思想。他们不知道后世道家虽托老学以自重,而道家思想和老子哲学实有根本不能相容处。老子以为"人之大患在于有身",所以持"无欲以观其妙"为处世金针,而道家却拼命求长寿,不能忘怀于琼楼玉宇和玉杯灵液的繁华。超世而不能超欲,这是游仙派诗人的矛盾。人们的矛盾还不仅此。他们表面虽想望超世,而骨子里却仍带有很浓厚的儒家淑世主义的色彩,他们到底还没有丢开中国民族所特具的人道。屈原、阮籍、李白诸人都本有济世忧民的大抱负。阮籍狂放不羁,而在《咏怀》诗中仍有"生命几何时,慷慨各努力"的劝告。李白在《古风》里言志,也说"我志在删述,垂辉映千春"。他们本来都有淑世的志愿,看到世事的艰难和人寿的短促,于是逃到老庄的虚无清静主义之中,学道家作高举遗世的企图。他们所想望的仙境又渺不可追,"虽欲腾丹豀,云螭非我驾",仍不免"抚心茫茫泪如珠",于是又回到人境,尽量求一时的欢乐而寄情于醇酒妇人。"欲远集而无所止兮,聊浮游以逍遥",在屈原为愤慨之谈,在阮籍和李白便成了涉世的策略。这一派诗人都有日暮途穷无可奈何的痛苦。从淑世到厌世,因厌世而求超世,超世不可能,于是又落到玩世,而玩世亦终不能无忧苦。他们一生都在这种矛盾和冲突中徘徊。真正的大诗人必从这种矛盾和冲突中徘徊过来,但是也必能战胜这种矛盾和冲突而得到安顿。但丁、莎士比亚和歌德都未尝没有徘徊过,他们所以超过阮籍、李白一派诗人者就在他们得到最后的安顿,而阮、李诸人则终止于徘徊。

中国游仙派诗人何以止于徘徊呢？这要归咎于我们在上文所说过的哲学思想的平易和宗教情操的淡薄。哲学思想平易,所以无法在冲突中寻出调和,不能造成一个可以寄托心灵的理想世界。宗教情操淡薄,所以缺乏"坚持的努力",苟安于现世而无心在理想世界求寄托,求安慰。屈原、阮籍、李白诸人在中国诗人中是比较能抬头向高远处张望的。他们都曾经向中国诗人所不常去的境界去探险。但是民族性的牵累太重,他们刚飞到半天空就落下地。所以在西方诗人心中的另一世界的渴求能产生《天国》、《失乐园》、《浮士德》诸杰作,而在中国诗人心中的另一世界的渴求只能产生《远游》、《咏怀》、《游仙》诗和《古风》一些简单零碎的短诗。

老庄和道家学说之外,佛学对于中国诗的影响也很深。可惜这种影响未曾有人仔细研究过。我们首先应注意的一点就是:受佛教影响的中国诗大半只有"禅趣"而无"佛理"。"佛理"是真正的佛家哲学,"禅趣"是和尚们静坐山寺参悟佛理的趣味。佛教从汉朝传入中国,到魏晋以后才见诸吟咏,孙绰《游天台山斌》是其滥觞。晋人中以天分论,陶潜最宜于学佛,所以远公竭力想结交他,邀他入"白莲社",他以许饮酒为条件,后来又

"攒眉而去"，似乎有不屑于佛的神气。但是他听到远公的议论，告诉人说它"令人颇发深省"。当时佛学已盛行，陶潜在无意之中不免受有几分影响。他的《与子俨等疏》中：

> 少学琴书，偶爱闲静，开卷有得，便欣然忘食。见树木交荫，时鸟变声，亦复欢然有喜。常言五六月中，北窗下卧，遇凉风暂至，自谓是羲皇上人。

一段是参透禅机的话。他的诗描写这种境界的也极多。陶潜以后，中国诗人受佛教影响最深而成就最大的要推谢灵运、王维和苏轼三人。他们的诗专说佛理的极少，但处处都流露一种禅趣。我们细玩他们的全集，才可以得到这么一个总印象。如摘句为例，则谢灵运的"白云抱幽石，绿筿媚清涟"，"虚馆绝诤讼，空庭来鸟鹊"，王维的"兴阑啼鸟散，坐久落花多"，"倚杖柴门外，临风听暮蝉"，苏轼的"舟行无人岸自移，我卧读书牛不知"，"敲门都不应，倚杖听江声"，诸句的境界都是我所谓"禅趣"。

他们所以有"禅趣"而无"佛理"者固然由于诗本来不宜说理，同时也由于他们所羡慕的不是佛教而是佛教徒。晋以后中国诗人大半都有"方外交"，谢灵运有远公，王维有瑗公和操禅师，苏轼有佛印。他们很羡慕这班高僧的言论风采，常偷"浮生半日闲"到寺里去领略"参禅"的滋味，或是同禅师交换几句趣语。诗境与禅境本来相通，所以诗人和禅师常能默然相契。中国诗人对于自然的嗜好比西方诗要早一千几百年，究其原因，也和佛教有关。魏晋的僧侣已有择山水胜境筑寺观的风气，最早见到自然美的是僧侣。（中国僧侣对于自然的嗜好或许受印度僧侣的影响，印度古婆罗门教徒便有隐居山水胜境的风气，《沙恭达罗》剧可以为证）僧侣首先见到自然美，诗人则从他们的"方外交"学得这种新趣味。"禅趣"中最大的成分便是静中所得于自然的妙悟。中国诗人所最得力于佛教者就在此一点。但是他们虽有意"参禅"，却无心"证佛"，要在佛理中求消遣，并不要信奉佛教求彻底了悟，彻底解脱；入山参禅，出山仍然做他们的官，吃他们的酒肉，眷恋他们的妻子。本来佛教的妙义在"不立文字，见性成佛"，诗歌到底仍不免是一种尘障。

佛教只扩大了中国诗的情趣的根底，并没有扩大它的哲理的根底，中国诗的哲理的根底始终不外儒道两家。佛学为外来哲学，所以能合中国诗人口胃者正因其与道家言在表面上有若干类似。晋以后一般人曾把释道并为一事，以为升仙就是成佛。孙绰的《天台山赋》和李白的《赠僧崖公诗》都以为佛老原来可以相通。韩愈辟"异端邪说"，也把佛老并为一说。老子虽尚虚无而却未明言寂灭。他是一个彻底的个人主义者，《道德经》

中大部分是老于世故者的经验之谈,所以后来流为申韩刑名法律的学问,佛则以普济众生为旨。老子主张人类回到原始时代的愚昧,佛教人明心见性,衡以老子的"绝圣弃知"的主旨,则佛亦当在绝弃之列。从此可知老与佛根本不能相容。晋唐人合佛于老,也犹如他们合道于老一样,绝对没有想到这种凑合的矛盾。尤其奇怪的是儒家诗人也往往同时信佛。白居易和元稹本来都是彻底的儒者,而自有"吾学空门不学仙,归则须归兜率天"的话,元在《遗病诗》里也说:"况我早师佛,屋宅此身形"。中国人原来有"好信教不求甚解"的习惯。这种马虎妥协的精神本也有它的优点,但是与深邃的哲理和有宗教性的热烈的企求都不相容。中国诗造到幽美的境界而没有造到伟大的境界,也正由于此。

(本文最早发表于《申报月刊》1934 年版第 3 卷第 1 号,后收入
葛雷、齐彦芬《西方文化概论》,中国文化书院,1987。)

作者生前为北京大学教授,著名美学家、文艺理论家、翻译家。

19.符号学与跨文化交际

Semiotics and Intercommunication

刘英凯

【编者札记】

德国哲学家卡西尔称人类是"符号的动物"。美国人类学家克洛依伯和克勒克荷恩说:"文化由通过符号所获得并传播的显性及隐性行为模式所构成"。要懂得是什么使文字、图像或声音等符号变成人们能理解并传播的信息,就必须研究符号学;进而要明白符号学与跨文化交际的关系,那就不能不读一下深圳大学教授刘英凯先生的这篇文章了。

符号,包括语言、礼仪符号和其它非语言符号,可以帮助有不同文化背景的人交流经验,但也可能造成跨文化交际的困难。刘英凯先生在文章中主要探讨了语言符号与跨文化交际的关系。他认为,文化和语言符号的意义会出现不重叠、不对应、交叉甚至冲突的情况,这种情况就可能导致跨文化交际的困难,甚至会引发误会和矛盾。文章以大量生动的实例分析论证了文化和所指意义不相重叠、文化与语用意义不相重叠以及文化与语言内部意义不相重叠这三种情况出现的可能性,由于材料翔实、分析透彻,其观点令人信服。

刘英凯先生还用一定的篇幅论述了其它符号,如"礼仪"符号,动作、手势、面部表情等"身态语言"以及声音、节奏等"副语言"在跨文化交际中的重要作用。他的这篇论文是本书所收录的唯一关于符号学的文章,对于从符号学这一特殊视角来探讨如何避免跨文化交际的障碍,具有指导意义和参考价值。

《人物》1988年第6期介绍了尼克松1972年访华前后的几个插曲。该文讲到1972年周恩来总理到上海看望美国客人时,发现上海方面把尼克松夫妇安排在第15层,基辛格住在第14层,罗杰斯等国务院官员住在第13层。他立刻说:"怎么能安排他们住第13层?西方人最忌讳13。"周恩来走进罗杰斯套间时,几个美国官员站起身来,但笑得很不自然。周恩来找机会解释说:"有个很抱歉的事我们疏忽了,没有想到西方风俗对'13'的避讳。"转而又风趣地说:"我们中国有个寓言,一个人怕鬼的时候,越想越可怕;等他不怕了,到处上门找鬼,鬼也不见了……西方的'13'就像中国的鬼。"说得美国客人哈哈大笑。周恩来走后,美国国务院官员气消了一大半,他们对周恩来十分倾倒。

这件历史轶事对于我们了解文化差异,搞好跨文化交际很有启示意义。

文化是有序行为的结构系统。美国文化人类学家维斯拉说:"在历史以及社会科学中把所有人们的种种生活方式叫做文化。"(石川荣吉1988:5)美国的另一位文化人类学家克拉克洪也认为:"人类学中所谓的'文化',意味着一个民族的生活方式的总体,以及个人从其集团得来的社会性的遗产。"(转引自石川荣吉1988:5)文化人类学家在分析文化的构成时,一般将之划分为四大系统:(1)技术—经济系统,这方面文化差异表现不明显;(2)社会系统,包括阶级、群体、政治、法律、教育和风俗等;(3)社会系统,包括世界观、宗教信仰、艺术创造、价值观和思想方法等;(4)语言系统。后三个系统在不同文化中可以表现出巨大的差异。虽说随着各国人民的友好往来,这一差异在日趋减少,(但在有些情况下,例如中国"文革"似的动乱往往会加大彼此间的隔膜,加剧文化差异),但只要文化异质存在一天,这一差异就不会彻底消失。"不同文化间的那些时而明显,时而微妙的差别常常导致交往失当,甚至会使交际完全中断。"(李又安1980:168)了解这些差异,并采取必要的补偿手段,对于人们在跨文化交际中相互理解,避免误会,对于弥平文化沟壑,无疑具有十分重要的意义。

"13"这个意义形式在所有文化系统中都存在,但在中西不同的文化背景中其所指功能会有差异。

那么,何谓"所指"?索绪尔在著名的《普通语言教程》一书中提出了一套语言符号性理论,他指出,语言单位——词是一种由"两项要素联合构成的双重的东西",这两项要素分别是"能指"和"所指",而"能指"和

"所指"的结合就是符号。例如英语 pencil 就是个语言符号,[ˈpensl]是语音为形式的能指,而这一语音在人们头脑中引起的形象——用石墨或加颜料的黏土作笔芯的笔就是所指。相同的能指有不同的所指,即相同的符号有不同的意义,这在不同的文化甚至相同文化的次文化中都会有所反映。

汉族文化在整体上是一个统一的文化结构,但其不同地域的次文化也有所不同。还以数字为例,8 在北方地区没有特殊的"所指",可是在广东等南方地区,由于语音上与"发"字接近,于是就有了"发财"的双关含义,因此就成了吉祥数字。再如 4 在北方地区由于是偶数,有吉祥的含义。可是在广东地区的人看来,由于它和"死"字的声音相近,因此有了不吉祥的意义。恰如索绪尔在上书中所说:"语言符号是有任意性的。"即能指和所指之间并不存在必然的联系。这是破除迷信的必要性在语言理论上的依据。相同的所指可能有不同的能指。如,能够容纳衣物等的容器这一所指,在汉语普通话中是"家具",在广东话中是"家俬",而在英语中却是 furniture。另一方面,相同的能指 4、8、13,在不同的次文化和不同文化中有不同的所指。因此,周总理讲到西方的"13"就像中国的"鬼"时所表示的破除迷信思想,同样适合于 8 和 4。周恩来这段话与符号的"任意性"暗合。但本文对这一点是顺便提及,以避免文章的片面性。至于跨语言交际时尊重不同文化和次文化中约定俗成的所指意义当然是必须时刻不忘的(周恩来向罗杰斯道歉这一事实本身就说明了它的必要性)。其原因是,一个符号表征什么意义完全是它悠久的历史发展规定了的。这些约定俗成现已成为一种文化的"表意成规",这一点文化内外的人谁都不能掉以轻心。

关于符号的表意机制,美国逻辑学家和哲学家莫里斯(C. W. Morris)把符号划分为三个方面,即语义(semantic)、语用(pragmatic)和符号关系(syntactic)。其中语义指符号与符号所指称的外在事物之间的关系;语用指符号与使用者之间的关系;符号关系指符号与符号之间的关系。与这三种关系相互对应是三类符号学意义,即所指意义、语用意义和语言内部意义。这就是说,语言这一维的自然线性序列能表现三维的语言信息。

这些信息与文化差异所形成的关系是极其复杂的。

符号意义与文化有重叠的一面:因为整个人类文化是人类共同的经验,这些经验通过符号的创造和使用而进行传授、习得、积累和交融。恩斯特·卡西尔称人类是"符号的动物",它所表示的深层意义恰在这里。

因此各种自然语言之间尽管形式上有很大的差异,但不同的语言集团周围的现实本身的一致性大大超过其不同之处,因此语言的使用者在认识上有基本的共性。"人同此心,心同此理",此之谓也。这样,操不同语言的人才有可能交流经验。在这种情况下,人类的跨文化交际就相对容易了。

另一方面,人类分割(segment)现实世界,总结经验,主要是用语言进行的。各种语言的形式千差万别,而语言不同就导致认识、思想及世界观的不同,这样,在说不同的语言的人们中间,在概念上就出现了文化和所指意义的不重叠、不对应、交叉甚至冲突的情况。这时,跨文化的交际就可能出现困难,甚至会引发误会和矛盾。下面我们综合自己和柯平的分类(1988:9—15),从五个方面加以论证:

1. 文化和所指意义不相重叠

文化和所指意义不相重叠的情况分为下列三种:

1.1 原语中的所指对象在归宿语文化中不存在、不受注意,或与归宿语文化中的可比对象明显不同

希腊和罗马神话以及圣经等是西方文化的源头,来自这一源头的语言之水可以说处处在流淌。请看:

[1] "There is a bit of the Old Adam in us all", said Smith.

如何理解这里的语言符号 the Old Adam? 根据 *Longman Dictionary of English Idioms* 上的解释,这一短语指《圣经》中的人类始祖亚当违背上帝旨意的行为,源出于人类自私罪恶的本性。《圣经》并不属于中华民族固有文化,因而一般读者见到上面的句子会不知所云。即使了解其意,在翻译时也无法兼顾表层所指意义和深层的内涵意义。由于中国文化中没有这一所指意义,因此至少在目前我们翻译时只好抛弃所指意义而突出其内涵意义。现在的译文是"'我们大家都有一点干坏事的本性',史密斯说。"(厦门大学外文系主编 1985:10)这应该说是成功的译文。

时间观念的语言形式有时表达出不同文化的个性。日本文化人类学家石川荣吉(1988:188)讲到,在霍比语中时间的本质是渐渐变晚(becoming later and later)。他们不使用 10 天(ten days)这种表现,而用数至多少就到某天这种操作性(operational)的表现。例如不用 They stayed ten days,而用 They stayed until the eleventh day,或用 They left after the tenth day。

比较一下汉英在时间观上的差异也颇有趣味。中国人传统上是面朝过去站着,把已发生的事看成在前面,而把将要发生的事放在后面。"前尘"指已过去的时间;陈子昂诗"前不见古人,后不见来者"是典型的例子。这涉及"前后图示"(front-back schema)。(Lakoff 1987:283)在空间的前后与时间的前后关系这一认知图示上,英国人恰好与此相反,他们面对未来,把将来视作前方。这一差异在跨文化交际中就容易造成误解,《周恩来诗选》中有两句:

[2] 欣喜前尘影,

　　因缘文字多。

有人译为:Yet happy in the prospect/Of future literary exchange(施觉怀 1982:5)。这就是把"前尘往事"译成了前景——将来。这种盲目机械地复制原文的译法,就把过去和未来彻底颠倒了。明白英汉时间观上的差异,理解和翻译下面的句子就要特别注意:

[3] But we are getting ahead of the story.

如果见到 ahead 就译成"前",那么译文就正好重蹈了上述例[2]错误的覆辙,正确的译文当是"不过我们正向故事的结尾处进展"。

[4] The dates have, in general, been moved back in time.

按例[3]的分析,就只能译作"总的说来,就时间方面而论,日期一直是提前了的"。例[3]和[4]恰好证明了英语背靠过去、面向未来的时间观。

1.2 原语文化在概念上严格区分的实体在归宿语言中不加区分或反之

海德格尔说:"语言是存在的家园"。欧洲语言哲学家无不把语言现象放在广泛的文化背景下加以考虑,始终强调语言的多样性和可变性,即是说每种语言所属的文化必然按照自己的特别需要和兴趣,对现实进行切分。所以帕尔默(1982:21)说:"一种语言的词语与其说是反映了客观世界的现实,还不如说反映了操这种语言的人们的兴趣所在。"这就随之涉及语言学上的"词汇化程度"(degrees of lexicalization)的巨大差异(Banczerrowski 1980:326—345)。下面要论及的雪、沙子、骆驼和马都是词汇化程度极高的典型例子:爱斯基摩人生活在北极,整天与冰雪打交道,在他们的词汇中,雪有七类,分别用七个不同的词来表示;澳大利亚的某些土著语言中有许多词语指称不同的砂;阿拉伯人由于不断与骆驼打交道,因此对不同的骆驼分别有不同的词标志它们(陈松岑 1985:46)。中国古代畜牧社会关于马的词很多,单是指小马就有许多词汇,如一岁的马叫"孕",两岁的马叫"驹",三岁的马叫"骳"。可是畜牧时代过去之后,就没有必要做那么明确的分类,于是一个"驹"字就用来泛指小马了。再如,表达用体力负运东西的动作,汉语中有"拉"、"挑"、"荷"、"扛"、"担"、"背"、"驮"、"顶"、"挎"、"拎"、"负"等词语。而英语中却只用一个词 carry 就泛指了这一系列汉语词汇。其社会文化根由则正如马克思和恩格斯所说:"无论是思想还是语言都不会自己形成特殊的王国……它们只能是真实生活的反映。"(巴尔胡达罗夫 1985:6)汉语中指称"用体力负运东西"的动作如此细密丰富,肯定与我们的祖先在漫长的奴隶制和封建社会压榨下进行手工劳动的习性有密切关系。

亲属称谓问题也很值得研究。人类学的先驱路易斯·亨利·摩尔根认为,称谓语言反映了婚姻、血统和其它社会习惯。美国人类学家罗伯特·F·莫非(1988:91)认为:"亲属称谓规定的是人的社会身份,反映出它作为其中的一部分的社会的结构。"汉语的亲属名词远比英语丰富:英语中的一个 uncle,汉语中就要用伯父、叔父、舅父、姑父、姨父一组词来指称。其它词如 sister、brother、cousin、nephew、niece、grandparent、grandchild的所指与汉语划分的详略都大相径庭。这又涉及语言学上的"词汇化程度"的差异,具体而言,这与中国人民长期生活在封建宗法社会有密切关系,因为在等级森严的中国宗法社会中,男女有别、长幼有序、血缘关系的远近和男性为中心的封建礼教极受重视。因此亲属关系的亲疏、长幼和性别等方面如有不同,权利和义务也随之迥异,必须严加区分并且细加区分。日本符号学家池上嘉彦(1985:9)说:"如果哥哥拥有不同于弟弟的权利,期待他起不同的作用的话,出于他们具有不同的价值,有不同的命名加以区别则是自然的了。"这里谈的是"哥哥"与"弟弟"的切分,当然也适用于其他亲属名词的切分。

上述亲属名词问题如以汉语为参照系,英语的词汇场中就要出现所谓的"词汇空缺"。在这一案例中,如果在法庭上需要确切了解亲属关系,以综合表达法(synthetic expression)为特点的汉语一个词所能表示的概念,英语就免不了用分析型表达法(analytical expression),加上 by marriage 或 in law,乃至加上 maternal、paternal 之类的定语(Banczerrowski 1980:336),兜着圈子才能精确表达。

在跨文化交际中,对于这类文化差异不给予注意,常常会闹"国际笑话"。例如"文革"期间,把《沙家浜》中的"阿庆嫂"译作 Sister A-qing,就是一个无视文化差异的误译。按照英语习惯,sister 后面必须接上女士自己的名字(注意不加姓氏)。因此这一译文显然是不能容忍的疏忽。按西方习惯,应在 Mrs. 后加上阿庆的姓才是。

中国独特的宗法关系,译成外语,有时要颇费斟酌。下面请对《红楼梦》如下句子的两种不同英译文的高下做出判断(陈文伯 1982:5):

[5]"这通身的气派竟不像老祖宗的外孙女儿,竟是嫡亲的孙女儿似的。"

这段话把中国封建社会的宗法关系表达得淋漓尽致:自己儿子的子女是"嫡亲",是一家人,女儿的子女是外戚,不算一家人。这就充分体现了讲这番话的凤姐潜意识中以男性中心、以血缘关系为基础的宗法社会的人际关系原则。黛玉是贾母的外孙女儿,初到贾府,很受贾母宠爱,因而凤姐说了这番讨好贾母的话。可是孙女儿和外孙女儿在英语中都是 granddaughter 一个词,故而,译者只好另换角度表示这个意思。

英国人霍克斯(David Hawks)的译文是:

And everything about her so distingue! She doesn't take after your side of the family, Grannie, she is more like a Jia.

从贾母角度译成黛玉不像她那家系(your side),而像贾母丈夫那家系,这倒是把"嫡亲"关系译出来了。但其缺点是:(1)没有译出贾母与黛玉的关系;(2)更重要的是,凤姐这样讲,实际上是唐突了贾母(she doesn't take after your side),这在读者看来,不符合凤姐的圆滑性格。杨宪益夫妇的译文则显然高出一筹:

Her whole air is so distinguished. She doesn't take after her father, son-in-law of our Old Ancestress, but looks more like a Chia.

这一译文从黛玉父亲的角度来讲话,把贾母同黛玉的关系交代得十分明白。另一方面,说黛玉不像她父亲(姓林),只是对外姓林家稍有不敬,于贾家丝毫无碍,显然,不会使贾母不快。

中西文化的如上历时性和共时性差异是语言学、社会学、政治学、经济学都应当共同关注的题目。

1.3 由于认识方式不同,原语和归宿语中同一个所指对象或所指意义可能有不同的字面意义

孙隆基在其《中国文化的深层结构》一书中谈到道家的"身学"对中国文化有着极大的影响,以致中国人对自己、对别人都有人身观念,却缺少人格观念。例如涉及生命观念的"明哲保身"及"自身难保"用"身"字表示可以理解;可是涉及人社会地位的"翻身"、涉及人背景的"出身"、涉及知性与领悟力的"体验"和"体会"、涉及道德的"修身"及"三省吾身"、涉及树立榜样的"身教"……都是外民族所无法理解的,因此相同的所指对象和所指意义必须用不同的字面意义去表现,如汉语的"身不由己"字面上用"身",而英语则必须用"意志"(will)去表达:against one's will。从另一角度讲,表示"人格侮辱"这一所指意义,汉语中用"人身攻击",又用上了"身"这一字面义。可是如不了解中西方"身"字的不同文化背景,而直译成英语就变成了 physical assault,其意思竟是对完整形态的人体的攻击,结果则不是人格侮辱,而是要伤及体肤。

所指对象相同,而字面意义不同在日常生活中的典型例子是"红茶",汉语中是就茶水颜色而言,而英语中认识的侧重点是茶叶本身的颜色发黑,因而叫做 black tea。

2. 文化与语用意义不相重叠

文化与语用意义不相重叠的情况分为下列三种:

2.1 承载语用意义的指称对象本身是归宿语文化所不熟悉的

例如,"他的奇怪行动把与会者打入闷葫芦里了"。"闷葫芦"是中国人熟悉的比喻,它的语用意义即是"使人莫明其妙"。但如果在译文中把

喻体——能指——"闷葫芦"纤介不遗地译出,其语用意义即内涵意义就没有揭橥,两种文化的交际就无法实现。所以,将它译作 His queer behavior threw those who had been attending the meeting into bewilderment. 就算尽了翻译的职责。再如汉语"他早已胸有成竹",倘若描头画角,纤毫毕现地把"成"和"竹"字也译出来,那就应当是 He has long had a fully-grown bamboo in his bosom,而这一译文会由于语用意义模糊,使人莫名其妙,交际因此而遇到障碍。这一译文在一般情况下只要把其喻义——语用意义 He has long had a well-thought-out plan in mind. 揭示出来即已经完成翻译任务。倘若着眼于文化交流,一定要把能指"竹"字也译出来,就非得把宋朝人文与可与晁补之的故事做一个详细的注解方可。

汉语中反映旧时代"视民如刍狗"及"君臣父子"传统的"牧民"、"父母官"、"爱民如子"之类的比喻,是西方文化所不熟悉的,甚至是无法理解的。

英语中的 Monday morning quarterback 的语用意义相当于汉语的"马后炮"或"事后诸葛",其根据是橄榄球赛在星期日举行,因而星期一上午的指挥球员就有了"事后聪明"的喻义。可是由于中国人对橄榄球很不熟悉,倘若直译过来而无注解,其深层语用意义未予揭示,则译犹不译。

2.2 原语词语和归宿语的所指意义相同,但一个有语用意义,一个没有

Lado 在其 *Linguistics across Cultures* 一书第 71 页上说:"我们把生活经验变成语言,并给语言加上意思受了文化的约束影响。而各种语言则由于文化不同而互有区别,有的语义存在于一种语言之中,但在另一种语言中却不存在",这就是所谓的语义空缺现象(semantic lacuna)。

苏联翻译家巴尔胡达罗夫在其《语言与翻译》一书中讲到不少动物比喻都会在其语言中造成语义空缺。例如俄语的"甲虫"标志狡猾,"鹅"则有滑头不可靠的语义,"蜘蛛"则喻指吸血鬼、剥削者。可是在汉语中及在英语中相应的词汇都没有这些喻义。本文开篇讲的"13"在西方有不祥的语用意义,而在中国却没有,即是一例。再如表现宗法社会中婆媳关系遗迹的"婆婆嘴",其语用意义是"唠叨",这在英语文化中就无法理解。"续弦"的喻义是再娶,"琵琶别抱"的意义是妇女改嫁,"红杏出墙"的喻义是妇女有越轨行为,这些语用意义在英文中都"尽付阙如"。同样,菊花和兰

花在汉语中代表高洁,在外国却分别只是花的一种罢了。"松"在英语中可喻指"坚定",但却绝无长寿的喻义。"鹤"在英语中是一种普通的鸟,可是在汉语中与"松"一起象征"长寿"。以上例子除了少数东方语言外,译成大部分别国语言,其所指意义与语用意义都难免脱节。

再从英语角度分析:the sheep and the goat 喻指好人和坏人,据李冬(1987:10)分析,羊毛从中世纪以来,一直是英国大宗出口商品。英国人向来就对羊毛很感兴趣,至今英国上议院议长还坐在一袋羊毛上便是佐证。因此英国人偏爱绵羊。而山羊性情好斗,雄性尾部散发恶臭,因此使人嫌恶。但是绵羊和山羊这一比喻的语用意义,汉民族就不熟悉。

语言符号语用意义的上述特点在国际交往中十分重要。如中国天津"金鸡"牌闹钟最初译为 Golden Cock Alarm Clock,由于 cock 在英语中容易使人引起不雅的性(sex)联想,故后来特意做了更正,改译为 Golden Rooster。这当然是有利于出口的明智之举。

广州生产的系列"五羊"牌商品曾译为 Five Rams,并在广州友谊商店展销。但英语中"公羊"有好斗之意,于是引出"撞击"的含义。表与自行车之类商品和"撞击"联系起来就显然会在西方引出不吉利的联想。

在与外国人交往过程中要注意语用意义的联想。广州外语学院伍谦光先生曾在他的文章中谈到,一次招待会上,中国主人向外宾祝酒时劝大家"干杯"。译员译作 Bottoms up 引得外宾大笑,因为 bottoms up 的另一个意思是"屁股朝天"。

2.3　原语和归宿语的所指意义相同,但语用意义不同

以红色为例。在中国传统文化中,红色是与喜庆、幸福、丰收相联系的。可是在英语中 red 有时意为激进、赤色,有其它政治色彩。另外它又容易引起"赤字"、"亏空"、"负债"等联想。孙德权(1988:71)说,50 年代四川"地球牌"榨菜本来货真价实,但由于商标上的地球插上了红旗,便使销路受阻。据笔者管见所及,其原因是,除了"红"本身的语义外,西方的 red flag 有几个语用意义:(1)用作表示危险的信号;(2)表示叛乱的旗帜;(3)惹起危险之物。这些无不含有贬义。后来这种榨菜改了商标就立刻畅销起来。

英国翻译家霍克斯(David Hawks)翻译《红楼梦》的书名时,没有采取直译而是按《红楼梦》的另一个名字译成 The Story of the Stone(《石头

记》),他还将"怡红公子"译成了 Green Boy(绿色公子)。

"白"与其在英语中的对应词 white 的语用意义也迥然不同。"白"在《辞海》中的释义中有一个是"与'红'相对,象征反动",有贬义;还有一个是"丧事的代称",有不吉祥之意。而英语中的 white,并没有如上的语用意义。其它"黄"、"蓝"等颜色与英语中相应的 yellow 和 blue 的语用意义都颇有差距。

"西风"在汉语中往往使人联想起令人嫌恶的"朔风","昨日西风凋碧树"即是一例。可是雪莱笔下的《西风颂》却是对西风的由衷歌颂。因为中英地理位置不同,英国的西风是温暖的风,因此和中国的"东风"语用意义相同。再如"夏天"这相同的所指意义在中国人与英国人心目中的语用意义也迥然不同。夏天在中国人的心目中是炎热酷暑,所以他们绝不会理解莎士比亚《仲夏夜之梦》中夏夜的温婉美丽,尤其不能理解他的十四行诗第 18 首将心爱的人比喻成"夏日"。Shall I compare thee to a summer day? Thou art more lovely and temperate. 英国的夏日明媚温和,是最宜人的季节,所以莎翁才会有如上的描述和比喻。

正因为如此,在国际交往中,我们不能把自己文化中某一所指的语用意义,套用到其他文化中去。

3. 文化与语言内部意义不相重叠

有时,语言形式本身的某些方面,如词的音、形、词法及句法等层面,在一个句子里作为内容而出现或与内容关系十分紧密,这样的内容就无法脱离原语语言形式而表现于归宿语语言形式之中。

语言方面,英语的头韵、尾韵、拟声、半谐音、谐音双关与汉语的双声、谐音双关、尾韵等,在翻译时音形义无法兼顾。字位层上,汉语的析字、镶嵌、藏词等修辞格,也无法译成任何外语。语法层上的不对应也十分突出。以莎士比亚的十四行诗为例,人们普遍认为莎翁十四行诗具有全人类的意义。其中大部分看不出来作者是写给男性或是写给女性的。可是一译成俄语,译者就得在性别上做出选择,因为俄语中名词、代词、形容词、形动词、动词过去时形式等都有性别的形态标志。所以,苏联翻译家巴尔胡达罗夫(1985:130)在其著名的《语言与翻译》一书中分析了几个例子,如莎翁十四行诗第 40、58 首在俄译本中分别译成写给男性和女性;这是否与作者初衷相契合,译者也无法顾及了。

汉语旧体诗中无人称、无主语、无时态的句子比比皆是,这是因为,在中国诗人的意识中,要表达的经验是超越时空的,恒常的,浑然不分主客体的。正因如此,才造就了不少诗词的空灵。可是一旦译成英语,译者就很难"超脱",他不能不按自己的理解加上人称、主语、时态及介词、连词等连接的元素。这样一来,原诗的"超逸"往往丧失殆尽。所以论者说译文常常焚琴煮鹤。西方之所谓"诗之不可译性"(non-translatability of poetry)主要表现在语言的内部意义上。而美国诗人弗罗斯特(Frost)给诗下的定义竟是:"诗就是翻译中的失掉物。"这真是深谙诗歌翻译的甘苦之言。但这也怪不得译者,是语际之间的巨大差异所致。

4. 关于"礼仪"符号

符号学已把"符号"这个概念从"语言"扩大到整个文化。礼仪也是文化中的重要组成部分,所以礼仪等风俗习惯也是一种符号。日本学者池上嘉彦说(1985:154):"把'礼仪'作为'符号'理解,恐怕也不会有人反对……人们是按某种规定行事的,所以礼仪充分具备着符号体系的性质。"

礼仪符号与语言符号不同,它的可塑性较强,它能超越既成秩序,用新的代替旧的。在本世纪初,叩头还是中国人相当常见的礼仪内容,可是现在已近绝迹了。因此,西方所谓"文化灌输"(enculturation),其主要内容,不是语言符号,而是这类非语言符号。但既定的礼仪符号体系在各种文化中的差异相当突出,从下面的事例中可见一斑。

中国人在每天三顿饭前后的时间,见面时常要问:"吃了吗?";走在路上时,则常要问:"到哪儿去?"这些都是寒暄话或打招呼语,问与答的双方都不把它们当成真正意义上的问题。可是按中国人这种礼仪习惯去问英美人,他们就会体会成必须认真回答的真正问题,他们对前一个问题会莫名其妙,或把寒暄当成真问题来回答;对后一个问题的反应是认为干涉他的私人事务。在英、美,与上述两个问题的语用意义相当的场合,应当是谈论天气。

英美人整天把 Thank you 之类的感激话挂在嘴上,最亲密的关系之间,如父子之间、夫妻之间,也不例外。而这在中国人看来,就有些"见外"。

做讲演或报告之后,讲话者要对听众说"谢谢",原因是听众耐心地听到最后是"捧"了他的场——这一点,中国人是最近才渐渐适应了的。因为中国长期以来在这样的场合下听众只配对讲话人的"指示"表示感激,哪敢指望讲话人对他们表示感谢。这恐怕是中国长期以来缺乏"以民为主"的精神所致。

在西方,到商店买东西,顾客要对服务人员表示感谢,原因是服务员为自己服务了。同样,我们也常常注意到服务人员对顾客表示感谢,理由是顾客是"财东",使他们赚了钱。可是这两方面的感谢在中国过去的若干年里却极少看到。从服务员方面分析,他们认为商品匮乏,我卖东西给你乃是一种"恩赐",焉有谢你的道理?而另一方面,则正因为长期以来服务员居高临下的施主态度,顾客大多不满,因此尽管服务员为顾客服务了,顾客也不愿表示感谢。这些来年,随着经济的搞活,商品的丰富,这种状况已经大为好转。

再如表示谦虚,中国人有一大套词汇,例如"寒舍"、"菲酌"、"薄酒"、"拙作"、"犬子"、"小女"、"敝人"、"贱内"等等。按语用学的观点,上述说法中表示自谦的定语,翻译到英语中都无需传达。按照中国的礼仪习惯,外人对我们表示感谢后,我们又要表示自谦,说一番自贬的话。这种情况,西方人名之为"tradition of self-depreciation"(自贬的传统)。这是否可说是几千年来国人"存天理,灭人欲"、"克己复礼",不尊重个人价值,因而个人也不够尊重自己的价值这一传统的沉淀?而西方人受到表扬后却常常说一声"谢谢",这是否同西方人长期尊重个人价值,因此培养了他们对个人的自信心有关?

这些风俗上的差异在跨文化交际中都理当高度注意。自己出国时要"入境从俗",对外国客人这方面的语用错误要给予谅解。

另外,为了促进各国人民的相互了解和友好往来,外国语言教育要辅以外国文化教育。

美国人类学家和语言学家萨丕尔说(Sapir 1949:221):"语言的存在不能脱离文化,不能脱离社会继承下来的各种做法和信念。"这些所谓"社会继承下来的各种做法和信念",涵盖的内容十分广泛,是我们进行跨文化交际时要十分注意的。外语教师尤其更有既教语言又教文化的必要。G·R·塔克和W·E·赖姆伯特对单纯教语言不教文化的做法提出批评时指出:"我们相信所有这类企图都会使学生失去兴趣,使他们不仅不想学语言符号本身,而且也不想了解使用这一符号体系的民族。相反,帮助学生在学习语言时提高文化敏感度就可以利用他们想了解其他民族时的发自内心的兴趣和动力……从而提供了学习该民族语言的基础。"(Tucker and Lambert 1979:249)正是基于这样的认识,在美国从 20 世纪 50 年代以来,人们就创造了用于外语课堂的"文化教学法"(Cultural Approach)、"文化单元"(Culture Module)和"文化集锦"(Culture Cluster)。(林毅、张才兰 1986:198)1975 年,参加赫尔辛基欧安会的 35 个国家代表认为,必须鼓励把外语教学与研究有关国家的文化恰当地结合起来(林毅、张才兰 1986:197),这说明这一问题已引起了国际性的重视。

5. 非语言的特殊符号

日本学者田中春美(1986:7)等人曾谈到"动作、手势、面部表情"等非语言交际,其中包括"身态语言"和"副语言",即具有不同性质或种类的声音。心理学家艾伯特·梅拉宾对此提出一个公式。即传达一项信息的总效果 =7% 的词语 +38% 的声音 +55% 的面部表情(林毅、张才兰 1986:194)。其中的"面部表情",即指上文的"身态语言";"声音"即指上文的"副语言"。以上公式说明了"身态语言"和"副语言"具有更大的重要性。

眼神属于"身态语言"。法斯特(1988:174)在《论行为》一书中讲道:"不同文化造成不同的习惯……造成了不同的行为语言……甚至同样的眼光,还会有不同的意义。"他举了波多黎各人和美国人相同目光的不同语义的例子加以说明。

眼神及其它原语文化中的"身态语言"现象会造成归宿语言中的"语言空缺"。如英国人用耸肩表示"不知道"或"无可奈何",这是中国人所没有的习惯。英国男人可以吻自己成年女儿的嘴唇,这不用说在中国,即使在法国也无法理解。法国男女一旦吻了嘴唇,这一非语言符号的所指功能,按照皮尔斯(Peirce)的符号学观点,则正如烟是火的标志符号(index)一样,表示两人的关系已达到可以上床做爱的程度了。

西方人传统习惯与中国的不同数不胜数,如吻别、飞吻、接吻、道晚安等等都是汉民族传统中没有的特殊非语言符号。

有趣的是对非语言符号认识不足,也会在语言符号的翻译中引出问题:

女词人李清照的《蝶恋花·暖雨晴风初破冻》中"乍试夹衫金缕缝,山枕斜欹,枕损钗头凤",在美国诗人罗克罗塞(Rexroth)的译笔下,竟成了:

I put on my new gilded robe/Sewn with gold thread /And throw myself against a pile of pillows,/Crushing my phoenix hairpins. (钟玲 1980:171)

这首词写的是:初春时分,一位少妇独守空闺,泪融残粉,夜半难寐,辗转反侧,以至弄坏了头钗。然而美国诗人对古代东方妇女的雍容和娴静毕竟不无隔膜,因此把西方妇女在春心骚动、百无聊赖时的动作加到了译诗中:狠狠把自己摔到床上! 这样,娴雅的东方女性就一下子变作热情奔放、难以自已的西方妇女! 于是东西方文化发生了错位。

看来,非语言符号同语言符号一样地不容忽视。

参考文献

[1] 巴尔胡达罗夫,1985,《语言与翻译》,王晓云译,北京:中国对外翻译出版公司。

[2] 陈松岑,1985,《社会语言学导论》,北京:北京大学出版社。

[3] 陈文伯,1982,理解与表达,《翻译通讯》第 3 期,3—6。

[4] 池上嘉彦,1985,《符号学入门》,张晓云译,北京:国际文化出版社。

[5] 法斯特,1988,《论行为》,乐夫译,成都:成都科技大学出版社。

[6] 柯 平,1988,文化差异和语义的非对应,《中国翻译》第 1 期,9—15。

[7] 李 冬,1987,下义关系的不规则性,《外国语》第 3 期,8—11。

[8] 李又安,1980,对外语教学中文化问题的认识发展过程,《语言教学与研究》第 4 期,166—174。

[9] 林 毅、张才兰,1986,语言、国情、外语教学,见《语言研究集刊》第一辑,南京:江苏教育出版社,194—198。

[10] 罗·F·莫菲,1988,《文化和社会人类学》,吴玫译,北京:中国文联出版公司。

[11] 石川荣吉主编,1988,《现代文化人类学》,周星等四人译,北京:中国国际广播出版社。

[12] 施觉怀,1982,略论译诗,《翻译通讯》第 3 期,1—5。

[13] 孙德权,1988,白象外象,《现代外语》第 1 期,70—72。

[14] 田中春美等,1986,《语言学漫步》,刘耀武译,西安:陕西人民出版社。

[15] 厦门大学外文系主编,1985,《综合英语成语词典》,福州:福建人民出版社。

[16] 钟 玲,1980,谈翻译《兰舟》之经验和体会,见《翻译艺术》,台北:国际文化事业有限公司,168—189。

[17] Banczerrowski, J. 1980. Some contrastive considerations about semantics in the communication process. In J. Fisak(ed) 1980. Amsterdam: John Benjamins.

[18] Lakoff, G. 1987. *Women, Fire, and Dangerous Things*. Chicago and London: The University of Chicago Press.

[19] Palmer, F. R. 1982. *Semantics*. Cambridge:Cambridge University Press.

[20] Sapir, E.1949. *Language: An Introduction to the Study of Speech*. New York: A

Harvest Book.

[21] Tucker, G. R. and W. E. Lambert. 1979. Socio-Cultural Aspects of Language Study. In J. W. Oller, Jr and J. K. Richard (eds.) *Focus on the Learner: Pragmatic Perspective for the Language Teacher*, Massachusetts:Newbury House Publishers, Inc.

（本文最早发表于《东西方文化评论》1989 年第 2 辑,后收入
杨自俭主编《英汉对比研究论文集》,上海外语教育
出版社,1990。此次入选后略有增删。）

作者通讯地址：518060 深圳市南山区南海大道 3688 号
深圳大学外国语学院；yikliu@yahoo.com.cn

20. 自我认识与跨文化交际

Self-Recognition and Cross-Cultural Communication

王宗炎

【编者札记】

　　跨文化交际,指本族语者与非本族语者之间的交际,也指任何在语言和文化背景方面有差异的人们之间的交际。在我国国门大开、中外文化交流空前活跃的今天,探讨如何成功而又得体地进行跨文化交际,有着重大的现实意义。中山大学外国语学院教授王宗炎先生有深厚的中外语言学功底,擅长外语教学与研究,他在本篇论文中以其特有的幽默笔触和生动语言论述了在跨文化交际中认识自我的正确态度,对于各个领域从事跨文化交际的团体或个人都有指导和借鉴的作用。

　　王宗炎先生引用了英国教授 Gillian Brown、日本教授 Kinosita Koreo 和美国导游手册作者 John Summerfield 的观察和陈述,说明了同一个道理:不同民族的价值观和行为方式虽然不同,但没有高低贵贱之分;文化尽管有差异,却同样地有理由,有价值。王宗炎先生认为"求同存异是需要的,互谅互让是应该的,但是妄自菲薄,奴颜婢膝,却不应该提倡"。这一观点不失为在跨文化交际中值得人们遵循的一条原则。

　　本篇论文在论及中国民俗的根源时指出:"传统习惯、社会主义习惯和西方习惯共同构成了今天中国人的习惯,好像拿三种酒弄成一杯鸡尾酒。"这一具有独到见解的结论不仅有助于当今中国人认识自我,也有助于外国人更好地理解当今中国人的言行,从而促进中外跨文化交际活动的顺利开展。

1. 交际是否等于沟通？

英语 communication 这个词,语言学界多译为"交际",心理学界多译为"沟通"。事实上,交际与沟通是有一段距离的。说了话,对方懂了,这是交际,也是沟通。说了话,对方莫名其妙,这不是沟通,只是交际——不产生效果或产生反效果的交际。在不同民族之间,这种事倒是屡见不鲜的。下面是两个例子。

美国黎天睦(Timothy Light 1987:13)教授说:"中国朋友打电话给我,有时我不知道他把话说完了没有,因为在挂上话筒之前,他不说 good-bye。"

1992 年 9 月 23 日,美国哥伦比亚广播公司预告,说当晚要报道近来流行的一种 unconventional therapy(非传统疗法)。我按时收听,不禁哑然失笑。原来他们所谓 unconventional therapy, 乃是我国的 conventional therapy 针灸疗法。

英国的 Gillian Brown (1990:1—17)教授说:"Communication is a risky business",确实有理。英语国家与中国,历史不同,文化不同,社会习惯不同,两国人民在交际时,要做到充分沟通,是不易的。

不过,这不是说,在英语国家的人民与中国人民之间,有一道不可逾越的鸿沟。比方说,在英国,听见人家打喷嚏,有人会说"Bless you"①。在广东南部,听见人家打喷嚏,也有人会说:"吉星! 吉星!"可见打喷嚏这件事,两国都有人觉得不妙。然而,这里仍然有个区别。英国人求助于上帝;中国人求助于星宿。这是古老的文化在两种不同的语言中留下的痕迹。

2. 英国学者看文化和语言

对自己的文化、语言和人家的文化、语言该怎么看待,这是一个复杂的问题。强国或强大的民族倾向于自高自大,认为人家什么东西都不如自己,这是民族中心主义(ethnocentrism);弱国或弱小的民族倾向于自卑,认为人家什么东西都比自己好,这是惧外心理(xenophobia)。在有理智的

① *Collins Cobuild English Language Dictionary*, 1987, p. 139.

人看来,这两种观点都是不正确的,不应该采取,更不值得提倡。

让我们研究一下上文提过的英国的 Gillian Brown 教授的看法吧。

在一篇文章里,Brown(1990:16)指出三点:(1)英语不是统一的语言;它有许多类别,许多方言。这些东西各有其习惯,各有其格式,各自表现出当地文化的价值观。(2)英国文化也不是统一的;它包括许多不同的成分。这些成分各有价值观和习俗,英国人对它应该同样尊重。(3)外国人也有他们的看法、价值观、传统、情感、文化,这些东西与英国人的不同,然而都应该视为同样地有理由,有价值。

Brown 采取的文化平等观和语言平等观,我们应该赞同。英国人听见打喷嚏说"Bless you",中国人说"吉星! 吉星!"你说哪一种更合乎科学? 英国法院开庭,法官要戴假发,中国的法官不戴,美国的也不戴,你说哪一种做法更有道理? 中国人见面时握手,法国人一样,印度人要合掌,你说哪一种更有礼貌? 中国人与英语国家的人进行交际,有时会言语不通,有时会发生误会,这种情况我们是不满意的。我们应该努力把言语不通变为声入心通,应该尽量消除误会。可是我们决不能归咎哪一方,决不能认为哪一方的文化更好,语言更美。

3. 日本学者看文化和语言

Gillian Brown 提出了看待不同的文化和语言的原则,可是她没有把本国文化与外国文化相比较。进行过这种工作的,可以日本 Kinosita Koreo 教授为例。他是物理学家,曾任 Gakushuin 大学校长,与西方人士接触甚多,感想也甚多。

第二次大战后,Koreo 招待过一个西方科学代表团,带他们走了整整一天。回来的时候,他问他们:"你们累了吧?"回答是:"对,我们累了。"(这叫他吃了一惊;按日本礼节,该说"不太累"。)他又问:"你们一定肚子饿了吧?"回答又很干脆:"对,我们饿了。"(这又叫他吃了一惊;按日本礼节,顶多说,"有点儿饿"。)

在一篇专论里,Koreo(1988:19—25)总结出,日本人与西方人有八点不同:

1) 在交谈时,日本人尽量迁就对方的观点,不正面顶撞;西方人有话直说,毫不含糊。

2）日本人说话转弯抹角;西方人单刀直入。

3）日本人的言辞要用好些敬称,西方人觉得啰唆;西方人也说客气话,可是十分简短,日本人觉得唐突。

4）日本人先说明理由,再提出主张;西方人先提出主张,再说明理由。

5）日本人在进行讨论前先寒暄一番,来一大篇绪论;西方人无此习惯。

6）日本人常常表示对对方十分关怀;西方人觉得这是多管闲事。

7）日本人说话寥寥数语,不详不尽;西方人觉得这是话里有话,很不痛快。

8）西方人进行辩论时要反复交锋;日本人双方顶多各表示意见一次,以后或者此方向彼方让步,或者心里虽坚持己见,但认为多谈无益,不再出声。

Koreo 在上面谈的,已不限于表面的言辞礼节;他把日本人的文化传统、民族性格、思想方法、社会哲学都用简洁明晰的话描绘了出来。不过我们应该注意,他虽然指出了日本人的特色,可是只说与西方人有何不同,并不说比西方人差。

4. 中国学者对文化和语言的研究

现在我们该把视线收回来,看看家里的事了。

外语教师感觉到本土文化与外国不同,这是很自然的。但是就是在英美两国,人们认真讨论文化与语言教学之间的关系,也不过是 80 年代的事情。在中国,自然开展得更慢。直到 70 年代后期,在排外思想的影响下,我们还大门紧闭,把自己封锁起来,我们看不到外国的情况和风尚,更无法进行比较和研究。

在语言学界,80 年代以前,由于偏重美国的结构主义和生成语法,大家只讲句法,很少人考虑词义、语用、文化、社会习惯等问题,当然更无法预见国际学术交流、旅游、贸易等等对外语教师的挑战。

感谢许国璋(1988:72—82)教授,他首先提出词汇的文化内涵与英语教学的关系这个问题。感谢胡文仲教授,他除写文章讨论跨文化交际外,还编了两本包括中外作家的英语论文集:一本是《跨文化交际与英语学习》(上海译文出版社,1988),一本是《跨文化交际学选读》(湖南教育出版社,1990)。

现在,许多人已经觉得,推动这方面的研究的是一股强大的力量——改革开放的力量,经济建设的力量,为吸收国外信息和学习先进技术而提出迫切要求的力量。英语教师们不能忽视这股力量,否则难免失职之讥,同时也失去用武之地。

5. 美国人看中国

　　人难有自知之明。唐太宗说得好,"以人为鉴,可知得失"。中国人要研究自己,第一步应该是看看别人的品评。在这里,美国人 John Summer-field 所编的 *Fodor's People's Republic of China* (1988)有些章节是值得玩味的。其所以值得玩味,是因为这是一本导游书。大家知道,导游者的话要平实客观。他不能把中国人美化,否则会被骂为骗子;可是也不能把中国人丑化,否则不利于自己的事业。

　　Summerfield(1988:13—14)说,中国的国情与别国是大不相同的。在今天的中国,分明可以看出西方的影响,然而中国的习俗基本上是东方的习俗。无论哪一位游客来到中国,他都会发现,在这块广大的国土上占统治地位的是中国式的社会主义。西方的影响很触目——在新宾馆,在新工厂,在飞机和火车上,在各种新建成的基础设施上。但是在中国,东方的特色到处都有——它表现在语言上,在风俗上,在社会行为上,那都是从历史的曙光期遗留下来的东西。

　　中国人是有强烈的求知欲的;他们渴望知道外界的情况。碰见游客,他们便想知道游客本人本国的情况,想知道游客故乡的历史和文化,因此会对游客提出无数的问题。只要外国游客温文有礼,态度友好,而不是自视甚高,瞧人不起,不论来自何方都会受到中国人的欢迎。

　　中国人的礼俗有什么特点呢? Summerfield 说:中国人不喜欢你拍他的肩膀,拥抱他或者亲他。你如果这样做,他会觉得难为情。跟中国人交谈,要有节制,要含蓄,要讲礼貌。在访问学校、工厂或其他地方时,中国人会鼓掌欢迎,那时最好你也鼓掌相报。中国人很严肃,所以外国人不要对中国妇女有轻佻的表现。

　　Summerfield 的结论说:中国人是热情、和善而有礼的。

　　你对 Summerfield 的评论有何评论? 你觉得他没有浪漫的或者失实的描写,对不对?

6. 中国文化和语言的一些特点

有三点,读者和我可能意见是一致的:(1)中国的东西与外国不同。(2)中国的语言和文化,也跟英国的语言和文化一样,不是完全统一的。(3)中国语言和文化都在变化发展中,近十年来变化发展得更快。这篇文章所说的话,五年后可能就要大加修改了。

中国文化和语言是一个多面体,一个人无法全面了解,更不能在一篇短文中详细描绘。下面所举的只是一些例子。

只要把英国人和中国人寒暄问候的话比较一下,就知道其间有相同之处,也有相异之处(当然,要注意的是相异之处)。本节所举的英语例子,都来自 *Collins Cobuild English Language Dictionary*,以后不一一注明。

英　语	汉　语
"How do you do?" "How do you do?" (并不正面答复所提的问题。)	"你好。" "你好。"
Good morning.	你早;早上好
(1) 从早上起来到中午都可以说"Good morning"。	(1) 只能在从早起到上午九时左右说"你早"。
(2) 告别时可以说,如"Good morning, doctor. I hope we'll see you again soon."	(2) 告别时不能说"你早"。
Good evening.	"晚安"(这是译语,中国人一般不说)
(1) 从黄昏到就寝这一段时间见面时可说。	(1) 中国人在同样时间见面说"你好"。
(2) 有时告别时也说"Good evening"或"Good night"。	(2) 告别时只说"再见"。"晚安"(Good night 与 Good evening 译语相同)
(1) 晚上告别时一般说"Good night"。	(1) 告别时说"再见"或"早点休息吧"。
(2) 电视节目结束时说"Good night"。	(2) 电视节目结束时说"再见",西化的也说"晚安"。
Good afternoon.	中国人不说"下午好",只说"你好"。
Have a nice day.	汉语按习惯无相当的话。
Enjoy your week-end.	同上。

中国人见面喜欢问(1)姓名,(2)籍贯,(3)年龄,甚至(4)工资多少;外国人对(3)(4)两项是不愿谈的。中国人路上相遇问"哪里去了?"或者"吃过饭没有?"外国人觉得很不习惯。中国人会称赞"你发福了",好像是件新发现的大喜事;中国人送客时说"慢慢走",见人外出时往往很关心地说"天气冷,多穿些衣服"。所有这些,外国人都感到很异样。

外国人收到礼物,马上打开,连声叫好;中国人收到礼物,放在一旁,看也不看(生怕人家说他贪心)。外国人受到赞许,马上说"Thank you"(这并不等于说赞许是公正的判断,自己当之无愧);中国人听见夸奖,赶忙连声说"哪里? 哪里?"或者"好说,好说",好像不加以否定便是盲目自满。

中国人十分殷勤好客,斟酒一杯又一杯,布菜一道又一道,客人不喝不行,不吃也不行;外国人觉得难以对付。我参加过一个在国内开的国际会议,中国来宾每人一盘菜,比利时来宾外加一盘菜,弄得这位来宾不知如何是好。

另一方面,在外国人眼里,中国人在礼貌方面又不太注意。送上菜来,递过信来,拿上报来,中国收受者视为当然,很少道谢。在中国熟人中间,很少听见"谢"字;在父子、夫妇当中,"谢"字更少。相反,Thank you这句话,英美人一天要说上千百遍,例如:

1)"Have a good flight?" "Not at all bad, thank you." (这是谢关心。)
2)"You are a beautiful woman." "Thank you." (这是谢夸奖。)
3)"And your name, Sir?" "Hare." "Thank you. We'll see you tomorrow at 8, then." (晚上来客在旅馆开房间要登记姓名,这是谢他报了自己的姓名。)

有些很隆重的事,中国人与英美人的做法很不一样,外国高官就职要宣誓,中国什么主席、总理就职也没有这一套。外国船只行下水礼,主持人要宣布"I name the ship so-and-so";中国主持人不说什么,剪彩了事。中国人做生日,按老规矩是送寿面;外国人做生日,要送堆奶油得二三寸厚的大蛋糕(这个习惯有的中国人也学了,其目的似乎是要给老寿星增加一些胆固醇)。

如果英国人对中国人的礼俗觉得难以理解,中国人对英国人的礼俗有时也觉得莫名其妙:内科医生、外科医生都是医生,为什么内科医生叫Dr. Allan,外科医生可叫 Mr. Allan? Harold Wilson 原来人家叫他 Mr. Wilson(称姓),为什么受封爵士以后就叫 Sir Harold (称名)? 为什么英国下议院展开辩论,对某一议员不称为 Mr. So-and-so,例如不说"Mr. So-

and-so is mistaken",却要绕一个大弯,说"The right honourable member for Malmesbury is mistaken?"你能说,英国文化比中国文化有理据吗? 你能说,英国人说话比中国人简洁明了吗?

7. 中国民俗的根源

在 Summerfield 的笔下,中国人是这样的人:求知欲强,和顺亲切,谦虚谨慎,矜持庄重。但是,这仅仅是中国人性格的一部分特点。如果外国游客看看珠江三角洲,他会了解港澳华侨的爱国心与广东经济发展的关系;如果他看看虎门、卢沟桥和长城,他会想起中国人抗御外敌的英勇。中国文化是复杂的,中国人的性格也是复杂的。不妨说,中国人是外柔内刚的人。

但是就 Summerfield 所提的特点而论,我们可以承认他的描写是合乎实际的,他对中国国情的估计也八九不离十。

在 1980 年左右,一个中国人如果访问国内的一位朋友,主人会做三件事情:他会说"某某同志,你好"(互称"同志"是社会主义国家的习惯);他会跟客人握手(这是从西方学来的礼节,中国古来只打躬作揖);他会给他倒一杯茶(这是传统习惯,现在可能代以矿泉水或者可口可乐)。这也就是说,在几秒钟内,三种文化因素在他的身上一起表现出来了。

我们不妨说,传统习惯、社会主义习惯和西方习惯共同构成了今天中国人的习惯,好像拿三种酒弄成一杯鸡尾酒。其中最根深蒂固的是传统习惯,这是以几千年来的社会历史为根基的;最不可忽视的是社会主义因素,这只有几十年的历史,可是上有政府提倡,下有学校诱导;此外还有西方势力,自改革开放以来,它在物质方面影响极大,在精神方面影响也不小。

西方人不大理解中国人的习俗和交际方式,这是不难说明的,几千年来,绝大部分的中国人都住在乡村,少数住在小城市。他们聚族而居,经常见面,彼此互相关心,几乎无话不谈。在西方工业国家,这样做可不行了。人们大部分住在城市里,彼此不相识,也不相闻问。甚至在乡村,邻居之间也隔膜得很,正如美国诗人 Robert Frost 所说:"Good fences make good neighbours."

中国的传统教育,以儒家思想(可以说是孔孟 + 董仲舒 + 程朱思想)

为主,但是杂以道家、佛家思想。尊老爱幼,亲仁善邻,安分守己,谦虚谨慎,这是千古相传的箴言。所以,听到中国人说话,外国人会觉得他一方面过分自卑,一方面又像是不该问的也问,不该管的也管。

中国传统教育中的某些成分与社会主义思想是一致的,因此自1949以来受到了强化,例如吃苦耐劳,勤俭持家,遵纪守法,服从上级等等。"为人民服务,集体主义",这些词语是新的,可是它的精神料想孔子也会点头称是。但是在儒家思想与社会主义之间不能划个等号:儒家思想只讲博爱("四海之内皆兄弟也"),社会主义就其本源看来还强调平等("从群众中来,到群众中去")。工资无大差别,一般人互称"同志",防止贫富悬殊,有一个时期连军衔也取消了,这都是明显的证据。

可是机会虽然应该均等,平均主义在经济上可是行不通的。闭关锁国,吃大锅饭,带来的是贫穷和落后。于是乎改革开放开始了,西方势力也随之而来了。

8. 改革开放开始之后

10年前来过中国的西方游客,今天来到这块神州大地,会觉得有许多东西很陌生,又有许多东西很熟习。他除了睁大眼睛看看四下里的新建设之外,还抱着惊异的心情听听那先前没有的共同语言。

中国人务实了。他们再没有什么空洞的豪言壮语;他们说要赶上"四小龙"。

中国人客观了。他们再也不把世界分为两大块,这边全是好的,那边全是坏的;他们说,一切国家的先进的东西,有用的东西,我们都要学习。

中国人正在进行着一项空前未有的实验:把商品经济和社会主义嫁接起来。其结果是语言上发生了大变化:"合资企业,优惠政策,顾客至上,增加利润,发展生产力,提高生活水平"——这些西方人一听就懂的话说开了;"公社社员,工分制,五七干校,牛鬼蛇神,只算政治账,不算经济账"——这些西方人难以索解的词语消失了。

西方游客会注意到,过去的"宣传科",现在有的已改为"公关部"。过去见面叫"同志",如今有人已改为"先生、太太、小姐"。过去"负责同志"做报告,结尾时说"完了";现在他改说"谢谢各位",而且听众可以不鼓掌("暴风雨般的掌声"这几个字在报纸上看不到了)。

因为各地人民流动多,迁徙多,城市里的邻里也有许多互不相识,说话不那么亲热随便了。在城市里,很少人因为别人"发福"向他道贺,因为说话人可能自己正在减肥(可能还用气功)。很少人问"你每月工资多少",因为除了工资还有津贴,除了津贴还有奖金,除了奖金还有……

但是门户一开,自然各种东西都进来了,欧美的有用产品——电视机、录像机、微波炉、微型电脑——进来了,可是他们的土特产——性病、艾滋病、注射可卡因、各种反社会行为——也进来了。对于这些进口商品,我们无疑是要加以筛选的。在与外国人交际时,求同存异是需要的,互谅互让是应该的,但是妄自菲薄,奴颜婢膝,却不应该提倡。我们要交际,要沟通,可是不要忘记本文开头所引英国 Gillian Brown 教授所说的三条原则,也不要忘记日本 Kinosita Koreo 教授所采取的清醒而冷静的态度。

参考文献

[1] 黎天睦,1987,《现代外语教学法:理论与实践》,北京:北京语言学院出版社。

[2] Brown, G. 1990. Cultural Values: The Interpretation of Discourse. In *ELT Journal*, 44/1:17.

[3] Koreo, K. 1988. Language Habits of the Japanese. In *English Today*, IV/3:19 – 25.

[4] Summerfield, J. 1988. *Fodor's People's Republic of China*, New York: Fodors Modern Guides.

[5] Xu Guozhang. 1988. Culturally-Loaded Words and English Language Teaching. In 胡文仲编《跨文化交际与英语学习》,72 – 82。

(本文最早发表于《外国语》1993 年第 1 期,后收入李瑞华主编《英汉语言文化对比研究》,上海外语教育出版社,1996。)

作者通讯地址:510275 广州中山大学外国语学院

21. 两种文化，两种田园诗

Two Pastorals in Two Cultures

汪榕培

【编者札记】

有人说，中国传统文化是农业文化，发源于江河沃土；西方传统文化是渔猎文化，发源于牧场海疆。农夫耕田，劳作有序，讲求现实；牧人放牧，四野驰骋，充满幻想。就两种文化的主流倾向而言，这种说法不无道理。大连大学教授汪榕培先生这篇文章中所展示的中西两种不同类型的田园诗，似乎也在相当程度上证实了这种说法的合理性。

文章以马洛、罗利和多恩的诗作为西方田园诗的代表，以陶渊明的诗作为中国田园诗的代表，进行对比分析，认为"中西田园诗异质异源，其差异是多方位的，从内容、形式、内涵到表现手法都有差异"，并指出西方田园诗理想主义色彩浓重，而中国田园诗现实主义色彩浓重，这就与上述关于农业文化和渔猎文化的说法不谋而合。

汪榕培先生是我国著名典籍英译和词汇学专家，他在论文中不仅细致深入地分析了两种田园诗的文化内涵，而且以自己的英汉诗互译实践表现了他以诗译诗的翻译原则和娴熟自如的翻译技巧。就诗歌韵律而言，汪先生采用的是"归化"策略，汉诗英译用的是西方人所熟悉的 aabb 韵，而英诗汉译却用的是中国人喜爱的 aaba 韵，格律非常严谨。有一点可以商榷：正如汪先生所说，把西方的 pastoral 说成是"田园诗"总觉欠妥，因为牧场毕竟不是田园。不妨把二者都说成是"乡村诗"，西方的是"牧歌"，而中国的则是"田园诗"。

　　"田园诗"是中国和西方共有的一种诗歌类型,指的是以田园生活为题材的诗歌。"田园诗"译成英语的时候用的是 pastoral(或 pastoral poem),而 pastoral 译成汉语的时候既可以译成"田园诗",又可以译成"牧歌",可见"田园诗"和 pastoral 在定义上事实上是有差别的,不是完全对应的词。中西文学体裁的差异归根到底来源于中西文化的差异,只有从文化差异出发,才能理解文学体裁差异的真正实质。本文在分析英国作家马洛和中国作家陶渊明的田园诗的基础上,通过中西文化差异在翻译中的体现来探讨中西田园诗的若干异同点。

1. 马洛的田园诗

　　田园诗(pastoral)是欧洲文学中一种历史悠久的诗歌体裁,早在公元前三世纪就已形成,文艺复兴时期的文人用这种体裁描写牧人的理想化的田园生活展示了对过去、对假定原来存在过而现在已经失落的和平与爱情的怀旧。英国文艺复兴时期的著名剧作家、诗人马洛(Christopher Marlowe, 1564—1593)写的《热情的牧羊人致情人诗》("The Passionate Shepherd to His Love")就是一首典型的田园诗:

Come, live with me, and be my love,	卿来作我妻,
And we will all the pleasure prove	定将心欢喜。
That valleys, groves, or hills, or field,	共赏山与川,
Or woods and steep mountains yield;	丛林和小溪。
Where we will sit upon the rocks,	山上相偎依,
And see the shepherds feed our flocks	遥看羊满地;
By shallow rivers, to whose falls	河边瀑布旁,
Melodious birds sing madrigals.	聆听百鸟啼。
And I will make thee beds of roses,	玫瑰铺满地,
And then a thousand fragrant posies.	与卿度佳期。
A cap of flowers, and a kirtle	红花头上戴,
Embroidered all with leaves of myrtle;	绿叶作绣衣。
A gown made of the finest wool	羊毛纤又细,
Which from our pretty lambs we pull;	为你做嫁衣;
Slippers lined choicely for the cold,	送你金扣鞋,
With buckles of the purest gold.	温暖又稀奇。

A belt of straw and ivy-buds,	腰带当彩礼，
With coral clasps and amber studs:	珠宝色彩异；
And if these pleasures may thee move,	若是春心动，
Come, live with me, and be my love.	卿来作我妻。

Thy silver dishes for thy meat,	金盏和银器，
As precious as the gods do eat,	餐饮赛上帝；
Shall on an ivory table be	摆上象牙桌，
Prepared each day for thee and me.	心旷又神怡。

The shepherd swains shall dance and sing,	牧童表心意，
For thy delight, each May morning.	五月歌舞起。
If these delights thy mind may move,	若是芳心动，
Then live with me, and be my love.	卿来作我妻。

马洛于 1564 年生于坎特伯雷一个鞋匠的家庭，靠奖学金一直读到大学毕业。在伦敦期间，他和政治活动家罗利、剧作家查普曼、数学家哈里奥特等怀疑宗教的人结成团体，被称为"黑夜派"和无神论者。他被人告密，一度入狱。1593 年在伦敦附近的一家酒馆和两个人发生口角，被刺死。有人推测那两个人可能是政府的特务。他在短短的一生中写了七个剧本，也写了一些诗歌，《热情的牧羊人致情人诗》是其中脍炙人口的一首。

这首诗在艺术特色方面是突出的。诗的形式似乎是 7 节四行诗（quatrain），其实是 14 个双行押韵诗（couplets），节奏基本上是四音步抑扬格（iambic tetrameter）。诗的韵脚为 aa, bb, cc,… nn,并且大量运用了头韵（alliteration），28 行诗中有 13 行使用了头韵。在朗读这首诗的时候，它的音乐感是很强的，具有相当强的艺术感染力。如果把这首诗改写成现代的自由诗，仅读它的内容就会觉得滑稽可笑了。

马洛一直生活在伦敦，对农村的情况并不了解，他在颂扬农村生活的时候，以城里人的笔触来勾画出一幅脱离实际的农村风情画，未免有点不伦不类。在他的笔下，小鸟唱的是伊丽莎白时代公子哥们哼哼的流行情歌（madrigal），乡间的小鸟恐怕闻所未闻；玫瑰花床色彩鲜艳、芳香扑鼻，但是睡在带刺的玫瑰上可未必舒服；他要赠送的草编腰带上居然缀着珊瑚和琥珀，冬天穿着的拖鞋上佩有黄金饰品；牧羊女则可以整天无所事事，终日谈情说爱；如果真是干点活的话，不是用剪子（shears）剪羊毛，而是一根一根地从羊羔身上拔羊毛，小羊羔遇到这种牧羊人也够可怜的了！

标题里的"热情的"牧羊人其实并不热情,全诗没有什么流露真实激情的地方,有的只是虚情假意,倒好像是一个腰缠万贯的花花公子在夸耀豪富、勾引农家女子,或者好像是一对城市小孩在玩"过家家"的游戏。若是碰上《羽林郎》中的胡姬或者碰上《陌上桑》中的罗敷就会毫不客气地用话把他顶回去。说也凑巧,英国果然出了几个诗人替牧羊女做了回答,例如,与马洛同时代的作家罗利(Walter Raleigh, 1552—1618)就写了一首《答牧羊人》(The Nymph's Reply to the Shepherd):

If all the world and love were young,	爱若无穷期,
And truth in every shepherd's tongue,	你若有真意。
These pretty pleasures might me move	春心自然动,
To live with thee and be thy love.	我来作你妻。
But time drives the flocks from fields to fold,	朔风动地起,
When rivers rage, and rocks grow cold,	羊群离草地。
And Philomel becometh dumb;	夜莺寂无声,
The rest complains of cares to come.	悲鸟泣血啼。
The flowers do fade, and wanton fields	花草难寻觅,
To wayward winter reckoning yields;	寒冬显威力。
A honey tongue, a heart of gall,	春去秋又来,
Is fancy's spring, but sorrow's fall.	虚情成假意。
Thy gowns, thy shoes, thy beds of roses,	金履和绣衣,
Thy cap, thy kirtle, and thy posies,	花冠和床笫。
Soon break, soon wither, soon forgotten,	自古难长久,
In folly ripe, in reason rotten.	早晚被抛弃。
Thy belt of straw and ivy buds,	腰带作彩礼,
Thy coral clasps and amber studs,	珠宝色彩异。
All these in me no means can move	岂能动我心,
To come to thee and be thy love.	贸然作你妻。
But could youth last, and love still breed,	爱情若不移,
Had joys no date, nor age no need,	欢乐若无期。
Then these delights my mind might move	芳心自然动,
To live with thee and be thy love.	我来作你妻。

罗利的《答牧羊人》中的村姑在第一诗节和最后一个诗节都使用了虚拟语气,表示牧羊人说的一切都是无法实现的:"If all the world and love were young … These pretty pleasures might me move … ", "But could youth last … Had joys no date … Then these delights my mind might move … "。随着季节的迁移,自然界不会永远是春天,赠送的礼物也会失去魅力。她认为牧羊人只不过是在花言巧语:"A honey tongue, a heart of gall, Is fancy's spring, but sorrow's fall",所以她斩钉截铁地回答,决不会为此而堕入情网:"All these in me no means can move / To come to thee and be thy love"。

多恩(John Donne,1573—1631)的《诱饵》(The Bait)则把牧羊人变成了渔夫,诗歌的地点从牧场搬到了海边。在金色的沙滩上,在水晶般清澈的溪流边,渔夫用丝线做钓鱼的线,用白银子做钓鱼的钩,同样是虚幻的境界。玄学派诗人的玄妙之处在于,村姑坐到渔夫身边的时候,她就像鱼饵一样,吸引了鱼儿、更吸引了渔夫:

Come live with me, and be my love,	卿来作我妻,
And we will some new pleasures prove	定将添新喜。
Of golden sands, and crystal brooks:	共坐金沙滩,
With silken lines, and silver hooks.	垂钓两相依。
There will the river whispering run	卿卿望小溪,
Warm'd by thy eyes, more than the sun.	流水情依依。
And there the enamoured fish will stay,	鱼儿入情网,
Begging themselves they may betray.	难舍又难离。
When thou wilt swim in that live bath,	卿卿水中戏,
Each fish, which every channel hath,	鱼儿情相系。
Will amorously to thee swim,	结伴同戏水,
Gladder to catch thee, than thou him.	一心抓到你。
If thou, to be so seen, beest loath,	日月见到你,
By sun, or moon, thou darkest both,	暗淡无踪迹。
And if my self have leave to see,	卿卿在眼前,
I need not their light, having thee.	光辉映大地。
Let others freeze with angling reeds,	渔夫站河堤,
And cut their legs, with shells and weeds,	垂钓费心计。
Or treacherously poor fish beset,	张网设圈套,
With strangling snare, or windowy net:	待鱼来投器。

Let coarse bold hands, from slimy nest   渔夫河边立，

The bedded fish in banks out-wrest,   伺机把网起；

Or curious traitors, sleavesilk flies   钓鱼用鱼饵，

Bewitch poor fishes wandering eyes.   上钩起涟漪。

For thee, thou needst no such deceit,   卿卿把我迷，

For thou thy self art thine own bait,   无需施巧计；

That fish, that is not catch'd thereby,   鱼儿不上钩，

Alas, is wiser far than I.   比我更难欺。

诗人的奇妙构思令人赞叹，但是中国读者毕竟还是认为这样的境界离现实太远，可望而不可及。欧洲的田园诗是在欧洲的文化背景下产生的，古希腊和古罗马的尚古主义者认为，人类历史上最古老的时代是最幸福的时代；由于基督教文化的影响，中世纪和文艺复兴时期的作家认为，人类在失去天堂的乐园以前的日子是最幸福的日子。他们在田园诗中表达了对史前纯朴世界的向往和追求。

2. 陶渊明的田园诗

中国田园诗的传统可以追溯到公元前十一世纪到公元前六世纪的《诗经》以及其它农事歌谣，《诗经》中的"七月"、"甫田"、"良耜"、"大田"等诗篇里都有农事的内容。但是，中国田园诗真正的奠基人还是东晋时期的诗人陶渊明。

陶渊明（Tao Yuanming, 365—427）又名潜，字元亮，世号靖节先生，浔阳柴桑（今江西省九江市西南）人。他出生在一个没落的官僚地主家庭，他的曾祖父陶侃曾任东晋大司马，祖父做过太守，父亲在他八岁的时候死去，家道衰落，陶渊明从小过着比较贫困的生活。他的青少年时代是在浔阳柴桑的农村度过的，童年的农村生活给他留下了深刻的印象。他早年抱负远大，但是，当时正是一个内忧外患、祸乱不已的时代，理想与现实发生了激烈的冲突。他曾几度出仕，担任过祭酒、参军之类的小官，仕途的坎坷使他发现官宦生涯有违自己的夙愿，于是在四十一岁的时候毅然走上了归园田居的道路，回到了大自然的怀抱。他在躬耕田园的岁月里，以田园生活为题材进行诗歌创作，用极大的热情歌颂田园生活，他表面飘逸潇洒，内心却十分苦闷，时常流露出愤慨与不平。

陶渊明的诗作大体可以分为咏怀、田园和哲理三大类,属于田园诗的大约有三十余首。他的田园诗(如《归园田居》五首、《饮酒》其五、《和郭主簿》二首、《移居》二首、《读山海经》其一、《癸卯岁始春怀古田舍》二首、《庚戌岁九月中于西田获早稻》等)虽然数量不多,却真实地反映了他的农耕生活,因为他亲自参加了农业生产劳动,平淡恬静的乡村田园在他的笔下充满了生机,内心的无限喜悦在歌咏一草一木中得到了充分的体现,情、景、理融为一体,成为中国田园诗的奠基石,开创了中国古典诗歌的一个重要流派。对于中国读者来说,陶渊明的田园诗显得格外朴实和亲切。宋代词人辛弃疾说他"千载后,百篇存,更无一字不清真",金人元好问赞美陶诗"一语天然万古新,豪华落尽见真诚",这种评论对于陶渊明来说是当之无愧的。他的《饮酒》(Drinking Wine)诗二十首的第五首就是一个典型的例子,这是陶诗中最有名、流传最广的一首诗:

结庐在人境,	My house is built amid the world of men,
而无车马喧。	Yet little sound and fury do I ken.
问君何能尔,	To tell you how on earth I can keep blind,
心远地自偏。	Any place is calm for a peaceful mind.
采菊东篱下,	I pluck hedge-side chrysanthemums with pleasure
悠然见南山。	And see the tranquil Southern Mount in leisure.
山气日夕佳,	The evening haze enshrouds it in fine weather
飞鸟相与还。	While flocks of birds are flying home together.
此中有真意,	The view provides some veritable truth,
欲辨已忘言。	But my defining words seem to me uncouth.

《饮酒》诗共二十首,是他在五十三岁思想和艺术都已成熟时的作品。第五首写的是他在和谐宁静的环境中,过着悠然自得的隐居生活,体悟自然的乐趣和人生的真谛。诗的开头四句就说,他的住所虽然建造在人来人往的环境中,却听不到车马的喧闹,表示他不像一般隐士那样隐居山林、完全超尘出世,他生活在村夫野老之中,却又能不染世俗之事,不再与达官显贵来往。他之所以能做到这一点是因为他"心远地自偏",从内心摆脱了对名利的竞逐,潜心追求人与自然的和谐。诗人在接下来的四句中描写自己在庭院里悠然自得地采摘菊花,偶然间抬起头来,就可以看到对面的南山,看到在夕阳西下之际,若有若无的雾气,一群群飞鸟匆忙结伴归巢。鸟倦飞而知还,芸芸众生如飞鸟般莫名其妙地一生奔波,最终还是要寻求一个归宿,而自己则来到了"东篱下",在幽静的山林里找到了自

己的归宿。所以诗人最后说,他从大自然中得到启示,领悟到人生的真谛,这种真谛只可意会、不可言传。陶渊明达到了这种境界,所以才会如此悠然自得、陶然自乐。

他的《归园田居》(Back to Country Life)五首中的第一首也有异曲同工之妙。陶渊明在四十一岁(公元405年)时到江西彭泽做县令,不过八十余天就声称不愿为五斗米而折腰,辞官归田,从此结束了时隐时仕的生活。这首诗是他在归园田居后不久写的,写得清新、自然、纯朴,描写了田园风光的美好和田园生活的可爱,抒发了他在重返田园时的新鲜感受和喜悦心情:

少无适俗韵,	I've loathed the madding crowd since I was a boy
性本爱丘山。	While hills and mountains have filled me with joy.
误落尘网中,	By mistake I sought mundane careers
一去三十年。	And got entrapped in them for thirty years.
羁鸟恋旧林,	Birds in the cage would long for wooded hills;
池鱼思故渊。	Fish in the pond would yearn for flowing spills.
开荒南野际,	So I reclaim the land in southern fields
守拙归园田。	To suit my bent for reaping farmland yields.
方宅十余亩,	My farm contains a dozen mu of ground;
草屋八九间。	My cottage has eight or nine rooms around.
榆柳荫后檐,	The elm and willow cover backside eaves
桃李罗堂前。	While peach and plum trees shade my yard with leaves.
暧暧远人村,	The distant village dimly looms somewhere,
依依墟里烟。	With smoke from chimneys drifting in the air.
狗吠深巷中,	In silent country lanes a stray dog barks;
鸡鸣桑树颠。	Amid the mulberry trees cocks crow with larks.
户庭无尘杂,	My house escapes from worldly moil or gloom
虚室有余闲。	While ease and quiet permeates my private room.
久在樊笼里,	When I escape from bitter strife with men,
复得返自然。	I live a free and easy life again.

这首诗自述离开仕途、归居田园是符合本性的。因为他自小就没有投合世俗的性情,生来本性热爱山丘自然。谁知竟然误入仕途的罗网达三十年之久,像笼中之鸟和池中之鱼一样受到约束。鱼鸟尚且眷恋旧林和故渊,他怎么能够不怀念自己的家乡故土呢。于是他回到自己的田园,开荒种地,始终保持着自己质朴的本性。周围的景物是那样地平凡:土

地、草房、榆柳、桃李、村庄、炊烟、犬吠、鸡鸣,这一切无不体现着天然之美,散发着浓郁的乡土气息。跟诗人想象中的桃花源境界何其相似! 跟老子所描述的"鸡犬之声相闻,老死不相往来"的"小国寡民"的理想社会简直毫无区别。他呆在自己的家里,远离世俗的尘嚣,心情十分安闲,可以按照自己的意愿生活了。诗人已经脱离了世俗的羁绊,重新回到了渴望已久的大自然,过起了顺应天性的生活。

又如《读山海经》(Reading The Book of Mountains and Seas)第一首也是一首著名的田园诗。《山海经》是一部记述古代神话传说和海内外名山大川、草木禽兽的书籍,陶渊明读《山海经》后共吟诗 13 首,第一首具有诗序的性质,写诗人在田园居舍的幽静以及在耕作闲暇之际泛览图书的乐趣:

孟夏草木长,	In early summer, grass and trees grow tall,
绕屋树扶疏。	With profuse foliage sheltering the hall.
众鸟欣有托,	The flocks of birds have fondest place to rest
吾亦爱吾庐。	While I love my cosy house the best.
既耕亦已种,	When I have ploughed the field and sown the seed,
时还读我书。	I, now and then, find time to write and read.
穷巷隔深辙,	There are no deep ruts in the humble lane,
颇回故人车。	Where carriages will turn away with disdain.
欢然酌春酒,	Alone I taste the new spring wine in leisure
摘我园中蔬。	And pluck my garden vegetables with pleasure.
微雨从东来,	When gentle showers from the east draw near,
好风与之俱。	Then now a pleasant breeze approaches here.
泛览周王传,	On such occasions, I leaf through *King of Zhou*,
流观山海图。	And *Maps of Hills and Seas* of long ago.
俯仰终宇宙,	Since I can tour the whole world at a glance,
不乐复何如!	What can be better pastime than this chance?

诗的前四句首先描写了四月夏初时节诗人田舍周围的景象。草木竞相生长,枝叶繁茂,鸟群乐于来此筑巢,诗人自然也喜欢他的田舍。第二个四句写诗人的耕读之趣,在耕作之余偷闲读书,因为他居住在穷乡僻壤,已经跟上层的达官贵人断绝了往来。第三个四句写诗人在田舍独酌春酒,品尝菜园中的新鲜蔬菜,微风细雨更增添了乐趣。最后四句写诗人在品酒之后浏览《穆天子传》、欣赏《山海经》图,仿佛在顷刻之间遨游天地,真是其乐无穷。陶渊明的田园诗体现出一种平淡自然的美,在平和之

中享受人生,忘却了世间的烦恼。

3. 两种文化,两种田园诗

同样是表现田园生活的田园诗,英国的马洛和中国的陶渊明的诗篇情趣迥异,前者的理想主义色彩和后者的现实主义色彩显然可见。

关于西方的田园诗,我们先来引证两部书给田园诗(pastoral)下的定义。第一部是库登(J. A. Cudden)的《文学术语词典》(*A Dictionary of Literary Terms*):

> A minor but important mode which, by convention, is concerned with the lives of shepherds. It is of great antiquity and interpenetrates many works in classical and modern European literature. It is doubtful if pastoral ever had much to do with the daily working-life of shepherds, though it is not too difficult to find shepherds (in Montenegro, Albania, Greece and Sardina, for instance) who composed poetry, sing songs and while away the hours playing the flute. For the most part past pastoral tends to be an idealisation of shepherd life, and, by so being, creates an image of a peaceful and uncorrupted existence.

乐黛云等编的《世界诗学大词典》写道:

> 牧歌是一种描写牧人生活的诗体,其起源久远而又贯穿于欧洲众多古典和现代作品之中。它来自拉丁文 pastor 一词,意思是"牧羊人",但也被称为"田园诗"。公元前三世纪,西西里岛塞拉库萨诗人忒俄喀里图斯创作了反映西西里牧民生活的诗歌,从而被誉为"牧歌之父"。然而,在诸如希腊、拉丁尼和阿尔巴尼亚等欧洲地区,虽然不难见到牧人自编歌谣、吹奏笛子消磨时光的现象,但是,牧歌究竟与牧人的劳作有多大关系,却仍然值得商榷。因为大多数牧歌所表现出来的倾向,多是对牧人生活的一种理想化,创造出一种宁静恬适、纯朴自然的氛围。

后者的释义显然是脱胎于前者,传达了类似的信息。

第二部是《中国大百科全书》(外国文学卷):

> 牧歌(pastoral)是表现牧人田园生活情趣的文学体裁。诗人往往借这种体裁将乡村生活的纯朴恬静与城市或宫廷生活的腐化堕落相对照。这种体裁发源于古代希腊,忒奥克里托斯(公元前三世纪)是最早的牧歌作者。罗马诗人维吉尔在公元前37年发表他写的牧歌,用纯朴的诗句描写理想化的田园阿卡迪亚的纯朴生

活,其中的风景、人物都远离现实生活,其实是借牧歌的形式吟咏罗马帝国的光荣。维吉尔的牧歌不及希腊的牧歌质朴,但对后代文人创作牧歌却影响深远。文艺复兴时代,牧歌成为受人喜爱的体裁,不仅有古典式的牧歌,而且出现了利用牧歌主题的田园小说和田园戏剧。著名者如意大利作家桑纳扎罗的《阿卡尼亚》、西班牙作家蒙特马约尼的《狄安娜》、莎士比亚喜剧《皆大欢喜》等等。弥尔顿的《利西达斯》则是牧歌体的悼亡诗,并在诗中讨论哲学和宗教问题。他的《科马斯》则以牧歌的形式写出青年男女相互戏谑的闹剧。浪漫主义时光中许多牧歌体的作品也往往借这种形式表现人对自然与社会的态度,歌德的长诗《赫尔曼与窦绿苔》便是著名的例子。田园诗情调在近代音乐中也成了一种重要的主题。

从上面的定义可以看出,欧洲文艺复兴期间继承了古希腊和古罗马的传统,在人文主义的影响下,没有农村生活经历的城市文人所创作的田园诗以牧羊人为描写对象,试图通过田园诗来寄托自己对纯朴世界的追求和渴望,其中包括对纯朴爱情的追求和渴望。但是,他们对于田园生活的刻画充满了理想化的色彩,往往跟现实大相径庭。从维吉尔开始,欧洲的田园诗人向往和追求的是史前的"黄金时期",在基督教的影响下,这个"黄金时期"被等同于人类失去的天堂——伊甸园,这一向往和追求本身就是虚无缥缈的,根本无法实现,由此决定了田园诗脱离现实、具有理想主义的色彩这一特点。

中国以陶渊明为代表的田园诗却正好相反,田园诗的产生是建筑在现实的基础上的。中国是一个农业国家,在《诗经》当中就已经出现若干反映农事的诗篇,《豳风·七月》就是一首典型的农事诗:

六月食郁南苪,	In June we eat plums and wild grapes;
七月烹葵及菽。	In July we cook mallows and beans.
八月剥枣,	In August we knock down the dates;
十月获稻,	In October we take in the grains.
为此春酒,	With the grains we make rice wine;
以介眉寿。	Drinking the wine grants us long life.
七月食瓜,	In July we eat the melons;
八月断壶,	In August we cut the gourds;
九月叔苴。	In September we collect the hemp.
采茶薪樗,	We pick wild herbs and cut firewood;
食我农夫。	These things make our livelihood.

《小雅·采薇》则是描写景物、情景交融的成功例子:

昔我往矣,	When I set out so long ago,

杨柳依依。	Fresh and green was the willow.
今我来思,	When now homeward I go,
雨雪霏霏。	There is a heavy snow.
行道迟迟,	The homeward march is slow;
载饥载渴。	My hunger and thirst grow.
我心伤悲,	My heart is filled with sorrow;
莫知我哀。	Who on earth will ever know!

　　然而,在《诗经》成集之后的近千年期间,反映田园生活的诗作极为少见,直到东晋末年,社会混乱、政治动荡,不少文人崇尚老庄思想,转而纵情山水,寻求隐居生活;另一些文人不愿在官场混迹,在农本思想的驱动下,到躬耕的实践中去探索人生的真谛,开始写出了反映田园生活的诗篇,陶渊明的田园诗就是他经历的现实生活的再现,具有孔孟思想和老庄思想的底蕴,与欧洲的田园诗形成了鲜明的对照。陶渊明自小受到儒家思想的熏陶,后来也受到老庄思想和玄学的一定影响,儒道思想在他的诗篇中都有反映。他自幼热爱农村的美丽风光,归园田居以后,直接参加农业劳动,他的田园诗就是他农村生活的真实反映,文风朴实真挚,具有强烈的现实主义色彩。

　　这里要特别说明一点:在论述中西田园诗的差异时,提到了"理想主义"和"现实主义"。中西田园诗的差异不是"此物"与"彼物"浮浅的相比,不是"理想主义"和"现实主义"两个抽象的术语可以概括得了的。英国热情奔放的理想主义和中国恬淡无为的现实主义有其相通的地方:陶渊明在安度田园生活的同时,也在向往和追求他自己的乌托邦——桃花源。西方的广义的田园诗中也不乏现实主义的作品,例如格雷(Thomas Gray, 1716—1771)的《荒村》(The Deserted Village)就是一例,华兹华斯(William Wordsworth)浪迹英国西北的湖区,他的田园诗塑造平民形象、歌颂大自然,跟陶渊明的田园诗有类似的地方。中西田园诗异质异源,其差异是多方位的,从内容、形式、内涵到表现手法都有差异,但是,不同文化的作品通过代码转换达到相互沟通是可能的,本文所引诗歌在中英互译之后,完全可以为对方所接受。当然,诗歌翻译中涉及许多跨文化视角的问题,简单地按字面对译是不会产生优秀的译文的。与此同时,田园诗跟其它文学形式一样,通过比较可以使各自的民族特色更加明显,帮助读者加深理解,甚至挖掘出许多以前被忽视的方面。

参考文献

［1］ 编委会,1982,《中国大百科全书》,北京:中国大百科全书出版社。

［2］ 乐黛云等,1993,《世界诗学大词典》,沈阳:春风文艺出版社。

［3］ Cudden, J. A. 1979. *A Dictionary of Literary Terms*. Andre Deutch Limited.

（本文选自汪榕培、王晓娜主编《中外比较文化》,

北京师范大学出版社,1997。）

作者通讯地址：116622 大连经济技术开发区学府大街 10 号

大连大学；rpwang1@yahoo.com

22. 中西哲学观对汉英语言之影响

The Influence of Chinese and Western Philosophies upon the Chinese and English Languages

林汝昌　李曼珏

冲突·互补·共存——中西文化对比研究

【编者札记】

　　语言和思维的关系,历来是研究语言和文化的学者们关心的问题,但究竟是语言决定或影响思维,还是思维决定或影响语言,对此却见仁见智,莫衷一是。哲学是以理论思维的形式表现出来的科学,林汝昌、李曼珏的这篇论文阐述了中西哲学观对汉英语言的影响,为我们进一步探讨语言和思维的关系提供了一个新的视角。

　　文章认为,中国哲学讲究整体和内倾的思维方式,而西方哲学推崇二分和外倾的思维方式。这两种思维方式都在各自所对应的语言上有所反映:汉语语法呈现整体性、模糊性,以意统形;以英语为主的西语语法呈现分析性、清晰性,以形驭意。汉语组织形态表现为时间流块结构;以英语为主的西语组织形态表现为空间核心构架。汉语是"人"治语言,组词造句极具弹性;以英语为主的西语是"法"治语言,有着极强的系统规范性。文章还做了归纳:中国的哲学和语言中渗透的是一种"人文精神",而西方的哲学和语言中融贯的是一种"科学精神"。文章例证丰富,分析中肯,对比鲜明,对于我们认识和把握中西两种思维模式和两种语言特征有颇多裨益。

　　关于语言和思维的关系,林汝昌、李曼珏认为二者是"相互制约、相互影响的",但从篇题及文中的论述看,似乎更强调思维对于语言的影响力。我们希望这篇论文能激起读者深入探讨二者关系的兴趣,希望有更多的人撰文参与讨论。

哲学是关于自然、社会、人类思维的最一般规律的科学,它是以理论思维的形式表现出来的,而理论思维的形成,必然要通过一系列的概念范畴以及由概念范畴构成的哲学命题表现出来。这些概念范畴以及命题又须进一步借助于语言来表达。可见,理论思维与语言,亦即哲学与语言的关系是密不可分的。

对语言和思维的关系存在两种不同的观点。一种是"语言决定论",其代表人物是著名的语言学家本·沃尔夫。他认为一个人的思想形式是受他所没有意识到的语言形式的那些不可抗拒的规律支配的,并据此而提出沃尔夫假说(Whorf Hypothesis)。这一假说对长久以来人们所持的另外一种观点,即"思维决定论",无疑是一个挑战,但是由于使用了"支配"、"决定"等这样绝对的字眼,夸大了语言对于思维的作用,故其普遍真实性受到怀疑。更多的语言学家认为,思维和语言之间的关系是相互制约、相互影响的。关于这一点,我们从中西哲学观对英汉语的影响中可以得到验证。现在我们就一些具体问题进行比较、分析。

1. 中国哲学的整体性与西方哲学的分析性

长期以来中国传统哲学孜孜追求人与人、人与自然的和谐,把天、地、人视为一个统一的整体,以"人与天地万物为一体"、"天人合一"为最高境界。孟子曾说:"尽其心者,知其性也,知其性,则知天矣。"道家的老子也主张:"人法地,地法天,天法道,道法自然。"其实,纵观中国传统哲学的发展,无论唯物主义还是唯心主义都是以讨论"天人合一"为中心课题,致使汉民族的思维方式表现出从总体上观察事物的特征,对事物不甚讲究分析,而是更多地进行直接的描述。所以,不少学者认为中国传统的哲学观具有直观的整体性。

在西方哲学发展史中,自然是人类的认知对象。虽然在发展过程中经历了不同的阶段,如古希腊时代的有机观,16 至 19 世纪的机械观,20世纪至今的以柏格森、怀海特为代表的生命哲学等,但其主流无一不把自然宇宙看做是与人类不可调和的对立关系。可以说西方的哲学观主要是二元论,而非整体论。这种把自然置于人的对立面的哲学思想使得西方的知识论特别发达,使其形成了分析型的思维习惯。

1.1 整体性哲学观与分析性哲学观映现下的中西语言观之一

众所周知,汉语的句法具有极强的涵盖力,这是整体性思维在汉语中的表现。汉语的语法不是纯粹西方分析性语言意义上的"语法",而是集西方语言学中的语法、修辞、语用、语义等于一身。因而,汉语的析句只能是"以大观小,从篇章看句子"(申小龙 1990:39),而不能采用西方语言研究中的主谓二分法。事实上,汉语句型中可称为主谓句的约占 25%,其余的则在西方语言分析的法则中不是省略主语,就是省略谓语。而这些"省略"就是汉语句法的主要特征。另外,这种整体性思维使汉语没有招致像西方语言那样被"肢解"的命运,而是保留了语言本来的自然面貌。当然,由于西方语言的形态较之汉语更为丰满,更易于进行形式分析,所以西方语言的语法系统较之高于句法层次的汉语语法系统更为清晰明了,便于语言习得者进行系统的学习。

1.2 整体性哲学观与分析性哲学观映现下的中西语言观之二

1.2.1 用词的模糊性

由于受整体性思维的影响,汉语中表达某些概念的词语时常较为笼统和模糊。所谓模糊是指概念之内涵及外延的非确切性或含糊性,像"天"、"道"、"变"、"常"、"易"、"理"等词,其哲学内涵难以精确地说明,其中较典型的是无所不在的"气"。古人认为气为万物构成的材料,气的变化造成现实世界。"气"除了有"阴"、"阳"之别外,尚有"正"与"邪"、"善"与"恶"、"凶"与"吉"之分。"气"还有春、夏、秋、冬之别,水、火、木、金、土之异,喜、怒、哀、乐之情,帝、王、相、侯、微之等级。此外尚有"生气"和"死气"、"内气"和"外气"、"上气"和"下气"等等。这种模糊性实质上是一种玄学精神的体现。

在西方语言中我们难以找到如此无所不包的"气"。英语中的 air 一词,多用来表示物理意义的空气,此外就是用来表示神态或架子。例如,put on airs、sanctified airs 等。再者,英语中的 air 不像汉语中的"气"具有如此大的涵盖力,它还需要用 gas 一类的词来补充。其实,仔细对比英汉语的词汇,我们会发现汉语多表示种概念的词,而英语多表示属概念的词。也就是说,英语中的概念范畴一般来说比汉语具体些。

梁漱溟(1922/2004)在《东西文化及其哲学》中曾对此种差异进行了

极为有趣的论证:"西医说血就是循环的血罢了,说气就是呼吸的气罢了,说痰就是支气管里分泌的痰罢了。老老实实指那一件东西,不疑不惑。而中医说的血不是血,说的气不是气,说的痰不是痰,乃至它所说的心肝脾肺你若当他是循环器的心,呼吸器的肺……那就大错了,他都别有所指。"

1.2.2 时态范畴的模糊性

和英语相比,汉语的时态范畴相对模糊。我们知道,英语共有 16 个时态,其中常用的有 7 个时态:现在时、过去时、将来时、现在完成时、过去完成时、现在进行时、过去进行时。这些时态虽然有灵活交替的情况,但其基本的范畴是规范的,即特定的时态概念具有特定的形式表示法。汉语则不同,其时间概念往往模糊化、隐含化,似乎一切"尽在不言中",见仁见智,莫衷一是。在时态问题上,学习汉语的外国人最难把握的恐怕是无任何标记的过去时和过去完成时。例如:

(1) 干这种事的不是他还有谁?
    Who else did it if it was not him?

(2) 他等医生已经等了 3 个小时了。
    He has been waiting for the doctor for three hours. 或 He had been waiting for the doctor for three hours.

对比英汉两组句子,不难发现英语的时体准确明了,而汉语的时体往往要通过语境来判断。

1.2.3 核心构架的模糊性

汉语的模糊性又见于核心的构架中。我们知道,英语句子主谓宾各有其形态标记,核心构架分明,即使复杂一点的句子结构,也不难分析出它的主谓结构。汉语则不然,由于语法成分及功能是隐含的,汉语的核心构架有时较难辨别。例如:

(3) 台上坐着主席团。
    On the platform seats the presidium.

这是一个常被引用的句子,这个句子如果用英语语法概念去分析,"主语"不好确定,抑或确定了也不好理解。但是这类句子在汉语中是非常普遍的。汉语这种模糊性致使汉语语法难以公式化、体系化。当然,对于那些对汉语已驾轻就熟的人来说,汉语这种不固定性反而使表达更为自然流畅。而英语诸多的关联词倒使语言显得过于拘束。这也是中国古代诗歌较为繁荣,而西方戏剧较为发达的一个原因。

1.2.4 语态的模糊性

在语态问题上,汉语的主动态与被动态似乎"尽在不言中",从语言形式上定不出精确的规范,不像英语中主动与被动之间的转换那样有法可依。据统计,以行文中 100 个英语被动式结构为例,一般论述体英文汉译后保留被动式者(以"被"、"受"、"遭"加受事者为标志)占 12.5% ,科技英文文献被动式汉语转换保存率为 21% ,叙述体英文被动式保存率仅为 5.4% 。如果以现代汉语作为源语,在每 15 000 字的行文中,一般论述体汉语用"被"、"受"、"遭"构成被动式的频率是 7,科技文体是 15,叙述体文章的使用频率是 11—13。

1.3 整体性哲学观与分析性哲学观映现下的中西语言观之三
——二元补衬的辩证思维与二元对立的机械思维

中国传统哲学讲求对立前提下的和谐统一。例如,儒家讲"生生之谓易",强调事物发展变化的连续性和合理性。而变化发展的根源,在于阴阳的此消彼长,刚柔的相互激荡,"一阴一阳之谓道",便是最好的理论概括。佛教一多相摄,四谛圆融,一即是多,多即是一的命题,也深蕴对立同一之精义。其实,这种二元补衬的矛盾观也是中国哲学中重整体思维的表现,是一种"中庸之道"。

西方哲学由于同时受希腊形而上学理论与正统耶教思想的影响,对自然、人、事都有二元对立的思维倾向。亚里士多德所创造而流传了两千余年的是非、对错二值对立的古典形式逻辑,可为明证;至于客体与主体,理想与现实,本体与假想,天启与理性,心与物,个人与社会,灵魂与肉体等的对立,亦不过是举其荦荦大者而已。无疑,这种对抗性造就了西方发达的知识论。

而中西语言的发展与这种哲学上的互补性与对抗性互为观照。例如:汉语的双音词往往用双声叠韵的关系构成,一个双音词构成一个音步。汉语中四字格成语的大量运用就是因为它由两个音步构成,适于表现汉语独特的"一分为二"的音乐性。汉语成语的声律也是平仄相对。而西方语言以多音词较为普遍,且词中以辅音占优势,因而无法达到如汉语这样的二元对立统一局面。

其实,纵观整个汉语语法范畴,包括词、词组、词类、句类,汉语中极少存在一个非此即彼的僵硬界限,而往往随语言表达之势而相互转化,如汉语虚实词内部以及两大词类之间的相互转化极为普遍。至于句类,汉语要比英语丰富得多,英语的基本句型可以归纳为五种:主—谓—主补;主—谓;主—谓—宾;主—谓—间宾—直宾;主—谓—直宾—宾补。再进一步归纳,那么"主—谓—宾"句则是占绝大多数的。然而汉语句型的分类却并非如此规范,可以说,到目前为止,还没有一套行之有效的分类方法。

2. 中国哲学的内倾性与西方哲学的外倾性

西方自古希腊以来,似乎就存在着本体与现象的分离,天国与人间的分离,政与教的分离,等等。人与上帝之间有着不可逾越的鸿沟。人是作为"罪人"而非自足的存在,所以只有不断地向外探求,不断地认识和了解外在的世界,人才能由不自足的存在转化为自足的存在。而达到人的自足完善则需要借助知识、逻辑、科学以及法律等手段,因而,西方哲学具有发达的知识论和逻辑学,且科学实证论精神和法治精神贯穿始终。

中国的传统哲学观则与此相反,认为人在天地之间是自足的,不需要任何外来的帮助。例如,儒家以道德为自足,认为人的价值在自身,而非上帝。故孟子云:"万物皆备于我矣,反身而成,乐莫大焉。"道家则以自然为自足,认为人的自足性与万物的自足性一样,乃是自然存在的一种形式,人只要返回自然,本性便是自足的。既然人性本身是完善的、自足的,就无须从外部吸收力量,而知识、逻辑、科学、宗教以及法律等看来也就无须多下工夫。因而,一切将都借助于"心",无怪乎中国的"心性学说"如此发达。

2.1 内倾性哲学观与外倾性哲学观见于中西语言观之一
——汉语组织形态的流块结构与英语组织形态的核心构架

上文我们提到中西哲学中内倾性与外倾性之不同,这种不同又导致中西时空观的不同,"两眼向外看,则所遇为静的物质,为空间,为理智分析区划所最洽便适用之地。转回来看自己,则所遇为动的生命,为时间,为理智分析区划所最不便适用之地。"(梁漱溟 1949/1987:287)汉民族注重时间的思维方式在语言上的表现就是句子组织的流块建构,西方民族注重空间的思维方式则在语言上表现为以动词为中心的空间构架。试比较下列的汉英二式:

> (4) 一路上,杳无人烟,更没有房子,只好走到哪儿,睡到哪儿。我们走了差不多两个月,就这么走走睡睡,走到荒原的尽头,已是初冬了。
>
> That was really a no man's land — to say nothing of houses whatsoever. We just slept where we could when we walked for nearly two months across the wasteland. When we all got through it, it was already early winter.
>
> (刘宓庆1987)

从纯形式上看,英语行文的组织程度比汉语要高,语句联结都有规范的形式标记;而汉语则短短长长,似句非句,行文似乎很"散",语句与语句之间缺乏联结成分。其实,汉语的行文"形散而神不散",是以自然的时间流为发展脉络。汉语这种以自然时间流来替代"形式标记"(如时间从句的连词 when 等)的意合法,更合乎人类最一般的思维方式(未受一定文化模式影响前的状态)。"自然"的人(而非社会的人)只要依照事物发生的顺序陈说,便是好的汉语。而英语因标记形式的关系常常需要逆转陈述,再加上西方语言对空间的划分特别清楚,英语中指示空间的介词系统也较为复杂、发达,因而给语言习得者带来不少的困难。

2.2 内倾性哲学与外倾性哲学观见于中西语言观之二
——"人"治语言与"法"治语言

西方人长于向外探求,以"法"治的精神认识世界,改造世界。而中国人则把一切都还原于"心",主体意识强。这种不同的精神反映于语言中便是:西语形态丰满,规则繁密,"法"制严格;而汉语处处只见"人",不见"法",组词造句上极具弹性。

2.2.1 汉语词语的弹性

汉语词语的弹性是指汉语词语分合伸缩的不固定性。汉语词语的弹性表现在以下几个方面:

1）词义功能的发散性

西方语言词类把词的性质固定在词形上，而汉语的词只要语义上搭配，事理上明白，就可以粘连在一起，不受形态成分的约束。汉语中一词多功能的情况比比皆是。另外，在由古汉语转向现代汉语的过程中，由于词形复杂性增加，即单音词过渡为双音词或多音词，而使一个词的词性较以前更为固定。例如古汉语中的"衣"，如用为动词，我们说"穿衣"，如用为名词，我们说"衣服"。但是，随着使用语言的丰富，我们会发现这种向固定性发展的趋势又有回转的势头，这并不是说把双音词变回为单音词，而是说双音词的弹性比以前大为增加。我们看看下面一首叫做"牵手"的歌的歌词：

因为爱着你的爱，因为梦着你的梦，

所以悲伤着你的悲伤，幸福着你的幸福。

因为路过你的路，因为苦过你的苦，

所以快乐着你的快乐，追逐着你的追逐……

歌词中每个重复出现的词都被赋予两种词性，而事实上它们还可被用为形容词和副词，如悲伤、幸福、快乐、苦等。汉语词语的兼类现象由此可见一斑。

2）意义的虚实转换

从虚词的形成和功能来看，汉语的一部分虚词是从发声词、收声词和语间助词转化来的，因而虚词的词类可因气势的不同而发生转换，例如汉语的"和"字既可作介词又可作连词。而英语中的介词 with 与连词 and 的语法特性有截然的差别，根本不会有互为转化的现象。例如：

（5）我和他都去过。（连词）

Both he and I have been there.

（6）我曾经和他去过。（介词）

I have once been there with him.

汉语不仅实词内部与虚词内部的各类功能有虚实转化的特性，而且虚词与实词两大部类也可以互相转化。例如，介词"在"、"比"、"给"、"拿"等都是由动词虚化而来的，语境不同则词性不同，试比较下列两组句子：

（7）许多同学都比我学得好。（介词）

我们要比干劲，比速度，比质量。（动词）

（8）他给我买了一本书。（介词）

他给了我一本书。(动词)

3）单音形式和双音形式随句子声律的需要而替换

例如《敕勒歌》中"天苍苍,野茫茫"中的"苍苍"、"茫茫"就是"苍"、"茫"的重叠。又如《漳河水》中"层层树,重重山,层层绿树重重雾,重重高山云断路"中的"层层"与"重重"也是"层"与"重"的重叠。它们都是因语气的延缓而由单变双的,是汉语中独特的叠音现象,使行文产生音乐的美感。这种叠音的运用也是汉译英过程中的一个难题,由于英文本身特点的制约,往往很难使译文的意境达到原文的效果。

有些双音词因语境不同而可以自由分合起到强调的作用,例如理发——理了一次发;鞠躬——鞠了三个躬;站岗——站了一班岗;洗澡——洗了两回澡。这种词称为"离合词",它具有英语构词法所无法达到的灵活程度。

4）仿词现象

能够反映汉语构词形式的自由性、多样性的还有汉语中的反粘连现象,即仿词现象。例如:

(9) 一个阔人说要读经,嗡的一阵一群狭人也说要读经。岂但"读"而已哉,据
说还可以"救国"哩。

(鲁迅《华盖集·这个那个》)

(10) 有人在县"抓点",索取土特产品价值1100多元……
群众说,"这哪是'抓点',明明是'吃点、喝点、拿点'啊!"

仿词的运用使汉语行文表现出讽刺、诙谐、幽默的味道,显示出新鲜而又风趣的表达活力。在现代英语里,词的仿它现象也较普遍,如在20世纪60年代随着黑人民权运动的兴起,出现了 sit-in(静坐示威)一词,以后相继出现了 kneel-in(在教堂里"祈祷示威"),ride-in(在公共汽车上"坐车示威"),camp-in(在白宫外"露宿示威");近年还出现了 sing-in(齐唱),study-in(学习会),be-in(狂欢大会),laugh-in(电视里的谐趣节目)等更新的词,但其表现力却远不如汉语那样灵活。

2.2.2　汉语造句的弹性

汉语的词序在句法中占有重要的地位。相同的词,不同的排列则表达不同的意义,有时还会产生极强的戏剧效果。例如,在一部电影中,一位婆婆对生了女孩的媳妇说:"有啥,吃啥。"(Eat whatever we have.)而对

生了男孩的媳妇说:"吃啥,有啥。"(Whatever you want to eat we will get for you.)汉语简单的四个字,排列顺序稍一改变,就能产生强烈的反差。而形态丰满的西语表达方式,就没有这种妙不可言的效果。而英语中缩略词,包括缩短词(clipping)、拼缀词(blending)和首字母缩略词(acronym)等极为发达,构词上有较大的弹性。英语的缩略句也不少,但都要按一定的规则来进行,像 long time no see 这样富有弹性的句子并不多见。

3. 结语

从以上的对比分析中可以看出,中国哲学讲究整体和内倾的思维方式,使汉语语法呈现整体性、模糊性、辩证性和高度的弹性;而西方哲学讲究二分和外倾的思维方式,使西语(以英语为主)的语法具有极强的系统规范性,但缺乏一定的灵活性。再进一步分析,其实整体性和内倾性都是注重"悟性"的反映,而分析性和外倾性都是注重"理性"的体现,也就是说,中国的哲学和语言中渗透的是一种"人文精神",而西方的哲学和语言中融贯的是一种"科学精神"。

参考文献

[1] 梁漱溟,1949/1987,《中国文化要义》,上海:学林出版社。
[2] 梁漱溟,1922/2004,《东西文化及其哲学》,北京:商务印书馆。
[3] 刘宓庆,1987,汉英思维差异的哲学观,见《香港当代翻译研讨会论文》。
[4] 帕默尔,1983,《语言学概论》,李荣等译,北京:商务印书馆。
[5] 申小龙,1990,《中国文化语言学》,长春:吉林教育出版社。

(本文选自刘重德主编《英汉语比较与翻译》,青岛出版社,1998。)

作者通讯地址: 410082 湖南大学中西语言文化比较研究所

23. 论概念互涉性
——东西文化"关键词"批判

On Interconceptuality: A Critique of the Keywords Approach to Trans-Cultural Studies

王　宾

【编者札记】

　　这是一篇令人耳目一新的文章。什么是"概念互涉性"？何为"关键词"？为何加"批判"二字？这与"文化"有何关系？题目本身会让人产生探究的兴趣，细读文章更让人眼界大开。"概念互涉性"是中山大学教授王宾先生创造的词语，文章涉及哲学、文学、语义学、符号学等多种学科。尽管关键词只重点选了"美"和"经验"两个，但由于"概念互涉"，文章阐发的内容几乎遍及社会、文化的各个方面，时间跨越数千年，空间涵盖几万里，与"笔耕恣意"的关于"美"和"经验"的两篇原作相映生辉。

　　"概念互涉性"被界定为"语词在生活世界的行动"。王宾先生主张"关键词"研究要在认识论层面上返回生活世界，但不能像胡塞尔的批判者们那样将生活世界本体论化。他原先以为五篇关于"关键词"的文章要另起炉灶，彻底改写，经过康德式的反思，反而觉得这些文章有助于"加深对关键词之关键的理解"，并把词的"权力意志"抖搂得酣畅淋漓，在时空网络中创造了多元的意义世界。随着文章的逐层阐发，我们在欣赏王宾先生的"批判"的同时，也在逐步理解"词力场"这一词语的真正意义和"概念互涉性"这一概念的确切内涵。

　　王宾先生并不仅止于"批判"，而是在"批判"之后对"关键词"撰稿人进而提出把握"互涉面"的要求，并提醒哲学出身的撰稿人"概念互涉不能局限于哲学话语实践"，文学出身的撰稿人则要注意"所使用的概念一定要有清晰的界定"。

(一)

东西文化"关键词"研究,从创意到可行性论证再到初步实施,煞费周章却也好事多磨地熬过了两年有余。如今,不仅参与者的语言/文化背景发生了变化——从最初的中欧两方扩展到中、欧、北美、印度乃至阿拉伯世界,而且对"关键词"的理解也在不断加深。

第一次工作会议(巴黎)达成的主要共识,是从日常用语中筛选智性传统的关键概念,以打破精英/大众之间的话语之隔。因此,不仅那些隶属特定文化传统的常用词语(如:"仁"),而且凡限于专门学科的术语(如:"形而上")均不在考虑之列。首批入选的是"真"、"善"、"美"、"经验"和"自然"这五个在不同语言/文化共同体中同时被大众和精英频繁使用的关键词。每一个词由来自不同语种的学者用母语撰写,陈述该词在各自文化传统中的运作状况。每一种语言撰写的文章,都将译成其他参与者的语言。有关同一个关键词的各篇文章汇集成册,一次推出五本。第二次工作会议(广州)深入讨论了方法论原则。当时,直接影响我们思路的先入之见,是后结构主义和当代诠释学的语言观。一方面,我们明确规定:不能按传统"小学"或历时方法从词源追述到今义。本项目要另辟蹊径。另一方面,我们又再三强调动态的"结构化"过程(structuring and re-structuring),反对静态结构主义式的语义构成。其目的是要揭示出同一个词语如何在时空网络中创造了多元的意义世界。我们感兴趣的是由词的行动(action)构成的"词力场"(the force field),而不是本质主义哲学框架中的静态概念——对事物本质属性的抽象。参加了第二次工作会议的中方撰稿人有无真正认同或把握这一工作假设(working hypothesis)?坦率地讲,作为中方学术策划和协调人,我是心中无底的。大约半年多后,由国内哲学和文学批评界中青年学者撰写的初稿陆续完成。它们是:《真》(华东师大杨国荣)、《善》(北大何怀宏)、《美》(深大林岗)、《自然》(中大陈少明、李兰芬)、《经验》(中国社科院叶舒宪)。其中《经验》和《自然》已在《跨文化对话》杂志公开发表。在第三次工作会议(北京)期间,我向欧洲人类进步基金和中国文化书院的负责人汇报了中方的工作进展,并陈述了五篇文章的问题以及我个人的忧虑。在第四次工作会议(巴黎)之前,我认真反思了两年来的协调工作和学术理路,遂有本文的出笼。

或许是因为一个二三流的"编导"将自己无法企及的理念投射到"明星"的表演之中,我总是觉得初稿与自己的期望相距甚远。尤其令我"失望"的是由文学出身的两位好友撰写的《经验》和《美》。他们笔耕恣意,以诗论诗,不仅为翻译带来困难——这是我在读每一段文字时都在考虑的问题,而且有可能惹来训诂专家和汉学家的责难。不做小学和悬置历时性演变,不等于否定人家的视阈以及在此视域中呈现的问题。"毛病"出在哪里?当然首先要从学术协调人自身找原因。什么叫"词力场"?什么叫动态的"结构化"过程?如何操作?我自己能讲得清楚吗?这种以诗化的语言来确定的方法论原则,不也是以诗论诗吗?食客可以挑剔饭菜的味道;但是,如果讲不清所需的口味,那么手艺再高的厨师也只能靠运气了。这不正是二三流的"编导"的悲剧吗?

我寻思问题可能出在创意阶段,对源于当代西方批评理论的先入之见缺少一种认识论意义的批判反思。于是,我向自己提出一个非常传统的康德式问题:"词力场"如何是可能的?我们所理解的关键词性质及其运作如何是可能的?即:必要条件是什么?这就是本文标题所用的"批判"二字的含义。带着康德式问题,我又再三拜读五篇文章,视阈顿时开阔,一种两年多来从未有过的感觉骤然而起。令我惊讶的是《经验》和《美》反过来帮助我加深了对关键词之关键的理解。尤其是林岗的《美》文,本以为要另起炉灶,彻底改写,如今却激起我作为读者的参与式反响,并为当初的武断否定深感内疚。我自以为找到了问题所在,权将之浓缩为一个生造但不违反语言法则的词:概念互涉性(interconceptuality)。

(二)

任何一个词,包括虚词都是一个概念。概念反映了事物的本质属性,这是柏拉图以降西方智性传统对概念的理解。它通过机械唯物论中介和乌托邦社会工程实践,已获得20世纪中国学界的认同。这一理解,预设了一个个自在自为的独立的事物,同时又预设了"认识的主体"(即:一个自在自为的有生命的事物)有能力去认识和把握对象/客体的本质。顺此思路,世界的整体性,就是自在自为的事物组合的整体性,尽管又有所谓"整体大于部分之和"的有机论作为补充。另一方面,19世纪以来的科学又告诉我们:整体不是事物的整体,而是由事物之间的关系构成的整体。科学意义的存在(scientific existence),不是实体的存在,而是其内在和外在的各种关系之存在。离开关系,就没有事物的性质可言。第一个将非本质主义的关系说运用到社会人文领域的大师级人物是马克思(1965:53)。单个人的本质只不过是一切社会关系的总和,这个著名的历史唯物主义命题与自然科学观并行不悖。与之相反,19 世纪的语言研究却游离于科学认识论和关系说之外,沉醉于"人学"(humanism)的迷思。直到本世纪初,索绪尔运用关系说创立了现代语言学,语言研究才与科学认识论接轨。(Hjelmslev 1963:8—23)语言学转向,在西方社会人文领域为关系说奠定了显学地位,连最传统的宗教研究也受其影响;马丁·布伯的《我与你》在宗教哲学内大胆提出"太初有关系"的真知灼见。其实,整个 20 世纪的西方非本质主义思潮,就是要打掉"自在自为的独立事物"这个本质主义的理念。质疑启蒙运动的主体观,"主体非中心化"问题的提出,由此而来。当代西方批评理论中的后结构主义/解构主义,海德格尔之后的诠释学,被拉康改造后的心理分析,等等,大多靠批判胡塞尔的现象学认识论起家,追问独立自在事物背后的先在条件。他们都不约而同地追溯到所谓的"前概念状况"(the preconceptual condition)。如今已为中国学界所熟知的、无法做认识论/语义学分疏的术语,如"主体互涉性"(又译为"交互主体性"或"主体间性")、"文本互涉性"、"分延"(differance)、"虚迹"(trace)、"此在"(Dasein)、"凝聚"(condensation)、"置换"(displacement)、"撒播"(dissemination)等等,都指向了这个"前概念状况"。另一方面,他们批判启蒙运动和近代认识论传统时所采用的策略,又与当年黑格尔批判康德如出一辙:不约而同地强调"动态",将"自在自为事物"赖以存在的共时性"空间"消解到永恒运动的"时间"之中。以此获得的共时和历时的统一,实乃黑格尔"逻辑与历史的统一"之当代版。区别仅在于:当代批判淡化"对立"(opposition),止步于差异(difference),以免落入"对立统一"的"合题"(synthesis)[1]。

---

[1] 索绪尔在"语言的价值"一章中谈到符号的"差别"(difference)和"对立"(opposition)。后结构主义/解构主义断章取义,只引关于"差别"的一段,不提紧接此段的"对立"问题(参看《普通语言学教程》中译本第四章第四节)。另外,语言是"双重分节"(double articulation),在表示"差别"这一层,并不能实现意义的区分,连概念互涉都无法实现(参看格雷马斯《结构语义学》中译本"义素系统"一节,三联书店,1999)。德里达认为"分延"产生了差异系统,从而使"语言"和"言语"之分成为可能。换言之,意义的产生既是共时的又是历时的;共时/历时之分,消失于"分延"或由"分延"造成的"虚迹"之中(参见英文版 Position,芝加哥大学出版社,1981,p. 28)。利奥塔则明白无误地强调"差异不是对立"(Difference is not opposition)(参看 Discourse, figure. 转引自 Bill Readings 的 *Introducing Lyotard*,Routledge,1991,p. 6)。

于是,"另类"或"他者"(the other 或者 the alterity)就不会被归约到"同一"(the same)之中。这种乔装打扮的非本质主义化的本体论,在声讨黑格尔的同时又为黑格尔的幽灵暗度陈仓。它对那些以美学终极关怀为己任的文学批评家和提倡极端相对主义的文化批评家具有同等的吸引力,又同时为乌托邦和反乌托邦提供了理论武器。称之为"本体论",是因为"虚迹"、"此在"或"无意识",都是一种整体性的运作方式,作为身处文本之中且受制于文本的经验性个人,德里达或海德格尔或拉康的任何言说,都无法知道这个永处于运动之中的整体。因此,它只能是康德意义上的"物自体",可思而不可知。而如今的批评家们,不仅知,而且将此"知"讲得头头是道。这正是康德早就指出的现象:超验地使用知性能力,以满足理性自身的需要。借鉴当代西方批评理论,要小心区分它对启蒙运动本质主义的合理批判和它对科学认识论的非本质主义式的僭越觊觎。

本文对"关键词"的批判反思,不纠缠于本体论的吊诡,而要对"前概念状况"作认识论的追问:这是一种什么状况? 是产生概念之前的状况吗? 现象学会称之为"生活世界"(Lebenswelt / lifeworld)或者"体知过的经验"(Erlebnis / lived experience)。那么,是否存在一个没有概念,即没有词(word),亦即没有语言的"生活世界"呢? 如果考虑到音乐、美艺、建筑、手势等等其他符号系统,则要追问:是否存在一个"前符号"的"生活世界"呢? 如果答案是肯定的,那就是荒诞无稽的。如果返回科学对世界之关系性的解释,那么,所谓"前概念状况"只能是错综复杂的关系网络造成的概念互涉的状况。在语言之中却又与概念无关的生活或世界,纯属子虚乌有。对子虚乌有的憧憬,也只能在社会性的符号关系中产生。每一个词即概念,都在语言内外涉及众多关系,是各种关系的汇集点。因此,每一个词都是概念互涉性的物质承担者,是文本互涉性和主体互涉性最基始的分析单位。我们不可能穷尽一个关键词所涉及的所有关系,但可以不断地描绘出一些令人牵肠挂肚的关系,从而使自己立足于概念互涉的生活世界。与之相反,形形色色柏拉图式的共相论则要求我们瞄准事物或现象本身,将它从众关系中抽象出来,或悬置所有的关系,或仅仅确定某一种具有决定意义的关系,以获得对事物或现象的本质属性。所谓理性对本质的直观,只不过讲了这么一个故事:认识的主体,不仅可以弃逻辑抽象于无用,而且可以在刹那间涤除一切事物间的关系而直驱事物本质。无论逻辑抽象还是理性直观,其过程都是从概念互涉到概念,从歧义到单义,从多元性到一元性,从生活世界到思辨象牙塔。"关键词"研究要在认识论层面上返回生活世界,但不能像胡塞尔的批判者们那样将生活世界本体论化。

汉语文化传统向来偏重关系。儒学的弊端并不在于以人伦关系来界定单个人的性质,而在于忽略了其他关系,而且从自然的血缘关系推及非自然的社会关系。在论述"善"一词时,何怀宏指出:"在中国,确实缺少对抽象的、独立的、一般'善'的研究,也很少单独地讨论'根本的善'、'最高的善'、'至善'的概念。但是,'善'的含义却广泛而深入地渗透到了许多较为具体的相关概念之中。"揭示"善"的概念互涉,也就凸显了它的"词力场"。关键词的方法论原则,显然有利于用汉语来写作的中方撰稿人。我们无须"去遮"以返回"前概念状况",因为在汉语智性的视阈内不存在概念/前概念二分。当然,我们又同时深受西方智性文化的影响。能否和如何描绘出每一个关键词的概念互涉性,将取决于每一位撰稿人的知识结构、学术立场和切入问题的方式。从杨国荣的初稿中,我们可以看到"真亦诚来诚亦真",却看不到"真亦假来假亦真"。不可能亦无必要涉及所有的关系。选择哪几种,恐怕也与撰稿人在生活世界中的地位和感受有关。不过,作为中方的第一个读者,我倒很想知道我们的祖宗和当代的同胞是如何假"真"字创造了一个"真亦假来假亦真"的多元意义世界。西方的读者,或许也想知道在一个阴阳互动的认知传统中,日常和哲理话语是如何处理 A 与非 A 的问题的。至于说以"真理"的名义来扼杀对真理的追求,更是"词力场"中血淋淋的场景。历代的冤假错案总是打着"真"的旗号;平反昭雪,并不等于后来人把握了"真"的精髓和本质,更不能保证他们不会重蹈覆辙。一旦跳出柏拉图/黑格尔的思辨象牙塔,我们在生活世界见到的"真"要复杂、生动得多。说出这番话,并不表明笔者赞成认知虚无主义和道德相对主义。面对和揭示词在生活世界的行动,这是一件事;将之抽象成"主义"并认同这种"主义",则是另一回事。囿于篇幅之限,本文将语词在生活世界的行动(即:概念互涉性)限制在"美"和"经验"这两个关键词内来加以阐发。

(三)

林岗论"美"一文,初读时,会有文笔枝蔓和观念庞杂之感。如果读者脑子里塞满了美学史的文献,连读完一遍都坚持不住。这是因为林岗完全撇开了"美"的抽象概念,返回"美"的观念在日常生活中的种种运作。他只关注"美"的概念互涉性。在他的笔下,"美"不再是抽象的本质,而是一种行动,一种"权力"(power)的运作。什么"权力"?实施控制或抵御控制的"权力"。"词力场",实乃意识形态的角斗场。两万多字的长文,看不到当代西方批评理论的关键术语,却将汉字"美"的"权力意志"抖搂得酣畅淋漓。《美》文也没有使用符号学的常用概念,却对两千多年汉文化传统发动了一场符号学意识形态批判。

汉文化传统以仁义道德为本位。德之内容在历史中演变,德之向度古今亦然。说到底,德总是对行为的规范。林岗论"美",就从这里切入:"德显于行为举止,斯为美。"福科将思想控制落实到对肢体动作的控制,林岗要进一步剖析这种控制是如何通过审美中介方能顺利地完成。在美感的陶醉中,我们才能舒舒服服地成为奴隶并自以为是主人。"美"的概念互涉性,在汉文化生活世界布下了一张大网。林岗从中剔出三种互涉,冠之以"仪"、"名"、"文",即:"仪德政治"、"名德政治"、"文德政治"。

"仪"指先秦礼仪文化讲究的"六仪":祭祀之容,宾客之容,朝廷之容,丧纪之容,军旅之容,车马之容。每一"仪"或"容",都是对美的形式化规定,以达到对人们形体动作的规定,最后完成对思想和价值的规定。而礼崩乐坏,即"美"的特定行动失效,就意味着伦理/政治陈规的解体和重组,改朝换代势在必行。

"名"涉及察举制,从汉代延至南北朝,约七百年。破除了先秦的血缘身份制,个人在社会生活中的成败就要依赖他人的察举。于是,士人的名声就产生于"乡论"和"清议"。议论当然取法于文教经典,"但更多的却是音韵、对仗等语文修辞的文辞技巧。""举凡俊言雅行,美文警句,惊世义理,都可博得清议的嘉许。""士人的努力多往标举个性、发扬趣味、言语举止的审美化方向发展。"这就是"魏晋风度"的伦理政治的审美化和审美的伦理政治化。他还列出"竹林七贤",称之为"中国历史里人格品质审美化、趣味化的代表。"结论:"当个人性的价值认同转换成公共性'德性'时,它必须借助审美的感性形式而存在。"

察举衰,科举兴,遂有"文德"。唐代省题诗,宋代策论和明清八股,创造了程式严密的考试文体。它们"言之无物,却言之有序"。完成对美感的纯形式化规范,不仅是统一标准和公平竞争的需要,也为思想控制提供了有效的渠道。当士人"念念有词,摇头晃脑"地沉入"音律和谐之美"时,其控制的欲望(即:入世从政)和其欲望被控制的状况被合盘托出。

林岗认为,"由仪德、名德到文德,政治同审美的距离似乎越来越远。"按我的理解,都越来越近。远近同在,是因为政治的审美化和审美的政治化是一个现象的两种表述。林岗一直写到八股气数殆尽之时,"当完美的形式包裹着已经僵化的价值,则说明儒家德行价值和与它相联系的完美形式的终结即将来临。"换言之,新的价值诉求与旧的审美形式之间的冲突已不可调和。"美"的"权力意志"进入了另一个历史阶段:白话文和新诗。在两千多年的"仪德"、"名德"和"文德"之后,又是一种什么样的"德"呢? 林岗到此刹笔了。

我不明白为什么林岗要避开 20 世纪的汉文化生活世界。"仪"、"名"、"文"三种"美"的行动方式,是分属于断裂的阶段,还是藕断丝连地持续至今? 先秦"六仪"的运作机制,已随其陈旧的内容而寿终正寝了吗? 在符号的六种功能中,仪式属于"应酬"功能(the phatic function)。它有意义却不提供任何新的"信息"(information);重复相同的词语和相同的动作,或重述相同的故事。其目的是表达"在场"和"意愿结合"(Jakobson 1960)。它的文化人类学功能是借感性形式来创造所谓的精神凝聚力。它的政治学功能就是控制。"无产阶级专政下继续革命的理论"正是通过史无前例的仪式盛典方能真正"深入人心"。察举和科举在历史上如果是两种选拔人才的方式,如今则似乎合二为一了,只不过换了个说法。科举制涉及符号的"指令功能"(the injunctive function)。指令可以指向接受者的工具理性和才智,也可以指向接受者的情感(Jakobson 1960)。公务员考试,笔者未曾经历过。有无美国人搞出来的选择性填空? 小学考初中的试题,报纸上闹得沸沸扬扬,完全可视为当代科举的初级阶段。它们还需要或还有多少审美的形式?"乡论"和"清议"的文化余波,大概只能在知识分子之间的"以文会友"和"学术沙龙"中略见一斑了。但是,如今盛行的面试和竞争上岗前的宏论呢? 还有在电视上频频亮相的制度化的大学生辩论,也不知是在做"秀"还是背诵下三流的话剧台词,"美"得令人全身起鸡皮疙瘩。但其自荐和选材的功能是毫无疑义的,而且为青年一代提供了一套"乡论"和"清议"的模式。还有那铺天盖地的多媒体广告,假各种"美"的形式(包括"美"的化身即"明星")来控制我们在生活世界中的一举一动。市场经济意义的"德",是能挣会花和刺激消费。正是通过审美的渠道,方能激发一波又一波"挣"和"花"的欲望。这背后的广义政治和权力意志,岂能放过? 最后,我还忘不了"革命样板戏"。它对每一个唱腔和每一个形体动作的精雕细琢,是对形式主义美的严格规范,与欧洲新古典主义相比,有过之而无不及,因为前者已获得神性的品格,稍有不敬就会按"现行反革命"论处。"四人帮"垮了,样板戏活过来了。恐怕只有极少数牛棚余悸未散的人,才会有奇特的联想而斥之为"替文革招魂"。不过,与年青一代的新鲜感相对照,过来的一代人不也有一种复杂的怀旧心绪在涌动吗? 同一种美的形式,它在另一个语境中又互涉到什么关系上去了?

《美》文的后一部分专注建筑和饮食。林岗援引梁思成先生的二分:"绝对匀称和绝对自由之两种平面布局"。前者指四合院,包括放大的"四合院",即紫禁城;后者指江南园林模式。梁先生的二分,不知是否是从新古典主义和浪漫主义的对立中获得启示,从而将其他的建筑模式边缘化了。林岗将此二分与儒道理念之别联系起来,认为入世的"四合院"和出世的"园林"正是士大夫文人政治/审美理想的两个互补性侧面。由于避开了当代,我们不知道林岗如何面对近 20 年来用钢筋水泥和玻璃棺木垒起来的现代和后现代建筑。它们总不能排除到中国人的生活世界之外吧? 饮食一节,试图追寻"审味—审美—为政之道"的线索。这思路令人神往,不过读起来总觉得有精英理想之嫌。"治庖之道与为政之道息息相连"是个比喻,不一定是现实。两者的关系《美》文无法展开来分析。与之相反,"朝为田舍郎,暮登天子堂"是汉民族共有的,所以"仪"、"名"、"文"才成为可能。得奖的电视剧《外来妹》再现了另一种欲望的乌托邦:今天的打工仔/妹,明天的企业家(资本家?);于是,"美"的商业化/政治化方能运作。可是,从古至今,有多少中国人能享受美食并从"至味"升华到"审美"呢? 即便是以美食家自居且率先富起来的广东人,也只不过是吃腻了海鲜要尝尝野味罢了。他们有可能认为当了官就能免费享受美食,却不太可能从制作/享受美食的过程中体悟到职业政客的成功秘诀。饮食是生活世界最基始的层面,而恰恰是在这个层面,林岗似乎又返回了文人象牙塔。我有一个数典忘祖的偏见:在一个文盲与半文盲始终占人口很大部分的语言共同体内,在一个严重缺乏先验意识的智性文化传统内,所谓饮食的审美功能,只不过是以满足眼欲的方式来刺激食欲,谈不上什么"追求形而上的与膳食快感相联系的精神满足。"

（四）

"经验"曾被认为是五个关键词中最难对付的一个。表面看,这是个外来词。讲清被引入的含义不就解决了? 可是,没有"经验"这个概念——对事物或现象的本质属性之语言抽象,不等于没有与之相联的观念及其在生活世界中的概念互涉活动。另外,它也有可能以另一个"能指"(signifier)的面孔出现,对我们的行为和价值施加影响。从茫茫历史文献和作者身在其中的生活的大海中寻索它的踪迹,难度之大,可想而知。叶舒宪偏爱"经验",愿意一试。

初读《经验》一文,我曾提出三点意见,供他参考。1. 将双音节词"经验"分解为"经"("法则"等义)和"验"("应验"、"检验"等义),视之为两义之整合,需要提供历史文献的依据。否则,有六经注我之嫌,会招来训诂和汉学的挑剔责难。2. 挖掘作为观念运动的"经验",不妨以西语的对应词语为参照点。在西语中,"经验"一词至少指涉了三种现象:无法重复的经历,每一次经历就是一次语用事件,英文称之为 experience,但是形容词要用 empirical;上述"经验的"(empirical)知觉积累加上理智的判断,就是康德认识论意义上的"经验"(德文 Erfahrung),属知识论范畴,英文却仍用 experience 这个符号来指代;针对这第二种"经验",现象学提出 Erlebnis,指向未经逻辑切割和抽象的生活世界之整体,即"前概念状况",英文转译为 lived experience,汉语权译为"体知的经验"。这个参照点有利于我们确认汉语"经验"在生活世界中所涉及的方方面面。如果某一个假"经验"之词出现的观念,无法为参照点重叠或部分重叠,那么它就很可能是汉语"经验"的独到之处。3.《经验》一文互涉到"实践是检验真理的标准"。《真》一文更将此命题展开来作正面的论述。我以为这非但没有揭示出词的行动和"词力场"的性质,反倒是被概念之间表面的语义关系误导。有正确的实践和错误的实践。"实践"本身,即按照柏拉图客观唯心主义理论抽象出来的实践之"本质",如何能成为检验真理的标准而且还是"惟一的标准"? 关键在于:什么人在什么时候和什么地方从事了什么样的实践? 谁掌握了实践的领导权和对实践性质/后果的解释权? 这才是马克思主义的历史唯物观对"实践"的理解。如果"四人帮"当政,他们完全可以提出同样的命题来达到完全不同的目的。在当时的语用上下文中,此命题是针对"凡是派"的"句句照办"而来的。它试图用一种非人格化的"实践"来消解人格化的"一句顶一万句"。这正是"实践"这个词在生活世界的一次重大行动和它在特定语境中特定的互涉,不宜同"真理"的检验和知识论的"经验"扯到一起。命题本身毫无学术品格,却引发了一场伟大的政治运动。这是政治家在"词力场"中对词之行动的准确把握和巧妙利用,是杰出政治智慧的体现,不可以拿来为哲学的贫困张目。

《经验》初稿发表已半年有余。我和叶舒宪之间有过长谈和讨论。有趣的是,当他进入了我的思路并原则上同意修改时,我又进入了他的思路,发现其想象的合理性和对问题的诗学洞察力。重读《经验》,我似乎体察到"经验"一词在汉语生活世界的独特运作方式。

叶舒宪首先理清了"经验"一词的两个来源。作为一个双音节词,古语早已有之,可以晋代陶潜《搜神后记》一句为证:"高平郗超……得重病。卢江杜愆少就外祖郭璞学《易》卜,颇有经验。超令试占之,卦成,不愈。"另外,作者又从《西游记》和《红楼梦》中择引了"经验"的例句。《红楼梦》第四十二回的例句,是指亲身经历,与西语参照点"经验"第一义相同。《西游记》第二十六回例句比较复杂。菩萨道:"我这净瓶底的'甘露水',善治得仙树灵苗。"行者问:"可曾经验过吗?"菩萨道:"经验过的。"行者问:"有何经验?"前两个"经验"可理解为"试过",即舒宪认为的"验证之义";也可以理解为"经历",即使用"甘露水"这件事;也可以理解为两者兼而有之。最后一个"经验"是指"经历"或"验证"之后而获得的某种"知识",它类似西语参照点的第二义,但又有区别。康德认识论意义的"经验"(即"知识"),是指知性官能("先验范畴")对感性知觉(即与第一义"经历"相关的"经验")加工而形成的"知识";《搜神后记》的"经验"和《西游记》例句中最后一个"经验",与知性(Verstand / understanding,朱光潜先生译为"知解力")无关,却带有超验的神秘色彩。《经验》一文也承认,所谓"验证意义"的"经验",是指"灵验"、"符验"、"参验"等。因此,它不同于科学认识论的"证明"、"证伪"或"否证"。上述语义分析表明:汉语古文献中"经验"双音节词的运作,并不区分理性对"物自体"的追求和知性对现象界的认识。换言之,它基本上处于"前概念状况",即概念互涉状况。可以体知,却无法"准确"界定。对其意义的把握,则见仁见智。

"经验"一词的另一个来源是康德认识论意义的知识,即参照点的第二义。但是,它经过了日语的中介,而日语中的"经验"(keiken)又是从汉语借过去的。叶舒宪问:"为什么日译者要用'经'和'验'两个字来指称西文的 experience 呢?"这一问,就将"经"和"验"分开了。哲学认识论意义的"经验",无论日语还是汉语,都是指西语参照点的第二义。这是没有歧义的,因为它是一门特定学科内的专业化名词。作为一个概念互涉的文化关键词,"经验"就不是那么好把握了。首先,日语的 keiken,是直接借用了汉语双音节词"经验",还是同时借用"经"(法则、经典等)和"验"(验证)然后将两义加以整合? 这是个历时性问题,无论考证的结果是什么,都与它以外来语身份返回汉语后的意义无关。因为当日本人用"经验"本土语翻译认识论意义的"知识"和中国人用"经验"来翻译日语"经验"时,双方哲人心中的指涉是一致的。其次,作为外来语的"经验"和本土原有的双音节词"经验"在日常生活话语实践中的混淆,可以理解为一词多义。只要有足够的知识背景,其语义分疏并不困难。真正值得注意的是隐含在叶舒宪所提问题中的问题:个人无法超越他身处的语言/文化文本;是一种什么样的生活体验使得叶舒宪全然不顾辞源和训诂的限制,将"经"之义从外面加给"经验"呢? 想象力对词义的扭曲,总是与该词在"词力场"中的运作有关;任何奇特的想象总是从它所要颠覆的文本中获得灵感。顺此思路,我悟出汉语"经验"一词在日常生活中的另一种互涉:我们经常自觉不自觉地将作为"经历"的"经验"之积累,当作"经"(法则、规律、道理等等)来推崇。所谓"嘴上无毛,办事不牢",所谓"姜还是老的辣",都是从"经历"之丰富,推导出规则和道理。《经验》一文认为,"在鲁迅笔下,'经验家'往往指保守的复辟势力。"鲁迅是抓住了要害。鼓吹"经验主义"的人,就是将自己的"经验"当作"经",要别人跟着念。所以,当"四人帮"批"经验主义"时,毛泽东说:"我看批经验主义的人,自己就是经验主义。"(转引自毛毛 2000)"经"就是教条,所以中国式的"经验主义"又是教条主义的天然同盟军。将上述中国式的"经验"和"经验主义"译成 experience 和 empiricism,英美人定会觉得莫名其妙,不知所云。我以为:假"经验"之名行"经"之实,正是《经验》一文言及的"儒家经验主义与崇老政治"的要害所在,也为"中国化马克思主义话语中经验的两面性"一节提供了另一个视角。我们甚至可以追问:我们是否将"实践"理解为丰富经历或知觉的积累,然后将这个意义的"经验"当作"经"去检验和区分真伪? 无论是儒家的"经验主义",还是中国化马克思主义话语中的"经验主义"、"教条主义",都是反科学认识论的。《经验》一文又提及庄子的"得意忘言"、"注意个人性经验",还有禅师们标榜的"不涉言筌"、"不立文字"、"教外别传"等等中国文化的"独特经验",说穿了都是强调前文西语参照点的第一义:作为个人经历的"经验"是不可能重复的;刚刚说过的话,再重复一遍时,其语用学上下文已经变了,所以含义也变了。而"立言"和"立文字"就是要用概念来抽象某种经历,殊不知此抽象活动本身又构成了另一个经历。因此,"教外别传"顺理成章,"得意"必须"忘言"。今人解庄子、论禅语,越说越玄,好像对每一个不可重复之经历/经验的执著,就是大智大慧,好像真有什么"得意"可以超越任何社会性的符号系统从而成为"纯个人经验"。这是将"前概念状况"推向极端且当做"主义"来推崇。这也从一个侧面说明中国人如何将"经验"当做"经"来念。当代西方批评理论所隐含的本体论僭越,也为此"经"推波助澜。关键词研究要寻索描绘"经验"的概念互涉,却不可将此互涉提升为"经"来向读者介绍。文化批判意识不可丢失。

（五）

　　五篇文章就要开始修改和定稿了。作为创意者和学术协调人,重读《美》和《经验》之后萌发了对该项目的批判。希望此批判和对概念互涉的阐述能被撰稿人认可。每篇文章注重互涉的哪些方面,互涉面有多宽,由撰稿人自己决定。最后,需要提醒哲学出身的撰稿人:我们从事的是文化关键词研究而不是哲学关键词研究。概念互涉不能局限于哲学话语实践,而一定要进入生活世界。文学出身的撰稿人则要防止另一种倾向:以概念互涉的方式来言说关键词的概念互涉性。对一种语言现象的描述,预设了一种元语言的必要性。因此,用来描述关键词概念互涉时所使用的概念,一定要有清晰的界定。这是在"语言的牢笼"(尼采)之中论述语言问题时不得已而采用的方法。

参考文献

[1] 马克思,1965,关于费尔巴哈的提纲,见恩格斯《费尔巴哈与德国古典哲学的终结》,北京:人民出版社。

[2] 毛　毛,2000,我的父亲邓小平——"文革岁月",见《广州日报》,9月15日。

[3] Hjelmslev, L. 1963. *Prolegomena to a Theory of Language.* Wisconsin: The University of Wisconsin Press.

〔4〕 Jakobson, R. 1960. *Linguistics and Poetics, Style in Language.* In T. A. Sebeok. Massachusetts: M. I. T. Press.

（本文选自杨自俭主编《英汉语比较与翻译4》，
上海外语教育出版社,2002。）

作者通讯地址：510275 广州中山大学外国语学院英文系；
wangbin_zdwy@hotmail.com

24. 汉诗英诗,其艺略同

Similarities Between Chinese and English Poetry with Regard to the Artistic Conceptions

冯颖钦

【编者札记】

比较研究,既要从"同"中辨"异",也要注意从"异"中识"同"。在极相似的对象中辨"异"固然很有价值,而在极不相似的对象中识"同"也富有意义。本书是中西文化对比论集,当以辨"异"为主,但也收录了少量识"同"文章,本文便是其中一篇。

冯颖钦先生是之江诗社理事,他酷爱诗歌艺术,不仅时有诗论和诗作发表,而且善于在重要场合即兴赋诗作词,给人以美感享受,退休之后仍然诗兴不减当年。由于审美意识强烈,冯先生的审美判断力自然非同一般,因而他能在风格迥异的中西诗歌中找出艺术美创造的共同规律及相似的表现手法,也就在情理之中了。

这篇论文从虚与实、情与景、动与静和人与物四个方面阐述了冯颖钦先生"汉诗英诗,其艺略同"的论点。"虚与实"一节表现了中西诗化虚为实、以形传神的共同艺术手法;"情与景"一节,论述了中西诗以乐景写哀,以哀景写乐,用强烈反差增强艺术感染力的相似技巧;"动与静"一节彰显了中西诗以动写静、化静为动、互相转化的共同创意;"人与物"一节突出了中西诗通过形象思维将物人化或将人物化的相似艺术构思;全文的论证充满了对立统一的辩证理念,值得一读。

世界上没有两片完全一样的叶子,人世间却有两种约略相同的事物。

汉英诗艺,即是如此。瑞士教育家裴斯泰洛齐说过:"千言万语不如提出一个好例子。"(转引自李明生、王培元 1999:424)为了说明汉诗英诗,其艺略同,笔者拟举数例,以供三隅之反。

1. 虚与实

虚与实是一对相反相成的美学范畴。所谓实,指的是文艺作品中直接可感的方面,亦即直接形象;所谓虚,指的是文学作品中由直接形象引发而通过联想或想象所得的间接形象。这一对美学范畴,既作用于汉语文艺作品,也作用于英语文艺作品。诗歌,作为文艺作品的一个品种,自然也不例外。

下面是清代诗人江湜的《彦冲画柳燕》:

> 柳枝西出叶向东,
> 此非画柳实画风。
> 风本无质不上笔,
> 巧借柳枝相形容。

不消说,这是一首题画诗。诗中有画,画中有诗。诗艺画艺,相济相通。不论对画家而言,还是对诗人而言,道理是一样的。由于"风本无质"所以难于"上笔"。如何变"无质"为有质呢?难处见高手。这时,高明的艺术家总是匠心独运,化虚为实。于是便"巧借"西出的柳枝和向东的叶子将"无质"的风绘形绘影地表现出来了。

诗艺有惊人的相似之处。

在英国诗史上,有位叫做克·乔·罗塞蒂(Christina Georgina Rossetti,1830—1894)的女诗人,她曾写过一首《风》(The Wind),而且也是以化虚为实的手法将无形的风化作了有形的风。下面是该诗的全文:

> Who has seen the wind?
>   Neither I nor you;
> But when the leaves hang trembling,
>   The wind is passing thro'.
>
> Who has seen the wind?
>   Neither you nor I;
> But when the trees bow down their heads,
>   The wind is passing by.

该诗布局,颇见匠心,两节诗均以问句起之,答句承之,从句转之,主句合之。首先诗人提出一个谁曾经看见过风的问题,接着给予你我均未看见过风的否定回答;然后描写树叶的颤动和树冠的低昂,最后给予风之行迹历历可见的肯定回答。"树欲静而风不止",诗人就是这样借助树的动态将风的视觉形象巧妙地展现在了读者的眼前。

清代文艺评论家刘熙载(1978:82)于其《艺概·诗概》一书中写道:"山之精神写不出,以烟霞写之;春之精神写不出,以草树写之。故诗无气象,则精神无所寓矣。"这就是说,精神为虚,气象为实。以实写虚,虚寓实中。尽管以上两位诗人生于不同时代,长于不同国度,但是他们诗心相通,诗艺相通,都以虚实法达到了状难写之"风"如在目前的艺术境界。

下面再举两个例子。

南唐后主李煜在"归为臣虏"之后写过一首《乌夜啼》,该词的后半阕如下:

> 剪不断,
> 理还乱,
> 是离愁,
> 别是一般滋味在心头。

"离愁"这种心绪是抽象的,看不到,听不见,闻不出,尝不来,摸不着。但是在诗人笔下,这"离愁"却写得如此形象,如此传神。你看,"离愁"可以剪,但是它又"剪不断";"离愁"可以理,但是它又"理还乱"。化虚为实,以形传神,这是多么娴熟的技巧! 多么绝妙的手法! 王国维(1960:197)在其《人间词话》中指出:"李重光之词,神秀也。"可谓独具慧眼。诗人巧用虚实之法,故得翩翩"神秀"之美。

像"离愁"一样,"闷热"这种状态也是抽象的,它不能直接作用于人的视觉、听觉、嗅觉、味觉和触觉。让我们看看美国女诗人希·杜立特尔(Hilda Doolittle,1886—1961)是怎么样将抽象的"闷热"化作具象的"闷热"的:

> O wind,
> Rend open the heat,
> Cut apart the heat,
> Rend it sideways.

以上是作者《花园》(The Garden)中的一节。如果说李煜借"剪"和"理"这两个动词将"离愁"表现得绘形绘神,那么杜氏则用"rend"和"cut"这两个动词将"闷热"描写得惟妙惟肖。只不过前者的行为主体是诗人自己,而后者的行为主体是呼告语"风"。这一差异是无足轻重的,因为这里不是行为主体,而是行为自身,起着化"精神"为"气象"的作用。总之,两位诗人都巧妙地运用动词,化虚为实,从而取得了"恍惚无朕者,着迹而如见"(钱钟书语)的艺术效果。

2. 情与景

情为主观感受,景为客观风光。情与景,相依存。景无情不发,情无景不生。

一般言之,多半以哀景写哀,以乐景写乐。正如晋代诗人陆机(1962:31)所言:"遵四时以叹逝,瞻万物而思纷;悲落叶于劲秋,喜柔条于芳春。"特殊言之,也可以乐景写哀,以哀景写乐。正如明代学者王夫之(1961:140)所言:"'昔我往矣,杨柳依依;今我来思,雨雪霏霏。'以乐景写哀,以哀景写乐,一倍增其哀乐。"不难理解,景与情的强烈对比和巨大反差,更能使作品富有艺术的感染力和心灵的震撼力。

让我们读一读宋代诗人欧阳修的这首《生查子》:

> 去年元夜时,花市灯如昼。
> 月到柳梢头,人约黄昏后。
>
> 今年元夜时,月与灯依旧。
> 不见去年人,泪满春衫袖。

这首词分上下两片,上片以乐景写乐。写去年元宵节之夜。一对恋人,相约幽会,黄昏才过,来到花市。灯如海,夜如昼;月皎洁,柳婆娑。多么欢乐的景色!人美丽,心甜蜜;情切切,意绵绵。多么欢乐的爱情!下片以乐景写哀。写今岁元宵节之夜。冬去春来,又是元宵。去年今岁景相似,今岁去年人不同。灯月交辉,风光依旧,但是恋人却爽约未来。"女为悦己者容",这位打扮得靓靓丽丽的痴心姑娘,只能面对节日的欢乐风光,用自己春衫的彩袖,去擦那止不住的伤心泪水了。情与景的鲜明对照,主客观的严重失衡,将"痴情女子负心汉"这一主题表现得真是入木三分,深刻之至。

让我们再读读英国诗人阿·爱·豪斯曼（Alfred Edward Houseman, 1895—1936）的《上次我回到禄如镇》（When I Came Last to Ludlow）：

> When I came last to Ludlow
> Amidst the moonlight pale,
> Two friends kept step beside me,
> Two honest lads and hale.
>
> Now Dick lies long in the churchyard,
> And Ned lies long in jail,
> And I come home to Ludlow
> Amidst the moonlight pale.

一昔一今，两个诗节，两幅画面。第一幅画面是：诗中主人公，沐浴着淡淡的月色，走在返回故乡禄如镇的乡间小路上，陪伴他赶路的是他的两个朋友，两个又诚挚又结实的小伙子。月淡淡，路弯弯，步轻快，人欢畅，多么美丽的景致！多么美好的友情！这是以乐景写乐的华章。第二幅画面是：诗中主人公，沐浴着同样的月色，走在同样的返回故乡禄如镇的乡间小路上，但是当年陪伴他赶路的两个朋友却不见了。那个叫狄克的久已长眠地下，那个叫奈德的则久已身陷囹圄。对月怀人，感时伤事，无穷哀感，尽在言外。这是以乐景写哀的绝唱。

欧阳修写的是爱情，豪斯曼写的是友情。两诗主题不同，但是手法近似。两位诗人都是以诗的前节为宾，后节为主。宾为主所役用，主因宾而弥彰。他们就是这样写出了那反映人间之至情的哀歌，可谓异曲同工，所见略同。

以下列举两个以哀景写乐的例子。

请看鲁迅的这首《无题》：

> 万家墨面没蒿莱，
> 敢有歌吟动地哀？
> 心事浩茫连广宇，
> 于无声处听惊雷。

这首七绝是鲁迅在 1935 年秋末写的。那时的神州，那时的赤县，天是阴沉沉的天，地是阴沉沉的地，内有国民党反动军队的围剿，外有日本侵略者铁蹄的蹂躏。多少人家沦为废墟，多少死者尸没蒿莱。但是在国民党中央宣传部公布的《宣传品审查标准》的淫威下，挣扎在国统区的人们有谁敢长歌当哭揭露这凄惨的景象和动地的悲哀呢？以上是前两行诗所涵盖的内容。民不聊生,万马齐喑。"不在沉默中爆发,就在沉默中灭亡"(鲁迅语)。但是,"灭亡"永远不属于人民大众,不属于与人民大众心相连,情相通的革命作家鲁迅。他心忧黎元,遥望太空,在黑暗中看到了喷薄欲出的旭日,他"于无声处"听到了行将"爆发"的"惊雷"。诗的后两行所表达的是一代文化巨人的革命情怀和乐观精神。由于前两行悲哀之景的反衬,后两行,尤其是最后一行洋溢着的欢乐之情特别鲜明,特别浓烈。"于无声处听惊雷"这一大气磅礴而又饱含哲理的结句,已经成为不胫而走、广为传诵的警策之隽语。

下面是英国诗人威廉·华兹华斯(William Wordsworth,1770—1850)《鹿跳泉》(Hart — Leap Well)中的一节:

> The pleasure-house is dust: — behind, before,
> This is no common waste, no common gloom;
> But Nature, in due course of time, once more
> Shall here put on her beauty and her bloom.

昔时歌台舞榭,化作今日尘埃,作者凄然四顾,但见一派荒芜。这是多么悲凉的景象! 但是,诗意多从反衬出。于是,诗人一反哀景,笔酣墨畅地描绘出的是欢乐之景,抒发出的是欢乐之情。这时,出现在读者视野中的一幅图画是:大自然必将给这里带来的美轮美奂、繁花似锦的无限风光和人在美中、人在花中的不尽欢娱。

恩格斯在《英国工人阶级状况》一书中,称雪莱为"天才的预言家"。其实,那些伟大的诗人,都是能够"看见时间掩盖着的东西"的人,都是天才的预言家。鲁迅和华兹华斯不也是如此吗? 是的,前者"于无声处"听到了"惊雷",后者于衰败之中预见了新生。

3. 动与静

在艺术辩证法的金库中,动与静也是一件璀璨夺目的瑰宝。动与静,既相反,又相成。在一定条件下,两者可以互相转化,互相渗透,而这种转化和渗透往往是艺术表现力的飞跃和升华。

先看化动为静的例子:

> 闲居少邻并,草径入荒园。
> 鸟宿池边树,僧敲月下门。

　　以上是唐代诗人贾岛的五言律诗《题李凝幽居》的前两联。关于颔联下句中的动词用"敲"字好,还是用"推"字好,《辞海》主编舒新城(1948:582)所引《隋唐嘉话》一书中有如下记载:"贾岛初赴举京师,一日于马上得句云:'鸟宿池边树,僧敲月下门',初欲作推字,练之未定,不觉冲尹。时韩史部权京尹,左右拥至前,岛具告所以,韩立马良久,曰,作敲字佳矣。"韩愈只说"敲"字佳,没说为什么。究竟原因何在呢?

　　李凝住宅既为"幽居",幽者静也,因此,在诗中写静景乃是题中应有之义。诗人果然是这样写的。因少邻居,故过从少;因过从少,故草生径,园荒芜。没有人言或许还可以听到鸟语吧,可是鸟已经在池边的树上进入梦乡了。就这样,诗人一连推出了三个静景镜头,接着突兀一笔,他却在第四句中用一个"敲"字推出了一个动景镜头。敲门声显然比推门声更响,更亮,更能反衬出"幽居"之幽和月夜之寂。这或许就是韩愈所说"作敲字佳矣"的原因所在吧。寂处有音,更觉其寂。可见,这位"以文为诗"的大诗人是深谙其中三昧的。

　　下面是英国诗人波·比·雪莱(Percy Bysshe Shelley, 1792—1822)的《歌》(Song):

> A widow bird sate mourning for her love
> 　Upon a wintry bough;
> The frozen wind crept on above,
> 　The freezing stream below.
>
> There was no leaf upon the forest bare,
> 　No flower upon the ground,
> And little motion in the air
> 　Except the mill-wheel's sound.

　　这是一支伤逝的悲歌。它描写的是一只丧偶的雌鸟悼念爱侣的一幕。丧偶的雌鸟饮泣吞声,冬日的枝头叶子脱光;寂寂吹拂的寒风,几乎难以耳闻;正在结冰的小溪,顿失水声潺潺;树林里叶子全无,地面上花卉绝迹;空气中悄无声息。作者在 8 行诗中,用 7 行篇幅营造了一个万籁俱寂的世界,渲染了一种悲郁沉滞的氛围。但是,就在这个世界里,就在这种氛围中,诗人笔锋陡转写下了精妙绝伦的卒章结句:"只闻鸣邑有水车"(郭沫若译)。

　　"要吃甜,加点盐。"静与动的艺术辩证法在雪莱笔下体现得竟是如此完美!

以动写静,愈见其静。以动写静如此,化静为动如何?

德国文艺评论家高·埃·莱辛(G. E. Lessing 1962:45)在其美学代表作《拉奥孔》一书中指出:"诗想在描写物体美时能和艺术争胜,还可用另一种方法,那就是化美为媚。媚就是动态中的美,因此,媚由诗人去写,要比由画家去写较适宜。"可见,化美为媚,乃是化静为动的途径之一。而这正是诗的优势所在。

化静为动的例子如下:

> 满眼风波多闪烁,
> 看山恰是走来迎。
> 仔细看山山不动,
> 是船行。

这是敦煌曲子词《浪淘沙》的下阕。读来别有一番情趣。由于船如箭发,速度迅捷,加之"满眼风波",闪闪灼灼,一时间,船夫产生了"看山恰是走来迎"的错觉,及至仔细看时,他才恍然大悟,原来这是江中船和岸上山的相对运动,其实,"山不动","是船行"。

艺术允许"弄虚作假",艺术家利用人的错觉能够取得以假乱真的效果。这种利用人的错觉化静为动的艺术手法称为疑动式,它在影视艺术中屡见不鲜,在诗歌艺术中也不乏其例。

下面我们要引用的英诗也是描写山的动态的。不过诗人化静为动运用的是拟人化的表现手法。

请看爱尔兰诗人詹·史蒂芬斯(James Stephens, 1882—1950)的《月神的奶头》(The Paps of Dana):

> The mountains stand and stare around,
> They are far too proud to speak,
> Altho' they are rooted in the ground
> Up they go, peak after peak,
> Beyond the tallest house, and still
> Soaring over tree and hill
> Until you'd think they'd never stop
> Going up, top over top,
>
> Into the clouds — still I mark
> That a sparrow or a lark
> Flying just as high can sing

As if he'd not done anything.
I think the mountains ought to be
Taught a little modesty.

拟人化的表现手法是将人的行为加在物上。该诗便是这样。在前 8 行中,诗人浓墨重彩,极力铺排,用了一连串描述人的行为的动词来描述山的行为。如:stand, stare, be, speak, go, stop 等等。这样就使这静穆的群山动起来了,活起来了。在接下去的 6 行中,作者在将谦逊的鸟和傲慢的山加以对比之后,卒章言志,直抒胸臆,写下了意味深长的点睛之笔:"I think the mountains ought to be/Taught a little modesty."于是,这山山岭岭不仅有了动作,有了生命,而且有了性格,有了弱点。这就使山的人格化达到了极致,使山的动态美达到了化境。

4. 人与物

诗人通过形象思维可以将物人化或将人物化,在这个意义上,人与物也是美学上一对既对立又统一的辩证理念。

在文艺作品中,将物人化的表现手法运用得十分普遍。下面是明代诗人于谦的一首咏物诗《石灰吟》:

> 千锤万击出深山,
> 烈火焚烧若等闲;
> 粉骨碎身全不怕,
> 要留清白在人间。

诗人于谦是一位清正爱民、廉洁奉公的文臣,也是一员戎马倥偬、战功赫赫的武将。不幸却为谗言诬害,死后方得昭雪。《石灰吟》不啻他的光辉人格和巍峨志节的生动写照。

在写法上,咏物诗必须兼顾物与人。往往是实笔写物,虚笔写人,不即不离,亦物亦人。惟其如此行文,方能将物人化。《石灰吟》的写法正是这样。

首句实写采石,虚写于谦自我淬砺的坚强意志。次句实写烧石,虚写于谦无畏无惧的英雄本色。下句实写碎石,虚写于谦万死不辞的献身精神。末句实写石灰,虚写于谦清白自守的人生信念。"清白"二字,诗眼所在。此二字之妙,妙在一语双关。"清白"既是石灰的颜色,又是于谦的品格。《石灰吟》确实是一首不可多得的由物及人、将物人化的咏物妙品。

爱尔兰诗人托·麦克唐纳(Thomas MacDonagh,1878—1916)的《风和月》(The Wind and the Moon)也是一首寄意于物、托物言志的咏物诗。全诗一共两节,下面是第一节:

> Said the Wind to the Moon, "I will blow you out;
> You stare
> In the air
> Like a ghost in a chair,
> Always looking what I am about——
> I hate to be watched; I'll blow you out. "

作者用将物人化的手法,一是将 Wind 和 Moon 大写;二是用人称代词 you 和 I 你我相称;三是以表示人的行为的动词作为 Wind 和 Moon 的述词,如 say, stare, look, be, hate, watch 等等。"风"在这里是进步力量的象征,"月"在这里是反动势力的喻体。诗人对"风"的爱,溢于言表;对"月"的恨,见诸辞色。世界上没有无缘无故的爱和恨。诗中之所以如此表达爱和恨,是因为麦克唐纳本人是一位反抗异族压迫和统治的民族英雄。为了祖国的独立,为了人民的自由,他于1916年5月3日领导复活节起义,起义失败,诗人被英国当局处死。"其人虽已殁,千载有余情"(陶渊明诗)。他的《风和月》是一支澎湃着革命激情的战斗之歌、英雄之歌。

在文艺作品中,将人物化的表现手法也时有所见。让我们再看看这方面的例子:

> 腹中愁不乐,愿作郎马鞭。
> 出入揽郎臂,蹀座郎膝边。

这是一首脍炙人口的乐府民歌。小伙子总是外出打猎,姑娘不能同他并辔驰骋,心中闷闷不乐,于是突发奇想,想变作恋人的"马鞭"。这样,出也好,入也好,行也好,坐也好,姑娘就可以和鞭不离手、手不离鞭的心上人朝朝暮暮形影不离了。

人变作"马鞭",生活中哪有这种荒唐的情理!是的,生活中不必有其理,艺术中却会有其情。悖理而近情,反而会使读者得到更大的审美的满足。

下面是英诗的例子:

英国诗人阿·丁尼生（Alfred Tennyson, 1809—1892）的《磨房主的女儿》（The Miller's Daughter）描写的是一个小伙子爱上了磨房主的女儿,可是又无法亲近这位标致的姑娘,于是展开了幻想的翅膀,在爱的天空里飞呀,飞呀,自由自在地飞呀。先是想变作一副"宝石耳环"摇曳在姑娘的耳垂上;接着又想变作一条"腰带",系结于姑娘苗条的腰肢间;他还想变作什么呢? 请看诗的最后一节:

> And I would be the necklace,
>> And all day long to fall and rise
> Upon her balmy bosom,
>> With her laughter or her sighs:
> And I would lie so light, so light,
>> I scarce should be unclasp'd at night.

原来这位堕入情网的小伙子还想变作一条"项链"好于白天随着姑娘的欢笑和悲伤与她那芳菲的胸脯上下低昂,而且光是白天在一起还不够,小伙子变成的这条项链还要轻轻地、轻轻地挂在姑娘的脖子上,这样,在夜里就不会给摘下来了。

我国梁代文论家刘勰（1962:45）在所著《文心雕龙》中写道:"酌奇而不失其真,玩华而不坠其实。"浪漫幻想,可谓奇矣,然而不失其真,这里抒发的是真真正正的情;潇洒笔墨,可谓华矣,然而不坠其实,这里表达的是实实在在的爱。

以上两位诗人不谋而合,他们都是通过奇思异想,痴人快语把"生活的真"化作了"艺术的美"。

窥其一斑,可见全豹,通过本文引用的一些诗例,庶乎可见汉英诗艺略同之大概矣。

学贯古今、艺精中外的一代比较文学大师钱钟书先生在《谈艺录序言》中写道:"东海西海,心理攸同;南学北学,道术未裂。"又在该书第327页上进一步指出:"异域评文,心契理符。"

诚哉斯言! 圣哉斯言!

参考文献
[1] 莱　辛,1962,《拉奥孔》,朱光潜译,北京:人民文学出版社。
[2] 李明生、王培元,1999,《文化崑崙》,北京:人民文学出版社。

［3］ 刘　勰,1962,《文心雕龙》,北京:人民文学出版社。

［4］ 刘熙载,1978,《艺概》,上海:上海古籍出版社。

［5］ 陆　机,1962,《文赋》,北京:中华书局。

［6］ 舒新城,1948,《辞海》,上海:中华书局。

［7］ 王夫之,1961,《薑斋诗话》,北京:人民文学出版社。

［8］ 王国维,1960,《人间词话》,北京:人民文学出版社。

（本文选自杨自俭主编《英汉语比较与翻译6》,
上海外语教育出版社,2006。）

作者通讯地址: 310012 浙江工商大学外语学院;
shanmin3568@163.com

25. 语言多元、文化多样与译者的使命

Promoting Linguistic and Cultural Diversity as a Mission of the Translator

蒙兴灿　吴树奇

【编者札记】

文化多样性如同自然界的生态多样性一样,是人类可持续发展的源泉。在经济全球化和信息网络化的当今时代,文化发展出现了前所未有的新变局,文化的共性与个性互相渗透,难分难解。面临这样的新变局,探讨文化的多样性问题尤有必要,蒙兴灿与吴树奇不失时机地发表本篇论文,其观点具有较高的参考价值。

文章分成三个部分,分别论述了语言、翻译和译者与维护文化多样的关系。文章的第一部分从解读带有象征意义的通天塔的倒塌开始,论证了语言多元是维护文化多样的首要条件这一命题。作者特别强调语言的创新作用及其与文化的密切关系,形象地说明通天塔的倒下,让人们感到"单语言致命的弱点和多语言的深层意义"。文章的第二部分阐述了翻译在不同民族文化交流中所起的神奇作用,说明翻译是多样文化沟通、传承和发展的调控工具。文章的第三部分强调,作为翻译行为主体的译者,应该能动地发挥其主体性作用,采用适当的翻译策略,促进多元文化的共存共荣。

文章的后半部分虽然把阐述的重点放在译者的使命上,但其阐发的关于维持和促进文化多样的原则,对于广大语言与文化研究者都具有借鉴意义。

0. 引言

近年来,随着全球化进程的加快,面对经济一体化的强劲势头,关于维护"文化多样性"的呼声越来越高。2001 年 11 月,联合国教科文组织大会在巴黎通过的《世界文化多样性宣言》正是回应了这一呼声,将"文化多样性"的问题提高到了世界各民族的相互交往、相互交流和世界和平建设的高度来认识。无独有偶,2002 年 5 月,联合国前秘书长布特罗斯·加利访问南京大学,发表了题为《多语化与文化的多样性》的重要演讲。他在演讲中从多个方面对全球化进程与文化多样性、文化多样性与语言多元、文化多样性与世界民主、语言多元与和平文化的关系等予以了特别的关注。由此,本文拟从《世界文化多样性宣言》和加利的观点出发,着重探讨在全球化背景下,翻译该如何定位以及作为翻译行为主体的译者应肩负怎样的使命。

1. 语言多元是维护文化多样的首要条件

众所周知,《圣经》中"创世纪"里有一则关于人类语言起源的通天塔的寓言故事。许多学者认为,通天塔这个比喻一般代表的是语言多元和由此产生的混乱,因为一种语言的优点是清楚明白的,由于语言不同而造成的交流障碍,进而影响人类的相互沟通,造成战争和经济损失的例子不胜枚举。上帝既然创造了人类,却故意打乱人类共同的语言,阻碍交流,阻止建塔大业,似乎不近人情。但正所谓满纸荒唐言,谁解其中意。我们认为,理性的学者应该对上帝的动机和目的重新进行审视和认识:上帝打乱人类语言是善意的,他的目的就是希望人类不要集中起来,而要分散到地球上的各个不同的地方,因为集中的整齐划一的生活方式有其内在的不可克服的致命弱点,或者说,说同一种语言,过同一种整齐划一的生活会给人类带来致命的打击。这可以从达尔文生物物种多元进化模式中找到依据。人类语言是一个大的体系,每一种语言是其单独的个体,人类语言这个体系如果趋同,而非千差万别,那么人类就可能退化,甚至死亡。

著名学者乔治·斯坦纳就从达尔文模式中看到了语言多元的另一个方面,即语言的创新作用(Steiner 1975:83)。人类不创新就不可避免地面临死亡,而要在生死存亡的环境中具有竞争能力,就必须有创新能力。正是有了不同语言的介入才使先前单调的现实在不同人眼里略有不同。这种从不同的观察角度所获得的不同图景,正是人类创造力的源泉。没有多种语言,就没有不同的观察角度,人类创造力的源泉就会因此而枯竭。斯坦纳认为,每一种人类语言都用不同的方式描绘世界;当一种语言死去时,一个世界也可能随之死去(同上)。可以说,正是不同的语言激发了人类进行新思维、创造新概念的基础。由此呈现在我们面前的世界不再是同一语言之时的单调现实,而是千差万别、多姿百态的绚丽色彩。

交流固然是语言一个十分重要的功能,即语言的工具性,但也不可忽视语言给人类提供的创造性,即语言的人文性。从这个角度讲,通天塔的倒下,倒让我们感到单语言致命的弱点和多语言的深层意义。

我们之所以在这里不厌其烦地强调语言多元的重要意义,还因为:第一,文化和语言关系密切,这可以从德国哲学家、普通语言学创始人威廉·洪堡特(Karl Wilhelm Von Humboldt)关于语言世界观的理论中找到有力的论据。洪堡特认为,"每一种语言里都包含着一种独特的世界观","人从自身中造出语言,而通过同一种行为他也把自己束缚在语言之中;每一种语言都在它所隶属的民族周围投下一个圈子,人只有同时跨进另一种语言的圈子,才有可能从原先的圈子里走出来,所以,学会一种外语或许意味着在迄今为止的世界观领域里赢得一个新的出发点。"(洪堡特1988:45,46)现代解释学大师汉斯·乔治·伽达默尔(Hans-George Gadamer)也认为"谁拥有语言,谁就拥有世界。""在一个特定的语言和文化传统中成长起来的人看世界,跟一个在其他传统影响下成长起来的人看世界,其方法是不同的"(伍铁平1994:37)。潘文国先生在两位大师的基础上,进一步论证了语言反映"不同民族的概念和意义体系"、"不同民族的价值体系"以及"不同民族的思维方式"(潘文国1997:27—35)。应用语言学家皮特·科特说得更直接:"学习第二语言确实要学习以操这种语言的人所习惯的观察世界的方法来观察世界,也就是说确实要学习他们的文化。"(科特1983:61)显而易见,语言多元与文化多样是密切相联系的概念,这不仅因为语言和文化的多样性都是丰富的人类遗产中不可分割的一部分,而且文化的多样性必须以语言的多元为基本条件。第二,汹涌而来的世界英语化和全球经济一体化的强劲浪潮有可能危及语言多元和文化多样性。加利先生在演讲中这样说道:"也许,大家并不都知道,每两个星期就会有一种语言从世界上消失,随着这一语言的消失,与之相关的传统、创造、思考、历史和文化也都不复存在"(加利2003:163)。我们有理由对这个问题作一个原则性的思考：一个民族语言的丧失，就意味着这个民族文明的终结。任何一个维护民族文化价值的国家都不会听任自己的语言被英语所取代。对世界而言，经济可以全球化，甚至货币也可以一体化，而文化则应该鼓励多元化。如果我们在全球化进程中任凭一门门语言消失，任凭世界英语化，那么其结果必然导致越来越多的民族丧失选择自己的母语来表达自己思想的权利，由此便可能造成"语言的霸权"，最后也会因为上述单一语言致命的弱点危害英语的创造性，从而危及人类的生存和发展。可见，维护语言多元和文化多样，是一项十分紧迫而艰巨的任务。在这项伟大的拯救人类语言和文化的"希望"工程中，作为回旋在语言和文化之间的翻译，该如何对语言文化的流传与传播进行干预和影响；作为翻译行为主体的译者，我们有责任在全球化背景下认真审视和思考我们承担的责任和使命。

2. 翻译：多样文化沟通、传承和发展的调控工具

意大利著名的思想家、符号学家恩贝托·埃柯认为，差别共存与相互尊重是人类在二十一世纪的目标。在他看来"人们发现的差别越多，能够承认和尊重的差别越多，就能生活得更好，就能更好地相聚在一种相互理解的氛围之中。"（埃柯 2000：2）然而，"在承认差别的情况下人类如何沟通呢？"（同上），对于这样一个有关跨文化交流的根本问题，也许会有各种不同的答案，但是，翻译家的回答可能是最直接，也是最有力的，因为自从操着不同语言的人类有了相互交流的需要，为了克服语言的障碍而寻求人类心灵沟通的努力早就已经凭借翻译而实实在在地存在着。考察翻译的功能和作用后，我们认为，翻译自始至终都是多样文化沟通和理解的工具，承担着多样文化传承和发展的崇高使命。

不同文化相互了解、互为尊重、互为补充，以达到人类心灵的沟通和理解，应该是多样文化语境下的一种理想追求。翻译在其中可起的作用无疑是十分巨大的。首先，不同民族语言文化之间的交流是一种需要。任何一个国家，任何一个民族，其文化要想发展，就不能不与其它国家的民族文化交流，就必须走出封闭和自我。封闭和阻塞只会导致民族文化的贫乏和枯萎，只有交流才会带来生机与发展。从某种意义上说，翻译是民族文化在空间上的一种拓展，在内涵上的一种丰富。英国著名学者阿

伦·布洛克(1997:51—52)在谈到西方人文主义的渊源和发展时认为,无论是发生在九世纪的加洛林王朝时期的古典文化复兴,发生在十二世纪所谓的原始复兴,还是十五六世纪的文艺复兴,无不伴随着翻译的高潮,或者可以说,无不是以翻译为先声。在文艺复兴时期,那些著名的人文主义者都非常重视翻译,他们几乎个个都是翻译家。没有他们对古希腊、古罗马文献的新的理解、新的阐释、新的翻译,恐怕就没有文艺复兴的不断发展。对于中国文化而言,翻译的作用也是有目共睹的。著名学者季羡林先生充分认识到外来文化对中华文明发展所起的推动作用。他在《翻译之为用大矣哉》中特别形象地描述到:"若拿河流来做比较,中华文化这样一条长河,有水满的时候,也有水少的时候,但从未枯竭。原因就是有新水注入。注入的次数大大小小是颇多的。最大的有两次,一是从印度来的水,一次是从西方来的水。而这两次的大注入依靠的都是翻译。中华文化之所以能长葆青春,万应灵药就是翻译。翻译之为用大矣哉!"(转引自林煌天 1998:7)美国历史学家赖肖尔也持同样的观点,他说:"任何国家的文明,来自外来影响的产物总是多于本国的发明创造。如果有人要把英国文化中任何受外国影响或源于外国的东西剔除掉,那么,英国文化就所剩无几了。"(郭建中 2000:143—144)而翻译,在著名诗人歌德看来,在人类文化交流中起着"至关重要的作用"。翻译不仅起着相互交流、相互借鉴的作用,更有着创造的功能。德国文明的生命,要得到地域的扩展,必然要借助翻译。一部优秀的翻译作品,无疑是为原作延长生命,拓展生命的空间。歌德之所以成为世界性的歌德,他的文学生命之花之所以开遍他乡异域,正是靠了翻译。当歌德看到自己的诗作被译成异语,获得极妙的效果时,他以形象生动的语言赞叹说:"我刚刚从芳草地采摘了一束鲜花,满怀激情地手捧着鲜花回家。因手热,把花冠热蔫了。于是,我把花束插进一只盛有凉水的花瓶中,我眼前即刻出现了怎样的奇迹!一只只小脑袋重又抬了起来,茎与叶重显绿色,整个看上去,就像是仍然生长在母体里,生机益然,而当我耳闻到我的诗歌在异语中发出奇妙的声响时,我体味到的也正是这一感觉。"(贝尔曼 1984:109)一束从草地上采摘的鲜花,一离开母土,便开始凋谢,但一放进凉水中,便重显英姿,绿意益然。这里,采摘鲜花的是译者。诗歌之花一旦离开故土,便可能凋谢。然而,译者将诗之花播入异语的花瓶中,使其英姿焕发,仿佛生长在故土。这无疑是个奇迹,实际上这是不同民族文化之精华相互移植和发展之成功的象征。

翻译在不同民族文化交流和发展中所起的神奇作用,如今已成为翻译界、文化界及至史学界一个普遍关心的问题,"当代翻译研究的文化转向开辟了一个新的学术视野。以往翻译与文化的研究关注的是文化因素对翻译效果的干预和影响,美国学者罗伯特·拉多的'文化行为'概念为这方面的研究提供了具体模式,如今翻译文化学关注的是翻译对文化的流传和传播的干预和影响,这种研究的理论依据是翻译行为的创生性。"(郑海凌 2006:12)不管怎样说,考察世界各民族文明交流史,不能不研究翻译活动及其历史与作用。看来,"如何准确地为翻译的历史作用定位,是一个绕不过去的问题。"(许钧 2002:5)

3. 译者: 多样文化视角中主体性的发挥

为了各民族文化的交流和发展而有了翻译,翻译促进了各民族文化的交流和发展。翻译这一基本的跨文化交流活动的本质,要求译者要以促进文化交流和发展为己任,这在当下全球化飓风越吹越烈的语境下尤显紧迫和必要。

说起全球化,翻译研究者们自然而然会提到"通天塔"。不少译界学者喜欢借用《圣经》中这个比喻,将译者称为通天塔的建造者,进而认为世界大同是人类的方向。但是,正如我们前面讨论过的,《圣经》中通天塔的真谛不在于世界大同和所谓的普适性而在于差异性和多样性,因为保留人类多元的语言文化格局是人类可以存在下去的先决条件。我们认为,人类的目标主要是避免荷枪实弹的战争,并在实用领域促成不同程度的一致性,其它方面不大同更好。从长远的历史看,我们目前所经历的全球化也许只是大历史中的一个小"插曲",它们何时收场我们不得而知,但天下没有不散的筵席。当新的历史格局出现时,全球化将会退出历史舞台。但在全球各个角落存在的一个个单一的文化形态却将永世长存。如此看来,更有利于民族语言文化的翻译策略就更应该提倡。在多样文化视野下,交流、传承和发展民族文化的神圣重任历史地落在了译者肩上。

对作为翻译行为主体的译者来说,翻译策略价值取向是事关维护文化多样性的原则性大事。在当前的译界,翻译策略主要是指归化和异化的翻译方法。归化是指在翻译方法上恪守本族语的表达方式,译文以译语、译语文化或译语读者为归宿。在处理文化差异时运用具有译语文化色彩的词语和表达方法来翻译源语词语和表达方法。源语中的差异性（difference），包括源语中的异质性（foreignness）、陌生性（strangeness）、他性（otherness），往往被转换成为译语所熟悉的东西，让读者读上去没有翻译的痕迹，好像是源语作者用译语进行创作的。我们认为抹掉差异的译文让读者读起来感到很轻松、很顺畅，代价却是对差异性特征的抹杀，这不仅背离了翻译的宗旨，阻隔了文化之间的交流，而且反映出了一种本族文化中心主义的倾向，对维护世界文化多样性极其有害。与归化相反，异化则指在翻译方法上迁就外来文化的语言特点，吸纳源语的表达方式，译文以源语、源语文化或原文作者为依归。由于异化采用源语的表达方式，有时会造成译文的晦涩难懂，从而影响读者接受。因此采用异化的翻译方法时也要注意适度的问题。

当然我们也不得不承认存在着这样一个事实：源语文化，源语语言中的新表现法、新结构，对译语文化和译语语言来说，会出现某种程度的"反抗"或"冲突"。"异质"文化的输入，会与接受者文化之间产生冲突，原因多种多样，但最主要的是价值体系相异产生的。这就有一个如何评价所翻译的文化的价值问题，涉及伦理、道德、意识形态和生活习惯诸多文化元素。就翻译的跨文化交际实质而言，既然是为了促进交流和发展，那面对异质的文化，面对异的思维方式，异的风俗习惯，异的语言表现法，译者主体性的体现应该是以一种平等的心态去接受，以尊重为首要原则。而译者若以尊重为第一原则，则会采用一种客观的、宽容的或开放的心态去尽可能将异质的一方面传达到译入语中。强调尊重异质性，并不意味着不同文化之间的闭关自守、自我封闭。它所强调的是一种平等的关系，强调对所有文化的尊重、宽容。脱离宽容、平等去谈论一家文化的特殊性和差别性是有害的。正因为各种差异性的存在，这个世界才显得如此丰富多彩，五光十色。用一元代替多元，用同一性代替差异性，只会导致发展的停滞、人种的淘汰、世界的黯淡和文化的贫瘠。在当前全球化语境下，将弱势文化译入强势文化的过程中，译者能动地使用异化翻译策略尤其重要，因为适度的异化翻译策略是保障世界文化多样性的利器。

事实上，在和异民族、异文化交流的过程中，源语与译语，源语文化与译语文化之间始终存在着相互的考验。若以开放的心态接受源语和源语文化，大量的异语和异文化元素就会进入译语和译语文化中，对后者而言必然形成一种考验。这种考验是多方位的，涉及民族文化精神的方方面面。有鉴于此，译者应该清醒地明确自己的使命，吸收异文化，不是为了扼杀民族文化。同理,吸收异语的新表达方式、新结构,不会丧失母语的纯洁与特色。正如法国翻译家安东尼 · 贝尔曼(Antoine Berman)所言:"学习异族语言,并不意味着忘本,周游列国也并不是想彻底改变自身的风俗习惯。"(Berman 1992:4)

因此,面对异语、异文化的考验,开放的心态与不丧失自我的立场是保证达到翻译目的、完成翻译使命的相辅相成的两个原则。反过来,对异语与异文化而言,它们在进入译语与译语文化时,也经历着考验,这种考验是双重的:一是在翻译的考验中,要看自身是否真正具有交流价值,是否有新的东西。凡无价值,凡对译语和译语文化不能带来新东西的,就经不起译语和译语文化的考验。二是在翻译过程中,若不顾译语和译语文化的利益,盲目地野蛮"侵犯",如大量外来语涌入,句法结构的照搬,隐喻、成语、俗语的硬译等,都会招致译语文化的反抗。相互的考验给多元文化语境下的译者提出了第三个原则,即上面讨论中提到的在平等基础上,互通有无、互利互惠的原则。在上述双重考验中,译者首先是认识异质文化、了解异质文化,然后是在翻译异质文化的过程中,要尽可能将异质性融入译语大语境,融入译语文化中,以真正达到吸收源语文化和丰富译语文化的目的。此外,在异的考验中,对多样文化语境下的译者而言,除了要有尊重、平等、开放和宽容的心态以外,还须以全球性和民族性兼具的文化身份,遵守翻译的伦理。唯有如此,翻译才能充当得起在文化交流中的阐释者和创建者的角色,才能成为决定世界文化发展方向的一个主要影响力量。

考察西方翻译史,我们不难发现强势文化民族在翻译中往往奉行两种不同的翻译策略,译入时"求同",尽量采取归化手法,译出时"有异",争取异化的方法。在"求同"与"存异"两极,译者存在着某种殖民主义心态。译入时的"归化"是一种掠夺,把源语当作文化战利品任意篡改。译出时的"异化"则构成了一种"侵犯",形成了对译语文化的"殖民"。美国学者劳伦斯 · 韦努蒂认为要从文化交流的高度去看待翻译方法的问题。他竭力主张强势语言译入弱势语言时宜采用归化的翻译方法,反之则应该采用异化的翻译策略,因为"当译语是当代英语的时候,流畅的译法就支持了拥有霸权的英语系国家(尤其美国),也支持了它们与有异于它们的欧洲、非洲和中南美洲国家之间极不平等的文化交流,归化对英美文化而言,实际上已成为一种扩张的手法,表现了英美民族中心主义的张扬。"(郭建中 2000:198)由此看来,翻译方法不是一个简单的技巧问题,它涉及译者所承担的神圣使命能否真正得以完成的根本问题。这就要求我们在翻译中把翻译方法和技巧置于全球化语境下的历史和文化的高度来加以认识。

结语

经济蒸蒸日上,科技蓬勃发展。在苏联解体、东欧剧变之后,西方以政治民主化为理念,以经济全球化为先导,以牛仔裤、麦当劳、可口可乐为过河小卒,在好莱坞喧天锣鼓的助威声中,长驱直入世界的各个角落。再加上因特网的普及,英语作为事实上的唯一超强势语言对世界其它各民族语言的冲击和影响从来就没有这么大过。在这样的全球化语境下,各民族语言文化保留自身的特征就成了一项不可忽视的工作。作为回旋在语言和文化之间的翻译应该起着多样文化的沟通和理解作用,担负起多样文化传承和发展的任务;作为翻译行为主体的译者,则应该能动地发挥其主体性作用,灵活机动,审时度势,在尊重、平等、开放和宽容的翻译原则指导下,采用适当的翻译策略,遵守翻译的伦理,促进世界各民族文化共存共荣,和而不同,使翻译真正成为决定世界文化发展方向的一个重要影响力量。

参考文献

[1] 安东尼·贝尔曼,1984,《异的考验——德国浪漫主义时代的文化与翻译》,伽利玛出版社。
[2] 阿伦·布洛克,1997,《西方人文主义传统》,董乐山译,上海:三联书店。
[3] 布特罗斯·加利,2003,《世界化的民主化进程》,张小明、许钧译,南京:南京大学出版社。
[4] 恩贝托·埃柯,2000,寻求沟通的语言,《跨文化对话》第 4 期。
[5] 郭建中,2000,《当代英国翻译理论》,武汉:湖北教育出版社。
[6] 洪堡特,1988,论人类语言结构的差异及其对人类精神发展的影响,伍铁平、姚小平译,见胡明扬主编《西方语言学名著选读》,北京:中国人民大学出版社。
[7] 科　特,P. 1983,《应用语言学导论》(中译文),上海:上海外语教育出版社。
[8] 林煌天,1998,《中国翻译词典》,武汉:湖北教育出版社。
[9] 潘文国,1997,《汉英语对比纲要》,北京:北京语言大学出版社。
[10] 伍铁平,1994,《语言学是一门领先的科学》,北京:北京语言学院出版社。
[11] 许　钧,2002,《译学探索与译学思考》,北京:外语教学与研究出版社。

［12］郑海凌,2006,现象翻译和实在翻译——兼论翻译研究的若干新方向,《中国翻译》第 2 期。

［13］Berman, A. 1992. *The Experience of the Foreign: Culture and Translation in Romanticism in Germany.* S. Heyvacert（trans）. Albany：State University of New York Press.

［14］Steiner, G. 1975. *After Babel: Aspects of Language and Translation.* London：Oxford University Press.

［本文为中国英汉语比较研究会第七次全国学术研讨会（2006·烟台）大会交流论文。］

作者通讯地址：蒙兴灿,310018 杭州市下沙高教园区 浙江理工大学外国语学院, xingcanmeng87@163.com；

吴树奇,621000 四川省绵阳市仙人路一段 30 号 绵阳师范学院

26.语言选择与文化认同
——新加坡华人语言与文化发展轨迹的启示

Linguistic Selection and Cultural Identification: The Development of the Language and Culture of Singaporean Chinese

谭慧敏　左　飚

【编者札记】

　　新加坡华人是一个特殊的族群,由于地理、历史、政治、经济等方面的特殊原因,他们的语言、文化沿着一条独特的道路发展和变化,对于研究语言与文化的关系有颇多启示。本文作者谭慧敏女士来自新加坡,左飚先生来自中国大陆,由他们联手撰写此文,既可避免外人不详内情的局限,又可防止"只缘身在此山中"的偏颇。

　　全文共分四个部分,论述了新加坡语言文化发展的四个历史阶段。第一部分阐述了新加坡开埠之初华族的各个方言群体保存、承继、认同各种华夏方言所承载的中华文化的情况。文章的第二部分特别发人深省。新加坡土生华人在语言选择上偏重英语和马来语,逐渐淡忘汉语,而在文化倾向上却偏重甚至执著于中华文化,这一特殊社会现象为语言传承文化这一公认的命题提供了一个反证的特例,证实了人类学家关于"文化是通过符号(未必是语言符号)获得并传播的"论断。第三部分论述了新加坡建国以后英语作为第一语言独领风骚而造成华语式微及中华文化流失的史实,再次阐明了语言与文化唇亡齿寒的密切关系。第四部分介绍了近30年来新加坡政府和民间共同促成华语运动的蓬勃开展以拯救中华文化的悲壮情境,让人们认识到一种文化在面临危机时所表现出的顽强生命力和回转力。

新加坡现象值得关注。这篇论文史料丰富,还留有很大的评论空间,可引发更多的学者参与有关语言与文化关系的讨论。

大凡去新加坡观光的游客,都会到滨海公园对口中不停吐水的鱼尾狮观赏一番。鱼尾狮是鱼和狮交配的产物,象征着新加坡的杂交文化。对于这形象奇异的鱼尾狮,人们的感受不尽相同。英国文学教授 Edwin Thumboo(1979)写了一首题为 Ulysses by the Merlion(《鱼尾狮旁的尤利西斯》)的英文诗,赞美了新加坡多元文化的融合:

Nothing, nothing in my days
Foreshadowed this
Half-beast, half-fish,
This powerful creature of land and sea.

Peoples settled here,
Brought to this island
The bounty of these seas,
Built towers topless as Ilium's.

They make, they serve,
They buy, they sell.

Despite unequal ways,
Together they mutate,
Explore the edges of harmony,
Search for a centre;
Have changed their gods,
Kept some memory of their race
In prayer, laughter, the way
Their women dress and greet.
They hold the bright, the beautiful,
Good ancestral dreams
Within new visions,
So shining, urgent,
Full of what is now.

诗人讴歌这海陆通行的"强大"的半兽半鱼之物,颂扬了新加坡人民

"虽然方式不同,但一起改变自己,探索和谐的边缘,寻找一个共同的中心"。

然而,面对同样的鱼尾狮,华文诗人梁钺(1984)所写的《鱼尾狮》中却表达了对传统文化流失的无限伤感:

说你是狮吧
你却无腿,无腿你就不能
纵横千山万岭之上
说你是鱼吧
你却无鳃,无鳃你就不能
遨游四海三洋之下
甚至,你也不是一只蛙
不能两栖水陆之间

前面是海,后面是陆
你呆立在栅栏里
什么也不是
什么都不像
不论天真的人们如何
赞赏你,如何美化你
终究,你是荒谬的组合
鱼狮交配的怪胎

我忍不住去探望你
忍不住要对你垂泪
因为呵,因为历史的门槛外
我也是鱼尾狮
也有一肚子的苦水要吐
两眶决堤的泪要流

诗人认为鱼尾狮非狮非鱼,根本不具备狮子和游鱼安身立命的本事。于是诗人联想到新加坡文化不中不西,既不属于西方文明,也自绝于中华文化,变成"什么也不是,什么都不像"。诗人甚至觉得自己也是"历史的门槛外"的"鱼尾狮",身上负载着丧失族群身份与文化认同的沉重忧戚(郭惠芬2003)。

两种语言的诗句表达了两种截然不同的情感,也传递了两种迥异的文化观念。这是新加坡在独立前后直至20世纪80年代期间殖民与移民语言分流造成的结果。本文无意探讨新加坡究竟是文化融合的成功典范,还是文化流失的失败样例,抑或二者兼具。本文旨在通过透视新加坡语言、文化的发展轨迹,加深我们对语言与文化密不可分的关系的理解。

语言与文化有着千丝万缕、水乳交融的关系。语言是文化的载体,也是文化交流的工具,其本身又是文化的重要组成部分。作为载体、交流工具和组成部分的语言,不仅具有记载、传承、再现文化的功能,而且能在一定程度上发挥规约、创造和变革文化的作用。德国著名语言学及人类学家洪堡特(Humboldt 1836)曾把语言与文化的核心概念之一——世界观——联系在一起,"语言是民族精神的产物(包含着精神的历史生活),是一种独特的世界观,语词反映了许多智力概念和源自内心感受的概念"。他还认为,"人从自身中造出语言,而在创造语言的同时,他也把自己束缚在语言之中;每一种语言都在它所隶属的民族周围设下一道樊篱"。高一虹(2000)指出:"就语言在文化沿革中的功能而言,我们应该注意,语言在'文化'与'人'之间起着双向作用:语言既是文化规定个体存在和束缚个体行为的工具,又是人们重新界定文化、传承和变革的媒介。"一个民族,如果只操一种语言,就必然会创建一种独特的、有别于其他民族的文化,而且表现出很强的文化连续性和一致性;如果在操本民族语言的同时,又接受并运用另一民族的语言,文化的传承和变革就比较复杂,两种文化可能有机融合,也可能生硬拼合,在融合或拼合中两种文化孰轻孰重的取向与语言选择的关系并不完全对应;如果放弃本民族语言而改操另一民族的语言,在吸纳外来文化的同时造成本民族文化在当地多大程度的质变或流失,也有待探讨。世界上绝大多数民族属于第一种情况,属于第二、三种情况的民族为数很少。新加坡华人是一个特殊的族群,由于地理、历史、政治、经济等方面的特殊原因,他们的语言、文化沿着一条特殊的道路发展和变化,上述三种情况兼而有之,这为我们研究、认识语言选择与文化认同的关系提供了一个典型的案例。

1. 方言群体文化多彩, 落叶归根魂系中华

19 世纪初,中国东南沿海一带已有居民到新加坡荒岛谋生。1819年,英国人莱佛士来到新加坡,把小岛开辟为商港,使之成为英国的殖民地。新加坡的历史通常就从这一年算起。自那以后,中国移民逐年大量涌入,迅速成为新加坡华、巫、印三大民族中人口最多的族群。然而,华人

族群虽大,却始终未能成为同质性族群。造成他们身份认同分化的因素固然有多种,但语言是诸多因素中起决定性作用的因素。

早期中国移民主要来自福建省和广东省。若根据方言人群划分,有闽南语(厦门、泉州、漳州等地方言)、粤语(广东、广西方言)、潮州语、客家语、海南语和闽北语(福州、福清方言)人群,还有吴语(上海、江南方言)、闽中语(兴化方言)等人数较少的方言群体。这些移民远涉重洋,置身荒岛,面对一些语言不通、肤色不同的马来人、印度人、英国人等,无法与之沟通,即使碰上华人,也常常因方言不同而交流困难。在这种情况下,方言相同的人自然而然地聚在一起,共同劳作,共谋生计。共同的语言成了人群聚居的基础和必要条件。从早期会馆组织可见一斑。这些以方言为基础的社群带着浓厚的地缘性和业缘性,偶尔附有血缘性,但语缘是形成社群凝聚力的诸缘中最稳定、最具影响力的因缘。闽南语、粤语、潮州语等群体本爱聚居,同群内不少人还从事相同的职业,因而语缘与地缘、业缘融为一体。即便以迁徙、流动、散居为特征的客家人,其血缘与地缘先天松散,但共同的方言又把他们紧密地联系在一起,照样形成以业缘和语缘为基础的稳定群体。

早期新加坡华人为了在恶劣的环境中求得生存并保障安全,越发依附于自己所属的方言社群,逐渐形成一些足以保护本社群利益、协调社群内部关系并能与其他社群抗衡的帮权组织。19世纪新加坡华族社会中五大帮依次为:闽、潮、广、琼、客,其余皆为小帮。

早期英国殖民统治者看到殖民地华人社会的帮派特色,特别强调不同方言群应分区居住,以避免发生纠纷。他们因利乘便,在华人聚居的地段,委任华人甲必丹(Capitan)授以管辖华人社群的权力,领导华人社群。殖民统治者“分而治之”的政策一方面加快了方言社区形成的进程,另一方面也加深了各方言群体之间的隔阂。

方言教育也是催生方言群体形成和发展的重要因素。不同方言的华人社区各自设立书院、私塾,让孩子们接受方言教育,传承方言文化传统。老舍(1930/2000)曾在新加坡教过书,他的儿童小说《小坡的生日》反映了新加坡早年的语言教育情况。小说主人公小坡想转校,他父亲说:“广东人上广东学校,没有别的可说!”一句斩钉截铁的“没有别的可说”道出了当年方言群体之间的阻隔乃至对立抗衡的状态。

语言与文化如影随形,共生同存,浓浓的乡情伴随着重重的乡音。一个群体操什么方言,就必然认同并发扬该方言发源地的文化。新加坡开埠早年分地聚居的方言群体展现了五彩纷呈的地缘文化。它们表现为各不相同的民风民俗、风格各异的庙宇及民居建筑、特色鲜明的地方戏曲、星罗棋布保护各自群体利益的宗乡会馆以及非本族类不可踏入的墓地坟山等等。其中文化特色浓厚的戏曲或深入街头村落,或参与庙宇酬神庆典,不仅有助于移民舒解悠悠乡情,还能加强各方言群体的内聚力。

新加坡各方言群体固然操不同的方言,但各种方言毕竟同属汉语;同样,各方言群体尽管展现五彩纷呈的地缘文化,但这些地缘文化毕竟同属中华文化。方言的同宗同祖,决定了地缘文化中的共性特点,以共性中表现得最为稳定的宗教和习俗文化来说,新加坡各方言群体的宗教信仰主要源自中国华南一带的传统民间宗教信仰①。又如农历中种种节气和传统节日的庆祝活动,移民们也都信守不渝,各方言群体的习俗虽有差别,但却大同小异,且代代相传,如春节扫尘、祭祀、吃团圆饭、放鞭炮、贴春联、舞狮等,沿袭至今。

文化的同源同根,又维系了方言中语义与结构的共性。纷呈的五彩只是小异,共有的思想观念及行为方式则是大同。新加坡早期华人倘若不能以方言为基础形成若干个具有凝聚力的群体,并对群体表现出执著的归属感,他们就不可能作为各个文化族群生存下来。没有这些方言群体的种种活动,新加坡华族就不可能保存他们的文化传统。就文化而言,各语群之间并无太大的差别,他们保存、承继、认同各种华夏方言所承载的中华文化,不仅怀有强烈的乡土情结,而且抱有拳拳爱国(当时的中国)之心。他们只把新加坡看作谋生之地,把自己视为生命之旅的过客,念念不忘来日衣锦还乡,落叶归根。

一首追忆祖先开发南洋的诗歌也反映了新加坡早期华人对中华文化的强烈认同:

先生们,闭上眼睛想一想
我们的祖先当初怎么来

他们背井离乡
不怕这里是人烟荒凉

---

① 这种宗教观表现为所祭祀的神多而杂,有时甚至可发现儒、道、释诸神及祖先集于一庙。这种群神崇拜随着移民的到来在新加坡扎下根来,成为新加坡中华文化比较稳定的基本组成部分。各方言群体所崇奉的神祇虽有所不同,如恒山亭奉祀主神大伯公(土地公)、天福宫供奉保生大帝等,但有不少是相同的,如观世音、关圣帝。有关庙宇的建筑风格也散发着浓厚的中华文化气息。

> 他们每一次回去
> 总留下些在这里传宗接代
>
> 他们的辛勤
> 他们的劳作
> 一年年
> 一年年
> 中国人改造了南洋
> 惹得西方人眼睛发亮

(苗秀 1971)

他们念念不忘自己是"中国人",把置身南洋说成是"背井离乡",而且心系乡土,虽然留下一些在这里传宗接代,但总是想着一次次"回去"。可以说,落叶归根魂系中华,是早期华族移民的普遍心理。

2. 特殊社群语言杂糅,落地生根文化"回转"

上文所讨论的方言群体是新加坡开埠早年直接从中国东南沿海迁徙而来的华人移民群体。在新加坡,还有所谓"土生华人"的特殊群体[②]。前者是有强烈落叶归根意识的社群,而后者却是行动上已落地生根的社群。这个特殊群体实际上是更早的中国移民的后代,他们的祖辈从中国的福建南部(漳州、泉州、潮汕等地)来到马来亚半岛,与土著妇女通婚,后裔吸收马来族的语言和生活习惯,在英国殖民时期又倾向英文教育,逐渐淡忘华文,这类人群俗称峇峇(baba)。他们中不少人成为马六甲一带颇有影响的商人,其中一部分人迁居新加坡,成为新加坡一个新兴的社群,目前约有一万人聚居在东南部。

"峇峇"自称 Cina Peranakan,是土生华人的统称,但它也用来专指男性,女性则称为"娘惹"(nyonya)。这个混血儿社群是多种语言、多元文化杂交、融合的产物,为我们研究语言与文化的关系提供了一个不可多得的特殊样例。

在语言上,由于峇峇的母亲不懂汉语,孩子跟着母亲学会了马来语,但峇峇所讲的马来语,与地道的马来语不尽相同。其一,峇峇的马来语夹

[②] 土生华人不仅仅指在新加坡的特殊群体,在印度尼西亚、马来西亚也有土生华人社群,各自展现了不同的语言文化认同。本文只谈新加坡的土生华人社群。

杂许多闽南方言词汇;其二,峇峇把许多马来语发音作了改变;其三,峇峇用中国语法来讲马来语。这种语言自成系统,称为峇峇语,它实际上是闽南方言与马来语杂交生成的语言。

在殖民统治期间,峇峇儿童到了入学年龄以接受英文教育者居多。早期的峇峇,还请教师教子女华文,一些有能力的甚至送子女到中国求学。后来,由于英国殖民者把峇峇人视为“华裔英国子民”并在教育和就业方面给予特殊优惠,峇峇人的后裔对华文的学习热忱逐渐冷淡,而导致一般峇峇只受英文教育了。

峇峇人语言运用的总体倾向是:在家主要讲夹杂闽南方言的低阶马来语(Malay-based creole),少数会讲一些闽南语,在学校及社会等公众场合则主要讲英语。这样的语言选择除了包含历史因素,也是迫于现实的需要。他们透过闽语与其他华族联系,透过马来语与四周土著沟通,又以英语保住作为弱势群体在社会上的立足点。

峇峇社群语言的杂糅带来了文化的融合,这种融合表现为他们既继承了闽南方言所承载的中华文化的价值观念和民俗风情,也继承了马来语所承载的马来文化中的饮食和行为习惯,还吸纳了英语所承载的西方文化的某些思想意识。他们的行为模式既有父系华人祖先的传统烙印,也有母系马来祖先的传统痕迹,还有西方文化传统的影响。经过几代峇峇人对三种文化传统的历史选择,形成新的价值观念,产生峇峇人所特有的新的行为模式,构成峇峇社群新的文化特征。

峇峇语中坚持使用闽南方言的称谓语,说明峇峇社群具有重伦理、讲孝道的中华文化色彩。他们直到现在还沿用华人的姓名,而不采用马来的姓氏。他们敬神祭祖,严格遵守华族的传统礼节,对孝道的执著是他们崇尚的品性。

峇峇人的宗教信仰以道教及佛教为主。英国《海峡时报》(1914)报道说:“在精神特点及宗教信仰方面,他们与中国出生的华人并无分别。他们也仍保持着烧香拜祖先、拜神(多为大伯公、观音)过农历年的旧习。”(赵戎1971)峇峇的精英阶层中也有不少接受英文教育的人思想西化,信仰基督教,例如获颁大英帝国二等勋章的海峡华人明星宋旺相一家几代人都是虔诚的基督教徒(李元瑾2001)。有趣的是,接受马来语言的峇峇人却极少有人接受马来人普遍信仰的回教。峇峇人不同宗教信仰的人数比例未见史料记载,但根据英国《海峡时报》报道,他们以信仰道教、佛教为主这一事实应不成问题。

在思想观念方面,由于峇峇人多受英文教育,他们接受西方的观念较多。"他们在学校中所读的历史、地理,主要是英帝国发展史及维多利亚女王时代的光荣史,以及英帝国与新马地理。他们所学唱的是英美的歌,所用的物品多是英国货。他们爱看美国好莱坞电影,爱读英国侦探小说及连环图画。"(赵戎 1971)峇峇的英文水准一般很高,他们爱好阅读,特别是 1870 年到 1920 年间的峇峇,对狄更斯(Dickens)、萨克雷(Thackary)、布伦迪斯(Brontes)与奥斯汀(Austen)等英国作家的作品都很熟悉。西方的思想观念潜移默化地在他们的心中占据了比较重要的地位。他们信奉及时行乐,不像移民华人那样总是想到储蓄,而是赚多少就用多少,经常到舞厅、电影院去消遣。

在政治取向上,大部分峇峇人从很早就逐渐疏离中国,倒向英国,殖民时代甚至有人称他们为 King's Chinese。由于几代人未见过中国,年复一年终于与国内断绝联系,"祖国"的观念渐渐淡漠,加上殖民教育的影响,他们成了对英国尽忠的"英籍子民"。

峇峇人严守中国传统习俗,他们所庆祝的节日几乎全都起源于中国,如华人新年、元宵、清明、端午、中秋、冬至等。新年家庭团聚、清明扫墓、端午食粽、中秋赏月、冬至祭祖,峇峇庆祝传统节日的热心以及热烈的气氛并不亚于正统华族。

峇峇人的生活方式又有明显的马来族特点。他们不用筷子吃饭,而是像马来人那样用手抓来吃,这些都是母系祖先的传统习俗。但是,有些峇峇珍藏着父系祖宗遗留下来的名贵筷子,只在拜神时摆在神台上,表明他们的根是中华文化。

在婚姻上,峇峇虽然是华族男性移民与马来女性联姻的结晶,然而到了 19 与 20 世纪,尽管没有明文规定,娘惹却不嫁马来男士,而与男性峇峇成婚,也乐于嫁给来自中国的"新客",以使后代保持较纯的中国血统。婚礼上也保持华人的敬茶习俗。

在服装上,19 世纪男子峇峇大部分恪守中华文化传统,他们喜欢长袍披身,穿布鞋,戴布帽,留辫子,完全是中国式的打扮。当然也有人受西方文化影响,穿西装系领带,一身光鲜的洋人装扮。而女子服饰则明显为中巫文化融合的产物,并无西方文化影响的迹象,"娘惹"穿马来服,但"娘惹"的马来服与传统马来服有所不同,其裙子类似中国古装。

在饮食上,娘惹菜肴是典型的中巫文化融合的结晶。它使用了很多中国传统的调料,又添加了多种马来香料(如黄姜、香叶、香茅、拉沙叶等)。独特的口味带给味蕾以丰富别样的体验,娘惹佳肴已成为东南亚久负盛名的特色美食。

峇峇家庭的居家陈设体现了中西合璧、古今交融的理念,其设计融合了中国、英国维多利亚及荷兰风格。厚重的木制家具,皆以中国的红木制成,屋里的陶瓷器皿大都特地从中国江西及广东省进口而来。客厅是西式的,沙发、茶几、冰箱、电扇具有现代气息,但客厅正中却往往安上一张古色古香的中国式供案,门口挂着大灯笼,平添几分古味。

综上所述,我们不妨把峇峇社群的语言文化特征及倾向以表格归纳如下:

语言与文化		特 征	倾 向
语 言		公众场合以英语为主,家庭用语以夹杂闽南方言的马来语为主,少数人会讲一些闽南语。	偏重英语、马来语
文 化	价值观	崇拜祖先、崇尚孝道、重视伦理。	偏重中华文化
	宗 教	以道教、佛教为主,也有信仰基督教者,极少人信奉回教。	偏重中华文化
	思想观念	接受西方的思想观念较多;信奉及时行乐。	偏重西方文化
	政治取向	疏离中国,效忠英国。	偏重西方文化
	习 俗	严格遵守华族传统礼节,节日几乎全都起源于中国。	偏重中华文化
	生活方式	不用筷子,以手抓食,但珍藏筷子作供神使用。其它行为方式尽量英国化。	偏重马来文化及西方文化
	婚 姻	娘惹不嫁马来男士,而与峇峇或中国"新客"成婚,行敬茶礼。	偏重中华文化
	服 装	男子中式及西式服装皆有;女子服装为糅入中国古装式样的马来服。	早期略偏重中华文化
	饮 食	吸收中国菜及马来菜精华,形成娘惹佳肴特色美食。	中巫文化杂糅
	居家陈设	中西合璧、古今交融。	中西文化杂糅

美国人类学家克洛依伯、克勒克荷恩(Kroeber & Kluckhohn 1963)指出:"文化由通过符号所获得并传播的显性及隐性行为模式所构成,这种

行为模式形成人类群体的特征,包括它们在人工制品中的体现;文化的核心部分是传统的(源于历史并经历史选择的)观念,尤其是价值观。"

在上面表格所列的体现文化的 10 个方面中,价值观、宗教、思想观念及政治取向属于观念系统,是文化的核心部分;习俗、生活方式、婚姻、服装、饮食及居家陈设属于行为模式,构成文化的基本特征。在所有这 10 个方面中,峇峇这个特殊社群在 5 个方面表现出偏重中华文化的倾向,2 个方面有偏重西方文化的倾向,1 个方面有偏重巫、西文化的倾向,1 个方面表现为中巫文化杂糅,1 个方面表现为中西文化杂糅。由此可见,峇峇社群在多元文化混杂的情况下偏重中华文化的倾向最为明显,因而有人光凭语言选择这一点就奚落他们"数典忘祖",似有不公之处。发人深省的是,峇峇社群的语言选择取向与他们的文化倾向并不构成正比或同步关系,相反却在一定程度上表现出逆向关系,他们在语言选择上偏重英语、马来语,逐渐淡忘汉语,最多只能说些闽语,而在文化倾向上却偏重中华文化,甚至在价值观、习俗等方面表现出坚持中华文化的执著态度。新加坡的这一特殊社会现象似乎对语言传承文化这一公认的命题提供了一个反证的特例,至少对于语言能在多大程度上发挥传承文化的功能这一问题,可引发深刻的思考。

根据克洛依伯、克勒克荷恩的上述界定,文化是通过符号获得并传播的。峇峇社群的家庭语言被马来语同化,同化后的峇峇马来语中,只有在一些零星的闽南方言词语上还可看到一点汉语的痕迹,他们在社会交际中又使用英语,很多人已完全丢弃汉语。那么,他们究竟是通过什么符号获得并传播中华文化的? 显然,语言已不再是主要符号。我们可以设想,峇峇的第一代祖先华人男子与马来亚女子成婚后一定会遇到很大的交流障碍,在互相语言不通的情况下,他们交流的主要方式必然是手势(发挥招呼、问候、指示、感谢等功能)、表情(表示同意、反对、鼓励、禁止等意义及表达喜、怒、哀、乐等感情)、动作(发挥示范、强化、纠错、坚持、妥协等功能)等,辅之以似懂非懂的混杂语言。此时,语言对于获得并传播文化的作用降到了次要地位,手势、表情及动作等体态符号则上升到主要地位。谚语"身教重于言教"及"Actions speak louder than words"中的"言"和"words"指的是语言符号;而"身"和"actions"则指的是体态符号。通过以体态符号为主、语言符号为辅而获得并传播的思想观念和行为模式,经过几代人的磨合和强化,一旦到了约定俗成的地步,便形成了峇峇人自身的新的文化传统。由此我们可作以下的推断:语言具有传承文化的功能,但传承文化绝非单纯靠语言;当一个社群的语言选择发生变化后,其传统文化会发生一定的变化,但却不会因此而轻易地消失,它将通过其它符号继续得到传播和继承,尤其是文化的核心部分的价值观以及行为模式中的传统习俗部分更是如此。文化比语言有着更强的生命力和连续性。

马来西亚国民大学人类与社会学系周福东博士认为:"一个民族被外族同化,有时会回转到他们原本的文化,或是同化停止在某一中心点,这一中心点就是旧文化与新文化交替的平衡点。"(马来西亚董教总 1997)我们也注意到峇峇社群中的文化"回转"现象。这种"回转"通过两种方式进行,一是在文化"回转"的同时也伴随着语言的"回转",二是文化的"回转"并不伴随着语言的"回转",而是借助当前的语言来实现。

第一次世界大战结束前新马最受瞩目的风云人物林文庆和新加坡建国后首任总理李光耀可算是第一种"回转"的典型人物。两人都出生在峇峇家庭,教育背景很相似,都是接受的纯英文教育。他们在中学时代就读于莱佛士学院,后来都到英国深造,林文庆毕业于苏格兰大学医科,李光耀则在剑桥完成律师学位。林、李二人都是在接受西方文化之后再"回转"到中华传统文化,都在成人以后才认真学习华语华文,而且两人都不是独自踏上寻根之旅,而是带领土生华人甚至全体华人一块上路,推行中华语言文化的复兴运动。林文庆曾郑重告诫土生华人:"我们是一个伟大民族的后代,如果我们忘记了,那么我们就一定没有希望。"李光耀则表白:"我讲英语可能比讲华语好,这是因为我早年学的是英语,但是,即使是千年万代我也绝不会变成英国人。"(李元瑾 2001)两人对于文化"回转"的态度之坚决可见一斑。

实现第二种文化"回转"的峇峇人崇尚中华文化,但不再学习中华语言,而是通过英语或马来语阅读中华文化中的经典著作,吸取中华文化的精髓。不少峇峇人阅读罗马化的马来文字版的《水浒传》(*Sang Kang*)、《三国演义》(*Sam Kok*)、《西游记》(*Seejoe*)等经典以及大量的演义、公案、侠义、志怪、言情等通俗小说。目前还有一本马来文的《三国演义》存放在新加坡国家博物馆的峇峇文化部分供公众观赏。

现在,峇峇的人数越来越少。年轻的峇峇对本身的独特文化所知甚微。一些和正统华族通婚的峇峇已被汉化,越来越多的峇峇人融入了其他华人团体。也许在不久的将来,作为一个社群,峇峇将不复存在,实现整体上的文化"回转"。

3. 第一语言(英语)独领风骚，母语(华语)文化逐渐流失

新加坡于 1959 年 6 月成为自治邦,1963 年 9 月 16 日并入马来西亚,1965 年 8 月 9 日脱离马来西亚,成立新加坡共和国。新加坡自治邦的邦歌是用马来文写的,独立时邦歌成为国歌,马来语也自然成为国语了。新加坡的人口以华、巫、印三大民族为主,通用的语言也即此三族的语言华语、马来语、泰米尔语,再加上英语,成为今日新加坡的 4 种官方语言。

新加坡的语言问题一直是个政治课题,建国之前已经存在许多需要权衡的社会因素。语言政策一直尝试在为国家建设服务和为种族文化建设服务这两者之间求取平衡,经历了许多艰难的抉择。在多元种族、多元文化的环境下,语言政策要兼顾国家利益和文化利益,殊为不易,个人的语言选择也不单纯,如此所形成的语言和文化的关系颇为复杂。

华人占新加坡人口的 75% 以上,按说,华语可以顺理成章的成为国语。可是就 50 年代的区域安全来说,以华语为国语对内易于引起民族间的紧张关系,对外又易于使以马来语为主要语言的邻国感到不安。弹丸之地的小国为了对内消除紧张,对外表示友善,以保国泰民安,只能排除把华语作为国语的考虑。

马来语虽然有国语地位,但巫族只占总人口的 13% 左右,由于其他民族的人操各自的母语或英语,马来语没有得到推广和普及,构不成国家通用语言,徒有国语之虚名。

殖民统治时期以来,英语便是新加坡政府的工作语言。殖民者退出政治舞台,留下了政权以及维系政权的政治、法律语言——英语。新加坡华、巫、印三大民族中能听懂他族语言的人数甚少,三种语言中没有一种为过半数的他族人所懂。英语得天独厚,在建国初期便为过半数的各族人所懂,自然成为联系各族的工作语言,进而成为联系世界的通用语言,也就成了新加坡的国家共同语。新加坡内阁资政李光耀先生(2000)说:"在这个多元种族、多元语言的社会里,英语是唯一能让大家接受的中立语,并能让新加坡立足于国际社会。"

出于经济、政治和种族等务实原因,新加坡建国以后英语的地位日益提高。英语是政府及法律部门的工作语言,只有学好英语,才有可能进入政府及法律部门工作;英语是国际商业、贸易语言,只有学好英语,才可能涉足经济收入较高的商贸企业;英语是现代科学技术语言,只有学好英语,才不会徘徊在高科技行业及高等学校的大门之外;英语的通用优势十

分明显,学好英语,才能在经济、社会和政治上有出头之日。对于一个移民社会来说,通过教育改善经济条件、巩固社会地位是十分普遍的心理。于是,建国前后的华族家庭在语言和文化的选择方面出现了十分有趣的现象。约有半数的孩子被送进英语源流学校(英校),另一半送进华文源流学校(华校);有些家庭把最小的孩子送进华校保留一点文化血脉,其他的都送进英校图强;有些把男孩送进华校以便保留和中国的贸易关系,把女孩送进英校以便辅助家中的男孩在新发展;各打各的算盘。

英语的地位日高一日,其直接结果是华语及其他民族的语言日趋衰落。新加坡建国后不到 20 年间,英校生骤增、华校生锐减的趋势可从下列小学一年级学生登记入学的对照表看出(周清海 1998):

入学年度	英文源流学校	华文源流学校
1965	61%	30%
1971	69%	29%
1976	83%	17%
1984	99%	0.7%

1984 年起,新加坡只有统一源流的学校,即英语成了所有学校的第一语言,母语都列为第二语言③。只有政府指定的几所名牌华校能以华语和英语为并列的第一语言(所谓特选课程),培养双语精英并保留优秀的华校传统。英语一枝独秀的局面已成定局,华语的式微意味着中华文化意识的衰退。

年轻的华裔新加坡人是在以英语为主导语言的非平行双语教育制度下成长的④,与华语相比,英语是他们更有把握的表情达意的语言。英语不仅是学校的教学媒介语和社会的通用语,而且也逐渐成了家庭内部进行交流的主要语言。华人家庭的语言转移表现得十分明显,华族学生在家里讲英语的人数从 1980 年的 9% 猛增到 1992 年的 31%(李元瑾,2001)。根据新加坡教育部的统计(云惟利 1996),小学一年级的华裔学生家中最常用的语言,在不到十年间就发生了巨大的变化:

---

③ 注意这样的做法颠覆了应用语言学定义上的第一语言、第二语言和母语。这是新加坡比较特殊之处。

④ 或者说是精英双语教育制度,因为只有在小学统一考试中成绩突出的前 8% 才可就读华、英为第一语言的中学。目前这个百分比已经调整至前 20%。

年　份	方　言	华　语	英　语
1980	64.4%	25.9%	9.3%
1989	7.2%	69.1%	23.3%

根据2006年7月26日的《联合早报》报道,小学一年级华裔学生把英语作为家中最常用语言者的比例赫然升至51%,余下的小学生中还有37%偶尔也说英语,只有12%的人只说华语或方言,英语成为华人家庭主要语言的趋势已不可避免。

尽管我们从土生华人的特例中看到,文化比语言有着更强的生命力和连续性,但毕竟语言是文化的一个重要载体,语言选择的变化必然会影响到文化认同的变化。削弱甚至放弃某一语言的学习和运用,必然会造成该语言所承载的文化一定程度的流失。李光耀先生(2000)以他夫妇俩及孩子们的不同经历为例,对于语言学习与文化获得的关系有过生动的阐述:

> 我和芝都出身英校。在英国深造期间,我们遇上了一些中国留学生,开始意识到自己文化失落的程度。我个人感觉到,自己跟讲方言和华语的华族群众有隔阂。同其他数以百计的莱佛士学院毕业生一样,我们没有学到本身的亚洲文化,又不属于英国文化,结果迷失在两种文化之间。我和芝决定不让三个孩子吃这个文化亏,于是把他们送进华校,让他们融入生机盎然、充满朝气和自信的华社群众当中。这种栽培方法使三个孩子都受益,他们受的是华文教育,潜移默化的价值观使他们成为孝顺的孩子和国家的好公民。

李光耀也对接受华文教育及接受英文教育的学生的不同文化资质作了对比:

> 我在50年代为华文中学的学生领袖提供法律咨询服务时,为他们富有朝气、活力、守纪律以及具有献身社会和政治的精神所折服。与此相反,受英文教育的学生一副冷漠、自私自利和缺乏自信的模样,我看在眼里感到失望。

李光耀的阐述是否夹杂了自己对母族文化的情感因素,我们无意作评论,但我们从中至少受到几点启发:其一,语言与文化有着密切的关系,不同的语言可以造就具有不同文化观念和行为特征的人。其二,在语言选择中丢弃母语,会造成母族文化的失落。其三,意识形态如政治,认同对于语言和文化选择的影响。

新加坡的广大华人,尤其是年长一点的华人,都担心母族文化的失落,因而反对以英语作为全民共同语言的声浪持久不息。对于老一辈华人来说,语言是文化的符号标志,文化是民族的精神依托。没有语言,就没有文化;没有中华文化,就没有真正的华人。

然而,"反对"也好,"无法理解"也罢,老一辈华人终究未能改变英语作为第一语言在新加坡独领风骚的地位。其直接结果是,英语所承载的西方文化长驱直入,弥漫在新加坡社会的各个角落,渗透了人们生活的方方面面,西方的价值观念和行为模式为越来越多的年轻华裔新加坡人所接受、认同和仿效。与此同时,中华文化流失的速度也在加快,年轻人对中华文化精髓的感情逐渐变得淡漠,对中华文化的历史、道德观念、文学名著以及传统习俗等方面的了解越来越少。

1990 年,周清海等进行了一次文化认识调查,参加调查的均为中学四年级(相当于中国的高一)华裔学生,共 681 名。尽管这些学生学过 10 年以上的华文,但华文仅是作为单科语文在学,而其它所有课程的教学语言及日常会话语言均为英语。调查结果表明,学生对传统中华文化的认识淡薄,母语文化流失的状况令人担忧。

中华历史知识的贫乏最为突出。在接受调查的学生中,有 78% 的人不知道火药是中国四大发明之一;44.2% 不了解孔子是春秋时代的人;21.7% 的人竟然对孙中山先生领导推翻清朝的封建统治这一划时代的大事也浑然不知。

学生对经典文学知识的了解也很肤浅。35.7% 的人说不出"刘姥姥游大观园"是出自文学名著《红楼梦》;43.8% 的人不知道《水浒传》中梁山泊的首领是宋江;说不出《骆驼祥子》的作者是老舍的高达 64%;连阿 Q 这个人物的塑造者是鲁迅都不知道的也有 47.7%。

学生关于道德观念及其表征和代表人物的知识也相当贫乏。对于华人祭拜祖先的真正意义,有 40.8% 的人不能选出"这是孝顺行为";不知道"竹"的象征意义是"有骨气的人"的有 38.6%;连很多新加坡华人崇拜的"关公",也有 48.6% 的人说不出他所表现的是"讲义气的精神";此外,有 84.8% 的学生不理解孔子名言"三人行必有我师焉"倡导的是"不耻下问"的精神。

接受调查者在习俗方面的答对率相对较高,但也不尽如人意。将近四分之一的学生对诸如"龙是中华民族的象征"、"除夕最重要的活动是吃团圆饭"、"具有慎终追远和行孝意义的传统节日是清明节"这类问题竟也不能正确作答。亲属称谓模糊显示亲属的关系逐渐淡薄,学生对庆祝 60

大寿、按辈序取名等传统做法显然也有兴趣不大、渐感陌生的趋势。

母语文化流失的现象不仅表现在中学生身上,也同样表现在大学生身上,大学生在有些方面有更甚者。2006 年 8 月,我们在新加坡华族大学生中进行了"中华根"意识调查(详见附表)。调查结果表明,在新加坡大学生中,67.5%的人表示还有中华根意识,但已不强烈;6.8%的人中华根意识已经淡薄;只有 25.7%的人具有强烈的中华根意识。66.2%的大学生表示担心中华文化将在新加坡逐渐消亡;31.1% 说不准;只有 2.7%的人认为中华文化不可能在新加坡消亡。对于"年轻的新加坡华人文化失根现象的程度"这一问题,52.7%的大学生认为非常严重;47.3%觉得比较严重;竟然没有一个大学生认为不严重。

面对着英语作为第一语言的地位日益提高和西方文化的强势渗透以及华语地位的迅速降低和中华文化的逐渐流失,老一辈华人恐怕只能怀着"无可奈何花落去"的伤感而望"英"兴叹、面"西"而吁了。

4. 政府、民间共图保根,中华文化复兴有望

中华语言和文化的升沉荣枯,在新加坡这个岛国,呈现出耐人寻味的变化,有时令人不解,细思又在情理之中。自 1849 年建立第一所华校崇文阁算起,华语华文教育在新加坡已有近 160 年的历史。华语华文教育的鼎盛时期恰恰是英国殖民统治的晚期、新加坡实现自治之前,即 20 世纪 50 年代。1953 年,第一所华文高等学府南洋大学在英国统治者无力的反对声中由民间自筹资金创立,至此华语华文教育已具备从幼稚园到大学的完整体系,中学和小学的华校注册学生总人数均超过英校。随着语言教育的昌盛,中华文化,尤其是以方言承载的地缘文化,呈现多姿多彩的繁荣景象(前文已有阐述)。华语华文教育的衰落又恰恰发生在新加坡实现自治之后,尤其是建国之后的 20 多年间。由于前文所述的种种原因,新加坡政府采取英语为主,华语为辅的语言政策,华语华文教育的颓势不可避免。

当一种文化处于危机状态时,它像人类的肌体一样,其自身的"免疫系统"会产生"抗体活性",激活内部机制,抵御引起危机的外部力量的侵袭,并借助各种手段保持其生命力和连续性,实现文化的承传和"回转"。人体的抗体活性带来生理和病理效应,文化的"抗体活性"则产生心理和

社会效应。中华文化有着极强的包容性和渗透力,其抵御外力的"免疫系统"特别强大,因而成为世界上绵延几千年而没有出现断层的绝无仅有的一种文化。即使在少数民族统治数百年期间(元朝和清朝),几千万汉人被杀戮,中华文化也没有被灭绝或同化,而恰恰是从汉理、尊汉法、建立汉式皇朝、敬道敬佛、崇尚汉文学的少数民族统治者的文明被融进了中华文化。有人说,这种情况是发生在中华文化辽阔的发源地中国本土,而受异族文化包围的岛国新加坡则当别论。其实不然,文化的连续性及"回转"力,是其自身内部顽强的生命力所决定的,新加坡土生华人的文化"回转"便是一例。加上现代交通、通讯和媒体高度发达,文化的地域性日渐减弱,而文化的跨地域性不断增强,地理位置已不再是阻隔文化传播与交流的障碍,也不会成为削弱文化的生命力和连续性的重要因素。

也正是在新加坡华族语言的发展遇到极大困难和挫折的时候让人同时看到了中华文化复兴的可能和希望。这种可能和希望表现在政府的政策反思与华语运动的兴起、知识精英的保根情怀与救亡行动、年青一代的失根意识与朦胧情思以及中国经济崛起所带来的外部刺激等。

新加坡政府的语言文化政策对新加坡语言文化的发展方向和发展力起着举足轻重的作用。建国初期政府的扬英抑华的语言政策在保障国家安全、促进社会稳定、民族和睦和经济繁荣等方面可谓功不可没,但其造成华族语言衰退、中华文化流失的负面影响也有目共睹,因而引起政府决策者的反思。首任总理李光耀(2000)说:

> 这是世界最古老的文明,延续了 4 000 年不曾间断的悠久历史。我们这些过番客,斩断了自己的根,寻觅另一种气候另一片土壤重新扎根,欠缺的正是这种自信。
>
> 学习两种语文带来的难题,在往后 40 年内一直纠缠着我们的教育政策,即使到今天也找不到令人满意的解决办法。

这两段话充分表达了他对文化断根的忧虑以及对政府教育政策的反复衡量。也正是李光耀先生本人,于 1979 年亲自发动了推广华语运动,此后一年一度的运动开幕仪式都是由政府总理或部长主持,从不间断。

推广华语运动的最初目的是以华语取代方言,横向是沟通各方言群体,纵向则保留华人传统文化。前总理吴作栋在 1981 年主持第 3 届开幕典礼上道明这两大目标:

> 为了保留华族优良的传统文化、价值观念和道德观念,也为了打破各方言华族之间的隔膜,并促成新加坡华人有一共同的语文,我们有必要使华语成为日常

生活中的应用语言。

随着运动的深入开展,新加坡政府还不断调整华语运动的目标、方向和重点。李元瑾(2002)对该运动的几项重要进展作了归纳,指出由于华语运动的目标扩展,华语的功能从沟通群体的社会功能和保根的文化功能,扩展到发展商业的经济功能和发展高科技的资讯功能。运动的对象从中、下阶层提升至上层,使华语提升为华人的高阶语言。运动从口语开始进而深入到书面语,使语言和文字逐步结合。语言的选择从"方言,还是华语?"进至"英语,还是华语?"使华语跟英语享有同等地位。

在新加坡,语文政策直接由政府参与构思、规划、执行、监督和调整,语言运动由政府首脑亲自发动,且连续不断,这在全世界也绝无仅有。尽管政策的落实和运动的开展仍会有不尽如人意之处,但国家政权机关的正面倡导和积极参与,成了保障中华文化得以复兴的坚强后盾。

新加坡的华人知识精英始终把语言文字教育与文化传承之间的关系看成是唇齿相依的关系,唇亡而齿寒。当他们看到华文教育出现危机、华校系统趋于瓦解时,深感文化失根的忧患和悲哀。化不开的文化情结和保根的沉重使命感使他们并不停留在对流水落花的哀叹上,他们奔走呼号,他们大声呐喊,保根的救亡情怀称得上悲壮。几乎在华文教育出现变化的每一个关键时刻,直至今天,人们都可以听到这样的呼号和呐喊,它们见诸新加坡各类书籍和报刊,俯拾皆是,举不胜举,以下略引片段(李元瑾 2002):

> 我们不能让我们的华文教育被淘汰,不能让我们的华族子孙被淘汰,我们要发动全新加坡华人的力量,唤起那些短视、短见的华人。
>
> ——《南洋商报》(1966)
>
> 华人而不知重视母语文则失其原有之文化,未免数典忘祖之为可悲。
>
> ——中华总商会教育主任郭佩弦(1967)
>
> 只受外族语文教育,可能使他们将来在思想上变成一种不中不西非驴非马四不像的"二毛子",变成一种文化上的被阉割者,将完全丧失他们应有的个性。
>
> ——《星洲日报》(1967)
>
> 最具讽刺意味的莫如占人口四分之三强的华族,竟无法让其母语学校发荣孳长,反令其本族语文不值"一文",降为"二文"……我国商业气息非常浓厚,而且功利主义思想超越一切,人们为了前途,连自身的文化都甘心抛弃。
>
> ——王京,载《联合早报》(1984)
>
> 新加坡独特的文化氛围决定了华文教育的特别处境,可以说没有哪一门学

冲突·互补·共存——中西文化对比研究

科像华文这样让人牵肠挂肚。

——初级学院教师唐佑彬,载《联合早报》(2006)

当新加坡的华人色彩淡到不能再淡时,华社就可能变得没有什么好"联络"。我不知道当有这么一天时,政府是应该感到自豪还是悲叹。

——严孟达,载《联合早报》(2006)

正是华人知识精英对于失根的严重忧患和保根的救亡情怀引起了政府决策人物的深刻反思,也唤醒了新加坡广大华人,尤其是年青一代的失根、保根和寻根意识。这种意识的存在本身就是中华文化复兴的火种。

青年是传统文化的承继者,青年代表着未来,新加坡中华文化复兴的希望就寄托在新加坡华裔青年的身上。尽管由于第一语言英语及其所承载的西方文化的浸濡,在新加坡华裔青年身上,母语的疏离和母族文化的流失几乎同时发生,且疏离和流失的程度不可谓不严重。然而,每一个华人家庭深厚的母语文化积淀,不可能轻易地消失殆尽;流淌在炎黄子孙浓浓的血液中的中华文化传统,不可能那么容易被抛弃;文化的免疫系统越是在危及生存之时,越显得顽强活跃。在新加坡政府发动的华语运动的影响和一批批知识精英保根情怀的感召下,深藏在华裔青年内心深处的"根"的意识逐步被唤醒,并不断被强化。有些青年也和前辈一样,深感失根的痛惜,发出保根的呼号和呐喊,并采取寻根的行动。

热爱华文,在我们的社会里也许无法得到认同与满足;但我们的精神生活却远远超过那无法掌握华文者。即使他们能懂得英文的精髓,他们能与何人、何国认同呢? 不了解自己的文化,根将归何处?

——蔡霭华,载《联合早报》(2006)

身为华人、炎黄子孙、龙的传人,有黄色的皮肤和黑色的头发,你就背负了一个继承你这个种族文化的使命。

——曲星,载《联合早报》(2006)

2006 年 8 月,我们在新加坡华裔大学生中所进行的"中华根"意识调查(详见附表)可以说喜忧参半,危机和希望并存。我们在了解新加坡华裔青年失根严重性的同时也看到了他们保根、寻根的愿望。尽管大学生们认为年轻的新加坡华人文化失根现象非常严重(52.7%)或比较严重(47.3%),但有 60.8%的华裔大学生仍然为中华文化"感到自豪",没有人认为中华文化不如西方文化;62.2%的大学生在家"经常说"华语;66.2%的大学生"很担心"中华文化会在新加坡逐渐消亡;当被问及是否有必要加强新加坡的华文教育及是否有必要不忘说华语或方言时,认为"很有必要"的人数比例分别高达 82.4% 和 85.1%。多数大学生"感到自豪"的心态、"经常说"的习惯、"很担心"的心理和"很有必要"的判断,代表了新加坡华裔青年中多数人怀有保根、寻根的愿望,这种愿望就是中华文化在新加坡复兴的希望所在。这种愿望在外部因素的刺激下还可能变得更加强烈。

近几年来,随着中国经济的强劲崛起和中国在国际事务和全球经济中的地位不断提升,全球华文热正在悄然出现。华盛顿的智囊组织经济发展委员会认为,"如果对于中华语文及相关文化知识的重要性视而不见,那么美国的学校已经同环球现实脱节。也就是说,当全球华文热方兴未艾之时,谁都不能视若无睹。"美国投资大师罗杰斯在新加坡演讲时,告诉在座的 200 名投资人、基金经理和学者,他所能提供的最佳投资建议,是劝导大家让自己的儿孙学习华文,因为那将是他们这一生中最重要的语文。他语重心长地强调:"21 世纪将会是中国的世纪,学习华文已经刻不容缓。"(《华声报》2005)外部世界的华文热成了刺激新加坡华文学习由冷转暖的一帖兴奋剂,无论是政府高官、商界巨贾,还是知识精英、华裔青年都开始意识到这一点。

政府官员在推动华语运动时开始加入学习华文的经济价值这一动因。第二副总理王鼎昌(1985 年 9 月 28 日)说:"华人学华语、讲华语,除了因为它是华人社会的共同语言,代表了我们的根和源以外,华语的经济价值也越来越重要,特别是在中国实行经济改革与开放政策之后。"现任总理李显龙(新加坡政府新闻稿 2005 年 11 月 15 日)在第 26 届华语运动开幕式上指出:"中国的崛起,让大家看到华文的美好前景。受华文教育的人士对华族文化的延续也更有信心。"

据新加坡教育部部长尚达曼(《联合早报》2006 年 9 月 5 日)透露,无论在小学、中学还是初级学院,2006 年选华文或高级华文为主修科目的学生出现大幅增长的趋势,小学和中学分别上升七个百分点,初级学院选高级华文者增加 60%,选华文者更激增 180%。新加坡年青一代华族的保根、寻根之旅已度过最困难的时刻,中华文化复兴的曙光已经出现。

让我们再回到篇首的英文诗《鱼尾狮旁的尤利西斯》。作者是以尤利西斯来象征当年大英帝国殖民军官莱佛士,歌颂大英帝国在新加坡开埠的成功。很多游客及诗的读者以为作者必为英国殖民诗人无疑。其实,作者 Edwin Thumboo(唐爱文)是自小接受英语教育的华人与印度人的混血儿。长期的英语语言教育,已经弱化甚至瓦解了他的民族文化意识,使他完全认同了英国文化。同为土生的新加坡人,自幼接受华语语言教育、长期受到中华文化熏陶的诗人梁钺,对同一事物却写下了视点、意境、感情截然不同的华文诗《鱼尾狮》。我们不难从两位诗人、两篇诗歌的比照中看到,在通常情况下,语言选择与文化认同有着互为因果、互相依存的密切关系。新加坡第一语言英语的确立,引起华语地位的降低与中华文化的流失;新加坡华语教育系统几近崩溃的局面却又反弹出华语运动的蓬勃开展,并带来中华文化复兴的曙光,这些事实都为我们观照二者唇齿相依的关系提供了有力的依据,同时也让我们认识到一种文化在面临危机时所表现出的顽强的生命力和回转力。

附表 《新加坡华裔大学生"中华根"意识调查结果》

问　　题	答案类型及人数比例(百分比)		
你如何看待中华文化?	感到自豪 60.8	觉得一般 39.2	不如西方文化 0
你的"中华根"意识程度如何?	强烈 25.7	不强烈 67.5	淡薄 6.8
你是否想在不久的将来访问中国?	很想 50.0	看情况 45.9	不想 4.1
你是否想到你家的祖籍地看看?	很想 43.2	无所谓 39.2	不想 17.6
你在家经常说华语吗?	经常说 62.2	有时说 20.3	从来不说 17.6
你在家经常说方言吗?	经常说 21.6	有时说 44.6	从来不说 33.8
你与同龄人交谈通常用什么语言?	英语 35.1 英语与华语 17.6	华语 44.6	方言 1.4
你认为有必要不忘说华语或方言吗?	很有必要 85.1	无所谓 9.5	没有必要 5.4
你相信中华文化会在新加坡逐渐消亡吗?	很担心 66.2	说不准 31.1	不可能 2.7
你是否认为有必要加强新加坡的华文教育?	很有必要 82.4	无所谓 14.9	没有必要 2.7
总体说来,你是否认为年轻的新加坡华人文化失根现象是严重的?	非常严重 52.7	比较严重 47.3	不严重 0

参考文献

［ 1 ］高一虹,2000,《语言文化差异的认识与超越》,北京:外语教学与研究出版社。

［ 2 ］郭惠芬,2003,梁钺《鱼尾狮》析论,见《跨国界诗想:世华新诗评析》,台北:唐山出版社。

［ 3 ］老　舍,2000,《小坡的生日》,北京:人民文学出版社。

［ 4 ］李光耀,2000,《李光耀回忆录》,新加坡:联合早报。

［ 5 ］李元瑾,2001,《东西文化的撞击与新华知识分子的三种回应》,新加坡:新加坡国立大学中文系、美国八方文化企业公司。

［ 6 ］李元瑾,2002,《新马华人——传统与现代的对话》,新加坡:南洋理工大学、新加坡亚洲研究学会、南洋大学毕业生协会。

［ 7 ］梁　钺,1984,《茶如是说》,新加坡:七洋出版社。

［ 8 ］马来西亚董教总,1997,《华文》(高二上册),吉隆坡:马来西亚华校董事联合总会。

［ 9 ］苗　秀,1971,《新马华文文学大系·理论》,新加坡:教育出版社。

［10］云惟利,1996,《新加坡社会和语言》,新加坡:南洋理工大学中华语言文化中心。

［11］赵　戎,1971,《新马华文文学大系·散文(1)》,新加坡:教育出版社。

［12］周清海,1998,《华文教学应走的路向》,新加坡:南洋理工大学中华语言文化中心。

［13］《华声报》,2005 年 8 月 4 日。

［14］《联合早报》,2006 年 7 月 14 日、7 月 26 日、8 月 4 日、8 月 5 日、8 月 6 日、8 月 16 日、8 月 18 日、8 月 19 日。

［15］《新明日报》,1985 年 9 月 28 日。

［16］Kroeber, A. and Kluckhohn, C. 1963. *Culture: A Critical Review of Concepts and Definitions*. New York：Vintage Books.

［17］Humboldt, W. V. 1836. *On Language: the Diversity of Human Language-Structure and Its Influence on the Mental Development of Mankind*. Translated into English by Peter Heath. Cambridge：Cambridge University Press.

［18］Thumboo, E. 1993. *A Third Map*. Singapore：University Press.

(本文选自《英语研究》2007 年第 1 期。)

作者通讯地址：谭慧敏,Singapore 639798 新加坡南洋理工大学,CLWMTham@ntu.edu.sg；

左飚,200135 上海市浦东大道 1550 号 上海海事大学,zuobiao212@126.com

四、专业研究

IV. Specialized Studies

27. 儒教与基督教教义之比较

Comparison Between Confucianism and Christianity

谢扶雅

【编者札记】

大自然变幻莫测,人类自身也有难解的奥秘。对于人世间说不清、道不明之处,人们往往诉诸宗教,宗教成为各种文化的重要组成部分。这篇论文是本书收录的唯一有关宗教对比的文章,由集哲学家、文学家和宗教思想家于一身的谢扶雅先生执笔。文章对儒教与基督教教义的细致比较和精辟分析,对于两种文化的综合对比研究也有深刻的借鉴意义。

由于儒学重视现世生活,没有来世观念,没有敬畏上帝的意识,没有教会组织,也没有定期崇拜仪式,因而多数学者不把儒学视为宗教,英国哲学家罗素甚至断言中国是无宗教(严格意义上的宗教)国家。把儒学作为宗教与基督教进行比较,正是谢扶雅先生观点独到之处,他认为儒学所阐述的教化的道理,实在已到了宗教化的程度。文章把儒教归为"宗教的道德",把基督教说成"道德的宗教",对比鲜明,哲理深透,也切合事实,是极富创见的结论。

本篇论文对两教的上帝观及人生观分别作了细致的比较,指出两教上帝观一神与茫神、祭祀与崇拜的不同,以及两教人生观相对与绝对、道德行为与宗教信仰的差异。文章在论述儒教与基督教教义区别的同时,也不时提到对中国文化产生重大影响的道教和佛教;在阐发两教人生观的差异时,涉及哲学、伦理学、宗教学以及人生观、世界观、道德观和信仰等人生各个领域。读完全文,我们一定会产生一个印象:文章虽短,其内容却博大而精深。

1. 两教的上帝观

1.1 一神、多神、茫神

国人过去通称"儒、释、道三教"。近代基督教自外洋盛行输入,应该改说"儒、释、道、基四教"了。本文只把中国固有的儒教和晚近国内流行的基督教作一比较研究,亦只能把两教的主要成分——上帝观和人生观,约略加以比论。

宗教原是一种极度复杂而且十分含混的东西,不像科学那样有定律可寻,有公理可以归纳,因为宗教是属于超自然的境界,非通常知识所能企及。特别是宗教信仰中的所谓"神"或天帝这个课题,来得非常渺茫,无从捉摸及说明。中国人一般说"天",或人格化称之为"天老爷",究竟这个浩浩无涯的天空,哪里可以捉摸到或见闻到一位赫赫威严的神呢? 中国古代经典中固然充斥着"上帝"的字样,但亦无非譬喻或模拟把人世间的"帝"称为天上的帝而已。这样,中国民族心目中的神、天、或上帝,皆无非人想象模拟而构成的一个观念,自然没有客观存在之可言了。

20年代初叶,一位著名的英国大哲罗素,来访中国大半年,考察各地观风问俗之结果,断定中国为一"非宗教"(non-religious)的民族,因为中国固有的儒教,既无清楚明显的上帝观,又没有教会组织,及定期仪式的礼拜堂。罗素习惯于西方基督教制度,从基督教的观点看,儒教实在只有"教化"之教,而非足以称作制度的宗教(institutional religion)。世界上希伯来民族是一个最典型的、深具宗教信仰的民族。它所崇奉的上帝是最明显的一神。古代以色列大先知摩西,自耶和华上帝亲受十诫。其第一诫即为耶和华上帝所启示的"除我以外不可有其它的神"(《旧约·出埃及记》22章12节)。多神与偶像崇拜,是希伯来系统下的犹太教和基督教(包括天主教)所认为最大逆不道的。

宗教哲学上关于神的区别有三种:一神论,多神论,与无神论。基督教是一神论的典型代表。佛教是无神论的宗教,因为它主张人具有佛性,可以自己超度,不需靠赖上神。它的菩萨、罗汉与观世音等等,都相称于天主教的圣徒,所以不是多神。道教却是多神论者,因为它除太上老君外,还崇拜若干神祇。中国种种民间信仰,也是多神。土地城隍、阎罗,以及迷信种种邪魔妖怪。然而儒教是超乎一神与多神,又可以说,介乎有神与无神之间的上帝观,笔者特谥之为"茫神论"(Agnosticism)。这个英文是借用哲学上的一种学说,认为世界的本体为"不可知的"。孟子曾界定神为不可知,他说:"大而化之之谓圣,圣而不可知之之谓神"(《尽心下》)。可见儒教的神乃是比圣人更高一级。但其性格无可推测而知。中国在文艺上常常说"天道茫茫"。屈原名著之一的《天问篇》正代表中国一般高级知识分子对上帝或天,渺茫而莫可测,但承认其存在,且与世人发生颇为深切的关系。

1.2 祭祀与崇拜(worship)不同

有些学人称引《尚书》中舜帝所奉行的各种祭祀——"肆类于上帝,禋于六宗,望于山川,遍于群神"(《舜典》),以为中国自古以来便信仰多神教。许多西方教士来华,见到中国家族祭拜祖先,遂称我们为"祀祖先教"。他们都从基督教崇拜上帝的观点来评论中国人的宗教信仰,实则我民族性及历史背景与西方及希伯来民族殊不相同。希伯来民族自始就受异民族埃及的压迫,不得不仰求他们的天神救援逃生。他们养成自卑感,故更觉得耶和华上帝超绝非凡。人和神的距离是无法估计的。卑微而罪孽重重的人,非绝对俯伏于耶和华的踏脚凳下哀哀哭求救援不可,中国民族的对天或上帝,全无此种心情。中国民族性是温和中庸,无傲慢自尊,却无自卑感。我们都自觉优游于光天化日之下,上帝与其可怕,毋宁可亲。他要凭人的作为施赏罚、并非自己任意喜怒无常。《尚书·汤诰篇》载:"天道福善祸淫。"上天不能随便欺侮下民,擅自作威作福。中国保持这种对天或上帝的关系,数千年来不变。基督教《圣经》分《旧约》、《新约》两部。西方神学家称《旧约》为律法时代,《新约》为恩典时代。耶稣以神独生子的身份,受父神差遣降世,示范人应彼此相爱,甚至亦爱仇敌。他甘登十字架,流宝血代万民赎罪,以表彰上帝天父的鸿恩。这种由《旧约》公家之神一变而为《新约》恩爱之神,是中国宗教思想史上所绝不见的。

由于这两个民族的心理与宗教意识不同,因而双方对上帝敬拜的态度亦相殊异。《礼记·礼运篇》载:"万物本乎天,人本乎祖。"我们与我们的远宗弥祖,同出自天的根源。曾子所作的《孝经》,载有"孝亲莫大于严父,严父莫大于配天",可见大之与天,只是程度上的差别,并非本质上的不同。中国人民祭天是跟祭祖同样,无非表示一种礼仪亲情,其与希伯来民族对上帝的态度大相径庭。孔子教训人对父母"生事之以礼,孝之以礼,祭之以礼"(《论语,为政》)。这"礼"字是带有宗教性的涵养,并非只是一种社会间的礼俗。"礼"与"祭"、"祀"、"社"及"禋"、"祐"、"祓"等字,都从"示"的语根,而"示"是意指原始人拜头上的日、月、星三光。但中国人对于所有神祇和儒家的祭拜,无非表示"报本"的"礼"。由于此故,台湾天主教会的故于斌枢机与倡导基督徒祭祖与崇拜上帝不相抵触。祭祖与崇拜上帝同为一种宗教敬虔,但祭祖与礼佛,皆非所谓"偶像崇拜"也。

2. 两教的人生观

2.1 相对与绝对

儒教的人生观是人所尽知的所谓"中庸之道",而这也是中国人的一个特征。中道的相反是偏左或偏右,即趋向两极端。西方思想史上常出现两极的思潮。例如中世纪,罗马大公教垄断整个社会,可称为神本主义的思想。十八世纪近代,发生人本主义的反响。中国则一贯盛行"人文主义",它既非神本,但亦与"人本"颇有出入。人文可以说是介乎神本与人本之间的一种中庸之路。中国人喜言"人性",而人性又每称"天性"。我们主张人性须保持个性与群性的均衡发展与和谐。西方则一方面强调个性自由,遂产生资本主义制度,另一方面则高唱群性集体,而遂发生社会主义乃至共产主义制度。它们都是"绝对主义"的权威主义、集体主义,而与极端个人自由主义立于相反而对峙的地位。因而西方思想不外是部宗教与科学争战史。

中国特别是儒家,坚持中和哲学,此则基于相对主义的人生观。由于我先民很早,由狩猎、畜牧,而进入农业社会,需要人口繁衍,夫妇和谐合作。孤阴不生,独阳不长,女必待男而有生育,男必待女而能传延。中国上下的"五伦"文化,肇始于"男女有别"之一伦。"别"是意味交互合作,两者应为"对待"而非"对抗"。不但夫妇的关系是对待的,推而至于父子、君臣,亦为对待关系。夫"待"妇而家,妇"待"夫而顺,父待子而慈,子待父而孝,君待臣而礼,臣待君而忠。兄弟、朋友、长幼以至上下、尊卑,皆为相对而非为某一方的绝对。孟子言:"君之视臣如手足,则臣视君如心腹;君之视臣如土芥,则臣视君如寇仇"(《离娄篇下》)。汉初建立的"三纲"制度——君为臣纲，父为子纲，夫为妻纲，就"纲纪"一词来说，原如左右上下，尊卑之相对，而无一方绝对之意。不过三纲为叔世嚣君所利用，遂产生片面权威——父要子死，不得不死，君要臣亡，不得不亡。这些只是儒教的流弊与糟粕，绝非儒学的本真。

儒家的相对主义，广涉人相互间的关系，甚至应用人和天的关系。为了父子、君臣，彼此既是相对，则最本源的大父之天，最崇高的君之天，对子民的人类、原无本质上的不同，只是道德程度的差异。《中庸篇》载："诚者，天之道也；诚之者，人之道也。"（第24章）天道无非为一位最纯粹而完全无亏的位格（person）；人是道德的动物，是做得到"与天地合其德，与日月合其明，与四时合其序，与鬼神合其吉凶"（《易·乾文言》）的。中国宗教理论基础即在这个"天人合一论"。儒教的最高理想世界，不称作佛教小乘中的"天堂"，不名为基督的"上帝国"（Kingdom of God），而是幽冥界的众神与人世间的芸芸万姓，相通相安处，而无灾祸之可言。《易·系辞传》载宇宙的太初与终极之历程："易有太极，是生两仪，两仪生四象，四象生八卦，八卦定吉凶，吉凶成大业"（《上传》十一章）。就理论言，这"一音之转"的"太极"、"大业"两词是一而二，二而一的。但就实际言，"大业"是天人合作而完成的境界，是理想的天堂。

2.2　道德行为与宗教信仰

如欲阐明儒教与基督教的比较，最微妙处亦最贴切处，莫过于说：前者是"宗教的道德"，后者是"道德的宗教"了。有些人称儒教不是宗教，只有伦理道德。这话是对，也不尽对。诚然，儒教的"教"是"教化"，但这种"修身，齐家，治国，平天下"的教化，是具有"正心诚意"之深刻修养，而上达于天的。儒家常自勉"内圣外王之学"，是指"外王"须由"内"而致，非内圣不克实现外王。孔子自白："下学而上达，知我者，其天乎！"（《论语·宪问》）孔子为学的极致是与天相知。他的大弟子曾子在所著《大学篇》中明言修齐治平的实现，是植深基于"正心诚意"以至"格物致知"。初代西方教士曾译物理科学为"格致"，实则"致知"，即孔子知天知我之"知"，而"格物"乃是宇宙间万物之"表理精粗无不到"（引朱子注）的大觉大悟。因此，儒家的伦理道德实与基督教"救世救民"的天国运动、方式、途径有异，目标与实质则无不同。

基督教前身的犹太教是比犹族宗教改进了一步的国家宗教(national religion)。耶稣基督崛起,把这个歧视外邦人的犹太教更改进使之成为世界性道德性的宗教。他承袭了《旧约》中"你要尽心尽性尽意爱主你的上帝",及"你要爱人如己"的两大诚命(《新约·马太》22章37、38节),而更发出了他所教导的新诚命:"你们要彼此相爱"(《新约·约翰》15章12节)。他亲自示范为门徒洗脚,更实行爱仇敌。他从传统的"以眼还眼,以牙还牙"而突破之为"有人打你左脸,连右脸也转过来让他打","有人抢你的内衣,外衣也送给他"(《新约·马太》5章38—43节)。这不是示弱或屈服,却是最大的道德勇气。他于逾越节晚餐后在客西马尼后园,深夜祷告,为一门徒出卖,挺身就缚,甘登十字架就死。这是无与伦比的道德勇气,是崇高人格的表证。耶稣基督的宗教是世间最典型的伦理宗教。西洋历史上基督教信徒,写作了无数的神学,也出版了许多种"基督教伦理"的书和论文。然而那些伦理论著,都是从神学思想演绎出来的。换言之,基督教把伦理道德隶属于宗教信仰之下,不像儒家把宗教信仰寄托在道德生活之中。人文主义的儒教是由人通至神,基督教则由神通至人。两者都是世界性的高级宗教,都重视人的价值与尊严,都提高人的地位,使与神相合一而相通。但就说法而言:儒教是从"人"这边通到神,基督教是由神那一端通到人。所以我称儒教为宗教的道德,以别于通常学术界,总把道德从宗教分开。就狭义的宗教观,儒教的确不能称作宗教。但是《中庸》则劈头便宣称:"天命之谓性,率性之谓道,修道之谓教。"儒学的道和教化,都具有深而远的"天命"根源,所以与基督教作会心的微笑,而无牴牾冲突之嫌。

(本文最早发表于《中国哲学史研究》1985年第3期,后收入陈荣富主编《比较宗教学》,中国文化书院,1987。)

作者生前曾先后在中国内地、台湾地区及美国从事高等教育及宗教研究,为当代著名的哲学家、文学家和宗教思想家。

28. 中西方的宇宙观及其合流趋向

The Tendency of Collaboration of Chinese and Western Philosophies

郑春苗

【编者札记】

宇宙观,又称世界观,是人们对世界的总的根本看法。探讨一种文化的宇宙观,实际上就是在探索这种文化的本质特征。由于中西方民族在各自独特的历史进程和地理环境中所形成的文化心态不同,二者的宇宙观也必然有异。北京语言大学人文学院郑春苗教授的这篇论文既论述了中西宇宙观的差异,又指出二者的合流倾向,对于我们认识两种文化的本质特征和发展趋势有颇多裨益。

文章指出,中西宇宙观的主导倾向不同,前者是"天人合一"的有机整体论传统,后者是两体对立的机械论传统。具体表现在:在研究人与人和人与物的关系中,中国人以人与人之间的人际关系为主,西方人以人对物、人对自然的关系为主;在物质与精神的关系上,中国人注重二者的统一和一致,西方人强调二者的对立与分裂;在思维方式上,中国人具有直观性,西方人注重思辨理性;在研究方法上,中国人注重直感体验和整体综合,西方人注重实证与分析。

郑春苗教授认为,随着社会的进步和科学的发展,中西方传统的宇宙观都陷入了危机,都必须转向对方寻求理论智慧。他以中西医结合以及现代宇宙学中的大爆炸理论等为据而乐观地预言:中西宇宙观的合流是历史发展的必然趋势,"一旦新的宇宙观体系形成并支配人类,将会使世界发生最伟大的变革"。这是关于未来世界的一个鼓舞人心的展望。

宇宙观是文化的核心问题。中西方民族由于所处的自然环境、社会制度、经济状况、文化心态以及历史演进的不同,因而在科学发展道路上所形成的宇宙观也就有所不同。研究这两种不同类型的宇宙观及其相互关系,对于认识中西文化的本质和历史发展趋势具有重要意义。

恩格斯说:"一个民族想要站在科学的最高峰,就一刻也不能没有理论思维。"(《反杜林论·旧序》)我们的民族要跻身于世界先进民族的行列,要拥有未来,不仅需要有优美的民族心理,更需要有一个先进的理论思维或认知方式。现在,我们正站在一个新的历史的综合起点上。现代科学思想正从西方传统自然观转向东方的理性主义。我们必须以此为契机,紧紧地把握住中西方宇宙观的合流趋向,才能拥有未来。

1. 西方宇宙观的机械论传统

在西方,以理论形式表现的宇宙观形成于古希腊罗马时代,发达于16世纪至18世纪的文艺复兴及资产阶级大革命的时期。其间,所表现的主导趋向是两体对立的机械论传统。

在古希腊时代,人们也曾有类似东方人的那种有机整体的自然观念。如著名的古希腊哲学家赫拉克利特认为"世界是包括一切的整体"。并从世界整体性出发,把"火"作为世界的本原。说:"一切事物都换成火,火也换成一切事物,正像货物换成黄金,黄金换成货物一样。"①毕达哥拉斯则把天看作是一个和谐的整体,认为整个天是一个数目,是一个"和谐"。神圣的单子(一元)是众神之母,是普遍的始源,是一切自然现象的基础。二元是自然界中对立性和否定性的原则。三元是构成自然界的物体。四元是自然界四种元素的形象。以德谟克利特为代表的原子论者们也从世界的整体性、统一性的角度探寻世界的本原;把原子看成是构成世界的最基本的要素。在亚里士多德的《形而上学》一书中就保留了关于留基伯和德谟克利特的原子论的宝贵材料。从这些材料可知,德谟克利特认为原子是永恒存在的,在质上是相同的,只是在量上,即在形状("排列")、次序("接触")和位置("转变")上有所区别,世界上的万物都是由原子构成的,正如悲剧和喜剧这两个词都是由字母组成的一样。

---

① 参看《古希腊罗马哲学》,商务印书馆,1982 年版,第 27 页。

　　但是,纵观西方自然哲学发展史,古希腊哲学家这种整体观并没有得到应有的发展。而且,就连古希腊这种原子论的整体观也是与中国的哲学传统大相径庭的。希腊原子论者把原子视为不可分割的、没有部分的整体,并且认为这种由"基本建筑材料"组合的物质是被动的。亚里士多德的实体论,虽然提出"整体大于各部分总和"的思想,但又把万物运动的"第一推动者"归之于"神"或"上帝"。普罗泰戈拉(Protagoras,公元前481—前411)从"知识就是感觉"的主义观点出发,认为"人是万物的尺度,是存在事物存在的尺度,也是不存在的事物不存在的尺度"②,把人与自然完全对立起来,否定客观真理的可知性,而苏格拉底及其门徒柏拉图在这种唯心主义的思想轨迹上走得更远。苏格拉底从神学目的论出发,认为世界上一切事物都是与人世相对立的神世创造与安排的。诸如神给人眼睛看东西,给人耳朵听东西,给人鼻子嗅东西,给人睫毛避免风伤害眼睛等等。而更重要的是还在人体中安排了灵魂。所以,神是最聪明的,人应"自知其无知"。苏格拉底指出,人要认识人的本质,即灵魂的善,必须抛开肉体,让灵魂自身来看事物。然而这在人活着的时候是办不到的,只有死后才能做到。苏格拉底的这种所谓绝对的善、真、美,只存在死后世界的理论,对后世的宗教神学影响极大。在苏格拉底死后,他的学生柏拉图又发展了这种思想,并建立了客观唯心主义的"理念"论的庞大体系。在柏拉图看来,世界万物的运动变化都是虚妄不实的,只有永恒不变的"理念"才是最真实东西。理念是独立于个别事物和人类之外的世界本原,个别事物和人类都不过是完善的理念的不完善的"影子"或"摹本"。人的感觉不可能是真实的知识的源泉,一切真实知识只是不朽的灵魂对理念的"回忆"。柏拉图这种"目的论"哲学,影响了柏拉图以后的欧洲十几个世纪。统治欧洲中世纪的基督教神学的理论就是建立在人世与神世对立的基础上的。欧洲近代的科学家如哥白尼、伽利略、牛顿等人虽然破了柏拉图的这种理念哲学的禁锢,但仍崇拜毕达哥拉斯把"数"与"量"奉为万物本原的哲学思想。特别是牛顿,他承袭了"原子论"者的学说,试图用力学原则解释一切。于是在近代科学发展中曾一度出现了想把一切归结为机械运动的狂热思想。据此可知,不同于有机论整体观的机械综合论可以称得上是西方宇宙观的主导趋向。

　　西方这种机械论综合论宇宙观是建立在物质与精神对立和抽象逻辑

---

② 《古希腊罗马哲学》,商务印书馆,1982 年版,第 133 页。

思维的基础之上的。它最主要的特点表现在以下几方面：

第一，在研究人与人和人与物的关系中，以研究人对物、人对自然的关系为主。这从古希腊时代的哲学家们的出身就可以看得出来。他们大多是自然科学家，如米利都学派的创始人泰勒斯，他是希腊第一个天文学家、几何学家和物理学家。与米利都学派对立的毕达哥拉斯学派也都是从事数学、谐音学、天文学、医学等的自然科学家。而原子论的主要代表德谟克利特更是"经验的自然科学家和希腊人中第一个百科全书式的学者"。柏拉图在数学、天文学、几何学等自然科学方面也很精通。亚里士多德和德谟克利特一样，也是古代希腊少有的百科全书式的学者。恩格斯在《反杜林论》中称他为"最博学的人物"。西方哲学家这一特质就使他们在探求世界本原的过程中自然而然地形成了更多地注意人对物、人对自然关系的倾向。诚然，在古希腊哲学家中也有注意人际关系的，如苏格拉底就提出，哲学的目的不在认识自然，而在认识人自己③。但是，这种道德哲学观仍没有改变西方哲学关于人对物、人对自然关系的认识的主导倾向。

第二，在物质与精神的关系上，强调两者的对立与分裂。西方哲学家一般都把世界看作是由各个部分按一定的结构方式组合而成的综合体，其运动变化是由某种外因造成的。如毕达哥拉斯学派就认为世界万物的本原是由数一构成的。因为在他们看来，数本身由奇数和偶数这两种终极元素构成，而"一"加于偶数则成为奇数（如 $2+1=3$），加于奇数则成偶数（如 $3+1=4$），因而凡数都是以"一"为基础，由"一"派生出来的。而数是几何图形和感性事物的本原，1 为点·，2 为线—，3 为面△，4 为体◬，从立体产生出感觉所及的一切物体。显然，毕达哥拉斯学派是把"数"强加给客观世界的。而原子论的代表人物德谟克利特则把世界看成是由"原子"与"虚空"结合而成的。他认为"原子"是不可分割的，它像字母组成词一样，按照一定的结构方式组合成事物。至于苏格拉底，更是把摸不着、看不见的那个绝对的、永恒不变的某种"心智"即神看做是世界的本原，认为世界上的万物都是由"心智"即神创造的。苏格拉底的学生柏拉图，在他老师的基础上更创造了绝对"理念"的哲学体系，把"理念"看做是独立存在于世界一切事物和人的意识之外的精神实体。认为"理念"和"理念的世界"是第一性的，而具体的世界则是第二性的，它是由"理念"和

---

③ 《古希腊罗马哲学》，商务印书馆，1982 年版，第 145—175 页。

"理念世界"派生出来的。人们虽然想极力认识自然世界的现象,但他们看到的只是影子,感觉不到太阳光即"理念"这个真理。亚里士多德不同意柏拉图的理念论,但也认为世界最后的动力来源于"第一推动者"。后来,基督教神学就把这种"第一推动者""上升为超凡的最高而唯一的神——上帝",让它统治西方民族的心灵长达上千年之久。

第三,注重思辨理性,这是西方哲学家一贯的传统。在西方哲学家看来,只有思辨理性的东西才是最真实、最完善、最美好的。因此,从古希腊时代起,自然科学家和哲学家们都把抽象的逻辑思维方法作为认识和把握事物真理的最基本的手段,并把"分析学"或"逻辑学"视为一切科学的工具。亚里士多德在逻辑学方面所做的贡献尤其巨大,他被称为西方传统逻辑学的奠基人。他提出的逻辑思维的三大基本规律(同一律、矛盾律和排中律),确定的判断定义及分类,三段论推理的主要形式与规律,以及阐释演绎法与归纳法的关系等等,直至今天仍是欧洲人值得骄傲的成就。古希腊抽象逻辑思维的发达,固然与那个时代的民主风气有关,更与哲学家们大多是自然科学家有关。因为数学、物理学(包括力学,天文学)、建筑学等都离不开高度抽象的逻辑思维方法,而这也就使从事自然科学研究的自然科学家们在思考世界本原的时候不能不习惯于这种抽象的逻辑思维的理性。

第四,在对自然科学研究上,从古希腊时起,西方人就非常注重实证与分析。著名数学家欧几里得的《几何原本》所建立的科学体系包括:大量定义、公理、公设、命题、面积变换以及对圆、多边形、相似形等的讨论;比例论、数论;简单立体几何、求面积和体积等。这些都是建立在广泛的实证与分析的基础之上的。13—14 世纪期间,英国先进的思想家、新时代实验科学的先驱罗吉尔·培根(约 1214—1294 年)主要从事自然科学研究。他认为进行实验的本领胜于一切思辨的知识和方法,实验科学是科学之王④。到了文艺复兴时期,随着近代科学的兴起,这种实证和分析的思想方法得到进一步发展。弗兰西斯·培根、笛卡尔、伽利略等把西方机械自然观和方法论推向了高峰,这正如恩格斯所说:"把自然界分解为各个部分,把自然界的各种过程和事物分成一定的门类,对有机体的内部按其多种多样的解剖形态进行研究,这是最近四百年来在认识自然界方面

---

④ 参见敦尼克·约夫楚克、凯德洛夫、米丁·特拉赫坝贝尔主编:《哲学史》,《欧洲哲学史部分》(上),生活·读书·新知三联书店 1972 年版,第 123 页。

获得巨大进展的基本条件。"但是,这种方法由于过分强调具体的部分实证和方法而不能科学地对待整体与部分的关系,"把自然界的事物和过程孤立起来,撇开广泛的总的联系去进行考察,因此就不是把它们看做运动的东西,而是看做静止的东西;不是看作本质上变化着的东西,而是看作永恒不变的东西;不是看做活的东西,而是看做死的东西。"⑤这样,随着自然科学的一系列新发现(能量守恒与转化定律、细胞学和达尔文进化论),特别是19世纪末20世纪初的物理学革命,这种传统的机械论自然观和方法论走进了死胡同。

2. 中国宇宙观的有机整体论传统

与西方相反,中国人自古代起就习惯于从总体方面认识事物,把世界看成本质上是一个不可分割的有机整体,并用这种观点去解释一切事物的现象,这就是所谓"天人合一"的有机整体论宇宙观。

"天人合一"的有机整体论思想体系早在先秦时期已经形成,这在诗经、书经、周易,以及孔、孟、老子各家的著作中都有论及。自此以后,中国社会虽然历经沧桑,但两千多年来一直成为指导人们观察世界的基本思维方法。从中国传统哲学来看,尽管对天人关系的说法各有不同,如荀子叫"明天人之分",庄子叫"蔽于天而不知人",刘禹锡称"天人交胜"等等,但其主流都不外是把论证"天人合一"或说明"天人合一"作为第一要务。儒家和道家是中国哲学中最主要的两大系统,他们所讨论的根本问题就都是关于"天人关系"的问题,而且都把论证"天人合一"作为自己的哲学的主要任务。

下面先就儒家创始人孔子来说,他虽然主张多言"人事"而少言"天命"(子贡说:"夫子言性与天道,不可得而闻。"),然而孔子并不是不讲"天命"。他不仅说过"唯天为大","唯尧则之",而且认为圣人是效法天的,作为君子必须"知天命","五十而知天命",然后才可以"从心所欲不逾距"。这都关系到"天人关系"问题,并且以"天人合一"作为认识世界的基本出发点。而孟子更是儒家学派最明确提出完整意义的"天人合一"思想的哲学思想家。如他说:"尽其心者,知其性也。知其性,则知天矣。

---

⑤ 恩格斯:《反杜林论》,人民出版社,1970年版,第18页。

存其心,养其性,所以事天也。"⑥又说:"诚者天之道,思诚者人之道也。""天"的本质是"诚",是尽善尽美,而人的根本职责在于实现"天道",因而作为君子就应该是"所过者化,所存者神,上下与天地同流",即把"天"和"人"看成是一个统一的整体。荀子虽然讲"明天人之分",但他们最后的结论还是"制天命而用之",就是说是要从"人"的方面去统一"天",去把握"天"的规律。他把"人"抬到了与"天"、"地"并列为三的地位,他说:"天有其时,地有其财,人有其治,夫是之谓参。""故善言古者必有节于今;善言天者必有征于人。"荀子这种把"天"、"地"、"人"并列的思想,在《易传》中表现得更为突出。《易·系辞下》:"易之为易也,广大悉备。有天道焉,有人道焉,有地道焉。兼三才而两之,故六。六者非它也,三才之道也。"《说卦》:"立天之道,曰阴与阳,立地之道,曰柔与刚,立人之道,曰仁与义,兼三才而两之,故易六画而成卦。"所以,人可以"参天地,赞化育",而与天地并列为三。由此可知,从孔子到《易传》所要解决的都是天和人的问题,所要求索的都是有关"天人合一"的关系。

先秦的道家学派比起儒家学派来更有过之而无不及,认为"天"、"地"、"人"是一统一的系列,都统一于"道"。老子说:"人法地,地法天,天法道,道法自然。"又说:"道生一,一生二,二生三,三生万物。"⑦这种用一个系列来描述整个宇宙之间的统一关系,与现代的"系统论"颇有相似之处。道家学派的另一重要人物庄子也强调"天人合一",他在《大宗师》中说:"知天之所为,知人之所为者,至矣。知天之所为者,天而生也。知人之所为者,以其知之所知,以养其知之所不知,终其天年而不中道夭者,是知之盛也。"又说:"天地与我并生,万物与我为一","泛爱万物,天地一体也。"而作为最高境界的"至人"也是"以天为宗,以德为本","独与天地精神相往来"的⑧。

汉代由董仲舒提出"独尊儒术",把儒学神化,自此以后儒学成了历代封建王朝统治思想的哲学基础。我们看董仲舒的《春秋繁露》和《白虎通》,都宣扬"天人感应"。其论证天人感应的原因都认为在于"人"与"天"的统一。如董仲舒说:"天亦有喜怒之气,哀乐之心,与人相副,以类合之,天人一也。"并举例说:"由此言之,天人之证,古今之道也。"《白虎

---

⑥ 《孟子·尽心章》上。
⑦ 《老子》二十五章。
⑧ 《庄子·天下》第三十三。

通》把这种"天人感应"的思想进一步神学化,说:"天子至尊也,精神与天地相通。"

魏晋时期,玄学家以老庄道家思想为骨架,在"天人合一"的基础上企图调和儒道两大思想系统。因此,玄学所讨论的核心课题仍然是"自然"与"名教"(实际是天人关系)的关系问题。王弼主张"体用如一原",故有"举本统末"之言,谓知"天道",即可知"人事"。圣人可以"体冲和以通无",体现"天道"以至于同于"天"。魏晋时期的士大夫阶级崇尚"放达",其所追求的也都不超出"天人合一"的思想境界。

宋明理学是神学化了的儒学。它是在继承儒家思想的基础上,又糅合佛道两家的思想构建起来的。所讲的身心性命之学更以"天人合一"为其根本依据。如周敦颐说:"无极而太极,太极动而生阳,动极而静,静而生阴,静极复功……'乾道成男,坤道成女'。二气交感,化生万物,万物生生而变化无穷焉。""故圣人与天地合其德,日月合其明,四时合其序,鬼神合其吉凶。君子修之吉,小人悖之凶。故曰:'立天之道,曰阴与阳,立地之道,曰柔与刚,立人之道曰仁与义。'"⑨周敦颐的这个《太极图说》,把宇宙生成、万物化生的理论和人类社会的发展以及道德伦理准则、规范统统包容在一起,形成神化了的东西。这种逻辑结构体系大致是:无极⇆太极⇆阴阳⇆五行⇆男女⇆万物。由无极自为太极,由太极到万物每一个阶段的演化都有一个中介的范畴,即:太极到阴阳中介动静,阴阳到五行中介变合,五行到男女中介妙凝,男女到万物中介交感。这是属于"立无极"或"立太极"的系统,是讲世界本原和万物生成;当产生了人类之后,便有了一个"立人极"的问题,从而又构成了形→神→五行→善恶→万事系统。而"立太极"和"立人极"并不是分离的,而是"合一"的,"故圣人与天地合其德,日月合其期,四时合其序,鬼神合其吉凶。"周敦颐的这种纳自然、社会、人生于一体的思维模式,后来由朱熹作了进一步的发挥与完善,达到了更加理论化的高度。

综上可知,中国历代哲学家的思想体系尽管立脚点不同,但都是以"天人合一"的有机整体论为其共有的特点的。这种"天人合一"的有机整体的基本特征主要表现在以下几方面:

第一,在对待人与人和人与物的关系中,突出的是以人与人之间的人际关系为主。梁启超在其《合集·专集》卷二中曾明确地指出了这一点,

---

⑨ 《太极图说》。

他说:"中国哲学专注重人与人的关系",而"希腊及现代欧洲,专注重人与物的关系",并认为这是中西方两种文化倾向的根本差异。他说,中国文化"专注重于人"的研究,具体地说,即是"以研究人类现世生活之理法为中心,古今思想家集中精力于此方面之各种问题,以今语道之即人生哲学及政治哲学所包含之诸问题也。盖无论何时代何宗派之著述,未尝不归结于此点。"梁氏说中国文化"专注重于人"的研究,这当然有失偏颇,但如果说侧重于人与人之间的人际关系还是恰当的。事实上,在中国传统哲学中,"天"虽为客体,"人道"要符合"天道",但"人与天地参",却一直占据主导地位。《中庸》把天地人并称"三才",说人只要"赞天地之化育",就可以与天地参。《荀子》中也讲过,"天有其时,地有其才,人有其智,夫始能参。"就是说,"人"是天地的核心。天地如无人,便无生意,无理性,无道德,所以人是作为宇宙的主宰而存在的,它有很大的主动性。这种主体性原则有人把它称为道德的"人本观"。

第二,在对精神与物质的关系上,中国哲学传统注重二者的统一性和一致性。这一点不论是儒家或是道家都是如此,并以此建立了各自的有机的整体观。如老子提出以"道"作为世界的本原,认为"道生一,一生二,二生三,三生万物。"用"道"统一万物。汉代的王充,提出"气一元论",认为整个世界产生于"气"、"气"为万物的始原,气本身的运动产生了万物。这种"道"、"气"的理论,都是从整体出发的,都把自然、人、社会统一起来,把世界看作是一个有机的整体,并且生生不息地运动发展着。我们所熟知的阴阳五行说就充分地阐释了这种观点。周易说:"一阴一阳之谓道,继之者善也,成之者性也。"天地万物依靠阴阳相成,"无平不陂,无往不复",永不停止地运动变化着。

第三,在思维方式上,具有直观性。所谓直观性,就是人们基于有限的事实,凭借已有的知识和经验,对客观事物的本质及其规律性联系所作出的洞察、识别、理解和整体判断的思维过程。这种直观性与抽象逻辑思维相比,既不同于一般的三段论的演绎推导,也不同于通常所说的归纳推理,这带有非同一般的逻辑性质。同时,由于这种思维过程不是依据明确的逻辑规则,因而所得出的结论也多带有一定程度的猜测性、预见性的特点。⑩

第四,在对事物研究的方法上,中国传统哲学一般都注重于直感体验

---

⑩　参见董奇:《论直觉思维》,《新华文摘》1987 年第 4 期。

和整体的综合。如中国的气功学、经络学、中医学等都是几千年来人们世代积累的直感体验的产物。这种哲学观强调事物运动是由于事物内部存在两种相反的力量(即所谓"阴阳"的相互作用),因而在思维方法上总是长于从整体发展上综合地把握事物的本质和内在联系。但是,它不注重实验和分析,所以对事物的本质的认识常有很大的或然性乃至神秘性。

总之,中国传统的宇宙观如果用一句话加以概括,可以认为是"以人的主体性为基点的宇宙总体统一的发展观"。这种宇宙观的思维模式既有其长处,也有很明显的短处。它对中国传统的人生理想、伦理道德、价值取向以及文学艺术审美观都有极大的影响和决定性的主导作用。

首先,在人生观上,它表现在注重家国一致的价值原则,把修身与齐家、治国、平天下联系在一起,以天下之忧为忧,以天下之乐为乐,对个人的价值则不够重视。在政治生活上,都把建立统一、和谐的社会作为奋斗的目标,一切强调和谐、统一,反对"过"和"不及",对于变革、冲突,视为畏途。在理想上,所追求的是一种没有竞争的和谐、安宁的太平世界。如儒家经典《礼记·礼运》中所勾画的"大同世界"蓝图和道家经典《老子》第十八章所描绘的"甘其食,美其服,安其居,乐其俗,邻国相望,鸡犬之声相闻"的那种和谐社会,都反映了这种共同愿望与理想。几千年来,人们一直为这种理想进行不懈的斗争。从东汉末的黄巾起义所靠的"太平道",到近代的"太平天国",都打的"太平"的旗帜。但是,斗争了几千年,人们并没有实现和谐、安乐的太平世界。其原因何在呢?从传统文化角度来看,最主要的是这种哲学观不是建立在对客观事物的科学分析的基础之上。它是主观愿望的产物,带有很大的空想的性质,因而在现实斗争中就不免失败落空。

第二,注重"知行合一"的实践道德观。这种"知行合一"的思想,在中国传统哲学中,伦理道德占据极重要的地位。儒家从"礼之用,和为贵"的立足点出发,制定了"父慈、子孝、兄良、弟悌、夫义、妇听,长惠、幼顺、君仁、臣忠,是谓十义"⑪以及"父子有亲,君臣有义,夫妇有别,长幼有序,朋友有信"⑫等等原则,并把这些原则视作尽善尽美的"天现"。要求人们身体力行。孔子说:"君子耻其言过其行"。孟子更要求人们"言必信,行必果。"他说:"不闻不若闻之,闻之不若见之,见之不若知之,知之不若行之。

⑪ 《礼记·礼运》。

⑫ 《孟子·文公》上。

学至于行之而止矣。行之,明也;明之,圣人也。圣人也者,本仁义,当是非,齐言行,不失毫厘,无它道焉,已乎行之矣。"⑬《大学》讲三纲领,八条目,其核心也是讲"知行合一"的重要。所以,中国传统哲学的一个最大特点便是"知行合一"的实践性道德原则。这一原则是由"天人合一"有机整体宇宙观派生出来的。

第三,在审美观念上,追求"情景合一"或者"情景交融"。老子说:"人法地,地法天,天法道,道法自然"。这种思想反映在审美方面,就是追求"情景合一",融情于景,以景托情。孟子所谓"充实之谓美,充实而有光辉之谓大,大而化之之谓圣,圣而不可知之之谓神"⑭,就是强调要在自然的基础上"可形写神"。庄子说:"构成生理谓之形,纯素之道谓之神。"又说:"养神在于存形,形全方能神全"。又说:"上神存光,谓之照旷"。这些话也是说要情景合一,符合自然。《乐记》中所说的"刚气不怒,柔气不慑","合生气之和","情深而文明,气盛而化神,和顺积中而英华发外",也是要求"作乐应天"。南梁钟嵘的《诗品》认为,"至文"、"神品"以"穷情写物"为要。刘勰的《文心雕龙》则把"神与物游"作为最重要的原则。王夫之在《姜斋诗话》中更明确地指出:"情景名为二,而不实可离,神于诗者,妙合无垠。巧者则有情中景,景中情。""景中生情,情中生景,故曰景者情之景,情者景之情"。"情景一合,自得妙语。"在中国的审美传统中,总是把美与善结合在一起的。如孔子听《武》,说它"尽美而未尽善";而《韶》在孔子看来则是"尽善尽美",这种"尽善尽美"或美善相兼的原则,就要求艺术能够提高人们的精神境界,并使之从中获得最大的美的享受与满足。而要达到这一点就必须遵循"情景合一"的原则。中国审美观的这一特点正是中国传统的有机整体宇宙观的具体表征。

3. 中西方传统宇宙观的危机及其合流趋向

据以上考察我们不难看出,中西方的传统宇宙观是属于两种不同的类型。概括地说,西方为原子论,中国则为气一元论。这两种不同宇宙观具体地说可以有以下几点不同:第一,对世界本原的元素气与原子的含义认识不同,即:表现为整体性与个体性,连续性与间断性,功能性与结构

---

⑬ 《孟子·万章》。

⑭ 《孟子·尽心章》下。

性,无性与有形的对立;第二,对事物运动的原因认识不同,一般来说,前者注重内因,而后者注重外因;第三,构成事物的途径与方法不同,简言之,前者为"生化",后者为"组合"。⑮

但是到了近代,随着社会的进步和科学的发展,中西方传统的宇宙观都陷入了危机。中国传统的宇宙观由于一直停留在对自然界的笼统模糊的认识上,缺乏对事物的特性与运动变化的深入细致的研究,缺乏科学的实验与论证,又不能及时吸收新的科学发现,因而牵强附会的成分较多甚至带有浓厚的神秘色彩。这就不能不导致中国近代科学的落伍。而西方传统的机械论宇宙观到了近代也同样陷入了困境。譬如,原子论间断性观念所追求的那种物质不可分的终极单元,不仅至今没有得到发现,而且科学发展不断地打破原子中一个又一个的壁垒,相继发现了电子、质子、中子、光子等两百多种基本粒子,找到了⊃/Φ粒子和γ粒子。建立了夸克模型与层子模型。目前科学家们的研究已经深入到了夸克内部结构,绝少有人再坚持原子不可分割的思想了。传统的原子论体系的根基受到了冲击。这些都表明,中西传统宇宙观已经走到了尽头,需要有一个根本性的转变。

在这种情况下,中国人开始把目光转向了西方,从西方宇宙观中寻找自己所缺乏的东西;而西方人也转变了过去那种高傲的态度,开始从中国传统的宇宙观与方法论中寻找自己所没有的理论智慧。于是,中西宇宙观出现了互相汇合交融、取长补短、综合发展的历史趋向。这种合流发展的趋向可以从近半个世纪以来科学发展的历史实际中得到充分的证明。

拿中西医结合来说就是一个最突出的例证。众所周知,中医中药学的突出特点是以气一元论为理论基础的。它对人体生命活动和疾病的本质,对疾病的发生、发展、转归,对药性、药理作用等等的认识,都贯穿着系统的矛盾统一的整体观。而西医西药的突出长处是利用原子论的间断性、结构性、层次性观念,偏重于分析与解剖,从不同的结构层次来研究人的生理活动和疾病过程的具体细节,研究药物的性质与功能,因而对疾病的诊断和药物的定量分析都较细致、准确。正因为中西医各有其长处,所以,目前国际医学界出现了一股中西医结合的热潮。越来越多的有识之士把中医看作西医的重要补充,在对人体及疾病的认识上走上了既分析

---

⑮ 参见李志林:《中西自然观合流趋势之瞻望》,《新华文摘》1986年第4期。

又综合,既见局部又注意整体、群体及至生物圈的思维道路,使许多单靠西医西药无法解决的问题获得了令人满意的效果。而我国中医界的许多有识之士也越来越注意用现代的西医科学方法对中医的四诊、八纲治疗法则,中医脏腑经络、气血理论,中药理论等进行分析研究,并吸取西医西药定量研究等优点,使慢性肾炎、重症肝炎、再生障碍性贫血等西医西药所无法治愈的疾病的治愈率普遍提高。中西医的日趋交融、结合,实是中西宇宙观走上综合发展的一个重要标志。

再从现代物理学的物理观来看,根据现代物理学的观点,世界上的物质具有两种基本形态,即:一为由静止质量的间断性的物质粒子所组成的类似"原子"的那种实物形态,一为存在于整个宇宙空间的具有传递相互作用的类似"气"的物质场。现代物质理论认为,从宏观大到太阳系、银河系、河外星系,到微观,到原子核内部,都是既有实物又有场,既有粒子性,又有波动性。这就是说,一切物质都是实物与场的统一,粒子性与波动性的统一。同时,现代物理越来越认为物质结构具有无限的层次性,因而出现了新的方法论观念,即间断性与连续性相结合的观念。著名科学家爱因斯坦的统一场的理论就属于这种新的方法论观念。到现在,统一场的理论已经历了几何场论、量子统一场论和现代统一场论,目前这种理论还在不断地向前发展。可见,我国传统宇宙观的气一元论和西方传统宇宙观的原子论之间是有其互补性的。

现代宇宙学中的大爆炸宇宙论也为中西宇宙观的合流趋向提供了充分的例证。现代宇宙学的大爆炸宇宙论的观点认为宇宙发生于几百亿年前原始火球上的一次大爆炸。自此以后,宇宙的发生发展经历了四个历史阶段,即:第一个阶段为宇宙处于热平衡状态;第二个阶段为宇宙极早期,此时还没有形成天体和星辰,也没有除氢以外的任何元素;第三个阶段为化学元素生成、气球物质由低级到高级,形成了原子、分子,构成了星系、地球和太阳;第四个阶段为元素由简单到复杂,相互组合,产生了生命与人类。现代宇宙学关于宇宙生成的理论与中国古代典籍中所记载的关于宇宙发生说有很惊人的相似之处。我国汉代的《淮南子》和杨雄的著作中都说到宇宙的发生经历了"太始"("未见气")、"太初"("气之始")、"太易"("形之始")和"太素"("质之始")四个时期,北宋元丰年间(公元1078—1085 年)发现的古《三坟》中的《太古河图代姓记》,对宇宙发生的理论更有较详细的描述,说"清气未生,浊气未沉,游神未灵,五色未分,中有其物,冥冥而性存,谓之混沌。混沌为太始。太始者,元胎之萌也。太始之数一,一为太极。太极者,天地之父母也。一极易,天高明而清,地博厚而浊,谓之太易。太易者,天地之变也,太易之数二,二为两仪。两仪者,阴阳之形也,谓之太初。太初者,天地之交也,太初之数四,四盈易,四象变,而成万物,谓之太素。太素者,三才之始也,太素之数三,三盈易,天地孕,而生男女,谓之三才。三才者,天地之备也。游神动而灵,故飞、走、潜、化、动、植、虫、鱼之类,必备于天地之间,谓之太古……"⑯这段话大约是战国以后的人对宇宙发生的描述,虽然带有较大的猜测性质,但它所说的"太极"、"太易"、"太初"、"太素"这四个阶段确与现代宇宙学中的大爆炸宇宙论相一致。而且,特别值得注意的是,文中所说的"太始之数一"、"太易之数二"、"太初之数四"、"太素之数三"。这四个数为一、二、四、三,而不是一、二、三、四,为什么呢? 仔细推敲是很符合宇宙发生的客观规律的。一(太始,即太极)分为二(太易,即两仪),二分为四(太初,实际又是一个二分为二)。一、二、四合起来为三(太素),而"三"生万物,这和老子所说的"道生一,一生二,二生三,三生万物,万物负阴而抱阳冲气明为和"的说法是相同的,完全概括了宇宙生成的发展特质。不过,这个宇宙生成就是建立在气一元论基础上的,而现代宇宙学中的大爆炸宇宙论是把宇宙、生命和人类都看成是由原子、元素演化或生化与组合的结果。这便把我国传统宇宙观的气一元论与西方传统的原子论综合在一起了。

据此,我们可以有把握地说,中西宇宙观的合流是历史发展的必然趋势。这个合流是与现代科学的发展和人类的进步相适应的。它是不以人们的主观意志为转移的。但是,这种历史的合流并不是两者的简单相加,而是有倾向的交汇融合。"如果说,古希腊的原子论发展到近代原子论,曾推动了近代自然科学的进步的话,那么,在现代自然观中,我们尤其可见中国传统气一论的依稀反光。英国著名科学史家李约瑟博士认为,有机论比原子论更容易与现代科学结合。可以说,中国的气一元论比西方原子论有着更多适合于现代科学的因素。"⑰我认为,李志林同志的这个论断是合乎历史事实的。可以预料,随着中西方科学与文化交流的扩大,随着世界现代高科技的发展,中西宇宙观合流,并形成一个新的宇宙观体系将是必然的。而一旦这种新的宇宙观体系形成并支配人类,将会使世界

---

⑯ 参见王赣等著:《古易新编》上卷,黄河出版社,1989 年版,第 38—39 页。

⑰ 李志林:《中西自然观合流趋势之瞻望》,《新华文摘》1986 年第 4 期。

发生最伟大的变革。

（本文最早发表于郑春苗著《中西文化比较研究》，
北京语言学院出版社，1994，后收入李瑞华主编
《英汉语言文化对比研究》，上海外语教育出版社，1996。）

作者通讯地址：100083 北京市海淀区学院路 15 号
北京语言大学人文学院

29. 中西哲学比较的几个问题

Some Issues Concerning the Comparison Between Chinese and Western Philosophies

张岱年

【编者札记】

哲学是以世界整体作为研究对象,以发现世界的一般规律、确立系统化的世界观和方法论作为基本任务的一般科学。进行中西哲学比较,必须对中西世界观和方法论两大系统有清晰的宏观把握,曾任中国哲学史学会会长,我国著名的哲学家、哲学史家、国学大师张岱年先生的这篇论文就是在思维方式、本体论、哲学根本范畴、天人关系与主客关系,以及人生理想等几个带根本性的问题上对中西文化所做的宏观比较。

令人印象特别深刻的是,本篇论文不仅对中西两大哲学系统进行了比较详尽而又深刻的对比分析,而且还表现了作者明朗的批判态度。例如,在论述中西"辩证"与"分析"的思维特征时,张岱年先生指出,"中国儒家、道家都不重视分析思维,这是一个缺点"。在针对有人提出中国哲学没有本体论的观点时,张先生却指出:"中国哲学讲体用一源与西方哲学把体用分开是不一样的,但中国的体用一源也是本体论。"在论及中国"天人合一"的世界观时,张先生认为,被众人引用的董仲舒的论点"完全是牵强附会,是一种浅薄的思想"。在说到主体与客体的关系时,张先生又旗帜鲜明地指出:"很多人都强调主体性,可是客体也应受到重视。如果只讲主体,不讲客体,那也是片面、错误的。"张岱年先生那带有批判性的论述,鲜明而又客观,既不护短,也不张扬,表现了哲人特有的胸怀和气质。

文章关于中西哲学中难以互译的某些根本概念和根本范畴,如中国

哲学中的"道"、"气"、"神"、"诚"以及西方哲学中的 being 等的阐发十分
细致清晰,对于我们理解这些概念和范畴的深刻含义有很大的启迪意义。

世界哲学包括三大系统:中国哲学、西方哲学、印度哲学。每一个哲
学系统都有自己的特点,有自己的特殊概念、范围,有自己的特殊问题,有
自己的特殊见解。研究比较哲学很有意义。我对印度哲学没有研究,所
以只能讲一下中西哲学比较的一些问题。中国哲学有很多派别,其见解
不一样,像儒家、道家、墨家彼此就不一样;后来的理学也分不少派,也都
不一样,情况是复杂的。西方哲学更是如此,古希腊就有不少派别,到近
代、现代、西方哲学派别更多,所以很难笼而统之地讲,西方哲学怎么样,
中国哲学怎么样。我今天讲的中西哲学比较,主要是就中国的大多数思
想家的思想与西方大多数思想家的思想作相互比较,其中有许多例外,中
国哲学里边有许多特殊的思想家,西方哲学里边也有许多特殊的思想家,
这些复杂情况都应该注意。

1. 中西思维方式的异同

中国哲学表现一种思维方式,西方哲学表现另一种思维方式,彼此区
别很大。西方哲学的思维方式比较显著的特点就是注重分析,西方分析
思维比较流行,比较占势力。从古希腊一直到近代,尤其近代西方哲学,
分析方法很流行。恩格斯也讲过,在古希腊辩证法比较多,古希腊许多哲
学家都是辩证法家。到了近代,恩格斯用了一个名词就是"形而上学的思
维方式",他说在 16 世纪以后,西方就出现形而上学的思维方式,辩证法
不太受重视了,把事物看成孤立的、静止的。形而上学的思维方式这个名
称是黑格尔提出的,事实上这个名称并不合适,因为形而上学还有另外一
个意义,在马克思、恩格斯早年的著作《神圣家族》里边也讲到形而上学,
那就是另外一个意义,就是玄学、本体论的意思。后来,恩格斯采用黑格
尔的用法,把英国培根、洛克以后的科学思维方法叫做形而上学的思维方
式,现在这个名词比较流行了。可是中国哲学从古代一直到近代,比较占
势力的是辩证思维。可以说西方以形而上学的思维方式为主即分析思维
方式为主;中国以辩证思维方式为主,这是大概讲讲。事实上中国也有分

析思维,中国古代有儒家、墨家、道家,墨家是比较注重分析思维的,可是墨家到汉朝以后就断绝了,分析思维就不太占势力了。中国的辩证思维起源是比较早的,老子讲"正言若反"①,就是说一句话看起来是反面的,其实有深刻的含义。他讲"反者道之动"②,老子特别强调这个"反",这个"反"用黑格尔的名词说就是"否定性",老子认为一切事物后来都归于否定。孔子讲"叩其两端"③,遇到什么问题,从两方面来考虑,问题就解决了。孔子的"叩其两端"也是辩证思维的一种表现。从老子、孔子开始,中国的许多思想家都有辩证思维,到宋朝张载,辩证思维尤其丰富,后来明清之际的王夫之,辩证思维也很丰富。西方也有辩证思维,古希腊辩证思维也很丰富,一个最重要的代表是赫拉克利特,他是西方辩证法的开端,所以现在西方有人讲赫拉克利特就是西方的老子,过去也有人讲老子就是中国的赫拉克利特。中国的老子、西方的赫拉克利特都是辩证法的代表,不过,中国的辩证思维与西方的辩证思维有区别和不同之点。老子和赫拉克利特都是辩证法的大家,可是他们所讲的也不一样。中国哲学讲辩证思维比较注重对立的统一,特别注重统一、注重和谐,认为和谐、对立的融合是最重要的。西方则讲对立面的斗争是最重要的。赫拉克利特特别强调斗争,老子特别强调和谐。这说明中西都有辩证思维,可是其重点不一样。直到现在亦是如此。关于中西两种思维方式的不同,前两年有个美国哲学教授巴姆(Bahm)到北京来,他是专讲比较哲学的,写了一本书叫《比较哲学》,他对中国哲学、印度哲学都很感兴趣,有研究。他说中国、印度和西方的思维方式很不一样,他画了三个图,表示三者之不同。

　　西方的思维方式:是 A 就不是非 A,是非 A 就不是 A,把肯定和否定分析得很清楚,这个就不是那个,那个就不是这个。在印度,说 A 也不对,说非 A 也不对,把 A 否定,非 A 也否定了。你说这个东西是这个也不对,你说这个东西不是这个也不对,根本就不能说,这是印度的思想方式。在中国,这个太极图表示阴阳互补,相反相成,相灭相生。巴姆认为中国的这个思想比较深刻。西方有个著名的科学家玻尔就非常欣赏太极图,他认为太极图两端互补这一思想非常深刻。他是个大物理学家,他很推崇中国的"阴阳鱼"。我附带谈一谈阴阳鱼太极图的历史。在过去很多人认

---

① 《老子》第七十八章;第四十章。

② 同上。

③ 《论语·子罕》。

为阴阳鱼太极图出于唐朝,现在经过考证,确认阴阳鱼形式的太极图是南宋末年才出现的。在宋代有个哲学家叫周敦颐,画了一个太极图,他画的那个太极图就是一个大圆圈,在他生活的年代并没有出现阴阳鱼形式的太极图。阴阳鱼形式的太极图的出现是在周敦颐以后,到南宋末年,才有人画了这么一个图。现在阴阳鱼太极图很有名了,它表示中国辩证思维两端互补,相反相成,相灭相生。中国古代辩证思维有一定的水平,这也是中国古代哲学的优秀遗产。中国古代哲学善于辩证思维,关于对立统一可以说是有很多很深刻的思想值得研究。西方的所谓形而上学的思维方式即分析思维方式在历史上起了很大作用,从 16 世纪培根、洛克以后,西方自然科学就发展起来了,西方自然科学就是靠所谓形而上学的思维方式,靠分析思维,通过分析、实验,大大发展起来。所以现在,我们是要发扬中国古代辩证思维的优秀传统,同时也还要学习西方的分析思维。马克思主义可以说是包含这两方面,它一方面讲辩证法,同时也是注重分析的。我认为分析思维也是很重要的。过去,中国儒家、道家都不重视分析思维,这是一个缺点。列宁有篇文章《谈谈辩证法的要素》,其中有一条就是分析与综合的统一,列宁讲辩证法是注重分析与综合的统一,分析与综合的结合。这是辩证法的一个要素。

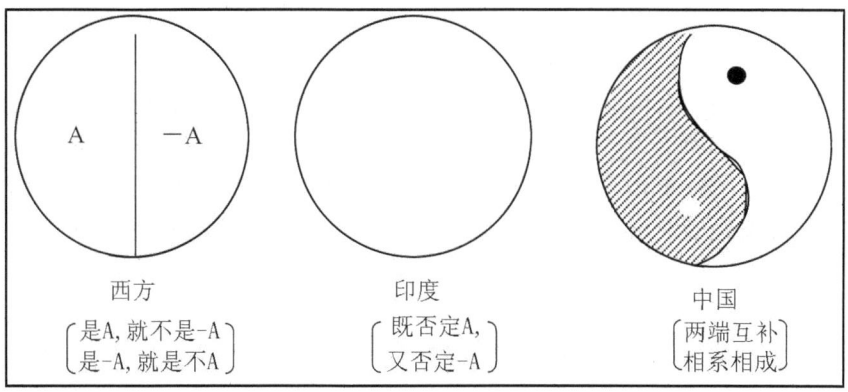

2. 中西本体论的异同

所谓本体论在英文就是 Ontology,Ontology 有人翻译成本体论,有人翻译成玄学,有人翻译成存在论,现在比较流行的还是本体论,中国也有本体论,但是与西方本体论有很大区别。西方本体论学派很多,意见彼此也不一样,其中有一个比较流行的观点,讲本体与现象的关系。本体与现象是两个方面,本体是现象的本体,现象是本体的表现。西方尤其是唯心论者有这么两句话:"本体实而不现,现象现而不实。"这就是说,本体是实在的、真实的,可是它自己不能够表现出来;现象是表现出来了,可是它不是真实的,只是本体的表现。西方新黑格尔主义特别强调这种思想。这个观点在印度也一样被强调。但这个观点曾在 20 世纪被西方一个哲学家反对,这个哲学家叫 Whitehead(怀特海),他认为,西方近代以来,都是把现象和本体分成两截,他起了个名词:bifurcation of nature(自然的两分),把整个自然分成两片;一片是真的,一片是假的;一片是实在的,一片是虚妄的。他认为这种分法根本是错误的。怀特海反对自然的两分,他说我就是讲这个自然,自然不应分成两片。

中国从古以来,许多大哲学家都是不讲本体与现象对立的。他们认为本体与现象是统一的,又有区别,又有统一。中国哲学认为,本体是实在的,现象也是实在的,并没有虚实的区别。在中国讲本体与现象的区别是什么区别呢? 是一种本末、源流的区别。一方面是本,一方面是末;本就是本来就有,末就是后来才发生的、后来才衍生出来的;源流,源就是起源,流就是后来才产生的。中国大多数哲学家都认为本体是根本、是实在的,现象虽然不是根本,可也是实在的,这是中国本体论的一个特点。

南宋初年有一个哲学家叫胡宏,他批评佛教说:"释氏……于一天之中分别幻华真实,与道不相似也。"④胡宏的话表现了中国哲学家的一个态度,即认为现象也是实在的。北宋哲学家程颐有两句话表示体与用的关系:"体用一源,显微无间。"⑤体是根本,用是体的表现,一源是讲二者是统一的,显就是表现出来的,微就是里面深刻的内容,二者没有间隔,而是相互统一的。这句话表明了本体与现象虽有区别,但仍是统一的。这就是中国本体论的特点。

因为中国哲学本体论有这一特点,它与印度、西方都不一样,所以不容易了解,但它表现了中国哲学的一个深刻思想。现代有个哲学家叫熊十力,他讲哲学特别强调这个"体用一源",他反对西方体用两分,认为那是错误的。也有人不了解中国哲学的这个特点,于是认为中国哲学没有本体论,完全是用西方的模式套中国的哲学,我认为是错误的。中国哲学

---

④ 《知言·往来》。

⑤ 《易传序》。

讲体用一源与西方哲学把体用分开是不一样的,但中国的体用一源也是本体论,不能说中国哲学没有本体论。中国哲学不仅有它的特点,我认为它的特点还是比较深刻的。

3. 中西哲学根本范畴的异同

西方哲学有许多根本概念、根本范畴,中国哲学也有许多根本概念、根本范畴。

在中国哲学中,有许多根本概念、根本范畴,很难翻译成外文;西方哲学中,许多概念、范畴也很难翻译成中文,各有各的特点,必须了解它们的真正意义,这一点对研究哲学来说是非常重要的。必须真正了解中国哲学的一些范畴的真正含义,真正了解西方哲学的一些范畴的真正含义,这是很细致的功夫,不容易做到。

在中国哲学里边有这么几个概念,很难翻译成外文:

第一就是"道"。老子提出这个道来:"道可道,非常道"⑥,认为这个道"先天地生",就是世界的本体。那么这个"道"到底怎么翻译呢?这就很难了。现在西方人翻译老子的《道德经》大多数都是就用音译"Dao",也有人用意译,译成 Way,可是 Way 就很难表示"道"的许多含义。在西方哲学中也有个观念"罗格斯",这个罗格斯跟老子的道很近似。一方面罗格斯指世界的根本规律,老子的那个道也讲世界的根本规律;老子那个道也当"说"讲,"道可道"的可道之"道"当"言说"讲,西方的罗格斯也有说的意义。但道还有许多特点,翻译成"罗格斯"也不行,所以现在西方大多数人都翻译成 Dao。西方人对老子《道德经》五千言很感兴趣,《道德经》在西方已有 100 多种译本,都是根据自己的理解来翻译的。

第二就是"气"。在中国哲学中,气是个非常重要的概念。气跟西方的所谓物质、原子比较接近,气表示一种物质存在。可是中国的气跟西方所谓的物质又不一样。西方所谓的物质有一个特点,就是有广袤性,就是 extention,是占有空间的一种存在,中国的气也是存在,这点是一样的。可是西方认为物质具有惰性,动者恒动,静者恒静,必须加以推动它才动。而中国的气有运动性,从先秦时期到宋明时期讲的气,一直都是会运动

---

⑥ 《老子》第一章。

的,有运动性,没有惰性,当然它有动也有静,在它的内部包含有运动性。这点与西方所谓的物质就区别很大了。现在西方人研究中国哲学、中国科学,想法子翻译这个气字,有许多人把气翻译成"生命力",因为这个气是会运动的。事实上,中国的气跟所谓生命力分属于两个层次,有气的东西不一定有生命,所以把气翻译成生命力也是错误的。近来有一个比较合适的翻译法,把气译成"能",即所谓的 energy,可是气也不仅是 energy。我认为,气包含了两个方面:一方面就是西方讲的 mass;同时又包含 energy,它是质量与能量的统一。中国的气的这个概念包括能又包括质,是一个很深刻的概念。过去很多学者就认为中国这个气是个模糊概念,要不得。当然气有其模糊性,但它是一个很深奥的概念。西方的物质还有一个特点叫不可入性,这个物质不可能进去,不能进到物质里边,除非把它破坏了。中国的气与西方的物质就不一样了,它有可入性,你可以进入气里边,也不破坏它原来的实体。所以气这个概念还是一个很深的概念。

第三是"神"。中国哲学中还有一个很难懂的概念"神"。中国哲学里边所谓的神有三层意义。第一层意义就是指天神、上帝;第二层意义指人的精神作用、思维作用;第三层意义指微妙的变化,所谓"阴阳不测之谓神"[⑦],阴阳互相作用非常神妙,这种情况也叫做神。如果碰到一个神字,就认为这是在讲上帝,认为是有神论,那就是完全错误了。中国许多哲学家讲神,他不是在讲上帝,他是讲"阴阳不测之谓神"。这个概念也很难翻译成英文。

第四是"诚"。这是一个更为深奥的概念,"诚"就是诚实的诚,可是中国古代哲学家把诚作为一个哲学范畴,作为哲学的一个根本概念。这个诚应该怎么讲? 宋朝朱熹讲诚时说了句话:"真实无妄之谓诚"[⑧],真实无妄怎么讲呢? 一方面是真实,是实实在在的;另一方面是无妄,就是没有偶然性,是必然的。所以这个诚表现了两层含义。一层是实在性,另一层是必然性、规律性。黑格尔说过一句很有名的话:"凡是合理的都是现实的,凡是现实的都是合理的"[⑨],中国的这个"诚"字就把现实的与合理的两方面结合起来了,这所谓诚,意义相当深刻,不容易理解。

研究中国哲学,应该深入了解这些范畴的意义,不能从表面上看。

---

⑦ 《易传·系辞上传》第五章。

⑧ 《四书集注·中庸章句》。

⑨ 《法哲学原理》,商务印书馆 1961 年 6 月版,第 11 页。

西方哲学也有许多概念很难翻译成中文,最显著的就是 Being,Being 可以说在古希腊哲学中是最重要的概念、最重要的范畴。这个范畴该怎么翻译呢? 这很成问题,一直到现在都没有一个很好的翻译方法。过去都翻译成"有"或者"存在",有人认为这样翻译跟它原意不合,有人就翻译成"是"。英文 Being 是从 to be 变来的,它从一个动词变成一个动名词,表示"是",也表示"存在",过去很多人都把它翻译成"有"。黑格尔的《逻辑学》第一章就讲 Being,一般都译成"存在"或"有"。有人认为古希腊的 Being 译成"有"或"存在"都不合适,认为应翻译成"是"。可是在中文里的"是"没有存在的意思,所以译成"是"就很难理解。现在一般都译成"存在"或"有"。有人提议,应该翻译成"是者",但这个"是者"很别扭,不像个中文。这就表明西方有一个根本范畴,很难译成中文。关于英文的 to be,有人认为中国古代不用"是"字,事实上这样理解是不对的,中国古代是有"是"字的,可举《论语》上的两句话为证。孔子有一天坐着车赶路,碰见两个隐者,他让子路向两位隐者问路,那隐者就说:"夫执舆者为谁?","为谁"这个"为"字就是现代的"是"字。子路就回答说:"为孔丘,"即是孔丘,隐者又说:"是鲁孔丘欤?",是鲁国的孔丘吗? 可见中国古代就有这个"是"字。认为中国古代没有"是"字,是错误的。但是这个"是"字是作为系词来用的,用它来翻译 Being 是不恰当的。笛卡尔有一句话很有名:"我思故我在",我在这儿思想所以我存在。如果直译,按照原文就应该译成"我思故我是",就很难理解。以上表明西方有一个很重要的范畴 Being 很难翻译成中文,我们研究西方哲学,对此必须有一个深刻的理解。

其次拿中国语言跟西方语言来做比较,中国话里边有时两个名词有区别,而在西方没有区别。比方中国的"兄弟",哥哥跟弟弟是两个词,在西方,"兄弟"是一个词 brother,它不分是兄是弟。中国的"心"字,在西方用两个名词来表示:一个是 mind,会思考的那个心,还有一个 heart,即心脏,所以西方讲人动感情就用 heart,把 mind 和 heart 分开了。中国就是用一个"心"字,心脏也是用这个"心"字,思维器官也是这个"心"字,这就比较模糊了,而西方所谓 Being 把"是"与"存在"合而为一了,意义也比较含糊。

还有一个跟哲学关系不大的名词"国家"。中国哲学中的"国家"就是这么一个词,西方就分开了:一个是 state,一个是 country,一个是 nation。state 是国家机关,country 是邦域,nation 是民族,西方的邦域跟国家机器是两个名词,中国就是一个名词,意义也是比较含混。中国哲学有时用一个名词,西方哲学分成几个不同的名词来表示,这一点说明分析思维还是比较清楚的。

4. 天人关系和主客关系

现在有许多学者对这个问题很感兴趣。中国哲学讲天人关系是怎么讲的? 是不是也讲主客关系? 所谓天人关系就是人与自然的关系。中国古代的"天"字的意义有一个变化的过程,本来天就是头上的天;后来天有时候表示上帝,表示最高的神,天命就是上帝的命令,这种天后来的哲学家称其为主宰之天,因为它是万物的主宰。有些哲学家既承认主宰之天,又不承认主宰之天,他的思想采取一种模糊形式,在那里动摇。有时认为天就是"最高原理",像孟子所谓天就是指最高原理。从战国时代起,有些思想家所谓天就是表示整个自然界,像荀子等所谓天就讲自然界、大自然。"天人合一"中所谓天指自然,用的是"天"的第三个意义。

中国古代许多思想家都讲天人合一。天人合一这个命题也有一个发展过程。在汉朝明确提出天人合一的是董仲舒,他讲了一句话叫"天人之际合二为一"[10],天人的关系是合二为一的。可是董仲舒的天有两个意义:一个是上帝,另一个就是头上的青天。他认为上帝就是头上的青天,头上的青天就是上帝,并认为上帝、头上青天与人有相似之处,"天人相类"[11]。他提出这么一句话叫"人副天数"[12],天有许多数目,人体也表现了许多数字,彼此相合,最显著的例子,天是每年有 12 个月,人的身体上有 12 根大骨头,这就跟天相符合了。这种思想完全是牵强附会,是一种浅薄的思想。

宋朝张载也讲天人合一,他明确提出天人合一这四个字。张载提出"天人合一"这个命题主要是反对佛教,他说佛教否定天的客观性,否认自然界的客观实在性,这是完全错误的。他说自然界也是客观实在的,人也是客观实在的,天和人都是客观实在的,彼此合成一个整体,就叫"天人合

---

⑩ 《春秋繁露·深察名号》。

⑪ 《春秋繁露·人副天数》。

⑫ 同上。

一"。张载用八个字表示天人合一的思想:"乾坤父母,民胞物与"⑬,乾坤就是天地,天地就是人类万物的父母,人类万物都是天地所产生的,他还说:我讲父母是个比喻而已。民胞物与,民都是我的同胞,万物都是我的伙伴、朋友。现在"民胞物与"这四个字很流行,就是从张载开始的。总之,张载认为,人是自然界所产生的,是自然界的一部分,在自然界中许多动物、植物都是跟我同时存在的,应该爱护它们。这就是张载天人合一思想的意思,后来这个思想很有影响。

在中国哲学史上,也有人讲天人之分,不赞成天人合一。这有两个代表,一个是荀子,他说了解天人之分的人才是最高的人;一个是刘禹锡,他讲"天人交相胜"⑭,就是天有天的特点,人有人的特点,天的特点超过了人,人的特点超过了天,就叫天人交相胜。天的特点是什么?就是能够生长万物,万物弱肉强食;但是在人的社会就不一样,建立了道德法律,有力气也不行,必须有贡献才受到褒扬、受到尊重。所以在中国哲学里边有人讲天人合一,有人讲天人之分。

天人合一这个思想包含爱护自然界、维持生态和谐的意义。这些年来,西方许多思想家也强调人与自然有不可分的关系,这就与中国哲学所谓天人合一的思想相近了。

西方传统思想强调克服自然,战胜自然。自然科学就是人类战胜自然的一种工具。培根讲知识就是力量,人类可以用知识战胜自然。从培根以后,一直到19世纪、20世纪,西方用科学技术战胜自然,可以说取得了很大的成就;但同时也破坏了自然,受到了自然的惩罚。恩格斯也讲过这个问题,西方在许多问题上受到自然的惩罚,所以恩格斯特别强调精神与自然界的统一。

中国古代也讲主客关系。主体、客体这两个名词在中国古代没有,可是有相类似的名词。在中国古代讲"己"与"物"的关系。"己"就是自己,也就是主体,"物"就是外物,也就是客体。如果认为中国古代完全不讲主客关系,那不符合事实。《中庸》讲不但要成己还要成物,不但要完成自己,而且要帮助外物达到完成状态;同时还讲"合内外之道",内就是主体,外就是客体。

但是西方特别强调主客关系。我认为天人关系、主客关系都是对立

⑬ 《正蒙·乾称》。

⑭ 《天论上》。

统一的关系。很多人都强调主体性,可是客体也应受到重视。如果只讲主体,不讲客体,那也是片面、错误的。列宁的《辩证法的要素》的第一条就是"观察的客观性",既要讲主体性,也要讲客观性,这两方面都是重要的。

5. 中西人生理想的异同

在人生哲学方面,中西有什么异同呢?中国比较重视人伦,西方比较重视个人、自由,这是二者显著的不同点。

中国哲学讲五伦:父子、君臣、夫妇、兄弟、朋友。每一伦有个标准。父子有亲,君臣有义,夫妇有别,长幼有序,朋友有信。中国哲学家特别是儒家非常强调每一个人都是生活在人伦关系里边,应该遵守人伦的原则。人伦关系内容比较复杂,君臣关系是一种不平等的关系,夫妇、父子也都有不平等的情况。这是中国伦理思想的一个缺点,它阻碍了中国社会的进步。这种不平等的人伦关系应该打破,五四运动批判旧道德,反对旧传统,主要是反"三纲"。五四运动起了进步作用。

西方比较强调个人自由,哲学上讲原子主义,一个原子就是独立的一个原子,不互相依靠。每一个人也像原子那样不互相依靠。强调个人自由、个人独立性。

中国虽然讲人伦,但是另一方面也讲个人的人格尊严,这是儒家、道家的一个特点。君臣关系,臣也不是绝对服从君,要是君采纳臣的意见,对臣表示出一种尊重的态度,那么臣就可以为君服务,帮君的忙。假如君对臣不尊重,那臣就辞职、离开。孔子有两句话:"三军可夺帅也,匹夫不可夺志也"[15]。所以儒家一方面讲臣要为君服务,另一方面也讲臣民有人格尊严,这是儒家的一个特点。孟子讲得更明确,他说生命是很重要的,可还有比生命更重要的,那就是人格尊严,它比生命更可贵。故儒家有一个传统,就是"士可杀不可辱"。道家更是强调这一点,讲个性自由。孟子提出每一个人都有他的内在价值,是绝对不能剥夺的。内在价值的内容就是道德觉悟。可以说,中国古代有"天赋价值论",而缺少天赋人权的观念。中国的天赋价值是从道德方面讲的,西方的天赋人权是从法律方面

---

[15] 《论语·子罕》。

讲的。

最后谈谈中国哲学的前途。

鸦片战争后,西学东渐。其实,鸦片战争前,西方许多哲学家对中国哲学也很欣赏,也很赞扬。中国现在确实应该向西方学习。中国的革命运用了马克思主义才解决了中国的大问题。现在,我们一方面要向西方学习,要认真研究马克思主义,同时要发扬中国哲学的优良传统。方法问题很重要,既要坚持唯物辩证法,又要吸取西方的分析方法。现在的一个重要问题是价值观问题。我们要正确理解个人与社会的关系,正确理解物质生活与精神生活的关系。总而言之,以马克思主义的普遍真理为指导,弘扬中国文化的优秀传统。

(本文最早发表于谢龙主编《中西哲学与文化比较新论》,

人民出版社,1995,后收入王菊泉、郑立信主编

《英汉语言文化对比研究》,上海外语教育出版社,2004。)

作者生前为北京大学哲学系教授。

30. 中国传统哲学与西方后现代主义哲学

Traditional Chinese Philosophy and Post-Modernist Western Philosophy

张世英

【编者札记】

北京大学著名哲学教授张世英先生的这篇文章有两个独特之处。首先,它是难得的一篇共时研究与历时研究相结合的论文,文中既有中国传统哲学与西方传统哲学的共时比较,也有中国传统哲学与西方后现代主义哲学的历时比较;既是中国文化与西方文化的空间连接,也是古代哲学、近现代哲学与后现代哲学的时间连接。文章的第二个特点是其对中西方哲学的整体性和动态性的理解,把两种哲学的差异与互补、冲突与融合阐发得非常深透,在某种程度上纠正了国内学术界关于中西方哲学的某些非此即彼式的静态观念。

文章对于西方后现代主义哲学的各种特征,如反主客二分、反主体性、哲学与诗的融合、反普遍性(反同一性)和反整体性、不确定性、内在性等一一作了介绍,并加以正反两面的剖析。文章认为,应把西方后现代主义哲学看做是反西方传统哲学的过激之谈,它的某些方面在一定意义下对中国传统哲学有冲击作用,某些方面可以与之联盟。

通读全文可以看出张世英先生撰写此文的初衷,看出他对于"中国哲学应走向何方"这一富有现实意义和深远意义的问题的深切关怀。通过令人信服的分析,张世英先生不无幽默地指出,中国哲学既要学习西方传统哲学这一"老祖宗"的主客二分和主体性老传统,以发展科学、发扬民主,又要迎上去同西方后现代主义哲学这一"素不相识的客人结成联盟",达到天人合一、人与自然交融的高远的自由境界,以实现中国哲学的"超越"。

冲突·互补·共存——中西文化对比研究

一

中国传统哲学以天人合一为主导,西方传统哲学以主客二分(包括主体性原则)为主导。中西传统哲学的主导思想之不同带来了两者一系列不同的特征。

中国传统哲学因重天人合一,不分主客,故较少关于主体如何认识客体的认识论,不重自然科学而侧重于讲人如何生活于世界之中的人生哲学和人伦道德哲学;中国哲学史上占主导地位的儒家哲学因重天人合一,而又把封建道德原则的义理之天与天人合一紧密结合在一起,于是造成了中国传统哲学长期以"天理"压人欲的特征。这两个特征可以简单归结为缺乏科学与缺乏民主两者。西方传统哲学特别是近代哲学因重主客二分,故注意发挥人对自然的主体性和人对统治者的主体性,这两方面的主体性在近代哲学中就表现为科学与民主这两个概念的明确建立和发展,这也是西方近代哲学的两大特征。

中国天人合一的传统也造成了中国哲学与诗的互相结合的特征。中国哲学著作几乎同时都是文学著作,哲学家大多同时是文学家和诗人,这已是不言而喻的事实。天人合一本是一种物我不分或物我两忘的诗意境界,中国哲学大多是哲学家们对自己的诗意境界的一种陈述或理性的表达。道家哲学固然如此,即使是儒家的天人合一也是对诗意境界的一种追求,只不过儒家赋予"天"以封建道德的含义,从而通过天人合一的思想把封建的"天理"变成一种自发的内心追求。儒家哲学的诗意往往富于道德教诲的内容,就是因为这个缘故。和中国传统哲学相反,西方主客二分的传统也造成了西方哲学与诗的分离的特征。主客二分思想和主体性原则在柏拉图那里尚未明确建立,但已见端倪,柏拉图把诗人逐出哲学之外,就与此种端倪有关。许多后现代主义哲学家主张哲学的终结,原因之一就是反对西方传统哲学把罗格斯与神话、逻辑与修辞、概念与隐喻、推论与描述对立起来,认为具有这种特点的西方传统哲学特别是近代哲学应当终结①。西方近代许多大哲学家不是文学家或诗人,却是大科学家,不能不说是与他们的主客二分思想有关,这种情况与中国传统哲学家正好形成鲜明的对比。

---

① 参见 Kenneth Baynes 等编,*After-Philosophy: End or Transformation?*(《后哲学——终结或变形?》),伦敦,1987 版,第 5 页。

与此相联系的是中国传统哲学的模糊性与西方传统哲学的确定性的对比。古希腊思想可以说还是在存在者面前惊异,只是到了近代,由于主客二分思想和主体性原则的确立,形成了近代形而上学,才使人们由怀疑走向确定性。寻求确定性是西方近代哲学的重要目标。中国传统哲学所寻求的是一种天人合一的境界,一种依靠自觉所得到的模糊感觉,完全不像在主客二分式中那样靠理性找概念的确定性。

有一个特征是中国传统哲学与西方传统哲学所共同具有的,这就是普遍性、整体性。儒家的封建道德意义的"天理"就是一种"人同此心,心同此理"的具有普遍意义之理;道家的"道"是万理之所稽,也具有最大的普遍性。西方传统哲学特别是近代哲学一般都以追求普遍性、统一性、整体性为目标,这是尽人皆知的事实,康德、黑格尔在这方面表现得尤为明显。即使是近代经验主义者,虽以个体为重,他们所讲的经验仍然是在多样性中概括出普遍性,很明显洛克就是这样。巴克莱,尤其是休谟,也许例外,但他们并不完全否认有普遍性。后现代主义者总结西方传统哲学的特点之一是寻求普遍性、整体性,就像医生对待病人一样,无论各个患者的病情如何特殊,医生总是按他所学的专业知识把各种特殊情况纳入他的既定的、普遍的模式和体系之中。西方传统哲学已经把普遍性、整体性变成了对特殊性、差异性实行专制压迫的魔掌。后现代主义者就在这一点上称西方传统哲学为"压迫哲学"和"主人话语"。其实,后现代主义者对西方传统哲学的这种斥责,用在中国儒家的普遍的、神圣不可侵犯的封建"天理"的头上是特别恰当的,封建的"天理"观正是用普遍性压制个体性、差异性的"压迫哲学"和"主人话语"。

这里应当注意的是:中国传统哲学的普遍性与西方传统哲学的普遍性也有其不同之处,前者是存在论的,其普遍性是具体存在者的本根,如道家的"道",儒家的"天理"都是具体事物的存在之本原;后者主要是认识论的,其普遍性主要是通过主体对客体的认识所达到的真理,至于西方传统哲学在存在论意义上的普遍性,则只占次要的地位。其次,西方传统哲学的普遍性、整体性与严格的系统性相联系,而中国传统哲学的普遍性、系统性则不甚严格,不甚精密。显然,中西传统哲学的普遍性之不同,是由中国的天人合一与西方的主客二分两种不同的主导思想所决定的。

二

中国传统哲学的天人合一思想虽然从明清之际已开始向主客二分式转化,但前进的步伐太缓慢、太曲折了,花费了三百多年的时间,直到今天才公开明确地提出西方早在三百多年前已明确建立起来的主客二分式和主体性原则,这里的主要原因是由于西方的主客二分式和主体性原则在明确建立之前,已有长期的、源远流长的萌生过程和基础,而中国的天人合一思想则是几千年的老传统,根深蒂固,难以转化。现在的问题是,当我们今天公开明确地提出和讨论主体性问题之时,西方人已经对主客二分式和主体性原则带给他们的好处日益淡漠,而一味强调它的弊端,于是产生了一种反主客二分式、反主体性的思潮,后现代主义是其集中表现。面对这种国际思潮,中国传统哲学应走向何方?是固守天人合一的老传统,拒西方传统的主客二分和主体性于千里之外呢,还是亦步亦趋地先走完西方传统的主客二分式道路,再走后现代主义的反主客二分式的道路呢?我以为这两者都是不可取、不可行的,我们应该走主客二分与天人合一相结合的道路。

西方近代哲学的主客二分式的主体性、普遍性与确定性给西方人带来的好处是科学发达、物质文明昌盛以及反封建压迫的民主,但随之而来的,一方面是物统治了人,一方面是形而上的普遍性的确定性把人的本质加以抽象化、绝对化,从而压制了人的具体性,压制了有血有肉、有意志、有感情欲望的个体性。这样,西方近代人虽有科学和民主,但并不自由,而且这种不自由——受物统治的不自由与受形而上的普遍性、确定性压抑的不自由——是人人普遍感到的一种不自由。就是在这种背景下,后现代主义应运而生。

后现代主义一词的词义并不确定,我不想在这方面多费笔墨。仅就我们中国哲学界用语的情况略说几句。我们一般这样区分近代哲学与现代哲学:前者指16、17世纪到19世纪中叶的古典哲学,本文所讲的西方传统哲学,主要指这一时期;后者指19世纪中叶马克思主义哲学产生以后到现在的哲学。我们所说的近代与现代在西方并无这种区分。后现代主义一词一般与现代主义相对,但这个意义上的现代不是指我国哲学界所说的从19世纪中叶到今天,现代主义哲学有时指我们所说的古典哲学即近代哲学的内容,有时指近代哲学到20世纪后现代主义产生以前的哲学。虽然人们对后现代主义一词的内涵及其兴起的时间有各种不同看法,但一般说它产生于 20 世纪上半叶和中期,是大致可以得到承认的。

后现代主义哲学与现代主义哲学相对立,与我们所说的西方近代哲学相对立,其主要特征都是通过对近代哲学的驳斥而表现出来的。

后现代主义哲学的首要特征是反主客二分,反主体性。黑格尔是近代哲学之集大成者,他虽然强调主客统一,但他的哲学总体来说是建立在主客二分式的基础上的。黑格尔死后,许多哲学家起而从根本上反对主客二分,反对主体性,尼采便是一个明显的例子,他断言主体不过是一种"虚幻"。后现代主义哲学家德里达认为所谓自我同一的主体实际上从来没有达到真正的自我同一性。几乎所有的后现代主义哲学家都批评传统哲学家所谓"至高无上的理性主体——原子式的和自主的,自由的和脱离肉体的主体"。"如果把'心'和'身'对立起来,'心'就会被误解,就像把理论与实践对立起来,理论会被误解一样"。总之,认识论上的和道德上的主体已经被决定性地剥夺了中心地位,"主体性并不'构造'世界",它和意向性本身都是"语言学地展开的世界之成分"[2]。后现代主义者批评主体性概念的基础主客二分式即"把主体看成与独立的客体世界相对立"的观点,认为"主体与客体不能像这样彼此分开"[3]。他们认为"笛卡尔—康德式的主体性的微光意味着'人'的终结"[4]。据此,后现代主义者继尼采的"上帝死亡"的口号之后,提出了"主体死亡"、"人已死亡"的口号。他们的意思当然不是一般地说人不存在了,而只是指西方传统哲学的主客二分式的主体和人的概念是不现实的。他们主张人或主体不是独立于世界万物的实体,而是"本质上具体化的并且实际上是与世界纠缠在一起的",人就是"世界的成分",人与世界万物交融在一起,彼此不可须臾分离,也可以说人融化在世界万物之中。这就是后现代主义者所谓"人已死亡"的真实含义。"人已死亡"、"主体死亡"意味着西方传统哲学特别是近代哲学的人类中心论的破灭。

与此相联系的另一特征是后现代主义哲学与诗的融合。这种观点本来在海德格尔的后期哲学中已很明显。后现代主义哲学家德里达更进一步摧毁了哲学与诗的分界。他认为哲学与诗本是同源,在古希腊哲学中,哲学就充满隐喻,哲学也可以说是充满隐喻的诗。所以从事哲学在德里

② 参见 Kenneth Baynes 等编《后哲学——终结或变形?》,伦敦,1987,第 4 页。

③ 同上,第 461 页。

④ 同上,第 5、8 页。

达看来就是从事创作。

后现代主义哲学的另一个主要特征是反普遍性(反同一性)、反整体性。法国后现代主义哲学家利奥塔德(Jean-François Lyotard)的名言是："让我们向同一整体开战；让我们成为那不可表现之物的见证人；让我们持续开发各种差异并为维护'差异性'的声誉而努力。"⑤德里达等人反对黑格尔关于同一性高于差异性、同一性是差异性的"真理"的思想，主张差异高于同一性、普遍性，是同一性的根据，没有各个时间点的差异，就没有时间的同一性，没有空间点的差异，就没有空间的同一性。以黑格尔为代表的传统哲学由于崇尚同一性、普遍性，总是想方设法克服差异，超越差异。这种哲学如前所述就像医生把各有差异的病情都纳入同一模式中一样，成了压迫个性的工具。后现代主义哲学家认为差异无所不在，即使在重复中也有差异出现，无差异的世界是苍白枯燥的世界，传统哲学以普遍性、同一性为人的最高本质，只能使人成为丧失个性、无血无肉、无情感的抽象的人。这里我们还可以顺便说一下利奥塔德所说的"不可表现性"。利奥塔德说："后现代即是那种在表现自身时将见不得人的卑微性也展示出来的东西。"⑥其实，只要是活生生的人，就有所谓卑微的东西，它们的非理性的东西在各人身上千差万别，卑微性就是一种差异性，硬用理性的普遍性蒙住差异性，其结果只能使普遍性成为一块漂亮的遮盖布而已。后现代主义正是要揭开这块道貌岸然的假面具。

不确定性也是后现代主义哲学的一个很重要的特征。这个词的含义本身就很难确定，这里仅从后现代主义哲学的语言转向角度略说几句。后现代主义哲学认为，没有独立自在的世界，世界是由语言构成的，世界本身有语言的结构，语言不是人表达意义的工具，它有其自身的体系。每一件已知的事物都是由语言来做中介的，所谓事实、真理只是语言上的。德里达断言，知识不是外于语言而寻得的。所以在后现代主义哲学家看来"不是我说语言，而是语言说我"。这样，人就从西方传统哲学所讲的以人为中心的地位而退居到为语言所掌握的地位。另一方面，语言又总是不确定的，语言随言说者的不稳定的情绪而动摇不定。因此，一切都是不确定的、模糊的。

后现代主义哲学还有一个重要特征，就是内在性。这是与传统哲学

---

⑤ 《后现代主义文化与美学》，北京大学出版社，1992 年版，第 24、125、126 页。

⑥ 同上，第 127 页。

的超越性相对立的。后现代主义者极力反对超时空的形而上的本体世界,人只需沉醉于形而下的愉悦之中,所谓终极真理是虚幻的。

后现代主义哲学的特征很多,有些后现代主义哲学家把这些特征归纳为十余种,这里不一一列述。我的兴趣在于中国传统哲学对待西方后现代主义哲学的态度问题。

中国的天人合一给中国人带来的好处是人与自然和谐交融的高远境界和思诗交融的诗意境界,但主客二分思想和主体性原则的缺乏又带来缺乏科学与缺乏民主的弊端。中国当前需要发展科学,发扬民主,故急需西方近代的主客二分思想和与之相联的主体性原则,这一点应该是没有疑义的。有一种意见认为西方的主客二分思想过分重分析,已走入死胡同,必须抛弃,只有中国的天人合一才是最优秀的。持这种观点的人实际上是把天人合一与主客二分绝对对立起来,完全抹杀主客二分的优点和中国当前需要主客二分思想和主体性原则的迫切性。当然,主客二分思想和主体性原则的弊端,如用普遍性、整体性压制个性、差异性,以物统治人,哲学与诗分离的苍白、枯燥的状态等等,都是我们应该加以克服的。特别是中国儒家的封建"天理"的普遍性、整体性与西方传统哲学的普遍性、统一性有共同之处,二者很容易互相勾结,造成一种加倍压制个性、压制人欲的"压迫哲学"和"主人哲学",就此而言,我以为我们在召唤西方传统哲学的主客二分和主体性时,应该引进西方后现代主义向普遍性、整体性"开战"、"为维护'差异性'而努力"的反传统精神。西方后现代主义画派在女人画像上加八字胡,我们当然可以谴责其为荒诞,但它也可以看成是对天经地义的普遍性"开战"的一种勇气的象征和具体表现,与中国人所说的敢于在太岁头上动土未尝不可以媲美。针对中国封建的"天理"、"天命"、"天子"的神圣不可侵犯的特性,我们应该为敢于在女人画像上加八字胡而欢呼。

前面谈到中国传统哲学具有模糊性或不确定性。其实,这主要是就中国传统哲学的诗意境界而言的,若就儒家的封建"天理"观来说,则可以说"天理"是"天不变,道也不变"的东西,实在太确定,太凝滞了,这里也需要西方后现代主义的不确定性的冲击。后现代主义的不确定性是针对西方传统哲学特别是近代形而上学的所谓终极真理而提出的,中国的封建"天理"虽非西方传统的认识论上的终极真理,但其确定性、凝滞性绝不亚于后者,所以后现代主义的不确定性对中国传统哲学应能起到振聋发聩的作用。

与反普遍性、反整体性相联系的是后现代主义的所谓"不可表现的"卑微性。卑微性就是对理性普遍的揭露、讽刺与反叛，就像中国小说《金瓶梅》之类的书"将不可表现的"或"见不得人"的"隐曲""展示出来"，作为它们的"见证人"，不能不说是具有后现代主义所谓的"卑微性"，但其书能隐斥时事，未尝不可以看作是对儒家的"天理"、名教之讽刺与叛逆。我们如果能把后现代主义的"卑微性"与中国文学史上这类反叛精神结合起来，岂不可以突破中国儒家传统思想之藩篱，使中国哲学在世界哲学舞台上大放异彩！

后现代主义哲学有一个特征是与中国传统哲学相似或相通的，这就是人与自然的交融，思与诗的交融。我借用中国哲学的术语称之为"天人合一"，尽管这其间存在着很多差别。后现代主义的这一特征是西方人饱尝主客二分思想和主体性原则的弊端之后出现的。主客二分思想和主体性原则使人一味向自然索取，与自然作战，于是无穷追逐，最终还是得不到心灵上的安宁和自由，这就使西方人终于逐渐悟到了类似中国人的天人合一的思想——悟到了人与物、人与自然应和谐相处。由西方传统哲学到现当代哲学、西方后现代主义，也可以说是从要求向自然开战到要求与自然和谐交融的哲学转变过程。从海德格尔的后期哲学到伽达默尔，到德里达，他们的哲学尽管各不相同，但都有人与物、人与自然融合的思想。这是西方当代哲学向中国传统哲学靠拢的一种表现，不管这种靠拢是自觉还是不自觉。如果把中国传统哲学自明清之际至今对西方主客二分和主体性的召唤叫做"西化"，那么，西方现当代哲学、后现代主义哲学之主张人与物、人与自然和谐交融，提倡诗化哲学，就可以叫做"东化"。后现代主义哲学的语言转向，把世界万物都看成是语言上的，而非独立自在的，认为真理存在于语言或言说者与现实之间，这正是一种人与世界万物和谐交融的思想观点的表现，与中国天人合一的思想相近。一个重要的不同之点是中国传统哲学缺乏语言转向。对于语言转向究竟应如何评价和看待，我没有研究，兹不具论。中国传统哲学和西方后现代主义都不着意或者说无意追求所谓独立自在的确定的、终极的真理，而只求在人与物、人与自然的和谐交融中得到一种模糊的审美意识的享受，一种诗意的境界。西方哲学史由传统的以主体性为主导原则的人类中心论走向海德格尔、伽达默尔、德里达等人的人与自然融合的观点，真可说是与中国传统哲学走到一起来了。我们的传统哲学为什么不可以迎上去同这些素不相识的客人结成联盟呢？只是我们应该告诉他们：不要抛弃你们的老祖宗,我们还要学习你们的主客二分和主体性的老传统。

这里顺便提一下我国哲学的一种提法,认为中国传统哲学是人类中心论,我想,这个提法是不妥当的。人类中心论本是西方的学术术语,原意与主体性原则不可分,主要是指在主客二分式中,人认识自然、征服自然的一种以人为中心的主体性,而这正是中国传统哲学所缺乏的。我们不能因中国传统重人生哲学就说它是人类中心论。西方后现代主义哲学之反西方传统哲学和接近中国传统哲学的一个重要特点,正是它的反人类中心论。

后现代主义正大谈"哲学的终结",其实是讲西方传统哲学的终结,他们所讲的"后哲学"也是这个意思。单就传统哲学所主张的超时空的本体论形而上学而言,我认为这种抽象哲学诚然应该终结。世界只有一个,即在时空之内的现实世界。人的本质不应该放在抽象的永恒世界之中,不应该夸大成绝对或抽象的同一性。马克思早在《黑格尔法哲学批判导言》中就已谈到哲学的终结,他赞成"否定哲学"、"消灭哲学",他的意思也是指"否定"和"消灭"那种抹杀现实,一味崇尚抽象世界的传统哲学,特别是法德的传统哲学的思维的"抽象和自大"和"现实的片面性和低下"[7]。马克思强烈要求"在现实中实现哲学"[8]。后现代主义者在强调人的具体性与现实性这一点上,与马克思的思想有相通之处,尽管他们对具体性与现实性的理解又大有不同。

我们决不能全盘搬用西方后现代主义,它完全否定理性,否定主体性、普遍性、确定性和超越性,这种思想或倾向在理论上是站不住脚的,至少是片面的,西方许多当代哲学家对此都持有异议。我们可以把它看做是反西方传统哲学的过激之谈,它的某些方面在一定意义下对中国传统哲学有冲击作用,某些方面可以与之联盟。

既要召唤西方近代哲学的主客二分和主体性,又要与西方后现代主义的人与自然交融和谐的特点为盟,这是不是明显的矛盾?如果像西方后现代主义的某些激烈派那样把后现代主义与现代主义——即与我国哲学界所说的西方近代哲学绝对对立起来,把主客二分与主客不分、物我交融绝对对立起来,那显然是矛盾。但中国哲学的发展前途应该是既要召唤主客二分和主体性,以发展科学,发扬民主,又要超越主客二分和主体

---

⑦　《马克思恩格斯选集》第一卷,人民出版社,1972 年版,第 9 页。

⑧　同上,第 7 页。

性以达到天人合一、人与自然交融的高远的自由境界。没有主客二分和主体性,就没有科学的、进取的精神,但若停留于主客二分,则终因主客彼此外在、彼此限制达不到心灵上的自由。这种自由只有在人与物交融、人与自然交融的天人合一境界中才能获得,这种自由是高于政治上的民主所给予的自由,高于获得科学上的必然性知识的自由,也高于道德上的自由,这里的关键在于超越——即超越主客二分,超越主体。超越不是排斥,不是抛弃,我在"超越自我"和"精神发展的阶段"等论文中从理论上论述了这种超越(或者说是结合主客二分和天人合一)的可能性。正是在这种理论上的可能性的基础上,我才主张中国传统哲学既需向西方近代哲学学习,既需"西化",又要与西方后现代主义哲学的"东化"联盟。如前所述,西方后现代主义反对传统哲学所主张的超时空的超越,而主张内在性,这是可取的,但超越主客二分、超越主体之超越则是哲学之最高任务,是人之为人的安身立命之所,是不能否定的。

(本文选自谢龙主编《中西哲学与文化比较新论》,
北京:人民出版社,1995。)

作者通讯地址:100871 北京市海淀区
颐和园路5号 北京大学哲学系

31. 论中外道德观念的开端

——古代义与仁观念的转化

The Origin of Chinese and Foreign Moral Concepts: The Conversion from Righteousness to Benevolence in Ancient Times

周辅成

【编者札记】

我国当代伦理学家、北京大学教授周辅成先生的这篇文章是本书收录的唯一关于中外道德观的比较研究论文。周先生不仅对中外传统道德观念深有研究,而且对当今社会的道德风气也十分关注,他对于某些不良的社会现象时有针砭。尽管本文是关于古代中外道德观念的比较分析,但对于当今及未来社会道德观念的发展仍然有指导及借鉴意义。

文章从"仁"的观念展开,以大量事实批驳了认为孔子之前没有"仁"的思想及外国人不重仁义的两个错误观点,揭示了"仁"作为主观的道德情感和作为客观的社会责任感的本质含义,并且深刻地指出"仁"并非来自君心或圣人之心,而是来自民心。文章进而令人信服地论证了用以维持经济生活和政治生活的"义"的观念早于"仁"的观念,被视为"百德之主",因为"义"就是指一种立法、卫法、守法的行动和规则,是政治、社会的根本原理,也是道德的根本原理。

周辅成先生以古代巴比伦和古埃及的法典、古印度的佛教经典、古希腊的神话和哲学、犹太教与基督教教义等大量历史文献为依据,论证了古代"义"的观念向"仁"的观念转化是中外道德观念的开端。外国传统与中国传统一样注重礼义或仁义,也同样因义德产生流弊而济之以仁德。中外道德现象与道德观念如此惊人的相似,使周先生大胆预言,人类历史的发展必然趋同胜于趋异。不管我们是否完全同意周辅成先生的结论,但他那"求同并不妨碍爱国主义,更不是想要抹掉差异"的观点却是千真万确的。

孔子的哲学,是仁的哲学,这是没有争论的。但若说"仁"的思想,或重仁的道德思想,是从孔子开始,却是不合事实的。

有人说,中国的文化传统或道德传统以孔子的仁为中心,这也没有争论。但若说世界上只有中国文化或道德传统注重仁,"重仁之前无道德",甚至说"外国人不重仁义",这也是不合事实的。

我想只根据古代道德思想的开端时的材料,说明这两个问题。

1. 孔子之前的"仁"

西方有些学者,把人类的各种德行,比喻为天上众星。当然其中也有最亮与次亮之分。最亮的,称之为主德(或主德之一)或最亮的明星。

"仁"作为一种道德现象,问其来源,应该说是自有人类以来就已有了。达尔文为了纠正他的进化论带来的注重"生存竞争"、"弱肉强食"的坏影响,曾继续出版了《人类的由来》一书,证明人类社会能够生存,不仅在于"竞争"或"斗争",还要靠团结、互助,甚至自我牺牲,即中国人所谓的"仁"德。由此可见,古今中外的学者,都知道、并承认仁是人类的道德现象之一。

但是,把"仁"作为道德中的主德,却是有人类社会后的题目。当人类在自己的种种德行中分别主次的时候,伦理学或道德学便开始了。也可说,伦理学就是要在千千万万德行中,根据客观的社会需要,找出最有价值、亦最明亮的德行作为主德,让它照射和带领群德。所以,主德的变化,常常也表明社会的变化,人类精神的变化。这一点,古今中外历史毫无例外。

所以,我们要讲孔子以前的"仁",当然是指孔子前的"仁"的观念、概念、思想,即伦理学上的"仁",在诸种德行中排列的地位。

过去,有些学者,在疑古玄同(钱玄同先生)疑古之后,似乎不大相信《尚书》的材料可靠,所以,如侯外庐先生,认为古代周朝初期,虽然已出现道德上的新概念,如敬、穆、恭懿,但还无"仁"字,"仁"字是在春秋时才出现的,最早也在齐桓公称霸以后。还有一些学者认为是在鲁僖公年间。二者所定,相差不太远。他们似乎还有一假定,即使当时有"仁"的观念,也不是潮流。成潮流,仍在孔子时代。

我不相信《尚书》的材料全不可用,如果《尚书》材料可参考,仁的观念的开端,还可提早些。自从《尚书》有今文本、古文本之分后,此书便被考据家考来考去,常常弄得真伪难分(其结论大致是今文本较古文可靠)。但是,我仍想先从《尚书》里找证据,证明"仁"的观念的起源与开端。因为人类仁的行动,在现实中,本来早已存在。

有人说,"仁"注重家庭亲属,这是家庭制代替了氏族制之后的情况,这当然有关系。王国维在《殷周制度论》一文中,证明殷商时代,天子不外是盟主地位。周统一中原,灭国数十,均分给王室及功臣亲属,这样,"尊尊"之义与"亲亲"之义遂统于一体。于是不得不重礼又重仁。这也是后来孔子《论语》上所谓"有子曰,孝悌也者,其为仁之本也"的来源。如果这理论能成立,那么,《尚书》上有很多讲"仁"的地方,便不是毫无根据了。

当然,"仁"的来源与开端并不是这么简单,这只是一必要条件,还不是充足条件。我们在后面谈"义"的转化时,还要补充讲这点,现在只提《尚书》中讲"仁"的例子。

《尚书·金滕》中有这样的话:"予仁若考"(我抱着仁心遵从祖先),这篇材料,今古文皆有,可能是周公旦的言辞,约在公元前十一世纪。这比孔子时代早了五六百年。

也许有人会说,这材料即使可靠,也是孤证。但是,此外《尚书》中有些是古文有、今文无的篇章,真伪也许可争论,但仍可作辅助材料参考,这些篇章不会迟于《左传》所记年代。如:"克宽克仁,彰信兆民"①(能够宽容待人,仁心治民,因而受到人民信任);"怀于有仁"②(人民怀念有仁德的君王);"虽有周亲,不如仁人"③(与其周围都是亲人,还不如周围都是有德之人更好)。有人还可说,这时的"仁"并未成为潮流。

但是,《左传》中比孔子早约一二百年的材料,可以作助证,即在孔子前一二百年,"仁"的观念已经非常普遍了,不能说这时才出现"仁"的观念。如:

---

① 《尚书·仲虺之诰》。
② 《尚书·太甲》下。
③ 《尚书·泰誓》下。

亲仁善邻,国之宝与④(亲近仁人,对邻邦和善,这是国家可贵的事情);

能以国让,仁孰大焉⑤(能把国家政府的地位都让给他人,还有比这更大的仁吗);

因人之力而敝之,不仁⑥(受人帮助,不但不回报,反而毁损他,这是不合仁德的事);

出门如宾,承事如祭,仁之则也⑦(出门遇陌生人,要如会见宾客;接受任务,要如参加祭祀,这就是"仁"的准则)。

尤其是僖公后期,提到"仁"的地方太多了。不必一一举出了。但有一段话还须指出,"仲尼曰:'古也有志,克己复礼,仁也,信善哉'⑧。(即孔子说,古来有人说,克己复礼,就是仁的本义。这句话说得真好啊!)这表明孔子自己也承认"仁"早已是古老的概念了。我们还可引用与《左传》差不多同时的《国语》中早期所讲"仁"的话作说明:

内史兴说:"礼所以观忠信仁义也……仁所以行也,仁行则报。"⑨

富辰对国王说:"以怨报德,不仁……仁所以保民也…… 不仁,则民不至。"⑩

邵桓公对单襄公说:"夫仁礼勇,皆民之为也。以义死用,谓之勇;奉义顺则,谓之礼;畜义丰功,谓之仁。"⑪

"吾闻之外人言曰:为仁与为国不同。为仁者,爱亲之谓仁;为国者,利国之谓仁。"⑫

此外,孔子删编的《诗经》、《国风》中,有"洵美且仁"的诗句,也可证明孔子之前"仁"的思想早已在民间流传。

以上材料,我想可说明几点:

第一,说孔子特别注重仁德,把"仁"列为主德——百德之总,这是无可争论的;但说孔子创造了社会仁德,则是不合事实的。看来,孔子时代,社会早已把仁作为最主要的德行之一了。这不仅在道德现象中如此,在思想上、道德观念上也是如此。

第二,仁德,自始即有两种意义,一是作为主观的道德情感,是从反省

④ 《左传》,隐公六年,即公元前717年。
⑤ 《左传》,僖公九年,即公元前651年。
⑥ 《左传》,僖公三十一年,即公元前621年。
⑦ 《左传》,僖公三十三年,即公元前619年。
⑧ 《左传》,昭公十二年,即公元前530年。
⑨ 《国语·周语》上,晋文公在位时,即公元前636—628年。
⑩ 《国语·周语》中,周襄王十三年,即公元前638年。
⑪ 《国语》中,晋厉公五年,即公元前575年。
⑫ 《国语·晋语》一,晋献公九年,即公元前668年。

得来的对别人的同情,一是作为客观的社会责任感,是社会秩序上的义务。前者多半行于人民之中,后者则多半为统治者对人民的态度。从上面所举例子,如:"爱亲之谓仁"、"予仁若考"、"出门如宾"、不"以怨报德",是平等的人对人的仁;但其余则几乎全是统治者对人民、对国家、对邻邦的应有态度,应具的"仁",在这点上,说它是情感,不如说它是一种客观的社会规则、秩序或戒条。这两种"仁"的意义,也符合孔子的仁的意义。孔子不是明确赞美古话"克己复礼,仁也"吗?孔子的仁,既要克己,也不能离开客观秩序的礼,这是十分明白的。

第三,古代统治者讲仁德,看来也是被动的。上述引文中讲统治者重仁的原因,无非是必须以此才能得民心,保江山"彰信兆民",这完全是利害关系。由此观之,上面讲仁,还是因为下面重仁。我们完全有理由推论:君王重仁,孔子重仁,也是由于社会上人民重仁。这样,不是孔子发现了仁,而是社会的仁,发现了孔子。这也是孔子或古人说的"天视自我民视"。《论语·尧曰》上说周代皇帝曾讲过"虽有周亲,不如仁人。百姓有过,在予一人",这若不是统治者被迫讲的话,也是当时人或后人替统治者粉饰的话,未必是统治者真正"求诸己"的反省话。但却可见人民中流行的"仁"道,统治者也不能明显地违反。人民中行的仁,却乃是"求诸己"的。

所以,我们要说:孔子时代的"仁",不是来自君心或圣人之心,而是来自民心。更不是后人为了竞求自己主要观念的宇宙论基础,解释仁来自天心或帝心,这多少是不大相信人民的心的表现。

在这里,成问题的倒是,为什么古人要把仁德视为是主德而不是其它?还有,人民在重"仁"之前,还注重何样的德行?何以必须让位于"仁"?其原因是否也是中外古史通例?

这使我们注意比"仁德"流行更早的"义德"问题,以及仁与义的关系问题。也许我们把古代所谓"义"的意义弄清楚,把我们的道德传统开端时的情况弄明白,我们自己历史上的传统道德的特点,也就显现出来了,也更容易和外国古代的道德传统作比较研究了。

2. "仁"德之前的"义"(義)

关于"义"德,无论从古史材料看,还是从理论秩序、社会道德发展过程看,都远比仁的出现早。在孔子前后,虽然只有墨子贵义,或原始法家重义,但决不能说孔子之前或注重仁德之前,社会主德不是义。义,作为德行,也许是和文化的开端同步的。因为人类社会,如果没有仁,也许还可存在几天,如果没有义,只怕会立即瓦解了。

义(義)从字源说,上半是"羊",也许是指游牧时期的财产,下半是"我",我字左半是"禾",指农民秧田,右半是"戈",当然指执干戈以卫财产了。可见义字本来就与政治经济有关,义的作用就是用以维持经济生活和政治生活,它之出现,无疑是很早的。因此,义是客观的需要,也成为客观的实在东西。把话说得更具体些,义就是指一种立法、卫法、守法的行动和规则,是政治、社会的根本原理,也是道德的根本原理。更具体言之,它与远古时代所谓的"礼"、"法"同类,与"刑"亦属同类。"刑"不过指消极意义,"礼"不过指积极意义,然而二者都受"义"的制约。所以,古代"义"每每和行为的"礼"、事物的"理"结合在一起,合称"礼义"、"理义"、"道义",这种"义",在人类社会中,是任何成员都必须遵守的。也因此,礼义并称,要比仁义并称早一些时间。

郭沫若先生在早年似乎即对这类问题发生兴趣。他在《先秦天道观之发展》中,从"德"字的分析,见出正直、正义是道德观念上最重要的内容。他分析"德"的字源,是从"直"、从"心",是"人德"的表现。他根据《礼记·表记》上的话"夏道尊神……殷人尊神……周人尊礼",又根据殷代卜辞(即甲骨文)上面不见有德字;周代《尚书》和《诗经·大雅》则有大量德字推论,周代开始,便已知重道德、重正直或正义,重"人定胜天",因而"疑天","天命靡常"。这是很有价值的意见。

实际《尚书·洪范》就明白指出:"三德,一曰正直,二曰刚克,三曰柔克","无偏无陂,遵王之义",可见正直或正义很早就被列为"百德之主"了。

为了说明"义"的本义和在社会中的表现,还可用一些古代的可靠典籍的材料作证。

> 惟天监下民,典厥义⑬。(即天只看人民是否注重义。)
> 武王……不敢替厥义德⑭。(即武王……不敢废除文王那些义德。)"三宅无义民"。
> 罚蔽殷彝,用其义刑义杀,勿庸以次汝封⑮。(即依照殷朝的刑罚,宜判刑的

---

⑬ 《尚书·高宗肜日》,古今文皆有。

⑭ 《尚书·立政》,古今文皆有。

⑮ 《尚书·康诰》,古今文皆有。

判刑；宜杀的杀，切不可依你自己的想法来办。）

王懋昭大德，建中于民，以义制事，以礼制心，垂裕后昆⑯。（即你如发扬大德，在人民中树立标准：凭义办事，凭礼治心，那就会流芳百世了。）

以上是讲义在道德生活、社会生活中，是不可抗拒的律则，"仁"可以少谈，"义"则决不可少谈。以下讲义与礼的关系：

礼以行义⑰。（即行礼是为了行义。）

君义臣行，父慈子孝⑱。（即君王遵守义，臣民则遵守君王命令。父亲慈爱，儿子守孝。）

诗书，义之府也⑲。（即《诗经》、《书经》所讲的，主要是"义"。）

奉义顺，则谓之礼⑳。（即能遵守义就是遵守礼。）

原来，礼的存在，就是为了推行"义"或"道义"。因此，无怪最古时期多将礼义并称。

中国古代讲义，还有一特点，即并不反对利，并力争义与利一致（不仅墨子的"兼相爱，交相利"，管子的"仓廪实，则知礼义"也是如此）。这一点常被后人忘记。例如：

德义，利之本也㉑。

大国制义，以为盟主㉒。

义以建利㉓。

言仁必及人，言义必及利㉔。

民之有君，以治义也。义以生利，利以丰民㉕。

为国者，利国之谓仁㉖。

从以上材料，我们不仅明白了在道德思想领域，"义"的观念早于"仁"的观念，而且知道了礼与义是表里关系，而且义与利在最早并不分离。这和《尚书》中提到的"正德、利用、厚生"的观念完全一致。在这点，推崇礼

---

⑯ 《尚书·仲虺之诰》。

⑰ 《左传》，僖公二十九年。

⑱ 《左传》，隐公三年。

⑲ 《左传》，僖公二十九年。

⑳ 《国语·周语》中。

㉑ 《左传》，僖公二十七年。

㉒ 《左传》，成公八年。

㉓ 《左传》，成公十六年。

㉔ 《国语·周语》下。

㉕ 《国语·晋语·武公》。

㉖ 同上。

义的荀子讲得清楚：

> 故修礼者王……故王者富民㉗。
>
> 知夫为人主上者，……不富不厚之下足以管下也……故必将撞大钟、击鸣鼓、吹笙竽、弹琴瑟以塞其耳，必将雕琢镂，黼黻文章，以塞其目，必将刍豢稻粱，五味芬芳，以塞其口，然后众人徒㉘。

义道如此重利，所以能在社会上成为主要德行，维持了几百年或几千年。

但是，为什么后来"义"却被"仁道"夺其主要地位呢？想来，不外乎下面原因：首先，以"义"为主的道德潮流，太注重客观的理则，忘记主观意志的作用，后来，滥用"大义灭亲"，人民难免不在背后叫冤或反对；其次，"义"在"利"的面前显得软弱无力；其三，义或礼义，与政治、法律、宗教等很难区别，尤其是在古代专制制度下，统治者制订的法律或命令，也可作为圣旨、天命、道德规范，要人民遵守，这使人民常觉天命、道德常和他们作对；不能明抗，也可暗抗。其四，社会难免不变化，所谓铁面无情的礼义准则，也往往有不适时宜因而不公正的时候，此时此地之礼义，未必合乎彼时彼地之礼义；尤其是进入春秋战国时期，孟子说："世道衰微，邪说暴行有作：臣弑其君者有之，子弑其父者有之，孔子惧，作《春秋》。"（《滕文公》）"春秋无义战"（《尽心》下）；荀子甚至更沉痛，称这一时期为"人祆横行"（《天论》），《史记》、《太史公自序》中也说："春秋之中，弑君三十六，亡国五十二，诸侯奔走，不得保其社稷者，不可胜数。"在这种情形下，要分清公正、正义，确实是很困难的。

这造成礼义相对化。自天子以至庶人，都以礼义为口号，争说自己是正统，自己守礼义，很公正，他人所讲的，都是异端邪说、暴行。再加以有权势者狂呼"才行反时者，死无赦"㉙，这更使人对礼义之道反感，不得不想法补救。

古代重仁，就是在这类社会政治状态下提出的。我想，这应该说是"仁"的观念出现的"充足原因"。前面所述周代重家族，是其"必要原因。"

孔孟的仁道，也是在这意义下出现的。

当然，将仁德变为主德，也是经过长时期的发展变化的：

㉗　《国语·王制》。

㉘　同上。

㉙　《荀子·王制》。

第一步,以仁列入"礼义利",变为"亲仁祥(利)义"㉚;

第二步,变为"仁义祥"、"仁义勇"、"武仁智"、"武智仁"㉛;

第三步,变为"智仁勇",这是孔子所依的"三选德"。孔子有仁论;同时墨子、告子、中庸,还将仁义并言。

第四步,变为孟子的"仁义礼智"。再过些日子,义与利也不一致了,甚至相反了。

大抵,孔子,孟子都曾见到仁义的不同与矛盾。《礼记》、《表记》上说:"子曰……厚于仁者,薄于义,亲而不尊;厚于义者,薄于仁,尊而不亲";又说:"子曰……是故君子以义度为人,则难为人;以人(仁)望人,则贤者可知已矣"。后来,汉代董仲舒区别仁义,更进一步,认为"仁者爱人,义者正我。"㉜这不仅明确地把义推为客观外力,而且是与"我"站在对立地位。无怪董仲舒接着说:"正其谊(义),不谋其利;明其道,不计其功。"㉝这是仁义分途、义利分家的表现。从此,儒家常以反功利主义的面貌出现。再后的儒者,包括宋代的朱熹之类的学者,虽然用公利与私利之分来调和,认为他只反对私利,不反对公利,但是,人类实际生活中,在很多情况下,为公为私,公利与私利,却是很难分别的。

儒家就为此高呼仁德至上。中国传统道德,亦承继这份遗产,将"仁"作为中国文化与道德的特点和中心。虽然后来的法家如韩非子之流,继承荀子的礼,改为重"法",主张人民"以法为教,以吏为师",同时保存礼义与利不对立的观念,但他们除得到专制君主如秦始皇之类人物的赏识外,人民对他们是不欢迎的。

但是,我们也要说,至少在道德观念的开端问题上,中国和外国、特别是西方,尽管在表现上有差异,但在根本原理上,中国并没有走一条特殊道路。我们在东亚大谈义、仁与利,他们在西亚、欧洲,也仍在大谈义、仁与利。在欧美,进入 20 世纪,也仍未放弃。所有以基督教为背景的学者,固然在谈"仁爱"的道德哲学,而重现实的学者,也一直大谈以义或公正为中心的各种功利主义伦理学。这一主要线索,如不受注意,恐怕中西道德思想也很难被彻底了解。同时,不注意这个线,我们恐怕也难于透彻理解

㉚ 《左传》,僖公十四年,公元前 610 年。

㉛ 《国语·周语》中、下;《晋语》三,惠公六年,厉公七年。

㉜ 《春秋繁露·仁义法》。

㉝ 《汉书·董仲舒传》。

中西方现代哲学㉞。

试将中国道德思潮的开端和外国道德思想的开端比较一下,便可明白。

3．外国道德开端的"义"(義)与"仁"

外国最古的文化,大概都与大河流域有关,这和中国古文化起源于黄河一样㉟。

当然,河流未必是决定因素,但这些民族的文化理想,却借河流得到了充分发展。人类,到底还是需要组成一个互相帮助、互相同情的社会,才能生存下去,才有发展前途。为此,就必须有一个维持共同利益的有礼有义的原则,特别需要一个建立在正义或公正原则上的政治、道德秩序。古代外国,亦因此先出现正义,从而出现各种形式的"法"和文化。

关于外国古代文化,究竟是巴比伦在先,还是古埃及在先,可能有争论,但是,我们却可说,他们以及古印度、古希腊的文化所留下的资料都可证明:和中国最早的著作中所表现的道德观念和政治观念,大致是相同的,都强调"正义"或"法"。中国最古的《尚书》有帝王的各种文诰的记载;较后的《礼记》有关于古礼法的详细记载;而巴比伦、埃及、印度、以色列和希腊,都有详细的法典留传至今。

在这里,我想强调,即古今中外,并不是先有礼与法,而后有道德上的"义"或"义道",实际是先有人民或社会公认的道义,而后有一定的礼法或法典(这个"道"当然不是董仲舒所谓的"天不变,道亦不变"的道,而是人民要求的正义与道德规范)。有了这个了解,我们可知巴比伦和埃及等古

㉞ 20世纪上半期,由于G. E. Moere主张对"善"(The Good)不能下定义,有些学者如Prichard,Ross认为对义或正当(The Right)也不能下定义,只可凭直觉,知其为自明的或无可争辩的概念,并把善与义视为二事,"善"从属于"义"或"公正"。有人依据其方法,称之为直觉主义者,也有人根据其内容,发展为道义学派,流传甚广。20世纪后半期出现的Rawls,也可说是此派思想的发展,今日西方流行的种种新功利主义,亦似顺此潮流。至于注重"仁爱"道德的学派多属于基督教信仰者,在人民中有大量的追随者,他们一直是和新旧各派功利主义站在对立地位。两大潮流的对立,颇似中国的儒法对立(但西方的重义或公正学派,虽重义利,却并不反对仁爱,只说"仁"附属于"义")。

㉟ 古埃及文化,依赖尼罗河;巴比伦文化,依赖底格里斯—幼发拉底河;古印度文化,依赖恒河与印度河;古以色列(犹太)文化,和约旦河有关。

国留下的法典㊱多半是他们的道德风气的反映。

但是,我们还必须注意:这些古文化,既兴盛了,后来又消失了,这变化,确实与"义"德或"正义"德有关。往古的法典,据今天我们看来,弊病是很多的,有很多地方是很野蛮的,例如"血族复仇"、"以眼还眼,以牙还牙",不仅造成民族间争战不已,而且也使族内易内乱,互相残杀、互相倾轧,因此法律严、刑罚残忍,令人不堪想象。这和中国古代礼法亦类似。中国人曾为此付出了重大代价,不得不从重义变为重仁,外国人在此似乎也不能例外。

看看外国古代各种先进文化与道德的变化,也可增加我们对自己的道德开端的了解。

第一,古埃及所谓尼罗河文化,其出现,大概比中国古文化早约 1 000年。大约可算是人类最古的文化了。在公元前 21 世纪左右,从他们留下的考古材料(包括实物和文字记录)来看,可知他们崇拜的诸神中,有一位女神,名 Maat,其职责就相当于中国古代所谓的"義"或"正"、"中"、"平"。她是诸位含有道德意义的"神"中最主要的一个。实际上,她是古代神话或宗教将人间的各种德目加以人格化或神化的结果。她是农神 O-siris 的女儿,手握一个天秤,在人死后,衡量人的心是否公正。因此,西方人把 Maat 译为主管 justice(公正)、truth(真实、真理)、righteousness(公义)的神,或作为公正、义的化身。这是古埃及人中流行的神话。

就古埃及的实际生活而言,约在公元前 2 000 年左右的一位贤君,名Ptahotep,刻在墓上的遗言中说:"公正或义,比任何其他事物都高","要坚持公义或真理","做事要正直"㊲。这和中国古人重礼义,列义为主德相同。同时,他又强调执行公正时,必备人格(personality)或品格(character),公正或义乃是一道德职责。另外,金字塔铭文中有一贵族的墓志铭上刻有:

> 我不说谎话,我是受父亲亲爱和母亲称赞的人,品质优良;
>
> 我向区域内饥饿的人,施舍面包,向赤身者施舍衣服……我从没有压迫他们,霸占他们的财产,致使他们埋怨我㊳。

㊱ 巴比伦的"乌尔拉姆法典"(约公元前 2 100 年)和"汉谟拉比法典"(约公元前 1 750 年);古埃及的"埃及法"(法老法)(约公元前 3 000 年);古印度的"摩妈法典"(约前 1 100 年);以色列的《旧约》(约公元前 1 000 年)。

㊲ Breasted, J. H., *The Dawn of Conscience*, 1993 年版, 第 136 – 137 页。

㊳ 同上书, 第 125 页以下。

这就是他们所谓的义或公正。由于他们的材料不全,我们无法判断他们何时开始有"义"的观念,何时开始有仁慈思想的材料,但根据美国的埃及学权威 J・H・Breasted 的断定,埃及人民在公元前 20 世纪左右,在道德观念中,便已有责任感、良心感、人格感、仁慈感的存在;内心制裁或良心,让他们最早进入良心时代(Age of Conscience)、品格时代(Age of Character);埃及人最先明白了义与仁、礼与义都是主德,都可以并存,而且必须并存㊴。

第二,从古埃及转到古印度,他们的史料比较详细清楚些,他们的道德的开端,更给我们一些启发。他们的佛祖释迦牟尼,与孔子虽然差不多同时出现,但他们留下的材料,似乎比孔子留的还多。大约在公元前 15 世纪左右,雅利安民族征服了印度,印度本来是一个注重严格等级制度的社会,重君主、重集权、重国法、家法;被征服后,更加注重专政与等级。他们不得不建立一个坚强的法制系统和道德系统;因此,"法"、"道德"、"国王",可说是三位一体,这种道德,不能不与"礼"、"法"相通。古印度人曾创造了一个词:达摩(Dharma),其意义差不多就和中国古代的"義"字、古埃及的 Maat 字相同。看来,他们也经过了一段注重等级制的礼义的时期,其古文学作品常以正义和勇敢为中心。

可以说,中国古人以重义为德之开端,和印度人重"达摩"(righteousness)为德之开端,其环境、背景与其流弊也无多大差别,因而后来都不得不转为注重仁与慈,也十分相似。

孔子生于各国争雄、战乱频仍、民不聊生、礼义荡然无存之际,释迦牟尼亦是处于十六国争雄、互相拼战的时代,人民困苦不堪,这使释迦牟尼不得不用"去苦"与"行慈"为号召,将过去韦陀或婆罗门时代铁面无情的"达摩"(法、义道)改为慈悲的"达摩"㊵。也如孔子将"大义灭亲"之"直"变为"父为子隐,子为父隐"之直。同时建立一套仁慈理论,突出仁慈的地位。

㊴ 古埃及似乎同时发现仁与义的重要。

㊵ 佛家讲"我"空、"法"空,是叫人不要执我、执法为真,认为"执"是人类苦痛的最后根源。其实,这是对当时现实中所出现的"法"或"义"的流弊表示不满的表现。人类为自己带来"法"、"义",指出人皆有"我",这为人类带来文化,但也为人类带来苦痛。去除这种苦痛,只有超出法与我,用冷眼旁观的智慧,看待现实的一切。知道我与法的缺失,用超越的菩萨心或仁心、慈悲来补助。这种思想,用中国话来说,就是用仁心救世界、救众生,以仁济义,义在仁指导下,义亦不是昔日严厉的、片面的了。但是,在现实生活中,义仍有存在的必要。佛祖亦如是说。

在这里,佛祖与儒祖还有两个相似之处,都不明白诉诸上帝或绝对体,作为道德的最后根据,宁肯对上帝或"绝对"采取一种怀疑态度——"六合之外,存而不论。"其次,孔子注重仁且智,佛祖也重慈悲与"悟"(人的错误与苦,都由于愚蔽)。在原始佛教的五诫或八诫上,他们对第一条不杀生是作广义的解释,即对一切有生之物,皆要仁慈。因此,他们的教义或佛法,与其说是宗教教条或礼法,还不如说是一些重视自己人格的道德教规或规范;说它是宗教道德,还不如说它是道德宗教;说他们的最后目的——解脱或无着,涅槃——在彼岸,还不如说在人的心上,在人的正觉。既然道或德是在现实中,在人心中,所以必须既用慈,又要用智,智与慈悲,并行不悖;人要去掉"苦"也只有靠心中的慈悲,同时又用"智"来求其因,去其果。佛祖这些想法,近于孔子所谓的"智者不惑,仁者不忧"[41]、"仁者安仁,知者利仁。"[42]孟子所谓的"仁义礼智"[43]、《中庸》所谓"成己,仁也;成物,知也。性之德也,合内外之道也。"我们未尝不可说,释迦牟尼的教义,所代表的道德潮流,就如孔孟用仁代替义的首要地位,孔孟用仁义代替礼义是一种思想革命,是对当时礼义道德沦亡的挽救。原始佛教或佛祖,似亦有这意思。[44]

还有,中国在汉武帝时,在董仲舒(公元前197—104年)的倡议下,儒学得到独尊地位,印度佛学在差不多同时也被雄才大略的阿育王(在位期公元前273—前232年)"定于一尊",与统治者合流。只因与政治力量合流,这种道德思想,不论在中国或在印度,便不能不因政治变化而变化。汉代和阿育王以后,儒佛俱由盛极变弱变衰。但是中国在宋代,究竟还有新儒家承继,"为往圣继绝学",至于印度佛学,后来经回教民族的侵入,终于不振。但流传至今日的印度的"印度教",却采用了很多佛教教义。

第三,不仅东方如此,在西方也同样可见中外道德思想相同的开端与

---

[41] 《论语·子罕》9、29。

[42] 《论语·里仁》4、2。

[43] 《孟子·尽心》上。

[44] 参见:

A. B. Creel: *Dharma in Hindu Ethics*,1977, Calcutta, Chapter 1

S. Tachibana: *The Ethics of Buddhism*, 1926, Oxford, Chapter 19. On Righteousness, p. 257 –269

A. B. Creel: *The Reexamination of Dharma in Hindu Ethics*,Philosophy East and West, Hawaii, 1975.2.25

B. Khan: *The Concept of Dharma in Valmiki Ramayana*,Delhi, 1965。

变化。

西方所谓犹太教、基督教、希腊文化,似相异,实乃一贯。古希腊文化与道德,若没有犹太教、基督教来补救,本身也难于发展㊺。三者合在一起,可见其全。犹太教的圣经《旧约》很清楚地告诉我们关于他们的道德观念在开端时的状况㊻。

《旧约》中的"摩西十诫"基本上是道德戒条,前四条(只拜摩西不拜偶像、不许乱用神名、要守安息日)似属宗教,实是为道德树立至高无上的基础与权威,正如后人把这基础不放在"上帝"上,而力求放在宇宙自然律或历史规律上一样。原来他们信神,信神之子摩西,就是要人们相信道德原理或戒条,就是至高无上的"理"或"道",或上帝。要我们相信义或公正,就是要我们有正义感,能尊重十诫、维护十诫,能秉公办事、诚恳过生活,这就是人类最高的美德。他们所谓的道义或正义感,具体讲有下列内容:

> 不可欺负外地来的人,因为你们从前在埃及也是作寄居的,应该体会寄居的滋味㊼;
>
> 在诉讼庭上,不可因一方穷而放弃公正(或义)㊽;
>
> 遇见仇人的驴,因背驮过重倒在路边,你切不可袖手不理,你应该帮助驴的主人,一同抬开重驮㊾;
>
> 你不可欺压剥削别人,也不可拖延到第二天才给你的雇工发工资㊿;
>
> 不可对你的同胞怀恨在心,图谋报复,总要爱人如己(51)。

除上列话外,他们还有更积极而又深入的言辞:

> 掌权的人,你们果真行公义吗? 你们的判决是公正的吗? 不! 你们一心作

㊺ 古希腊文化兴盛时期非常短,其末日非常可悲,若没有罗马让它向大社会发展,基督教让它向自我深处发展,它会转瞬即逝的。

㊻ 《旧约》所述时期虽然难于确定,但有几件大事,大致可决定。一是摩西带领以色列人脱离埃及是在公元前 13 世纪,但《出埃及记》一篇成书大约是公元前 5 或 6 世纪。另一是《旧约》很多篇提及的"巴比伦囚佛"是在公元前 587 年起的事,成书时期可相隔甚远,亦因此《旧约》所述事实,很多是可信的。还有,所罗门王的《雅歌》及有关事实(成书约在公元前 6 世纪)也大半可靠。至于《约伯记》、《诗篇》、《箴言》、《传道书》,多半是民间文学与道德风气,是比较可信的。据此可知当时人的文化与道德。

㊼ 《出埃及记》,23:9。

㊽ 同上书,23:6。

㊾ 同上书,23:5。

㊿ 《利未记》,19:13。

(51) 《利未记》,19:18。

恶,在地上不断施行暴虐㉒;

那些玩弄法、掩饰恶行的可恶官僚,岂能和他相交? 他们互相勾结、谋害好人,置无辜的人于死地㉓;

听见穷人哀声求助而无动于衷的人,到自己发出哀求时,也必定无回应㉔;

你们这些坏透了人啊,你们把所谓"公正"强加于穷人和受压迫的人身上;所谓正义和公平,对你们来说是毫无意义㉕。

神又传话给撒迦利亚:"我吩咐你们的祖先要执行公平正义,彼此以仁爱相待。不可压迫孤儿寡妇、外方人和穷人;更不可心怀不轨,谋害他人"㉖。

由此可见,古代西方人在重"义"的情况下所产生的正义感、道德感,并不落在我们古人的后面。但是,总而言之,不论是西方古人还是中国古人,在最早的年代,当道德观念萌芽、开端时,都是以义或正义为主德。不仅以色列人如此,古代希腊罗马亦如此。

古希腊人和中国、古埃及、古印度都同样以最尊重"义"或"正义"为开端。他们大多数人都信仰多神或自然神,并以"义"或"正义"为众神中最庄严的神,天神宙斯的第二妻子 Themis 生的二女儿 Dike,随时在天神的左右。她就主管"义"或"正义"。希腊人形容这位女神和古埃及的正义神 Maat 一样,随时手执天秤,衡量人间是非善恶。古希腊人也崇敬爱神,但爱神只管私人事,不涉公事。这也表明,在他们心中,正义比仁爱更重要,正义是人类社会赖以有秩序(包括道德秩序)的基础。

这在他们留下的著作中最清楚。他们最早的著作,一是荷马史诗,一是赫西俄德的《工作与时日》。在后一著作中,讲的多是希腊人民劳动的故事,也最能表现古代希腊人的道德观念。那上面讲:天神宙斯把"正义"这个最佳礼品送给人类,任何人只要知道正义,并且伸张正义,那么无所不见的天神就会给他幸福。还说,有生之类,没有正义,便会互相吞食。如能公正待人对事,城邦就会繁荣,人民就会富庶,安居乐业。这些都是希腊民间人民对正义的企望,也是道德理想。这大约反映了古希腊在公元前 8 世纪时的道德风尚。

此外,梭伦是古希腊雅典的立法家,他用他的公正观点替雅典订了一部令平民比较满意的宪法(约在公元前 574 年),成为此后古雅典城邦的

㉒ 《诗篇》,58:1、2。

㉓ 《诗篇》,94:20—21。

㉔ 《箴言》,21:13。

㉕ 《阿摩司书》,5:7。

㉖ 《撒迦利亚书》,7:8—10。

国家和人民共同以正义为治国和立身处世的标准。他说:"我制定法律,无贵无贱,一视同仁,直道而行,人人各得其所。"⑤这和中国《尚书》上许多帝王的诰文毫无区别。

这种正义的意义,也是后来哲学家、文学家所表现的意义。可以说,整个古希腊时期,甚至古罗马时期,也没有谁不将正义作为政治、道德的中心和最高标准。也因此,在古代全希腊人中,正义成为"百德之总",四主德(正义、勇敢、智慧、自制)中之最主德。

苏格拉底是极重道德的人,正义观念还使他为了不破坏法的至高地位,宁愿饮毒而死,他的学生柏拉图为了对付智者派对正义的攻击,写出了《共和国》,证明正义对个人、对国家,均同样为和平生活、快乐生活、道德生活的来源与标准,正义与利益不可分。到了亚里士多德,虽然将政治与道德分开来研究,但道德仍重在正义,不过,也重视友爱在道德上的价值。他似乎也知道道德不能仅恃正义,特别是正义与非正义界限并不分明。犹如在中国古代,常听说"春秋无义战",但战时每一方都说是为正义而战。

还有,古罗马有一位政治家兼伦理学家西塞罗(Cicero,公元前106—43年)继承并发展希腊文化,著有一书名《论道义》,全书以"义务"或"正义"为中心,主要是"义利之辨"。坚信正义与利益无矛盾;利,不问公利或私利,皆与正义不矛盾;如有矛盾,那也只是表面如此。在西塞罗看来,凡不"义"的事情决不能有"利";恶人即使得利,也不是真正的利益;更不会有永久的、真正的快乐。因此义利不悖。

西塞罗还将"利己"分为三种:一是利己损人,这不可取;二是利己但不损人,这不可贵;三是利己益人,这可推行。因为这是友谊的需要。但如果在第三种意义上再推广,那就将要重仁了。但西塞罗的道德感也还没有超脱正义的力量,未曾发展到最后。

这说明西方由"义"逐渐接近"仁"了。耶稣因此大叫大喊"仁爱"、"慈爱",这声音,在古希腊、古罗马的世界中本来已有基础。他们的史料较齐全,所以比我们中国古代由古代重礼义转为重仁义的过程,记载得较清楚,也值得我们借鉴。

耶稣出现了,"仁爱"也随之变为西方人道德生活中的重要因素了。他们在希腊四主德之上,即在正义之上,增加了三德,即信心(faith)、仁心

---

⑤ 亚里士多德:《雅典政制》,中译本,三联书店,1957年版,第15页。

(charity)、企望心(hope)。其中主要是仁心,即人类最大的主德,是仁与义。耶稣还将《旧约》中的摩西十诫简化为两条:爱上帝和爱人⑱。这算把他们的宗教教义讲清楚了,也把道德的根本要义讲清楚了。后来,圣保罗传教便着重讲这点,看来,西方从此便受滚滚而来的"仁爱"思潮的冲洗,"义"道屈服于"仁"道了。他们说:

> 如果我没有爱心,我不过是吵闹的锣鼓声而已。即使我有先知讲道的能力,渊博的知识……如果没有爱,就算不得有什么价值。如果我倾家荡产收救穷人,甚至舍身被焚,倘若心中无爱,也不算有益于人。爱是经久的忍耐,是仁慈。爱是不嫉妒,不自夸,不狂妄,不做可耻的事,不谋自己的利益……不喜欢不义的事,只喜欢真理⑲。

这种伦理思潮,使客观的、不自觉的"义"(righteousness)变成了自觉的爱心或仁心:即不仅要注重律法、还要注重精神、重良心、重基督⑳。用中国话说,这就是"求诸己"、"返身而诚"。比起西方,中国确较注重仁爱(注重讲"仁义")。但这只证明我们的文化和道德的开端比他们早,并不能表明中西的道德的开端或初期发展有什么不同。

4. 结论

所以,我们想从上面的比较,得出结论:不论中国或外国,用以维持社会生活和制度的道德现象与道德观念,在其起源与开端上,在根本原理上,大体是一致的。中国传统注重礼义或仁义(或称礼义或仁义为"百德之主"),外国传统也照样注重礼义或仁义(或称之为"主德");中国传统因义德产生流弊,所以济之以仁德,外国亦然。以后,中外道德观念的发展,因时因地境况不同,确实有差异,有时甚至有巨大的差异,但总的方向还是相同的。这保证了世界文化的统一性,也使文化的差异性最后有着落。中国人讲"理一分殊",外国人讲"共相殊相"(普遍与特殊),其意义亦在此。

对未来,我们可以说,人类的历史包括道德思想的发展史,在互相往

---

⑱ 《新约·马太福音》,22:37—39。

⑲ 《新约·哥林多前书》,13:1—13。

⑳ "我们知道人要称义,不能只靠遵守律法……因为只有信靠基督才可称义。事实上,没有人可以只靠着遵行律法而称义!"(《加拉太书》2:15—16)

来频繁的时代,总是愈来愈趋于同,绝不是愈趋于异。人类文化包括道德思想和道德现象,对于人类全体或民族全体而言,可以在异中作出贡献,也可以在同中作出贡献,二者并不矛盾。反之,狭隘的民族主义和狭隘的国际主义,都同样对人类、对民族、对每个人有害。这也是为什么我们见到任何其他民族对别人或对自己有贡献时,都不得不拍手称赞的原因;同时,也是我们看到任何民族的民间文学艺术都会发生浓厚兴趣的原因。求异也要求同,求同,并不妨碍爱国主义,更不是想要抹掉差异。当然,差异或特殊性,也很重要。有些优秀文化,也常常出自某种文化的特殊性,但是若无向普遍性的努力,恐怕我们在今天也难于摆脱古代"杀战俘"、"杀无辜"、"杀异己"这类狭隘民族主义和专制集权主义的局面。实际上,古今中外,一致要重仁、重爱、重慈,也不外是力求摆脱这类偏枯与狭窄的局面。

(本文选自谢龙主编《中西哲学与文化比较新论》,
北京:人民出版社,1995。)

作者通讯地址: 100871 北京市海淀区
颐和园路 5 号 北京大学哲学系

32. Logos 与"道"

——中西古代语言哲学观同异谈

Logos and *Tao*: A Comparative Study of Ancient Western and Chinese Linguistic Worldviews

姚小平

【编者札记】

在一般人看来,古人所说的"道",虚无缥缈;西人所说的 logos,神秘莫测。尽管研究二者之一的学者甚众,但把两根"硬骨头"放在一起"啃"的人却为数很少,姚小平先生就是这很少人中的一个,且姚先生的研究观点独到,剖析深透。网上浏览,看到两段话挺有意思,也令人感叹。网友曰:"姚老师是北外最潜心做学问的老师之一,心中一直多有尊敬。"姚小平自白:"自今日起,读三十年书,问三十年学,那时再来与他理论,如何?"读至此,对于由姚先生来"啃硬骨头",恐怕也就不感到吃惊了。

从文章的正标题看,本篇论文是在对 logos 与"道"这两个概念作意义比较;但从文章的副标题看,本篇论文的宗旨是比较中西古代语言哲学观的异同;前者是手段,后者是目的。本文所说的"语言哲学观",是指人们对语言与世界、现实、思维的关系的哲学思考。文章从语言学(尤其是词源学)、文学、宗教学等不同视角探讨了两个词语语义的同和异,但更多的是把它们作为哲学概念进行了十分详尽、透彻的比较分析。文章的结语把 logos 和"道"既看作一条道路,顺此追溯神话和语言的共同起源;也视为两条道路,借此发现东西方两种不同的哲学观、语言观。

姚小平先生的这篇论文,内容丰富,以理服人,用哲学的理论成果来阐释语言的异同,在探讨语言、思维和世界三者的关系上给人以颇多启示。

引言

近代以来,中国学者翻译西文古代哲学、神学著作,碰到 logos 一词,除了音译作"罗格斯"外,常常意译为"道"。而中国古代哲学中的"道",西文学者除了采用音译形式 *Tao* 外,也常将其译为 logos。

logos 和"道"的语义自然不可能完全对应。可是,如不考虑无法传达原语神旨的音译法,要找到一个比"道"更适切的术语来译 logos,使其兼顾 logos 的多层含义,似乎并不容易。总觉得,以"道"与 logos 互译,颇有传神的妙处,不过,究竟妙在哪里,三两句话却说不清楚。于是想到写一篇文章,来分析一番 logos 和"道"的语义内涵,而主要目的则是从 logos 和"道"的比较入手,探讨一下中西古代语言哲学观的同和异。

这里先要交代一下,本文所说的"语言哲学观",是指人们对语言与世界、现实、思维的关系的哲学思考。古希腊哲学中和《圣经》中的 logos 神秘主义,可视为西文古代语言哲学观的代表;中国古代语言哲学观则可以老子的名说为最早代表。

1. 词源

1.1 现代希腊语的 logos（λoγos）是一个多义名词

日常使用中主要指:(1)词(中性),言语(阴性);(2)说明、解释(阴性);(3)理智(阴性),理由(阴性);(4)(数学上的)比例(中性)。

logos 的现代诸义,汇集了语根 leg-(说、讲)义变的三条主要线索,如下图所示:

```
                                    ┌ logiko(n)(理性)
          衍生义(1)                  │
          ……………… 派生词例┤ logismos（思想[阴性]）
                                    │
          表示思维                   │ logike（逻辑）
          (精神规律)                 └ logikos（合逻辑的、理智的）

leg –     本义和中心义               ┌ legein（说话、讲述）
(说、讲)   ……………… 派生词例┤
          表示语言                   └ logion（格言、语录）

          衍生义(2)                  ┌ logismos（计算[阳性]）
          ……………… 派生词例┤
          表示数                     └ logistike（簿记、记账）
          (自然规律)
```

上面举出的只是现代希腊语的部分词例。虽说以现代语词为例,这样的意义分化事实上早在希腊语里就已开始。

legein 表示说话,含有"清楚明确、有条不紊地陈述"的意思。其反面则是 lalein,指"口齿不清,喋喋不休"。清楚地、有条理地说话,就是合乎理智、合乎逻辑地运用言语。对语言与思维的密切关系的认识,便是语根 leg-从"说话"一意衍生出"理性"、"逻辑"一组意义的心理基础。至于"计算"之义的出现,同样不是偶然的。人们计数时往往念念有声,数数的过程因此也即自言自语的过程。我们可以拿英语的 tell 做一个比较,它也兼有"说、讲"和"数数"的意思。

除了语言、思维、规律等义外,logos 还有特殊的宗教含义。《圣经》上用它来指集语言、思维、行动诸能于一身的圣子基督。

1.2 现在我们来看看"道"的词源

"道"本指路《说文》二下:"道,所行道也。""道"的字源可以印证其词源。沿着既成的路走,就是遵照一定的规范做事。"道"由此引申而指规律、法则、事理、思想、学说。这是"道"作为中国古代哲学范畴出现的语义基础。

"道"又有言说的意思。"道可道,非常道",老子这句话里的第二个"道"字,就是指言说。"道"的这一意义缘何而起,一般辞书上并无解说,倒是多把表示道路的"道"和表示说话的"道"例作两个词项,似乎两个"道"只不过字同音同而已,就语源而言是不相干的两个词。道路和说话,这两个意义初看的确不像有什么联系。其实不然,道路,其功用在通达,《尔雅·释宫》里说:"一达谓之道路";而说话不就是使自己的意思达于他人,借言辞表达些什么吗? 这样看,从道路的"道"引申出言说的"道",不但是有可能的,而且是很自然的。早在先秦时期,两个意义的"道"就已同样通用。

1.3 logos 和"道"的语义对应表现在三个方面

其一,作为哲学范畴,"道"和 logos 在规律、法则等义上可以对应。

其二,logos 和"道"词源虽不同,却都有"言说"的意思(尽管这在前者是本义,在后者是引申义)。

这一语义上的巧合从语言哲学的角度考虑,是很耐人寻味的。《新约·约翰福音》第一句说:"太初有道(logos)",老子《道德经》第一句说:"道可道,非常道",这两句话及其下文不仅关系到古代西方和中国各自的宇宙发生观,而且也关系到它们各自的语言哲学观(详细的分析见后)。

其三,甚至在最直接的"道路"一义上,"道"也可以与 logos 相对应。哲学家提出 logos,是为向常人指明思想之路;而上帝手中的 logos,就是引导世人走向永恒的光明之路。所以《圣经》上耶稣说:"我是道路、真理、生命"。(《约翰福音》14 章 6 节)

有以上三方面的语义对应,以"道"和 logos 对译应该说是相当理想的。

2. logos: 从赫拉克利特到歌德

2.1 赫拉克利特论 logos

2.1.1

赫拉克利特(约公元前540—前480 年)是最早把 logos 作为哲学范畴提出来并加以论述的古希腊哲学家。他探求世界发生的奥秘,以为万物的本原是火;火按照某种规律永久地燃烧,并在一定程度上熄灭,从而导致物的生成变化。这种规律,他称之为 logos。他有关 logos 的论说要点如下①:

(1) logos 是永恒存在的(D1);(2)logos 是普遍的,对于所有人是共同的(D2);(3)logos 主宰着一切,世界万物都根据它生成(D1,D72);(4) logos 是"一",属于唯一的智慧、唯一的神(D32);(5)logos "为灵魂所固有"(D115)。

上面五点中,前三点比较清楚,后两点则不甚明白。笔者的理解如下:

---

① 赫拉克利特著作残篇的中译文参见:北大哲学系《西方哲学原著选读》(简称《选读》上册,21—23 页);苗力田主编《古希腊哲学》,38—48 页,引文后括弧内的 D 指 H. Diels 的《前苏格拉底哲学家著作残篇》一书(1912),数字表示残篇顺序。关于赫氏学说,可参看罗素《西方哲学史》(中译本)上卷,65—77 页。《选读》将 logos 意译为"道",苗力田《古希腊哲学》则取音译名"罗格斯"。

2.1.2

赫氏虽主张世界并非任何神或人所造(D30),而是自然存在,但在他看来,世界生成变化所循的规律即 logos 却是神的化身。logos 支配着一切,宇宙间、世界上只有一条 logos,所以,logos 是"一"。这个"一",意味着三个层面上的合二为一,即:

a. 自然与神合二为一:logos 既具自然性,又具神性;b. 自然与理性合二为一:logos 既为自然规律,又为理性规律(所以说 logos 是智慧,"为灵魂所固有");c. 神性与理性合二为一:logos 既是神秘的,又是理性可以认识的(它本身即是理性力量)。换言之,logos 就是世界与神的统一,自然与精神的统一,神秘主义与理性主义的统一。

作为"一",logos 暗指着哲学上的统一性。此外,这个"一"也有数学上的意义。"一"是最基本、最自然的数,其它一切数都由它推演而来。

2.1.3

由此想到 logos 这个词至今尚存的衍生意义,正是包含了自然和精神两个方面(见 1.1),可以与赫拉克利特赋予 logos 的意义遥相呼应。赫氏笔下的 logos 具有神圣的、神秘的价值,预示了后来 logos 进入《圣经》,成为上帝手中无比神奇的力量。

赫氏还没有将语言包括进 logos。他很少谈论语言。有一处他说到名称的源起:"……火混合着香料时,[事物]就按照各自发出的气味得到不同的名称"(D67)。话虽离奇,意思是明白的:名称既非神的创造也非人所授予,而是自然发生的结果。这是西方最早关于名称发生的"本质论"(naturalism)的说法之一。

2.2 不可言说,还是可以言说?——智者和巴门尼德论的存在、思维、语言

2.2.1

赫拉克利特认为,logos 的存在和作用是隐蔽的,一般人觉察不到,也理解不了。虽然他以发现和把握 logos 的哲人自居,把向世人晓谕 logos 视为己任,但他也感到难以用确切的言辞把他称为 logos 的那种东西解说清楚。这 logos 是只可意会而难以言传的。许多古希腊哲人像赫氏一样,

在表达抽象概念的时候常常为言辞不能达意而苦恼。智者普罗泰戈拉（约公元前480—前408年）用怀疑论的态度道出了这种苦恼。"你不能正确地用任何名称来称呼任何事物"，苏格拉底曾赞赏地引述了普罗泰戈拉的这一观点（见《选读》上卷，56页）。比如我们在某个场合称某物"大"，可是换一个场合，该物可能就要称为"小"。那么，"大"这个词究竟有没有自己不因时境变迁、物象变化而生变的常驻意义？赫拉克利特说过："我们不能两次踏进同一条河"（D91），一切都在变化之中，一切都是相对的；而普罗泰戈拉将赫氏这句名言所包含的相对主义精神推及语言，于是得出了"不能正确地用任何名称来称呼任何事物"的看法。套用赫氏的句式，这等于是说：我们不能两次（同样正确地）使用同一个词。这种相对主义的观点，苏格拉底告诉我们，在当时是很普遍的："你去问问所有的哲学家——普罗泰戈拉，赫拉克利特，恩培多克勒，以及其余的人，一个一个地问，除去巴门尼德以外，他们都会同意这个说法的"（见《选读》上卷，56页）。

2.2.2

上面苏格拉底提到，巴门尼德（约公元前520—前445年）的看法与众不同。他关于思维、语言和存在的论说被现代哲学家认为是"从思想与语言来推论整个世界的最早例子"（见罗素《西方哲学史》中译本上卷79页）。

在巴门尼德看来，相对主义是动摇不定、混淆是非的结果，只会把人们引向无知。他的论述可以归纳为三个要点：第一，有物存在；第二，存在可以认识（思维）；第三，可以认识（思维）者也可以言说。存在、思维、语言三者是同一的。我们可以从存在推论思维、语言：凡存在的就是可思维、可言说的；也可以反过来，从语言、思维来推论存在：凡可思维、可言说的就都是存在的。智者派从否定存在出发，以至怀疑语言的作用，相反，巴门尼德则从肯定存在出发，进而肯定语言的作用，认为语言也是一种存在，因此能够（真实地）传达存在。这两种对立的观点，一旦推至极端，都是有疑问的。假如语言无法表达存在，人与人如何互传信息？假如可言说者就是存在的，真话与假说还有什么区别？

智者们怀疑一切，甚至对神的存在也持怀疑态度。而对巴门尼德来说，神的存在是一切存在的首要前提。存在不仅与人（的思维、语言）同一，而且也与神同一；人与神都是存在，通过存在统一起来。在赫拉克利特，人（理性）与神的统一则是经过 logos 实现的（参2.1.2）。虽然巴门尼德对 logos 这一范畴未作发挥，但他的"语言—思维—存在"同一说实际上比赫氏的 logos 论更完整地暗含了《圣经》上 logos 一词的语义内容。

2.3 logos——古希腊民族性的体现

Barnes(1987:22)说,赫拉克利特等前苏格拉底哲学家"使用了 logos 这个术语,从而为确立起一个科学和哲学的核心概念迈出了第一步"。他所谓"核心概念",显然是指 logos 的"理性"一义。在苏格拉底、柏拉图、亚里士多德的著作里,logos 除了本义"语词"之外,一般只有"理性"这层含义,如指公理、原理、逻辑原则。

然而,我们在前面(2.1.2)说过,赫拉克利特的 logos 不仅是理性的,而且也是神性的。从他开始,logos 就有了神秘的意义。赫氏学说中还比较隐蔽的神性,到了斯多葛派手里已经无所遮掩,公开凌驾于理性之上了。logos 一方面保留了自然法则和理性规律的意义,另一方面则被等同于神、天命、世界灵魂。

在一部权威的古典文化百科全书里,编著者之一 Heinrich Dorri 指出:"logos 是古希腊人的核心价值概念,古希腊人借它表达出自身的民族特性"(*Ziegler und Sontheimer*, 1979; Band 3,711)。毫无疑问,注重理性是古希腊民族特性的一个重要方面,但是,崇尚神性也是其不可忽略的一面。试想一下,如果没有宙斯及诸神,希腊文化难道还称得上希腊人的文化么?无论在日常生活中,还是在进行哲学思考时,古希腊人身上的理性与神性总是穿插交织在一起,而 logos 便是理性与神性密切结合的一个缩影。

2.4 《圣经》:语言的起源、力量和 logos

2.4.1

《圣经》分《旧约》和《新约》。《旧约》本为犹太教经书,其中《创世纪》篇中的第二章"天堂"和第十一章"巴别塔"所叙故事常为人引用。一个故事说,上帝造出走兽飞禽后,让人(亚当)给它们一一命名;另一个故事说,人类本来只有一种语言,可是上帝担心人们因语言统一而能够随心所欲地行动,于是就扰乱他们的语言,使他们互不理解,行动不易统一。

从这两个故事看,语言似乎并非为神所造。上帝只管造人造物,而把造语言(起名字)的自由留给了人类;人类固有一种语言,神只不过中途进行了干预,使之发生变异。

2.4.2

　　但以上所述还不是《旧约》关于语言源起的全部说法。事实上,《创世纪》开篇第一章就讲到了这个问题,大要如下:

　　混沌之初,天地未分。上帝首先创造时间和空间。他说:"让光明存在吧!"于是,就有了光明,上帝把光明称为"昼",而把其对立面黑暗称为"夜"。他又说:"让天空存在吧!""让陆地显现吧!"于是,就有了天空、陆地,上帝分别称之为"天"和"地",并把环绕陆地的水称为"海"。有了时空,上帝接着又依次造出了植物、动物、人。

　　这里,有两点值得一说。第一,现在我们可以肯定,根据《圣经》,语言的确是神造的。昼、夜、天、地、海洋的得名,都靠上帝的作为。不过,上帝命名的对象只限于宇宙和世界的初态,至于更多、更具体的物象的命名,是要由人自己来完成的。

　　第二,语言不仅是用来称代事物的,而且是用来创造事物的,它是上帝创世的工具。上帝无须行动,只需说出一些命令式的句子,就能够造出昼、夜、天、地。在上帝,说话就是行动,词语就是力量。这是真正意义上的"言有所为"②。语言的这种作用,若从原始宗教的角度理解,则无异于口念咒语就能呼风唤雨的巫术。

2.4.3

　　《旧约·创世纪》所记载的是古代希伯来人的语言起源说。整部《旧约》连同这种语言起源说被基督教创始者接受下来,在本教的正典《新约》中得到阐发。最关键的一篇是《约翰福音》,它以一段气势非凡、充满神秘色韵的话开头:

　　"太初有道,道与上帝同在,道就是上帝"。

　　《新约》原作基本用希腊文写成。"道"的原文为 logos,《圣经》多种中文本都译作"道"。logos 在拉丁文本《圣经》(公元 4—5 世纪间全部译成)中的译语是 Verbum,英文本、德文本、日文本③的译语分别是 Word,

---

② "言有所为"是许国璋先生对 J. L. Austin 的 performative utterance 这一表达提出的译名。

③ 英文本——King James Version, 1611;德文本——路德译本,1957—1975 修订;日文本——《新约圣书》,The Colloquial Japanese Version, 1954.

Wort,言（ことば），都是"语词"的意思。这句话里的 logos 译为"道"是否贴切，容后再作分析。这里首先要说明，拉丁、英、德、日文诸本为什么都取 logos 的本义"语词"。

《新约》的叙述，应与《旧约》里的有关叙述对照起来理解。《旧约》里讲，上帝用语言来创世，他念念有词，命令昼、夜、天、地生成，昼、夜、天、地便生成了。这意味着，在宇宙万物出现之前，只有两样东西存在——上帝和他的语言，所以到了《新约》里，才有了造物之始 logos 与上帝共同存在的说法。接下来的一句话说得更明白："万物是藉着它（按指 logos）造的。凡被造的，没有一样不是藉着它造的。"语言内在于上帝，是上帝存在不可分割的一部分，上帝不仅用语言创世，而且靠语言显现自身；整部《圣经》中，上帝都是通过语言显灵，向人晓谕道理。上帝是说话的上帝，谁听到了上帝的 logos，就是见到了上帝本身。上帝的存在、力量、精神，全部体现在 logos 之中，所以说，"logos 就是上帝"。

从以上所述可以看出，拉丁文本《圣经》最早把 logos 译为"语词"，英德文诸本参照并接受了这一译法，都是很有道理的。对《圣经》中 logos 所表达的至关重要的"语言"一义，实际上早在公元四、五世纪之交就有一位基督教神学家作了详尽的阐发。他就是古罗马人奥古斯丁（Augustini 354—430）。

2.5 奥古斯丁：logos 体现了语言与思维的统一

奥古斯丁以前的基督教神学家兼哲学家——例如奥里要（Origenes，约公元 185—254）——主要把 logos 理解为圣子基督。logos 的这一用法在奥古斯丁的《忏悔录》一书关于《圣经》教义的解说中得到肯定。除了这层含义，他特别强调了 logos 的"语言"一义。下面三段话，说的就是语言的创世作用：

> ……在你（按指上帝）创造它们的"言语"之中，事物听到这样的决定："由此起，于此止！"
>
> （《忏悔录》（中译本），卷四，十节）
>
> 你怎样创造天地的呢？……你一言而万物资始，你是用你的"道"（Verbum）——语言——创造万有。
>
> （卷十一，五节）
>
> 你用了和你永恒同在的"道"，永远地说着你要说的一切，而命令造成的东西便造成了，你唯有用言语创造，别无其它方式。
>
> （卷十一，七节）

上帝只能用语言来造物,因为在时间空间、天地万物出现之前,语言是上帝的唯一所有。太初本是毫无规定性的一团混沌,无始无终,无边无界,但是,一旦上帝为造物而说出"昼、夜、天、地"等词,就意味着给本无起讫限界的东西规定了界限:"由此起,于此止!"所以,词即规定性和界限,它把事物按上帝的需要(当然也是按人的需要)分别开来,一一赋予标记。

在奥古斯丁看来,上帝的语言和人的语言一样,不论是否有声,都与思维密切关联。上帝及其语言被认为先于万物存在,而语言是以思维为其隐含条件的,所以,先存于成物并与语言同存的实际上还有思维。上帝用语言创世,也就意味着通过思维创世。"一切开始存在或停止存在的东西,仅仅在你(按指上帝)无始无终的永恒思想中认为应开始或应停止时才开始存在或停止存在,这思想即是你的'道',这'道'也是'元始',因为他向我们讲了话。"(卷十一,八节;着重号为笔者所加)这是典型的思维决定存在的说法。

如此看来,《圣经》上的、奥古斯丁心目中的上帝,实在即是一个能思维能说话的、先存于并决定着客观世界的主观存在。语言和思维通过 logos 在上帝身上统一了起来,构成一种神秘力量的两个互为前提的存在——作用方式。这种关于语言、思维、存在同一性的认识在哲学上可以溯源至巴门尼德(参见2.2.2)。

2.6 歌德析 logos

《约翰福音》的开篇第一句话(参见2.4.3)让人回味无穷。它是一条了解西方古代语言哲学观的门径。奥古斯丁以来,不断有思想家举出这句话,玩味其深在的含义。这里只说一个近代的思想家——歌德。

《浮士德》第一部里有"书斋"一场戏。对《新约》所显启的上帝超自然的存在,浮士德感奋不已,欲将这部圣书化译为自己"心爱的德语",于是说了下面的话:④

> 我先写下一句,"太初有道!"
> 哦呀,已经窒塞着,译不下去了!
> 这"道"字未免是太不分明,

---

④ 中译文取自郭沫若译《浮士德》(人民文学出版社,1959年,第一部,60—61页)。

> 我要另外选择一个，仰仗神兴。
> 我把它改译成："太初有心。"……
> 慎重罢，这头一句要好生留神！
> "心"怎能够创化出天地万汇？
> 这应该译成为："太初有力！"
> 但当我把"力"刚写在纸上，
> 我已经警悟着，意义还不恰当。
> 哈哈，笔下如有神！我豁然领会。
> 我称心地翻译作："太初有为！"

歌德让浮士德读、译《新约》，选中的例子则是"太初有道"一句，足见在歌德看来这句话乃是《新约》全书的精义所在。而这句话的关键又在logos。浮士德首先考虑将logos译为Wort，但觉得它不能表达出logos的全部意义，于是又几易译名，直至觅到一个自认为最能传神的德语词。Wort（语词），Sinn（心、意识、思维），Kraft（力量），Tat（为、行为、作为）——四个词显示了歌德对《新约》中logos的意义内容的逐层剖析。logos是语言，也是思维，它把二者统一起来，作为上帝的化身，它是一种无比强大的力量；上帝说了话，进行了思维，即是运用了其力量，完成了创世的行为。

3. 老子论"道"与"名"及其影响

3.0

老子生当春秋后期，与古希腊哲学家赫拉克利特大抵属于纪元前同一时期。作为本节的开始，我们首先想把老子的"道"与赫拉克利特的logos做一个比较，看看二者在哲学上有多少相通的特性。

3.1　老子的"道"与赫拉克利特的 logos

3.1.1

本文2.1.1归纳了赫拉克利特论logos的五个要点。我们发现，其中至少有四点基本也适用于解释老子的"道"。

第一，"道"是"常道"，它永恒地存在，"迎之不见其首，随之不见其后"(《道德经》十四章),"周行而不殆"(二十五章)。

第二,"道"是普遍的,不因人而异,"独立而不改"(二十五章),"天道无亲"(七十九章)。

第三,"道"生成并主宰万物,它"可以为天下母"(二十五章),一切事物"惟道是从"(二十一章)。

第四,"道"是"一"——唯一的始原,唯一的原则:"昔之得一者,天得一以清,地得一以宁,神得一以灵……"(三十九章)。与古希腊哲学中"一生万物"之论略有不同的是,老子又认为就连"一"也是"道"的产出,"道生一,一生二……"(四十二章)。

第五点则显示出了"道"与 logos 的区别。logos 既指自然规律,又指理性规律(参2.1.2,b.);古希腊哲学乃至建基其上的整个西方哲学重理性、重思辨、重逻辑的传统,从 logos 及其派生意义(logic 等)上可见一斑。老子的"道"与 logos 一样也指自然规律,但并无理性规律之义⑤。《道德经》里没有一句说到"道"与思维的关系。很晚才有人把"道"与思维(主体)联系起来。比如宋代陆九渊称"道未有外乎其心"(《陆九渊集》卷十九,《敬斋记》)。

然而,"道"也有赫拉克利特的 logos 所没有的意义,即"人道"《易经》上,"道"一分为三:"《易》之为书也,广大悉备,有天道焉,有人道焉,有地道焉"(《系辞下传》)。"天道""地道"是自然规律,"人道"是人世常则。中国古代哲学重人生伦理,这是很自然的。

3.1.2

老子的"道"和赫拉克利特的 logos 一样,也带有神秘的色彩。与赫氏 logos 同一的神,与其说是宗教神,不如说是自然神。隐藏在老子的"道"背后的也是一个自然神的观念。"吾不知谁之子,象帝之先"(四章),是说"道"作为万物始原甚至先存于上帝;"以道莅天下,其鬼不神"(六十章),是说:"道"可以抑制鬼神的作用。有人以为这足以证明老子有无神论思想。(丁祯彦、臧宏,1989:43)其实老子并未否定神的存在,只是使"道"凌驾于神之上,这跟赫拉克利特关于神同样要遵从 logos 的认识也是类似的。

---

⑤ 19 世纪一些研究道论的西方学者就曾指出,"道"没有(logos 所具有的)思想、理性、判断、智慧等意义。所以有人甚至提议把"道"译为"自然"(nature)。参见杨兴顺,1957:85—86。

"道"超乎一切感觉之上,玄之又玄,深不可察。老子在这样一种神秘的"道"的氛围内论及"名"(语言),"名"自然不免染上神秘的色蕴。

3.2 老子名说大要

3.2.0

下引《道德经》开头的一段话,是我们了解老子语言观的关键。为便于读者领会原文,我们将任继愈先生(1985:61—62)的译文一并附上,虽然我们的理解与任译不一定完全相同。

原文:

道,可道,非常道;
名,可名,非常名。
无名,天地之始;
有名,万物之母。
故常无,欲以观其妙;
常有,欲以观其徼。
……

任译:

"道",道得出的,它就不是永恒的"道";
名,叫得出的,它就不是永恒的名。
"无名"是天地的原始;
"有名"是万物的根本。
所以
经常从无形象处认识"道"(无名)的微妙,
经常从有形象处来认识万物(有名)的终极。

3.2.1 "道"是不可言说的

老子给予"道"的第一个表述是,"道"无法用语言来表述。"道"即"无名"。对于他所悟识到的那种普遍规律或力量,老子同赫拉克利特一样,感到很难用言辞表达清楚。哲学家每每哀叹汉语词太贫乏,不足以适切地表达抽象概念,更不必说像 logos 或"道"那样的富有神秘性的抽象概念了。普罗提诺曾引柏拉图的话说:"'太一'是语言文字所不能名状的"(《选读》上卷 215 页),这与老子称"道"不可道何等相似。

但是,"道"不可道,意思不仅仅是说人们主观上难以对"道"作语言表述,而且也是说,"道"在客观上不容有语言表述。因为在老子看来,语言是对所指物象的限界,而"道"作为一切物象的始原,是不应该也不可能有语言限界的。要理解老子的这个看法,我们必须从"名"的发生说起。

3.2.2 "有名"生于"无名"

老子认为,"有名"生于"无名"。就语言而论,这意味着名称是从没有到有发展而来的。老子此见可以从两个方面推断出来。

第一,在老子哲学的"有"与"无"这一对相互依存的范畴中,"无"是首要的、先在的;"天下万物生于有,有生于无"(四十章)。《文子·道原篇》里有如下解释:"有名,产于无名;无名者,有名之母也。"

第二,老子先说"无名,天地之始",然后说"有名,万物之母",这个句序不无讲究。冯友兰(1962:200)指出:"在这两句里,天地和万物是分开来说的。这不是'互文见义',这是根据道家的宇宙发生的理论说的。"这一宇宙发生论可以用《道德经》四十二章中的一句话概括:

"道生一,一生二(阴阳或天地),二生三,三生万物。"先天地后万物,先"无名"后"有名"乃是自然演进的顺序。

名称是发展的结果,这当然毫无疑问。问题是,名称是如何产生出来的?这一点老子没有谈到。不过他谈到了名称与事物的关系,即名实问题。

3.2.3 "名"与事物同生同在

在名实问题上,老子不再持发展的观点。"名,可名,非常名",言外之意就是:存在着恒常不变的名称。

"道"之所以不可以有名称,是因为"道"缥缈无形,恍惚不定,为感觉所不可识察。"绳绳不可名,复归于无物"(十四章)。归根到底,"道"即"无物"。但老子说的"无物"与古希腊怀疑论者高尔吉亚所谓"无物存在"不同。"无物"不是说任何东西都不存在,而是指一种混沌一团、无形无象的原初存在,这种存在虽然难以把握,却是真实可信的。

"道之为物,惟恍惟惚。惚兮恍中有象,恍兮惚中有物。窈兮冥中有精,其精甚真,其中有信。自古及今,其名不去,以阅众甫。吾何以知众甫之状哉?以此。"(二十一章)

混沌恍惚的"道"之中,已经隐约可见真实事物的形象、芽孢(精);所以,"道"之为"无",是包含着"有"的"无"。老子说"有无相生"(二章),

道理也在于此。从"道"的存在性,老子转而谈到名物关系。"无"包含着"有",同理,"无名"也包含着"有名"。在没有名称的"道"之中,已经存在着有名称的精素,这种精素是孕育出万物(众甫)的种子。换言之,万物在萌芽状态时就已有了名称。名称与它所指的对象同生同在,不可分离,从古到今未有变化。由于物名天然生成,恒常不变,人们根据名称就可以识察(阅)万物。

老子对名物关系的上述认识,胡适(1919)曾经论及。他认为,"其名不去"的"名"也即事物的类名,如"人"、"雪"等等。类名是永远存在的,不受个体事物发生、消亡的影响;事物的本性或物德(精),例如雪的寒、白,人的形体、官能,作为"知识上的信物"由相应的类名保存起来,因此,通过类名便能认识事物。"我们所以能知万物,多靠名的作用"(胡适,1919:60)。

3.2.4 "名"是事物的界限

"道"无形,所以无名。照老子的看法,"名"和"形"是密切相关的。以后的释家都强调了这一点。《吕氏春秋·大乐》中说,"道"是"不可为形,不可为名"的。晋代王弼在《道德经》(十四章)的注释里说,"无形无名者,万物之宗也。""形"是事物固有的存在形式,把"名"与"形"如此紧密地联系起来,无异于把"名"也看成事物固有的一部分。管子《心术上》里的一句话,点出了老子对名物关系的看法:"物固有形,形固有名。"

"形"是一事物区别于它事物的界限。依附于"形"的"名",因此也被视为区分事物的界限。"故常无,欲以观其妙;常有,欲以观其徼。"——这一句里的"常无"、"常有",任继愈译解为"经常从无形象处"和"经常从有形象处"(参见3.2.0)。但如果与上文的"无名"、"有名"相照应,"无"、"有"也可以理解为"没有名称"、"有名称"。由于没有名称,无所限界,"道"才显得那样高深微妙,不可把握;由于有名称,有真实可信的形象,人们才有可能认识"道"所化生的万物。

把名称看作事物生来就有、不可分离的一个部分。看作事物天然的界限,这正是一种关于名实问题的"本质论"的观点。在这一点上,老子的认识与赫拉克利特的认识就实质来说是相同的(参见2.1.3)。当然,赫氏只有只言片语论及名称,很难说是构成了一种语言观,而老子对名称则有系统性的阐述,其说堪称为中国古代最早,而且最有影响的一种语言哲学观。

3.3 老子名说的影响

3.3.1 影响的两个方面

老子名说的影响主要表现在两个方面:

第一,在名实关系的问题上,老子提出名实同生同在,倡始了中国古代哲学中的本质论之说。庄子、管子(见3.2.4)的有关论述中,都可见老子思想的痕迹。庄子说:"视而可见者,形与色也;听而可闻者,名与声也"(《天道》)。形、色、声,是事物本来的特性,在庄子看来,名称与之并无二致,也是事物的本性之一。先秦以后,也有不少学者发挥了本质论的思想。这里只举汉代董仲舒一人。他认为,"名生于真,非其真弗以为名"(《春秋繁露·深察名号》),"万物载名而生"(《天道施》)。即是说,只有真实(有形)的事物才可以获得名称,万物生来似乎就各有其名。

第二,自孔子起盛行的正名说,究其语言哲学的根源,即在于老子始倡的本质论。根据本质论,名称是事物固有的客观属性之一,事物离不开其名,犹如离不开其形,名和形一样,是一事物区别于它事物的天然界限。由这一认识很容易导出这样一种看法:事物固有的是不容破坏的,一旦遭到破坏,就会抹杀事物应有的界限,危及事物本身的地位。所以,保持一个事物的名称,或纠正它受到歪曲的名称,对于维护这个事物便有举足轻重的意义。

3.3.2 正名说

本质论属于哲学和语言学的探讨范围,但本质论所引发的正名说已超出这一范围,涉及社会生活管理。

老子曾经谈到"名"在社会生活中的作用。"名亦既有,夫亦将知止,知止可以不殆"(三十二章)。有了名称,人们在生活中就知道每事每物的界限何在,"各人守着各人的范围,便能相安于无事"(许啸天,1930:166)。简言之,就是要守名分。

孔子把名与社会生活更紧密地联系了起来:"名不正,则言不顺;言不顺,则事不成……"(《论语·子路》)。名称的正当与否,在孔子看来决定着社会行为的成败。孔子的正名说,是我们熟悉的;公孙龙试图通过"正名实"来"化天下"(《迹府》),他的主张我们也不陌生。但老子名说与孔子等人的正名说的思想联系,却容易被忽略。孔子慨叹:"觚不觚,觚哉?

觚哉?"⑥(《论语·雍也》)"觚"这种酒器,古时候有角,现在没有角了,岂可仍称为"觚"? 这一认识的背后,即埋伏着一种本质论的语言观,正如管子所说,"物固有形,形固有名",物的"形"改变了,其名称也应随之而变。

正名主义者常常哀叹今不如昔,以为只有古代的圣人才能为每一事物都创制出适当的名称。比如公孙龙说:"至矣哉,古之明王! 审其名实,慎其所谓"(《名实论》)。其实,把名称的创制、名实关系的确定归功于虚指的远古圣人,是本质论的一种变相表达,等于是说,名称从一开始就是合于事物本性的,天然相适的名实关系不容更易(除非事物像孔子所说的"觚"那样本身发生了变化)。董仲舒有两句话把圣人制名说的本质论实质道破了:"名号之正,取之天地";"名则圣人所发天意,不可不深观也"(《春秋繁露·深察名号》)。"圣人"只不过是一块借来压服人的牌子,归根到底,决定名的发生和正与不正的是"天意",即自然本性。

正名说是中国两千年封建专制的精神梁柱。"君君,臣臣,父父,子子",只要人人恪守本分,社会秩序就将得到维护。"名"所规定的界限不可破坏,尤其是帝王的"名"——他的象征着王权的名字——更是神圣不可侵犯的。类似的名讳现象在其他民族的历史上大概也可以见到,但在中国,由于有异常深刻的思想背景,这种现象持续的时间特别长。我们虽不能认为,是根据老子思想的正名说导致了名讳现象,但我们至少可以认为,正名说为这种现象提供了十分有利的生长环境和名正言顺的理论根据。

4. 几点比较

4.1 卡西尔的《语言与神话》

对语言有特殊兴趣的德国哲学家卡西尔(Ernst Cassirer)1925 年写过一本书,取名《语言与神话》(*Sprache and Mythos*)。在书中,他指出了一种人类早期普遍的文化现象——对语言的崇拜。他说:

> "在所有神话的宇宙起源说里,无论追根溯源到多远多深,都无一例外地可以发现语词(罗格斯)至高无上的地位,"……"在几乎所有伟大的文化宗教的创

---

⑥ Roy Andrew Miller (1975:1217)称孔子的这句话是"一条必不可缺的线索,它可以使我们了解中国语言学传统的几乎各个方面"。

世说中,语词总是与至尊的创世主结成联盟一道出现;要么它是主使用的工具,要么它就是第一源泉——主本人……"(中译本70—71页)。

卡西尔举了一系列古代民族的例子,如埃及人、巴比伦—亚述人、波斯人、犹太人、印度人、希腊人、印第安人。倘若再加上古代中国人⑦,世界主要文化就尽收于此了。

4.2 老子道论中的名说——语言崇拜的又一例

古代中国人并不例外。老子的道论虽不能说是一个神话,但它多少带有某种神性。在道论中,我们可以发现一种与宇宙发生说相关联的语言观,究其实质,也是对语言的崇拜。

从生成演化的角度看,先有"道",之后有天地,然后再有万物。"有名,万物之母",这里,"有名"也即天地(参冯友兰,1962:200)。这意味着,"名"(语言)是先人类而存在的,正像《圣经》里上帝与其 logos 先存于人类一样。"名"是"道"所生成的,"有名"生于"无名";"道"本无名,但它既能化生天地万物,当然也有能力生成"名",事实上,"道"在生成天地万物的同时也就生成了它们的"名"。同样,在《圣经》中,logos 由上帝生成,它是上帝子。无论是上帝生成的语言,还是"道"所生成的语言,都具有起源上的神秘性、时间上的先在性和不依赖于人类的独立性。

另一方面,从本体上看,语言与创世的力量——不论是上帝还是"道"——具有同一性。"logos 就是上帝",《约翰福音》里说得很明白。至于"道"与语言的同一性,在我们对老子的语言哲学思想做了一番分析之后,也已不难看出。《道德经》一开头就把"道"的问题和"名"的问题同时提了出来,这正如《约翰福音》的头一段话既讲了世界的发生又讲到语言的出现,绝不是偶然的。"道"既是"无(名)",又是"有(名)";或者说,"道"是包含着"有(名)"的"无(名)",用哲学家的话说,就是:无限之中包含着有限。无限界的"道"所化生的万物是有限界、有名称的,而这些物及其名称的种子就在"道"本身之中。老子说,可以言说的"道"就不是"常道",可以说出的"名"就不是"常名"——言外之意,存在着"常道"、

---

⑦ 卡西尔确实想把中国文化也纳入他的理论框架之中。为此他引了一位西方语言学家书中的例子:自公元前三世纪的一个中国皇帝起,一个本来很普通的第一人称代词就只有皇帝本人可以使用了。我们知道这个代词是"朕"。但这个例子与卡西尔所说的"神话的宇宙起源说"并没有关系。

"常名"。实际上,在老子看来,"道"也是有名称的,只不过这名称是一个不为人知的、不可言说的"常名"罢了(如二十五章说:"吾不知其名……")。作为"常道"的"道",是天地万物之源;而具有"常名"的"常道",也是一切名称之源,在这一意义上,可以说"道"与语言同在。"道"这个词(字)兼有的言说一义,不正暗示了"道"与语言的同一性么?

4.3 中西古代语言哲学观的差异

当然,同样是对语言的崇拜,logos 神秘主义和老子名说分别代表的西方和中国的古代语言哲学观也有不同之处。

老子名说中贯穿着一种自然的神性,这与古希腊哲学中的 logos 神秘主义相似。但到了《圣经》里,logos 神秘主义已明显具有宗教的神性了。

logos 神秘主义明确宣称语言与创世力量的同一性,而在老子名说中,这种同一性是隐而不露的,需要我们去揭破。

logos 神秘主义特别强调语言与理性、思维、逻辑的密切关系,反映出古代西方人对这方面的问题的重视,这一重视在西方促成了一种连续不断的学术传统。老子名说则没有论及这方面的问题。墨子等人一度讨论过语言与思维、逻辑的关系,可惜先秦以后的数百年里,其论说没有被当作一门专门的学问继续得到研究,汉以后也只有为数不多的学者,如陆机、刘勰(胡奇光 1987:28;许国璋 1991:37—39),对其有所涉猎。一个重要的原因是,汉武帝采纳董仲舒的建议,罢黜百家,独尊儒学,先秦思想界蓬勃兴旺的气象于是不复再现。

就名实关系而言,无论是 logos 神秘主义还是老子名说都出自一种本质论的认识,即把名称看作事物本性的一部分,看作事物客观存在的标志和界限。自天地从宇宙之初的一团混沌中分化出来,名称就有了存在的必要。天地是创世力量最早生成的既有形可辨又有名可识的两种东西,这在《圣经》和《老子》书中并无不同。但是,在西方,本质论基本上一直保持为一种哲学观点,名实问题的讨论限于哲学的范围。而在中国,老子名说中已伏有借"名"的作用维持秩序的思想苗头。自从孔子提出正名之说,本质论这种哲学观更进一步与政治上的主张交汇起来,名实问题遂不再仅仅是哲学问题。到了董仲舒,他关于名实问题的论述已完全成为一种旨在维护统治者利益的说教,学术性终为政治目的彻底压倒了。许国璋先生(1991:37)有一句话,可谓一语中的,他说:"中国古代的语言哲学,正像中国的主流哲学一样,是入世的,旨在治世的。"

4.4 "道"和 logos——是一条道路,也是两条道路

在结束本文时,让我们重提一下"道"的本义——道路。前面(1.3)说过,logos 在《圣经》中的喻义之一也是道路。

我们可以把"道"和 logos 看作一条道路,这条道路正如德国的现代神学研究家孔汉思(Hans Kung)说的那样,将把我们的认识引向一个泛文化、泛宗教的概念——"绝对",这个"绝对"也就是神,就是最初的和最终的存在(秦家懿、孔汉思,1990:156)。顺着这条道路,我们可以追溯到一个卡西尔所说的神话和语言的共同起源:混沌之初,语言与创世力量并存,决定了天地万物的生成和界限。

但"道"和 logos 又应该被视为两条道路,沿着它们,我们会发现东西方的两种不同的哲学观、语言观。

参考文献

[1] 北大哲学系外国哲学史教研室(编译),1987,《西方哲学史原著选读》,北京:商务印书馆。

[2] 丁祯彦、臧宏,1989,《中国哲学史教程》,上海:华东师范大学出版社。

[3] 冯友兰,1962,《中国哲学史论文二集》,上海:上海人民出版社。

[4] 胡奇光,1987,《中国小学史》,上海:上海人民出版社。

[5] 胡 适,1919,《中国哲学史大纲》,北京:商务印书馆,1987(影印版)。

[6] 苗力田(主编),1989,《古希腊哲学》,北京:中国人民大学出版社。

[7] 秦家懿、孔汉思,1990,《中国宗教与基督教》,北京:三联书店。

[8] 任继愈,1985,《老子新译》,上海:上海古籍出版社。

[9] 许国璋,1991,《许国璋论语言》(文集),北京:外语教学与研究出版社。

[10] 许啸天,1930,《老子》,群学社,北京:中国书店 1988 影印版。

[11] 杨兴顺,1957,《中国古代哲学家老子及其学说》,北京:科学出版社。(原作为俄文,1950 年出版于莫斯科。)

[12] Augustini, S. A. 1963. *Confessionum.*《忏悔录》,向云常译,1989,北京:商务印书馆,354 – 430.

[13] Barnes, J. 1987. *Early Greek Philosophy.* Penguin Books.

[14] Cassirer, E. 1925. *Sprache und Mythos.*《语言与神话》,于晓等译,1988,北京:三联书店.

[15] Diels, H. 1912. *Die Frogmente der Vorsokratiker.* Berlin.

[16] Goethe, J. W. 1977. *Faust. Eine Tragodie*. Deutscher Taschenbuch Verlag.

[17] Miller, R. A. 1975. The Far East. In Sebeok, T. A. (Gen. Ed.), *Gurrent Trends in Linguistics. Vol. 13*, *Historiography of Linguistics*. Mouton, The Hague.

[18] Russell, B. 1955. *A History of Western Philosophy*.《西方哲学史》,葛力译,北京:商务印书馆,1963/1988.

[19] Ziegler, Konrat und Walther Sontheimer (Hrsg.). 1979. *Der Kleine Pauly. Lexikon der Antike*. Deutscher Taschenbuch Verlag.

(本文最早发表于《外语教学与研究》1992 年第 1 期,
后收入李瑞华主编《英汉语言文化对比研究》,
上海外语教育出版社,1996。)

作者通讯地址:100081 北京市海淀区
西三环北路 2 号 北京外国语大学

33. 中美哲学精神之比较

A Comparative Study of Chinese and American Philosophical Spirit

刘清平

【编者札记】

"精神",作为哲学术语,指人的意识、思维活动和一般心理状态;作为日常用语,指事物的主要意义和内容实质。北京师范大学哲学教授刘清平先生这篇文章中"精神"的含义则二者兼而有之。对于中美哲学精神,文章不仅辨"异"于精深之处,更识"同"于博大之面,文中不乏原创性见解,给人以颇多启示。

文章阐述了中美哲学共有的人本精神,以及中美哲学传统对人的行为实践活动特别关注这一相通之处,并分析了形成这两个共同点的缘由,即两个民族类似的生存环境和社会条件。刘清平先生旁征博引,使其识"同"的观点令人信服。文章的精细之处在于指出同中之"异":中国哲学视个体为手段、社会为目的,而美国哲学视个体为目的、社会为手段;中国哲学更推崇"天人合一"的审美境界,而美国哲学更推崇"神人合一"的宗教境界;中国哲学传统强调的人为践履主要涉及社会治理和道德修养等领域,而美国哲学传统强调的实践行为外延则较为广泛,包括科学实验、改造自然等领域,并且更为突出实践的功利因素。

刘清平先生认为,中美哲学之间最鲜明的对照在于二者之间在理性精神方面的深刻差异。中国哲学传统强调"道德理性",在认识活动上重视体验和直觉;美国哲学作为西方哲学的一个分支,长于"认知理性",注重思辨理性的抽象和精确。认识中美哲学的互补性,有利于两个民族进行广泛而又深入的交流。

中国哲学和美国哲学分属东西方两种不同的历史—文化传统,彼此间存在各种差异是十分自然的;但另一方面,倘若与欧洲大陆哲学甚至英国哲学相对照,它们在某些哲理精神方面,却又呈现出较为明显的相似性。本文试图从这一视角出发,对中美哲学传统的异同做一些比较性探讨。

1. 人本精神

中美哲学传统的相通之处,首先表现在它们所拥有的人本精神之中。这里所谓的"人本精神",是指这两种哲学传统始终把人的存在和本质问题作为理论研究的中心,而不像欧洲哲学或印度哲学那样,长期将世界观和本体论问题置于首位。

在中国哲学传统中,先秦时期的两大"显学"——儒家和墨家,就是直接围绕人的问题展开理论建构的。孔子哲学的核心——"仁",孟子哲学的核心——"性善",正是他们有关人的本质的界说,并体现出特别强调人的社会性伦理道德本质的共同倾向,极大地影响到此后中国哲学传统两千年的发展。墨子哲学的核心——"兼相爱"、"交相利"[1],则着重强调了人的社会性功利存在,要求在人与人的互亲相爱中实现"务求兴天下之利"[2]的目标。在这两种哲学思潮中,关于世界的本体论问题都不占重要地位。

曾较多涉及世界观问题的其他中国哲学流派,则无一例外地都是以"天人合一"为主导倾向,将关于"天"的形而上探讨落脚到人本精神的层面上。老子论"道",是为了强调"道大,天大,地大,人亦大"和"人法地,地法天,天法道,道法自然"[3];庄子论"天地",是为了凸显"天地与我并生,而万物与我为一"[4]的意义;《易传》、《中庸》以及董仲舒构造宇宙论的本体图景,是为了设定人的"与天地合其德"[5]的存在样式;王弼、何晏"以无为本"的玄学思辨,是为了寻找圣人"无为而治"的哲学根基;程朱理学

---

① 《墨子·兼爱中》。

② 《墨子·非乐上》。

③ 《老子》二十五章。

④ 《庄子·齐物论》。

⑤ 《易传·文言》。

对"天理"的张扬,则是为了从"与天地参"的角度进一步认同先秦儒家所主张的人的社会性伦理存在。世界观和本体论问题始终不脱离人生观问题而具有独立的意义和地位,这正是中国哲学传统的一个重要特征。

隶属于西方哲学传统的美国哲学要比中国哲学更为注重世界观问题。但与欧洲哲学相比,它同样呈现出浓郁的人本精神,如莫顿·怀特所说:"美国哲学一直有一种趋于实践、直接关注文明生活的基本制度的倾向。"⑥殖民地时期的清教主义就既是一种宗教,又是一种哲学,同时也是一种生活方式。它的神学理论解释人类生存的目的,它的哲学反思则探讨实现人类生存的方式⑦。它无疑从一个侧面为后来美国哲学的进一步发展确定了基调。以潘恩、杰弗逊为代表的自然神论在肯定神是第一推动力、自然法则决定宇宙万物的同时,也曾援引自然神法则和自然法则,论证人的"生活、自由和追求幸福"的权利⑧。先验主义者爱默生主张上帝、自然和人是内在的同一体,而"人是万物的中心",万物都服务于人的利益⑨。实用主义也强调自己是以人为目的、从人的活动和事业出发的哲学。曾把自己的哲学叫做"自然主义的人本主义"的杜威,就明确反对把自然与人割裂开来,强调自然与人在"经验"中的统一性和连续性,并集中探讨了人性及其可塑性问题;胡克更宣称:哲学的最根本问题就是人的行为怎样才能具有合理性的问题⑩。库恩、费耶阿木德、夏皮尔等人的历史主义科学哲学流派也超出了欧洲逻辑主义哲学流派的局限,强调科学是人本主义的事业,并引入人、社会、历史的因素来说明科学发展的模式和合理性。至于教育哲学在自杰弗逊直到杜威的美国哲学传统中所占有的重要地位,以及它在塑造"美国精神"方面所发挥的重大作用,也从一个角度表明了美国哲学对人性问题的特别重视⑪。可以说,像中国哲学传统一样,美国哲学传统在整体上也始终是联系着人的存在和本质问题,去探讨有关外部世界(自然)的本质问题的。

当然,在中美哲学的人本精神之间,也存在某些重要的差异。首先,

---

⑥ 莫顿·怀特编:《美国哲学史文献》,1972 年版,79 页。

⑦ 参见杰德勒·迈尔斯编:《美国哲学精神》,1971 年版,第 1 页。

⑧ 参见《独立宣言》。

⑨ R·D·理查德森编:《爱默生文选》,1990 年版,第 20、28 页。

⑩ 参见胡克:《自然主义与第一原理》。

⑪ 这与中国的儒家思潮一直强调教育问题也有些相通之处,虽然两种教育哲学的指导精神、内容目的存在着深刻差异。

中国哲学尤其是儒家哲学更注重人在"仁"、"礼"中的伦理政治性社会存在,视个体为手段、社会为目的(孔子:"克己复礼为仁","为仁由己")⑫。相比之下,美国哲学自清教主义起就体现出个人主义、自由主义的明显倾向,更为注重人的个体性存在,倡导个人权利和个性解放,视个体为目的、社会为手段⑬。同时,与中国的庄禅哲学偏重于强调个体的超伦理、超政治(超越仁义规范和治平理想之上)的精神自由相对照,美国哲学传统强调的则是个体在社会的经济、政治、思想、宗教领域内的现实自由。

其次,在关于人的存在的理想境界方面,作为整体的中国哲学传统更推崇"天人合一"的审美境界,如孔子提倡"知之者不如好之者,好之者不如乐之者"⑭,主张将社会的伦理规范变成个体的内心愉悦要求,肯定那种"浴乎沂,风乎舞雩,咏而归"⑮的美的境界;庄子也将个体的超伦理、超政治自由审美化为"独与天地精神往来"的"逍遥游",强调人通过保持与天地自然内在一致的纯真本性所达到的"至美至乐"状态⑯。在这里,上帝并不具有至高无上的地位。相比之下,美国哲学似乎更推崇"神人合一"的宗教境界,以人通过信仰和行善拯救自己、获得上帝的恩典、与神直接统一作为人生的最高理想。不仅宗教色彩浓郁的清教主义、自然神论、唯一神教、先验主义、人格主义是如此,就连一些具有科学精神的哲学家如威廉·詹姆斯等,也是如此。甚至最接近中国哲学传统的"天人合一"观念的爱默生,也在人与自然的具有审美意味的统一体中加进了一个地位十分重要的"神"。

中美哲学之所以会具有上述人本精神,与这两个民族生存的自然环境和社会条件是密切相关的。从《易经》、《尚书》等远古典籍中可以看到,中华民族的先民们面对的是一个相当艰苦恶劣的生存氛围,"汤汤洪水方割"⑰、"利用行师征邑国"⑱等自然历史灾害经常威胁到族类的生存,以致会出现"往哉生生"、"生生自庸"⑲等一些突出人的生存问题的呼声。与之相似,美国民族最初面对的也是一个蛮荒、粗犷、陌生的新大陆,不仅需

---

⑫ 《论语·颜渊》。

⑬ 参见杜威:《哲学的重构》第 8 章。

⑭ 《论语·雍也》。

⑮ 《论语·先进》。

⑯ 《论语·天下》,《庄子·田子方》。

⑰ 《尚书·尧典》。

⑱ 《易经》。

⑲ 《尚书·盘庚》。

要克服自然环境中的种种困难,也面临着如何将各地移民连接成一个整体、开创一种新的生活方式的艰巨任务,以至于潘恩认为,"自然权利就是人在生存方面拥有的权利。"[20]这种类似的生存氛围,就使这两个民族的哲学家们不可能像生活在较为优越的自然条件和经济环境之中、因而更有闲暇的古希腊哲学家们那样,一开始就充分表现出对外部世界的理论兴趣和好奇心,而只有将注意力首先集中在解决人如何实现自己的生存这样一个更为紧迫、切近的问题上,才会使两个民族的哲学传统呈现出相通的人本精神。

至于中美哲学在分别强调人的社会性存在与个体性存在、审美境界与宗教境界方面呈现出来的种种差异,则显然渊源于这两个民族自身的人文历史传统。中国社会中氏族血缘关系的重要意义,个体独立意识以及宗教观念的不发达,其哲学传统打有古代社会的深刻历史烙印;美国文化对于欧洲文化个人主义传统和宗教传统的承续关系,早期清教徒逃避政治和宗教的迫害、追求自由的历史事实,其哲学传统主要是在近代历史条件下建立起来的,等等,所有这些因素,都对上述差异的形成产生了直接影响。

2. 实践倾向

对人的行为实践活动的特别关注,构成了中美哲学传统的第二个相通之处,并使它们与特别关注人的理性认知活动的欧洲哲学以及印度哲学形成了一定对照。

在中国哲学传统的总体发展中,意指着人的有目的、有意识的能动践履活动、因而相当于西方哲学的"实践"范畴的"为"范畴一直占据着主导地位,并极大地影响到中国哲学的研究领域和理论内容。例如,中国哲学关于人的本质的理论探讨,就不像欧洲哲学那样围绕着人究竟是理性的还是非理性的问题展开,而是围绕着人是否应该从事有目的、有意识的行为践履及人在人为践履中应该如何处理社会治理和个体发展之间的关系问题展开。主张像"道"那样"无为而无不为"的老子哲学,一方面要求"为无为则无不治",另一方面则主张"非以其无私邪? 故能

---

[20] 转引自纳尔逊·阿德金斯编:《潘恩的常识及其他政治著作》,1955 年版,84 页。

成其私"㉑,试图在"无为"中实现个体与社会的和谐统一。强调有为的孔子哲学则一方面主张"为政"、"为仁",另一方面又坚持"克己复礼"、"杀身以成仁"㉒,提倡牺牲个体的独立发展去实现社会治理和道德理想的目标,并由此衍伸出儒家传统"正心、诚意、修身、齐家、治国、平天下"的基本宗旨。像老子哲学一样认同"道"的"无为"特征的庄子哲学,在涉及人的问题时却一方面反对为仁、为政、为天下,另一方面又力主"自为"、"为己"㉓,强调由此实现个体的独立存在。此后的宋明理学和禅宗哲学,进一步分别继承、发扬了孔、庄哲学的精神倾向:前者主张"存天理、去人欲",要求在实现社会治理和道德理想的行为践履中确立人的社会性伦理存在;后者则主张"见自性自净,自修自作自性法身,自行佛行,自作自成佛道"㉔,在凡俗的日常生活中实现个体的超道德心灵自由。

中国哲学关于认识问题的理论探讨,同样表现出注重行为践履、甚至主张"知行合一"的鲜明倾向。例如,儒家传统所说的"致知"与"格物",便是无法分离的,即所谓的"致知在格物"㉕;王阳明主张"知之真切笃实处即是行,行之明觉精察处即是知。知行工夫,本不可离"㉖,知行合一论,正是这一传统发展的极致。《墨经》中所说的"知闻说亲,名实合为",同样肯定了认识与人的行为践履之间的内在联系。禅宗哲学强调的"顿悟",也是与人们"运水搬柴"的日常生活践履密切相关的。而无论是主张知难行易、知先行后,还是主张行难知易、行先知后,都是哲学史上的著名论争,它们恰恰体现出中国哲学传统的一个基本特征:在与行为践履的直接关联中探讨认识论问题。

美国哲学传统对"实践"问题的注重,集中体现在最有美国特色的实用主义哲学之中。不过,在此之前,它早已表露出这样一种"趋于实践"的倾向了。在清教主义中,开拓务实的精神、创业进取的意向、勤奋工作的美德就占据着重要地位,不仅对强调抓住机会、努力竞争、积极行动、讲求实效的美国精神的形成产生了重大作用,而且也从根本上影响到整个美国哲学传统对实践问题的特别关注,乃至影响到美国民族的实用价值观。

㉑ 《老子》三章,七章。

㉒ 《论语·卫灵公》。

㉓ 《庄子·天下》,《庄子·德充符》。

㉔ 慧能:《坛经》。

㉕ 《大学》。

㉖ 《传习录》中。

爱默生认为:"行动对于学者来说是从属性的,却又是根本性的。没有行动,学者就还不是人,思想也不可能发展成为真理",并主张"最抽象的真理也就是最有实践意义的真理。"㉗美国的人格主义强调:作为世界本源的人格自身就是一种能动的创造性活动㉘。美国的分析哲学思潮之所以会出现与实用主义传统相结合的发展倾向(刘易斯、莫里斯、奎因、布里奇曼等),甚至行为主义之所以能成为最有美国特色的心理学理论流派,应该说也都是与美国哲学传统的这种注重实践的哲理精神密切相关的。

说到"实用主义"哲学自身,正如威廉·詹姆士所说:"这个名称与'实践'、'实践的'这两个词一样,都是从希腊文的一个词派生出来的,意思是行为。"㉙在人性问题上,实用主义哲学认为:人的本质就是从事各种行为活动,以实现自己的目的,取得实际效果。例如,杜威就特别强调人对自然的本能适应和行为改造,强调人与环境之间的相互作用,认为对行动的需要是人的存在和本性的基本组成部分㉚。在认识问题上,实用主义哲学更是把人类一切认识的意义甚至真理性归结为它们所引发的实践活动及其效果,认为只有依据实践行为的实用效果才能检验和确定概念、命题、理论的真假意义。如皮尔斯强调:"思维的全部功能就在于:它能产生行为的习惯"㉛;威廉·詹姆士认为"实用主义的方法就是试图通过诉诸其实践效果来解释每一个概念",主张"真理有用是因为它是真的;或者说,真理是真的是因为它有用。"㉜

中美哲学在实践精神方面的这种相通性,进一步导致了它们在解决人与自然、主观与客观的关系问题上的类似之处。与欧洲哲学由于特别强调人对事物本质的认知理性活动而形成的"主客二分"倾向(在作为认知主体的人与作为认知对象的世界之间作出严格区分)不同,中国哲学传统从人为践履的哲理精神出发,更为注重人与世界之间在人为实践活动中形成的互动相变和内在关联,甚至因此把"天人合一"视为人的存在的最高境界。美国哲学传统虽不把天人合一看做是最高的存在境界,但对实践问题的特别关注,这同样也使它比欧洲哲学更为强调人与自然、主观

㉗ R·D·理查德森编:《爱默生文选》第89、16 页。
㉘ 参见伯托西:《目的论人格主义唯心主义者的观点》。
㉙ 康维茨和肯它迪编:《美国实用主义者》,1960 年版,29 页。
㉚ 参见《人的问题》第2 卷,第6、7 章。
㉛ 康维茨和肯尼迪编:《美国实用主义者》,第107 页。
㉜ 同上,第29、47 页。

意识与外部世界之间的统一关联,威廉·詹姆士、杜威对"经验"的解释就是如此。

中美哲学传统的这种相通的实践精神,深深地植根于这两个民族面对特定的生存环境必须更强调人对世界和自身能动改造的历史文化传统。至于它们在有关实践的具体解说上呈现出来的一些重要差异——如中国哲学传统强调的人为践履主要涉及社会治理、道德修养、个体精神自由等领域,而美国哲学传统强调的实践行为的外延则较为广泛,包括科学实验、改造自然等领域,并且更为突出实践的效用功利因素等,则又是与它们分别建立在古代小农经济和近现代工业生产的不同基础之上的历史事实分不开的。

3. 理性歧异

中美哲学之间最鲜明的对照,是它们在理性精神方面具有深刻的差异。之所以会出现这种差异,与它们分别隶属于东西方两种不同的历史文化传统是密切相关的,因为这种差异其实正是中国哲学与整个西方哲学之间最根本的差异。

与中国哲学传统一直把人为践履作为理论研究的根本性课题不同,西方哲学传统对于理性问题始终持有一种特别的关注。这里的"理性",首先是指人在逻辑思维中藉以认识事物本质的认知理性因素。自赫拉克利特提出兼有理性与语言两层含义的"罗格斯"概念起,柏拉图、亚里士多德、托马斯、阿奎那、笛卡尔、斯宾诺莎、洛克、休谟、莱布尼茨、康德、黑格尔,一直到 20 世纪的分析哲学、语言哲学等,都分别从不同角度对人的认知理性及其与感性认识的关系问题进行了深入探讨,并特别强调了认知理性的逻辑性、抽象性、普遍性、必然性等特征。与此同时,西方哲学传统又由此出发,进一步对其他理性因素——如道德理性、宗教理性、启蒙理性等——加以研究,试图据此界定人的本质。古希腊哲学提出了"人是理性的动物"这一经典定义,并通过"美德即知识"[33]的命题将道德理性置于认知理性的基础之上。中世纪基督教哲学强调人类理性应该从属于宗教信仰,为后者服务。近代启蒙思想则把自由、平等、博爱、正义、民主等人

---

[33] 柏拉图:《美诺篇》,86d—89d。

性理想还原到人人共有的普遍永恒的理性精神那里,由此确立了社会政治领域内的"理性王国"。现代非理性思潮又反其道而行之,将人的本质归结为生命意志、本能欲望、内在体验等非理性因素。因此,理性在人与世界的认识关系中、在人的整体存在中具有什么意义,它与感性、非理性保持何种关系,便成为西方哲学研究中贯穿始终的一个根本性课题。

美国哲学虽然与欧洲哲学有所不同,更强调把人的本质和认识问题归结到实践行为那里,甚至常常站在经验主义的立场上对欧洲理性主义哲学展开批判(如威廉·詹姆士对理性主义的先验理性、固定原则和封闭体系提出的批评㉞),以至于欧洲哲学史上那种严格意义上的思辨哲学体系㉟不多见;但就总体而言,隶属于西方哲学传统的美国哲学并不从根本上否认人类理性的地位、意义和功能。例如,自然神论者潘恩、杰弗逊就积极肯定了人的理性存在,强调理性是人的自由、民主、人权和平等等自然权利的基础,认为科学、理性、教育是人类进步的标志。对笛卡尔的普遍怀疑原理提出质疑的皮尔斯,也正是从"怎样使我们的观念明晰"这样一个打有笛卡尔理性主义烙印的问题入手建立他的实用主义理论的。他不仅强调数学的逻辑真理是根据推理原则得来的,而且还认为理性是人的一切行为的最高目的,即"至善"。杜威、胡克、罗尔斯等人也很重视理性在人性问题上所具有的积极意义。20世纪上半叶以来在美国哲学界占主导地位的分析哲学,更是强调对科学命题的逻辑语言的理性分析,以使概念命题具有意义,清晰可靠。甚至具有浓郁宗教色彩的清教主义、唯一神教、先验主义、人格主义等学说,也在不同程度上肯定了理性的作用,及至主张用理性精神解释和检验《圣经》。

相比之下,在中国哲学传统中,认知理性的精神似乎显得十分薄弱。认识论在中国古代哲学中本来就不像在西方哲学传统中那样占有重要地位;人应该如何认识世界本质的问题远不如人应该如何在人为践履中实现自己的本质、如何处理社会治理与个体发展的关系的问题更能引起思想家们的兴趣和注意。而且,在人为践履精神的直接影响下,中国哲学传统也更为强调认识活动的体验性(与西方哲学传统强调的科学认知意义上的"经验"其实也有所不同)、直觉性,却很少论及或注重思辨理性的逻

㉞ 参见康维茨和肯尼迪编:《美国实用主义者》,第31—32页。参见亚历克斯·托克维尔:《美国的民主》。

㉟ 见亚历克斯·托克维尔:《美国的民主》。

辑性和抽象性,甚至不时流露出指责理性思维不切实际、玄远抽象的倾向。受到印度哲学影响很大、比较重视理性思辨的唯识论,在唐代仅仅是昙花一现,很快便衰落下去。与此相应,中国古代哲学对于语言及其功能也持一种怀疑甚至贬抑的态度,如老子说的"道可道,非常道"㊱,孔子说的"巧言令色,鲜矣仁"㊲,庄子说的"得意而忘言"㊳,《易传·系辞》说的"言不尽意",禅宗说的"不立文字"等,都是如此。这种欠缺理性——语言的"罗格斯"精神——的特征,极大地影响到中国古代哲学自身的发展,使其虽然不乏关于人生哲理的富有深刻体验性意蕴的格言名篇,却更少有西方哲学史上那样逻辑严密、推理精确、思辨清晰、条理分明的理论体系,甚至许多概念、范畴也缺乏严格精细的界定。中国近现代哲学虽然在西方哲学的影响下开始注重认识论问题,但在一段时间内,受到人们青睐的也主要不是西方的理性主义哲学,而是包括实用主义在内的各种经验主义、实证主义哲学。

在人性问题上,中国古代哲学似乎很重视"理"的问题,如宋明理学就把"天理"、"义理"提到极高的位置上加以突出。不过,这里的"理",并不是西方哲学注重的那种认知理性,而是中国哲学自先秦儒家以来就特别强调的"道德理性",即社会性伦理规范的合理性。同时,这种道德性也不像西方哲学那样建立在认知理性的基础上,而是主要建立在氏族血缘关系的基础之上,并由此在天人合一中具有可以与"天"、"道"等价的本体论意蕴。结果,那些被称之为"天理"的道德规范,往往不是因为其普遍性、逻辑性、必然性而成为合理的,而是因为其与人们的先天血缘关系的符合、与诸如"天尊地卑"之类的本体论法则的契应,才成为合理的。正是因为理性精神方面的这种深层差异,才会出现这样一种情况:西方近代哲学(包括美国哲学)主要是凭借普遍理性精神肯定人的自由、平等、博爱、人权等启蒙理想,并从此出发批判封建专制等级压迫,而中国的宋明理学却以"天理"、"义理"作为三纲五常等级规范的理性基础,以至于明、清之际的一些启蒙思想家(李贽、戴震等)对人的自然本性和启蒙理想的弘扬,往往是与作为社会道德理性的"天理"、"义理"处于尖锐对立之中的。

由于中美哲学传统在理性精神方面的这些区别集中体现了两者之间

㊱ 《老子》第一章。

㊲ 《论语·学而》。

㊳ 《庄子·外物》。

的鲜明对照,因此,它们在二者的比较性研究中特别值得我们注意。例如,儒家哲学传统与美国哲学传统的教育思想之间的一个本质区别,恰恰就在作为其指导原则的这种理性精神的深层歧异上。

中美哲学传统之间的上述异同之处,是中美文化传统历史发展的产物,同时反过来又对这两种文化传统本身产生了深远的、常常是潜移默化的影响。中美两个民族在生活方式、人生理想、文明精神等方面的一系列异同之处,乃至两种文化传统之间互补交流的可行性,与中美哲学传统之间的上述异同之处是密切相关的。这或许就是我们今天对中美哲学传统的精神异同进行比较性探讨的意义。

(本文选自刘海平主编《中美文化的互动与关联》,
上海外语教育出版社,1997。)

作者通讯地址: 100875 北京市
新街口外大街 19 号北京师范大学哲学系

34. 融合与皈依

——中西元始时间观的分野

Merging and Converting: The Parting of Primary Oriental-Occidental Conceptions of Time

熊沐清

【编者札记】

人们对时间的观察和思考,起源于人类认识世界之初。时间观与世界观密切相关,对人们的行为方式和思维方式等有着决定性的影响,因而是一个重要的哲学命题。按照爱因斯坦三维时间观理论,宇宙中时间是静止的而非均匀的流逝,一切物体都在静止的时间中持续运动;但在哲学家及一般人眼中,时间却是流动的,人们认识的差异在于认为流动的方式是直线还是循环而已。四川外语学院教授熊沐清先生的这篇文章是本书收录的唯一关于中西时间观对比研究的专题论文,值得细细品读。

本文的独特之处在于并非就事论事地把中西元始时间观加以对比,而是把时间观的差异与人们不同的终极关怀联系在一起。文章认为,中西元始时间观的分歧点在于对时间本原的不同认识和对时间的不同把握方式,由此沿着"融合"与"皈依"两条路径分道扬镳。西方基督教创世说把时间置于上帝的创造和控制之下,人对上帝的皈依成为基督教的终极关怀;中国的阴阳时间观则使天人合一的融合关系成为中国人的终极关怀。时间概念与血统概念密切关联使中国人注重祖先崇拜,而基督教的"拯救"和"普世主义"给西方的时间观念烙上了深深的印记。文章中细致透彻的分析使人们看到,不同的时间认知背后隐含着深刻的文化差异,了解这种差异对于促进中西文化交流有着重大的意义。

当我们看到西方主要语言中的时间表达顺序多为"日——月——年",而汉语却是"年——月——日"时,我们不禁以为中、西时间观必有巨大差异。其实,中、西时间观的差异决非这般显而易见。事实上,上古汉语中的时间表达也是先"日"而后"月"。殷墟卜辞的时间标度顺序是"干支日,在 X 月,唯王 X 祀",如:"癸丑卜,贞今岁受禾?弘吉。在八月,唯王八祀。"(《殷契粹编》896)时间观念产生于人的生存活动,一开始便与天象有不解之缘,太阳是人类计时的首选参照物。"结绳计日","日"因之成为人的第一个也是最直观可靠的时间单位,而日月星辰的运行也就成了东西方元始时间观的本源性参照,中、西元始的时间观并无根本区别。其后,时间的线性观和循环观并存于东、西方。不过,差异也是客观存在的,中、西时间观在各自文明的初期便开始分道扬镳,沿着不同路径演进。

1. 天人合一与天人二分

时间首先是被自然界的周期所决定的。宇宙间广泛存在着循环往复的周期现象,从日升日落,月缺月圆,到四季往返,草木枯荣,乃至饥餐渴饮之重复,吟咏歌颂之相继,生生死死之不辍,人们从中感受时间,逐渐产生了循环的时间观。

循环时间观将时间理解成一种周而复始的运动,凡体现节奏与周期者,皆被视为循环。许多古希腊思想家都有较明确的循环时间观。恩培多克勒的宇宙论认为:世界及其种种变化着的复杂物质,是土、气、火、水四种元素以不同比例混合而产生的。爱、斗争、四元素同属一级的原始原质。宇宙间存在着这么一种循环:当各种元素被爱彻底混合之后,斗争便逐渐把它们分开,之后爱又逐渐把它们结合在一起。

循环观是古典希腊思想中的主流,线性观则是犹太—基督教思想的原则,"是犹太基督教传统把'线性'(不可逆)的时间,一下子直截了当地建立在西方文化里。"(柯文尼、海菲尔德 1995:5)犹太—基督教文化引入上帝创世的观念,重建了西方时间观念体系,逐步确立起线性时间观。基督教认为时间建立在三个有决定意义的事件上:人类的开端、全盛和灭亡。创世是一个意义非凡的事件,它成了时间和历史的发端。时间从此才有意义,甚或才得以开始,过去、现在和未来的时间测度皆以该事件为基准。对基督徒而言,未来是开放的,不可预见,却又总是充满希望,他们的时间概念是一种对未来有所期待的时间。因此,基督教的时间本质上是有方向的线性时间。如果宇宙循环,基督受难和再临就丧失了单一无二、至高无上的意义了;基督徒同苦难作斗争以争得神恩的希冀和努力,岂不由于宇宙的循环而变得浅薄和徒劳? 因为,既然人们必将再次陷于苦难,又有何必要去爱上帝呢?

几乎所有的文化都存在某种程度的循环时间观。在中国古代,既有线性观,也有循环观,但都不是极端的和排它的,从根本上说这是中国文化的持中特性使然,即恪守中庸之道。中国人的阴阳时间观就是一种螺旋式循环时间观,所谓"四时迭起,万物循生;一盛一衰,文武伦经;一清一浊,阴阳调和"(《庄子·天运》)。孟子说:"五百年必有王者兴,其间必有名世者。"(《孟子·公孙丑章句下》)这里抒发的也是一种循环的历史观。

不过,中国古代思想中占主流的乃是线性时间观。在中国人眼中,万物时时在变,生生不已,"苟日新,日日新,又日新"。这种"新"无始无终,如东流之水一去不返,以至孔子临渊慨叹"逝者如斯夫,不舍昼夜"(《论语·子罕篇》)。庄子也承认"来世不可待,往世不可追也"(《庄子·人间世》)。中西哲人都深刻感受到了时间的不可逆性。不过,中西线性时间观并不完全相同。

中西元始时间观的分歧点在于对时间本原的不同认识和对时间的不同把握方式,由此沿着"融合"与"皈依"两条路径分道扬镳,并导致对时间的不同的终极关怀。

基督教创世说把时间置于上帝的创造和控制之下,"正是因为上帝,我们须把创世理解为现在时间的本原,在这本原中,与人有关的历史开始了。这种历史是我们解释的关键:它早已存在于上帝之中,也正是在上帝之中,它使自己为人类作了准备。"(加迪等1988:236)天(包括时间)和人都不过是上帝的造物,人与上帝的关系成为基督教的终极关怀。

由于天与人同为造物,一同享有上帝的恩惠和神性,因此人在天面前是平等的,人只需皈依上帝而不需臣服于天,天、人由此而二分。正是在这里,中西时间观——或者中、西线性时间观——开始分道扬镳。

维柯(1986:61)曾说过:"中国人和其他民族都不相往来,他们就没有正确的时间观念。"他的评判实质上是以基督教时间观为标准。的确,中国古代的时间观本质上是经验的时间观,中国人很少去对时间做哲学或自然科学意义上的思考(如荀子的"唯圣人为不求知天"),不像奥古斯丁那样追问"时间从哪里来,经过哪里,往哪里去",因而没留下多少关于时间的著述。但是,中国古代的时间观实际上更接近现代的时间观。

中国人没有一个创造时间的人格神,没有末世和最后审判的概念。古人承认人的活动受制于某种超自然的力量,也认为时间的测度方法受之于天:"天乃锡禹洪范九畴,彝论攸叙。'初一曰五行,次二曰敬用五事,次三曰农用八政,次四曰协用五纪'"。"五纪"者,"一曰岁,二曰月,三曰日,四曰星辰,五曰历数。"(《周书·洪范》)这是一套依天象拟定的时间测度体系,但他们没有去探究时间的创造者,没有否定时间的客观性。而且中国人很早便有了人为神之主的思想,春秋时郑国子产便提出"天道远,人道迩,非所及也"(《左传·昭公十八年》)的口号,抑天扬人。孔子虽讲天命(诸如"天生德于予","获罪于天,无所祷也"之类),总体说来还是少言天道,更重人伦,所谓"未能事人,焉能事鬼?""未知生,焉知死?"(《先进篇》)

周公提出的以德配天思想开启了"天人合一"的思想传统。春秋时,孟子提出了较明确的天人合一思想:"尽其心者,知其性也;知其性,则知天矣。存其心,养其性所以事天也";"万物皆备于我矣"(《孟子·尽心章句上》)。庄子更宣称"天地与我并生,而万物与我为一"(《庄子·齐物论》),倡导"泛爱万物,天地一体"(《庄子·天下》),追求"旁日月,挟宇宙"、"和之以天倪"的境界(《庄子·齐物论》)。荀子虽倡导"明于天人之分",认为"天行有常,不为尧存,不为桀亡",仍非常重视"天常",即宇宙自然的规律,所谓"应之以治则吉,应之以乱则凶"(《荀子·天论》),反对的是迷于天而忽人事,违背自然规律("不与天争"),反对消极盲从("从天而颂之,孰与制天命而用之! 望时而待之,孰与应时而使之!")。其"制天命而用之"的思想虽与培根等关于征服自然、利用自然的观点相似,毕竟未达到主客二分的程度。荀子推崇的仍然是人与天的融合,既非盲从,亦非对立。

天人关系是中国人的终极关怀。"天",所指多义,可指天神、天命、自然及其规律等等,却不是一个高居人上的人格神,也没有别的什么人格神(如西方的上帝)来统御天人关系。天人合一,就是要融合于天,体天之道,应天顺时。天的意志体现于人事,其最终解释权归于"天子"。中国纪年采用两种方法:干支法和年号法。干支法殷商时即已见使用,呈先日后月的顺序,西周早期已见月份前置于干支日了。《尚书·尧典》叙述帝尧命令羲氏与和氏,"钦若昊天,历象日月星辰,敬授人时",以一神分四身的方式,将四方与四时对应起来,显示了以时间呼应天道的整体性思维方式,标志着以大御小的宇宙秩序模式的确立。有周一代,"年月日"标度顺序终成定制。干支法从鲁隐公三年(公元前 722 年)起连续记日,至清宣统三年(公元 1911 年);帝王年号记年则自春秋始。这两者并行不悖,且多兼用,即在年号后标明甲子,如"(唐玄宗)开元二十七年己卯四月"。"天人合一"在时间标度体系上的影响于此昭然可见。

2. 祖先崇拜与普世主义

祖先崇拜曾经是各民族普遍存在的一种文化现象,这种现象与时间关系密切。古代低下的生产力水平使得人们的生存活动必须在家族或氏族框架中进行,时间概念便和人的血统概念产生了密切关联,这可以从词源上窥得一斑。英语 world 一词来自古英语 weoruld,而 weoruld 又来自 verold,该词由 verr(人)和 old(时代)组合而成,表示世界是"人的时代"。age 一词更有意味,既指年代又可指岁,是生命与血缘两概念的统一体,近似汉语的"世"。"世"含义较多,但多与人的生存和血统有关,如:人的一生(一生一世),血缘关系的承袭(第十世孙、世族、世系、世代),事物依血缘的承续(世传、世家、世医),与家族的交往关系(世交、世仇、世兄、世叔),先后承袭的皇位(秦二世),等等。

祖先崇拜反映了古代思维方式的非历史性、暂时性。前苏联文化人类学家古列维奇指出:"暂时性思维的一个重要方面在于着眼于世代的计算。通过确定一个人属于哪一代,通过建立世代的顺序,人们可以对一系列事件发生的顺序以及事情的经过,得到满意的答案,而且还可以作为证明法律上的权利要求的依据。"(古列维奇 1992:108)一方面,祖先崇拜使个人获得一种文化认同感和归属感,在生产力水平低下的时代,这对每个个人都是非常必要的,人们(尤其封建贵族)可以借此把自己的血统追溯到遥远的传说或半传说的高贵祖先那里,以摆脱个人存在的局限性、孤立性或边缘性。"每一个人的暂时的没有意义的生活剧都在世界历史剧的背景下演完,汇入世界历史,并由此获得了新的更高的和永恒的意义。"(古列维奇 1992:161)更重要的还是祖先崇拜"可以作为证明法律上的权利要求的依据",因此,祖先崇拜也曾毫不例外地存在于西方,在日耳曼人那里就曾十分盛行,但整体说来,还是中国为盛。

古希腊人没有中国人的大一统思想,崇尚变化与循环的时间,较少祖先崇拜,导致历史感淡薄,缺乏"希腊史"这样的通史概念,没有想到要发明一套记年体系以标记比较久远的历史。柯林武德说:"古希腊的思想整个说来有一种十分明确的流行倾向,不仅与历史思想的成长格格不入,而且实际上我们可以说它是基于一种强烈的反历史的形而上学的。历史学是关于人类活动的一门科学:历史学家摆在自己面前的是人类在过去所做的事,而这些都属于一个变化着的世界,在这个世界之中事物不断地出现和消灭。这类事情,按照通行的希腊的形而上学观点,应该是不能认识的,所以历史学就应该是不可能的。"(柯林武德 1986:22)他们的历史以诸神谱系的方式存在于神话中,这一传统使得希腊人对过去不可能有长久、可靠的记忆。他们只能叙述当代的事情,当事情稍微远离他们亲身经历所能及的范围时,他们的视野就开始模糊,叙述就变得极不可靠。无论是荷马的史诗还是赫西俄德的作品,其中对过去岁月的记忆总是朦胧模糊的。由此我们不难理解为什么亚里士多德认为"写诗这种活动比写历史更富于哲学意味"(亚里士多德 1962:29)。

基督教只承认上帝的绝对权威和人对上帝的皈依,继之以个人主义的崛起,因而从中世纪起,祖先崇拜便在西方逐渐消退,代之而起的是基督教的普世主义。基督教在犹太人《旧约全书》的基础上增添了《新约全书》,引入了"原罪"、"神恩"和"拯救"等概念,将原本只属于犹太民族特有的宗教扩展成带有普世主义色彩的宗教。犹太教的上帝只是犹太人的救世主,基督教的上帝则是全人类的救世主。"拯救"和"普世主义"给基督教的历史和时间观念烙上了印记:"所有的人和所有的民族都包罗在上帝的目的的规划之中,因此历史过程在任何地方和一切时间都属于同样的性质,它的每一部分都是同一个整体的一部分。基督徒不能满足于罗马史或犹太史或任何其他局部的和特殊主义的历史:他要求一部世界史,一部其主题将是上帝对人生目的的普遍展开的通史。"(柯林武德 1986:89)

普世主义使基督教成为一种扩张性的宗教,其传教运动至今不辍。在初期,它符合罗马帝国的利益,以后同样符合资本主义扩张的需要,它也从一个侧面解释了以基督教为核心的西方文化的进取性、扩张性乃至一定条件下的侵略性。这种普世精神与东方儒、道两家无为、不争、内省、自修的思想大相径庭。另一方面,普世主义也具有合理、进步的因素,那就是教义中蕴涵的民主和平等的思想:"对基督教来说,在上帝的眼中人人平等:没有什么选民,没有什么特权种族或阶级,没有哪个集体的命运远比其他集体的更重要。"(柯林武德1986：89)尽管这主要只是一种理想甚或策略,但基督教毕竟把它写在了自己的旗帜上,使自己比许多其它宗教或社会学说具有更大的宽容度、灵活性和适应性。

如果说西方文化是发散型的,那么中国文化则是内敛型的。钱穆先生曾说过:"西方文化乃由一小地面酝酿成熟,推扩以达四围。正犹其知识之获得亦由一抽象之点或线,向外引申推概以造成一有系统之理论,用此以侵入其前所未知之部分。中国文化则由一大地面融合凝结,向内充实,而非向外展扩⋯⋯"(钱穆1994：259)农业社会中家族及氏族的内向性、封闭性使祖先崇拜在中国长期保存下来。

据殷墟甲骨文记载,殷人尚鬼,相信他们的祖先是上帝所降生。商纣在灭亡之际,还说"我生不有命在天?"(《史记·殷本纪》)这种"祖先配天"、"受命于天"的观念仍盛行于周代。《诗经·大雅·文王》说:"殷之未丧师,克配上帝"。甚至"郊社不修,宗庙不享"(《周书·泰誓下》)也是商纣的罪行之一,绝不仅仅是伐纣的口实,可见祖先崇拜影响之深刻。周以后,经孔子等历代思想家和主流社会倡导(如"三年无改于父之道,可谓孝矣"之类),身体力行(如帝王家的祭天、祭祖),祖先崇拜遂成主流意识形态的支柱之一。

春秋时,社会急剧变革,政权更迭频繁,"社稷无常奉,君臣无常位","三后之姓,于今为庶"(《左传·昭公三十三年》)。民众在社会变革中愈益显示出决定性的力量,于是民本思想逐渐滋长,思想家们提出了"夫民,神之主也"(《左传·桓公六年》)的主张。孔子以"仁"及"为政以德"的学说丰富和发展了民本理论,孟子则以"民贵君轻"、"得乎丘民而为天子"(《孟子·尽心下》)的仁政学说,集西周以来民本思想之大成,形成了较完整的民本思想体系。但是,这主要的还只是一种绝对权威的"转移",即权威由"天"转为"人",首先是"人君"(天子),然后是各级"臣僚",普通民众只是"小人"、"群氓"而已。这种转移的结果便是一套尊卑有序的伦理纲常和官僚体系的确立。于是,祖先崇拜首先作为帝王们"证明法律上的权利要求的依据"而存在,并因而受到倡导与强化。人与天融合得出了与西方人皈依上帝所全然不同的结果,使祖先崇拜绵延数千年。时至今日,民间修谱、祭祖自不必说,学界仍流行"古已有之"的思维与言说方式。

祖先崇拜使中国于史学独盛。史学是古代中国一切科学之王,史官文化在古代文化中具有骨干意义。《汉书·艺文志》说:"古之王者世有史官,君举必书,所以慎言行,昭法式也。左史记言,右史记事,事为《春秋》,言为《尚书》,帝王靡不同之。"其功利目的也许是以过去指导现在,"以史为鉴,可以知兴替",但其深层的文化根源还是祖先崇拜。

史学之盛又影响了古代中国人的叙述范式,所谓"古文必推叙事,叙事实出史学"(章学诚《章氏遗书·上朱大司马论文》)。中国古典叙事作品始终以历史叙事的形式作为楷模和最高境界,小说又名"稗史",可见史学的影响。中国古代神话小说往往从盘古开辟、女娲补天写起:"感盘古开辟,三皇治世,五帝定伦,世界之间,遂分为四大部洲"(《西游记》);历史小说则往往从夏、商、周历朝追述下来:"话说天下大事,分久必合,合久必分。周末七国纷争,并入于秦。及秦灭之后,楚汉纷争,又并入于汉,后来光武中兴,传至献帝,遂分为三国。"(《三国演义》)这两类小说都是首先建立一个宏观的历史框架,再进入故事的主体。神话、历史小说之外的叙事作品即使不追溯盘古、女娲,祖述三皇五帝,大多也会在引首词曲或序言中表达自己的历史观,力图建立一个宏阔的历史视野,如:"试看书林隐处,几多俊逸儒流。虚名薄利不关愁,裁冰及剪雪,谈笑看吴钩。评议前王并后帝,分真伪,占据中州,七雄扰扰乱春秋。兴亡如脆柳,身世类虚舟……"(《水浒传》引首)这类内容多流露出天道循环、人事兴替的沧桑感,其中固然有道家的影响,无疑也反映出厚重悠远的史学传统。中国叙事作者多怀有史学情结,以立言求得不朽,因为他们既不相信轮回,也不相信天堂。

西方小说则往往从一人一事一景写起,因为皈依上帝是个体的事,由此形成叙述传统。即使是历史小说,其开篇的环境描写也不离作品主旨和具体环境。如司各特(Scott)的名著《艾凡赫》(*Ivanhoe*,旧译《撒克逊劫后英雄略》),篇首首先交代的是具体时空背景,虽然涉及了史实和传说,也只限于曾发生在当地的事件:

> In that pleasant district of merry England which is watered by the river Don, there extended in ancient times a large forest ... Here haunted of yore the fabulous Dragon of Wantley; here were fought many of the most desperate battles during the Civil Wars of the Roses; and here also flourished in ancient times those bands of gallant outlaws, whose deeds have been rendered so popular in an English song.
>
> Such being our chief scene, the date of our story refers to a period towards the end of the reign of Richard I...

3. 人事与拯救

人事与拯救是东西方在时间问题上不同的终极关怀。在中国人看来,自然界并不是一个纯粹量化的体系。"岁月日时无易,百谷用成,乂用民,俊民用章,家用平康。日月岁时既易,百谷用不成,乂用昏不明,俊民用微,家用不宁。"(《周书·洪范》)意思是,假如岁月日时的关系没有改变,即顺天应时,就能富足平安,反之则贫困多难。因此天人合一的思想本质上是一种功用观念,它重视人事的谋划更甚于对天的探究。中国人没有很纯粹的、发达的物理测度的时间概念,却有着以"时"为核心的、丰富活跃的本源性标度的时间经验,这是中国传统时间观的主导部分。功用时间观要求时间的标度和把握皆以人事为指归,注重对"时"、"机"、"运"、"命"、"气数"的领悟,以把握各种时机,达成与宇宙生命的和谐。"逍遥于宇宙的自然而蓬勃的生长之中,但又敏于掌握和运用各种时机,这是中国文明绵延几千年而不中落的时间哲学的秘密。"(吴国盛 1996:35)

中国传统"时"的观念有三层含义:一是指自然意义上的时间,如四时、季节之类;二是指适合于某一事物的机会、条件,所谓"时机"、"农时"皆是;三则指宇宙间某种神秘的力量和趋势,顺之者得益,逆之者受损,"时运"是也。三者融为一体,核心是有敦实用,反映出一种实用理性,"节用而爱民,使民以时"(《论语·学而篇》)是其经典表述。历代哲人亦有类似述说。管子曰:"时者得天,义者得人;既时且义,故能得天与人。"(《管子·宙合》)荀子说:"养备而动时,则天不能病。"(《荀子·天论》)庄子认为"喜怒通四时","知天之所为,知人之所为者,至矣"(《庄子·大宗师》),主张"应时而变","天有六极五常,帝王顺之则治,逆之则凶"(《庄子·天运》)。智者贤达应该"因自然"、"因天命"(《韩非子·大体》),"修德以待时"(《左传·庄公八年》),"居易以俟命"(《中庸》)。凡事"不合时宜",必有不利,"哀乐失时,殃咎必至"(《左传·庄公二十一年》)。

孟子的实用理性时间观最为完备,影响深远。孟子并不强调天命,认为"天时不如地利,地利不如人和",但他非常重视时机、条件及其变化消长,提出"彼一时,此一时"(《孟子·公孙丑章句下》)的命题,主张"虽有智慧,不如乘势;虽有咨基,不如待时"(《孟子·公孙丑章句上》)。古代中国以农为本,"农时"对国计民生关系重大,孟子劝告君王,勿"夺其民时",指出:"不违农时,谷不可胜食也……鸡豚狗彘之畜,无失其时,七十者可以食肉矣。百亩之田,勿夺其时,数口之家可以无饥矣。"(《孟子·梁惠王章句上》)

随着生产力的逐步发展和封建伦理体系的确立,"时"的实用理性更添了伦理教化内涵。影响到史学,便有了中国独特的"不书"叙事原则。按此原则,凡在时间问题上有悖天道自然规律、伦理纲常者,史书不予记载。这是"礼"的必要。"礼,经国家,定社稷,序民人,利后嗣者也。许无刑而伐之,服而舍之,度德而处之,量力而行之,相时而动,无累后人。可谓知礼矣!"(《左传·隐公十一年》)《左传》中"不书"的例证比比皆是,如:"'秋,有蜚。'为灾也。凡物不为灾,不书。"(庄公二十九年)伦理方面的禁忌更多,如:"'元年春,'不称即位,公出故也。公出复入,不书,讳之也。讳国恶,礼也"(僖公元年);"二年春,诸侯城楚丘而封卫焉。不书所会,后也。"(僖公二年)因僖公未按期到达,故讳之而不记;"宋不告命,故不书。凡诸侯有命,告则书,不然则否"(隐公十一年);"'仍叔之子(来聘)',弱也。"(恒公五年)仍叔之子前来聘问,《春秋》不记载他的名字,是由于他年纪太轻,于礼不合。

西方人也不乏时机、机缘的感悟,古希腊语中的 kairos 一词便指"合适的、恰当的时间或机会",《圣经》也这样声明:"凡事都有定期,天下万务都有定时。"(《旧约全书·传道书》)但是,与中国人的感性时间观不同,西方人的时间观从根本上说是理性的。柏拉图的时间便完全是理性的标度时间,完全空间化的时间。他认为"时间是创造的一部分,在这种意义上说,它本身也是被创造的"(加迪等 1988:180)。在荷马时代,神话的盛行使命运、神意和人的努力之间的关系具有一种深层的模糊性,人们有着深刻的命定感,认为神能够并且确实在直接干预人的活动。时间由三位时序女神掌管,它是宇宙道德秩序的一个组成部分。即使对真实的事件作出记录,希腊人通常也会把它们改变为带有普遍和永久意义的神话。这样,"神话"树起了中西元始时间观分道扬镳的路标。古希腊时间观沿着神话的方向演进,注目于上天,古中国时间观则朝着人事的目标前行,执著于大地。整个古典时期,不同的希腊城邦国家使用各自不同的年历,一些城邦国家还同时使用两种年历,一本用于协调安排社会政治、经济和日常生活,一本专用于宗教,现代日历就是在教历基础上发展而来的。相比之下,中国很早就使用同一种历书,称为夏历或农历,明显源于人事(农事)。

基督降临(诞生)与再降临(审判)由于"赋予了时间以意义和方向。这就是年份必须从基督诞生算起的原因,基督诞生是一个由时间注明,同时又注明时间的事件,基督的降临使整个过去和未来因基督而获致了自己的方向。同时,过去和未来又是人类历史展开的场所……基督既是历史的终点,又是历史的目的,而时间则是使这双重断言成为可能的条件。"(加迪等 1988:231—232)由此,从基督诞生到基督再临期间,时间的意义都指向"拯救"的目的。基督徒必须为达此目的而努力,方能获得新生,回到上帝的身边。

以拯救为终极关怀的时间观广泛渗透于西方生活的方方面面,一部历史不过是上帝意志的显现和上帝计划的展示,一切历史命运都在神的唯一控制之下,是神意为历史事件提供了普遍意义的框架。"拯救"成了叙述的母题,历来西方各种理论和叙述文本都不能回避这一母题。我们看到,宗教文学曾经是西方文学由古代到近现代的主要的——如果不是唯一的——通道,整个西方文学至今浸润着浓重的宗教色彩;奥古斯丁为代表的神意决定论在西欧的影响达千年之久,未见消亡,宗教话语仍具有强势和活力;基督教的仪式时间体系在相当程度上依然影响着个人的生活进程,为"时间的暴政"下的人们提供了避难所。凡此种种,兹不赘述。

古列维奇(1992:161)曾指出:"在一种文化中没有什么东西比计算时间的方法更能清楚地表达这种文化的基本性质了,因为计算时间的方法对人们的行为方式、思维方式、生活节奏以及人与周围事物的关系,有着决定性的影响。"具体说来,时间观的影响遍及历史观、叙事传统、语言结构等诸多方面。限于篇幅,本文只能作一初步探讨。

参考文献

[1] A·古列维奇,1992,《中世纪文化范畴》,庞玉洁、李学智译,杭州:浙江人民出版社。

[2] 彼得·柯文尼、罗杰·海菲尔德,1995,《时间之箭》,江涛、向守平译,长沙:湖南科技出版社。

[3] 柯林武德,1986,《历史的观念》,何兆武等译,北京:中国社会科学出版社。

[4] 路易·加迪等著,1988,《文化与时间》,郑乐平、胡建平译,杭州:浙江人民出版社。

［5］钱　穆,1994,《中国文化史导论》,北京:商务印书馆。

［6］维　柯,1986,《新科学》,朱光潜译,北京:人民文学出版社。

［7］吴国盛,1996,《时间的观念》,北京:中国社会科学出版社。

［8］亚里士多德,1962,《诗学》,罗念生译,北京:人民文学出版社。

（本文选自罗选民主编《英汉文化对比与跨文化交际》,
辽宁人民出版社,2000。）

作者通讯地址：400031 重庆市沙坪坝区烈士墓
壮志路33号　四川外语学院国际文化
交流学院;xiongmuqing2004@126.com

35. 论中西思维方式

Modes of Thought: Chinese and Western

连淑能

【编者札记】

人类的思维很奇妙,它既受人们文化心理的影响,又反过来制约人们的文化心理。思维方式有极强的稳定性,以至于任何人想摆脱原有的思维方式,改用全新的方式来思考,很难做到。要深入进行中西文化的对比研究,就必然要对两种文化的思维方式进行盘根究底式的探索。厦门大学外文学院著名教授、中国英汉语比较研究会副会长连淑能先生对于这一领域的研究有很高造诣。本书收录他的两篇相关论文,论述系统全面,为从事中西思维方式对比研究的学者提供了一个继续研究的坚实平台。

本篇论文既有关于思维方式的综合论述,又对中西思维方式的基本特征作了概括而又深刻的对照分析,可视为中西思维方式对比研究入门与深造的必读文章。综合论述部分对于有关思维方式的界定、要素组成、各种特点、对象层次、分类依据等基本内容都有颇为详细、具体、清晰的阐述,读后使人对涉及思维方式研究的方方面面获得了鸟瞰式的全面了解。对照分析部分把中西思维方式差异归纳为伦理型与认知型、整体性与分析性、意向性与对象性、直觉性与逻辑性、意象性与实证性、模糊性与精确性、求同性与求异性、后馈性与前瞻性、内向性与外向性、归纳型与演绎型等十个大点,对照鲜明,分析中肯,陈述精炼、准确,且条理分明,读后令人叹服连淑能先生观察之敏锐和阐述之精辟。

思维方式是沟通文化与语言的桥梁。思维方式与文化密切相关,是文化心理诸特征的集中体现,又对文化心理诸要素产生制约作用。思维方式体现于民族文化的所有领域,包括物质文化、制度文化、行为文化、精神文化和交际文化,尤其体现于哲学、语言、科技、美学、文学、艺术、医学、宗教以及政治、经济、法律、教育、外交、军事、生产和日常生活实践之中。思维方式的差异,正是造成文化差异的一个重要原因。另一方面,思维方式又与语言密切相关,是语言生成和发展的深层机制,语言又促使思维方式得以形成和发展。语言是思维的主要工具,是思维方式的构成要素。思维以一定的方式体现出来,表现于某种语言形式之中。思维方式的差异,正是造成语言差异的一个重要原因。语言的使用体现思维的选择和创造;翻译的过程,不仅是语言形式的转换,而且是思维方式的变换。要研究语言的特征及其转换,要研究语言与文化的关系,必须深入研究与语言和文化均有密切关系的思维方式。

思维方式是精神产品的生产方式,是主体在反映客体的思维过程中,定型化了的思维形式、思维方法和思维程序的有机综合(荣开明等 1989: 30)。不同类型的思维,都有与其相适应的思维形式,如逻辑思维主要借助概念、判断、推理等形式,非逻辑思维主要借助直觉、灵感、想象等形式。思维方法是精神产品的生产工具,有两个层次,一是思维过程中运用的具有普遍性的逻辑方法,如归纳法、演绎法、分析法、综合法、抽象法、比较法、假说法等,二是根据不同的思维对象,只适用于该对象的特定的或具有特色的具体方法,如哲学方法、数学方法、系统方法、信息方法、控制方法、模型方法等。在思维方式生产精神产品的过程中,逻辑方法必须与具体方法相结合,融合于具体方法之中,才能生产出精神产品(宋德宣 1989: 18)。思维程序是思维方式运行的基本路线,是思维形式和思维方法在思维活动中的有机结合。

思维方式主要由知识、观念、方法、智力、情感、意志、语言、习惯等八大要素组成(陈新夏等 1988: 504)。这些要素相互联系,相互作用,形成一个动态、有机、复杂的系统。正是这些要素各自的特征及其结构,规定着思维方式的性质、类型和特征,产生思维方式的差异。

思维方式是一个多对象、多层次的系统。根据不同的角度、标准、特点和理解,思维方式可以分为各式各样的类型。例如:按照哲学观念,可以分为主观型、客观型和主客观统一型的思维方式;按照思维主体,可以分为个人、群体、社会和人类的思维方式;按照思维对象,可以分为哲学、科学、技术、军事、艺术、宗教等等的思维方式;按照思维任务,可以分为认知型和实践型的思维方式;按照思维结构,可以分为线性、系统、横向、纵向、平面、立体等等的思维方式;按照方法层次,可以分为直观型、具体型、抽象型等等的思维方式;按照认识的阶段和水平,可以分为动作、经验、形象、情感和直觉的思维方式;按照社会效应,可以分为先进与落后、积极与消极、合理与不合理等等的思维方式;按照思维活动的态势,可以分为开放型与封闭型、动态型与静态型、敏捷型与迟缓型、发散型与收敛型、创新型与保守型、多维反馈型与单向直线型等等的思维方式;按照历史阶段,可以分为古代、近代和现代的思维方式;按照地域,可以分为东方、西方、大陆型、海洋型等等的思维方式;按照民族,可以分为汉族、英美民族等等的思维方式。思维方式是一个复杂的系统,其类型与划分仍待深入研究。

从人类思维的整体看,思维方式具有时代特点、区域特点、社会特点和民族特点,四者纵横交错,构成网络结构。研究这个网络结构,不仅是思维学、文化学和社会学的任务,也是语言学的任务。

思维方式是历史的产物,不同历史时代有不同的思维方式。每一时代的思维方式反映该时代的社会和文化,体现该时代的社会生产力、科学发展程度、认识水平、实践方式和时代精神。从历史的眼光看,可以把人类的思维方式分为古代、近代和现代三个阶段。相对而言,中国传统思维方式具有后馈性、再现性和稳定性的特征,不像西方思维方式那样具有明显的阶段性。

古代生产力低下,古人智力不发达,思维能力弱,思维空间狭窄,思维方式简单,把世界看作是一个模糊的整体,把某种事物或现象看做是世界的始基,都有关于事物发展、变化的朴素思想,往往从主观出发看待客观世界,把主观感受赋予思维对象,加以联想,产生主客互渗、"天人合一"的观念,具有意会体悟的直觉性、笼统素朴的整体性和朦胧猜测的模糊性。

近代生产力迅速发展,科技水平大为提高,人们的认识水平和思维能力也远远超过古代。近代西方实验科学诞生之后,思维方式形成了近代的特点:一是注重分析性和精确性,抽象思维能力大大提高,但却忽视事物的整体、运动和联系,导致孤立、静止、片面的形而上学;二是注重形式逻辑,把形式逻辑视为思维必须遵循的最高法则,形式思维和公理思维发展较快,直至黑格尔的辩证逻辑诞生之后,才逐渐改变;三是注重认识客体的同时,也注重认识主体,因而自我意识大为增强,促进了近代人本主义和个体主义思潮的发展。

19 世纪以后,尤其是近半个世纪以来,新的科学技术革命促使生产力和社会文化发生巨大变化,同时也促使思维方式发生新的变革,加上东西方思维方式互相吸引、互相渗透、互相补充,思维方式形成了现代的特点:一是注重综合性、系统性。现代的整体综合是辩证的综合,全方位、立体化、多角度、系统性的综合,宏观与微观、纵向与横向、整体与部分、综合与分析、结构与功能、定性与定量的有机结合和互补兼容,不再是古代的直观经验的综合。20世纪以来,系统论、信息论和控制论运用到思维活动,形成了现代的系统综合思维方式。二是注重形式化、符号化。用人工语言(表意符号)代替自然语言,暂时撇开符号所代表的意义而着眼于形式来描述事物的结构和规律,把对事物的研究转换为对符号的研究,因而思维更具对象性、客观性和精确性。数理逻辑是形式化思维的重大成果,是现代化的逻辑科学,而人工智能则标志着现代思维发展的新阶段。三是注重创造性、多样性。现代思维方式注重立体性、发散性,着眼于新的观念、角度、层次、程序、途径和方法,思维类型越来越多样化,表现出空前的创造性。四是注重动态性、前瞻性。现代人注重以运动、发展、变化的观点和方法思考问题,把注重时间的纵向思维与注重空间的横向思维结合起来,不仅回顾历史,面对现实,而且面向未来;不仅面向本地、本国,而且面向全球乃至宇宙,显示出高度的开放性、前瞻性、开拓性、进取性。五是注重东方和西方思维方式互补并重、辩证运用。东方和西方思维方式各有长处和短处,现代思维方式已形成东西互补的发展趋势,即人文与科学、综合与分析、直觉与逻辑、形象与抽象、模糊与精确、定性与定量、纵向(时间)与横向(空间)、归纳与演绎、历史方法与逻辑方法等等的综合运用。

思维方式的差异本质上是文化差异的表现。长久生活在不同区域的人,具有不同的文化特征,因而也形成不同的思维方式。从地理和文化的角度看,全世界可以分为东方和西方两大区域,东方以中国为代表,西方古代以希腊和罗马为代表,近现代以西欧和北美为代表。东方和西方属于两大不同的文化体系,因而形成两大类型的思维方式。由于不同的地理环境、生活方式、生产方式、行为方式、交往方式、历史背景、政治制度、经济体制、风俗习惯、宗教信仰、语言文字,以及不同的哲学观、世界观、人生观、伦理观、价值观、审美观、时空观、心理特征、表达方式等因素,东方和西方的思维方式从总体上看具有不同的特征,如东方人偏重人文,注重伦理、道德,西方人偏重自然,注重科学、技术;东方人重悟性、直觉、意象,西方人重理性、逻辑、实证;东方人好静、内向、守旧,西方人好动、外向、开放;东方人求同、求稳,重和谐,西方人求异、求变,重竞争等等。

除了东西方两大区域之外,东西方各国、大陆与沿海(包括半岛、海岛)、农村与城市、落后地区与发达地区、沙漠、高山、草原以及农业地区、工商地区和游牧地区等区域的人,思维方式也有不同,如居住在大陆从事农业的人,缺乏与其他文明的交流与竞争,眼界狭窄,思维内向、保守、迟缓;安土重迁,乡土观念强;以自我为中心,执著于民族意识;好内省自求、重人际和谐,重群体轻个体,竞争意识淡薄;重农轻工商,重实用技术轻科学理论。居住在沿海从事工商业、航海业的人,经常与外界交流与竞争,眼界开阔,思维外向、开放、敏捷;以四海为家,常流动奔波,乡土观念淡薄;重个体,重竞争、好争斗;重科学理论和技术,重功利,重开拓、进取、扩张。不少学者认为,中国传统的思维方式属大陆农业型,西方的思维方式属海洋工商型。

思维方式是在一定的社会环境中形成的。处于不同社会地位和环境、从事不同职业的个体和群体,在年龄、性别、教育程度以及思维素质、能力、方法等方面都有不同的特点,因而思维方式也有不同。例如,思维方式随着年龄的变化而变化。据心理学者研究,3—7 岁:具体形象思维;7—12 岁:形象—抽象思维;12—18 岁:经验型抽象思维;18 岁以后:辩证思维发展较快。大量的调查研究表明,男女两性具有不同的思维能力,表现为不同的思维方式。男性通常偏于抽象思维,有较强的逻辑分析能力,善于运用概念、判断、推理认识事物,重理性,哲学思维、空间意识、数学推理、机械制作和解决问题的智能较强,偏于对外部世界的认识,思维外向、求异,性格阳刚、直露、好动、好斗,进攻性、独立性强,富于竞争精神;女性一般偏于形象思维,较善于整体观察,善于运用直觉、意象、灵感、想象认识事物,重情感,艺术思维、时间观念、语言能力较强,偏于对内心世界的感觉,思维内向、求同,性格阴柔、含蓄、好静、温和,重人际关系,防卫性、依赖性强,富于和谐精神。有的学者认为,中国传统思维方式具有女性阴柔偏向,西方思维方式具有男性阳刚偏向(刘长林 1990:573—584)。

每个民族生活在特定的自然地理环境之中,具有各自的历史背景和文化传统,因而也形成了各自的思维方式。民族的思维方式,既有民族性,也有时代性、区域性和社会性;既有各自的习惯性、传统性,又有与其他民族互相吸收、互相渗透的通约性、共同性。本文着重讨论中华民族和西方民族思维方式的总体特征。

中西思维方式比较是老课题,也是新课题。严复、林语堂等早期名家及当代不少中外专家、学者,都有过许多精辟的论述。以下挑选十个方面,择其主流,论其大略,着重从总体上简要地讨论中西思维方式的基本特征,力图梳理出一个眉目来,为进一步研究提供参考。中西思维方式在中西文化及汉英语言的种种表现,限于篇幅,留待专文探讨。

1. 伦理型与认知型

中国半封闭的大陆型地理环境、小农经济和春秋战国的社会现实哺育了儒家思想。以儒家为代表的先哲对世界的认识主要不是出于对自然奥秘的好奇,而是出于对现实、社会、政治、伦理和道德问题的关注。《易经》说:"作易者,其有忧患乎"(《易·系辞上》)。出于"忧患"意识,先哲们认为人是认识的对象和核心(the Confucian human-centered philosophy),探索自然只是为解释社会、政治、伦理和道德的现实问题提供例证,因而从自然现象中寻求相应的启示。儒家学说建立在血缘宗法关系基础之上,是做人的"明智之学"。思维的中心在于伦常治道,在于确立和论证君臣之义、父子之亲、夫妇之别、长幼之序、朋友之信。维护人伦关系是为了维护君臣关系和封建专制,最终为了安邦治国(harmonize with each other and adjust themselves to the social environment)。政治、伦理既与哲学紧密相连,又与哲学家本人的生活紧密相关,哲学家也是政治家、道德家,又是文学家或诗人。古代先哲以政治、伦理为视觉焦点,以维护封建宗法制的伦理道德为评判标准,主张"仁、义、礼、智、信","诚意、正心、修身、齐家、治国、平天下",力求"明于治乱之道","审于是非之实",倡导安身立命,崇顺自然,回归自然,体认天道,以天道为人道,以立己为起点,以平天下为归宿,重伦理纲常,重道德修养,重人际关系(interaction between man and man),重社会秩序,重安定和谐,重道义,重现实,重致用,重技艺,轻自然,轻科学,轻理论,轻功利,对探索自然规律缺乏兴趣。"天道远,人道迩,非所及也,何以知之?"(《左传·昭公十八年》)天道是彼岸世界的事,不可及也不可知;人道是此岸人间的事,可知又可及,于是成了关注的中心。孔子(公元前551—前479)哲学以"仁"、"礼"为中心,"仁"寻求人伦关系规范化,"礼"寻求社会有序化,哲学、伦理、政治三者混为一体,主要是人生哲学、伦理哲学、政治哲学,而非西方的自然哲学、科学哲学、形而上学。

先哲们主要论人,也谈天说地,其目的在于"究天人之际,通古今之变","为天地立心,为生民立命,为先圣继绝学,为万世开太平",关心的是人道,而非天道,是人生之理,而非自然之性。"天文"指自然秩序,"人文"指人事条理,无论是观天文还是察人文,都是为了预料社会变化,实现人际和谐。儒家注重人伦道德的思辨,但对自然事物和辩论方法却不感兴趣。比较讲究"名辩"之学的荀子也把研究自然事物看做是"无用之辩,不急之察",可以"弃而不治",而对于"君臣之义、父子之亲、夫妇之别,则日切磋而不舍也"(《天论》)。在科举制度下,读书人醉心于科举,埋头于八股,"学而优则仕",对探索自然失去兴趣,科学技术也被统治者视为"奇技淫巧",受到歧视与打击。这种政治、社会环境必然造成重道轻器、重人文轻科学的致思倾向,使中国的传统思维方式具有政治伦理型的特征。

中国传统哲学从根本上规定人的本质是伦理的,而西方哲学却规定人的本质是认知的。

西方文化的发源地希腊半岛及其附近沿海地区的开放性、海洋型地理环境和手工业、商业、航海业的发展,引起古希腊哲学家对天文、气象、几何、数学和物理的浓厚兴趣,逐渐形成了注重探索自然奥秘的科学传统。古希腊哲学家亚里士多德(公元前384—前322)认为,"求知是人类的本性","哲理的探索起源于对自然万物的惊异";哲学家探索哲理"为求知而从事学术,并无任何实用目的","为摆脱愚蠢",获得智慧;所谓智慧,就是掌握了事物之所以然;愚人之所以愚,智者之所以智,在于前者昧于原因,后者明于原因;哲学作为智慧的科学,其主要任务是探究原因;万物皆有原因,任何科学皆以探究原因为己任;原因有两类,一是有限事物的原因,这是具体科学的任务,二是无限事物的原因(整体因或第一因),这是哲学的任务,即"寻取最高原因的基本原理","最高原因"指"实是之所以为实是",亦即"本体"。英国唯物主义和近代实验科学的始祖培根进一步发展了崇尚自然、以自然为研究对象的思维传统,相信"知识就是力量",人可以用知识掌握自然。哲学家爱智慧、崇理性,尚思辨,以认知自然为视觉焦点,崇尚自然,认识自然,探索自然,最终为征服自然。智者们追究宇宙起源,探索万物本质,分析自然构造,寻求物质元素,诘问人生目的,重视本体论、认识论和方法论。西方哲学是求知识的学问(Philosophy is the search for knowledge and understanding of the nature and meaning of the universe and of human life. *OALED* 1994:671),是"爱智之学"(love of wisdom），始于探究客观世界的本质，主体是自然哲学、科学哲学，注重对宇宙、自然的探索和认识，而非中国的人生哲学、伦理哲学、道德哲学（Moral philosophy or ethics is the study of the principles on which human behavior is based. *OALED* 1994：671）。西方哲学与科学密切相关，身兼自然科学家的哲学家自古以来比比皆是，如亚里士多德、培根、笛卡尔、莱布尼茨、洛克、康德、罗素、马赫、皮亚杰等，这在中国是罕见的。近现代西方人进一步发展了古希腊崇尚自然、追求知识的传统，以探索自然奥秘作为科学家和哲学家感兴趣的共同研究任务。随着自然科学的发展，西方人不断排除臆想和猜测，以自然界本身的原因说明自然现象，从物质的内在结构说明其种种属性，从而产生了以实验为基础的逐层深入的逻辑分析方法和种种推断、证明、解释的思维形式，造就了无数的科学理论和体系，形成了西方科学认知型的思维方式。

由于中国人的传统思维方式具有政治伦理型的特征，判断人的标准往往比较注重身份、地位（what he/she is），注重人际关系，注重政治、伦理、道德；由于西方人的思维方式具有科学认知型的特征，判断人的标准往往比较注重行为、表现（what he/she does），注重个人奋斗，注重个人成就。

中国的人文精神不同于西方的人文主义。中国的人文精神注重人的伦理道德修养，追求社会秩序安定和谐（harmonious relations），倡导仁爱、宽容、义务、奉献，重宗法人际，轻个体人格，注重"群己合一"，突出社会的人格，把个体看做是群体的分子或角色（the self is part of a larger whole），注重群体观念（group-orientation），倡导的是集体主义（collectivism）。欧洲文艺复兴时期所提倡的人文主义，宣扬人性，反对神性；要求人权，反对神权；主张个性解放，反对宗教桎梏；注重个体的人格，认为个体是单独的、自由的（the self is a unitary free agent），个体与群体的关系是单个与多数而不是部分与整体的关系（one vs. many, not part vs. whole），注重自我中心（ego-centrism），倡导的是个体主义（individualism）。

2. 整体性与分析性

中国的小农经济使先民们意识到丰收离不开风调雨顺，生存离不开自然的恩赐，进而从男女关系、天地交合和日月交替等现象悟出阴阳交感、"万物一体"、"天人合一"的意识。《易经》提出了有机整体的初步图式,把自然现象和人事吉凶都纳入阴阳两爻所组成的六十四卦系统之中,为中国传统思维奠定了基础。春秋战国时期,儒家和道家从不同角度发展了有机整体的思维模式。儒家把自然人性化,道家把人性自然化,都把人和自然看做是一气相通、一理相连的整体。董仲舒的"天人感应",理学家的"天人一理"、"天人一气"、"万物一体"都是整体思维的进一步发展。经过两汉的宇宙论、魏晋玄学、佛教的本体论,直至宋明理学体系,有机整体性已成为中国传统思维方式的一大特征。

整体性思维(holistic thought)把人与自然、人间秩序与宇宙秩序、个体与社会看做是不可分割、互相影响、互相依存、互相对应的有机整体(intersecting web of social and personal relationships)。整体包含部分,各部分之间有密切的联系;要了解各部分,必须了解整体。在这个整体结构中,身心合一,形神合一,精神与物质、思维与存在、主体与客体合一。"道"、"气"、"太极"、"理"是整体的基本范畴,阴阳、五行、八卦是整体的基本要素。以人为中心,儒家追求人与社会和谐一致;道家追求人与自然浑然一体。"天人合一"视天道与人道为一体,天中有人,人中有天,"天人之际,合而为一"(《春秋繁露·深察名号》),"人者,天地之心也"(《礼记·礼运》),"天地与我并生,万物与我为一"(《庄子·齐物论》),"天地人只一道也,才通其一,则余皆通"(《二程遗书》卷18),人可"与天地合其德,与日月合其明,与四时合其序,与鬼神合其吉凶"(《易·乾》),这是一种物我不分、物我两忘的诗意境界,是天人同体同德、万物有情的宇宙观。这些观点都把客体自然(天道)化为主体人心(人道),使主客互渗,人与自然契合无间。"知行合一"强调认知与行为的一致,儒家主张认知与伦理实践一致,墨家主张认知与生产实践一致,法家主张认知与政治实践一致。"情景合一"将主体意向、个人情感与描写客体融合为一。中国的整体性思维不以自然作为认识对象,不把认识自然作为目的,而是以主客一体实现"尽善尽美"的整体和谐境界为目标。

整体性思维把天、地、人和自然、社会、人生放在关系网中从整体上综合考察其有机联系,注重整体的关联性(highly contextual),而非把整体分解为部分逐一加以分析研究(Holistic thought involves an orientation to the context or field as a whole, including attention to relationships between a focal object and the field, and a preference for explaining and predicting events on the basis of such relationships. Nisbett 2001: 300);注重结构、功能,而

非实体、元素;注重用辩证的方法去认识多样性的和谐和对立面的统一。中国的整体思维从《易经》的"阴阳"互依衍生出中庸、兼顾、联系的二元结构。战国后期,邹衍建立了关于万物五类(木、火、土、金、水)相生相克的"五行"学说,并把阴阳和五行两种学说结合起来,用以说明世界上万事万物的变化,形成了一个学派——阴阳家。董仲舒以阴阳五行的观念来解释自然现象和社会现象,使阴阳五行成为一种思维模式。中国人善于发现事物的对应、对称、对立,并从对立中把握统一,从统一中把握对立,求得整体的动态平衡,以和谐、统一为最终目标。古人从直观经验中发现,万物都有对称性,"无独必有对","孤阴不生,独阳不长"(*Yin and Yang only exist because of each other*),任何现象都是一一对立的,任何事物或行为都包含着相对立的两个方面。这两方面相互依存、相互包含、相互转化、相互轮替(*Yin alternates with Yang*),必须注意对称,保持适中,兼顾两面,互相联系,只有当这两方面处于均衡对称状态时,才能在视觉上产生美感,在心理上得到满足,取得稳定感,获得"善"。《周易大传》认为对立面的相互推移是变化的根源。张载据此作了发挥,提出"两"与"一"的概念,强调"两"(对立)与"一"(统一)的对立与统一。"相反相成"、"物极必反"(程颐)体现了中国传统的辩证思维。孔子的"叩其两端"以及无过无不及的"中庸"观(the Doctrine of the Golden Mean),主张不偏不倚(keep a balance between two extremes),注重适中与适度,反对过分或不足,求公允,忌偏激,"执两用中",调和对立,实现中道。"中"乃天下万事万物之根本,"和"乃天下共处共行之大道。对立和矛盾不过是走向和谐统一的手段和途径。

中国古代先哲也对宇宙进行过思考,但却非常笼统、模糊而简约,认为宇宙是一个整体(a mass of substances rather than a collection of discrete objects),是由混沌的无形之"气"生化而成的,是运动的、和谐的、平衡的(The universe was a continuous medium or matrix within which interactions of things took place, not by the clash of atoms, but by radiating influences. J. Needham),认为"通天下一气耳"(《庄子·知北游》),气是阴与阳之间接触、转化的中介和载体,阴阳通过气来化生,气为万物之源,即所谓"元气说"。"元气说"笼统论证宇宙的"其大无外,其小无内",不可计量,无从说明其内在结构要素和构成途径,只能从宏观整体把握,在"相生相克"的矛盾运动中寻其发展变化。阴阳鱼太极图则体现整体圆融和会、阴阳互补和谐平衡、相反相成、相灭相生、互为因果的中国辩证思维方式。

"元气说"以"气"作为万物的本原或本体去解释万物的派生,正是整体思维方式的表现,不像西方人那样去深入探讨万物的本原、分析宇宙的生成和构造,直至构成万物的基本元素和原子,甚至原子的性质和形状,即所谓"原子论"。以整体性为特征的"元气说"和以个体性为特点的"原子论"分别对中西思维方式产生了深远的影响,前者横向铺开,注重事物的相互关系和整体把握;后者纵向深入,注重事物的分析解剖和个体研究。中国重辩证思维,轻形式逻辑,注重事物的运动、发展和变化,强调内在的矛盾、对立和统一(Holistic approaches rely on experience-based knowledge rather than abstract logic and are dialectical, meaning that there is an emphasis on change, a recognition of contradiction and the need for multiple perspectives, and a search for the "Middle Way" between opposing propositions. Nisbett 2001: 300)。中国科技史专家李约瑟(J. Needham 1978: 337)指出:"当希腊人和印度人很早就仔细地考虑形式逻辑的时候,中国人则一直倾向于发展辩证逻辑。与此相应,在希腊人和印度人发展机械原子论的时候,中国人则发展了有机宇宙的哲学。"

混沌的整体性是古人思维的共同特征,但古希腊的整体观是以有确定时空形式的有限实体为对象的。个体实体都是自身统一的整体,整体由部分组成,但不是部分的堆积,整体保持着自己的单一性。这种实体观着眼于物质与能量的分别研究,注重元素、结构、形式的分析方法,这是近代科学传统的思想渊源。古希腊的这种整体观显然不同于古代中国的"万物一体"、相连而存在、相通而变化的浑然一体、水乳交融、连续无限的整体观(a seamless whole composed of a single substance, or interpenetrating substances of several kinds, or continuities in substances and relationships in the environment)。

中国"天人合一"的思维方式遍涉儒、道、佛三家,西方"主客二分"的思维方式遍涉各种哲学倾向和流派,两者分别对中西思维方式产生了深远的影响。

柏拉图首先提出了"主客二分"的思想。15世纪下半叶以后,自然科学进入对自然界进行分门别类研究并对事物进行分析解剖的阶段,主要采用以观察和实验为基础的归纳法和数学演绎法,从定性走向定量,从宏观走向微观,以孤立、静止、片面的观点考察和分析事物,于是形而上学思维方式占主导地位。这类观点认为,事物的性质是由其范畴和规律支配的。因为事物受其相关因素的影响,必须把事物从其相关的因素中分离开来(field independence),确定该事物属于何类范畴,然后推定规律如何运用于该范畴。培根作为现代实验科学的鼻祖,只承认"按照一定规律活动着的个体事物"的真实性,认为人类知识的工作和目的就是研究这些个体事物活动的规律和性质。恩格斯(1972:60)说:"把自然界分解为各个部分,把自然界的各种过程和事物分成一定的门类,对有机体的内部按其各种各样的解剖形态进行研究,这是最近四百年来在认识自然界方面获得巨大进展的基本条件。"笛卡尔开创的西方近代哲学明确地把主体与客体对立起来,提出"精神实体"与"物质实体"同时存在但互不相关的二元论世界观,以"主客二分"作为哲学的主导原则。这一原则深刻地影响着近代哲学家,使之成为认识论的一个基本模式,直至海德格尔的存在哲学以及后来的后现代哲学使这一模式得以改变。

分析性思维(analytic thought)明确区分主体与客体、人与自然、精神与物质、思维与存在、灵魂与肉体、现象与本质,并把两者分离、对立起来,分别对这个二元世界做深入的分析研究(Dichotomies abound in every century and form the basis for debates. Nisbett 2004:154)。西方思维的逻辑性注重从事物的本质来把握现象,这是思维对事物整体加以分析的结果(Logical analysis is a kind of continuation of the Greek tendency to decontextualize. Nisbett 2004:25)。分析性思维有两个不同的层次。一是把事物从其所处的环境中分离出来,注重其特性,以便分门别类,归入一定的范畴(categorization);运用范畴的规律来解释和预见事物的表现(Analytic thought involves detachment of the object from its context, a tendency to focus on attributes of the object in order to assign it to categories, and a preference for using rules about the categories to explain and predict the object's behavior. Inferences rest in part on decontextualization of structure from content, use of formal logic, and avoidance of contradiction. Nisbett 2001:300)。这就必须把复杂的现象和事物分解为简单的要素或具体的细节,然后深入考察各部分、各细节、各要素的性质、地位、作用、联系,从而了解其规律,为了解整体及其要素的因果关系提供依据。为此,必须把各部分、各细节、各要素割裂开来、抽取出来、孤立起来,因而分析具有孤立、静止、片面即形而上学的特征。由于这个局限性,思维必须上升至第二层次,即以完整而非孤立、变化而非静止、全面而非片面、相对而非绝对的矛盾、对立、统一的辩证观点去分析复杂的世界。这种辩证的思维方式是马克思主义哲学所提倡的。此外,当代科学发展所产生的系统论方法、控制论方法和信息论方法也从不同方面表现了综合性的思维方式。

3. 意向性与对象性

中国传统思维把主体自身作为宇宙的中心,人是万物的尺度,"万物皆备于我"(《孟子·尽心上》),认为认识了自身,也就认识了自然界和宇宙的根本规律,用主体的修养代替对客体的认识,自身内心的体验是一切认识的出发点。"道"在人心之中,哲学家的任务在于提出自己所体认的"道",哲学的视野在于伦常治道。古人不以自然为认识对象,而把自然人性化或把人性自然化,"天人合一",主客不分,不在认识自然的基础上反思,而从主体自身出发,在经验直观的基础上直接返回到主体自身。这种自我体验反思,把知、情、意融合在一起,把情感体验和本体认知合而为一,以情为主导,主观情感使传统思维带有浓厚的主体意向。传统思维重视"喜怒哀乐",注重好恶的情感,进而产生善与恶、美与丑的评价,这就导致了主体判断。中国贤人注重直觉意象而非逻辑推理,注重求善而非求真。求善的极境,一是内心的完善符合道德规范,二是外在的行为符合伦理秩序。在封建君主专制下,判断学术价值重"经世致用",重君主的权术和驭民术,而非探究自然规律的成就,即重"治人",而非"治物"。中国的主体意向性思维从主体的需要和实用出发,以人的伦理规范和审美情趣为标准,以主体意向统摄客体对象,以政治判断统摄真假是非,以道德判断代替价值判断,以价值判断制约事实判断,寓事实判断于价值判断之中。这是价值判断型思维,而非事实判断型思维,是主体意向性思维,而非客体对象性思维。价值判断型思维按主体特定的价值系统、价值取向和客体对主体的意义、价值,评价其好坏、优劣和善恶,具有明显的主观性和意向性。意向性思维使主体介入客体,客体融入主体,"物便是我,我便是物","物我一体","山性即我性","山情即我情",自然有我心,我心有自然,使客体主观化,自然人性化,哲学文学化,政治伦理化,达到情景交融,情感与理性合一。主体意向与本体认知合一,突出了主体能动性,使思维受制于情感,以情感代替理性。传统思维重视"治人"与"人治"的政治伦理,使政治意识与伦理价值结合。在科学方法论的影响下,中国重人文轻科学、重主体意向轻客体认知的传统思维已发生了很大的变化。

古希腊最伟大的科学发现是发现自然界本身。希腊人把自然界定义为人及其文化以外的天地万物,严格把外部的客观世界与内部的主观世界区分开来,这是因为希腊人从辩论传统中清楚地了解什么是主观性(subjectivity)。西方思维传统以自然为认知对象,认为只有认识自然,才能把握自然,只有探索自然,才能征服自然,因而主客二分,天人对立,划分内心世界与外部自然界,区分自我意识与认识对象,将自然作为自身之外的对象来研究。西方哲学以其创立本体论而持尊重客观的态度。理性主义把主体作为"旁观者",对客体尤其是本质世界进行探究。西方近代理性的鼻祖笛卡尔强调理性,反对以意愿、情感和好恶作为判断是非、辨别真假的标准;对真理的追求和认识,不能夹杂任何个人的意向、信仰和需求(impartial search for truth),不能停留于感性,必须超越感性,达到理性。这种致思倾向必然摆脱主体意向而导致客体意识,以科学认知为基础,由事实判断统摄价值判断,注重真假选择而非伦理规范。事实判断型思维按主体特定的方法和手段,反映客体本来的面目、属性和规律,注重以事实、根据和数据判断真假是非(rely more heavily on facts and figures to determine the optimum outcome),具有明显的客观性和对象性。西方注重科学的思维传统明确区分主体与客体,排除主观因素,强调客观性,使客体客观化,"物是物,我是我",物我二分,以客观和冷静的科学态度对待客观世界(calm fact-teller),以逻辑和理性探索自然规律,追求的是认识的客观有效性。

4. 直觉性与逻辑性

中国传统思维注重实践经验(experiential knowledge),注重整体思考,因而借助直觉体悟(sense impression),即通过知觉从总体上模糊而直接地把握认识对象的内在本质和规律。直觉思维通过静观、体认、灵感、顿悟,未经严密的逻辑程序,直接而快速地获得整体感觉和总体把握,重直观内省,轻实测论证,重内心体验,轻实验实证,重直觉领悟,轻逻辑推理。直觉思维因省去许多中间环节,因而能够高效、快捷地领悟认识对象,但偶然性多,准确性差,不像逻辑推理那样严密、准确。这是一种超越感性和理性的内心直觉方法,与整体性和内向性密切相关。儒、道、佛三家都注重直觉体悟宇宙本体,力求达到"天地与我并生,万物与我为一"的

"天人合一"境界。孟子的"诚",老子的"道",玄学家的"无",理学家的"太极",都靠直觉、灵感、顿悟来领会,而不用概念和语言去描述,也不用逻辑推理去论证。孔子说"内省不疚",孟子主张"尽其心者,知其性也,知其性则知天矣"(《孟子·尽心上》),以心的内省领会宇宙的根本规律;《论语》则靠直观的自然知识证明道德规范。道家认为自然是一个整体,不可分析,只可感觉、体验、领悟;庄子是先秦悟性的典型代表,倡导"万物一体"论,认为"道不可言,言而非道","道无为无形,可传而不可受,可得而不可见"(《庄子·大宗师》),主张"无思无虑始知道"(《庄子·知北游》),以直觉体悟宇宙本体。佛教的禅宗主张"顿悟","一闻言下大悟,顿见真如本性"(《六祖坛经》),相信瞬刻之间,便可"豁然贯通","恍然大悟",强调"不立文字","直指人心",提倡"心净自悟,顿悟成佛",力求排除语言文字对思维的束缚,在超时空、非逻辑的精神状态下实现绝对超越,进入佛性本体境界。悟性是直觉思维的核心,通过感觉、体验、意会、领悟、凝思、冥想、内省、自求,以"尽心"、"体道"、"体物","置心在物中,究见其理"(《朱子语类》),但难于言表,即所谓"书不尽言,言不尽意"(《易经》),只可意会,不可言传,求简捷而缺推理,靠灵感而非论证,重直觉而轻逻辑,用形象化语言思辨,缺乏结构严谨、条理分明的实证分析,多以语录、评点、杂感、随笔之类的即兴式心得体会表达观点,缺乏像西方那样的系统、完整的理论体系。直觉思维对中国哲学、文学、艺术、美学、医学、宗教等的影响尤为深远。

西方思维传统注重科学、理性,重视分析、实证,因而必然发明并借助逻辑推理,在辩论、论证和推演中认识事物的本质和规律(The general explanation given for why the Greeks, rather than some other people, invented logic, is that a society in which debate plays a prominent role will begin to recognize which arguments are flawed by definition because their structure results in a contradiction …. Logic is applied by stripping away the meaning of statements and leaving only their formal structure intact. This makes it easier to see whether an argument is valid or not. Nisbett 2004:25)。古希腊哲学家、"逻辑之父"亚里士多德(公元前384—前322)开创了形式逻辑,提出了形式逻辑的三大基本规律(同一律、矛盾律、排中律),研究了论证的三大要素(概念、判断、推理),提出了两种思维方法(归纳法、演绎法),尤其创立了演绎推理的三段论(大前提、小前提、结论)以及整个形式逻辑体系,对人类思维产生了深远的影响,也使逻辑性成了西方思维方式

的一大特征。形式逻辑还使西方思维方式具有理性、分析性、实证性、精确性和系统性等一系列特征。西方中世纪时期,占主导地位的经院哲学也未能从根本上否定理性和形式思维的作用,依然主要运用形式逻辑的模式,从教会的《圣经》出发,对上帝的存在采用演绎推理加以证明。15世纪下半叶,自然科学的发展把自然界分门别类,进行分析解剖,进一步推进了形式分析思维模式。17世纪,英国哲学家、现代实验科学的始祖培根(1561—1626)充实并丰富了形式逻辑的内容,针对亚里士多德重演绎、轻归纳的特点,建立了归纳逻辑的基础,认为一切知识来源于感觉,主张用归纳、分析、比较、观察和实验的理性方法整理感觉材料,对归纳法作了比较系统的论述。此后,培根的这些思想,被他的后继者、19世纪英国逻辑学家穆勒发展为探求因果联系的五种归纳方法(求同法、差异法、求同求异并用法、共变法、剩余法)。归纳法与演绎法相结合,使形式逻辑的内容大体比较完备。17世纪,法国哲学家兼数学家笛卡尔(1596—1650)、德国数学家兼哲学家莱布尼茨(1646—1716)都在演绎逻辑方面做出了贡献,试图用数学的方法来处理逻辑问题,为后来的数理逻辑这门科学的诞生开拓了道路;19世纪末至20世纪初,一些著名的数学家兼逻辑学家如布尔、施雷德、弗雷格、罗素、希尔伯特等人,进一步用数学方法研究逻辑问题,建立了数理逻辑这门科学。数理逻辑用一整套人工符号语言来表达逻辑结构和规律,把对思维的研究转变为对符号的研究,因此也称为符号逻辑。18世纪末至19世纪初,德国哲学家黑格尔(1770—1831)建立了唯心主义的辩证逻辑体系,马克思(1818—1883)和恩格斯(1820—1895)则以唯物主义改造了黑格尔的辩证逻辑。至此,西方已有了演绎逻辑、归纳逻辑、数理逻辑、辩证逻辑等基本逻辑工具。西方逻辑思维的发展导致思维的公理化、形式化和符号化,并出现了相关的逻辑系统,如概率逻辑、模态逻辑、模糊逻辑、语言逻辑等。爱因斯坦(1976:574)说过:"西方科学的发展是以两个伟大的成就为基础的,那就是:希腊哲学家发明的形式逻辑体系(在欧几里得几何学中),以及通过系统的实验发现有可能找出的因果关系(在文艺复兴时期),而中国的贤哲却没有走上这两步。"西方人重视认识论和方法论,重视语言分析(包括语法、语义、语用分析),都与思维方式的逻辑性密切相关。

相比之下,中国传统的逻辑思维往往与政治、伦理紧密相连,服务并屈从于政治与伦理,缺少像亚氏那样的形式逻辑理论和体系,缺乏像西方那样对逻辑进行抽象的纯理论研究。先秦以墨子(公元前468—前376)

为代表的墨家逻辑曾有过辉煌的时期。墨家曾全面地研究了"名"（概念）、"辞"（判断）、"说"（推理）以及逻辑规律问题，主张"以名举实"（用概念反映事物），"以辞抒意"（用判断表达思想），"以说出故"（用推理论证因果），对"名辩之学"（逻辑学的一些问题）展开热烈的争论，其"三物"（故、理、类）逻辑可与亚氏的三段论和古印度的因明学相比。但当时的逻辑理论，大多偏于对某些概念和命题的争论（如名实之争，"白马非马"），且仍然采用"设象喻理"（如故事、寓言）的直觉形象方法来代替逻辑规则，没有向抽象化、公理化、形式化、符号化发展，没有形成系统的、完整的理论体系，逻辑思维终究是低水平的、不发达的。东汉初，佛教传入中国，也带来了体现逻辑理性的因明学，但因明学在中国儒、道、玄的悟性文化土壤中并未盛行。汉代以后，"罢黜百家，独尊儒术"，墨学衰微了。现代逻辑学的成果，几乎全是从西方引进的，从中也可以看出思维方式的差异。

5. 意象性与实证性

古代中国人注重"观物取象"，立象尽意，设象喻理，取象比类。形象思维通过自我体认形成心中的意象，采用意象—联想—想象来替代概念—判断—推理的逻辑论证，从具体形象符号中把握抽象意义，以形象地反映客观事物，集中表现在"立意于象"，"妙象尽意"，"微言尽意"，"入理言息"，"书不尽言，言不尽意"，"得象而忘言，得意而忘象"（王弼：《周易·明象》）等这类经典名言之中。"得意"需靠直觉顿悟，故不能执著于语言，又不能离开语言，顿悟之前需要借助语言和形象符号，顿悟之后，就可以"忘象"、"忘言"了。"言生于象，故可寻言以观象；象生于意，故可寻象以观意。"（王弼：《周易·明象》）意象性思维以"象"来沟通"意"与"言"，把"象"作为连通思维和语言的纽带。《易经》觉察到文字和语言难以表达意义，提出"立象以尽意"，借助阴阳卦象推断天、地、人之间的变化之理，用象数符号表现其整体意义，对中国传统思维方式产生了深远的影响。传统思维不重视语言的逻辑分析，却注重语言所指称的抽象意义或本体意义，不善于运用抽象语言，却擅长于形象语言，用形象的方法来表达抽象的事物。中国语言是意象性语言，文字符号具有象形、会意和形声的特征。中国人用文字表达思想时往往摆脱不了具体事物的形象，注重"意在言外"、"意出言表"，注重语言背后的"象"和"意"，以形象符号隐藏意义,把意象看得比语言还重要。先秦诸子的哲学皆以文学形式(如诗、辞、传说、故事、寓言、神话等)论述博大精深的哲理,就是思维注重形象和意象的例证。清代王夫之说:"盈天下而皆象矣。《诗》之比兴,《书》之政事,《春秋》之名分,《礼》之仪,《乐》之律,莫非象也。而《易》统会其理。"在他看来,儒家的《六经》都是用形象比喻讲道理的,其中《周易》则集中讲形象类比的思维方法。哲学中的境界论,美学中的意境论,都借助形象符号,达到超越的本体境界。

基于直观经验的意象性思维还表现为类比性,如比喻、象征、联想、类推等。类比思维根据两种对象在某些属性上的相同或相似,推论它们在其他属性上也可能相同或相似。类比通过由此及彼或由彼及此,沟通异类,由已知到未知,用具体形象表达抽象意义,借象达情,以义起情,使情物交融,生动形象,易于感悟,达到协同效应。古代贤人注重"观物比德",以类度类,以近知远,以一知万,触景生情,因事寄兴,举一反三,触类旁通,这种认识只能获取模糊的知识,只注意事物现象之已然,但不解释、论证其本质之所以然,具有猜测性和神秘性。阴阳八卦和五行学说都以天、地、人、物相类比,寻找其间的联系和规律,把人体比作小宇宙,世界由"木"、"火"、"土"、"金"、"水"五种基本物质构成,人有五脏、五官,自然界有五方、五色、五味,还有一体贯通的"天道"、"地道"、"人道":"立天之道,曰阴与阳;立地之道,曰柔与刚;立人之道,曰仁与义"(《易·系辞上》)。八卦思维是一种比附性的联想思维,所比的是自然或人事中已见已知的现象,所附的是自身或行为中未见未知的现象,如把天象的雷、雨、晴、阴与人间的祸、福、吉、凶相比附。这是从自然现象到社会现象、从个别到个别或一般到一般的类比推理,而非从个别到一般的归纳推理,或从一般到个别的演绎推理。类比推理的可靠程度取决于两种对象的相同属性与推理出的属性之间的联系,但推理的根据不充分,无法保证这种联系的必然性,因而其结论是或然的。

古希腊也有过直觉性、整体性和模糊性思维,但西方所追求的知识不是沿着"观物取象"的方向发展,而是沿着抽象理性的方向发展,不是依靠直观类比,而是注重逻辑推理(Plato thought that ideas — the *forms* — had a genuine reality and that the world could be understood through logical approaches to their meaning, without reference to the world of the senses. If the senses seemed to contradict conclusions reached from first principles and logic, it was the senses that had to be ignored .... The fifth century saw a move from sense observation toward abstraction and distrust of the senses. Nisbett 2004:8）。西方思维不像中国那样注重观察辨物、定性，而是注重形体，特别是解剖，侧重于事物的要素、结构，重定形，而非定性。随着手工业的发展，注重加工程序、技巧、分析、比较的工匠传统大大发展。到了近代，西方实验科学迅速发展，与此相适应的思维方式便具有很强的实证性。工匠传统与学者传统、技术问题与科学理论有机结合，使思维方式注重实证分析和逻辑论证。近代实验科学的始祖培根创立了归纳法，强调观察、经验、事实、实验、例证、分析、实证，主张用归纳的、理性的方法去整理感性材料，把个别的现象上升到一般的理论。此后，西方注重实证的特点经久不衰，法国哲学家孔德创立了实证主义，认为科学唯一的目的是发现自然规律或存在于事实中的恒常关系，这只有靠观察和实验才能做到；这样取得的知识是实证的知识，只有被实证科学所证实的知识才能成功地运用到人类实践的各个领域。奥地利物理学家马赫和法国哲学家阿芬那留斯创立了第二代实证主义，德国哲学家石里克等创立了第三代实证主义，即逻辑实证主义，直接把实证和逻辑连成有机的一体，使知性思维的逻辑和实证互为表里。实证性成了西方思维方式的一大特征。

西方的实证性思维重视语言的作用，把语言作为思维的工具，认为要把概念与观念具体化，必须借助语言。语言是概念的形式、观念的结构、沟通的媒体。西方的拼音语言不是对自然现象的模拟，而是人为规定的信号，信号以理性的规则建立象征符号，以声音组合决定意义，这些取决于人的主观分析、概括和抽象的能力，因而导致语言的信号化和逻辑化，比较容易上升到逻辑思维。逻辑论证必须借助概念、判断和推理等思维形式和各种思维方法，在理性推演中认识事物的性质和联系，对思维对象进行间接的、概括的加工，因而呈现抽象性特征。

6. 模糊性与精确性

模糊性是古代思维的共同特征。中国传统思维方式的模糊性经过长期延续而得到丰富和发展，但没有像西方思维方式那样在近代受到精确性的否定，因而直至现代，中国思维虽然吸收了西方思维的精确性，但仍有古代模糊思维的特征。古代中国人把宇宙看做是混沌的整体，思维对象是模糊的，思维主体也是模糊的，以模糊的思维去认识模糊的整体，用模糊的方法和工具(如模糊的概念、范畴、语言和粗制的器具)整体综合地把握其总体特征,不注重对事物分门别类、分析解剖,缺乏对事物本质的准确认识,注重对事物作质的判断,忽视对事物作量的分析,讲究"设象喻理"、"刻意神似","只可意会,不可言传",疏于分析实证,重视直觉体悟,缺乏逻辑推理,描述事物重求其似、其"神",不甚求其真、其实,不甚求其精确、清晰,往往带有朦胧、粗略、笼统甚至是猜测的成分。中国的概念和范畴缺乏周密的界定,几乎都是多相的,即一个概念由多个判断来规定,如"易"就有三个判断来定义,"易一名而含三义:易简一也,变易二也,不易三也。"(《周易·正义》)儒家思想的关键概念"仁"与"礼",孔子没有明确说明其定义,后来的学者只好众说纷纭。此外,如"道"、"气"、"神"、"理"、"诚"、"心"、"义"等关键概念都缺乏精确界定,显得深奥而模糊不清,其内涵与外延的伸缩性和多义性很大,其义还可因人因时而异,难以精确把握。中国的推理一般是模式型的,即从某个基本模式出发,按照一定原则,把有关对象都纳入这一模式,如"阴阳五行说"以阴阳五行作为世界模式,推断天地人的变化之理,缺乏严格的规范,不作详细的论证,也不立完整的理论,较多借助类比,以牵强比附代替推理,因而显得模糊而不严密。模糊性思维使用"亦此亦彼"("both/and" orientation)的模糊概念和命题进行思维。此外,用整体、联系、运动的而非片面、孤立、静止的观点考察事物,事物的界限也不易分清。汉语作为中国人思维的主要工具,经常采用意合法(parataxis),尽可能不用或少用形合手段,用词造句成章灵活性大,多个深层结构(语义结构)可以表现为一个表层结构(句法结构),一个深层结构也可以表现为多个表层结构,许多表达方式在西方人看来是非逻辑的(illogical),模糊性较大,歧义现象较多,必须依靠人的悟性和语境(context),才能正确理解。中国画以写意为主,讲究神似、气韵,"作画妙在似与不似之间,太似为媚俗,不似为欺世。"(齐白石)而西洋画却以写生为主,讲究形似、逼真,运用透视、解剖、光学等科学原理。两者各有所长,也反映了思维方式的不同。

数千年来,中国封建统治者崇拜治人之权术,鄙视甚至禁锢科学技术,尤其轻视以精确性为特征的数学。古代中国有算术和算盘,但很少专门从事数学和自然科学的研究,缺乏严格的数学推导和演绎系统;注重实用技术和应用计算,缺乏严密的逻辑规则的制约,缺乏精确实验和定量分析,缺乏严格的定义、公理、定律、公式,因而也缺乏系统的数学理论。相比之下,西方人自古以来就重视数学和逻辑,如欧氏几何和亚氏逻辑,因而具有精确性的素质。

　　精确性是西方近代思维方式的一大特征。15 世纪以后,随着西方近代自然科学的发展,思维的模糊性逐渐被分析性、精确性和实证性所代替。西方近代实验科学注重对事物分门别类、分析解剖,重视定量分析和精确计算,因而促进了数学、力学、天文学、生物学、化学、物理学等学科的确立与发展,也使西方思维方式具有精确性的特征。思维对象虽然是模糊的,但西方人认识事物的方法和工具(如概念、范畴、定义、逻辑、规则、原理、定律、公式、语言、程序等"软件"和显微镜、望远镜、助听器、计算机等"硬件")却相当精确,这就导致了精确思维的习惯。西方的概念和范畴是单相的,有周密的界定,即一个概念只用一个判断来规定,其内涵与外延都非常明确,通常需用严格的定义引入。推理一般是命题型的,即从某个初始命题出发,按照一定规则,依次推出一系列的命题系统,如古希腊德谟克利特从"原子是不可分割的最小微粒",推出古代原子论。这种推理要求初始命题十分明确,推理程序非常严密,因而显得精确。古希腊人注重雕塑这种三维艺术,重视几何图案、结构解剖、形体比例,注重模仿、写实、逼真,忠实于客体对象的原貌和再现,加上科学知识和技术,必然导致精确的致思传统。精确性思维建立在二值逻辑基础之上,使用"非此即彼"的精确概念和命题进行思维,要求对任何概念和命题都作"非此即彼"、"非真即假"的判断("either/or" mentality),不允许第三值或更多值,其基本原则是同一律、矛盾律和排中律。精确性思维还因重视数学而得到加强。古希腊的几何学严密地应用推理,亚里士多德的逻辑不但把当时的几何学所应用的推理作为研究对象,而且还把当时的几何学所应用的公理方法作为研究三段论的方法。数学不仅是知识,也是思维的工具,这就导致逻辑和数学汇合成数理逻辑,使思维更趋精确。19 世纪中期以后,大量的数学方法应用于逻辑研究,而逻辑研究的成果也应用于数学的基础和方法研究,集合论、证明论、递归论、模型论,已成为数学和逻辑的共同内容,其应用的方法也已成为数学和逻辑的共同方法。数理逻辑处理人工语言,有整套的符号系统,每个符号的意义都有明确的规定,排除自然语言的歧义和其他不确定的因素,因而具有高度的精确性。西方人崇尚科学和理性,注重思维活动的严格性、明晰性和确定性,注重思维程式的数学化、形式化、公理化、符号化和语言的逻辑性,思维方式也必然带有精确性。英语作为西方人思维的主要工具,经常采用形合法(hypotaxis),尽可能使用各种形合手段限制多义现象,用词造句遵守严格的词法和句法,造句成章也服从某种逻辑规则,尽量少依靠语境(decontextualiza-tion),模糊性较小,歧义现象较少,因而显得比较精确。

然而,现代西方人又发现复杂的世界存在着许多模糊的现象和事实,如在程度、真值、关系等方面,很多情况下不可能有精确的结论,反映在思维中就产生了模糊性,由此便出现了模糊数学、模糊逻辑、模糊语言等学科。现代思维的模糊性建立在对外部世界精确把握的基础之上,同时又客观地反映了外部世界的模糊性。精确与模糊并重,精确中有模糊,模糊中有精确,这是现代(尤其是西方)思维方式的一大特征。

7．求同性与求异性

中国封建社会的一体化政治结构,要求社会和个人的信仰和观念一元化、一体化、同步化,造就了传统文化的"大一统"思想。秦始皇的"焚书坑儒"是压制异己的先例;"汉代孔子"董仲舒的"罢黜百家,独尊儒术"为大一统提供了思想基础。"春秋大一统者,天地之常径,古今之通义也"。董仲舒认为一统是天经地义的事。儒家倡导三纲五常,宣扬礼乐教化,维护封建"大一统"。"礼"要求社会秩序化,"仁"要求人伦关系规范化;"天人合一"、"天人感应"寻求人与自然统一、人与社会统一。科举考试制度要求按统一的八股文格式写同类文章,表达同种观念和同类观点。经过儒道互补的两汉经学和儒、道、释三位一体的宋明理学,经过长期的积淀与强化,传统文化以儒家思想为正统,以维护君权专制为核心,以皇帝圣旨为最高权威,形成金字塔式的等级特权制度,强化一元化的政治结构,大兴"文字狱",把不同思想视为异端,视为"大逆不道"、"欺师背祖"。人们以此为主导,形成规范意识、群体意识和集体主义,形成同一的价值取向、人格标准和行为模式,追求和谐和睦。上至国君,下至百姓,从思想到言行,都力求按照同一思路、同一模式,形成"一风吹"、"一刀切"、"随大流"的风气和单向性思维。在这种"大一统"的氛围之下,思维方式趋于求同排异、求同存异或异中求同,而非西方的标新立异、求异存同或同中求异,因而具有收敛性、封闭性,而非发散性、开放性。"枪打出头鸟,锤敲露头钉"的观念在人们内心积淀太深,因而缺乏怀疑、批判、挑战、否定、开拓和创新的精神,思维方式呈现僵化、保守,而非进取、冒险。历史的变迁,朝代的更迭,都没有使之脱胎换骨。中国传统文化成为世界上唯一绵延不断、自我调节的"超稳定"文化。稳定性、循环性成了中国文化的特征。正如有的学者所说,中国文化的发展如同一人长跑,西方文化的发展如同多人接力。

西方智者对于自然奥秘充满了好奇心。为探求真理,智者们热衷于辩论(the tradition of debate),不断求异创新,形成了探索未知世界的科学精神。古希腊哲学家苏格拉底、柏拉图和亚里士多德虽是三代师生关系,但在探索、求知的某些问题上既有继承性又有求异性,这正如亚氏所说,"吾爱吾师,吾更爱真理"。自古至今,西方思维方式善于随着不同时代、不同地域、不同思潮尤其是科学发展的不同历程而变化。综观西方哲学史,各个时期都有不同的学术思想和理论体系,可谓流派繁多、思潮澎湃,人才济济,你追我赶,前仆后继,如同多人接力。例如近代以笛卡尔、培根的哲学思维和牛顿的经典力学为规范的理性"分析程序"模式就不同于古代直观的整体思维模式;现代以量子力学、相对论为规范的理性"综合程序"模式又否定了理性"分析程序";以培根、洛克为代表的经验主义倡导归纳法,贬低亚里士多德的演绎法,而以笛卡尔、莱布尼茨为代表的理性主义又主张演绎法,贬低归纳法。笛卡尔主张运用理性,反对一味追随传统、习俗和先入之见,对过去的、当代的、人们普遍接受的、自己也信以为真的一切事物和思想,都要用理性的"自然之光"加以重新审视,其"怀疑论"主张思想自由,"破除学界之奴性",摆脱前人之束缚。西方思维的批判性首先是由理性主义决定的。理性主义把主体与客体对立起来,主体如旁观者认识客体,以批判的眼光看待已有的知识,总认为无垠的世界高深莫测,是个"永恒的谜",只是"部分地可以认识"(爱因斯坦),求知永无止境,批判不是为了废除知识,而是为了增长知识。这种求异忌同、标新立异的开拓精神使西方科学文化在继承、怀疑、批判、挑战和否定的呼声中不断推陈出新,出现了明显的阶段性,产生了名目繁多的理论体系,彼此各异的思潮和枝叶横生的流派、学派。产生于科学与民主氛围之中的求异性思维使西方人形成个体主义,勇于探索,敢于挑战甚至否定前人、别人、智者、权威的名言、结论,不易随意苟同他人而喜欢各抒己见,善于发现并提出问题,不迷信于标准答案,"喜欢做自己想做的事,不喜欢做别人要你做的事",强调无拘无束的自由思考空间,尊重个体的特性(individual distinction),因而思维方式趋于多元化,注重多思路、多方向、多角度、多侧面、多层次、多方法,寻求新的方面、新的途径和解决问题的新办法,重视追根穷源,不断处在"为什么"——"是什么"——"为什么"这种无限的反复推进的过程中,具有发散性、开放性,而非收敛性、封闭性,因而有利于发挥创造精神。

8. 后馈性与前瞻性

中国封建社会的一体化政治结构和"大一统"思想促使传统思维方式具有"唯圣"、"唯书"、"唯上"的后馈性特征。孔子说:"述而不作,信而好古"(《论语·述而》),朱熹就此作注:"述,传旧而已。作,则创始也"(《四书章句集注》),这是传统思维后馈性的写照。两汉以后,独尊儒术,儒家"六经"成为神圣的经典,开始了"经学"时代。经学以解释经典为己任,认为经典所言皆正确,经典所述范围皆应固守。中国贤人膜拜祖先,崇尚圣人、经典、权威,以圣人之是非为是非,以经典之学说为信条,以权威之结论为根据。贤人们饱读经书,满腹经纶,开口子曰,闭口诗云,喜欢引经据典,"温故而知新"(孔子),"言必称三代"(孟子),嗜好对经书进行训诂、注疏和考据,以先王之法、圣人之言作为推论的前提、证明的论据或思维的结论,但又缺乏严密的逻辑论证,这已成为许多人著书立说的习惯思路。经过长期积淀,这一传统使中国人重视回顾自己的历史,崇拜祖先,尊重经验,推崇传统,以托古求认同,以"古已有之"为立论准则,以"古纸堆"而非以自然界为研究对象,习惯在古人、圣人、前人、权威的思维模式和历史结论中再思维,禁忌"离经叛道",受制于固有的"条条框框",凡事注意"有例可遵"、"有章可循",安于现状,不求进取,强调历史的继承性,不敢怀疑和批判,缺乏否定和超越的精神,以求得心理上的安全感。中国人崇古敬老的传统表现在学术上重经史、社会上崇祖先、心理上怀古旧和思想上好常恶变、求稳怕乱的倾向。近代以前的中国人对未来不大感兴趣,但对过去却甚为自豪,把"祖述尧舜"、祖宗遗训、圣贤教诲作为超越时空的真理。封建统治者排斥非圣人文化,禁锢非传统的新文化和外来文化。这种厚古薄今、排外用中的致思倾向具有浓厚的历史意识,因而思维方式倾向于因循守旧、求同排异。中国非宗教的宇宙观和人生观注重往世,不像西方基督教文化那样注重来世。中国半封闭的大陆型地理环境和长期封建专制、闭关锁国的社会环境,使中国人的思维视野局限在本土之内,善于总结前人的经验教训,从过去了解现在并推知未来,因而偏向于注重时间而非空间。注重时间的纵向思维,视野在于过去、现在和未来,而中国人却注重过去,这就导致中国人具有较强的历史意识和较弱的空间意识。

中国传统思维方式不像西方思维方式那样具有明显的阶段性,这与中国文化数千年绵延不断的超稳定性密切相关。始于秦朝的中国封建社会是在朝代不断更迭、“城头变换大王旗”之下发展的,因而中国思维方式的传统色彩特别浓厚,远甚于西方。在“大一统”的思想框架里,传统思维方式世代相袭,难有较大的发展和变化。从人类思维发展的历史看,中国传统思维方式基本上属于近代分析性思维以前的直观综合、整体把握的阶段,尚有待于从“传统”转变为“现代”,从“向后看”转变为“向前看”,从“后馈性”转变为“前瞻性”。

始于古希腊城邦制的公民文化以及崇尚民主、自由、科学和理性的传统是西方文化的主流。西方智者对自然奥秘富于好奇和想象,不断探究事物的本质和规律,对未来的发展善于提出预测和预言,进而运用预见、理性和科学信念,面向现实和未来,不断提出假设、理论和方法,不断探索、开拓和创新。自古以来,预测性、前瞻性思维使西方人产生无数的理论和学说,如柏拉图的理想国,圣西门、傅立叶和欧文的空想社会主义,马克思、恩格斯的科学社会主义和共产主义,哥白尼的日心说,门捷列夫的元素周期表,以及关于人口、生态、空间、海洋等的种种预测和展望。1943年,德国弗勒希特海姆首创未来学,主张像研究历史一样研究未来。未来学注重各种预测,包括社会预测、经济预测、科技预测和市场预测等。超前意识和个体主义使西方人不迷恋历史,不崇拜权威,不固守前人已有的思维模式,而强调怀疑、批判和否定的精神。正是这种精神使西方人勇敢地反叛了黑暗的中世纪,深刻地批判了封建专制主义文化、神学、经院哲学和先哲们的许多观念。文艺复兴之后,西方人不再时兴以圣贤之言作为论据,不引用或少引用他人的言辞,而喜欢使用自己的语言,以避免陈词滥调、老生常谈。西方近代经验论心目中的理性,反对中世纪以来把知识局限于书本、权威、传统和思想中固有的观念,主张把理性引向事实、经验、自然,注重“唯真”、“唯实”、“唯理”、“唯法”。美国人有个显著的特征,即前瞻性(future-mindedness):站在未来的高度来看现在的一切;摆脱过去的束缚而更加亲近未来(more emotionally attached to things to come)。这正如爱因斯坦所言:“对美国人来说,生活总是进取,而非守成(Life for the American is always becoming, never being)。”西方科学的不断开拓和创新推动西方文明史的发展。开放的海洋型地理环境和长期自由、民主的社会环境,使西方人的思维视野不受地域限制,因而偏向于重视空间,注重全球乃至太空,同时也注重现在和未来。注重空间的横向性思维,视野宽广,遍布微观、宏观和宇宙观的物质世界和精神世界,没有局部性、时间性、地区性和"禁区"的限制,因而有利于探索、开拓、进取和创新,也有利于培养前瞻性意识。

西方思维方式的发展具有明显的阶段性,各个阶段的差异比较大,随着科学的不断发展,进步的幅度也比较大,因而不称为"传统思维方式"。西方思维方式既继承传统的重自然、重理性、重科学的基本精神,又不固守传统的、过时的思维模式。近代实验科学的发展使西方人扬弃了古希腊人那种朴素的直观整体的思维方式;现代科学的发展又使西方人扬弃了近代那种孤立、静止、片面、机械的形而上学的思维方式,发展为多维、开放、系统、综合、形式化、公理化的具有现代特点的思维方式。西方人注重认识论和方法论的转换和变换,注重引入新方法以征服自然、认识自身,不求一成不变的稳定性。中国人则对新方法反应冷淡,习惯于因循守旧、按部就班。西方思维方式的许多特征是随着科学技术的发展而形成和完善的,具有自觉性、反思性、突破性和革新性;中国传统思维方式的许多特征是沿着社会、历史和政治的发展而形成和完善的,具有自发性、连续性、再现性和稳定性。从总体看,西方思维方式具有"向前看"的前瞻性、创造性的特征。

9.内向性与外向性

中国的地理环境有内外两大特点:就外部而言,以黄河流域为发祥地的中国与外部世界是相对隔绝的,其北边是难以逾越的蒙古戈壁和西伯利亚原始大森林,这里的严冬冰雪覆盖,寒冷荒凉;西北是浩瀚无垠的漫漫黄沙,虽有过"丝绸之路",但旅途漫长艰难,始终未能发展成为康庄大道;西南是世界上最险峻的青藏高原和喜马拉雅山脉,这里崇山峻岭,步履维艰。有些地理学家说,地球上有两个最难逾越的地区,一是北非的撒哈拉沙漠,一是东亚的青藏高原。东边面临地球上最大的海洋——太平洋。对于缺乏航海技术的古人来说,这也是难以征服的障碍:浩瀚无际的大洋,陆地的尽头,自然的天险,可怕的台风,先民只能望洋兴叹。就内部而言,以黄河流域为中心的中原地区,腹地开阔,回旋余地比较大,容易自给自足,互相支援:北方如有天灾人祸,人可以往南迁,反之也一样。

中国半封闭的大陆型地理环境、自给自足的小农经济和长期的闭关锁国,使人们缺乏与外界的联系,视野狭窄,思维闭塞,重乡土观念,重"叶落归根",视中原为本土,视中国为"天下之中"(the Middle Kingdom, the center of the world),加上一体化的社会政治结构和"大一统"的思想,使思维对象指向内部而非外部,指向自身而非自然,寻求人与自然、人与人的和谐,重视社会治理,探究"治世之道",不注重探求、改造和征服外部世界,重视历史传统,唯圣、唯书、唯上,不易接受新事物。这种种因素促使中国文化沿着自己的方向独立发展,创造与其它文化不同的品格和成果,保持自成一体的延续性和稳定性,形成了自我封闭、故步自封、盲目自尊的大国心态。

中国传统思维注重内向自求,认为价值之源在于一己之心,因而重"心术",重身心修养,重伦理道德,重三纲五常,以"正心、修身、齐家、治国、平天下"。"内圣外王"是修身内省的最高目标,通过"反求诸己"、"反求自识"、"反身而诚"、"反省内求"以汇通万物,达到去恶求善。"人人可以反求自识,而无事乎向外追索"(新儒学的代表人物熊十力)。自识本心即可达到自我完善,亦即把握了外界事物的本体。儒家在人与社会的统一中反省人的社会本质,道家在人与自然的统一中反省人的自然本性。这种返回到人自身的致思倾向是内向性的思维方式。

内向性思维导致中国人求稳的心理和好静的性格。自然静,人也静,以静对静,只有静才能体悟自然、自识本心,才能悟出人生真谛、寻求人际和谐。老子的《道德经》称道虚静,倡导平心静气、安静自守、洁身自好、好自为之、节制欲望,不可争名夺利。"静"、"思"、"悟"、"忍",成了大多数中国人思维和性格的特征。内向自求还造成种种特性,如:清静无为、安分守己、知足忍让、重义轻利、满足现状、害怕竞争、怯于突破、对新鲜事物缺乏好奇、对未知事物缺乏兴趣,甚至热衷于"窝里斗"、"内耗",不向外进取,这就压抑了人的探索精神和创造精神。在这种内向自求的氛围之中,人们不求开拓、创新,而是保守、节制;不求向外探索,而是对内压抑;不求自由选择,而是众求归一。

西方文化的发祥地——古希腊及其周围的爱琴海、地中海的地理环境与中国所处的半封闭大陆型地理环境大不一样:这里最初的疆域主要由狭长的半岛和沿海的岛屿组成,大部地区依山临海,拥有世界上最曲折的海岸线,形成了典型的海洋地理环境。爱琴海和地中海是由大陆环绕

冲突·互补·共存——中西文化对比研究

的陆间海,海面较为平静,分布着许多参差的半岛和岛屿,随处都可就近找到避风的港湾,这对于航海技术尚未成熟的古人来说,驾驭这样的海域当然比征服浩瀚无际的太平洋要容易得多。这样的海域成了古希腊人和罗马人练习航海的好场所,不但不构成与外界隔绝的因素,反而成了"地球上四分之三面积结合的因素"(黑格尔 1963:134),成了比陆路更加经济、方便、自由的坦途。另一方面,这里的陆地狭窄、多山,到处是贫瘠的土壤和石灰岩,可耕面积有限,加上冬季湿润,夏季干燥、炎热,不利于粮食作物的生长,很难形成自给自足的农业经济,因而不得不转向大海,向外开拓进取,谋求生存。大海神秘,隐伏祸患,激发人们抗争与征服的勇气与智慧。黑格尔(1963:134)在讨论历史的地理基础时骄傲地宣称:"大海给了我们茫茫无定、浩浩无际和渺渺无限的观念,人类在大海的无限里感到自己的无限的时候,他们就被激起了勇气,要去超越那有限的一切。大海邀请人类从事征服,从事掠夺,同时也鼓励人们追求利润,从事商业。平凡的土地、平凡的平原流域把人类束缚在土壤里,把他卷入到无穷的依赖性里,但是大海却挟着人类超越了那些思想和行为的有限圈子。"

西方大多数国家处于开放的海洋型地理环境,工商业、航海业发达,自古希腊时期始就有注重研究自然客体、探索自然奥秘的传统。思维的对象倾向于外界,重视认识自然、改造自然、征服自然,寻求外部世界对人最有价值的东西,为己所用,富于好奇和想象,较易接受新事物,思维方式具有开放性、广泛性和多面性(universalism)的特征。西方人自古以来喜欢辩论的传统和精神,也促使思想和社会开放(Western debate style, and the mental habits it encourages, are important for keeping societies open and open-minded. Nisbett 2004:209)。西方文艺复兴时期,人文主义者主张个性解放,反对宗教桎梏。这种追求自由、个性的精神对西方思维产生了深远的影响。

1298 年后,《马可·波罗游记》成书并在欧洲广泛流传,激起了欧洲人对东方文明与财富的倾慕与贪婪。15 世纪末至 16 世纪初,中国人发明的指南针技术传入欧洲,推动了欧洲航海事业的发展,从而开辟了新航路,发现了新大陆。1492—1504 年,哥伦布想寻找一条从西方通向印度和中国的新航线,并草拟了从欧洲西行至东方的航海计划,在西班牙女王的支持下,带着国王致中国皇帝的国书,四渡大西洋,发现了美洲许多岛屿,首次踏上南美大陆,开辟了欧洲到美洲的航线。哥伦布所发现的地方并非中国和印度,1501 年意大利探险家亚美利哥·韦斯普奇到达美洲,才认识到这是一片新大陆。哥伦布外向探险充满了殖民味和征服欲,体现了个人奋斗和开拓进取的精神。1497—1498 年,达·伽马受葡萄牙国王的派遣,为了寻找航路、财富和市场,绕过好望角到达印度,开辟了从欧洲绕过非洲到达亚洲的航路。1519—1522 年,麦哲伦奉西班牙国王之命,率领船队,环球航行。他横渡大西洋,沿巴西海岸南下,绕过美洲南端的麦哲伦海峡,进入太平洋,直到菲律宾群岛。麦哲伦在同菲律宾人的冲突中战死,他的同伴经印度洋,绕过好望角,于1522 年回到西班牙,开辟了从欧洲绕过南美洲到达亚洲的航路。西方人的地理大发现促使海上大扩张,对外侵略、推行殖民主义和霸权主义成了西方近现代文化的一大特征。

相比之下,早在西方人以上这些航海壮举之前,1405—1433 年,中国航海家郑和率领船队,七下西洋,到达亚、非 30 多个国家和地区,远至非洲东岸、红海海口和伊斯兰教圣地麦加。郑和下西洋虽然比哥伦布的远航早 87 年,而且拥有世界上无与伦比的庞大船队,但不以征服、移民、传教、寻找航路和开辟市场为目的,而是秉承皇帝的意旨(据说是奉命去寻找失踪的建文帝,同时也以物品换取特产,促进文化、经济的交流),显耀大明的威风,施恩于海外诸国而"空手而归"。这正如黑格尔(1963:134)所说,大海邀请人类从事征服和贸易。可是,太平洋邀请来的中国人,竟是所谓"正其谊而不谋其利"的谦谦君子。中国人即使来到海上也还是不能超越陆地上那种有限的思想和行动的圈子。人是出去了,但思维方式是内向的。几十年之后,当欧洲人开始地理大发现的时候,庞大的郑和船队却已经从太平洋和印度洋消逝得无影无踪了,随后,明朝又强化了"海禁",实行闭关锁国。

郑和七下西洋,强大的船队(首航 240 多艘"宝船",船员 2.78 万人,大船折合长 151.18 米,宽 61.6 米,可容 1000 多人,此后每次下西洋的人数都在 2.7 万人以上;指南针结合天文、地文、航海图导航,外国学者称之为实力雄厚的"特混舰队")途经南洋,甚至南至印尼爪哇、苏门答腊,但未能发现(或可能不想去探索和征服)邻近的澳大利亚,也未能开辟新航路;而 87 年之后,哥伦布四渡大西洋,率领的船队比郑和当年的船队小得多(首航 3 艘船、船员 90 人,此后达·伽马、麦哲伦的航海人数都分别在 90—1500 人之间),却发现了美洲许多岛屿,并首次踏上南美大陆,从而发现了新大陆,开辟了新航路。这两件重大的史实,足以说明中国人的内向性思维和西方人的外向性思维可对各自的文明史产生多么大的影响。

外向性思维导致西方人求变的心理和好动的性格。自然动,人也动,以动对动,只有动才能改造自然、征服世界。"动"、"变"、"争"、"斗"成了大多数西方人思维和性格的特征。外向性思维还使西方人富有全球观念和宇宙意识,以四海为家,崇尚竞争,嗜好冒险进取、弃旧迎新、离婚择偶、易地搬迁(The U. S. is sometimes described as a place where, if you claim to amount to much, you should be able to show that you change your area code every five years or so. Nisbett 2004: 63),爱好攻击性、刺激性的激烈运动。孔子说:"知者乐水,仁者乐山;知者动,仁者静;知者乐,仁者寿。"(《雍也》)这也可以看出中国的"仁者"与西方的"知者"之间的不同。

10. 归纳型与演绎型

中国传统思维方式注重直观经验,习惯于直觉体悟,从主体意向出发对实践经验和内心体悟加以总结、归纳,成为"圣言式"或"格言体"的模糊概念与范畴,如"道"、"气"、"理"、"心"等学说。这些多为意会、领悟的结果,缺乏明确的概念界定与严密的演绎推理,因而难以形成像西方那样完整而系统的科学体系。如果说中国的传统思维也有演绎法,那基本上是"唯圣"、"唯书"、"唯上"的演绎法,即把圣言、经典、圣旨或主观成见作为绝对正确的演绎前提,但也缺乏形式化、公理化系统,不像西方那样注重形式逻辑。中医的阴阳说、经络说、脏腑说,注重整体观念、辨证施治、望闻问切、临床经验、师徒传授,具有很高的临床正确性,但基本上是经验的总结和归纳,缺乏严密的逻辑论证体系,不像西医那样注重生理学、解剖学、病理学、组织学、胚胎学,注重化验、透视、B超等科学的验证。"神农尝百草"等故事生动地说明了中国智者重亲身体验,轻理论论证,重经验总结,轻演绎推理的致思倾向。中国智者长于算术,但疏于数学;长于"语录式"和"格言体"的"微言大义",但短于系统而完整的理论体系;擅长于能解决实际问题的技术,缺乏能指导实践的科学理论;注重"经世致用",忽视基础的、宏观的或抽象的理论研究(far more interested in the pragmatic application of knowledge than with abstract theorizing)。西汉张苍、耿寿昌的数学名著《九章算术》、北魏贾思勰的农业名著《齐民要术》、北宋沈括的科技名著《梦溪笔谈》、明朝李时珍的药学名著《本草纲目》、明朝宋应星的农业、手工业技术名著《天工开物》等是中国科技名著,但都是搜集、整理、编纂、总结、归纳实用性科技的经验、体会和方法,缺乏严密的逻辑论证,没有形成完整的理论体系(reflection of a genius for practicality instead of a penchant for scientific theory and investigation)。长期停滞于小农经济的中国社会,科技发明曾有过一些辉煌的成就,但由于"重道轻器",缺乏系统、严密的逻辑工具,加上其他因素,科学技术的理论、实践、应用和推广一直没有得到进一步发展。

古希腊哲学家亚里士多德开创了形式逻辑,这对西方思维方式产生了长久而深远的影响。亚氏(转自北京大学哲学系 1957:293)注重演绎法,把它看做是"能产生科学知识"的论证工具。此后,演绎法不仅成为西方学者构建理论体系的一种手段,而且成了西方人比较习惯的一种思维方法。美国著名学者 Edward De Bono 认为,西方的传统思维方式牢固建立在逻辑推理上,即往往从某一角度考察问题,然后看看从中能演绎出什么。这种方式可称为纵向思维,因为它以一贯确立的东西为基础(Western thinking traditions are very firmly based on logical thinking in which we start off with a certain way of looking at things and then see what we can deduce from that. This can be called vertical thinking since it involves building on what is accepted as traditional.)。到了 17 世纪,以培根为代表的经验主义认为,当时流行的演绎逻辑已不能满足科学发展的需要,演绎只能阐明已经发现的东西,只能判定由一些思想推出另一个思想的过程是正确的或错误的,只有归纳才能发现真理,才能发现事物的规律;而以笛卡尔、莱布尼茨为代表的理性主义又把演绎法作为根本方法,认为由归纳法得出的知识是或然的,不具有普遍性和必然性。从总体看,西方思维方式既有演绎法,也有归纳法,在各个时期以及思维的过程中均发挥了不同的作用。

近代西方经验主义与理性主义的论战表明,归纳法与演绎法各有长处和短处,必须互相补充,交替并用,辩证统一,才能获得科学的知识。一方面,归纳为演绎提供前提。演绎借助一般去认识个别,但这个一般却源于个别,是个别归纳的结果。另一方面,演绎为归纳提供观念的指导。归纳从个别推出一般,但归纳的过程必须在一般性的观念指导下有意识、有目的地进行,才能有针对性和有效性,而这个观念的指导正是由演绎提供的。没有经过演绎论证,归纳的结论也难以上升为规律性的科学理论。由于归纳与演绎互为前提,互相渗透,互相依赖,归纳与演绎必须互相补充,互相转化。人们以一般观念原理为指导,通过归纳,从个别到一般,当这个一般成为演绎的前提时,就必须再转化为演绎,才能使归纳的知识得到扩大与加深。恩格斯(1971:206)指出:"归纳和演绎,正如分析和综合一样,是必然相互联系着的。不应当牺牲一个而把另一个捧到天上去,应当把每一个都用到该用的地方,而要做到这一点,就只有注意它们的相互联系、它们的相互补充。"归纳法从无限或有限的面走向有限的点,点与点之间是并列关系,彼此相对独立,难以凑成一个体系;演绎法从有限的点走向无限的面,是点的无限繁殖,点与点之间是血缘关系、派生关系、枝叶关系。观点家族不管枝叶如何茂盛,均系于一棵大树(大前提)之下,同属一个结构之内。归纳与演绎如此相互作用,往复循环,步步加深,形成科学的理论体系。

西方思维方式自古以来就注重形式逻辑,擅长于演绎法;近代实验科学诞生之后,又重视归纳法。演绎与归纳相结合,使西方产生无数的理论体系,大大地促进了西方科学的发展。相比之下,中国传统思维方式注重经验的、直觉的归纳,也有"唯圣式"的演绎推理,但形式逻辑不发达,较少产生科学的理论体系,而擅长于"语录体"的言论和"点评式"、随感式、印象式或就事论事的议论。有的学者认为,中国人善于将一本书归纳成一句话,而西方人却善于将一句话演绎成一本书。这在一定程度上反映了中西思维方式的差异。

中西思维方式的上述十对基本特征,是互相联系、互为因果的。早在2000多年前,中西思维就出现两种不同的偏向:中国贤者的思维沿着政治伦理的方向发展,注重求道,求可行之道,而西方智者的思维却沿着科学认知的方向前进,注重求知,求客观真理。中国思维具有阴柔偏向,含有艺术家的素质,力图求善;西方思维具有阳刚偏向,含有科学家的素质,力图求真。中国政治伦理型的思维方式重伦理道德,重身心修养,重内向自求,重安邦治国,因而带有强烈的主体意向性。政治上追求安邦治国,产生了"大一统"思想,唯圣、唯书、唯上使思维带有后馈性和求同性。注重政治伦理,必然对探索自然失去兴趣,因而热衷于对天地人作比附,进行直觉体悟与整体综合,用以解释政治、社会、伦理、人生的种种问题。内向自求、主体意向与直觉体悟相关,直觉体悟又必须以整体综合为前提,而整体综合是直观经验的结果。重直观经验又引出重意象、重归纳。以直觉体悟、整体综合把握事物,易使思维带有模糊性。西方科学认知型的思维方式重探索自然、重求知、重理性,重外向探求,因而带有强烈的客体对象性。科学上追求知识和理性,必然要借助逻辑,以分析和实证的手段获得对认知对象的精确认识。追求科学认知又促使人们不断求异、创造、超前,采用演绎与归纳的方法,不断推导出新的科学体系。

　　上述中西思维方式的不同特征是从总体的、相对的角度而言的。这些差异多属相对的此强彼弱而非绝对的此有彼无。采用不同的角度,考察不同的时期和民族,根据不同学科的标准,按照不同群体的观点,为了不同的研究目的,可能对中西思维方式的特征得出不尽相同的看法,本文仅作为抛砖引玉之用。

参考文献

[1] 爱因斯坦,1976,《爱因斯坦文集》第 1 卷,北京:商务印书馆。

[2] 北京大学哲学系外国哲学史教研室,1957,《古希腊罗马哲学》,北京:商务印书馆。

[3] 陈新夏、郑维川、张保生,1988,《思维学引论》,长沙:湖南人民出版社。

[4] 恩格斯,1971,《自然辩证法》,北京:人民出版社。

[5] 恩格斯,1972,《反杜林论》(《马克思恩格斯选集》第 3 卷),北京:人民出版社。

[6] 黑格尔,1963,《历史哲学》,北京:商务印书馆。

[7] 李约瑟,1978,《中国科学技术史》第 3 卷,北京:科学出版社。

[8] 刘长林,1990,《中国系统思维》,北京:中国社会科学出版社。

[9] 荣开明等,1989,《现代思维方式探略》,武昌:华中理工大学出版社。

[10] 宋德宣,1989,思维方式论,《甘肃社会科学》第 1 期,15—20 页。

[11] 亚里士多德,1959,《形而上学》,北京:商务印书馆。

[12] Nisbett, R. E. 2004. *The Geography of Thought.* New York and London: Free Press.

[13] Nisbett, R. E., K. Peng, I. Choi and A. Norenzayan. 2001. Culture and Systems of Thought: Holistic vs. Analytic Cognition. *Psychological Review.*

[14] *OALED: Oxford Advanced Learner's Encyclopedic Dictionary.* 1994. Oxford: Oxford University Press.

(本文最早发表于《外语与外语教学》2002 年第 2 期,
后收入杨自俭主编《英汉语比较与翻译 4》,
上海外语教育出版社,2002;2008 年作者第 2 次增订。)

作者通讯地址:361005 厦门大学凌峰 6—301
厦门大学外文学院;snlian@126.com

36. 中西女性研究特点对比

A Comparison of the Features of Chinese and Western Feminist Research

潘　建

【编者札记】

　　毛泽东的名言"妇女能顶半边天"在中国深入人心。人类的一切活动都离不开女性,文化研究也不例外,无论把女性视为研究的对象还是动力,都应如此。湖南大学外国语学院潘建教授的这篇文章是本书收录的唯一关于中西女性研究的专题论文,可谓不可多得。尤其在女性研究刚刚起步的我国,潘教授的研究实属难能可贵,发挥了推进该项研究的作用。

　　文章从理论构建、革命对象、批评趋势、成就及影响等四个方面对中西女性研究作了客观细致的对比分析。在理论构建上,文章介绍了西方自由主义、激进派以及马克思主义等三大女性主义流派,指出中国的女性研究尚属年轻学科,理论都"进口"于西方发达国家。在革命对象上,文章认为西方女性主义明确地把男人及其男性文化霸权作为革命对象,而在中国,男性同胞非但没有被当作革命对象,反而给人以妇女解放的同盟军的印象。在批评趋势上,西方女性研究呈现法、美、英三极化趋势,分别对语言生成、文本内容和女性的历史生存状态表现出浓厚兴趣,而中国女性研究表现出向文学和社会学方向发展的态势。

　　潘建教授指出,西方的女性研究已经成为一门既有理论基础,又有实践研究的独立学科,"吸收了几乎所有现代思想体系和理论成果,形成了对男性中心社会一股巨大的冲击力"。中国女性研究虽然起步较晚,但发展迅速,可望成为当代中国最为重要的学术流派之一。

　　女性主义研究在西方已发展成为一门"显学",在中国,它虽然刚起步,但发展迅速,大有急起直追之势。由于东西文化传统大相径庭,中西女性主义研究在历史背景、理论建构、革命对象、纵深程度、所取得的成就等方面,都呈现出不同的特点与特色。本文拟就这些特色作一探讨,就正于方家学者。

1. 理论构建

　　以西方女权运动为政治基础的女性主义研究经过百余年的发展,已经成为一门既有理论基础,又有实践研究的独立学科。它与 18 世纪后期的法国工业革命和 19 世纪中期的美国废奴运动息息相关,到 20 世纪初达到第一个高潮,20 世纪五六十年代掀起了第二个高潮。由女权运动发展而来的女性主义研究也有半个世纪之久。在理论构建上,我们所熟悉的就有自由主义的女性主义、激进的女性主义以及马克思主义和社会主义的女性主义三大流派。此外,还有代表少数人种的黑人女性主义、心理分析的女性主义和批判的女性主义,从不同角度对三大主要理论进行补充。

　　自由主义的女性主义产生于女权运动的最初阶段,它所关注的焦点是,以男性为中心的社会中中产阶级妇女的自然权利如政治、就业和法律等方面的平等、公平和民主。在英国,这次运动使中产阶级妇女在参政权、受教育权、财产继承权、就业机会及就业渠道等许多方面都得到了较大的改善。

　　一般认为,激进的女性主义以 1963 年贝蒂·弗里丹(Betty Friedian)《女性的奥秘》(*Feminine Mystique*)一书的出版为形成标志。在美国,这场运动与 20 世纪 60 年代的人权运动、反越战运动以及"新左派"政治运动相联系。该流派首次提出了将父权制(patriarchy)作为分析妇女遭受压迫的理论基础、"女性受压迫的普遍性"假设以及"培养女性意识"的主张(徐辉 2000:2)。这三点后来成为当代西方女性主义运动的思想基础。费尔斯通(Shulamith Firestone)在《性别辩证法》(*Sex Dialectics*, 1970)中提出,父权制根植于人类的生育关系,在马克思经济分析方法以外还存在着一种性阶级(sex class),它起源于女性养育子女的"生理现实",女性受压迫的根本原因是因为她们要养育子女而在经济上不得不依赖男性。凯特·米勒特(Kate Millett)的《性政治》(*Sexual Politics*, 1970)将父权制看

成是一种意识形态和心理结构。她在西蒙·波伏娃(Simone de Beauvoir)
"女人不是天生的,而是后天塑造的"的思想基础上提出,男女角色的定位
并不是先天的,而是后天的文化构成的。很明显,她的分析暗含着女性解
放主要通过人类意识形态的变革和消灭男性中心主义的思想和机制(主
要是家庭)来实现(戴雪红 2000:90)。

马克思主义和社会主义的女性主义出现在20世纪70年代后期,顾名
思义,它是西方将马克思主义学说应用到女性主义研究的产物。女性主
义者重读马克思主义理论中的使用价值、交换价值、剩余价值等观点,特
别重视生产与再生产理论以及资本主义与父权制的内在关系,认为父权
制与资本主义之间有着紧密的联系。如英国人米歇尔·巴勒特(Michelle
Barrett)在《当今妇女所受压迫:马克思主义女权主义分析的问题》
(*Women's Oppression Today: Problem in Marxist Feminist Analysis*, 1980)
中就持此观点,即妇女受压迫不仅仅是一个意识形态的问题,而是一个经
济问题。女性主义者的这种"重读",无疑是对马克思主义理论进行的女
性主义改写。

中国女权主义源于西方,早在"五四"时期就已出现女权运动的曙光,
但真正意义上的女性主义研究应该从改革开放后的80年代算起,不过近
20年的历史,属年轻学科。

西方女权运动的第一个高潮出现时,正是中国的"五四"运动时期,第
一次给中国妇女带来了解放的曙光,华林在《新青年》(1918年5卷2期)
发表的《社会与妇女解放问题》,大胆喊出了"女性若不解放,社会无由发
达"的口号,也涌现出一批具有强烈女性意识的女性作家及作品。最著名
的有冰心、庐隐、冯沅君、凌叔华(《花之寺》和《女人》)、丁玲(《莎菲女士
的日记》)、萧红(《生死场》和《呼兰河传》)、张爱玲(《金锁记》)、梅娘等。
但可惜的是,这次运动的时间并不长,而且妇女解放并不是作为一个独立
的运动,而是作为社会运动的一个组成部分,其目的并非妇女自身,它只
是一种争取进步的标志,一种反封建的手段(张岩冰 1998:19)。1949年
以后,新中国政府喊出了"时代不同了,男女都一样"、"妇女半边天"等口
号,妇女骄傲地撑起了"半边天"。可是,这种"男女都一样"却是以忽略女
性自身特殊的自然本性和社会本性为前提,是一种女性向男性转变的"雄
化",是女性意识的更彻底的丧失(张岩冰 1998:19)。

西方女性主义的各种理论主要是20世纪五六十年代第二次女权运
动高潮后逐步建立起来的,而同时期的中国正处在"文革"时期,一方面,

国家对外实行闭关自守的政策,西方女权运动和女性研究之强劲东风,没能刮过宽阔的太平洋或山峦重叠的欧亚大陆,没能给中国妇女以任何信息;另一方面,国内宣传"妇女半边天"、"男女同工同酬"等概念。也就是说,女性获得的"半边天"和"同工同酬"的权利不是自己经过斗争争取到的,而是她们的男性领导人"赠予"的。这样,她们也就认识不到自身自然存在的特殊性,更不可能透过"男女都一样"的表面看到实际上男女根本没有平等的本质,又何来的女性主义理论建构呢?

直到改革开放以后的 80 年代,国门大开,中西文化继"五四"后再次大碰撞,包括女性主义批评在内的西方各种学术思潮和理论涌入,中国女性同胞这才发现,她们度过了几十年的"集体无意识"时代。于是纷纷介绍西方的女权主义、女性主义文学和女性主义文化批判等理论。一些女性主义理论名著如法国人西蒙·波伏娃的《第二性》(Le Deuxieme Sexe,1986:第二卷,1988:第一卷)、美国人贝蒂·弗里丹的《女性的奥秘》、英国人弗吉尼亚·吴尔芙的(Virginia Woolf)的《一间自己的屋子》(A Room of One's Own,1989)、玛丽·伊格尔顿的(Mary Eagleton)的《女权主义文学理论》(Feminist Literary Theory,1989)、挪威人托里·莫依(Toril Moi)的《性与文本的政治》(Sexual / Textual Politics,1992)等被翻译成中文。这些理论著作对饥荒的中国女性主义者来说无疑是非常宝贵的理论资源。由于近百年来,中国妇女既无女权运动背景,又无女性研究的实践和交流,要进行本土的理论建设谈何容易,也只剩下"进口"的份儿了。因此可以说,像其他许多学科的理论一样,指导中国女性主义批评的理论都源于西方发达国家,这不能不说是中国女性主义批评的一大遗憾。

2. 革命对象

作为西方现代性话语的一部分的妇女解放,有其独特的历史背景,它是以现代经济的性别经验为基础的性别建构。无论是最初为争取平等的自然权利的女权运动,还是现在延伸到各个领域重在研究的女性主义,其革命对象都非常明确,即男人及其男性文化霸权。

激进的女性主义以两性分裂为基本出发点,强调两性冲突和两性剥削。她们认为,无论是哪个阶级或阶层的妇女,都遭到男性的压迫,男性与女性被认为组成了独立于经济阶级的男性压迫者阶级和女性被压迫者阶级（戴雪红 2000:89）。为 20 世纪 70 年代女性主义批评理论奠基的凯特·米勒特也认为,在阶级范围里女性地位难以确定,因为对男性的经济依赖使任何阶级的女性地位都是派生的和临时的。

马克思主义的女性主义从马克思主义关于阶级的理论出发,认为男性与女性之间是统治阶级和被统治阶级之间的关系,"女性是被压迫的阶级",阶级最终是对女性地位和作用的最好说明。玛格丽特·本斯通（Margaret Benston）的《女性解放的政治经济学》（*The Political Economics in Women's Liberation*, 1969）则认为女性居于从属地位的根源在于经济,因为,占据女性大部分时间与精力的家务劳动不被看成是"真正的工作"。

即使是非常重视文本研究的美国女性主义研究者在审视男性作家作品的时候,重点也在揭露作品中的父权思想和男作家对妇女形象的歪曲以及男性中心社会对女性的迫害。

由此看来,无论是激进的女性主义、马克思主义的女性主义,还是着眼于文本分析的美国女性主义,它们的一个共同目标就是将男人及父权制作为革命的对象,解构父权中心文化传统,颠覆男性价值标准,最终达到男女平等。

中国文化传统与西方文化传统不同,如果说西方现代文化传统强调的是个人主义,那么中国历史文化则具有集体主义特征。自"五四"以来,中国女性解放是通过民族国家主体的建立而获得的,而不是从男人那里夺来的。它的头号敌人是帝国主义、封建主义和官僚资本主义三座大山。至改革开放后,"三座大山"的政治意义逐渐淡化,反对菲勒斯中心文化才得以凸现。因此,它的革命对象也就不可能简单地概括为男人及男性中心社会。

更有趣的是,不仅男人及男性中心社会没有成为中国女性革命的对象,相反,许多男人还成了中国妇女解放的同盟军,无论是"戊戌变法"中的梁启超先生（描述其"大同"理想时就有"明男女平等各自独立之权"之说）或辛亥革命时期的孙中山先生,还是"五四"时期的大批男性文人志士如鲁迅、李大钊、胡适、陈独秀、蔡元培、周作人、林语堂等,都曾宣传妇女解放,尤其是以鲁迅为代表的"五四"文人更是为妇女解放奋笔疾书、奔走呼号。到了社会主义时期,妇女解放的目标是以政府和各种法律和政策为保障的,不仅妇女权益保护条款被写进宪法（规定妇女在政治、经济、教育等各个方面享有与男子平等的权利）,而且还有妇女权益保护法,规定妇女在经期、孕期、产期、哺乳期和绝经期享受特殊保护等。同时,由于中国女性研究起步晚,历史短,研究的深度和广度都非常有限,还没有旗帜鲜明地将男人和男性中心社会作为其斗争和批判的对象。相反的,男性同胞给人以同盟军的印象。因此可以说,其革命对象是不明确的。

3. 批评趋势

西方女性主义批评的形式多种多样,目标也各不相同,呈现出纷繁复杂的景象。从地域上,大致呈法、美、英三极化趋势。在法国,女性主义批评对语言及语言的生成变化表现出浓厚兴趣,她们认为,人们现在所使用的语言是以大男子主义为中心的,是男权文化的产物。她们采用心理分析哲学家拉康(J. Lacan)的思想,认为孩子从小习得的语言所反映的是一个二元逻辑体系,它使一系列概念两相对立,如日/月、阳/阴、主动/被动、理智/情感、父/母等。一些女性主义者指出,由于语言习得同人类脱离母亲的经历有着密切的关系,语言的特点不仅从男人的角度反映了这个世界,而且逼迫女人作出选择,要么按照男人设想和描绘她们的方式设想和描绘自己——在这种情况下,她们可以开口,但必须模仿男人;要么就选择沉默,变成别人视而不见、自己不声不响的第二性。一些人则认为,语言只是表面上限制了女人的选择,实际上还有一种可能性,即女人可开发一种"女性的语言",因而提出了"女性写作"这一新概念。埃莱娜·西苏(Helene Cixous)是第一个明确使用"女性写作"一词的,朱丽亚·克里斯蒂娃(Julia Kristeva)也指出,女性语言有自己的特点如注重语言的节奏和一元化等。西苏和克里斯蒂娃都强调女性写作与女人生理的关系,她们认为,女人一旦学会描写自己的身体,将不仅能解放受压抑的性欲,还将走进历史,迈向未来。这种过分强调女性生理的观点也遭到法国内部一些女权主义者的批评,她们认为,要么是把女性写作贬低到了生理层次,要么是脱离了阴阳两性评价却保留二元范畴(张玫玫、计琦 2000:90—91)。

在美国,女性主义者对法国的女性写作概念虽然表现出兴趣,但持谨慎的态度,她们更注重分析文学作品的文本。她们重新审视男作家著作中的妇女形象,以揭露其隐藏的父权思想,开创者有凯特·米勒特、朱迪丝·菲特利(Judith Fetterley)、卡罗琳·黑布伦(Carolyn Heibrun)等。另一些女性主义者如桑德拉·吉尔伯特(Sandra Gilbert)、苏珊·格巴(Susan Gubar）、帕特丽西亚·斯巴克斯（Patricia M. Spacks）、伊莱恩·肖瓦尔特（Elaine Showalter）等则开创了另一种批评模式，即"女性批评"。与前面提到的审视男作家的作品不一样的是，"女性批评"者们研究的是女作家的作品，以探索女作家作品中的女性情感、自身认识和她们眼中的现实世界，再现女性历史和文化，发掘受到忽视和被人遗忘的女作家，并用女性的视角来重新评价她们的作品（张玫玫、计琦 2000:90—91）。

虽然人们习惯上把英美两国的女性主义批评归为一个大类，如弗吉尼亚·吴尔芙的《一间自己的屋子》就是它们共享的经典。但实际上，它们之间还是有较大差别的。英国女性主义者并不太赞同美国人的文本研究，因为文本分析主要关注的是文学领域中不同国家和不同时期的妇女之间的联系，相对忽略了历史背景，而任何现象的产生都是离不开具体历史环境的。因此，英国的女性主义者更注重特殊女性群体在特定历史时期生存状态的政治含义，主张参与历史进程，以促进深刻的社会变革。由此可见，虽同是女性主义研究，三国之间确实存在差异，而它们之间并不互相矛盾和冲突，只是所侧重的理论和方法有所不同，基本形成"三足鼎立"、遥相呼应的局面，充分反映了女性主义研究的多元化趋势。

真正意义上的中国女性主义研究要从 20 世纪 80 年代算起。80 年代主要是引进和评介，属积累时期。进入 90 年代，研究者们逐渐意识到，中国文化与西方文化之间毕竟存在太多差异，生搬西方理论是行不通的。因为，中国妇女在特殊的历史时期遭遇到了许多新的难题和困境，只有在"中国特色"的前提下去"活用"西方理论，即女性主义研究必须本土化，女性主义研究才可能有出路。短短的 20 年间，中国女性主义研究就走过了从"崇洋"到"西为中用"的过程，明显表现出向文学和社会学方向发展的态势，且成果显著。

文学领域中，文学创作空前活跃，涌现了一批女作家，代表人物有张洁、张辛欣、铁凝、王安忆、林白、陈染等，她们发表了大量反映女性意识、女性生存困境的作品，引起广泛的关注。文学批评也齐头并进，产生了一批文学批评者，先驱人物有孟悦、戴锦华、陈顺馨、刘慧英、林丹娅等。她们对当代中国文学进行了全面审视与批评，为本土文学中女性的低下地位鸣不平。

在社会学方面，也明显反映出研究的本土化可喜倾向。先锋队伍中有李银河、李小江、朱红、王金铃、董芍素、孙绍先、谭正璧、杜芳琴、孟宪范等。他们对新时期女性特殊的生存环境进行全面的调查和研究，所涉领域包括妇女与发展、就业、犯罪、素质、地位、贫困、饥饿等,为政府制定有关政策提供了有价值的参考数据。

4. 成就及影响

西方女性主义研究获得长足发展主要是在 20 世纪五六十年代以后,它已渗透到涉及社会科学和自然科学的各个领域:哲学、文学、教育、社会学、科学、政治、经济、历史、宗教、人类学、伦理学、生态学等,涌现出了一大批著名的女性主义研究者,而且研究成果显著。自 1929 年吴尔芙出版《一间自己的屋子》以来,已有大量的著作面世,最具代表性的有法国西蒙·波伏娃的《第二性》,埃莱娜·西苏的《美杜莎的笑声》(1975),露丝·伊瑞格瑞(Luce Irigary)的《他者女人的反射镜》(1974),朱丽亚·克莉丝蒂娃的《符号学》、《诗的语言革命》、《未知的语言》、《语言中的欲望》,挪威学者托里·莫依的《性与文本的政治》,美国人凯特·米勒特的《性政治》(1970),桑德拉·吉尔伯特和苏珊·格巴的《阁楼上的疯女人》,贝蒂·弗里丹的《女性的奥秘》(1963),肖瓦尔特的《她们自己的文学》、《走向女权主义诗学》和《姐妹们的选择:美国妇女写作的传统与变化》等等。这些作品涉及各个学科领域,成为当代女性主义研究的典范和理论基础。

西方女性主义研究不仅重视理论建构,从意识形态领域解构菲勒斯文化中心,还看重实践研究和教育作用。自 20 世纪 60 年代起,在美国和法国就组建了妇女的娘家——妇女组织,如美国有“全国妇女组织”、“妇女平权同盟”等,在法国有“心理分析与政治”(后改名政治与心理分析)、“革命的女权主义者”、“季米特洛夫小组”、“纵火者小组”等(张岩冰1998:191)。这些组织为妇女提供集会场地,将她们团结起来;在美国还有妇女出版社,涌现出不少女性主义专业刊物,如《标志》、《女权主义研究》、《女权主义评论》等,为女性研究提供言论阵地;不仅如此,美国女性主义还在高校设立了研究中心,短短几十年间,全国就有 600 多个研究中心问世,并且开设了许多跟女性有关的课程,以期创造某种独特的女性学习的文化氛围,对学校教育乃至整个教育系统施加影响。西方的女性主义研究已经建立了自己的学术阵容和基地,使不少学者相信它是结构主义之后的又一重要“显学”。

中国女性研究的成就主要表现在文学和社会学方面,出版了大批文学作品和研究著作。1988 年李小江主编了"妇女研究丛书",并著《夏娃的探索》(1988);1989 年《上海文学》出了"女权主义批评专辑";北大的孟悦和戴锦华著《浮出历史地表》(1993);社科院的李银河出了系列著作《女人的出路》(1989)、《女性权利的崛起》(1997)、《中国女性的感情与性》(1998)等;陈顺馨著有《中国当代文学的叙事与性别》(1994);林丹娅著有《当代中国女性文学史论》(1995);刘慧英著有《走出男权传统的樊篱》(1995),等等。这些都是本土化了的研究,是可喜的开端。同时,还出现了一大批女性文学作品,最具代表性的要数《方舟》(张洁)、《在同一地平线上》(张辛欣)、《玫瑰门》和《麦秸垛》(铁凝)、"三恋"之作(《荒山之恋》、《小城之恋》和《锦绣谷之恋》)与《长恨歌》(王安忆)、《一个人的战争》(林白)、《私人生活》(陈染)等等,女性文学写作呈现出前所未有的繁荣景象。

女性主义研究者在社会学方面对妇女的关注是由"妇女问题"引发的,他们从考察、分析、研究"妇女问题"入手,所涉领域包括妇女与发展、就业/职业、犯罪、素质、地位、贫困等,尤以"妇女与发展"主题最为突出。李小江的《女人的出路》(1989)、李小江、朱红和董秀玉主编的《平等与发展》(1997)、天津师大妇女研究中心编的《中国妇女与发展:地位、健康、就业》、李银河的《中国人的性爱与婚姻》(1991)、孟宪范的《改革大潮中的中国妇女》(1995)、沙连香主编的《中国女性角色发展与角色冲突》(1995)、董芬素主编的《角色的困惑与女人的出路》(1995)(王金玲 2000:64)等几十部著作和几百篇论文也相继问世。不过,这些成就主要表现在对策性研究和参与性研究方面,而学术性的妇女发展理论似乎滞后,显得有些脱节,这应该是女性社会学研究者们以后努力的方向。

5. 结束语

西方的女性主义发展历经法国资产阶级革命、美国的废奴运动,先后掀起过两个高潮,已经延伸到了包括哲学、文学、教育、社会学、科学、政治、经济、历史、宗教、人类学、伦理学、生态学等各个学科领域,成为 20 世纪及至 21 世纪一门充满生命力的独立学科。其理论建构呈多元化模式,吸收了几乎所有现代思想体系和理论成果,对男性中心社会形成了一股巨大的冲击力。不仅有理论建树和实践性研究,还有全国范围的妇女组织、妇女研究机构、妇女刊物,并在大学里开设跟妇女有关的课程等,这一切都大大加快了女性意识的觉醒,提高了妇女的社会地位,并将她们紧密团结起来,形成一股足以与男性中心文化抗争的强大力量。

中国女性主义既源于西方,又与西方有很大的不同,因为中西文化存在巨大差异。由于其特殊的历史原因,中国女性主义研究者采取的主要是"拿来"策略,理论建构方面明显先天不足,目前还谈不上有理论上的独创性,实践研究方面所涉学科领域也远不及西方广泛,革命对象也与西方有所不同。但是,中国的女性主义研究者们主要立足本土,立足本国现实,利用西方女性主义批评的方法论进行自己的实践研究,且文学和社会学方面的成就较为突出,逐渐形成了"我们自己的批评"(肖瓦尔特书名《我们自己的批评》)。"它开始动摇了我们一些习焉不察的传统男权思想,使我们开始把问题作为问题来看,使我们对于许多天经地义、源远流长的东西进行新的观照与思考;它表达了智慧的痛苦;它使我们的男性公民恍然大悟地开始思考女性们的严峻处境。"①虽然举步维艰,但它毕竟已经开始,且发展迅速,相信可以成为当代中国最为重要的学术流派之一。

参考文献

[1] 戴雪红,2000,性别与阶级,《学术论坛》第1期。
[2] 王金玲,2000,社会学视野下的女性研究,《社会学研究》第1期。
[3] 徐　辉,2000,试析西方教育理论中的女性主义思潮,《比较教育研究》第2期。
[4] 张玫玫、计琦,2000,西方女权主义批评趋势,《吉林大学社会科学学报》第1期。
[5] 张岩冰,1998,《女权主义文论》,济南:山东教育出版社。

(本文选自杨自俭主编《英汉语比较与翻译5》,
上海外语教育出版社,2004。)

作者通讯地址: 410000 长沙岳麓山
湖南大学外国语学院;hepjian@yahoo.com.cn

① 王蒙,《走出男权传统的藩篱·序》,刘慧英,1995,《走出男权传统的藩篱》,北京:三联书店,"序言",第4页。

37. 中西思维方式：悟性与理性

——兼论汉英语言常用的表达方式

Modes of Thought: Chinese *Wuxing* vs. Western Rationality: Some Major Manifestations in the Chinese and English Languages

连淑能

【编者札记】

如果说，连淑能先生的上一篇论文为中西思维方式对比研究提供了基础平台，那么他的本篇论文则是对于中西思维方式的更深层次的对比研究，是不可多得的借鉴和参考。上篇论文对照鲜明地分析了中西思维方式的十大特征，本篇论文则是对这十大特征所作的追根溯源式的哲学思考和论证。

根据康德提出的感性、悟性和理性三大思维模式，文章把中西思维方式分别归结为悟性思维和理性思维两种方式，并追溯了各自形成的根源。文章认为，中国的悟性思维是主体对客体对象或主体自身的本性与内蕴的直觉洞察和领悟，源自儒家的"外悟说"和道家、佛教禅宗的"内悟说"。中国人很早就扬弃了感性模式，但始终没有形成理性模式，悟性成了中国人的思维方式。西方的理性思维源自 logos（罗格斯）和 nous（努斯），古希腊哲学家柏拉图、亚里士多德以及近现代哲学家培根、笛卡尔、康德、黑格尔等人的理论都为西方的理性思维方式的形成推波助澜。

文章根据中西思维方式的不同推导汉英语言表达方式的差异。汉语注重隐性连贯的"意合"表达方式体现了悟性思维直觉性、形象性、主观性和模糊性等特征；英语注重显性连接的"形合"表达方式则体现了理性思维的抽象性、客观性和确定性等特征。学贯中西的连淑能先生两篇论文的行文本身,既表现了理性思维的精确和严密,又让人欣赏到悟性表述特有的简洁、生动和音韵美,表现了作者本人两种思维方式的美好融合。

哲学有两种基本的思维方式:悟性思维与理性思维。悟性思维借助形象,运用直觉、灵感、联想、想象等思维形式,把感性材料组织起来,使之构成有条有理的知识,具有直觉性、形象性、主观性、整体性、模糊性等特征;理性思维借助逻辑,运用概念、判断、推理等思维形式,探索、揭示事物的本质和内在联系,具有逻辑性、抽象性、客观性、分析性、确定性等特征。中国传统思维方式虽含有理性主义因素,但较注重直觉、体验、领悟,因此本质上是悟性主义的,但不归为非理性主义和直觉主义;西方哲学思维方式本质上是理性主义的,德国古典哲学堪称其范本。

1. 中国的悟性

古代中国没有形成像亚里士多德形式逻辑那样的理性模式,而是形成了中国式的悟性:思维主体对客体对象或主体自身的本性与内蕴的直觉洞察和领悟,即儒家的"外悟说"和道家、佛教禅宗的"内悟说"(冯凭 1986:48—53;侯才 2003:27—31)。

儒家的"外悟说",即"格物致知"的"格致之学",强调从外界的经验中,尤其是前人已有的经验中,去领悟事物的本质和内在的联系,如孔子所说的"温故而知新"。"格致"或"格物"之法,是孔子哲学观的代表作《大学》之旨。所谓"格物",就是用既有的思维尺度和框架去衡量、测度对象,即用康德所说的"先验范畴"对思维对象加工、整理和把握,达到"豁然贯通",但非理性。北宋的程颢、程颐提出了格物致知的外悟新说,主张把外界作为格物致知的对象:"或读书讲明义理,或论古今人物,别其是非,或应是接物而处其当,皆言理也","须是今日格一物,明日格一物,积习既多,然后豁然有贯通之处。"(《遗书》卷十八)朱熹把二程的格物致知说系统化并加以发挥:"所谓致知在格物者,言欲致吾之知,在即物而穷其理也。是以大学始教,以使学者即凡天下之物,莫不因其已知之理而益穷之,以求至乎其极。盖人心有灵,莫不有知,而天下之物,莫不有理。至于用力之久,而一旦豁然贯通焉,则众物之表里精粗无不到,而吾心之全体大用无不明矣。"(《大学章句》)所谓"格物穷理",即穷事物之理,积久便可豁然贯通,使心中之理彰明。朱熹认为人心有领悟事物本质的内在能力,"置心物中"便可"究见其理"(《朱子语类》卷九十八),对本体的直觉把握就是悟。孔子的儒学以宋明理学的形式达到了发展的高峰,外悟说也因此声名大振。

道家的"内悟说"主张"玄览",即"心居玄冥之处,览知万物","塞其说,闭其门,挫其锐,解其纷,和其光,同其尘"(《老子》五十六章),反对向外界观察体悟,排除一切感性经验、语言概念和欲望杂念,保持内心的清静和安宁,达到"常无欲,以观其妙"(《老子》一章),主张内心省悟,向内心世界寻求外界事物的真谛。魏晋时期的玄学,就是这一方法论的发挥。老子最先背离了感性模式,提出了以抽象的、不能直观的"道"作为万物之本:"听之不见名曰夷,视之不见名曰希,博之不得名曰微。此三者不可致诘,故混而为一。"(《道德经》)道与八卦、五行等可感事物不同,是无法通过感官认识的,但道又是可感万物的本源,只好求助于非感性的内悟了。老子的内心省悟模式主张"不出户,知天下;不窥牖,见天道","致虚极,守静笃","静观","玄览",反对向外界观察、探究。陆九渊和王阳明提出"心学",主张从内心世界去寻求外界事物的真谛。陆九渊发挥了孟子"万物皆备于我"的观点,提出"心即理也",认为理存于心中,不必外求,"宇宙便是吾心,吾心即是宇宙"(《杂说》),只有反躬自悟才能达到"一是即皆是,一明即皆明",极力反对来自外界的知识。王阳明也反对朱熹的"格物致知",而主张"致知格物":"所谓致知格物者,致吾心之良知于事事物物也。吾心之良知即谓天理也。致吾心良知之天理于事事物物,则事事物物皆得其理矣。致吾心之良知者致知也。事事物物皆得其理者格物也。"(《传习录》)由于陆九渊和王阳明的努力,内悟说一时大振。

中国佛教尤其是禅宗的"内悟说",吸收了儒家特别是道家和玄学之要素,凝聚了中国乃至东方悟性思维的精华,体现了佛教思维方式的"了悟":"生起真智,反转迷梦,觉悟真理实相。"禅宗的内悟说以自我为悟之主体和客体,道我不分,佛我不分,"识自本心","自悟自修"(《坛经》),自格自致,"心净自悟,顿悟成佛","忘象息言","彻悟言外"(《高僧传》),"以心传心","智慧关照,不假文字"(《坛经》),依靠个人自我体验,实现对整体"中道"的领悟。佛教在长期的历史发展过程中,创造和积累了一整套系统而完备的了悟方法,如依所悟之程度,将悟分为"小悟"和"大悟"

（"悟一分为小悟,悟十分为大悟"）;依所悟之迟速,将悟分为"渐悟"和"顿悟";依所悟之途径,将悟分为"解悟"和"证悟"（由理解真理而知者为解悟,由实践修行而体得真理者为证悟）;依所悟之主体,将悟分为"悟自"和"悟他"（自己了悟为悟自,令他人了悟为悟他）;还有日常经历的"体悟",互相交流的"领悟",参与活动的"参悟",领略体验的"感悟",经验启迪的"妙悟",如此等等。

佛教自印度传入中国后,与儒、道、玄相互融合,大大促进了中国人的悟性思维。到了宋代,儒、道、佛合而为一,成为理学,这是典型的悟性哲学。佛教传入中国时,也带来了体现逻辑理性的古印度"因明学",但"因明学"在中国儒、道、玄的悟性文化土壤中并未盛行,反而被儒、道兼并。悟性与语言也有关联。亚里士多德逻辑来自希腊语,希腊语适合严谨的理性思维,而中国佛教的禅宗却认为悟真如的首要障碍就是语言,以及语言中的文化偏见。《坛经》认为,人的本性清净,具有先天的智慧,只是因为一向被妄念的浮云所覆盖,所以未能自悟。这里所说的覆盖先天智慧的浮云并使本性不再清净的障碍,就是语言,因此禅宗认为"迷人向文字中求,悟人向心而觉"（《大珠禅师语录》）,主张弃绝语言,"不立文字","直指人心",或超越语言,不要停留于语言表面的联想和想象,而要凭直觉去体验和领悟真谛。然而,完全弃绝语言的悟是不可能的,但适合于悟性发展的语言是存在的,汉语就是这样的语言。禅宗在汉语中找到了灵感,激发了悟性的发展。

外悟说是"经验的领悟",内悟说是"内省的了悟",两者都不是感官的印象,更不是逻辑的推论,而是内心对思维主体和客体的领悟。中国人很早就扬弃了感性模式,但始终没有形成理性模式,悟性成了中国人的思维方式。

中国古代的理性没有形成一个专门的范畴,没有从主体理性意义加以研究,也没有引起中国哲学家们的注目。中国哲学所讲的理,是世界本体及其运行法则,而不是主体理性及其本质、功能、作用。中国哲学的理性追逐,也讲真,很早就提"格物致知",但是,最终目的不是认识对象,达于真,而是认识道德理性,止于善。道德是理性追逐的中心。理性的功能和作用只是探求"天地神明之心与人事成败之真"。人的理性仍然没有独立存在的意义和价值,只能与"天理"直接相符。"天理"又是以维护封建秩序为内容的。理性不仅被神化,而且被道德化、伦理化、政治化、情操化了。以道制欲,以义抑利,以理化情,这是中国的理性传统（刘世铨 1990:

31—33)。

2. 西方的理性

西方"理性"(reason/rationality)一词,源于希腊文 logos(罗格斯)和 nous(努斯)。罗格斯的本义为"思想"、"理性"、"规律"、"语词"、"道理"、"概念",兼有理性与语言两层含义,努斯的本义是心、思想,都是主体精神性的,又是客体事物的规律和精微。理性属于观念,存在于主体之中,并被认为是真理,既然是真理,必定也存在于客体事物之中。西方理性模式的奠基人柏拉图把理念看做是客体事物的范型、型式、形相,又是居于"灵魂"中的观念,属观念中的最高层,它只追求真理,是永恒不灭的。柏拉图的理念论认为,殊相之源的共相理念,实际上是人类从殊相中概括出来的共相概念。概念是推理的基础。亚里士多德借助概括形成抽象概念,制定了抽象思维的基本规则,即逻辑学。逻辑(logic)一词也源于 logos,原指思想、概念、言辞、理性。逻辑学的核心是通过概念、判断、推理而不是通过感觉来认识客观事物和主体思维的规律,这也是理性模式的核心。亚氏(转自北京大学哲学系 1957:293)认为,"我们确是借助论证来获得知识的。所谓论证,是指一种能产生科学知识的三段论式。""知识在于认识事物的普遍性,必须依靠证明和定义。"定义和推理论证是获取知识的基础。运用概念做出判断和进行推理的思维过程,离不开运用语词、语句等语言形式,没有语词和语句也就没有概念、判断和推理。

从亚里士多德开始,形式逻辑在漫长的时间里不断得到研究、补充、发展和完善。智者们热心于逻辑推论,经院哲学也借助论证来证明上帝的存在,以形式逻辑尤其是三段论为核心的、以抽象思维为主要内容的理性认识模式逐渐取得了压倒感性认识模式的地位。

然而,至此的理性模式仍然是不完善的。三段论固然可以得出不少正确的结论,但也可以导致许多错误的判断。培根(转自北京大学哲学系 1958:10)首先对亚氏的演绎法发起挑战,认为"寻求和发现真理的道路只有两条,也只能有两条。一条是用感觉和特殊事物区别最普遍的公理,把这些原理看成固定和不变的真理,然后从这些原理出发,判断和发现中间的公理,这条道路现在是流行的;另一条道路是用感觉和特殊事物把公理引出来,然后不断地逐渐上升,最后才达到最普遍的公理。这是真正的道路,但还没有试过。"这里所说的第一条道路,是从大前提推出结论的途径,也就是亚氏的演绎法,而后一条路,则是培根的归纳法。培根正是试图以归纳法来解决大前提的正确性的。英国经验派大师洛克、贝克莱和休谟认为感官经验虽是推论的起点,但感觉无法证实的,都不能作为大前提。莱布尼茨用充足理由律为亚氏逻辑作了补充,以保证大前提的正确性,这也是培根、霍布斯、笛卡尔、斯宾诺莎、洛克、贝克莱、休谟等人所追求的。

康德也怀疑理性模式的完善性,并于 18 世纪首次提出了感性、悟性(知性)和理性三大思维模式。康德(转自宋原放 1984:646)认为,"我们的一切知识从感官开始,从感官而悟性,最后以理性结束。"感性是接受印象的能力,悟性是制订规则的能力,理性是制定原理的能力。悟性依据一定的规则,把各种感觉表象进行综合统一,由于受感性的限制,不可能是绝对完整的统一,而是有条件的、经验现象的统一;理性利用概念来统一悟性杂多的认识,是超越感性的、无条件性的、无限制性的。"理性概念使人思考;悟性概念使人领悟。"康德把悟性的概念叫做范畴,把理性的概念叫做理念。理念有三个基本特点:一、总体性。理念是概括悟性的一切有条件的东西而形成的总体概念;二、必然性。理念不是任意制造的,而是理性自身本性所设置的;三、超验性。理念超出一切经验的界限。

西方近代经验论心目中的理性,反对中世纪以来把知识局限于书本、权威、传统,即思想中固有的观念,主张把理性引向事实、经验、自然。近代理性的鼻祖笛卡尔认为,运用理性,首先意味着反对传统,反对习俗,反对先入之见;对过去的、当代的、人们普遍接受的、自己也信以为真的一切事物和思想,都要用理性的"自然之光"加以重新审视;反对以情感、意愿、爱好作为判断是非、辨别真假的标准,对真理的认识,不能掺进丝毫情感和意愿的成分,不能夹杂任何个人需求、信仰和意向的内容,不能以感性材料为对象,必须超越感性。

西方理性说独尊 1000 多年,而悟性说的出现只不过 200 多年,因而可以说理性模式是西方思维方式的主要倾向。早在古希腊时期,哲学家们就崇尚理性,柏拉图、亚里士多德等大多自发地相信理性的权威,认为凭借理性就可以把握绝对。随着近代科学的发展,以培根、笛卡尔为代表的理性主义哲学认为理性是绝对的、至高无上的,任何事物都必须接受理性的审判,顺理性者存,逆理性者亡。到了 18 世纪末和 19 世纪初,以康德、黑格尔等为代表的德国古典哲学实质上是绝对理性主义哲学,主张理性具有至高无上的地位和权威,理性是人的本质,是人类追求的目标,科学和理性可以解决人类的所有问题。近代欧洲的经验论和唯理论,都以理性为对象,研究主体的理性本身和理性能力。虽然现代非理性主义思潮对德国古典哲学的绝对理性主义提出挑战,但现代科学主义思潮则以另一种形态沿袭了理性主义。

西方的悟性不同于中国的悟性(黄盛华 1992:36)。西方的悟性强调悟性主体与被悟对象的分离和悟性与理性的并存;悟性包蕴理性,是在理性充分发展之后的自觉思维;肯定语言符号在悟性认识中的作用,承认语言是本体的表征,认为"语言是存在的寓所",在认知活动中具有认识中介和意义生成的作用,呈现为自觉的理性之悟。中国式的悟性力求将悟性主体与被悟对象融合为一,使主客合一、天人合一;主体对客体的把握是在主客体交融中实现的,而非把主体与客体分离开来,使主体客观、冷静地认识客体;悟性超越感性和理性,是未经理性化的自发思维;认为借助语言符号难以领悟被悟对象的本意,强调悟性主体对被悟对象的直接领悟,或主张以意象代替语言文字,或干脆"不立文字,直指人心",呈现为自发的非理性之悟。

中国的悟性思维和西方的理性思维必然表现在中西文化的各个方面,如哲学、语言、美学、文学、艺术、医学、建筑、译学等。

3. 悟性与理性:汉英语言常用的表达方式

3.1 汉语常用的表达方式

汉语的哲学背景是儒、道、佛的悟性。悟性注重直觉领悟,表现在汉语里即显示重心理意念而不重形式结构。汉语用词造句成章的最大特点是采用意合法(parataxis),重意义组合而轻形式结构,让读者和听者领悟其中的意义和关系:词没有严格意义的形态变化,用词注重功能、意义;句子不受严谨的主谓结构的约束,少用或不用关联词语,摆脱形式的束缚,"抛弃一切不必要的附属成分,只留下纯粹的思想"(O. Jespersen 1954:57),直接表达现实和思维过程,体现悟性的像似性(iconicity);词语之间的关系常在不言之中,语法意义和逻辑联系常隐含在字里行间;造句富于弹性,灵活多变,着重意念,颇多隐含;讲究语意、文气和语感的通畅,言不尽意,得意忘言,富有领悟空间,对语境依赖较多(high-context);流水句很常见,话如行云流水,随意自然流动,完全句与不完全句混合交错,松句、散句、紧缩句、无主句、省略句、并列式复句交替并用,句子似句似段,若断若连,可断可连,流泻铺排,主谓难分,主从难辨,形散神聚,言简意赅,"意尽为界",富有弹性,恰似流水,多取意合法。语境、悟性和"约定俗成"的语用规则决定句义,要正确理解句义和语意,必须从词语的意义、功能甚至语段、篇章和语境中去分析、领悟、体味。"中国语法是软的,富于弹性"(王力 1984:141),这个"弹性",体现了人的悟性。

汉语语篇①注重话题,注重"意识流",注重事理和先后顺序,常常采用非演绎式的、往往是领悟式的归纳型(because-therefore structure)、经验式的临摹型(isomorphism)或螺旋式(circular/spiral/indirect)、漫谈式(rambling)的思维模式;注重隐性连贯(implicit coherence),较常只把事情或意思排列起来,让读者自己去领悟其间的关系(reader-responsible),呈现曲折起伏、断续离合、若即若离的风格;喜欢"摆事实,讲道理",信息安排常常按照"自然"语序(natural order):由远及近,"层层剥笋",逐层深入,头长尾短,先叙述一些背景、历史、条件、环境、事实、情况、情节、理由、原因、分析、例证等,再点出主要的或重要的判断、结论、观点、态度、要旨、结果、行为等(specific-to-general sequence);或按照"开篇说明 → 历史回顾 → 现状解释 → 观点态度 → 今后任务"这类模式,语篇开头注重的是"where the argument/talk is coming from",通常反映了现实的时间先后和事理顺序,犹如对现实生活经历的临摹。当然,也有类似英语的逻辑顺序,尤其是当代的、受英语影响的语篇。汉语大多语篇缺乏主题句,类似"点评式"议论或"体会式"言论。章句以意役形,以神统形,传神写意,画龙点睛,言简意赅,重意会而轻法则。"中国语言是人治的"(王力 1984:53),受人的悟性和表达需要的管治。

悟性有直觉性和形象性的特征,因而汉语表达形象、意象、象征、联想、想象的词语(如比喻、成语、谚语、歇后语等)相当丰富,用词倾向于具体,常常以实的形式表达虚的概念,以具体的形象表达抽象的内容,喜欢用"实"、"明"、"直"、"显"、"形"、"象"的表达方法,常常借助生动

---

① 汉英语篇的特点因文体、时代、作者而异,不宜一概而论。本文所概括的是说明文、记叙文等常见的某些一般特征,不同文体、不同时代、不同作者所表现的语篇特征及其程度有所不同。

具体的形象性词语表达抽象笼统的意义(如:土崩瓦解,水乳交融,三天打鱼、两天晒网)。汉语是意象性语言,文字符号具有象形、会意和形声的特点,许多汉字模拟自然现象和客观事物(如:山、凹、凸),许多事物通过"观物取象"、"立意于象"而得以命名(如:X光透视、电脑),不少外来词通过形象性的意译或模拟拼音加形象而得以译名(如:*laser* 激光、*Coca-Cola* 可口可乐、*World Wide Web* 万维网、*mini-skirt* 迷你裙),大量词语通过直觉领悟便可获知其意。语篇常常采用取象类比、设象喻理、以喻代议、寓议于喻的表达方式,让读者领悟深奥的道理。汉语喜欢用动词化表达法(verbal style),常用、多用、连用、重复、重叠动词,采用"连动式"、"兼语式"及其套叠(如:我去叫他们派一个女生到这儿来帮助你化妆吧),词语的意义生动活泼,丰富多彩,有利于表达动态的情感和形象性、直觉性的行为。

悟性有主观性的特征,表现为主客不分,主体介入客体,客体融入主体,使客体主观化,因而汉语民族比较注重主体意识和主体思维,往往从自我出发来叙述客观事物,倾向于描述人及其行为或状态,常用主动式、意念被动句和人称主语表达法,当人称不言自喻时,又常常隐含人称或省略人称。悟性注重自我体验反思:汉语的表达习惯常常把知、情、意融合在一起,把情感体验与客体描述合而为一,激扬文字,抒发感情,文情并茂,引经据典;堆砌华丽辞藻,喜用成语习语,尽情夸张比喻,重复同义近义,较常滥用主观性修饰语(如:热烈祝贺大会胜利召开,这里的"大会胜利召开",让洋人以为大会是经过斗争而获得胜利才得以召开的,类似"伟大"、"重大"、"积极"、"突出"、"优秀"、"重要"、"正确"、"显著"等等主观性修饰语在媒体里尤其是宣传语言里比比皆是),几乎成了一种文风。这种文风还有一个特点,就是经常使用一些反映中国战争年代的火辣辣的言辞(fiery words),如"扶贫   "、"   旧城改造   阶段"、"化妆品   香港市场"、"打一场计划生育的   "、"慰问   的职工"等等,比起"文化大革命"时期,这类言辞虽已少用了很多,但其强烈的主观意志语气使所表达的客观事物带有浓厚的主体意向。

悟性有整体性的特征,因而汉语表达方式注重整体意念,注重语流的整体感;句子主要成分尽量靠拢,忌讳句中插入、阻断;喜欢整体匀称,词语和句式往往成双成对,富于均衡美与节奏美,如对偶、对照、排比、反复、重叠;多用平行结构、同义反复、反义合成、四字短语,追求音节对称整齐、词语对仗工整、声韵和谐悦耳,词语呈现双音节化和四音节化。表达方式注重整体性,有助于整体领悟。

悟性有模糊性的特征,因而汉语模糊性较大,歧义现象较多:一个深层结构(语义结构)可表现为多个表层结构(句法结构),多个深层结构也可表现为一个表层结构(如:这锅饭能吃十个人/十个人能吃这锅饭、神秘的少女的心、我差一点没跟他结婚)。许多表达方式在英美人看来是非逻辑的(illogical,如:救火,晒太阳,在家养病,一匹马骑两个人,哎,你想死我了,昨晚我盖了两条被子),但中国人通过语境、悟性和"约定俗成",并没有产生任何误解。

3.2 英语常用的表达方式

英语的哲学背景是亚里士多德开创的严密的形式逻辑,以及 16 至 18 世纪风行欧洲的理性主义。理性主义注重形式论证,表现在英语里即强调形态的外露,拘谨于形式结构。英语用词造句成章的最大特点是采用形合法(hypotaxis),重形式结构协调,让读者和听者分析其中的意义和关系:词有严格意义的形态变化,虽然种类不如古英语那么多,但很常用;用词强调"人称"、"数"、"格"等的一致;句子受严谨的主谓结构协调一致(S-V concord)和"逻辑主语"与"逻辑谓语"协调一致的制约(这相当于亚里士多德判断结构的逻辑"主词"和逻辑"宾词"),多用或常用关联词语,注重形式接应,"前呼后应",显性衔接(explicit cohesion),以形显义、以形统意、以法摄神,以形态变化制约句子结构,注重语法关系和语义逻辑;大量句子虽枝叶横生、盘根错节、环扣镶嵌、句中有句、繁复多变,犹如"参天大树",但结构完整、形态外露、主从分明、严谨规范,语法和意义协调一致(grammatical and notional concord),对语境依赖较少(low-context);语法和逻辑决定句义,要正确理解句义和语意,必须分析词的形式、句子的结构和前后的逻辑关系。"西洋语法是硬的,没有弹性"(王力 1984:141),这个"硬性",体现了人的理性。

英语语篇较常受亚里士多德的演绎法逻辑思维模式的影响(Writing in English has often been characterized as based almost entirely on a deductive thought pattern such as that characteristic of Aristotelian logic, in which one properly begins with a general topic sentence and then systematically restricts its meaning by presenting more specific details at several levels of generality — proceeding from the most general to the least general. Norton 1987），突出主语和主题句，注重分析推理，直线性（linearity）、有秩序、有层次地围绕主题展开；信息安排往往采用"突显"语序（salient order）：由近及远，开门见山，一语破的，头短尾长，先点出主要的或重要的判断、结论、观点、态度、要旨、结果、行为等，再追叙一些与此有关的背景、历史、条件、环境、事实、情况、情节、理由、原因、分析、例证等（general-to-specific sequence），语篇开头注重的是"where the argument/talk is going"，也有受培根的归纳法逻辑思维模式的影响（Baconian inductive thought pattern），采用相反的语序，或按照时间先后、事理顺序的自然语序。"西洋语言是法治的"（王力 1984：53），受人的理性、语法和逻辑的管治。

理性有抽象性的特征，因而英语用词倾向于抽象，常常以虚的形式表达实的内容，以抽象的词语表达具体的意义，喜欢用"虚"、"暗"、"曲"、"隐"、"泛"、"玄"的表达方法，常常借助抽象、笼统、概括的词语表达复杂、微妙、模糊的意义，意义的词化（复杂、多层的意义用单词表示，如：*literacy, Neoplatonism, decontextualization*）和抽象化程度较高，注重冷静、抽象的逻辑论证。英语常用名词化表达法（nominalization/nominal style），词的意义避免主观语气，有利于表达抽象的概念和深奥的哲理（well serve the purposes of philosophy）。英语对事物的许多命名是抽象的、概括的，来自拉丁语、希腊语和法语的大量外来词是抽象的、科技的、哲学的、学术的、缺乏形象的。由具体名称派生为抽象概念（如：*dog* 派生为 *doggery, dogdom, doggedness, dogginess, doggishness；father* 派生为 *fatherhood, fatherliness, fathership*）是英语常见的语言现象。英语是拼音语言，文字符号不是对自然现象的模拟，而是人为规定的信号，信号以理性的规则建立象征符号，以声音组合决定意义，取决于人的主观分析、概括和抽象的能力，因而导致语言的信号化和逻辑化，比较容易上升到逻辑思维。逻辑论证必须借助概念、判断和推理等思维形式和各种思维方法，在理性推演中认识事物的性质和联系，对思维对象进行间接的、概括的加工，因而呈现抽象性特征（连淑能 2002：45）。

理性有客观性的特征，表现为主客分明，区分自我意识与认识对象，把主体作为"旁观者"对客体进行探究，因而英语民族比较注重客体意识和客体思维，往往以客观、冷静的表达方式叙述客观事物（calm fact-teller),如常用被动式和非人称表达法,不用人称而用抽象名词或 it 作主语,让事物以客观的口气呈现出来;语篇倾向于描述事物的客观情况(impartial search for truth),注重运用事实例证、调查案例、统计数据、专家论点,让事实说话(rely more heavily on facts and figures),少用或不用主观性修饰语,注重客观的分析推理。

英语受亚里士多德演绎推理三段论(大前提、小前提、结论)和论证三要素(概念、判断、推理)的影响,不像汉语那样喜欢词语和结构的整体匀称、成双成对、对偶排比和同义反复,而是比较喜欢词语和结构的主从分明(subordination)、长短交错和替代变换(substitution and variation),尤其是三段式(triple style)的表达方式(A-B-and-C pattern,如:Tom, Dick and Harry 类似汉语的"张三李四"、"阿猫阿狗";first, midst, and last 类似汉语的"彻头彻尾";wine, woman, and song 类似汉语的"吃喝玩乐";government of the people, by the people, for the people 民有,民治,民享的政府)。

理性有确定性的特征,因而英语表达方式比较严谨、精确,模糊性较小,歧义现象较少;定义、概念明确;用词造句遵守严格的词法和句法,造句成章也服从某种逻辑规则,适合于科学思维和理性思维,也便于"以理服人"。

悟性和理性还可以从汉语和英语的语音、文字、词法、句法、章法、修辞、文体、文风等各个层次再找到种种表现并列出种种例证。限于篇幅,这些留待专文探讨。

参考文献

[1] 北京大学哲学系编译,1958,《十六至十八世纪西欧各国哲学》,北京:商务印书馆。

[2] 北京大学哲学系外国哲学史教研室,1957,《古希腊罗马哲学》,北京:商务印书馆。

[3] 冯 凭,1986,理性与悟性,《社会科学研究》第 2 期,48—53。

[4] 侯 才,2003,论悟性,《哲学研究》第 1 期,27—31。

[5] 黄盛华,1992,中西悟性认识的差异,《湘潭师范学院学报》第 2 期。

[6] 连淑能,2002,论中西思维方式,《外语与外语教学》第 2 期。

[7] 刘世铨,1990,理性论旨,《新华文摘》第 9 期,31—33。

[8] 宋原放主编,1984,《简明社会科学词典》,上海:上海辞书出版社。

[9] 王 力,1984,《中国语法理论》,见《王力文集》第一卷,济南:山东教育出版社。

[10] Jespersen, O. 1954. *Language, Its Nature, Development and Origin*. London: George Allen & Unwin.

[11] Norton, R. 1987. *AFS Occasional Papers*. No. 12.

（本文最早发表于《外语与外语教学》2006 年第 7 期，

后收入杨自俭主编《英汉语比较与翻译 6》，

上海外语教育出版社，2006；2008 年作者第 1 次增订。）

作者通讯地址：361005 厦门大学凌峰 6—301

厦门大学外文学院；snlian@126.com

38. 语 义 与 文 化

——"同志"的词义演变所引发的思考

Lexical Meaning and Culture: Some Thoughts on the Semantic Change of the Word *Tongzhi*

左 飚 谭慧敏

【编 者 札 记】

左飚、谭慧敏的这篇文章是新加坡南洋理工大学语义研究项目的成果之一,是一篇比较典型的用微观方法进行语言与文化研究的论文。正如"一滴水珠可以反映太阳的光辉",一个语词确实可以折射出有关语言、文化等大系统的某些规律。文中由"同志"的词义演变调查所引发的思考可激发语言与文化研究者进行更深层次、更广范围的思考。

文章介绍并评论了关于"意义"的多家学说,为人们理解"意义的本质"这一世界难题提供了多维思考的视角和依据。文章公布了"同志"的词义调查结果,阐述了"同志"的词义演变历史,并在对"同志"词义的静态和动态描述的基础上,阐明了共时多义与历时演变互相依存、互为因果的关系。文章以较大篇幅通过分析词义演变的社会、文化因素,得出"词义演变是社会文化观念改变的风向标;语义是观察社会、展示文化的多棱镜"的结论。文章还阐述了"同志"、comrade 和 三个语言符号在三种语言里"既有交叉重叠、又有分叉改向"的发展轨迹,揭示了词义演变的文化理据性以及跨文化交流的重大意义。

本篇论文可算是中西文化研究"宏观"大海中的一个"微观"小岛,也是"思辨"森林中的一株"实证"小树,文中的大量数据分析提高了论点论证的可信度。微观性与实证性构成了本篇论文的两大特色。

英国散文家赫兹里特(1985:209)指出:"词汇的力量不在词汇本身,而在词汇的应用。"美国哲学家爱默森(1963:490)说:"语言也是行动,而行动也是一种语言。"

一个语词虽不能构成系统,但它的"行动"、它在"应用"过程中的发展变化可以折射出有关语义、文化等大系统的某些规律。立足于对"词汇的力量"及词语意义重要性的体认,我们着手对某些词语的词义演变做了一番调查了解。"同志"是一个承载着丰富文化含义的名词,我们的受访者在面对一组刺激词时,对这个词反应最快,联想最多,答卷有效率最高,可供分析的容量也最大,因而我们这篇文章就以"同志"的词义演变调查作为出发点。

1. 意义及意义的获得

所谓词义演变,顾名思义,就是词的意义的发展变化。要调查词义演变的情况,就必须了解一个词过去的意义、现在的意义,并在可能的情况下预测将来的意义。因而,作为调查者,我们在开始调查时遇到的第一个问题,就是要搞清楚下列问题:什么是词的意义? 如何获得词的意义?

1.1 有关"意义"的各家论述

语言是传递和接收意义的工具,因而,意义在语言研究中应该占有核心的地位。然而,如何界定"意义",什么是"意义"的意义,却是一个仁者见仁、智者见智的问题,其答案也是众说纷纭、莫衷一是。很多语言学家都不无遗憾地坦言,对于意义的本质以及描述意义的方法等均无一致的意见。我们把有关"意义"的各家论说简要地综述如下:

意义即指称。

指称说认为,词的意义就是该词所联系、指称的对象。指称说的鼻祖当推古希腊哲学家柏拉图,柏氏在其《对话录》中指出,词是客观事物的名称,这种名称是由客观事物的性质决定的,人们通过词这种名称反映客观事物。中国战国时代的墨子在其《墨经·说上》中说:"言也者,诸口能之出名者也。名若画虎也。言,谓也,言由名致也"。"画虎"说虽不是关于言语意义的专论,但不妨粗略地将其看作中国指称说的起源。

意义即用法。

犹太哲学家维特根斯坦(Wittgenstein 1953/2007:510)是用法说的最早倡导者之一。他提出一个语言表达式的意义等于它在一定语境中的功能或使用,即 meaning as use。很多心理语言学家支持这种界定,他们认为,一个孩子往往从他周围的人对某一词语的使用以及对他自己使用该词语的反应中获得这一词语的意义,用法决定意义。

意义即说话人的刺激及听话人的反应。

结构主义语言学家布龙菲尔德(Bloomfield 1933/2007:510)和斯金纳(Skinner 1957/2007:510)对意义持一种行为主义态度。他们试图根据观察到的情景和听者的反应重建意义,并提供一种产生意义的因果基础。意义被界定为"说话人发出某一语言形式时所处的情境以及这一语言形式对听话人所引起的反应。"刺激与反应构成词语的意义。

意义即翻译。

这是符号学对意义的界说。符号学研究表明,要把一种符号分解为任何一种不是符号的成分是不可能的,符号的意义只能用相同的或不同的符号来表达。英国符号学家克里夫·戈达德(Gooddard 1998:476)指出:"词语的意义可被看做是一种翻译,也就是说,一个词语是通过翻译为另一个更易懂的词语而获得意义的。"戈达德所说的"翻译"(Translation),是广义的符号转化的意思,它既可指同一种语言符号的解释,也可指另一种语言符号的传译。

意义即人们头脑中的观念或概念。

我们把观念(idea)说及概念(concept)说合在一起,表示两种主张有内在的传承关系。亚里士多德虽有这方面的相关论述,但英国哲学家洛克被视为观念说的先驱者。洛克(Lock 1690)认为,"词语,以其基本或直接的意义,代表使用词语的人的头脑中的观念,仅此而已。"其核心观点是,人们头脑中的观念可以通过词语表现出来以达到交际的目的,并构成词语的意义。乔姆斯基可看作是概念说的当代代表人物之一,他的"深层结构"理论属于概念说的范畴。乔姆斯基(Chomsky 1965/1988:360)认为,"深层结构的输出决定着每个句子的语义解释,也就构成了语义部分的输入。"

意义即关系。

哲学、语言学、人类学及心理学都有关于关系说的论述。哲学关系说的核心观点是,意义必须以客观现实作为必要条件,他存在于词语与客观世界某种现实之间的关系之中。语言学关系说的鼻祖当推索绪尔(Saussure 1916/1988:57),他曾作出"In a language-state everything is based on relationship"的断言,他认为符号本身没有意义,一个词要获得意义,就必须与其它词发生关系,因而一个词是很多与之有协调搭配关系的词语的汇合点。

意义即独立于人们头脑之外的抽象存在。

柏拉图的理念(form)世界理论被视为该界说的渊源,美国语言学家杰罗德·卡茨是提出这一界说的领军人物。卡茨(Katz 1981:367)认为,"语言及其包括意义在内的各种要素都是独立于说话人、听话人及具体言语行为之外的抽象存在(abstract entity)。"他主张通过"语义标志"(semantic markers)寻求词语的意义。

1.2 关于各家论述的简评及我们在意义获取过程中的取舍

关于"意义"的界说,远不止上述几家之见,我们只是把影响较大、流行较广、与我们的调查或然相关的观点作了简要的综述。各家学说从不同的侧面描述"意义",不管合理程度如何,都能帮助我们多视角、多层面地理解"意义"的意义,接近"意义"的本质。

指称说早在19世纪就受到批评与否定,不少语言学家认为语言从不指称事物本身。想象、虚构中的事物及抽象的道理根本无对象可指。即使有对象可指,不同词语可指称同一对象,但意义不同,如"月亮"与"婵娟"、"这里"与"那里"、"领袖"与"头目"等等。同一词语又可指称不同对象,而意义相同,如"星星"可指称夜空中任何一个发光的天体,指称对象并不十分确定。尽管把指称看作意义本身并不合理,但对于一些实体名词来说,指称说仍以其直观性强而对意义的获取与分析具有实用价值。在我们的问卷表中,"同志"一词所引发的联想远远超过其它抽象名词及形容词,这与该词有一定的指称对象是分不开的。

用法说注重词在上下文中的使用,对于人们在语境中把握词的意义确有积极作用。在很多情况下,一个词的用法确能决定其意义,但决定意义并不能代替意义,用法重要,但它不是意义本身。很多词用法相同,但词义不同。"老张是同志"与"小李是同志"两句中的"同志"一词用法、功能完全一样,但前句也许表示"老张是共产党人",而后句却可能暗示"小李是同性恋者",语义大相径庭。也有很多词其词义不变,而用法却有多种。"同志"一词,作为彼此之间的通称解时,既可用作称呼语,又可用作招呼语,既可用于第三人称,又可用于第二人称,如"邓小平同志是中国改革开放的总设计师"及"同志,上火车站怎么走"等。尽管用法不应被视为意义本身,但我们的调查显示,受访者对"同志"一词的联想是与该词的用法联系在一起的,他们通过词的用法获取词的意义,不少受访人所给的反应词本身就是关于用法的陈述。

刺激—反应说涉及情境、说话人、听话人三要素,而情境可千变万化,说话人和听话人也千差万别,因此,同一刺激引起不同反应或不同刺激引起雷同反应的现象必然发生,意义也就很难确定,无怪维特根斯坦批评这一界说"把人们引入歧途"。然而,尽管把刺激—反应视为意义本身失之偏颇,但其提倡者布龙菲尔德所说"这一理论为意义的分析提供了可用实践检验的标准"这一点尚有合理可取之处。我们的调查正是把"刺激—反应"作为我们分析"同志"词义变化的一种方法、标准或依据。我们在问卷上写明调查的目的是了解词语的意义及其发展变化,要求所有受访者在很短的时间内做出反应,这就设置了一个让受访者了解调查者意图及自己应对方法的统一的情境。"说话人"的"刺激"就是我们印在问卷表上的刺激词"同志"等,"听话人"的"反应"就是受访者各自的即时联想,相同"反应"的数据就成了我们做意义分析的依据。

翻译说是意义的符号学界说,把词语的意义界定为同一种语言的解释或不同语言的传译。按照这一界定,词语的意义似乎全由解释者或传译者决定,成了因人而异的变量,也就难以避免主观性和随意性。我们认为,翻译应该是解释、表达意义的手段,而不是意义本身。在我们的调查分析中,并不是用"翻译"指代意义,而是借助"翻译"这一手段来陈述定义,表述"同志"的意义。

观念说及概念说的共同点在于,它们都摒弃了意义是客观世界具体事物的指称的观点,而主张在人的意识、思维中寻求意义。观念说相对比较古典,概念说则产生于现代;观念说更注重形象思维,认为意义是人头脑中形成的意象(image),概念说更强调逻辑思维,认为意义即人头脑中抽象出的概念(concept)。显然,两种界说都有其局限性,因为并非所有的词都能产生意象或概念,虚词及抽象的实词不可能形成意象,表达情感的词则无法抽象成概念。尽管如此,在我们的调查中,两种界说似乎都能发挥一定的作用,也都在一定程度上得到验证。"同志"是一个在受访者头脑中既能产生意象又能形成概念的词语,它的意义也就分布在这些不同的意象和概念之中。"同志"在受访者头脑中产生的正面形象有革命者、解放军、老干部、老前辈等,中性形象有同伴、战友、同行、哥们以及陌生人、过路人、师傅、小姐等,反面形象有伪善者、傻瓜、老土、同性恋者等。"同志"在受访者头脑中形成的概念有合作、亲切、友爱、志同道合、严肃、刻板、黄色、下流等(下文将详述)。

关系说探讨词语与客观现实以及与其它语言单位的关系,对我们的调查颇有启发。墨菲(Murphy 2003)指出:"每一个词都在某一关系网络中占有一个独特的位置,任何一个特定词的意义都可以从其在这个关系网络中所占的位置上获得"。我们的调查表明,"同志"一词的意义确实存在于该词与其它词语的关系网络之中,这种关系表现为同义关系(如朋友、战友、盟友;同伴、同事、同学;先生、女士、师傅;老土、傻瓜、古董;同性恋者等)、上下义关系(如革命者、老干部、共产党人、革命志士;陌生人、过路人等)、整体部分关系(如邓小平、胡锦涛、雷锋等)、属性关系(如志同道合、团结一致、友爱、亲切;尊敬、尊重、庄重;刻板、古板、保守;黄色、堕落等)和组合关系(如同志你好、同志们)等。

抽象存在说的代表人物卡茨所论及的"意义"是 sense,它不具固有形式,是一种独立于人的意识之外的、非时空的抽象存在(atemporal and as-patial abstract entity),只能靠直觉领悟。它在现实世界的对应概念是 de-notation,也就是我们通常所说的"本义"。卡茨的"抽象存在"与柏拉图的"理念世界"同样带有扑朔迷离的神秘色彩。

各家界说互有短长,互相补充,使我们对"意义"能进行多维思考,获得多层了解。指称说、用法说、刺激—反应说、关系说及翻译说的直观性、操作性及实用性较强,我们不同程度地在调查分析中加以运用;观念/概念说涉及深层的思维与认识,在我们的调查分析中也起了积极作用;但这几种界说在理论上都不无缺憾。抽象存在说力求在理论上揭示"意义"的本质,但却陷于神秘虚幻,也只能在"意义"本质的边缘徘徊。难怪布龙菲尔德虽然对自己的界说并不满意,但他对别人的论述也不以为然,他认为在语言研究中对"意义"的说明是一个薄弱环节,这种情况一直要持续到人类的知识远远超过目前的情况为止。看来情况真是如此,我们目前做得到的也许充其量只能是"接近"而非"掌握"意义的本质。根据我们在调查"同志"词义演变的过程中对上述界说的取舍,本篇论文中所阐述的词的意义大致可界定为:在情境一致的条件下,人们对某一个作为刺激的词所引起的有关其在现实生活中的用法和与其它词语的关系网络的联想,以及在自己头脑中所产生的意象和所形成的概念,用明白易懂的词语所进行的解释或描述。

2. "同志"的词义调查结果及其词义演变历史

2.1 "同志"的词义调查结果

本次调查共发问卷 500 份,收回的有效答卷 455 份,答卷人在年龄、性别、学历及职业方面的分布情况如下:

年龄:25 岁以下 174 人,26 岁至 50 岁 220 人,51 岁以上 61 人;

性别:男性 214 人,女性 241 人;

学历:大专以上 322 人,中学/中专 129 人,小学 4 人;

职业:学生 107 人,文职人员 258 人,普通工人 90 人。

调查主要在上海市以面访形式进行,但也少量地以信访形式辐射到江苏、山东、浙江、安徽等地区。学生受访人主要来自上海海事大学、东华大学、复旦大学、同济大学、华东师范大学、上海外国语大学、上海建桥学院等院校,文职人员及普通工人受访者来自各行各业,如银行、证券、报社、政府机关、贸易、保险、信息技术、电信、航运、包装、酒店、公交、建筑、软件、医院、公安、物业、烟草、文具、出租车、居委会等企事业单位,从事教师、记者、律师、医生、会计以及企业的管理人员、业务人员和普通工人等等不同职业。受访人在中国内地有较广泛的代表性,因而调查结果也应该有较高的信度。

调查表中有"语义值"一栏。根据人们通常把级数高与"好"、"正面"、"积极"相联系而级数低与"差"、"反面"、"消极"相联系的思维习惯,我们按由贬至褒的顺序把语义值分为 7 级:最低值 1 级—很贬;2 级—相当贬;3 级—中性偏贬;中间值 4 级—中性,不褒不贬或亦褒亦贬;5 级—中性偏褒;6 级—相当褒;最高值 7 级—很褒。统计结果显示,全体答卷人给"同志"一词所定的语义平均值为 4.60,属中性略偏褒。各种不同类型的答卷人所定的语义平均值如下(参见附图 1、2、3、4):

按年龄统计,25 岁以下为 4.48,26 岁至 50 岁为 4.88,51 岁以上为 5.71,呈年龄越大,所定的语义平均值越高的趋势。

按性别统计,男性为 4.63,女性为 4.57,显示语义值的变化与性别关系不大。

按学历统计,大专以上为4.39,中学/中专为5.51,小学为7,呈学历越低,所定的语义平均值越高的趋势。

按职业统计,学生为4.77,文职人员为4.64,普通工人为5.63,呈脑力劳动者所定的语义平均值相对较低,体力劳动者所定的语义平均值相对较高的趋势。

我们的词义演变调查,与很多海内外学者所进行的词语联想研究一样,建立在刺激—反应原理的基础之上,刺激词对受访者所引起的联想尽管因人而异,但刺激词与反应词之间总是表现出某种必然的语义关联。张莲(2004:19)在她的词语联想研究中发现,"汉语双音词在心理词典中主要通过语义关系相互关联",并指出刺激词和反应词之间存在着线性搭配、并列、定义、陈述、习语的意象形成及谐音等关系。由于我们在问卷表上写明调查的目的是了解词义的发展变化(这实际上是一种附加刺激),因而我们受访者的反应词与刺激词之间的关系主要表现为意象、概念、用法陈述三种关系,很少出现线性搭配及谐音等关系。以下我们将按上述关系分类列出从受访者答卷中获得的反应词。

意象,是受访者的大脑在刺激词的作用下所产生的形象显现,这些形象有高大的、较好的、一般的、较差的和很差的,它们既在一定程度上代表刺激词对于受访者的"意义",也表达了受访者对刺激词的褒贬态度。受访者答卷中与刺激词有意象关系的反应词有:

代表高大的形象的:革命者、老干部、老前辈、红军战士、共产党人、革命志士、人民代表、马列主义者(群体形象);毛泽东、邓小平、胡锦涛、雷锋(个体形象)。

代表较好的形象的:朋友、战友、盟友、哥们、党员、团员、警察、军人、领导、合作者、好的工作人员;同党、同伴、同行、同事、同学、同仁、同胞。

代表一般形象的:陌生人、过路人、任何人、观众;先生、女士、师傅、小姐;成人、中年人;售票员、售货员、酒吧服务员;工作狂、外地工作人员;(同性恋者)。

代表较差的形象的:老土、傻瓜、古董、老古板、穷光蛋、保守的人;极左派、伪善者、唱高调的人、口号革命者;(同性恋者)。

代表很差的形象的:坏蛋、可憎的人;(同性恋者)。

"同性恋者"一词根据受访者所给的不同语义值,被同时列入一般形象、较差的形象和很差的形象三种类别。形象跨类,反映了受访者对同性恋现象所持的宽容、漠视和反对的不同态度。

概念,是受访者的大脑对刺激词的特有属性的概括。如果一个词能引起多种属性的概括,则表明该词有多种意义,这就是一词多义现象的思维机理。意象与概念没有不可跨越的绝对界限,有些意象也可抽象为概念,如意象"朋友"就可抽象为"互相有交情的人"这一概念,而不再是有鼻有眼、活生生的朋友形象。但为分类方便起见,我们暂不把上述意象类反应词归入概念类。受访者答卷中与刺激词有概念关系的反应词有:

表示肯定及赞扬的意义的概念:革命、牺牲、奋斗、解放、理想、冲锋;志同道合、团结一致、友爱、亲切、语重心长。

表示中性意义的概念:尊敬、尊重、礼貌;严肃、正式、庄重;辛苦、领导;帮助、关心、关系;同心、友谊、平等;社会主义、共产主义。

表示否定意义的概念:刻板、古板、保守;贫苦、古老、过时;虚伪、极端;前苏联、文化大革命;黄色、堕落、同性恋、艾滋病。

受访者答卷中的反应词与刺激词之间的前两种关系带有定义的性质,很多意象类和概念类反应词可视为刺激词的同义词、近义词、上义词或下义词。第三种关系是用法陈述关系,尽管用法陈述也常常在词典中被用作下定义的一种手段,但为分类方便起见,我们这里单独列为一类,说明不少受访者是从词的用法上考虑词的意义的。受访者答卷中与刺激词有用法陈述关系的反应词有:

尊称、敬语;一般称呼、问路语、礼貌用语、开会用语、社交用语;表示尊重、表示友好、表达亲密感情、表达同性爱恋;显得刻板、略显过时;同性恋时髦用语、委婉语;陈词滥调、废弃语;脏词、秽语、污秽语。

2.2 "同志"的词义演变历史

根据中国内地出版的《辞海》和《辞源》、香港出版的《汉语大词典》(海外版)及台北出版的《中文大辞典》,"同志"的渊源最早可追溯到西周及春秋时代。左丘明所著《国语·晋语四》中说:"同德则同心,同心则同志"。这里"同志"二字实际上意为"志同",即"志趣相同"或"志向相同"的意思,是主述结构词组。记载周代职官礼法、物名制度的汇编《周礼》中就有"同志"二字的出现。汉朝郑玄在注《周礼》中说:"同志曰友","同志"指"朋友"、"志趣相同的人"。"同志"的这两个意义"志趣相同"和"志趣相同的人",一个抽象,一个具体,可看作"同志"的源头义,也是它的基本义、核心义,此后其意义的继续沿用或引申发展都源自于此。《后汉书》中"同志"频频出现,如《后汉书·刘陶传》中"所与交友,必也同志",取其抽象义;《后汉书·贾彪传》中"彪谓同志曰,吾不西行",则用其具体义。明末冯梦龙所著《警世通言·杜十娘怒沉百宝箱》中"妾久疏谈笑,亦有此心,郎君言及,足见同志耳"等,是沿用的抽象义。但"同志"作为词组的抽象义逐渐消失,其作为词的具体义在古代汉语中使用越来越广泛,如汉代王充的"好友同志,仕不择地,浊操伤行"(《论衡自纪》);唐代房玄龄的"尝与同志宴集于会稽山阴之兰亭"(《晋书·王羲之传》);北宋叶适的"公率同志请于周丞相,反复极论,责以变通之理"(《司农詹公墓志铭》);南宋朱熹的"一二同志,复取石氏书"(《中庸章句序》);明代万历年间,东林书院重修落成,"江浙文士在此集会立约,互称同志"(《中国通史》第9册);清朝曹雪芹的"乐得与二三同志,酒余饭饱,雨夕灯窗,同消寂寞"(《红楼梦》第120回)等等。也有把"同志"引申为同心人即夫妻的,如南朝宋鲍照的"览物怀同志,如何复乖别"(《代悲哉行》),但这一义位后来逐渐消亡。

到了近、现代,"同志"的意义又有所扩展,用语义学术语来说,"同志"的"词位丰化"(张志毅、张庆云2001),义位有所增加,可指"为共同理想、事业而奋斗的人",特指同一个政党的成员。在中国资产阶级民主革命时期,革命党人内部就互称同志,如黄葆桢的"春秋大复仇九世,同志寥落谁商量"(《杨哲商烈士悼歌》)。在孙中山的遗嘱里,有一句著名的话,"革命尚未成功,同志仍需努力"。1920年,毛泽东、罗学瓒等人在通信中,也开始引用"同志"这个词。1921年中国共产党成立,在"一大"党纲中规定:"凡承认本党党纲和政策,并愿成为忠实的党员,经党员一人介绍,不分性别、不分国籍,都可以接收为党员,成为我们的同志。"这是中国共产党在正式文件中最早使用"同志"一词。"同志"的这一意义很快在共产党及其领导的军队内广泛流行,并逐渐为普通老百姓所接受。共产党的报刊及大量反映革命斗争的文学作品频繁地使用这一词语,如高云览《小城春秋》:"新加入的党员和团员,虽然在社里经常跟剑平、四敏一起工作,却不知道他俩是他们的同志。"

中华人民共和国成立以后,"同志"的词位继续丰化,义位又有增加,从"为共同理想、事业而奋斗的人"扩展为"与之交往的任何普通人",作为彼此之间的通称而被空前广泛地使用。在各类报刊、书籍、电影和文艺演出中,"同志"是一个最带革命色彩的符号。它既是一般称呼,又在各种场合用作招呼语,人们几乎处处遇见同志,时时呼叫"同志"。山东老解放区的大姑娘扭秧歌时,爱唱"俺娘不给说婆家,俺就跟着个同志走"的歌词。"同志"成了中国亿万人生活中使用频率最高的词语之一。

"同志"这一义位的稳定期及其使用的高峰期将近半个世纪,到了20世纪80年代末至今,它逐渐弱化,作为彼此之间通称的用法逐渐为先生、女士、师傅、小姐、老板等词语所替代。与此同时,"同志"的又一个新的义位——指同性恋者——悄然出现,并随着媒体(尤其是互联网)的传播,为越来越多的人,尤其是年轻人所接受。本次调查中,把"同性恋"或"同性恋者"作为反应词的人数比例为:25 岁以下受访者的 37.9% ,26 岁至 50 岁受访者的 36.8% ,51 岁以上受访者的 6.6%(参见附表)。目前"同志"一词正处于词义演变的过渡期,它的词位不稳定,一个义位的弱化伴随着另一个义位的新生和强化,因而也就不难解释我们的受访者给出如此丰富多样、褒贬不一的反应词的现象了。

3. 由 "同志" 的词义演变所引发的思考

3.1 共时多义与历时演变

关于共时研究(synchronic study)与历时研究(diachronic study),在语言学界有众多的讨论和争论。结构主义语言学家强调共时研究,他们认为语言研究本质上是共时研究,这是因为语言是一个形式系统,每一单位的价值都由另一些单位确定,而这一单位与其它单位的关系必然是共时关系。索绪尔(Saussure 1916/1988:28)指出:"语言是一个系统,它的各个部分能够而且必须在其共时一致性(synchronic solidarity)中加以考虑。"后结构主义语言学家则注重历时研究,其代表人物德里达(Derrida)的"延异"说及克里斯蒂瓦(Kristeva)的"互文性"理论便是对结构主义的颠覆和解构。"延异"(differance)是德里达创造的词,意为"存在物的历史的、不同时期的展现"。德里达注意到语义在时间上的差异,"延异"之延,正是时间性的;"延异"之异,才是空间性的。"互文性"理论强调一切话语必然都具有互文性,每一个文本都不过是对于前文本的尝试性增补。每一次增补又必然携带前文本和其他文本的踪迹。这一理论突出了意义的不确定性和历时研究的必要性。

我们认为,共时研究注重对系统结构关系的静态描述,而历时研究注重动态变化及因果渊源的追踪,共时与历时的划分不是以时间的跨度为参数,而是以研究的性质为依据。我们可将秦汉以来的2 000年作共时处理,从中抽象出基本稳定的共同要素;也可将五四运动以来的近100年作历时处理,详细描述其间的细微变化。我们在中国内地对"同志"词义演变所作的问卷调查,实际上是共时研究与历时研究的结合。调查对20世纪80年代以来这段时间作共时处理,通过"同志"一词在受访者头脑中的反应来探索意义的本质,了解刺激词与反应词之间的语义关系以及"同志"旧义位弱化和新义位产生的社会、文化因素。但仅此还不够,我们还有必要作历时研究,在调查的基础上追溯"同志"词义的渊源,以探求词义演变的缘由及规律。

美国语言学家斯威策主张通过对词源学及语用学的同步研究来分析词义结构,实际上也是一种共时与历时研究相结合的观点。他发现,一个词的"共时多义现象和词义的历时变化在很多方面提供了相同的信息资料。没有共时多义阶段的存在,就不可能有词义的历时变化"(Sweetser 2002:196)。斯威策的发现与我们的调查结果不谋而合。"同志"的词义在近、现代经历了三次比较明显的历时变化,而每次变化都伴随着一个共时多义阶段的存在。第一阶段是武装革命时期(从辛亥革命到中华人民共和国成立),"同志"的词义逐渐由"朋友"、"志趣相同的人"转变为"为共同理想、事业而奋斗的人",特指同一个政党的成员。这一阶段共时多义的存在表现在鲁迅先生和其他很多作家的作品中对"同志"一词的多义使用。鲁迅先生在其《而已集·魏晋风度及文章与药及酒之关系》中所写的"吃散发源于何晏,和他同志的有王弼和夏侯玄两个人,与晏同为服药的祖师"一句中的"同志"是沿用旧义。而他在《且介亭杂文末编·答托洛茨基派的信》中开始使用"同志"的新义:"那切切实实,足踏在地上,为着现在中国人的生存而流血奋斗者,我得引为同志,是自以为光荣的。"第二阶段是建国初期,在这一阶段"为共同理想、事业而奋斗的人"这一词义趋于稳定,而"同志"作为彼此之间通称的新义位产生,并逐渐被广泛使用。这一阶段的共时多义现象不仅大量存在于报刊和文学作品中,即使在共产党内及普通老百姓的日常交际中也屡见不鲜。毛泽东在中国共产党的会议上及在会见其它国家共产党人士时所说的"同志"显然指"为共同理想、事业而奋斗的人",而他多次在天安门城楼上高呼的"同志们",则泛指所有在场的千千万万普通人。第三阶段是20世纪80年代以来的中国改革开放时期,这一阶段的共时多义呈现五彩缤纷的现象。正如我们的调查结果所显示的,"同志"的各种义位,从源头义到发展义,从基本义到引申义,从抽象义到具体义,从"革命志士"到"同性恋者"几乎全部共时并存。但共时并存中隐含着历时变化,总的趋势是,"为共同理想、事业而奋斗的人"和"与之交往的任何普通人"这两个义位逐渐弱化,而"同性恋者"这一义位则逐渐强化。调查结果表明,25 岁以下的年轻人所给的反应词中,29.9% 和19.5% 分别与"同志"的前两个义位相关,而 37.9% 是"同性恋者"(参见图表 5)。共时多义与历时变化的关系表明,词义的演变是一个"渐变"而非"突变"的过程,一个新义位产生后必然要经过一个与旧义位共时并存的阶段才能趋于稳定,或上升为核心义位。

3.2 "同志"词义演变的社会、文化因素

语言是文化的载体,也是文化交流的工具,它本身又是文化的组成部分,而语言系统中,语义是体现语言作为文化的载体、交流工具和组成部分的最重要、最直接和最明显的一个层面。对于一些承载着丰富文化含义的词语来说,语义的解释就是文化的阐释;语义的理解就是对文化要义的把握;语义的跨语转借或移植,就是跨文化的传播与交流。语言是社会约定俗成的音义结合的信号系统,但语言本身又是一种特殊的社会现象,它随着社会的产生而产生,发展而发展。语言的更新既是社会发展、文化观念更新的必然要求,也是社会发展、文化观念更新的一种反映。语言更新的最明显的表现是语义的变化。如果词语是编织文化锦缎的纤维,语义则是锦缎纤维上明暗深浅的色彩。语义是观察社会、展示文化的多棱镜。从某种意义上说,词义演变是社会文化观念改变的风向标。

我们先来看一下"同志"语义值变化中的社会、文化因素。统计数据表明,全体受访人给"同志"一词所定的语义平均值为 4.6,比中间值 4 仅高出0.6。"同志"这一中性略偏褒的语义平均值与它目前政治色彩锐减、使用频率显著下降的现象是一致的,是中国社会、经济体制和文化观念改变的结果。在新中国成立后的很长一段时期内,阶级斗争是社会生活的主旋律,"同志"二字常常成了敌我阵营的分界线。历次运动的对象自然不能称呼为"同志",即使在党内,一旦某人作为敌我矛盾被揪了出来,从此便与"同志"无缘。在"不革命就是反革命"、非敌即友的绝对化盛行的年代,"同志"一朝被列入"非同志",则如坠深渊,万劫不复;"非同志"被平反后成

了"同志",常热泪盈眶,如重见光明。此时,"同志"一词的社会功能已远远超出其主要作为招呼语或称呼语的语言意义,承担着不应承担的政治重负。中国的"保尔"吴运铎在他的《劳动的开端》中指出:"同志是伟大集体的代名词","同志"一词明显带着由集团归属亲切感所赋予的褒义。20 世纪 80 年代以来,中国实行改革开放政策,结束了持续多年的政治动乱和思想斗争,并把经济建设视为建国方略的重心所在。随着改革的深入,经济成分和社会组织形式呈现多样化;随着开放的扩大,人们的价值取向和行为方式也呈现多样化。多样化的社会、文化格局,使人们摆脱了过去在急风暴雨式政治斗争中所形成的人人自危的紧张心态,而代之以平和的、开放的文化心态。市场经济的迅猛发展,使个人与集体之间的关系逐渐由亲密的团体归属关系变为宽松的合同契约关系。在这样的社会、文化背景下,本来带有浓厚政治色彩的"同志"一词自然会失去其作为招呼语和称呼语的一统天下的地位;原先在阶级斗争中戴上的光环以及由集团归属亲切感所赋予的褒义自然也随之减弱,并随着该词新义位(同性恋者)的产生和强化而逐渐消失。

"同性恋者"这一新义位的产生,是中国社会全面开放、文化多元共存的反映,是地区之间文化交流的产物,也是词义演变文化理据性的一种表现。随着中国社会全方位、多领域的对外开放,各种文化观念纷至沓来,既冲撞又融合,呈现空前的多元共存局面。由于阶级斗争终止,政治空气宽松,原本属于禁忌的同性恋现象也有了存在和发展的空间,逐渐为社会所包容和接受,并被视为一般的社会学科和心理学科研究对象。复旦大学开设的名为"同性恋研究"的本科生公共选修课,每次上课座无虚席。社会开放和文化多元成了"同性恋者"新义位产生的必要条件。文化多元共存不仅表现在海外文化的"引进"和传播,而且表现在国内地区之间活跃的文化交流。90 年代香港的回归大大促进了香港与内地之间的文化交流,一时间,看香港电影、唱香港歌曲、学说香港话成了中国内地的一大时髦。就在这股"香港热"的文化氛围中,作为"同性恋者"代名词的"同志"一词由香港传入大陆,并在大陆逐渐流行。根据首次使用"同志"新义位的香港剧作家回忆,当时他们想"办一个同性恋电影节,许多同性恋者害怕暴露自己的身份,不太敢来,干脆想改成一个比较容易被人接受的名字",于是就想到了孙中山先生遗嘱中的"同志"二字。由此可见,"同志"一词的词义,当初由一般"朋友"演变为"为共同理想、事业而奋斗的人",如今由一般称呼演变为"同性恋者",都与自身活动的秘密、危险、怕被暴露有关,而且与英语及俄语中相应词语的演变相一致,这表明了词义演变的文化理据性(这一点在3.3节中另有讨论和说明)。

下面我们用图表显示受访者的年龄、性别、学历和职业等社会因素分别在"同志"语义值变化中所起的作用。

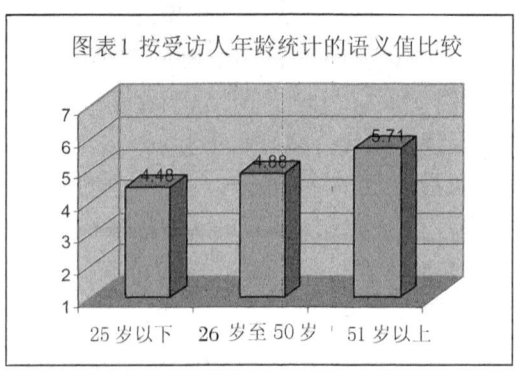

图表1 按受访人年龄统计的语义值比较

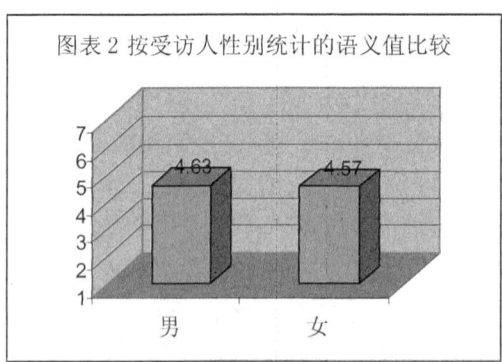

图表2 按受访人性别统计的语义值比较

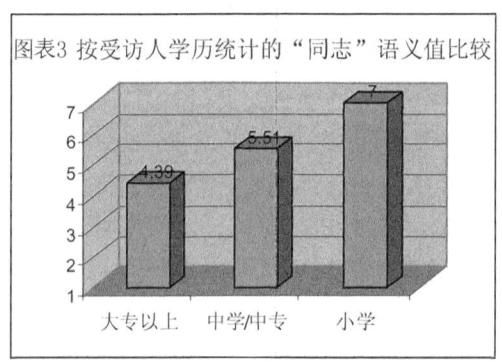

图表3 按受访人学历统计的"同志"语义值比较

冲突·互补·共存——中西文化对比研究

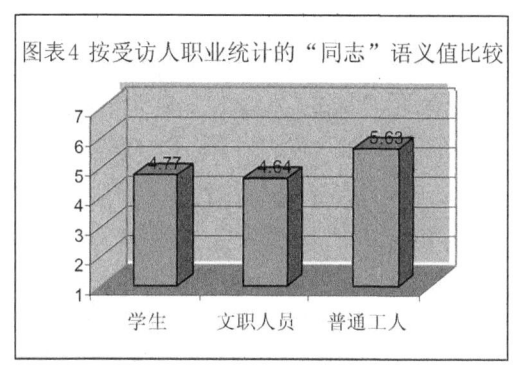

图表4 按受访人职业统计的"同志"语义值比较

上列图表显示,性别与"同志"语义值的变化关系不大,可忽略不计,而年龄、学历和职业等因素都在"同志"语义值的变化中起重要作用,这一点也与中国目前的社会现状相符。中国社会男女平等,女子在政治、经济、文化生活中与男子享有平等的地位,思想观念差异不大,因而对"同志"一词的褒贬态度也基本一致。年龄是一个活跃的因素,年龄越大,"突出政治"的计划经济时代所接受的观念影响越深,对"同志"的感情也越深;年龄愈小,接触市场经济的新观念愈多,对"同志"的感情也愈淡漠;因而,年龄越大,给"同志"一词所定的语义平均值越高。学历是诸多因素中最敏感的因素,受该因素影响的语义值变化跨度最大,这说明受教育程度在人们价值观念和行为方式的形成和转变中作用巨大,尤其在当今"知识爆炸"的网络时代更是如此。仅接受小学教育的受访者也许连电脑都不会使用,对"同志"的新义位茫然无知,思想观念中"文化冲撞"甚少,他们给"同志"定最高语义值也就不足为怪;而接受大专以上教育的受访者可能天天上网,加上受从其它渠道所获信息和文化观念的影响,给"同志"的语义值定得偏低也在预料之中。由于职业性质与受教育程度密切相关,因而职业因素与学历因素互为因果,表现出很大的相关性,呈现脑力劳动者所定的语义平均值相对较低,体力劳动者所定的语义平均值相对较高的趋势。

从受访人所给的联想词语来看,年龄、学历和职业三个社会因素所造成的差异与它们对语义值所造成的差异是相称相应、基本吻合的,同样反映出年龄因素十分活跃、学历因素最为敏感以及学历与职业因素互为因果的特点(详见图表5)。例如,在联想词语带相当褒义的第2档,即形象类为"朋友、战友、盟友、哥们、党员、团员、警察、军人、领导、合作者、同党、同伴、同行、同事、同学、同仁、同胞",概念类为"尊敬、尊重、庄重;辛苦、领导、帮助、关心、关系、同心、友谊、平等",用法类为"表示尊重、表示友好、表达亲密感情",按年龄统计的答卷人分布状况呈递增趋势:25岁以下为29.9%,26至50岁为40.5%,51岁以上为59%。而在联想词语的第5档,即形象类为"同性恋者",概念类为"同性恋、艾滋病、黄色、堕落",用法类为"同性恋时髦用语、委婉语、脏词、秽语、污秽语",按年龄统计的答卷人分布状况呈递减趋势:25岁以下为37.9%,26至50岁为30.8%,51岁以上为6.6%。学历因素的敏感性十分突出,接受小学教育的答卷人中没有一个人联想到"同性恋",而在接受过大专以上教育的答卷人中,联想到"同性恋"及相关词语的人数比例则高达32.9%。

语言对社会上所有的使用者都是平等对待、一视同仁的,但使用者却在"不平等"地使用语言,这种"不平等"在很大程度上体现在语义的选择和理解上,语义的社会差异反映了语言使用者文化观念的差异,也反映了社会的开放性和文化观念的多元性。词义演变既是社会发展和文化需求的产物,又是透视、反观社会文化现实的一面多棱镜。

图表 5　"同志"词义问卷调查结果统计表(综合)

有效答卷 455 份

答卷人概况	年　龄			性　别		学　历			职　业		
联想到的词语	25岁以下	26至50岁	51岁以上	男性	女性	大专以上	中学中专	小学以下	学生	职员	工人
形象类:革命者、老干部、老前辈、红军战士、共产党人、革命志士、人民代表、马列主义者;毛泽东、邓小平、胡锦涛、雷锋 概念类:革命、牺牲、奋斗、解放、理想、冲锋、志同道合、团结一致、友爱、亲切、语重心长 用法类:尊称、敬语	25.2%	13.6%	26.2%	18.8%	26.9%	24.1%	18%	25%	29.4%	19.7%	20.9%

（续表）

答卷人概况	年　龄			性　别		学　历			职　业		
联想到的词语	25岁以下	26至50岁	51岁以上	男性	女性	大专以上	中学中专	小学以下	学生	职员	工人
形象类:朋友、战友、盟友、哥们、党员、团员、警察、军人、领导、合作者;同党、同伴、同行、同事、同学、同仁、同胞 概念类:尊敬、尊重、庄重;辛苦、领导、帮助、关心、关系;同心、友谊、平等 用法类:表示尊重、表示友好、表达亲密感情	29.9%	40.5%	59%	44%	42.7%	42.2%	49.8%	75%	36.2%	42.2%	50.9%
形象类:陌生人、过路人、任何人、观众;先生、女士、师傅、小姐;成人、中年人;售票员、售货员、酒吧服务员 概念类:客气、严肃、正式 用法类:一般称呼、问路语、礼貌用语、开会用语、社交用语	19.5%	12.3%	14.8%	17%	11%	12.8%	18.2%	0%	16.4%	13.3%	14.7%
形象类:老土、傻瓜、古董、老古板、穷光蛋、保守的人;极左派、伪善者、唱高调的人、口号革命者 概念类:刻板、古板、保守;贫苦、古老、过时;虚伪、极端;前苏联、文化大革命 用法类:显得刻板、略显过时;陈词滥调、废弃语	16.1%	16.4%	6.5%	10.8%	14.7%	13.8%	12.1%	0%	21.9%	12.3%	7.9%

（续表）

答卷人概况	年　龄			性　别		学　历			职　业		
联想到的词语	25岁以下	26至50岁	51岁以上	男性	女性	大专以上	中学中专	小学以下	学生	职员	工人
形象类:同性恋者 概念类:同性恋、艾滋病、黄色、堕落 用法类:同性恋时髦用语、委婉语;脏词、秽语、污秽语	37.9%	36.8%	6.6%	23.8%	29.2%	32.9%	8.9%	0	62.3%	28%	5.5%

3.3　"同志"、comrade 和 товарищ 的 词义演变与跨文化交流

从 20 世纪初的辛亥革命到 80 年代末中国改革开放开始的这一时期，尤其在中华人民共和国建国前后的半个世纪中，汉语中的"同志"、英语中的 comrade 及俄语中的 товарищ 三词的词义大致相同，在翻译时几乎可以完全看作"对等词"而不会引起误解。逆向追溯词源及顺向探究词义新发展，我们又会发现，三词的意义变化，既有交叉重叠之时，又有分叉改向之处。这同中有异、异中有同的现象反映了词义演变与跨文化交流之间的关系。

comrade 源自拉丁语词 *camara*，本义为"室"、"房间"，尤指"卧室"（chamber），该词连同它的本义至今还保留在西班牙语中。后来该词通过派生法演变为西班牙语和法语中的 *camarada*，意为"室友"、"同室居住的人"（roommate），尤指"营房室友"（barrack mate）。然后该词词义又演变为指一般的"朋友"、"伙伴"（companion），并被传入英语。最早以 comrade 书写形式出现于英语文献是在 16 世纪，词义为"朋友"。根据郑玄在注《周礼》中"同志曰友"的解释，英语的 comrade 和汉语的"同志"二词的源头义不谋而合，刚好大致对等。

comrade 的法语对应词 *camarada* 于 18 世纪末叶法国革命期间率先获得新义，专指为共同理想而奋斗的战友，尤指革命党人。法国革命党人为了追求平等，摒弃 monsieur（先生）和 *madame*（太太）等带有地位色彩的称呼语，先改用 *citoyen*（*ne*）（公民），后改用 *camarada*。根据《拉鲁斯词

源辞典》记载,法国最早在 1790 年开始使用 *camarada* 的新义。19 世纪中叶,随着共产主义运动的兴起,英语中的 comrade 也开始带上政治色彩,并在信奉社会主义的人之间逐渐成为替代 Mr.、Mrs. 和 Miss 的普通称呼用语。英语中最早使用这一新义的文字记载见于 1884 年的社会主义杂志《公正》(*Justice*)。20 世纪初叶,共产主义运动的中心从英国转移到俄国,comrade 一词的新义也随之传入俄语,并产生了俄语的对应词 товарищ (tovarishch),在苏联广泛传布,而且用法又有新的扩展,作为称呼语时不仅可与姓氏名称连用,而且可与职务名称连用,如 Товарищ Ленин (列宁同志) 和 Товарищ Председатель(主席同志)等。苏联歌曲《祖国进行曲》中的歌词"我们骄傲的称呼是同志,它比一切尊称都光荣",随着歌曲的流行它不仅红遍了苏维埃大地,而且传到了中国,被广为传唱。

俄国十月革命和苏联的诞生对中国革命产生了巨大而深远的影响。大量的革命著作(如《列宁全集》和《斯大林全集》等)、革命小说(如《钢铁是怎样炼成的》和《卓娅和舒拉的故事》等)及革命电影(如《列宁在十月》和《列宁在 1918》等)被翻译成汉语。在各种作品中被大量使用的、带有浓厚的革命文化色彩的 товарищ 一词就必须找到汉语的对应词,于是"同志"的新义应运而生。经过一段"共时多义"阶段,"同志"的旧义(朋友)逐渐消亡,其词义和用法变得与英语中的 comrade 及俄语中的 товарищ 几乎完全对等。一时间,列宁的警卫员瓦西里的一句台词"让列宁同志先走",成了中国家喻户晓的名言佳句。作为旧时代不平等象征的称呼语"先生"、"太太"和"小姐",也和俄语中的 господин、госпожа 以及英语中的 Mr.、Mrs. 和 Miss 一样不再有容身之处,"同志"成了压倒一切的替代用语。

20 世纪 80 年代,中国走上市场经济的发展道路。90 年代初,随着苏联解体和东欧剧变,中国以社会主义意识形态作为纽带与西方、俄国及东欧的联系逐渐淡化。"同志"一词本来是"社会主义大家庭"内文化交流的产物,如今由于"大家庭"不复存在,它与它的对应词 comrade 及 товарищ 开始分叉改向,沿着各自的发展轨迹,或保持原义,或转生新义。在英国,comrade 仍然有时在工党成员内部作为称呼语使用,但使用频率大为降低。在美国,该词常带有与"共产主义"有关的引申义,作称呼语用时往往有戏谑意味。该词在俄语中的对应词 товарищ,法语、西班牙语中的对应词 camarada,德语中的对应词 *Genosse*,瑞典语中的对应词 *kamrat* 和荷兰语中的对应词 kameraad 等,也都没有改变其与"共产主义者"或"社会主义者"有关的原意,只是作为称呼语的使用远不如以前广泛而已。唯独汉语中的"同志"一词政治色彩弱化,衍生出"同性恋者"的新义,并有新义逐步强化的趋势。

文化是地域性的,各地域文化具有鲜明的个性。文化又是超地域性的,具有跨越地界的渗透力和可融性,因而通过交流,不同地域的文化又会增强共性。我们从 comrade、товарищ 和"同志"等语义基本相同的词语的连锁转换和快速传布中,可看出当年法国革命及其后的共运革命文化的巨大渗透力和可融性。语义的跨语转借或移植,就是跨文化的传播与交流,它有助于增强文化的渗透力和可融性,使文化的超地域性成为可能。文化观念的更新必然要求语言的更新,而语言的更新和使用又反过来促进文化观念的强化和传布。语言与文化的这一互动关系主要体现在语言的最活跃的层面——语义层面——的变化和转换。索绪尔(1916)强调"符号的任意性原则",这在孤立地看单个语言符号能指和所指的关系时(除少数有像似性关系外)是基本正确的,"同志"、comrade 和 товарищ 三个语言符号在三种语言里的出现及其所指概念是任意性的。但词义的演变,包括词义的窄化和丰化、义位的新生和消亡等,却表现出明显的文化理据性。comrade、товарищ 和"同志"三个词都经历了几乎完全相同的词义窄化和丰化的演变过程,这不能看做是纯粹的巧合。由普通的"朋友"、"伙伴"含义窄化为特指"为共同理想而奋斗的伙伴",这与当时革命斗争的艰巨、危险和秘密性不无关系。此后词义丰化为一般人之间的通称,又几乎都跟当时追求平等、消除地位尊卑的观念有关。在浩如烟海的译著中,是谁第一个把 comrade 或 товарищ 译为汉语,我们没有进行认真考证,但译者没有用当年流行的借词方法音译为"考姆雷德"或"塔瓦列希",而是选择了词义发展轨迹基本相同的对等语"同志",从中可看出词义演变的理据性和词义移植的跨文化交流意义。

以上是由"同志"的词义演变引发的部分思考。一滴水珠毕竟不是大海,它所反映的只是太阳的一缕光线;一个语词毕竟不成系统,它所折射的只是语义、文化等大系统的某些侧面。我们把自己的管窥之见公布于众,目的是为了抛砖引玉,就有关语义、文化等研究课题的肤浅分析求教于同仁。

参考文献

[1] 爱默森,1963,诗人,转引自伍蠡甫主编《西方文论选》,上海:上海文艺出版社。

[2] 布龙菲尔德,1933,语言论,转引自戴炜华主编《新编英汉语言学词典》,上海:上海外语教育出版社,2007。

[3] 《辞海》(三卷本),1989,上海:上海辞书出版社。

[4] 《辞源》(修订本),2000,北京:商务印书馆。

[5] 《汉语大词典》(海外版),1987,香港:三联书店有限公司/上海:上海辞书出版社。

[6] 赫兹里特,1985,论平易的文体,转引自刘炳善译注《英国散文选》(上),上海:上海译文出版社。

[7] 乔姆斯基,1965,句法理论中的若干问题,见刘润清等编《现代语言学名著选读》,北京:测绘出版社,1988。

[8] 斯金纳,1957,言语行为,转引自戴炜华主编《新编英汉语言学词典》,上海:上海外语教育出版社,2007。

[9] 索绪尔,1916,普通语言学教程,转引自刘润清等编《现代语言学名著选读》,北京:测绘出版社,1988。

[10] 维特根斯坦,1953,哲学调查,转引自戴炜华主编《新编英汉语言学词典》,上海:上海外语教育出版社,2007。

[11] 张莲,2004,汉语双音词联想研究,《外语学刊》第 5 期,13—20。

[12] 张志毅、张庆云,2001,《词汇语义学》,北京:商务印书馆。

[13] 《中文大辞典》,1963,台北:中国文化研究所。

[14] Gooddard, C. 1998. *Semantic Analysis: A Practical Introduction*. Oxford:Oxford University Press.

[15] Katz, J. J. 1972. *Semantic Theory*. New York:Harper & Row.

[16] Lock, J. 1690. *Essays Concerning Human Understanding*. Oxford:Clarendon Press.

[17] Murphy, M. L. 2003. *Semantic Relations and the Lexicon*. Cambridge:Cambridge University Press.

[18] Sweetser, E. 2002. *From Etymology to Pragmatics*. Cambridge:Cambridge University Press.

[本文为中国英汉语比较研究会第七次全国学术研讨会(2006·烟台)大会交流论文。]

作者通讯地址:左飚,200135 上海海事大学外国语学院,zuobiao212@126.com;

谭慧敏,Singapore 639798 新加坡南洋理工大学,CLWMTham@ntu.edu.sg

附录:重要论著索引

(1977—2007)

著作部分

1979

1. 钱　穆,1979,《从中国历史来看中国民族性及中国文化》,香港:香港中文大学出版社。

1980

2. 陈　原,1980,《语言与社会生活》,北京:生活·读书·新知三联书店。

1983

3. 吕叔湘,1983,《吕叔湘语文论集》,北京:商务印书馆。
4. 朱谦之主编,1983,《中国哲学对于欧洲的影响》,上海:上海社会科学院出版社。

1984

5. 胡适等,1984,《胡适与中西文化》,台北:水牛图书出版事业有限公司。

1985

6. 冯友兰,1985,《中国哲学简史》,北京:北京大学出版社。
7. 张岱年,1985,《玄儒评林》,长沙:湖南人民出版社。

1986

8. 司马云杰,1986,《文化社会学》,济南:山东人民出版社。

1987

9. 陈荣富,1987,《比较宗教学》,北京:中国文化书院。
10. 陈战国,1987,《比较伦理学》,北京:中国文化书院。
11. 焦树安,1987,《比较哲学》,北京:中国文化书院。
12. 李述一、李小兵,1987,《文化的冲突与抉择》,北京:人民出版社。
13. 梁漱溟,1987,《中国文化要义》,上海:学林出版社。

14. 刘大椿,1987,《比较方法论》,北京:中国文化书院。

15. 曾乐山,1987,《中西文化和哲学争论史》,华东师范大学出版社。

16. 庄锡昌等,1987,《多维视野中的文化理论》,杭州:浙江人民出版社。

1988

17. 杜维明,1988,《人性与自我修养》,北京:中国和平出版社。

18. 高旭东、吴忠民,1988,《孔子精神与基督精神》,石家庄:河北人民出版社。

19. 胡文仲,1988,《跨文化交际与英语学习》,上海:上海译文出版社。

20. 蓝德曼,1988,《哲学人类学》,北京:工人出版社。

21. 林语堂,1988,《中国人》(翻译本),杭州:浙江人民出版社。

22. 刘述先,1988,《文化哲学》,哈尔滨:黑龙江教育出版社。

23. 马勇等编,1988,《中西文化新认识》,上海:复旦大学出版社。

24. 苏丁主编,1988,《中西文化文学比较研究论集》,重庆:重庆出版社。

1989

25. 邓炎昌、刘润清,1989,《语言与文化》,北京:外语教学与研究出版社。

26. 高旭东,1989,《生命之树与知识之树:中西文化专题比较》,石家庄:河北人民出版社。

27. 顾 准,1989,《从理想主义到经验主义》,香港:香港三联书店。

28. 黎永泰,1989,《中西文化与毛泽东早期思想》,成都:四川大学出版社。

29. 万平近主编,1989,《林语堂论中西文化》,上海:上海社会科学院出版社。

30. 王生平等,1989,《"天人合一"与"神人合一":中西美学的宏观比较》,石家庄:河北人民出版社。

31. 汪澍白主编,1989,《文化冲突中的抉择:中国近代人物的中西文化观》,长沙:湖南人民出版社。

32. 郁龙余主编,1989,《中西文化异同论》,上海:三联书店。

33. 赵 军,1989,《文化与时空:中西文化差异比较的一次求解》,北京:中国人民大学出版社。

1990

34. 何隽等,1990,《东方理性之河》,上海:上海文化出版社。

35. 邢福义,1990,《文化语言学》,武汉:湖北人民出版社。

36. 许苏民,1990,《文化哲学》,上海:上海人民出版社。

37. 姚亚平,1990,《文化的撞击——语言交往》,长春:吉林教育出版社。

38. 张岱年、程宜山,1990,《中国文化与文化论争》,北京:中国人民大学出版社。

1991

39. 陈序经,1991,《中国文化的出路》(影印本),上海:上海书店。

40. 何芳川、万明,1991,《古代中西文化交流》,济南:山东教育出版社。

41. 宋志明,1991,《现代新儒家研究》,北京:中国人民大学出版社。

42. 郑师渠、史革新,1991,《近代中西文化论争的反思》,北京:高等教育出版社。

1992

43. 曹锡仁,1992,《中西文化比较导论:关于中国文化选择的再检讨》,北京:中国青年出版社。

44. 陈　兵,1992,《东西方文明与佛教禅学》,上海:上海人民出版社。

45. 黄志辉,1992,《我国近现代之交的中西文化论战》,广州:广东高等教育出版社。

46. 杨　适、易志刚、王晓兴,1992,《中西人论及其比较》,北京:东方出版社。

47. 卓新平,1992,《世界宗教与宗教学》,北京:社会科学文献出版社。

1993

48. 冯　晓,1993,《中西艺术的文化精神》,上海:上海文艺出版社。

49. 韩　强,1993,《中国传统哲学与现代新儒学》,天津:理论与现代化编辑部。

50. 黄源深,1993,《从孤立走向世界——澳大利亚文化简论》,杭州:浙江人民出版社。

51. 秦家懿,1993,《德国哲学家论中国》,北京:三联书店。

52. 肖平等,1993,《中西文化比较概论》,成都:西南交通大学出版社。

53. 许明龙主编,1993,《中西文化交流先驱:从利玛窦到郎世宁》,北京:东方出版社。

54. 张延风,1993,《中西文化掇英》,武汉:湖北美术出版社。

55. 朱　寰,1993,《世界古代中世纪史》,北京:北京大学出版社。

1994

56. 曹志耘,1994,《语言差异与文化心理——中外语言的文化学透视》,石家庄:河北人民出版社。

57. 高旭东,1994,《文化伟人与文化冲突:鲁迅在中西文化撞击的旋涡中》,石家庄:河北人民出版社。

58. 胡文仲主编,1994,《文化与交际》,北京:外语教学与研究出版社。

59. 孙尚扬,1994,《基督教与明末儒学》,北京:东方出版社。

60. 王福祥、吴汉樱编,1994,《文化与语言》,北京:外语教学与研究出版社。

61. 郑春苗,1994,《中西文化比较研究》,北京:北京语言学院出版社。

1995

62. 丁伟志、陈　崧,1995,《中西体用之间:晚清中西文化观论述》,北京:中国社会科学出版社。

63. 关世杰, 1995,《跨文化交流学》,北京:北京大学出版社。

64. 乐黛云、(法)阿兰·勒·比雄(Alain Le Pichon)主编,1995,《独角兽与龙:在寻找中西文化普遍性中的误读》,北京:北京大学出版社。

65. 李勤德,1995,《中国区域文化》,太原:山西高校联合出版社。

66. 钱念孙,1995,《朱光潜与中西文化》,合肥:安徽教育出版社。

67. 肖锦龙,1995,《中西文化深层结构和中西文学的思想导向》,北京:中国社会科学出版社。

68. 谢龙主编,1995,《中西哲学与文化比较新论》,北京:人民出版社。

69. 张世英,1995,《天人之际——中西哲学的困惑与选择》,北京:人民出版社。

1996

70. 冯　禹、邢东风主编,1996,《宏观比较哲学名著评介》,北京:中国人民大学出版社。

71. 李瑞华主编,1996,《英汉语言文化对比研究》,上海:上海外语教育出版社。

72. 林大津,1996,《跨文化交际研究:与英美人交往指南》,福州:福建人民出版社。

73. 林珏等著,1996,《中西文化知识:测试与分析》,长沙:湖南大学出版社。

74. 柳英绿,1996,《中外语言文化比较》,延边:延边大学出版社。

75. 王宏印,1996,《跨文化传通——如何与外国人交往》,北京:北京语言文化大学出版社。

76. 张德鑫,1996,《中外语言文化漫议》,北京:华语教学出版社。

77. 张晓芒,1996,《先秦辩学法则史论》,北京:中国人民大学出版社。

1997

78. 耿龙明、何寅主编,1993—1997,《中国文化与世界》(第1—5辑),上海:上海外语教育出版社。

79. 季羡林、张光璘编选,1997,《东西文化议论集》(上、下册),北京:经济日报出版社。

80. 贾玉新,1997,《跨文化交际学》,上海:上海外语教育出版社。

81. 许思园,1997,《中西文化回眸》,上海:华东师范大学出版社。

82. 叶舒宪,1997,《高唐神女与维纳斯:中西文化中的爱与美主题》,北京:中国社会科学出版社。

83. 于语和、庚良辰主编,1997,《近代中西文化交流史论》,太原:山西教育出版社。

84. 张再林,1997,《中西哲学比较论》,西安:西北大学出版社。

1998

85. 胡晓明、傅杰主编(王元化名誉主编),1998,《释中国》(1—4卷),上海:上海文艺出版社。

86. 黄淑娉等,1998,《文化人类学理论方法研究》,广州:广东高等教育出版社。

87. 罗志田、葛小佳,1998,《东风与西风》,上海:三联书店。

88. 林汝昌、周旭,1998,《中英书法艺术比较》,长沙:湖南美术出版社。

89. 楼宇烈、张西平主编,1998,《中外哲学交流史》,长沙:湖南教育出版社。

90. 上海中西哲学与文化比较研究会编,1998,《中西文化与20世纪的中国哲学》,上海:学林出版社。

91. 于可主编,1998,《世界三大宗教及其流派》,长沙:湖南人民出版社。

92. 张立文、李甦平主编,1998,《中外儒学比较研究》,北京:东方出版社。

93. 庄恩平,1998,《东西方文化差异与对外交流》,上海:华东理工大学出版社。

1999

94. 毕继万,1999,《跨文化非语言交际》,北京:外语教学与研究出版社。

95. 郭延礼,1999,《中西文化碰撞与近代文学》,济南:山东教育出版社。

96. 黄会林、左衡编选,1999,《世纪碰撞:中西文化纵横谈》,北京:北京师范大学出版社。

97. 林仁川、徐晓望,1999,《明末清初中西文化冲突》,上海:华东师范大学出版社。

98. 刘红星,1999,《先秦与古希腊:中西文化之源》,上海:上海古籍出版社。

99. 罗选民主编,1997/1999,《外语·翻译·文化》(第1—2辑),长沙:湖南科技出版社。

100. 许明龙,1999,《欧洲18世纪中国热》,太原:山西教育出版社。

101. 周一平、沈茶英,1999,《中西文化交汇与王国维学术成就》,上海:学林出版社。

2000

102. 高一虹,2000,《语言文化差异的认识与超越》,北京:外语教学与研究出版社。

103. 郭建中,2000,《文化与翻译》,北京:中国对外翻译出版公司。

104. 蒋磊,2000,《英汉习语的文化观照与对比》,武汉:武汉大学出版社。

105. 罗选民,2000,《英汉文化对比与跨文化交际》,沈阳:辽宁人民出版社。

106. 刘登阁、周云芳,2000,《西学东渐与东学西渐》,北京:中国社会科学出版社。

107. 唐德根,2000,《跨文化交际学》,长沙:中南工业大学出版社。

108. 魏光奇,2000,《天人之际:中西文化观念比较》,北京:首都师范大学出版社。

109. 于铭松,2000,《理想与现实——儒家价值观与东亚经济发展》,北京:开明出版社。

2001

110. 何兆武等主编,2001,《中国印象——世界名人论中国文化》,桂林:广西师范大学出版社。

111. 晏绍祥、杨巨平,2001,《走进古希腊文明》,北京:民主与建设出版社。

112. 朱狄,2001,《信仰时代的文明——中西文化的趋同与差异》,北京:中国青年出版社。

2002

113. 刘承华,2002,《文化与人格:对中西方文化差异的一次比较》,合肥:中国科学技术大学出版社。

114. 钱冠连,2002,《汉语文化语用学》(修订本),北京:清华大学出版社。

115. 全国中外语言文化比较学会编,2002,《中外语言文化比较新视野》,延吉:延边大学出版社。

116. 梁守德主编,2002,《21世纪:东亚文化与国际社会》,北京:当代世界出版社。

117. 刘易斯,2002,《文化的冲突与共荣》,北京:新华出版社。

118. 萧立明,2002,《英汉比较研究与翻译》,上海:上海外语教育出版社。

2003

119. 戴　凡、L. J. Smith,2003,《文化碰撞——中国北美人际交往误解剖析》,上海:上海外语教育出版社。

120. 金惠康,2003,《跨文化交际翻译》,北京:中国对外翻译公司。

121. 李文凤,2003,《英汉语言与文化对比研究》,昆明:云南民族出版社。

122. 李晓东,2003,《全球化与文化整合》,长沙:湖南人民出版社。

123. 邵汉民主编,2003,《中国文化研究二十年》,北京:人民出版社。

124. 王德春、杨素英等,2003,《汉英谚语与文化》,上海:上海外语教育出版社。

125. 张安德、杨元刚,2003,《英汉词语文化对比》,武汉:湖北教育出版社。

2004

126. 胡文仲,2004,《超越文化的屏障》,北京:外语教学与研究出版社。

127. 姜林祥,2004,《儒学在国外的传播与影响》,济南:齐鲁书社。

128. 李枫等,2004,《希腊文化史》,广州:广东人民出版社。

129. 李泽厚,2004,《论语今读》,北京:生活·读书·新知三联书店。

130. 罗常培,2004,《语言与文化》(再版),北京:北京出版社。

131. 王菊泉、郑立信主编,2004,《英汉语言文化对比研究》,上海:上海外语教育出版社。

132. 周　义、徐志红,2004,《中西文化比较》,北京:人民教育出版社。

133. 朱维之主编,2004,《希伯来文化》,上海:上海社会科学院出版社。

2005

134. 梁启超,2005,《饮冰室合集》(再版),北京:北京大学出版社。

135. 陆谷孙,2005,《莎士比亚研究十讲》,上海:复旦大学出版社。

2006

136. 刘重德主编,2006,《英汉语比较与翻译1/2》,上海:上海外语教育出版社。

137. 马　冬,2006,《中外文化交流及语用分析》,北京:北京大学出版社。

138. 王元化,2006,《读黑格尔》,北京:新星出版社。

139. 许倬云,2006,《万古江河:中国历史文化的转折与开展》,上海:上海文艺出版社。

140. 杨自俭主编,2000/02/04/06,《英汉语比较与翻译3—6》,上海:上海外语教育出版社。

2007

141. 辜鸿铭,2007,《中国人的精神》,海口:海南出版社。

142. 李瑞环,2007,《辩证法随谈》,北京:人民大学出版社。

143. 钱钟书,2007,《管锥编》(再版)。北京:生活. 读书. 新知三联书店。

144. 王晓德、张晓芒主编,2007,《历史与现实——世界文化多元化研究》,天津:天津人民出版社。

145. 王元化,2007,《读文心雕龙》,北京:新星出版社。

146. 朱次榴,2007,《欧洲文化入门》,北京:外语教学与研究出版社。

147. 祖　行,2007,《图解易经:一本终于可以读懂的易经》,西安:陕西师范大学出版社。

论文部分

1977

1. 徐重庆,中美文化关系史上的重要篇章——鲁迅与斯诺的革命友谊,《文史哲》,1977/3。

1978

2. 金隆德,西欧近代哲学史上关于真理标准的论争,《哲学研究》,1978/11。

3. 金岳霖,评罗素的所谓追求"永恒的真理",《哲学研究》,1978/Z1。

4. 李泽厚,康德认识论问题的提出,《文史哲》,1978/1。

1979

5. 陈汉时、宋家珩,也谈法国大革命时期的阶级斗争,《文史哲》,1979/6。

6. 景珠丽、孟庆时,中国的伦理学和康德,《世界哲学》,1979/6。

7. 梁诚瑞、何艾生,相对论在中国的传播,《哲学研究》,1979/2。

8. 谭鑫田,斯宾诺莎的真理论,《文史哲》,1979/1。

9. 吴恩裕,论柏拉图和亚里士多德的政治思想,《哲学研究》,1979/3。

1980

10. 钱学森,自然辩证法、思维科学和人的潜力,《哲学研究》,1980/4。

11. 唐　海,必须一分为二地看待当代西方文学,《文史哲》,1980/3。

1981

12. 吴　倬,关于朱熹与黑格尔哲学的比较研究,《光明日报》,1981/6/4。

1982

13. 李武林,评黑格尔"合理性和现实性"一致的命题,《文史哲》,1982/1。

14. 罗克汀,批判理性主义运动与哲学基本问题——兼论波普的"三个世界"理论及其来龙去脉,《哲学研究》,1982/12。

1983

15. 刘 杰,战后英美分析哲学三题议,《哲学研究》,1983/3。

1984

16. 陈景磐,试论孔子的仁与耶稣的爱,《齐鲁学刊》,1984/6。
17. 焦树安,试论当前比较哲学研究中的几个问题,《中国哲学史研究》,1984/4。

1985

18. 程纪霖,辩证法从消极到积极的发展——老子、韩非、《易传》与康德、黑格尔辩证法比较研究,《复旦学报》,1985/04。
19. 冯今源,试论儒家思想对中国伊斯兰教的影响和渗透,《中国哲学史研究》,1985/3。
20. 冯 契,古今、中西之争与中国近代哲学革命,《上海社会科学院学术季刊》,1985/1。
21. 黄克剑,中西学术思想比较之先声——读梁启超《论中国学术思想变迁之大势》,《读书》,1985/1。
22. 黄万盛、商戈令:《中西价值观念与文化传统》,《社会科学》,1985/2。
23. 石倬英,朱熹的"理"与黑格尔的"绝对理念",《河北学报》,1985/5。
24. 苏朋立,从东西方哲学的比较看孔子哲学思想的一个特点,《北京师院学报》,1985/2。
25. 涂文学,黄宗羲和孟德斯鸠思想导同片论,《江汉论坛》,1985/2。
26. 许纪霖,近代中国中古文化之争历史评述,《学习与探索》,1985/4。
27. 赵平之,东西方文化比较研究全国讨论会综述,《社会科学》,1985/1。
28. 周来祥,东西方古典和谐美理想的比较——东西方古典美学比较研究之一,《美育》,1985/1。

1986

29. 安庆国,"民族无意识"与文化接受机制——东西方文化比较研究的方法论转换,《社会科学研究》,1986/6。
30. 包遵信,十八世纪欧洲的"中国热"文化史比较研究浅淡,《读书》,1986/5。
31. 陈 炎,中国的儒家、道家与西方的日神、酒神,《文史哲》,1986/6。
32. 程伟礼,从"儒家资本主义"看中西体用之争,《复旦学报》,1986/3。
33. 丁祯彦等,"中体西用"的破产与中国哲学的近代化,《浙江学刊》,1986/5。
34. 高旭东,鲁迅对中西文化发展模式的比较,《文史哲》,1986/6。
35. 胡经之等,中西审美体验论,《文艺研究》,1986/2。
36. 李存山,先秦气论与古希腊伊奥尼亚哲学,《中国社会科学》,1986/5。
37. 黎 鸣,试论中西文化"历史——逻辑"结构的差异,《江西社会科学》,1986/3。

38. 李应龙,东西方文化差异探源,《争鸣》,1986/1。

39. 刘嘉旭,东西方文化比较研究中的几点思考,《学术交流》,1986/6。

40. 刘笑敢,庄子与萨特的自由观,《中国社会科学》,1986/2。

41. 刘 伟,关于东西文化比较研究的若干问题,《宁夏社会科学》,1986/6。

42. 默明哲,关于"中体西用"和"西体中用"的反思,《社会科学》,1986/6。

43. 沈定平,中国古代思想对西欧启蒙运动的影响,《文史知识》,1986/1。

44. 翁绍军,孔子的"仁"与苏格拉底的"知",《读书》,1986/5。

45. 曾乐山,深入研究中外哲学的相互交流和结合,《华东师范大学学报》,1986/1。

46. 张宏生等,中西古今之辨与当代文化建设三题,《南京大学学报》,1986/2。

1987 年

47. 陈汇丰,试评"全盘西化"论和"中国本位文化"论之争,《理论月刊》,1987/12。

48. 丁学良,韦伯的世界文明比较研究导论,《中国社会科学》,1987/1。

49. 方克立,评"中体西用"和"西体中用",《哲学研究》,1987/9。

50. 冯 川,荣格心理学与中国文化传统,《书林》,1987/10。

51. 李成蹊,近现代东西文化哲学交流、结合的历史反思,《复旦学报》,1987/6。

52. 黎红雷,中法启蒙哲学之比较,《世界宗教资料》,1987/5。

53. 李泽厚,漫说"西体中用",《孔子研究》,1987/1。

54. 罗祖基,试论我国儒道中庸与希腊中庸之异同,《吉林大学社会科学学报》,1987/2。

55. 万 军,关于中西文化比较的几个问题,《理论探讨》,1987/3。

56. 汪澍白,毛泽东的中西文化观与当前中西文化争鸣,《毛泽东思想研究》,1987/1。

57. 王兴国,庄子哲学与尼采哲学的比较探析,《上海社会科学院学术季刊》,1987/2。

58. 王子亮,试论孔孟儒学与原始基督教的仁爱观,《齐鲁学刊》,1987/6。

59. 吴 光,东西方比较研究的方法论思考,《浙江学刊》,1987/4。

60. 徐 达,中西文化比较研究探微,《贵州大学学报》,1987/1。

61. 杨丙安,"儒学资本主义"与中西文化交流,《中州学刊》,1987/3。

62. 周谷城等,太平洋区域文化与西方文明,《群言》,1987/11。

63. 诸葛蔚东,东西文化的比较研究——以近代科学的产生为视点,《中国文化报》,1987/11/11。

64. 朱宗震,中西文化比较研究的若干方法问题,《世界历史》,1987/2。

1988

65. 陈创生,中西情感方式比较——兼论制约当代中国情感方式的社会条件,《现代哲学》,1988/3。

66. 方延明,中西文化比较研究之我见,《文汇报》,1988/3/20。

67. 郭 沂,文字·思维·文化——一个中西比较的尝试,《东岳论丛》,1988/3。

68. 何兆武,中国儒学思想与西欧启蒙运动,《文史知识》,1988/6。

69. 胡 明,关于胡适中西文化观的评价,《文学评论》,1988/6。

70. 胡木贵等,中西启蒙运动比较论纲,《争鸣》,1988/3。

71. 李炳海,孔子与古希腊哲人时间观之异同,《齐鲁学刊》,1988/6。

72. 李民胜,老子的"道"与赫拉克利特的"罗格斯"之异同,《广西社会科学》,1988/1。

73. 李志林,中国近代方法论变革的轨迹——中西文化冲突和融合的一个侧面,《哲学研究》,1988/2。

74. 刘再复等,西方文艺复兴运动和"五四"运动对人的不同认识,《人文杂志》,1988/5。

75. 吕振亚,中西文化论争源流初探,《贵州社会科学》,1988/4。

76. 钱 逊,近代以来中西文化论争与治国之道,《教学与研究》,1988/5。

77. 沈大德等,略论近代以来的中西文化冲突,《天津社会科学》,1988/3。

78. 许苏民,形似而神异——中学西渐片论,《学习与探索》,1988/3。

79. 徐远和,东西方文化的双向交流,《孔子研究》,1988/4。

80. 张慧彬,张东荪的多元认识论与康德的先验论,《社会科学战线》,1988/3。

81. 张 琢,中外文化变革的比较,《百科知识》,1988/8。

1989

82. 陈绍燕,庄子不可知论与古希腊罗马怀疑派哲学的比较,《文史哲》,1989/2。

83. 陈卫平,论"五四"时期的中西哲学比较及其历史影响,《学术月刊》,1989/12。

84. 丁旭光,摆脱文化比较的"中西"、"体用"思维定式,《广东社会科学》,1989/2。

85. 董根洪,陆九渊哲学和贝克莱哲学的区别,《江西大学学报》,1989/1。

86. 董晓萍,孔子的民俗文化观与希尔斯的"奇理斯玛权威",《北京师范大学学报》,1989/2。

87. 方延明,当代中国传统文化面临六个转变,《南京大学学报》,1989/2。

88. 何怀宏,中西文化的融会与冲突,《中国人民大学学报》,1989/6。

89. 黎红雷,选择与接受——从接受理论看西方文化对中国近代哲学的影响,《学术月刊》,1989/10。

90. 黎 澍,中西文化问题,《历史研究》,1989/3。

91. 吕道利、沈世云,简谈语言与文化及外国文化教学,《山东外语教学》,1989/2。

92. 沈其新,"中体西用"文化模式探源,《求索》,1989/2。

93. 王鉴平,中西汇合与全盘西化——胡适中西文化观演变的一点分析,《中州学刊》,1989/1。

94. 王路平,王阳明心学与萨特存在主义的比较,《贵州社会科学》,1989/4。

95. 许苏民,开放与中西文化的冲突和选择,《开放时代》,1989/1。

96. 张世英,尼采与老庄,《学术月刊》,1989/1。

97. 赵保佑,中西文化比较与近代中国社会变革,《中州学刊》,1989/5。

98. 周春生,荣格的原型论与老子的道论,《学术月刊》,1989/6。

99. 邹化政,中西文化的哲学基础,《天津社会科学》,1989/5。

1990

100. 方同义,两种哲学传统的概念生长点——亚里士多德(形而上学)与先秦儒道哲学善于概念界定的比较,《浙江师大学报》,1990/1。

101. 何安平,文化差异与语用失误,《华南师范大学学报(社会科学版)》,1990/3。

102. 姜跃滨、章也,形形色色的"死":禁忌语的文化审视——语言和文化札记,《语文学刊》,1990/4。

103. 施 庆,老 子、赫拉克利特辩证思想之比较,《南京师大学报》,1990/1。

104. 王得杏,跨文化交际的语用问题,《北京语言学院》,1990/4。

105. 王路平,王阳明与萨特的哲学本体论之比较,《贵州大学学报》,1990/1。

106. 吴国华,外语教学中的文化干扰问题,《外语学刊》,1990/3。

107. 张立文,朱熹与退溪价值观之比较,《社会科学辑刊》,1990/6。

108. 张世英,朱熹和柏拉图、黑格尔,《北京大学学报》,1990/6。

109. 张维友,谈谈词语的文化内涵,《英语知识》,1990/4。

110. 张正明,古希腊文化与楚文化比较研究论纲,《江汉论坛》,1990/4。

111. 周行易,《易经》与毕达哥拉斯数学美学比较,《文艺研究》,1990/5。

112. 邹广文,中西审美时空观比较论,《云南社会科学》,1990/5。

1991

113. 班秀萍,人与世界一体:海德格尔与老子哲学比较之一,《内蒙古大学学报》,1991/3。

114. 毕继万、张占一,跨文化意识与外语教学,《天津师范大学学报(社会科学版)》,1991/5。

115. 陈绍燕,论庄子认识论的神秘主义性质:兼与普罗提诺哲学的比较,《文史哲》,1991/4。

116. 陈其洪、董虹,跨文化交际研究——20世纪新兴的社会人文学科,《成都大学学报(社会科学版)》,1991/2。

117. 景海峰,中国哲学体用论的源与流,《深圳大学学报》,1991/1。

118. 李兴武,老子的否定的美论:兼与柏拉图、黑格尔、胡塞尔美学思想比较,《辽宁大学学报》,1991/1。

119. 刘文静,孔子的德治主义和柏拉图的理念政治,《孔子研究》,1991/4。

120. 罗翊重,用《易经》阴阳象数看莱布尼茨的逻辑数学化思想,《周易研究》,1991/4。

121. 马小兵,试论梁漱溟的东西文化观,《四川师范大学学报》,1991/2。

122. 启 良,古代中西方中庸思想比较研究,《华南师范大学学报》,1991/1。

123. 钱耕森,孔子与苏格拉底人生哲学的比较研究,《社会科学战线》,1991/2。

124. 孙尚扬,从利马窦对儒学的批判看儒耶之别,《哲学研究》,1991/9。

125. 王月清,慧能禅宗与路德新教之比较,《江海学刊》,1991/2。

126. 吴克辉,试论李大钊早期的中西文化观,《河北大学学报》,1991/1。

127. 夏祖恩,《周易》与米利都学派的"本原论"比较,《福建师范大学学报》,1991/3。

128. 徐国品,跨文化交际学与外语教学,《延边大学学报(社会科学版)》,1991/4。

129. 张岱年,评所谓"西体中用",《文艺理论与批评》,1991/5。
130. 朱　岚,孟子与尼采人论比较,《兰州大学学报》,1991/3。

1992
131. 安　平,从朱熹与黑格尔哲学的对比看哲学思想体系,《辽宁大学学报》,1992/4。
132. 陈光磊,语言教学中的文化导入,《语言教学与研究》,1992/3。
133. 陈　炎,试论中国伦理世俗精神的形成:兼与西方宗教神秘主义的形成相比较,《学习与探索》,1992/4。
134. 成中英,孔子、海德格尔、《易经》:对人的存在之真理性的比较探索(李小兵译),《孔子研究》,1992/1。
135. 冯　契,对数百年中西文化比较的思考:序(《第一页与胚胎》),《哲学研究》,1992/4。
136. 高永晨,文化移情与文化沟通,《苏州教育学院学报》,1992/4。
137. 胡文仲,文化教学与文化研究,《外语教学与研究》,1992/1。
138. 贾玉新,美国跨文化交际研究,《外语学刊》,1992/3。
139. 廖七一,跨文化交际的观念差异,《四川外语学院学报》,1992/2。
140. 刘文英,道德与知识的权衡:中西哲学取向的一个重要差异,《甘肃社会科学》,1992/4。
141. 南　石,从杂交优势看中外文化交流,《中外文化交流》,1992/2。
142. 尹甦、赵文静,文化差异、跨文化言语交际与外语学习,《河南师范大学学报(哲学社会科学版)》,1992/2。
143. 张世英,程朱陆王哲学与西方近现代哲学,《文史哲》,1992/5。
144. 张世英,略论中西哲学思想的区别与结合,《学术月刊》,1992/2。
145. 张占一,1992,交际文化琐谈,《语言教学与研究》,1992/4。

1993
146. 崔志鹰,中犹文化异同比较刍议,《同济大学学报》,1993/1。
147. 樊　浩,"中国四德"与"希腊四德":中西方道德价值体系的比较,《学术研究》,1993/4。
148. 郭志勇,浅论外语教学中的文化因素,《鞍山师范学院学报》,1993/4。
149. 何自然,跨文化交际中的语言"离格"现象刍议,《外语与外语教学》,1993/2。
150. 冀一志,从跨文化角度看习语翻译,《外语教学》,1993/1。
151. 赖传祥,传统与外来文明的融合互补,《中州学刊》,1993/3。
152. 李承贵,严复中西文化比较与结合理论方法探索,《福建论坛》,1993/3。
153. 李幼蒸,略论当前中西哲学关系和中国哲学发展方向问题,《史学理论研究》,1993/4。
154. 刘进田,中西哲学比较研究与中国哲学现代化:略论中西哲学比较研究的目的和意义,《福建论坛》,1993/2。
155. 刘文茹,论跨文化交际中的非语言因素,《齐齐哈尔大学学报(哲学社会科学版)》,1993/4。

156. 马　艳、李丽生,试论外语教学中文化导入的必要性,《云南师范大学学报(哲学社会科学版)》,1993/4。

157. 秦建华,使用规则:语言的文化视界,《太原师范学院学报(社会科学版)》,1993/4。

158. 田惠刚,对外汉语教学中的东西方文化背景,《外语教学》,1993/2。

159. 魏春木,跨文化交际中的语义位移研究,《外语教学》,1993/1。

160. 姚志勇,跨文化交际中的英汉习语翻译,《扬州大学学报(人文社会科学版)》,1993/3。

161. 俞如珍,言语交际中的文化因素,《山东外语教学》,1993/1。

162. 余英陆,外语学习与跨文化交际,《求实》,1993/4。

163. 张　辉,试论跨文化交际中的语用迁移与语用失误,《山东外语教学》,1993/4。

164. 张世英,超越自我:关于禅宗和西方哲学思想的一点体会,《社会科学战线》,1993/2。

1994

165. 高永晨,试论跨文化交际中的禁忌语,《苏州大学学报(哲学社会科学版)》,1994/1。

166. 卢志红,要重视文艺的民族性:对近年来中西文化大论战的反思,《广西社会科学》,1994/3。

167. 罗　红,交际文化与外语教学,《中南民族学院学报(哲学社会科学版)》,1994/3。

168. 马　新,非语言交际中的空间观念——记中西文化冲撞,《道德与文化》,1994/1。

169. 沐　莘,试论英汉文化对比研究,《山东外语教学》,1994/1。

170. 蒲志鸿,共识文化、差异文化与外语学习,《中山大学学报(社会科学版)》,1994/1。

171. 盛邦和,儒学在近代中日两国的不同命运,《探索与争鸣》,1994/6。

172. 盛　炎,跨文化交际中的语体学问题,《语言教学与研究》,1994/2。

173. 汤一介,古今东西之争与中国现代文化的发展,《江淮论坛》,1994/6。

174. 肖雪慧,中西伦理文化:一种比较研究,《学术月刊》,1994/1 期。

175. 熊月之,西化与化西:西学东渐规律初探,《文汇报》,1994/12/4。

176. 杨松华、廖梅,中西文化对比及其对商务活动的影响,《中国企业家》,1994/10。

177. 叶　鸣,文化异同与交际语言教学,《华中师范大学学报(哲学社会科学版)》,1994/4。

178. 于长敏,坐着的佛祖与站着的基督:中西文化模式谈,《中国文化研究》,1994/秋之卷。

179. 余珍萍,交际中的中西文化差异,《浙江师大学报(社会科学版)》,1994/5。

180. 曾　志、孙福万,论中西文化比较的方法论原则,《社会科学》,1994/8。

181. 张超宜,"镜中世界"看语言——谈语言交际中的跨文化差异,《解放军外国语学院学报》,1994/6。

182. 张海燕,柏拉图《理想国》与《礼记·礼运》的乌托邦思想比较研究,《河北学刊》,1994/5。

183. 赵建文,中西古代思想家对人的认识的比较,《青海社会科学》,1994/1。

184. 赵稀方,中西"回归自然"的不同道路:庄子与卢梭"回归自然"思想辨析,《南京大学学报》,1994/1。

1995

185. 胡　一,论跨文化交际中的文化差异和语言差异,《外国语言文学》,1995/4。

186. 李　浩,和谐与冲突:从文化学看中西方审美情趣的差异,《西北大学学报》,1995/2。

187. 林书武,反意正说——中西方"反语"研究的主要取向,《外语教学与研究》,1995/3。

188. 刘绍龙,浅谈中西语言文化的比较,《外语与外语教学》,1995/1。

189. 潘炳信、高桂香,语言系统与文化,《山东外语教学》,1995/4。

190. 潘文国,语言对比研究的哲学基础,《华东师范大学学报》,1995/5。

191. 沙保华,文化差异与口译,《四川外语学院学报》,1995/1。

192. 宋兴无,论现阶段中美文化的碰撞,《烟台大学学报》(哲社版),1995/3。

193. 王建国,从治家、治国说开去——中西文化对比随想录,《改革》,1995/1。

194. 王晓兴,在文化比较中重建中国哲学,《光明日报》,1995/8/31。

195. 汪裕雄,"道"与"罗格斯"再比较:论中西文化符号的不同取向,《学术月刊》,1995/1。

196. 张　蓓,试论传统文化价值观对英汉语言模式的影响,《外语教学》,1995/2。

197. 张德鑫,汉英词语文化上的不对应,《世界汉语教学》,1995/1。

198. 赵　林,论希腊神话与中国神话的文化意蕴,《江汉论坛》,1995/2。

199. 赵伟礼,跨文化交际中的英汉数词比较,《外语教学》,1995/3。

200. 朱　刚,中西方文化与中西意义理论的差异,耿龙明、何寅主编《中国文化与世界》(第3辑),1995。

201. 朱士昌,论语言交际中的文化差异,《华东理工大学学报》,1995/2。

1996

202. 董德福,柏格森哲学与"五四"进步思潮,《社会科学》,1996/5。

203. 李应龙,东西方文化差异探源,《争鸣》,1996/1。

204. 李英书,英汉语言结构差异的文化渊源,《天津外国语学院学报》,1996/2。

205. 林大津,浅谈英汉词典的"文化注释"及其设计,《辞书研究》,1996/2。

206. 马瑛杰,动物形象的文化"烙印"——谈英汉动物语汇的文化差异,《河南师范大学学报》(哲学社会科学版),1996/4。

207. 王峻岩,英汉句子结构及其文化内涵对比与翻译,《青岛海洋大学学报》,1996/3。

208. 王志伟,文化的利用:莱布尼兹和中国有机论哲学,《国外社会科学》,1996/3。

209. 吴齐林,毛泽东、卢卡奇、葛兰西:哲学思想比较,《南京大学学报》,1996/2。

210. 吴松初，中英当代流行委婉语的文化比较，《现代外语》，1996/3。

211. 奚雪风，从对立统一的辩证法看中西语言文化的共性，《江苏外语教学研究》，1996/2。

212. 徐朝旭，论禅宗心法及其与西方冥想观的异同，《厦门大学学报》，1996/3。

213. 叶 隽，尼采的"超人"与儒家"内圣外王"之说的试比较，《德国研究》，1996/4。

214. 俞宣孟，新时期中西哲学比较研究论纲，《社会科学》，1996/8。

215. 张宝川，试论文化差异对语言交际的影响，《福建外语》，1996/3。

216. 张峻萳，中西移情说之比较，《南京大学学报》（哲学社会科学版），1996/3。

217. 张思洁、张柏然，试从中西思维模式的差异论英汉两种语言的特点，《解放军外国语学院学报》，1996/5。

218. 赵敦华，中西传统人性论的公度性，《北京大学学报》，1996/2。

219. 赵明学，中国与西方语言哲学观刍议，《外语学刊》，1996/3。

220. 周昌忠，中西语言的形而上学比较，《学术月刊》，1996/6。

221. 宗福常、王菊泉，"Dragon"是不是"龙"？，《外语研究》，1996/1。

1997

222. 曹顺庆，道与罗格斯：中西文化与文论分道扬镳的起点，《文艺研究》，1997/6。

223. 陈立胜，"形的良知"及其超越：兼论新儒学与基督教仁爱模式之异同，《孔子研究》，1997/2。

224. 段德智，试论孔子死亡思想的哲学品格及其当代意义：与苏格拉底死亡哲学思想的一个比较研究，《中州学刊》，1997/6。

225. 方克立，二十一世纪与东西方论，《中国文化研究》，1997/4。

226. 葛剑雄，我看东西方文化，《天津社会科学》，1997/6。

227. 郭熙煌，时间顺序的有序性和无序性——谈英汉语言与文化特征，《湖北大学学报》（哲学社会科学版），1997/4。

228. 胡化凯，《庄子》相对主义与相对论物理学思想之比较，《安徽大学学报》，1997/01。

229. 雷 颐，超越"中西体用"，《读书》，1997/3。

230. 连淑能，关于建立汉英文化语言学的构想，《语文研究群言集》，（黄国文、张文浩编），中山大学出版社，1997。

231. 林中译，历史文化的内涵与中西文化传统的差异，《广东社会科学》，1997/6。

232. 刘清平，先秦与古希腊哲学人生境界观之比较，《武汉大学学报》，1997/3。

233. 刘彦生，论中西哲学伦理方向的分异：孔子"仁"与苏格拉底"善"的比较分析，《晋阳学刊》，1997/5。

234. 鲁品越，文明建构模式与中西差异的根源，《南京大学学报》（哲学. 人文科学. 社会科学版），1997/1。

235. 杨玉昌，苏格拉底与孔子神的观念转变的比较研究，《河北学刊》，1997/6。

236. 占建志，试析中西哲学开端模式，《江西社会科学》，1997/12。

237. 张利民，中国早期马克思主义者东西文化观合论，《中国哲学史》，1997/2。

冲突·互补·共存——中西文化对比研究

238. 张茂泽,贺麟与胡塞尔现象学,《西北大学学报》,1997/4。

239. 张清民,存在哲学与中国古代道家精神的遇合,《社会科学战线》,1997/2。

240. 张庆熊,中国文明的复兴和融合西方文明,《复旦学报》,1997/3。

241. 郑万鹏,梁漱溟与托尔斯泰,《中国文化研究》,1997/2。

1998

242. 崔禄春,伍廷芳的中西文化观,《广东社会科学》,1998/2。

243. 陈 军、蔡爱华,从跨文化角度看英汉委婉语的差异,《温州大学学报》,1998/4。

244. 丁立群,文化相对主义与文化进化主义的超越:现代化建设中的中西文化融合问题,《吉林大学社会科学学报》,1998/6。

245. 高一虹,跨文化交际能力的"道"与"器",《语言教学与研究》,1998/3。

246. 胡 超,文化思维模式差异对跨文化交际的影响,《外语教学》,1998/2。

247. 贾卫国,语言、姓氏与文化——汉语姓氏与英语姓氏的比较研究,《山东外语教学》,1998/4。

248. 李慎之,东西方文化之我见,《天津社会科学》,1998/1。

249. 李志荣,汉英颜色词的跨文化透视,《徐州师范大学学报》,1998/4。

250. 戚其章,全面评价张之洞的"中体西用"文化观,《人文杂志》,1998/3。

251. 王晓华,论中西方文化的共同之处:与季羡林先生商榷,《文艺争鸣》,1998/1。

252. 汪秀丽,庄子之"道"与康德"物自体"比较研究:兼论庄、康不可知论异同,《安徽大学学报》,1998/6。

253. 徐炳勋,试论东西文明的差异、冲突与融合,《内蒙古大学学报》,1998/1。

254. 燕 生、花伟,论中西方文化差异,《江海学刊》,1998/6。

255. 张礼恒,同途异辙:伍廷芳、辜鸿铭中西文明观比较研究,《北京师范大学学报》,1998/4。

256. 张 午,寻找信仰的曙光:孔子与杜威艺术社会学思想比较,《孔子研究》,1998/4。

257. 张延风,世纪中西文化关系展望,《中国文化报》,1998/10/3。

258. 周巩固,儒家宗法伦理与斯多亚传统:也说中西方人道主义,《东北师范大学学报》,1998/6。

1999

259. 常 建,中西文化的交融是文化视界的拓展,《江海学刊》,1999/2。

260. 程志敏,文化的转型:比较孔子与苏格拉底,《人文杂志》,1999/1。

261. 樊明明,话语权力在两种文化中的结构与功能——中西古典修辞学中说服三要素比较,《外语学刊》,1999/3。

262. 冯 俊,中外文化交融中的方法论走向,《江海学刊》,1999/2。

263. 关培兰、石宁,中美家庭道德伦理观与教育的比较,《比较教育研究》,1999/4。

264. 李 隼,东西方"中庸"之比较研究:儒家与亚里士多德"中庸"伦理思想比较,《现代哲学》,1999/3。

265. 李仙飞,新儒家中西文化比较中的歧出,《东方》,1999/8。

266. 李 勇,中西文化冲突与融合中的功利主义倾向,《江海学刊》,1999/2。

267. 刘英凯,中西作品中比喻差异及其社会文化成因,《北京大学学报》(哲学社会科学版),1999/3。

268. 罗国祥,东、西道德论"义"、"利",《武汉大学学报》,1999/3。

269. 钱冠连,哲学轨道上的语言研究,《外国语》,1999/6。

270. 舒 刚,毛泽东与康德人学思想之比较,《毛泽东思想研究》,1999/3。

271. 陶渝苏,从"东学西渐"谈中国的文化定向,《贵州大学学报》,1999/1。

272. 王 宁,全球化时代的东西方文化对话,《中国文化报》,1999/3/20。

273. 张传有,中西文化交流中的受方,《江海学刊》,1999/2。

274. 张 雷,论孔子与亚里士多德对东西方政治文化差异的影响,《东北大学学报》,1999/3。

275. 支 宇,寻找跨东西文化的共同规律——评张隆溪教授的《道与罗格斯》,《中国比较文学》,1999/2。

276. 周继旨,从儒、释的交融看中、西文化的会通:关于"元哲学模式"与《周易》和新康德主义哲学趋向的思考,《现代哲学》,1999/3。

277. 左 飚,论文化的可译性,《上海科技翻译》,1999/2。

2000

278. 陈立胜,牟宗三的道德形而上学与海德格尔的基础存在论互参,《中山大学学报》,2000/2。

279. 陈 许,英汉比喻的民族特点初探,《解放军外国语学院学报》,2000/4。

280. 付鸿军,论文化对语言的制约,《外国语》,2000/6。

281. 郭熙煌,句法临摹的文化阐释,《四川外语学院学报》,2000/3。

282. 黄颂杰、陆炜、王建军,基督教哲学本体论与中国传统思想,《学术月刊》,2000/4。

283. 雷红霞,孔子与苏格拉底道德哲学的比较研究,《武汉大学学报》,2000/3。

284. 李君文,东西方文化价值观念对比与分析,《外语研究》,2000/1。

285. 梁 伟,冲突与和谐——从中西审美意识看文化差异,罗选民主编《英汉文化对比与跨文化交际》,辽宁人民出版社,2000。

286. 刘文明,论早期基督教与先秦儒家伦理中的性与婚姻,《求索》,2000/1。

287. 孙致礼,文化与翻译,杨自俭主编《英汉语比较与翻译 3》,上海外语教育出版社,2000。

288. 汪世锦,论解蔽:关于荀子与海德格尔的一个比较,《江汉论坛》,2000/4。

289. 王 寅,语言符号的社会文化像似性,罗选民主编《英汉文化对比与跨文化交际》,辽宁人民出版社,2000。

290. 王 宇,浅论中西方审美文化之异同,《湖南师范大学教育科学学报》,2000/3。

291. 魏英敏,中西伦理学理论形态、道德范畴之比较研究,《广西大学学报》,2000/3。

292. 萧立明,内倾对外倾——英汉语言文化对比与翻译研究的心理视角,《南华大学学报》（社会科学版），2000/1。

293. 徐　蔚，爱默生《论自然》与老子《道德经》中自然观点之比较，杨自俭主编《英汉语比较与翻译3》，上海外语教育出版社，2000。

294. 张汝伦，中西伦理学对话的可能性和条件，《复旦学报》，2000/4。

295. 张　旭、李盈光，浅谈中西禁忌语的文化内涵与范畴，《山东外语教学》，2000/2。

2001

296. 曹广涛，从戏剧艺术看中英文化的差异，《韶关学院学报》，2001/11。

297. 段成钢，恭维语的跨文化对比研究，《四川外语学院学报》，2001/2。

298. 葛校琴，英汉语言禁忌的深层文化映现，《外语与外语教学》，2001/2。

299. 胡　超，"天人合一"观与跨文化交际，《外语与外语教学》，2001/12。

300. 江　瑞，从词汇层面透析英汉文化差异，《南华大学学报》（社会科学版），2001/2。

301. 黎昌抱，英汉亲属称谓词国俗差异研究，《四川外语学院学报》，2001/2。

302. 李　红，从英汉习语看民族文化特征，《山西大学学报》（哲学社会科学版），2001/4。

303. 李思国、姜焱，英汉"死亡"代用语跨文化对比分析，《外语与外语教学》，2001/11。

304. 连燕华，英汉词汇文化伴随意义的对比研究，《四川外语学院学报》，2001/6。

305. 潘　建，英汉传统文化中的性别歧视与女权运动，《湖南大学学报》（社会科学版），2001/4。

306. 潘正芹，试论语义文化与跨文化交际语义，《广西民族学院学报》（哲学社会科学版），2001/S2。

307. 钱冠连，中西哲学的不同语言走向——语言哲学系列研究之四，《解放军外国语学院学报》，2001/6。

308. 王　军，中西体态语差异的文化透析，《四川外语学院学报》，2001/3。

309. 王　宇，英汉烹饪词汇语义对比研究——兼谈英汉饮食文化差异，《解放军外国语学院学报》，2001/2。

310. 谢建新，英、汉、日语言文化异同漫谈，《湖南师范大学社会科学学报》，2001/S1。

311. 熊沐清，汉、英句子建构法则及其文化阐释，张后尘、胡壮麟主编《99中国外语博士论坛》，外语教学与研究出版社，2001。

312. 许宁云，从英汉"黄"颜色词的贬抑现象看文化的通约性，《外语与翻译》，2001/2。

2002

313. 高　芳，颜色与文化，《河南大学学报》（社会科学版），2002/4。

314. 海　丛，从地名成语看汉英民族心理，《山东外语教学》，2002/6。

315. 李国南，论"通感词"的民族文化差异，《福建外语》，2002/2。

316. 刘爱真，汉英语言文化中的模糊、精确现象与英语教学，《江苏大学学报》（高教研究版），2002/4。

317. 罗文翠，英语文化的小我本位主义与汉语文化的大我本位主义——不同文化价值观在语言中的投影,《常德师范学院学报》(社会科学版),2002/1。

318. 盛跃东,英汉喻体的民族审美取向,《浙江大学学报》(人文社会科学版),2002/2。

319. 施栋琴,中西民族整体性思维与个体性思维倾向之差异在汉英语言中的表现,《上海海运学院学报》,2002/1。

320. 唐祥金,英汉习语及其文化信息的传递,《解放军外国语学院学报》,2002/6。

321. 杨小洪,认知与文化——视角的再整合,《外语学刊》,2002/4。

322. 张一平、王红昕,中西致思途径差异探源,《社科纵横》,2002/5。

323. 张伊娜,虚空与实体——从汉英语法差异看中西文化精神的差异,《外语与外语教学》,2002/3。

324. 钟小佩,中英呼语文化特性比较,《广西民族学院学报》(哲学社会科学版),2002/1。

325. 周敬华,从英汉歇后语看文化差异,杨自俭主编《英汉语比较与翻译4》,上海外语教育出版社,2002。

326. 庄建灵,英汉姓氏文化对比,《泉州师范学院学报》,2002/1。

327. 邹芙林,英汉语言符号和语义上的文化差异,《山东外语教学》,2002/4。

2003

328. 蔡　葵,论英汉谐音文化,《湖南商学院学报》,2003/5。

329. 陈昌义,外来词为载体的西方文化对汉民族文化的冲击,《浙江师范大学学报》(社会科学版),2003/1。

330. 崔清田,关于中西逻辑的比较研究——由中西文化交汇引发的思考,《信阳师范学院学报》(哲学社会科学版),2003/2。

331. 戴聪腾,汉英委婉语的跨文化研究,《福建师范大学学报》(哲学社会科学版),2003/1。

332. 辜正坤,中西文化比较与中国文化战略回应,《科学中国人》,2003/8。

333. 李君文,非言语交际跨文化差异——时间行为之文化对比,《湘潭大学社会科学学报》,2003/4。

334. 李　莉,英汉广告语言的符号学文化学视角,《南通师范学院学报》(哲学社会科学版),2003/4。

335. 刘国忠,隐喻与跨文化交际,《安徽大学学报》(哲学社会科学版),2003/5。

336. 潘文国,中西语言与文化研究(一、二),《外国语言文学研究》,2003/1—2。

337. 任裕海,文化自我观与汉英话语策略,《外语与外语教学》,2003/2。

338. 王德春,从汉英谚语探讨人文思想,《浙江树人大学学报》,2003/2。

339. 温洪瑞,英汉数字符号系统及其文化含义对比研究,《山东大学学报》(哲学社会科学版),2003/3。

340. 徐　珺,《儒林外史》英汉语对比研究:语言与文化,《外语教学》,2003/2。

341. 杨永林,基本色彩词理论的跨文化对比研究,《清华大学学报》(哲学社会科学版),2003/2。

342. 姚　俊,从英汉拒绝策略的语用对比看中西文化差异,《山东外语教学》,2003/1。

2004 年

343. 陈茂林、王竹林,社会规范差异与跨文化交际,《南阳师范学院学报(社会科学版)》,2004/4。

344. 何继红,《红楼梦》英译的跨文化交际意识,《同济大学学报(社会科学版)》,2004/2。

345. 龙应台,全球化了的我在哪里,《读者》,2004/7。

346. 卢长怀,跨文化交际失败的原因,《东北财经大学学报》,2004/3。

347. 李娅琳,试论跨文化交际中平等交流意识的缺失及对策,《廊坊师范学院学报》,2004/1。

348. 毛海燕,跨文化交际中的文化创新,《学术交流》,2004/5。

349. 苏　跃,文化差异和跨文化交际能力,《学术交流》,2004/1。

350. 邰　蓓,时间的文化含义与交际原则,《黑河学刊》,2004/4。

351. 徐晓丹,中西文化的差异与全球化框架下的文化整合,《理论探讨》,2004/2。

352. 杨　丹,试析跨文化交际,《湖北社会科学》,2004/5。

353. 杨　芳、张　颖,跨文化交际中的文化与感知,《盐城师范学院学报(人文社会科学版)》,2004/2。

354. 杨丽娜,从格言看中西方文化差异,《求索》,2004/6。

355. 张喜荣、田德新,跨文化交际中的双向互动,《西安外国语学院学报》,2004/2。

2005 年

356. 车丽娟、胡英坤,国际商务活动中的文化冲突现象分析,《大连民族学院学报》,2005/7。

357. 陈　欣,传统礼仪与中英文化差异,《江西社会科学》,2005/12。

358. 费　佳,跨交化际中中国文化的缺失及对策,《湖南城市学院学报》,2005/5。

359. 付永钢,儒家中道思想与跨文化交际,《北方论丛》,2005/3。

360. 胡文仲,论跨文化交际的实证研究,《外语教学与研究》,2005/5。

361. 李慕杰,汉英称谓语中的文化差异初探,《北京第二外国语学院学报》,2005/2。

362. 李先进,英汉禁忌语的文化内涵与对比研究,《云梦学刊》,2005/7。

363. 汤一介,在中欧文化交流中创建中国哲学,《北京大学学报》,2005/5。

364. 吴树博,从马丁·路德到笛卡尔——论"因信称义"与近代主体性哲学兴起的关系,《复旦学报》,2005/4。

365. 徐晓丹,中西方文化价值取向的差异及其融合趋向,《理论探讨》,2005/3。

366. 杨海庆,东西方数字文化观比较,《太原师范学院学报(社会科学版)》,2005/1。

367. 张耀南,论中国哲学的"世界主义"视野及其价值,《北京大学学报》,2005/3。

368. 赵兴南、李生禄,跨文化交际的有效策略,《大连海事大学学报(社会科学版)》,2005/1。

369. 祝　捷、李素荣,跨文化交际的启示,《渤海大学学报(哲学社会科学版)》,2005/3。

370. 周明娟,跨文化交际中称赞语之英汉比较,《聊城大学学报(社会科学版)》,

2005/3。

2006 年

371. 戴兆国,牟宗三对康德道德哲学的批判——兼论中西哲学比较应有之心态,《孔子研究》,2006/6。

372. 董　琇,礼貌——中西文化差异的表征,《同济大学学报(社会科学版)》,2006/1。

373. 方克涛、王启义、马永康,意志不坚:中西哲学进路比较及塞尔的"背景"论,《现代哲学》,2006/5。

374. 侯静华,跨文化交际中的时间观——东西文化中时间观的差异,《河北北方学院学报》,2006/4。

375. 胡文仲,趋势与特点:跨文化交际研究评述,《中国外语》,2006/3。

376. 黄赞琳,论全球商务中的跨文化交际问题,《外国语言文学研究》,2006/3。

377. 李　凯,试述孟子诠释思想的本体论内涵——兼论中西诠释思想之异同,《孔子研究》,2006/6。

378. 李　瑜,中西文化中的"面子"问题,《黄山学院学报》,2006/2。

379. 刘志新,从跨文化角度谈几种非语言交际现象,《大学英语学术版》,2006/3。

380. 滕志朋、邓乔彬,跨文化比较研究中的相对主义——兼论厄尔·迈纳的《比较诗学》,《广西社会科学》,2006/11。

381. 王玮翰,关于旅游跨文化传播的分析和思考,《华中师范大学研究生学报》,2006/3。

382. 薛文平,跨文化交际中社会文化定势及其消解,《理论研究》,2006/4。

383. 夏锡华,论跨文化交际中中西思维模式与价值取向差异,《湖北社会科学》,2006/7。

384. 杨宏雨,现代化与西化关系辩证,《复旦学报》,2006/6。

385. 张　梦,中美两国文化中的隐私观念比较,《河南师范大学学报(社会科学版)》,2006/5。

386. 周　洁,跨文化交际中"谦逊"的文化特征,《广西民族大学学报(哲学社会科学版)》,2006/5。

2007 年

387. 陈　歆,跨文化交际中的饮食文化差异,《职业圈》,2007/16。

388. 付　晶,跨文化交际中的非言语交际,《齐齐哈尔大学学报(哲学社会科学版)》,2007/3。

389. 刘　静,面子:中西文化差异探讨,《成都大学学报(教育科学版)》,2007/2。

390. 龙凌云,中英商标中的文化差异,《科学大众》,2007/7。

391. 马　瑛,论从根基上突破跨文化交际障碍,《社科纵横》,2007/8。

392. 王建军,跨文化交际中东西方交际风格的差异,《前沿》,2007/2。

393. 王俊霞,跨文化交际与中西文化差异,《学术交流》,2007/2。

394. 吴跃俊,跨文化交际中的冲突与外语教育的对策研究,《时代文学》,2007/7。

395. 燕　莉,英汉时间指示及其文化内涵比较,《吉首大学学报(社会科学版)》,2007/3。

396. 杨剑龙,世界格局中都市文化比较的意义与方法,《上海师范大学学报》(哲学社会科学版),2007/01。

397. 杨金文,忏悔观念与中国文化之悔过精神,《现代哲学》,2007/6。

398. 于桂敏、王艳秋,影响跨文化交际的主要因素——中西方价值观念差异,《理论参考》,2007/3。

399. 张汝伦,黑格尔在中国———一个批判性的检讨,《复旦学报》,2007/3。

400. 张文天、刘明亮,中国散打与西方拳击的体育文化比较,《国际关系学院学报》,2007/1。

编 后 记

　　文化,是一个包罗万象的概念,几乎涉及人类活动的一切领域。中西文化,是世界文化中两个根本不同而又互相渗透的体系,有千差万别的特征,也有千丝万缕的关联。中西文化对比,是一个难度虽大却吸引众多学者的研究课题。因研究者的动机和能力殊异,研究水准的高低差别很大,研究结论也真伪混杂不易分辨。接到本书的编撰任务时,我既感到高兴,又忧心忡忡。高兴的是,能尽绵薄之力为广大读者提供一本有价值的中西文化对比研究文集;担心的是,在较短的编撰时间内难以筛选出30年来最优秀的文章。面对中西文化的汪洋大海,我深感自己才疏学浅,幸而在两位总主编的鼓励下才得以"尽力而为",完成了编撰任务。编后回眸,虽不无缺憾,倒也还有几分欣慰。时间虽短,尚有闪光的论文收录入册;编者不才,幸为不少文章的真知灼见所弥补。对于从事中西文化对比研究的学者或热心于中西文化交流的读者来说,本文集不失为一本备置案头可供不时翻阅的参考书。

　　本文集主要收录近30年(1977—2007)有关中西文化对比研究的优秀论文,但也收录了少量1977年以前大师级人物的经典作品,如著名政治家梁启超(1902)、著名美学家朱光潜(1934)和著名学者梁漱溟(1949)的文章,以阐幽发微,提高文集的品位和质量。

　　本文集系对比研究论集,所以主要收录有关中西文化的辨"异"论文,但也收录少量了有关中西文化的识"同"论文,如张从益、冯颖钦、张世英、刘清平等人的文章,以及同异兼论的论文,如姚小平、张广达、张后尘等人的文章,以便帮助读者拓宽视野,在求同存异的文化心态中促进文化交流和文化对话。

　　本文集所收论文的作者中,大部分为至今还活跃在讲台或学术园地的老中青学者,但也有一部分作者年事已高,少数作者已经作古。为了保留原作的初衷和风貌,对于年迈及已逝作者的文章,只是按照本系列丛书的要求做少量的调整(如把部分注释改为参考文献、尾注改为脚注等),基本保持原作的风貌。中青年学者的文章一般都严守本系列丛书的体例要求,但仍有少量不够一致之处(如因原作发表时间久远,无法找到参考文献的页码等)。欠缺之处特此说明,恳请读者理解和包涵。

本文集在编撰过程中得到多人的帮助,方使文集终于能够问世。杨自俭先生和王菊泉先生不时给予指导性意见和建议,宏观把握编辑方略,微观阐明编辑细节。金彬红女士和刘泽林先生参与了很多编辑工作,诸如搜集资料、查考文献、校对文稿等等,认真细致,一丝不苟。张毓琴女士负责全书的打字工作,迅速及时,不辞辛劳。对于上述各位的指导和帮助,本人深表谢忱。

由于编者能力有限,加上编撰时间仓促,书中定有不少疏漏和错误,欢迎广大读者批评指正。

左 飚

2008 年 7 月于上海